2021

山东金融年鉴

SHANDONG JINRONG NIANJIAN

中国人民银行济南分行　编

中国金融出版社

责任编辑：曹亚豪
责任校对：潘　洁
责任印制：程　颖

图书在版编目（CIP）数据

山东金融年鉴．2021／中国人民银行济南分行编．—北京：中国金融出版社，2022.8
ISBN 978-7-5220-1631-3

Ⅰ．①山…　Ⅱ．①中…　Ⅲ．①地方金融事业—山东—2021—年鉴　Ⅳ．①F832.752-54

中国版本图书馆 CIP 数据核字（2022）第 088865 号

山东金融年鉴 2021
SHANDONG JINRONG NIANJIAN 2021

出版
发行　中国金融出版社

社址　北京市丰台区益泽路 2 号
市场开发部　(010)66024766，63805472，63439533（传真）
网 上 书 店　www.cfph.cn
(010)66024766，63372837（传真）
读者服务部　(010)66070833，62568380
邮编　100071
经销　新华书店
印刷　河北松源印刷有限公司
尺寸　210 毫米×285 毫米
印张　36.25
字数　1425 千
版次　2022 年 8 月第 1 版
印次　2022 年 8 月第 1 次印刷
定价　220.00 元
ISBN 978-7-5220-1631-3

《山东金融年鉴》编委会

《山东金融年鉴》编辑部

编辑说明

一、《山东金融年鉴》是反映山东省金融改革与发展历程的大型历史性、资料性工具书，是系统了解山东省金融运行状况的重要媒介。通过收录各金融机构业务发展情况与基本数据，《山东金融年鉴》可以充分反映和展示山东省金融业运行的基本概况，从而为贯彻落实货币政策、加强金融监管、防范和化解金融风险、推动金融改革和发展提供基础支持。

二、山东省金融系统的年鉴编撰工作开启于2000年，创刊伊始名称为《中国人民银行济南分行金融年鉴》，内容主要是反映年度内辖区山东、河南两省的金融运行态势及状况。《中国人民银行济南分行金融年鉴》自2000年卷起至2004年卷止，共出版了五卷。

《山东金融年鉴》自2005年卷起始，上承《中国人民银行济南分行金融年鉴》，每年出版一卷，本卷为第二十二卷。《山东金融年鉴》按年度反映山东省金融业的运行和发展状况。

三、本卷年鉴的内容，主要反映2020年山东省金融运行的状况及金融改革和发展的历程。在具体组稿、筛选和编纂工作中，我们力求所收录的文字和数据能够全面反映一年来山东省金融发展与改革的整体风貌，能够充分展示山东省各金融机构创新发展的基本情况，力求所收录的资料具有科学性、可比性和连续性。

四、本卷年鉴采用条目式整体编排，适当考虑金融业务部门的单元组成。各金融机构的排列顺序按一般惯例执行，不分先后。

五、本卷年鉴中，国民经济统计资料以统计局的口径为准；金融统计资料部分的数据，主要是根据各金融机构报送的“全科目”统计数据加工整理而来，由中国人民银行济南分行提供；各金融监管部门和金融机构的正文及附表中的统计数据，由相关机构自行提供；相关表格的编制，依金融行业传统惯例进行。

六、《山东金融年鉴》的编纂工作是在中国人民银行济南分行党委和《山东金融年鉴》编委会的组织领导下进行的，各项工作得到了山东省金融系统各单位的大力支持。各组稿、编校人员为本书的出版付出了辛勤的劳动。编辑部全体同仁在此表示衷心的感谢。

目　录

5

第六部分

9 第九部分

10 第十部分

11

主题索引

第一部分

山东省金融市场运行报告

2020年山东省经济金融运行报告

一、金融运行情况

2020年，山东省金融业稳健运行，金融总量持续增长，融资结构不断优化，融资成本整体下行，风险防控工作扎实推进，金融支持疫情防控和稳企业保就业取得积极成效，为全省经济增长提供了适宜的货币金融环境。

（一）银行业运行稳中有进，为实体经济恢复发展提供有力支撑

1. 资产负债规模较快增长。2020年末，山东省银行业金融机构资产总额为14.91万亿元，同比增长13.35%；负债总额为14.37万亿元，同比增长13.00%；实现净利润742.01亿元，是上年的2.80倍。

2. 存款增速大幅提升，住户存款增加较多。2020年末，山东省本外币各项存款余额为118,349.36亿元，同比增长13.00%，增速较上年末提高3.40个百分点。其中，住户存款增加9,038.98亿元，同比多增2,312.27亿元；全年非金融企业存款增加4,381.75亿元，同比多增1,894.36亿元。

3. 贷款合理增长，重点领域和薄弱环节贷款大幅增加。2020年末，山东省本外币贷款余额为97,880.59亿元，同比增长13.40%。全年增加11,555.03亿元，是上年增量的1.42倍。普惠小微贷款持续增量扩面，普惠小微贷款余额为8,176.80亿元，同比增长40.10%；贷款户数全年增加42.20万户，是上年的1.70倍。信用贷款增速明显加快，2020年末企业信用贷款余额为1.40万亿元，同比增长22.90%。制造业中长期贷款快速增长，余额同比增长23.30%，增速较2019年提高28.60个百分点。涉农贷款增加2,768.30亿元，是上年增量的2.80倍。

人民银行济南分行充分发挥再贷款再贴现精准滴灌作用，运用三批次共1.80万亿元再贷款再贴现政策引导金融机构发放优惠利率贷款1,930亿元，支持各类市场主体16.20万户。创新开展“金融诊疗”助企行动，帮扶各类市场主体7.30万家，给予资金支持3,412亿元。深化“首贷培植行动”，支持7.40万户小微企业获得首贷804.00亿元。两项直达实体经济政策工具落地见效，全省普惠小微企业贷款延期率、信用贷款发放占比均位居全国前列。金融辅导员制度得以贯彻，帮助企业融资3,700多亿元。

4. 表外业务增长趋缓，委托类业务净减少。2020年末，山东省表外业务余额为43,726.00亿元，同比增加4,068.80亿元，同比少增1,754.60亿元。委托类业务持续压缩，委托贷款、委托投资同比分别减少109.30亿元、17.40亿元。代理代销业务大幅增长，累计办理84,120.00亿元，同比增加14,982.00亿元，增幅达21.67%。

5. 企业融资成本持续下降，普惠小微贷款利率降幅较大。2020年12月，山东省新发放企业贷款利率为4.67%，同比下降0.49个百分点。其中，普惠小微企业融资成本下降最明显，12月贷款利率为5.50%，同比下降0.93个百分点。LPR改革任务顺利完成，利率传导效率进一步提升。自律管理机制不断完善，有效维护公平有序的存款定价秩序，89家地方法人金融机构成为全国市场利率定价自律机制基础成员，17家地方法人金融机构成为全国市场利率定价自律机制观察成员。

6. 银行经营整体稳健，信用风险防控取得积极成效。年末金融机构不良贷款余额为1,986.18亿元，较年初减少511.19亿元，不良贷款率为2.03%，较年初下降0.86个百分点，连续两年实现“双降”。建立金融委办公室地方协调机制（山东省），多次召开会议研究处置风险议题，风险化解处置取得积极成效，全年处置不良贷款2,566.80亿元。资产分类真实性整体改善，逾期90天以上贷款与不良贷款的比例为83.70%，较年初下降5.00个百分点。全省中小法人银行机构不良贷款率为2.89%，同比下降1.38个百分点。

7. 跨境人民币业务稳中有升，便利化水平逐步提高。全省创新推出跨境人民币可信企业便利化试点，开展跨境人民币业务限时容缺办理，提升了银企跨境人民币业务办理效率。2020年，山东省跨境人民币收付4,395.70亿元，同比增长12.90%。跨境人民币收付额在同期本外币收支中的占比为16.80%，同比提高1.50个百分点。分项目看，货物贸易跨境人民币收付1,993.10亿元，同比增长9.50%；直接投资跨境人民币收付1,372.20亿元，同比增长32.40%。

（二）证券交易量显著上升，资本市场融资功能持续增强

1. 证券公司经营状况良好，证券交易量显著上升。2020年末，山东省证券分公司和营业部数量合计696家，较年初增加16家。受股票市场活跃度回升带动，全年实现交易金额10.80万亿元，同比增长14.60%。

2. 首次公开募资规模不断扩大，资本市场融资功能持续增强。2020年，山东省有17家企业境内首发上市，首发融资154.00亿元，其中新增科创板上市企业5家。山东省境内上市公司数量达到229家，总市值为3.50万亿元。21家次上市公司通过增发融资181.00亿元。

3. 各类交易市场规范发展，区域性股权交易稳步提升。2020年末，山东省各类交易市场达到21家，其中权益类交易场所（含2家区域性股权市场）13家，金融属性的大宗商品类交易场所8家。齐鲁股权交易中心全年新增挂牌企业

814家，实现各类融资641.00亿元。青岛蓝海股权交易中心新增挂牌企业249家，实现各类融资41.20亿元。

（三）保险业运行总体稳健，业务结构持续优化

1. 保险业市场规模稳步扩大，保障程度较高的险种增长较快。2020年末，山东省保险业总资产为8,072.10亿元，同比增长18.00%。保费收入规模稳步增长，全年实现保费收入3,482.50亿元，同比增长7.52%，高于全国平均水平1.39个百分点。疫情明显提升了社会公众的保险意识，保障程度较高的健康险、普通寿险保费收入增速分别为14.92%、20.45%。

2. 保险业创新不断丰富，经济助推器功能持续发挥。“以奖代补”特色农产品保险补贴由35个县、17个品种增加至83个县、46个品种。农业保险对农业生产的风险保障作用显著提升，农业保险保费收入为44.10亿元，增长22.40%，为1,582.20万户（次）农户提供了1,119.70亿元的风险保障。科技保险等新保险助推新旧动能转换加速，2020年科技保险保费收入为2.60亿元，提供风险保障87.00亿元。山东首单住房反向抵押养老保险落地实施，济南、淄博先后落地城市定制型惠民保业务，大病保险实现全省城乡居民和城镇职工全覆盖，长期护理险有效覆盖全省3,000万人。

（四）社会融资规模增长较快，金融市场效率持续提升

1. 社会融资规模增长较快，融资结构持续优化。全年社会融资规模增加19,998.00亿元，较上年多增6,167.30亿元，是上年增量的1.40倍。其中，银行贷款余额占同期社会融资规模的64.30%，基本与上年持平；受金融市场流动性合理充裕、利率持续下行、债券等标准化债权资产需求旺盛等因素带动，直接融资余额占比升至13.10%，同比提高1个百分点。

2. 债券发行利率整体下降，企业债务融资工具规模不断扩大。2020年，全省发行信用债730单、金额6,858.10亿元，同比分别增加179单、1,598.50亿元；平均发行利率为3.67%，同比下降0.78个百分点。全年5家民营企业发行债务融资工具9单，融资38.50亿元。多单创新型债务融资工具顺利落地，山东省商业集团、威高集团等7家企业发行9单疫情防控债，合计64.50亿元；华电国际电力发行2单疫情防控专项资产支持票据（ABN），合计15.50亿元。4家城商行发行标准化票据4单、金额4.55亿元；10家地方法人金融机构发行永续债11单、金额355亿元。

3. 黄金市场交易规模稳步提升。2020年，山东省12家黄金交易所会员企业总成交量为2,082.50吨，其中买入量为899.60吨，卖出量为1,182.90吨，卖出量占比为56.80%。受金价坚挺影响，企业开采量及成品金加工量均较上年同期大幅增加。从市场参与主体看，会员交易集中度较高，全省88.20%的交易由招金集团、中矿金业、山东黄金和山东恒邦四家会员企业完成。

（五）金融改革创新不断深化，地方金融体系日趋完善

2020年，青岛市财富管理金融综合改革试验区建设取得积极成效，青岛银行理财子公司青银理财开业运营，山东省首家法人公募基金兴华公募基金获批开业，创投风投机构加速向青岛聚集。临沂市普惠金融服务乡村振兴改革试验区成为全国首个金融支持乡村振兴试验区，济南市科创金融改革试验区申建工作进展顺利。民间融资机构规范发展，获得业务许可的民间资本管理公司达324家。

（六）金融生态环境建设深入推进，金融服务水平优化提升

2020年，山东省深入推进金融生态环境建设，不断优化提升金融服务水平。全省共设立征信查询网点385个、自助查询设备550台，其中，设立22个乡镇自助查询点，有效解决偏远地区服务“真空”难题，全年累计向社会公众提供个人信用报告查询服务560.90万次。应收账款融资业务进一步扩大，20家核心企业系统对接中征平台，政府采购合同融资增量扩面，新增应收账款融资业务3.00万笔、金额2,046.60亿元。打造“移动支付齐鲁样板”，建立起“三公里支付服务圈”，日韩短期入境游客境内移动支付便利化试点顺利开展，279家银行接入山东省农民工工资支付监管平台，保障农民工工资及时支付。省、市、县三级金融消费纠纷化解多元化解决机制逐步优化完善，全年组织调解金融消费纠纷433笔，成功313笔。

二、经济运行情况

2020年，面对复杂严峻的国内外环境特别是新冠肺炎疫情的严重冲击，山东省深入实施“八大发展战略”，强力推进“九大改革攻坚”，统筹推进疫情防控和经济社会发展，扎实做好“六稳”工作、全面落实“六保”任务，经济运行呈现全面恢复、回升向好态势。全省生产总值达73,129.00亿元，增长3.60%。

（一）内外需求同步向好，经济质量稳步提升

1. 投资稳步回升，新兴产业投资加速。2020年，山东省固定资产投资（不含农户）较上年增长3.60%，较上年回升12个百分点。以新技术、新产业、新业态、新模式为代表的“四新”经济投资增长18.70%，占全部投资的比重达51.30%，比上年提高6.50个百分点。高技术产业成为投资“新引擎”，全年投资增长21.60%，占全部投资的比重为8.30%，比上年提高1.20个百分点。房地产开发投资平稳增长，2020年，山东省完成房地产开发投资9,450.50亿元，增长9.70%。

2. 消费市场加快复苏，新兴消费高速增长。2020年，山东省社会消费品零售总额为29,248.00亿元，基本恢复至上年水平。受新冠肺炎疫情影响，线上消费呈现加速发展势头，网上零售额增长13.80%。新兴消费高速增长，智能

家电和音像器材、新能源汽车分别比上年增长1.60倍和49.10%，能效等级为1级、2级的商品零售额增长80.80%。

3. 对外贸易较快增长，利用外资增长迅速。2020年，山东省进出口总额为22,009.40亿元，增长7.50%。其中，出口额增长17.30%，进口额下降4.10%。受海外疫情持续发酵影响，防疫物资和居家用品出口明显增长。出口口罩191.10亿元，同比增长104.70倍；出口塑料和橡胶手套112.10亿元，同比增长188.30%；家具、家用电器、音视频设备、玩具出口分别增长58.30%、72.70%、35.50%和121.60%。新设外商投资企业3,060家，增长21.60%；实际使用外资176.50亿美元，增长20.10%。

（二）三次产业全面恢复，经济动力日益增强

2020年，山东省三次产业结构由上年的7.30：39.90：52.80调整为7.30：39.10：53.60，第一产业、第二产业和第三产业增加值分别增长2.70%、3.30%和3.90%。

1. 农业发展稳固增效，粮食产量再创新高。2020年，山东省农林牧渔业总产值达到10,190.60亿元，增长3.00%。粮食总产量为1,089.40亿斤，增加18亿斤，连续7年超千亿斤。农业科技支撑能力显著增强，主要农作物良种覆盖率超过98%，农作物耕种收综合机械化率达到89.00%。

2. 工业发展稳中向好，新兴产业快速增长。2020年，山东省规模以上工业增加值增长5.00%，比上年提高3.80个百分点。其中，装备制造业增加值增长12.60%，高技术制造业增加值增长9.80%。规模以上工业营业收入增长2.40%，利润总额增长19.60%；规模以上工业产品产销率为98.20%，提高1.30个百分点。

3. 服务业加快恢复，内部结构优化升级。2020年，山东省服务业增加值为39,153.00亿元，增长3.90%，高于全国平均水平1.80个百分点。服务业增加值占GDP的比重达到53.60%，比上年提高0.80个百分点，对经济增长的贡献率达到55.10%。其中，以信息传输、软件和信息技术服务业、金融业为代表的现代服务业增加值占GDP的比重为28.10%，比上年提高3.40个百分点，带动服务业内部结构优化升级。行业增长面持续扩大，除受疫情影响较深的住宿和餐饮业、文化、体育和娱乐业尚未转正外，其余行业已实现对经济的正拉动。

4.供给侧结构性改革深入推进。2020年，山东省压减焦化产能729万吨，退出地炼产能1,176万吨。裕龙岛炼化一体化、世界高端铝业基地、山东重工绿色智造产业城等重大制造业项目落地实施，完成技改投资4,000.00亿元以上。以新技术、新产业、新业态、新模式为代表的“四新”经济增加值占比突破30.00%，高新技术产业产值占比达到44.50%。

（三）物价保持温和上涨，工业生产者价格降幅扩大

1. 居民消费价格涨幅回落，食品价格上涨较快。2020年，山东省居民消费价格总水平上涨2.80%，涨幅较上年回落0.40个百分点。食品价格是影响CPI走势的主要因素，全年食品价格上涨12.10%，拉动居民消费价格上涨约2.50个百分点。疫情对出行类服务需求产生一定影响，旅游住宿、交通费和文化娱乐服务价格分别下降6.40%、4.30%和3.50%。

2. 工业生产者价格继续回落，生产资料价格降幅扩大。2020年，山东省工业生产者出厂价格和购进价格分别下降1.90%、2.50%，降幅分别较上年扩大1.60个和1.70个百分点。生产资料价格同比下降2.90%，降幅较上年扩大1.80个百分点，影响总指数下降2.20个百分点。生活资料价格上涨1.50%，涨幅较上年回落0.80个百分点，拉动总指数上涨0.30个百分点。

3. 重点领域价格改革全面深化。2020年，山东省深化燃煤发电上网电价市场化改革，燃煤发电标杆上网电价实行“基准价+上下浮动”的市场化价格机制。电力现货市场建设走在全国前列，煤炭、钢铁、有色、建材四个行业以及10千伏电压等级以上、年用电量400万千瓦时以上用户进入电力交易市场。率先在钢铁行业建立基于污染物排放的差别电价政策，引导钢铁企业减少污染物排放。

（四）减税降费成效显现，人民生活持续改善

1. 财政收支稳定运行，民生领域支出增加。2020年，山东省一般公共预算收入为6,559.90亿元，增长0.50%。其中，税收收入占财政收入的72.50%，较上年下降1.8个百分点。一般公共预算支出为11,231亿元，增长4.60%，增速同比回落1.70个百分点。其中，民生支出占79.40%，特别是卫生健康、社会保障和就业、住房保障、教育等支出，分别增长14.60%、14.30%、6.00%和5.70%，明显高于全省平均增幅。预算收支差额为4,671.10亿元，同比增长10.90%，预算收支缺口逐年扩大。2020年，全省累计发行地方政府债券4,500.20亿元，增长68.30%。其中，新增一般债券276.10亿元，新增专项债券3,134.00亿元，专项债券占比较高。

2. 市场活力增强，就业形势稳定。市场主体规模不断扩大，2020年末实有市场主体1,185.80万户，增长14.20%，全年新登记市场主体221.40万户，其中新登记企业79.50万户，增长11.70%。全年城镇新增就业122.70万人，超额完成全年110万人的目标任务。2020年末城镇登记失业率为3.10%，比上年下降0.20个百分点。全年居民人均工资性收入为18,716.00元，增长3.30%。

（五）房地产行业稳定运行，海洋经济快速发展

1. 房地产市场平稳发展，房地产贷款稳中趋缓。2020年，山东省商品房销售面积为13,271.70万平方米，同比增长4.30%；销售额为11,065.60亿元，同比增长7.7%。全省

商品房待售面积为2,533.40万平方米，同比增长4.10%，继续保持较低水平。

房价温和上涨，重点城市房价走势出现分化。2020年，全省新建商品住宅销售价格同比上涨7.30%，增速较上年回落6.20个百分点。2020年12月，济南新建商品住宅销售价格同比下降1.00%，已连续3个月下降，青岛、烟台和济宁新建商品住宅价格同比分别上涨2.80%、5.50%和8.30%。

房地产贷款增速放缓，信贷结构持续优化。2020年末，全省房地产贷款余额为31,990.00亿元，同比增长12.40%，增速较上年回落5.70个百分点。房地产贷款增量占人民币各项贷款增量的比重较上年下降21.60个百分点。房地产开发贷款余额为7,186.60亿元，同比增长6.20%，增速较上年回落10.50个百分点。个人住房贷款余额为22,559.80亿元，同比增长15.40%，增速较上年回落3.10个百分点。

2. 海洋强省建设取得积极成效，海洋经济高质量发展。2020年，山东省扎实推进海洋强省建设，海洋经济发展质量趋优，海洋新兴产业快速发展。新增国家级海洋牧场示范区10处，累计达到54处。"胶东海上调水"工程继续推进，海水淡化规模约占全国的五分之一。港口资源深化整合，沿海港口集装箱吞吐量为3,191万标箱，比上年增长6.00%。

（六）自贸区建设取得良好开局，区域协同发展新格局加快形成

2020年，《中国（山东）自由贸易试验区条例》正式发布，自贸区试点任务实施104项，上合示范区"四个中心"建设初见成效。济南片区出台了"数字保险箱"智慧政务、优化特殊物品检疫查验流程、"一区一照一证"连锁经营等350多项制度创新措施，新注册企业超过1万户。青岛片区106项试点任务已实施96项，实施率超过九成，总结形成68项改革创新成果，新增纳税企业5,149家，实际利用外资2.67亿美元。烟台片区加快全球保税维修中心建设，推动企业从"全球制造"向"全球服务"延伸，并持续推进政务服务流程再造。

山东省加快构建"一群两心三圈"的区域发展总体格局。省会经济圈一体化发展加速落地见效，7市实现企业开办全域通办，组建省会经济圈科创联盟，实现创新券互通互兑。胶东经济圈一体化发展步入快车道，5市已成立养老服务、医疗保障、创新创业、教育协同等17个联盟，签署行政审批服务、金融、应急、法治一体化等20个合作协议，统一人社网办业务平台，创新推出24项人社一体化合作事项。鲁南经济圈一体化发展开局良好，加速推动鲁南（枣庄）、鲁西南（菏泽）大数据中心和济宁、临沂华为云大数据中心建设。

三、预测与展望

2021年，山东省将立足新发展阶段，贯彻新发展理念，融入新发展格局，以推动高质量发展为主题，以深化供给侧结构性改革为主线，以改革创新为根本动力，以满足人民日益增长的美好生活需要为根本目的，坚持系统观念，统筹疫情防控和经济社会发展，统筹发展和安全，做好"六稳"工作、落实"六保"任务，保持经济运行在合理区间，聚焦"七个走在前列""九个强省突破"，推动新旧动能转换向"取得突破"迈进，确保"十四五"开好局、起好步。

投资将保持较快增长。2021年，山东省将聚焦"十强"产业、"两新一重"、社会民生等领域，谋划推出1,600个以上省级重点项目，基建项目储备较为充足，基建投资将保持较快增长。受工业品价格上涨以及经营环境改善等利好因素影响，制造业利润有望继续回升，从而支撑制造业投资增长延续向好态势。

消费增长将延续恢复态势。在加快构建新发展格局的背景下，扩内需促消费的政策支持力度不断加大，将通过释放线上经济潜力、开辟服务消费新模式等方式，进一步加快释放消费需求。同时，预计疫苗大规模投放进度加快，有利于餐饮、旅游等传统消费需求释放，从而对消费需求恢复提供支持。

对外贸易有望实现小幅增长。山东出口动能保持强劲，出口企业订单延续回暖上升趋势，非美市场对出口增长的贡献将不断提升；大宗商品价格有上涨迹象，将对进口增长产生拉动作用。但是，外贸增长不确定性依然较大，新冠肺炎疫情仍在全球蔓延，国际形势中不稳定不确定因素增多。综合判断，2021年，外贸将实现小幅增长。

物价将保持总体稳定。未来国际原油价格或呈现震荡态势，考虑到原油价格中枢有所上移，将拉动工业品价格回升。受猪肉产能增加及高基期因素影响，食品价格同比涨幅或出现回落；受消费逐步复苏、国际原油价格略有回升等因素影响，非食品价格将略有上涨。总体来看，物价涨幅将保持基本稳定。

展望2021年，山东省将以推动高质量发展为主题，统筹疫情防控和经济社会发展，保持经济运行在合理区间，推动新旧动能转换向"取得突破"迈进，确保"十四五"开好局、起好步。山东金融业将深入贯彻落实"稳健的货币政策要灵活精准、合理适度"，加大金融服务实体经济力度，深化金融供给侧结构性改革，为加快构建新发展格局提供有力有效的金融支持。

（杨金栋、孙 健、杨德彬）

山东省金融机构（含外资）本外币信贷收支表（一）

汇率：6.5249　　2020年末　　单位：亿元

项目	本期余额	比年初增减	
		2020年	2019年
各项存款	118,349.36	13,610.49	8,271.11
（一）境内存款	118,014.76	13,661.57	8,498.28
1.住户存款	64,619.57	9,038.98	6,726.71
活期存款	18,580.88	2,183.63	1,748.38
定期及其他存款	46,038.69	6,855.36	4,978.33
2.非金融企业存款	36,215.78	4,381.75	2,487.39
活期存款	14,698.55	1,140.32	734.28
定期及其他存款	21,517.23	3,241.43	1,753.12
3.机关团体存款	13,645.86	-179.28	-463.95
4.财政性存款	1,169.92	-168.69	-178.26
5.非银行业金融机构存款	2,363.64	588.79	-73.62
（二）境外存款	334.60	-51.07	227.17

山东省金融机构（含外资）本外币信贷收支表（二）

汇率：6.5249　　2020年末　　单位：亿元

项目	本期余额	比年初增减	
		2020年	2019年
各项贷款	97,880.59	11,555.03	8,149.38
（一）境内贷款	96,422.80	11,710.86	8,374.31
1.住户贷款	35,015.87	5,582.09	4,839.46
（1）短期贷款	7,630.97	1,668.62	1,089.56
消费贷款	2,765.02	625.76	630.56
经营贷款	4,865.95	1,042.86	459.01
（2）中长期贷款	27,384.90	3,913.47	3,749.89
消费贷款	24,451.53	3,250.06	3,287.91
经营贷款	2,933.37	663.41	461.98
2.企（事）业单位贷款	61,406.93	6,150.75	3,517.88
（1）短期贷款	23,948.99	1,234.92	-818.28
（2）中长期贷款	32,113.00	4,247.14	3,249.74
（3）票据融资	4,714.97	649.88	1,052.82
（4）融资租赁	498.02	69.86	62.78
（5）各项垫款	131.95	-51.06	-29.17
3.非银行业金融机构贷款	0.00	-21.99	16.97
（二）境外贷款	1,457.79	-155.83	-224.93

山东省金融机构（含外资）人民币信贷收支表（一）

汇率：6.5249　　2020年末　　单位：亿元

项目	本期余额	比年初增减	
		2020年	2019年
各项存款	116,155.37	13,478.99	8,323.62
（一）境内存款	116,042.05	13,482.83	8,458.63
1.住户存款	64,258.40	9,026.25	6,743.83
活期存款	18,371.92	2,160.60	1,760.41
定期及其他存款	45,886.48	6,865.65	4,983.42
2.非金融企业存款	34,625.07	4,190.31	2,444.23
活期存款	13,750.73	942.85	666.95
定期及其他存款	20,874.34	3,247.46	1,777.28
3.机关团体存款	13,630.84	-154.68	-497.66
4.财政性存款	1,169.92	-168.69	-178.26
5.非银行业金融机构存款	2,357.82	589.63	-53.51
（二）境外存款	113.33	-3.84	-135.01

山东省金融机构（含外资）人民币信贷收支表（二）

汇率：6.5249　　2020年末　　单位：亿元

项目	本期余额	比年初增减	
		2020年	2019年
各项贷款	95,411.56	11,708.59	8,458.73
（一）境内贷款	95,313.52	11,712.85	8,496.85
1.住户贷款	35,014.95	5,583.22	4,839.30
（1）短期贷款	7,630.08	1,669.75	1,089.40
消费贷款	2,764.13	626.89	630.39
经营贷款	4,865.95	1,042.86	459.01
（2）中长期贷款	27,384.87	3,913.47	3,749.90
消费贷款	24,451.50	3,250.06	3,287.92
经营贷款	2,933.37	663.41	461.98
2.企（事）业单位贷款	60,298.57	6,151.61	3,640.58
（1）短期贷款	23,051.52	1,201.60	-731.52
（2）中长期贷款	31,910.25	4,271.67	3,298.67
（3）票据融资	4,714.97	649.88	1,052.90
（4）融资租赁	498.02	69.86	62.78
（5）各项垫款	123.81	-41.40	-42.25
3.非银行业金融机构贷款	0.00	-21.99	16.97
（二）境外贷款	98.04	-4.26	-38.12

山东省金融机构（含外资）外汇信贷收支表（一）

2020年末　　单位：亿美元

项目	本期余额	比年初增减	
		2020年	2019年
各项存款	336.25	40.60	-12.52
（一）境内存款	302.34	45.18	1.54
1.住户存款	55.35	5.41	-3.32
活期存款	32.02	5.37	-2.19
定期及其他存款	23.33	0.03	-1.12
2.非金融企业存款	243.79	43.21	2.99
活期存款	145.26	37.70	8.04
定期及其他存款	98.53	5.51	-5.05
3.机关团体存款	2.30	-3.38	4.82
4.财政性存款	—	—	—
5.非银行业金融机构存款	0.89	-0.06	-2.95
（二）境外存款	33.91	-4.58	-14.06

山东省金融机构（含外资）外汇信贷收支表（二）

2020年末　　单位：亿美元

项目	本期余额	比年初增减	
		2020年	2019年
各项贷款	378.40	2.47	-51.26
（一）境内贷款	170.01	10.71	-20.48
1.住户贷款	0.14	-0.15	0.02
（1）短期贷款	0.14	-0.15	0.02
消费贷款	0.14	-0.15	0.02
经营贷款	—	—	—
（2）中长期贷款	0.00	0.00	0.00
消费贷款	0.00	0.00	0.00
经营贷款	—	—	—
2.企（事）业单位贷款	169.87	10.86	-20.50
（1）短期贷款	137.55	13.67	-14.68
（2）中长期贷款	31.07	-1.51	-7.67
（3）票据融资	0.00	0.00	-0.01
（4）融资租赁	—	—	—
（5）各项垫款	1.25	-1.30	1.86
3.非银行业金融机构贷款	—	—	—
（二）境外贷款	208.39	-8.25	-30.79

山东省金融机构（含外资）本外币利润表

汇率：6.5249　　2020年末　　单位：亿元

项目	余额	比上年同期增减	
		增量	增幅（%）
一、营业收入	3,342.13	180.34	5.70
1.利息净收入	2,861.84	197.79	7.42
利息收入	8,886.64	626.51	7.58
利息支出	6,024.79	428.72	7.66
2.手续费及佣金净收入	274.60	8.47	3.18
3.租赁收益	22.91	2.48	12.12
4.投资收益	147.91	-18.48	-11.10
5.公允价值变动收益	-2.87	9.60	-77.02
6.汇兑净收益	0.59	-21.66	-97.33
7.其他业务收入	35.52	0.51	1.46
二、营业支出	2,420.84	-336.06	-12.19
1.业务及管理费	1,115.49	19.45	1.77
2.营业税金及附加	43.51	4.31	11.00
3.资产减值损失	1,219.59	-352.61	-22.43
4.其他业务支出	42.24	-7.21	-14.58
三、营业利润	921.30	516.39	127.53
加：营业外收入	11.60	-1.90	-14.05
减：营业外支出	18.05	5.21	40.63
四、利润总额	914.85	509.28	125.57
减：所得税	171.55	41.30	31.71
五、净利润	743.30	467.98	169.97
加：年度损益调整	0.62	113.94	-100.55
加：年初未分配利润	488.54	139.40	39.93
六、未分配利润	1,232.46	721.32	141.12

山东省金融机构（含外资）本外币贷款按行业分类统计表

汇率：6.5249　　2020年末　　单位：亿元

项目	余额	比年初增减
贷款总计	93,353.88	10,929.64
A. 农、林、牧、渔业	690.51	108.62
B. 采矿业	1,795.31	224.03
C. 制造业	14,065.97	-488.56
D. 电力、热力、燃气及水生产和供应业	3,354.07	231.69
E. 建筑业	3,930.13	556.24
F. 批发和零售业	5,421.19	276.75
G. 交通运输、仓储和邮政业	6,141.52	1,224.57
H. 住宿和餐饮业	304.37	7.33
I. 信息传输、软件和信息技术服务业	292.02	37.12
J. 金融业	1,026.24	148.90
K. 房地产业	4,362.32	279.15
L. 租赁和商务服务业	7,668.13	1,611.19
M. 科学研究和技术服务业	287.77	65.73
N. 水利、环境和公共设施管理业	6,373.42	1,032.00
O. 居民服务、修理和其他服务业	100.67	13.46
P. 教育	368.62	78.67
Q. 卫生和社会工作	481.36	77.83
R. 文化、体育和娱乐业	192.35	12.96
S. 公共管理、社会保障和社会组织	24.24	5.70
T. 国际组织	—	—
对境外贷款	1,457.79	-155.83
个人贷款及透支	35,015.87	5,582.09

注：本表中各项指标不含票据贴现。

山东省金融机构（不含外资）本外币中长期贷款按实际投向分类统计表

汇率:6.5249　　2020年末　　单位:亿元

项目	余额	比年初增减
中长期贷款合计	53,407.27	6,904.30
A.农、林、牧、渔业	332.83	80.02
01.农业	170.20	50.25
02.林业	55.80	4.65
03.畜牧业	47.13	34.98
04.渔业	16.57	3.48
05.农、林、牧、渔专业及辅助性活动	43.13	-13.33
B.采矿业	478.47	-6.13
06.煤炭开采和洗选业	438.30	-13.31
07.石油和天然气开采业	1.27	1.16
08.黑色金属矿采选业	5.75	1.19
09.有色金属矿采选业	16.50	-5.70
10.非金属矿采选业	12.19	7.89
11.开采专业及辅助性活动	3.82	2.14
12.其他采矿业	0.64	0.50
C.制造业	2,844.32	537.54
13.农副食品加工业	128.33	46.88
14.食品制造业	47.30	-6.02
15.酒、饮料和精制茶制造业	22.35	7.33
16.烟草制品业	—	—
17.纺织业	61.87	11.82
18.纺织服装、服饰业	15.69	1.49
19.皮革、毛皮、羽毛及其制品和制鞋业	0.75	-0.13
20.木材加工和木、竹、藤、棕、草制品业	13.51	3.69
21.家具制造业	9.82	4.13
22.造纸和纸制品业	121.82	-15.76
23.印刷和记录媒介复制业	6.88	2.62
24.文教、工美、体育和娱乐用品制造业	8.15	-0.32
25.石油、煤炭及其他燃料加工业	394.29	148.77
26.化学原料和化学制品制造业	393.58	14.78
27.医药制造业	106.46	13.17
28.化学纤维制造业	11.82	4.09
29.橡胶和塑料制品业	103.35	9.41
30.非金属矿物制品业	156.00	14.80
31.黑色金属冶炼和压延加工业	249.57	58.12
32.有色金属冶炼和压延加工业	273.29	62.14
33.金属制品业	130.17	18.91

续表1

项目	余额	比年初增减
34.通用设备制造业	58.04	-6.39
35.专用设备制造业	135.76	41.96
36.汽车制造业	53.15	-3.72
37.铁路、船舶、航空航天和其他运输设备制造业	32.01	9.54
38.电气机械和器材制造业	150.45	54.36
39.计算机、通信和其他电子设备制造业	78.28	36.37
40.仪器仪表制造业	6.74	5.48
41.其他制造业	39.12	8.34
42.废弃资源综合利用业	34.25	-8.15
43.金属制品、机械和设备修理业	1.52	-0.19
D.电力、热力、燃气及水生产和供应业	2,132.80	144.02
44.电力、热力生产和供应业	1,764.11	76.92
45.燃气生产和供应业	84.58	15.10
46.水的生产和供应业	284.11	52.00
E.建筑业	2,243.60	424.18
47.房屋建筑业	635.10	65.61
48.土木工程建筑业	1,261.48	250.21
49.建筑安装业	50.14	17.71
50.建筑装饰、装修和其他建筑业	296.88	90.65
F.批发和零售业	785.79	144.00
51.批发业	654.19	145.47
52.零售业	131.60	-1.47
G.交通运输、仓储和邮政业	5,158.84	1,036.87
53.铁路运输业	1,022.65	48.27
54.道路运输业	3,394.53	785.43
55.水上运输业	335.91	91.33
56.航空运输业	243.06	90.02
57.管道运输业	35.46	4.68
58.多式联运和运输代理业	6.52	2.12
59.装卸搬运和仓储业	120.23	14.60
60.邮政业	0.48	0.42
H.住宿和餐饮业	125.27	9.70
61.住宿业	105.49	8.33
62.餐饮业	19.78	1.37
I.信息传输、软件和信息技术服务业	74.87	-2.24
63.电信、广播电视和卫星传输服务	1.93	-0.15
64.互联网和相关服务	6.73	-12.92
65.软件和信息技术服务业	66.22	10.84
J.金融业	169.61	-27.74

续表2

项目	余额	比年初增减
66.货币金融服务	60.43	-23.00
67.资本市场服务	1.14	-17.88
68.保险业	0.10	-0.03
69.其他金融业	107.94	13.17
K.房地产业	6,601.15	348.76
70.房地产业	6,601.15	348.76
L.租赁和商务服务业	2,897.61	519.77
71.租赁业	192.48	-16.72
72.商务服务业	2,705.13	536.48
M.科学研究和技术服务业	117.33	27.97
73.研究和试验发展	6.84	-3.31
74.专业技术服务业	69.23	24.61
75.科技推广和应用服务业	41.26	6.67
N.水利、环境和公共设施管理业	3,822.18	688.43
76.水利管理业	761.44	30.16
77.生态保护和环境治理业	316.89	85.29
78.公共设施管理业	2,458.23	402.73
79.土地管理业	285.63	170.24
O.居民服务、修理和其他服务业	22.99	-1.68
80.居民服务业	12.28	-1.84
81.机动车、电子产品和日用产品修理业	3.81	0.21
82.其他服务业	6.89	-0.06
P.教育	441.21	57.52
83.教育	441.21	57.52
Q.卫生和社会工作	235.96	43.71
84.卫生	205.28	41.33
85.社会工作	30.69	2.37
R.文化、体育和娱乐业	99.53	10.26
86.新闻和出版业	7.82	2.35
87.广播、电视、电影和影视录音制作业	13.25	-2.55
88.文化艺术业	49.46	5.29
89.体育	12.82	3.47
90.娱乐业	16.18	1.70
S.公共管理、社会保障和社会组织	2.46	-3.96
T.国际组织	—	—
个人贷款	23,449.81	3,058.85
对境外贷款	1,370.63	-185.54

山东省金融机构（含外资）境内大中小微型企业贷款（含直贴）简表

汇率：6.5249　　2020年末

项目	本外币（亿元）		人民币（亿元）		外币（亿美元）	
	余额	比年初增减	余额	比年初增减	余额	比年初增减
各项贷款	97,880.59	11,555.03	95,411.56	11,708.59	378.40	2.47
企业贷款	58,437.22	5,795.71	57,350.60	5,813.70	166.53	8.19
大型企业贷款	21,661.06	1,725.31	20,986.74	1,784.74	103.35	-1.83
中小微型企业贷款	36,776.16	4,070.40	36,363.87	4,028.96	63.19	10.03
中型企业贷款	18,624.81	2,064.53	18,276.38	2,018.87	53.40	10.00
小微型企业贷款	18,151.35	2,005.87	18,087.48	2,010.09	9.79	0.03
小型企业贷款	15,414.84	1,681.61	15,356.55	1,683.42	8.93	0.32
其中：政府投融资平台	284.31	93.08	284.31	93.08	—	—
微型企业贷款	2,736.50	324.26	2,730.93	326.67	0.85	-0.29
其中：政府投融资平台	17.73	5.08	17.73	5.08	—	—
附：个人经营性贷款	7,799.32	1,706.27	7,799.32	1,706.27	—	—
个体工商户经营性贷款	2,801.45	869.56	2,801.45	869.56	—	—
小微企业主经营性贷款	1,888.17	564.06	1,888.17	564.06	—	—

山东省金融机构（含外资）境内大中小微型企业本外币贷款情况统计表

汇率：6.5249　　2020年末　　单位：亿元

项目	大型企业贷款		中型企业贷款		小型企业贷款		微型企业贷款	
	余额	比年初增减	余额	比年初增减	余额	比年初增减	余额	比年初增减
一、境内企业贷款合计	20,839.18	1,517.12	17,875.13	1,991.80	14,496.49	1,550.80	2,600.18	337.49
1.农、林、牧、渔业	198.56	21.49	261.20	22.58	167.56	48.84	51.86	15.35
2.采矿业	1,545.94	224.20	139.64	-6.04	104.29	3.47	4.18	1.14
3.制造业	6,637.63	-91.63	3,228.15	-348.45	3,854.03	-112.24	344.16	65.81
4.电力、热力、燃气及水生产和供应业	1,476.74	-8.11	1,162.78	152.18	596.07	50.25	98.95	24.01
5.建筑业	1,274.65	74.98	1,569.29	288.61	740.50	130.56	344.75	61.96
6.批发和零售业	901.51	-50.93	1,844.41	128.88	2,248.81	113.84	396.21	86.57
7.交通运输、仓储和邮政业	3,810.64	803.26	1,403.85	300.27	656.33	82.82	218.16	44.58
其中：政府投融资平台	24.59	6.91	11.71	-17.19	0.00	0.00	3.43	0.00
8.住宿和餐饮业	41.68	-14.37	108.66	19.26	130.73	0.22	22.65	2.08
9.信息传输、软件和信息技术服务业	104.96	13.34	45.99	-5.85	119.49	21.23	19.46	8.69
10.金融业	264.39	105.40	321.64	39.71	131.88	11.24	45.32	-17.02
11.房地产业	694.04	-102.47	2,797.22	422.81	257.05	45.85	588.42	-88.85
其中：政府投融资平台	230.92	-20.79	20.91	-0.38	11.51	-0.63	0.26	0.00
12.租赁和商务服务业	1,305.52	320.09	2,649.16	569.64	3,423.06	670.41	282.50	64.40
其中：政府投融资平台	190.22	64.78	305.70	58.18	214.86	62.87	14.04	5.08

续表

项目	大型企业贷款		中型企业贷款		小型企业贷款		微型企业贷款	
	余额	比年初增减	余额	比年初增减	余额	比年初增减	余额	比年初增减
13.科学研究和技术服务业	43.89	6.37	89.82	8.23	135.30	45.25	17.33	7.56
14.水利、环境和公共设施管理业	2,455.26	215.57	2,029.17	352.36	1,747.87	417.31	133.04	45.94
其中：政府投融资平台	256.39	30.99	230.05	-21.91	57.94	30.84	0.00	0.00
15.居民服务、修理和其他服务业	7.69	1.03	8.05	-6.26	68.12	13.47	15.95	4.50
16.教育	12.84	1.60	49.03	22.77	32.14	8.17	7.59	5.73
17.卫生和社会工作	25.50	4.31	85.16	17.76	25.75	-1.73	2.15	1.41
18.文化、体育和娱乐业	34.89	-6.84	81.10	13.35	56.54	1.84	7.20	3.63
19.公共管理、社会保障和社会组织	2.86	-0.15	0.82	-0.01	0.99	-0.01	0.28	0.00
20.国际组织	—	—	—	—	—	—	—	—
二、境内企业贷款合计	20,839.18	1,517.12	17,875.13	1,991.80	14,496.49	1,550.80	2,600.18	337.49
1.正常类贷款	19,415.30	1,706.39	16,002.36	2,381.87	12,615.78	1,859.95	2,392.97	385.65
2.关注类贷款	962.53	-92.71	1,305.64	-230.31	1,373.99	-119.72	131.13	3.08
3.次级类贷款	216.88	41.28	260.82	-17.30	150.10	-54.96	17.73	-12.96
4.可疑类贷款	159.73	-150.78	246.81	-132.20	328.28	-105.58	55.50	-28.28
5.损失类贷款	84.73	12.94	59.50	-10.26	28.34	-28.90	2.85	-10.00
三、境内企业贷款合计	20,839.18	1,517.12	17,875.13	1,991.80	14,496.49	1,550.80	2,600.18	337.49
1.信用贷款	8,435.54	1,414.67	3,564.76	526.64	1,837.55	552.17	350.84	151.09
2.保证贷款	5,617.97	-14.12	5,815.60	149.06	5,987.44	424.40	903.52	89.28
3.抵质押贷款	6,785.67	116.57	8,494.77	1,316.10	6,671.50	574.23	1,345.82	97.12
四、境内企业贷款合计	20,839.18	1,517.12	17,875.13	1,991.80	14,496.49	1,550.80	2,600.18	337.49
1.国有控股企业	13,807.27	1,682.76	9,757.60	1,912.25	6,228.87	1,253.90	1,075.05	109.18
2.集体控股企业	1,211.00	94.91	792.08	117.99	345.89	25.15	47.89	-24.76
3.私人控股企业	5,020.96	-221.58	6,787.64	-83.39	7,685.69	259.53	1,429.89	266.76
4.港澳台商控股企业	445.21	2.05	341.89	52.57	133.19	10.22	36.65	-18.40
5.外商控股企业	354.75	-41.01	195.91	-7.61	102.85	2.00	10.71	4.71
附：								
境内企业逾期贷款	462.25	-133.44	617.51	-218.90	737.52	-237.20	86.86	-44.53
境内企业表外授信额	9,407.90	131.84	5,290.38	183.87	2,580.37	253.71	424.43	99.84
其中：票据承兑	5,501.28	-44.33	3,759.43	172.14	1,907.88	82.84	323.30	77.73
境内关停企业贷款	47.15	14.14	123.77	28.49	67.89	-9.38	12.05	-2.22
境内企业票据贴现	821.88	208.19	749.68	72.73	918.35	130.82	136.32	-13.22

山东省金融机构（含外资）本外币涉农贷款汇总统计表

汇率：6.5249　　2020年末　　单位：亿元

项目	余额		当年新增		同比增长(%)
	本期	占各项贷款比重(%)	本期	占各项贷款比重(%)	
涉农贷款	29,580.35	31.75	2,768.30	25.39	9.64
一、按用途分类					
（一）农林牧渔业贷款	1,924.79	2.07	286.79	2.63	17.29
（二）农用物资和农副产品流通贷款	1,047.08	1.12	-78.66	-0.72	-7.32
（三）农村基础设施建设贷款	4,957.85	5.32	613.92	5.63	13.99
（四）农产品加工贷款	1,718.33	1.84	-142.98	-1.31	-7.79
（五）农业生产资料制造贷款	730.22	0.78	-121.72	-1.12	-14.68
（六）农田基本建设贷款	312.91	0.34	4.46	0.04	1.45
（七）农业科技贷款	31.55	0.03	-3.98	-0.04	-11.20
（八）其他	18,857.61	20.24	2,210.48	20.27	12.27
二、按城乡地域分类					
（一）农村（县及县以下）贷款	25,160.51	27.01	2,628.92	24.11	10.69
1.农户贷款	8,116.48	8.71	1,489.73	13.66	22.37
其中：农户消费贷款	4,178.78	4.49	762.69	6.99	22.27
2.农村（县及县以下）企业及各类组织贷款	17,044.03	18.29	1,139.19	10.45	5.88
（二）城市涉农贷款	4,419.83	4.74	139.38	1.28	4.01
1.城市企业及各类组织涉农贷款	4,351.63	4.67	121.43	1.11	3.63
2.非农户个人农林牧渔业贷款	68.21	0.07	17.95	0.16	35.72
三、按受贷主体分类					
（一）个人涉农贷款	8,184.69	8.79	1,507.68	13.83	22.47
1.农户贷款	8,116.48	8.71	1,489.73	13.66	22.37
2.非农户个人农林牧渔业贷款	68.21	0.07	17.95	0.16	35.72
（二）企业涉农贷款	21,075.06	22.62	1,222.41	11.21	5.31
1.农村（县及县以下）企业贷款	16,753.02	17.98	1,099.27	10.08	5.72
2.城市企业涉农贷款	4,322.05	4.64	123.14	1.13	3.74
（三）各类非企业组织涉农贷款	320.60	0.34	38.20	0.35	12.42
1.农村（县及县以下）各类组织贷款	291.02	0.31	39.92	0.37	15.45
2.城市各类组织涉农贷款	29.58	0.03	-1.71	-0.02	-10.69

注：1.本表中各项指标不含票据贴现。
　　2.农村指县及县以下区域。

山东省金融机构（含外资）本外币房地产贷款投向表

汇率：6.5249　　2020年末　　单位：亿元

项目	余额	比年初增减	
		2020年	2019年
合计	31,989.98	3,528.22	4,376.35
一、房地产开发贷款	7,186.64	411.37	969.41
1. 地产开发贷款	548.24	22.82	-11.96
其中：政府土地储备机构贷款	—	—	-5.26
2. 房产开发贷款	6,638.40	388.56	981.37
（1）住房开发贷款	6,329.96	408.34	1,019.29
其中：保障性住房开发贷款	3,842.22	79.33	274.46
（2）商业用房开发贷款	305.64	-13.37	-39.42
（3）其他房产开发贷款	2.80	-6.42	1.49
二、购房贷款	23,577.39	3,000.78	3,136.68
1. 企业购房贷款	167.02	30.34	9.42
（1）商业用房贷款	165.47	30.60	8.51
（2）住房贷款	1.55	-0.26	0.91
2.机关团体购房贷款	1.01	0.01	-0.07
（1）机关团体商业用房贷款	1.01	0.01	-0.07
（2）机关团体住房贷款	—	—	—
3. 个人购房贷款	23,409.35	2,970.44	3,127.34
（1）个人商业用房贷款	849.52	-37.66	75.41
（2）个人住房贷款	22,559.83	3,008.09	3,051.93
1）新建房贷款	17,702.52	2,303.80	2,343.09
其中：抵押贷款	17,428.36	2,328.40	2,337.32
2）再交易房贷款	4,857.32	704.29	708.83
三、证券化的房地产贷款	1,225.96	116.07	270.26
1. 证券化个人住房贷款	1,222.53	119.39	271.28
2. 其他证券化房地产贷款	3.43	-3.32	-1.02
附：个人购买经济适用房贷款	41.59	2.79	-2.23
企业收购、租赁保障性住房贷款	—	—	—
机关团体收购、租赁保障性住房贷款	—	—	—

山东省本外币各项存款分机构简表

汇率：6.5249　　2020年末　　单位：亿元

项目	余额	比年初增减	
		2020年	2019年
全金融机构	118,349.36	13,610.49	8,271.11
政策性银行	1,206.12	-152.12	-724.46
国家开发银行	455.06	-135.90	-651.64
国开行山东省分行	298.70	-120.64	-532.80
国开行青岛分行	156.36	-15.25	-118.84
进出口银行	39.81	7.10	-41.75
农业发展银行	711.24	-23.32	-31.07
国有商业银行	43,409.76	4,992.37	1,872.03
工商银行	11,923.53	1,423.65	672.50
工行山东省分行	9,985.19	1,194.76	492.42
工行青岛分行	1,938.34	228.89	180.08
农业银行	13,446.34	1,421.58	702.18
农行山东省分行	11,439.30	1,209.04	549.03
农行青岛分行	2,007.04	212.53	153.15
中国银行	6,872.26	807.44	32.96
中行山东省分行	5,336.46	520.29	-72.13
中行青岛分行	1,535.80	287.15	105.09
建设银行	11,167.64	1,339.70	464.39
建行山东省分行	9,436.40	1,050.45	406.78
建行青岛分行	1,731.24	289.26	57.60
股份制商业银行	19,906.28	1,849.91	1,704.75
交通银行	3,302.43	250.35	122.10
交行山东省分行	2,104.46	162.19	45.28
交行青岛分行	1,197.98	88.16	76.82
招商银行	2,120.64	400.52	159.79
招行济南分行	984.10	175.86	103.82
招行青岛分行	841.34	165.51	15.90
招行烟台分行	295.21	59.15	40.07
浦发银行	1,287.47	137.19	112.82
浦发济南分行	565.36	-39.45	7.93
浦发青岛分行	722.12	176.64	104.89
中信银行	2,042.71	139.28	246.68
中信济南分行	1,044.89	86.90	132.51
中信青岛分行	997.81	52.38	114.16

续表

项目	余额	比年初增减	
		2020年	2019年
兴业银行	2,451.68	378.66	156.06
兴业济南分行	1,806.49	170.07	60.95
兴业青岛分行	645.19	208.59	95.11
民生银行	1,841.77	-181.03	363.42
民生济南分行	1,146.51	14.79	78.30
民生青岛分行	695.26	-195.82	285.12
光大银行	1,601.96	160.20	-75.03
光大济南分行	613.87	73.56	51.87
光大青岛分行	598.66	28.70	-184.28
光大烟台分行	389.44	57.94	57.39
华夏银行	1,090.18	47.52	63.28
华夏济南分行	648.90	-12.07	42.95
华夏青岛分行	441.28	59.60	20.33
广发银行	296.13	76.48	42.91
平安银行	742.82	62.03	151.73
平安济南分行	292.79	22.44	51.81
平安青岛分行	450.03	39.59	99.92
恒丰银行	2,022.04	176.29	160.28
渤海银行	389.63	47.91	48.17
浙商银行	716.83	154.51	152.54
邮政储蓄银行	7,894.06	1,103.77	582.24
邮储山东省分行	7,290.39	1,030.87	538.43
邮储青岛分行	603.67	72.89	43.82
城商行	17,729.93	2,896.23	2,316.07
其中：山东城商行	16,862.08	2,899.64	2,224.80
农村合作机构	21,991.80	2,295.81	1,752.83
村镇银行	1,327.23	230.18	188.14
财务公司	2,985.32	404.79	237.63
其他中资小型银行	304.49	66.91	122.29
信托公司	0.00	0.00	0.00
金融租赁公司	9.85	-9.88	14.89
汽车金融公司	80.02	51.88	18.55
外资金融机构	355.61	28.12	-10.49
附：小额贷款公司	0.00	0.00	0.00
资金互助社	0.10	0.01	0.01
消费金融公司	31.73	17.43	7.80

山东省本外币各项贷款分机构简表

汇率：6.5249　　2020年末　　单位：亿元

项目	余额	比年初增减	
		2020年	2019年
全金融机构	97,880.59	11,555.03	8,149.38
政策性银行	10,801.03	660.91	490.52
国家开发银行	6,039.55	70.85	-60.30
国开行山东省分行	4,078.60	37.77	-133.15
国开行青岛分行	1,960.94	33.08	72.85
进出口银行	1,177.92	143.09	77.84
农业发展银行	3,583.56	446.97	472.98
国有商业银行	33,669.36	3,213.00	2,228.02
工商银行	10,410.29	976.69	604.12
工行山东省分行	8,283.16	695.51	403.47
工行青岛分行	2,127.13	281.18	200.64
农业银行	9,103.94	849.14	749.64
农行山东省分行	7,396.86	644.95	589.51
农行青岛分行	1,707.08	204.19	160.13
中国银行	5,833.73	409.34	185.80
中行山东省分行	4,505.37	150.05	143.94
中行青岛分行	1,328.36	259.29	41.86
建设银行	8,321.40	977.84	688.47
建行山东省分行	6,324.91	702.61	398.79
建行青岛分行	1,996.49	275.22	289.68
股份制商业银行	17,310.89	2,513.71	1,030.99
交通银行	2,396.40	339.03	164.62
交行山东省分行	1,595.58	244.81	122.95
交行青岛分行	800.81	94.23	41.66
招商银行	1,564.40	143.16	154.08
招行济南分行	851.07	67.51	105.21
招行青岛分行	509.23	37.64	24.27
招行烟台分行	204.09	38.01	24.60
浦发银行	1,390.06	163.31	-18.55
浦发济南分行	682.35	31.18	-137.70
浦发青岛分行	707.71	132.13	119.15
中信银行	1,963.66	218.04	81.12
中信济南分行	929.10	73.38	64.47
中信青岛分行	1,034.56	144.66	16.65

续表

项目	余额	比年初增减	
		2020年	2019年
兴业银行	2,150.12	202.26	278.48
兴业济南分行	1,678.12	84.44	180.76
兴业青岛分行	472.00	117.82	97.72
民生银行	1,776.38	289.38	151.71
民生济南分行	1,233.51	212.80	143.56
民生青岛分行	542.87	76.58	8.15
光大银行	1,249.07	150.97	29.58
光大济南分行	467.81	20.71	31.03
光大青岛分行	460.78	62.13	-35.79
光大烟台分行	320.49	68.13	34.34
华夏银行	1,062.27	-20.21	-5.02
华夏济南分行	603.30	-49.73	-12.34
华夏青岛分行	458.98	29.52	7.32
广发银行	493.06	122.34	94.61
平安银行	951.07	261.88	-8.57
平安济南分行	387.37	49.09	-17.69
平安青岛分行	563.69	212.79	9.11
恒丰银行	1,471.59	535.53	-91.47
渤海银行	409.98	81.24	82.33
浙商银行	432.84	26.78	118.06
邮政储蓄银行	3,653.57	471.06	547.33
邮储山东省分行	3,204.81	440.56	522.48
邮储青岛分行	448.75	30.50	24.85
城商行	13,143.90	2,346.21	1,984.70
其中：山东城商行	11,606.39	2,133.26	1,811.73
农村合作机构	14,703.32	1,652.40	1,335.69
村镇银行	1,000.79	179.68	140.33
财务公司	2,457.48	261.88	286.61
其他中资小型银行	230.55	74.87	62.87
信托公司	26.57	8.10	11.68
金融租赁公司	459.20	66.14	53.24
汽车金融公司	181.09	94.57	16.06
外资金融机构	431.11	36.99	-7.08
附：小额贷款公司	451.33	-10.82	-0.60
资金互助社	0.16	0.01	0.01
消费金融公司	84.00	-0.36	-16.65

山东省人民币个人消费贷款分机构统计表

2020年末　　单位：亿元

项目	余额	比年初增减	
		2020年	2019年
全金融机构（含外资）	27,215.64	3,876.95	3,918.31
政策性银行	50.89	2.06	2.54
国家开发银行	50.89	2.06	2.54
进出口银行	—	—	—
农业发展银行	—	—	—
国有商业银行	14,880.46	1,519.03	1,698.09
工商银行	4,592.84	429.59	520.91
农业银行	3,840.54	402.11	457.86
中国银行	2,338.17	215.23	246.65
建设银行	4,108.90	472.11	472.68
股份制商业银行	4,562.59	886.51	641.11
交通银行	563.35	100.32	77.09
中信银行	637.49	65.01	56.44
光大银行	314.70	83.86	23.35
华夏银行	184.97	29.06	35.38
广发银行	71.34	17.94	22.26
平安银行	421.53	208.42	53.36
招商银行	659.72	94.43	91.39
浦发银行	352.47	31.91	43.69
兴业银行	796.46	39.47	144.91
民生银行	261.35	32.37	53.90
恒丰银行	170.54	135.44	29.33
渤海银行	95.15	32.55	3.71
浙商银行	33.50	15.74	6.30
邮政储蓄银行	1,622.70	245.42	186.20
城市商业银行	2,540.33	413.78	652.39
合作机构合计	3,120.45	691.05	633.01
农村商业银行	3,120.45	691.05	633.01
农村合作银行	—	—	—
农村信用合作社	—	—	—
信托投资公司	—	—	—
中资财务公司	7.11	-1.86	-1.92
外资银行	68.91	11.13	7.98
村镇银行	158.97	36.83	37.81
其他中资小型银行	203.23	73.00	61.10
金融租赁公司	—	—	—
汽车金融服务公司	0.00	0.00	-0.01
资金互助社	—	—	—
消费金融公司	84.00	-0.36	-16.65

山东省人寿保险公司主要业务指标统计表（含青岛）

2020年末

单位：亿元

项目	2020年累计	2019年同期	同比增长（%）
一、保费收入	2,553.32	2,372.50	7.62
1.寿险小计	1,873.43	1,774.80	5.56
2.意外伤害险小计	46.57	46.61	-0.09
3.健康险小计	633.32	551.09	14.92
二、赔付支出	485.61	418.44	16.05
1.赔款支出合计	102.31	87.21	17.31
（1）意外伤害险	11.70	11.66	0.34
（2）一年期以内健康险	90.61	75.55	19.93
2.死伤医疗给付合计	96.11	85.21	12.79
（1）寿险	25.05	23.66	5.87
（2）一年期以上健康险	71.06	61.55	15.45
3.满期给付合计	196.24	145.33	35.03
（1）寿险	179.50	144.69	24.06
（2）一年期以上健康险	16.74	0.65	2,475.38
4.年金给付合计	90.95	100.69	-9.67
三、退保金	263.54	335.01	-21.33
1.寿险	253.44	321.66	-21.21
2.一年期以上健康险	10.10	13.36	-24.40

山东省财产保险公司主要业务指标统计表（含青岛）

2020年末

单位：万件、亿元

项目	2020年累计	2019年同期	同比增长（%）
一、签单数量	98,814.88	33,987.69	190.74
二、签单保费合计	951.38	898.82	5.85
三、保费收入合计	929.18	866.39	7.25
四、已决赔款合计	550.29	483.40	13.84
五、赔款支出合计	550.86	484.97	13.59

山东省保险公司资产负债表（含青岛）

2020年末

单位：亿元

资产	年初数	期末数	比年初增减
货币资金	31.67	17.95	-13.73
拆出资金	—	—	—
交易性金融资产	2.76	3.72	0.96
衍生金融资产	—	—	—
买入返售金融资产	—	—	—
应收利息	7.28	8.49	1.21
应收保费	176.18	211.66	35.47
应收资产管理费	—	—	—
应收管理费（养老）	0.36	0.39	0.03
应收代位追偿款	0.38	0.41	0.03
应收分保账款	31.66	42.62	10.96
应收分保未到期责任准备金	30.25	33.85	3.61
应收分保未决赔款准备金	32.48	37.65	5.17
应收分保寿险责任准备金	36.20	56.60	20.40
应收分保长期健康险责任准备金	8.98	9.35	0.36
保户质押贷款	435.78	499.82	64.04
贷款	4.47	5.11	0.64
存出保证金	1.20	1.78	0.58
定期存款	0.30	0.00	-0.30
可供出售金融资产	5.95	7.44	1.49
持有至到期投资	—	—	—
长期股权投资	—	—	—
存出资本保证金	3.60	3.60	0.00
投资性房地产	1.92	2.05	0.13
固定资产	68.75	69.96	1.21
无形资产	7.58	7.98	0.40
独立账户资产	72.56	107.04	34.48
递延所得税资产	0.08	0.09	0.01
系统内往来（借项）	5,399.48	6,567.79	1,168.31
内部往来（借项）	297.25	331.00	33.75
其他资产	182.09	45.71	-136.39
资产总计	6,839.23	8,072.06	1,232.83

续表

负债及所有者权益	年初数	期末数	比年初增减
短期借款	—	—	—
存入保证金	3.06	2.76	-0.30
拆入资金	—	—	—
交易性金融负债	—	—	—
衍生金融负债	—	—	—
卖出回购金融资产款	0.00	0.18	0.18
应付手续费及佣金	45.20	43.70	-1.50
应付营销费用（养老）	0.00	0.00	0.00
预收保费	156.31	152.68	-3.62
应付职工薪酬	29.74	32.11	2.37
应交税费	7.32	9.16	1.84
保险保障基金	9.52	5.45	-4.07
应付赔付款	139.13	152.46	13.34
其他应付款	42.36	45.96	3.61
应付保单红利	185.34	206.41	21.07
应付分保账款	39.49	81.86	42.37
未到期责任准备金	447.18	483.70	36.52
未决赔款准备金	309.32	356.63	47.31
其中：已发生未报告未决赔款准备金	110.82	119.02	8.20
寿险责任准备金	7,447.10	8,810.92	1,363.83
长期健康险责任准备金	696.31	914.07	217.76
保户储金及投资款	1,989.96	2,282.36	292.41
长期借款	—	—	—
应付债券	—	—	—
卫星发射保险基金	—	—	—
独立账户负债	72.56	107.04	34.48
递延所得税负债	0.05	0.03	-0.02
系统内往来（贷项）	-2,619.95	-2,870.01	-250.06
内部往来（贷项）	-561.73	-758.98	-197.24
其他负债	29.86	34.18	4.32
负债合计	8,468.11	10,092.68	1,624.57
所有者权益（或股东权益）	—	—	—
实收资本（或股本）	18.00	18.00	0.00
资本公积	-18.63	-36.43	-17.80
减：库存股	—	—	—
盈余公积	—	—	—
一般风险准备	—	—	—
未分配利润	-1,628.25	-2,002.19	-373.94
外币报表折算差额	—	—	—
少数股东权益	—	—	—
所有者权益合计	-1,628.88	-2,020.62	-391.74
负债及所有者权益总计	6,839.23	8,072.06	1,232.83

山东省金融机构（含外资）本外币信贷收支分地区表

汇率：6.5249　　2020年末　　单位：亿元

地区	各项存款		其中：住户存款		各项贷款		其中：住户贷款	
	余额	比年初增减	余额	比年初增减	余额	比年初增减	余额	比年初增减
山东省	118,349.36	13,610.49	64,619.57	9,038.98	97,880.59	11,555.03	35,015.87	5,582.09
济南市	19,848.41	2,242.90	6,821.89	1,020.74	19,706.84	1,859.10	5,142.51	708.69
青岛市	20,507.12	2,630.79	8,158.35	1,281.76	21,064.81	2,854.86	6,645.00	952.86
淄博市	5,612.56	589.14	3,546.65	435.11	3,879.91	285.98	1,519.83	195.56
枣庄市	2,409.88	212.30	1,663.87	199.83	1,730.24	172.46	771.85	151.62
东营市	4,122.79	257.07	2,155.62	313.63	3,333.72	81.57	955.16	131.18
烟台市	9,997.80	881.96	5,833.93	734.23	6,661.95	848.69	2,257.34	368.98
潍坊市	10,076.49	1,325.89	6,181.26	860.96	7,574.15	1,035.37	2,780.85	421.86
济宁市	6,568.10	640.87	4,343.13	538.34	4,783.02	702.14	1,971.58	389.22
泰安市	4,602.67	469.99	3,071.34	395.32	3,137.44	438.80	1,355.60	197.86
威海市	4,732.78	481.83	2,907.25	397.11	3,396.61	512.61	1,355.73	196.75
日照市	3,127.12	399.91	1,821.49	259.20	2,974.29	429.20	909.28	132.17
原莱芜市	1,216.58	175.99	825.64	129.80	1,013.40	92.41	325.73	55.43
临沂市	8,192.59	1,109.34	5,213.11	735.48	7,008.77	1,088.61	4,011.30	800.14
德州市	4,296.25	495.15	3,060.05	453.80	2,534.92	318.70	1,289.22	210.89
聊城市	4,366.34	484.48	3,100.81	416.45	2,885.84	240.49	1,278.82	230.03
滨州市	3,442.62	484.66	1,996.50	289.31	2,904.13	221.42	941.16	160.45
菏泽市	5,039.29	699.13	3,916.43	579.92	3,022.24	396.26	1,466.26	259.28
省本部	189.97	29.08	2.24	-1.98	268.30	-23.64	38.65	19.14

山东省金融机构（含外资）人民币信贷收支分地区表

2020年末　　单位：亿元

地区	各项存款		其中：住户存款		各项贷款		其中：住户贷款	
	余额	比年初增减	余额	比年初增减	余额	比年初增减	余额	比年初增减
山东省	116,155.37	13,478.99	64,258.40	9,026.25	95,411.56	11,708.59	35,014.95	5,583.22
济南市	19,504.69	2,237.32	6,761.22	1,016.35	18,701.51	1,988.20	5,142.36	708.81
青岛市	19,821.80	2,538.83	8,030.95	1,275.71	20,210.96	2,879.14	6,644.70	953.20
淄博市	5,559.15	588.20	3,531.15	434.64	3,861.59	284.56	1,519.78	195.63
枣庄市	2,399.26	211.08	1,660.68	199.53	1,729.90	173.67	771.83	151.66
东营市	4,052.76	239.42	2,143.57	312.76	3,288.37	97.53	955.12	131.25
烟台市	9,479.12	958.96	5,790.59	737.17	6,343.98	861.64	2,257.27	369.08
潍坊市	9,974.73	1,314.93	6,162.23	860.46	7,487.30	1,031.74	2,780.79	421.92
济宁市	6,520.68	664.68	4,332.40	537.57	4,780.82	705.57	1,971.55	389.27
泰安市	4,558.64	464.82	3,060.91	395.80	3,136.32	439.89	1,355.57	197.90
威海市	4,613.79	460.62	2,883.14	396.26	3,374.32	506.82	1,355.69	196.80
日照市	3,107.31	398.52	1,814.63	259.17	2,957.60	416.96	909.26	132.19
原莱芜市	1,210.28	174.45	822.91	129.68	1,003.37	92.48	325.72	55.44
临沂市	8,144.26	1,085.88	5,204.80	734.97	6,996.41	1,080.10	4,011.26	800.20
德州市	4,270.51	488.08	3,054.00	453.44	2,533.93	319.93	1,289.20	210.93
聊城市	4,340.70	477.83	3,097.39	416.33	2,867.72	229.90	1,278.81	230.04
滨州市	3,398.48	461.46	1,992.50	288.87	2,874.83	216.28	941.14	160.47
菏泽市	5,009.25	684.85	3,913.11	579.51	2,994.33	407.81	1,466.25	259.29
省本部	189.96	29.07	2.23	-1.99	268.28	-23.63	38.64	19.15

山东省金融机构（含外资）外汇信贷收支分地区表

2020年末

单位：亿美元

地区	各项存款		其中:住户存款		各项贷款		其中:住户贷款	
	余额	比年初增减	余额	比年初增减	余额	比年初增减	余额	比年初增减
山东省	336.25	40.60	55.35	5.41	378.40	2.47	0.14	-0.15
济南市	52.68	4.21	9.30	1.23	154.08	-8.54	0.02	-0.02
青岛市	105.03	19.98	19.53	2.13	130.86	4.99	0.05	-0.05
淄博市	8.19	0.66	2.37	0.22	2.81	0.39	0.01	-0.01
枣庄市	1.63	0.28	0.49	0.07	0.05	-0.17	0.00	-0.01
东营市	10.73	3.22	1.85	0.24	6.95	-1.84	0.01	-0.01
烟台市	79.49	-5.90	6.64	0.01	48.73	1.30	0.01	-0.01
潍坊市	15.60	2.58	2.92	0.26	13.31	1.38	0.01	-0.01
济宁市	7.27	-2.94	1.64	0.22	0.34	-0.47	0.00	-0.01
泰安市	6.75	1.18	1.60	0.03	0.17	-0.15	0.00	0.00
威海市	18.24	4.22	3.70	0.36	3.42	1.05	0.01	-0.01
日照市	3.04	0.40	1.05	0.07	2.56	1.92	0.00	0.00
原莱芜市	0.96	0.28	0.42	0.04	1.54	0.09	0.00	0.00
临沂市	7.41	3.84	1.27	0.16	1.89	1.34	0.00	-0.01
德州市	3.95	1.27	0.93	0.11	0.15	-0.17	0.00	0.00
聊城市	3.93	1.21	0.52	0.05	2.78	1.70	0.00	0.00
滨州市	6.76	3.76	0.61	0.10	4.49	1.03	0.00	0.00
菏泽市	4.60	2.35	0.51	0.09	4.28	-1.38	0.00	0.00
省本部	0.00	0.00	0.00	0.00	0.00	0.00	0.00	0.00

山东省银行业金融机构（含外资）本外币营业收入、利润分地区表

汇率：6.5249

2020年末

单位：亿元

地区	营业收入	营业支出	营业利润	利润总额	净利润	未分配利润
山东省	3,342.13	2,420.84	921.30	914.85	743.30	1,232.46
济南市	604.81	409.69	195.12	196.59	150.20	223.56
青岛市	676.23	355.30	320.93	322.23	282.89	442.19
淄博市	129.78	111.80	17.98	17.67	13.60	43.58
枣庄市	62.21	34.62	27.59	27.42	22.84	23.07
东营市	92.75	223.56	-130.81	-130.96	-122.60	-92.34
烟台市	182.08	134.48	47.60	47.40	33.36	48.18
潍坊市	301.15	163.57	137.58	137.49	117.48	169.19
济宁市	182.49	142.95	39.54	38.12	33.46	36.43
泰安市	111.99	70.79	41.20	41.14	33.78	36.56
威海市	141.10	87.35	53.75	54.36	47.30	75.97
日照市	97.48	89.56	7.92	7.61	4.74	24.40
原莱芜市	40.99	31.06	9.93	2.50	0.14	14.06
临沂市	270.86	148.21	122.65	122.66	101.67	122.83
德州市	93.14	55.01	38.13	38.41	31.92	33.45
聊城市	100.65	101.14	-0.49	-0.53	-3.09	-1.18
滨州市	91.41	60.05	31.37	31.76	24.14	29.45
菏泽市	132.74	89.69	43.05	42.76	32.06	36.79
省本部	30.28	112.01	-81.73	-81.78	-60.59	-33.72

山东省金融机构（含外资）大中小微型企业本外币贷款（含直贴）情况分地区表

汇率：6.5249　　2020年末　　单位：亿元

地区	大型企业贷款		中型企业贷款		小型企业贷款		微型企业贷款	
	余额	比年初增减	余额	比年初增减	余额	比年初增减	余额	比年初增减
山东省	21,661.06	1,725.31	18,624.81	2,064.53	15,414.84	1,681.61	2,736.50	324.26
济南市	8,037.70	606.16	3,030.22	372.06	1,611.14	277.24	452.66	65.58
青岛市	5,007.34	564.80	5,114.22	752.82	2,878.24	640.75	716.00	116.17
淄博市	428.60	14.92	797.36	13.68	922.30	38.56	133.78	16.66
枣庄市	169.53	-4.30	375.96	12.67	234.35	-26.69	43.73	-1.90
东营市	760.06	-59.22	708.76	-111.45	794.87	83.83	69.93	18.68
烟台市	1,487.73	254.70	1,227.55	60.17	1,244.69	65.78	210.05	34.05
潍坊市	855.59	59.21	1,772.52	320.27	1,688.15	128.44	195.50	17.20
济宁市	962.72	104.98	841.04	93.88	671.68	71.80	87.93	6.05
泰安市	535.41	44.59	485.17	81.25	540.06	66.18	83.44	2.42
威海市	446.63	49.09	627.72	129.14	732.83	102.00	94.51	21.92
日照市	432.79	95.06	866.31	164.85	563.15	35.79	106.67	-43.59
原莱芜市	239.16	-11.78	125.54	7.03	222.40	32.61	42.31	-3.73
临沂市	708.85	25.03	823.67	62.61	1,060.43	144.73	143.29	20.28
德州市	203.60	13.34	377.25	53.28	461.71	6.91	52.34	8.75
聊城市	410.55	-19.31	394.66	-1.20	606.16	-11.75	85.84	-8.61
滨州市	632.33	42.68	554.66	-12.38	606.06	-22.44	138.44	45.87
菏泽市	288.41	-33.50	458.31	63.04	563.47	46.72	80.07	9.05
省本部	54.07	-21.14	43.92	2.79	13.14	1.15	0.00	-0.57

山东省金融机构（含外资）本外币涉农贷款分地区表

汇率：6.5249　　2020年末　　单位：亿元

地区	涉农贷款		涉农贷款余额占比（%）
	余额	同比增长（%）	
山东省	29,580.35	9.64	30.22
济南市	2,543.46	7.44	12.91
青岛市	3,061.99	18.42	14.54
淄博市	1,347.56	4.47	34.73
枣庄市	641.90	19.49	37.10
东营市	1,140.79	-6.09	34.22
烟台市	2,187.21	12.63	32.83
潍坊市	4,224.21	11.96	55.77
济宁市	2,173.30	15.98	45.44
泰安市	1,271.38	12.02	40.52
威海市	1,133.87	17.97	33.38
日照市	870.07	7.32	29.25
原莱芜市	217.05	1.05	21.42
临沂市	2,698.68	14.54	38.50
德州市	1,160.06	8.11	45.76
聊城市	1,457.18	-5.87	50.49
滨州市	1,706.18	-0.08	58.75
菏泽市	1,745.23	9.76	57.75
省本部	0.24	197.28	0.09

山东省金融机构本外币贷款质量情况分地区表

2020年末

单位：亿元

地区	不良贷款		不良贷款率(%)	
	本期	比年初增减	本期	比年初增减
山东省	1,986.18	-511.19	2.03	-0.86
济南市	222.22	-29.42	1.13	-0.28
青岛市	272.31	9.27	1.29	-0.14
淄博市	130.52	-36.48	3.36	-1.28
枣庄市	12.74	-7.06	0.74	-0.53
东营市	314.42	-75.45	9.43	-2.56
烟台市	137.32	-18.39	2.06	-0.62
潍坊市	79.08	-31.71	1.04	-0.65
济宁市	69.51	-43.17	1.45	-1.31
泰安市	58.45	-7.14	1.86	-0.57
威海市	33.57	-14.79	0.99	-0.69
日照市	76.64	-10.21	2.58	-0.84
原莱芜市	13.14	-2.17	1.31	-0.36
临沂市	70.78	-24.68	1.01	-0.60
德州市	70.72	-20.95	2.79	-1.35
聊城市	190.67	-71.91	6.61	-3.32
滨州市	158.44	-74.97	5.46	-3.24
菏泽市	75.42	-52.57	2.50	-2.38

注：本表数据来源于山东银保监局。

山东省金融机构（含外资）县域人民币存贷款简表

2020年末

单位：亿元

地区	各项存款			各项贷款		
	余额	比年初增减	同比增长（%）	余额	比年初增减	同比增长（%）
山东省	116,155.37	13,478.99	13.13	95,411.56	11,708.59	13.99
济南市	19,504.69	2,237.32	12.96	18,701.51	1,988.20	11.90
市辖区	18,879.37	2,153.62	12.88	18,300.58	1,939.05	11.85
平阴县	274.12	37.75	15.97	182.74	17.41	10.53
济阳区	346.21	49.83	16.81	236.28	46.97	24.81
商河县	251.41	26.20	11.63	165.63	29.20	21.40
章丘区	1,005.47	130.28	14.89	732.02	127.16	21.02
青岛市	19,821.80	2,538.83	14.69	20,210.96	2,879.14	16.61
市辖区	17,127.21	2,127.97	14.19	17,975.68	2,454.61	15.81
黄岛区	2,392.24	326.80	15.82	2,249.21	331.46	17.28
胶州市	1,110.05	131.39	13.43	1,045.19	201.91	23.94
即墨区	1,427.86	216.35	17.86	1,168.84	170.74	17.11
平度市	913.10	158.52	21.01	543.55	81.09	17.53
莱西市	602.89	119.88	24.82	545.50	130.82	31.55
淄博市	5,559.15	588.20	11.83	3,861.59	284.56	7.96
市辖区	4,504.78	438.37	10.78	3,022.85	229.01	8.20

续表1

地区	各项存款			各项贷款		
	余额	比年初增减	同比增长（%）	余额	比年初增减	同比增长（%）
淄川区	662.39	81.50	14.03	330.79	46.97	16.55
博山区	397.22	45.13	12.82	172.83	17.45	11.23
临淄区	866.46	103.58	13.58	519.96	-41.84	-7.45
桓台县	500.89	67.53	15.58	441.48	8.27	1.91
高青县	212.29	30.44	16.74	160.96	19.64	13.90
沂源县	340.91	51.88	17.95	236.29	27.64	13.24
枣庄市	2,399.26	211.08	9.65	1,729.90	173.67	11.16
市辖区	1,520.56	117.99	8.41	1,130.22	112.23	11.02
薛城区	411.72	34.46	9.13	363.00	39.33	12.15
台儿庄区	138.64	12.22	9.67	98.44	16.92	20.75
滕州市	878.71	93.09	11.85	599.68	61.44	11.42
东营市	4,052.76	239.42	6.28	3,288.37	97.53	3.06
市辖区	3,163.88	124.18	4.09	2,506.31	139.40	5.89
垦利区	370.74	12.59	3.51	409.42	-0.92	-0.22
利津县	229.56	55.02	31.53	183.46	31.57	20.78
广饶县	659.32	60.21	10.05	598.61	-73.44	-10.93
烟台市	9,479.12	958.96	11.26	6,343.98	861.64	15.72
市辖区	4,973.50	517.66	11.62	3,858.60	564.77	17.15
牟平区	475.93	32.51	7.33	254.55	22.22	9.56
长岛县	49.38	1.30	2.71	14.76	1.63	12.43
龙口市	1,074.36	126.49	13.34	716.22	128.54	21.87
莱阳市	536.49	38.88	7.81	290.94	56.07	23.87
莱州市	866.63	98.80	12.87	331.84	41.99	14.49
蓬莱市	509.94	54.24	11.90	358.10	29.49	8.97
招远市	650.87	41.20	6.76	308.90	22.53	7.87
栖霞市	319.59	29.60	10.21	135.83	11.32	9.10
海阳市	462.02	44.61	10.69	301.85	-1.80	-0.59
潍坊市	9,974.73	1,314.93	15.18	7,487.30	1,031.74	15.98
市辖区	4,041.28	431.11	11.94	3,137.31	475.42	17.86
临朐县	574.67	68.25	13.48	364.13	57.27	18.66
昌乐县	452.27	52.55	13.15	397.43	66.76	20.19
青州市	929.45	143.75	18.30	603.89	74.27	14.02
诸城市	923.03	161.72	21.24	673.69	97.23	16.87
寿光市	1,276.66	222.73	21.13	924.01	98.49	11.93
安丘市	579.13	84.16	17.00	471.63	52.89	12.63
高密市	674.08	73.57	12.25	575.26	60.93	11.85
昌邑市	524.17	77.08	17.24	339.96	48.47	16.63
济宁市	6,520.68	664.68	11.35	4,780.82	705.57	17.31
市辖区	2,777.07	262.64	10.45	2,433.14	315.88	14.92
微山县	287.38	32.16	12.60	152.17	23.36	18.13
鱼台县	214.53	20.90	10.80	153.11	41.96	37.75

续表2

地区	各项存款			各项贷款		
	余额	比年初增减	同比增长（%）	余额	比年初增减	同比增长（%）
金乡县	326.50	33.41	11.40	201.07	29.16	16.96
嘉祥县	468.27	52.96	12.75	236.15	41.05	21.04
汶上县	367.32	42.37	13.04	203.10	35.65	21.29
泗水县	257.43	36.53	16.53	135.45	18.43	15.75
梁山县	470.99	58.59	14.21	212.05	37.08	21.19
曲阜市	421.98	39.84	10.43	247.32	39.73	19.14
兖州区	536.31	51.47	10.61	299.55	2.53	0.85
邹城市	929.20	85.28	10.11	807.28	123.27	18.02
泰安市	4,558.64	464.82	11.35	3,136.32	439.89	16.31
市辖区	2,246.52	211.56	10.40	1,787.80	285.80	19.03
宁阳县	370.79	39.83	12.04	207.36	34.05	19.64
东平县	369.96	44.11	13.54	275.78	16.90	6.53
新泰市	832.16	86.45	11.59	506.06	78.40	18.33
肥城市	739.21	82.87	12.63	359.32	24.75	7.40
威海市	4,613.79	460.62	11.09	3,374.32	506.82	17.67
市辖区	3,180.02	330.89	11.61	2,419.17	391.96	19.33
文登区	684.55	44.33	6.92	492.10	55.34	12.67
荣成市	960.76	80.99	9.21	699.67	71.15	11.32
乳山市	466.76	48.86	11.69	248.39	41.90	20.29
日照市	3,107.31	398.52	14.71	2,957.60	416.96	16.41
市辖区	2,121.34	260.81	14.02	2,307.60	322.84	16.27
五莲县	340.51	46.05	15.64	198.33	22.13	12.56
莒县	645.46	91.65	16.55	451.67	71.99	18.96
原莱芜市	1,210.28	174.45	16.84	1,003.37	92.48	10.15
市辖区	1,210.28	174.45	16.84	1,003.37	92.48	10.15
临沂市	8,144.26	1,085.88	15.38	6,996.41	1,080.10	18.26
市辖区	4,168.56	567.20	15.75	4,318.61	653.68	17.84
沂南县	486.89	72.35	17.45	278.82	50.23	21.97
郯城县	368.01	48.24	15.08	255.43	40.67	18.94
沂水县	613.11	83.70	15.81	377.94	13.24	3.63
兰陵县	474.79	69.53	17.16	355.25	69.21	24.20
费县	429.01	55.09	14.73	293.35	61.98	26.79
平邑县	390.98	41.84	11.99	255.84	47.39	22.73
莒南县	560.88	73.64	15.11	365.34	70.33	23.84
蒙阴县	296.09	36.85	14.21	189.25	32.71	20.90
临沭县	355.05	37.04	11.65	306.59	40.66	15.29
德州市	4,270.51	488.08	12.90	2,533.93	319.93	14.45
市辖区	1,638.31	148.86	9.99	1,087.27	103.43	10.51
陵城区	282.86	41.01	16.96	129.56	19.85	18.10
宁津县	344.10	42.48	14.08	133.32	29.04	27.84
庆云县	187.35	24.05	14.73	105.26	21.14	25.13

续表3

地区	各项存款			各项贷款		
	余额	比年初增减	同比增长（%）	余额	比年初增减	同比增长（%）
临邑县	318.43	45.12	16.51	140.43	13.73	10.84
齐河县	377.20	35.96	10.54	291.21	50.48	20.97
平原县	282.33	40.41	16.70	104.49	16.02	18.11
夏津县	250.78	33.53	15.44	141.69	16.86	13.50
武城县	247.03	37.26	17.76	108.65	13.80	14.55
乐陵市	311.46	41.22	15.25	195.07	26.86	15.97
禹城市	313.51	39.19	14.29	226.55	28.59	14.44
聊城市	4,340.70	477.83	12.37	2,867.72	229.90	8.72
市辖区	2,034.99	209.91	37.15	1,549.33	141.14	29.53
阳谷县	449.62	51.36	12.90	268.38	13.78	5.41
莘县	448.25	71.95	19.12	202.03	30.69	17.91
茌平区	424.68	45.66	10.47	226.33	21.04	4.54
东阿县	264.90	33.30	14.38	156.54	18.47	13.38
冠县	375.23	45.67	13.86	226.09	14.20	6.70
高唐县	299.73	43.62	17.03	216.01	11.77	5.77
临清市	467.96	65.09	16.16	249.34	4.29	1.75
滨州市	3,398.48	461.46	15.71	2,874.83	216.28	8.14
市辖区	1,433.03	200.66	16.28	1,226.73	132.86	12.15
惠民县	280.19	27.82	11.02	202.28	13.25	7.01
阳信县	208.34	35.95	20.86	170.79	30.40	21.65
无棣县	274.33	34.18	14.23	200.50	19.01	10.47
沾化区	192.86	28.12	17.07	119.52	21.34	21.74
博兴县	505.49	64.20	14.55	369.88	15.07	4.25
邹平市	697.10	98.65	16.48	704.65	5.69	0.81
菏泽市	5,009.25	684.85	15.84	2,994.33	407.81	15.77
市辖区	1,703.07	258.71	17.91	1,409.17	230.37	19.54
曹县	569.14	76.19	15.46	300.74	41.72	16.10
单县	473.30	62.85	15.31	263.13	41.09	18.51
成武县	316.12	38.76	13.97	121.60	12.09	11.04
巨野县	530.81	70.46	15.31	275.56	28.28	11.44
郓城县	640.28	83.60	15.02	273.55	26.90	10.90
鄄城县	393.40	58.34	17.41	156.57	26.82	20.67
定陶区	306.28	44.69	17.08	178.89	35.40	24.67
东明县	383.13	35.94	10.35	194.00	0.54	0.28
省本部	189.96	29.07	18.07	268.28	-23.63	-8.09
县域合计	39,029.56	4,929.11	14.45	25,481.89	3,129.59	14.00
县域占全省比重（%）	33.60	36.57	—	26.71	26.73	—

注：因行政区划调整，自2013年起，与黄岛区合并之后，胶南市列入青岛市辖区。自2014年起，兖州市改为兖州区，并入济宁市辖区。自2015年起，文登市改为文登区，并入威海市辖区；陵县改为陵城区，并入德州市辖区；沾化县改为沾化区，并入滨州市辖区。自2017年起，章丘市改为章丘区，并入济南市辖区；垦利县改为垦利区，并入东营市辖区；定陶县改为定陶区，并入菏泽市辖区；即墨市改为即墨区，并入青岛市辖区。自2018年起，济阳县改为济阳区，并入济南市辖区。自2019年起，茌平县改为茌平区，并入聊城市辖区。

“山东半岛蓝色经济区”人民币存贷款统计表

2020年末　　单位：亿元

地区	各项存款		各项贷款	
	余额	比年初增减	余额	比年初增减
山东省	116,155.37	13,478.99	95,411.56	11,708.59
山东半岛蓝色经济区	51,516.71	5,973.58	43,982.56	5,834.17
青岛市	19,821.80	2,538.83	20,210.96	2,879.14
东营市	4,052.76	239.42	3,288.37	97.53
烟台市	9,479.12	958.96	6,343.98	861.64
潍坊市	9,974.73	1,314.93	7,487.30	1,031.74
威海市	4,613.79	460.62	3,374.32	506.82
日照市	3,107.31	398.52	2,957.60	416.96
无棣县	274.33	34.18	200.50	19.01
沾化县	192.86	28.12	119.52	21.34
山东半岛蓝色经济区占全省比重（%）	44.35	44.32	46.10	49.83

“黄河三角洲高效生态经济区”人民币存贷款统计表

2020年末　　单位：亿元

地区	各项存款		各项贷款	
	余额	比年初增减	余额	比年初增减
山东省	116,155.37	13,478.99	95,411.56	11,708.59
黄河三角洲高效生态经济区	10,829.81	1,195.20	8,220.29	570.39
高青县	212.29	30.44	160.96	19.64
东营市	4,052.76	239.42	3,288.37	97.53
莱州市	866.63	98.80	331.84	41.99
寿光市	1,276.66	222.73	924.01	98.49
昌邑市	524.17	77.08	339.96	48.47
庆云县	187.35	24.05	105.26	21.14
乐陵市	311.46	41.22	195.07	26.86
滨州市	3,398.48	461.46	2,874.83	216.28
黄河三角洲高效生态经济区占全省比重(%)	9.32	8.87	8.62	4.87

“省会城市群经济圈”人民币存贷款统计表

2020年末　　单位：亿元

地区	各项存款		各项贷款	
	余额	比年初增减	余额	比年初增减
山东省	116,155.37	13,478.99	95,411.56	11,708.59
省会城市群经济圈	42,842.44	4,892.15	34,979.27	3,571.24
济南市	19,504.69	2,237.32	18,701.51	1,988.20
淄博市	5,559.15	588.20	3,861.59	284.56
泰安市	4,558.64	464.82	3,136.32	439.89
莱芜市	1,210.28	174.45	1,003.37	92.48
德州市	4,270.51	488.08	2,533.93	319.93
聊城市	4,340.70	477.83	2,867.72	229.90
滨州市	3,398.48	461.46	2,874.83	216.28
省会城市群经济圈占全省比重（%）	36.88	36.29	36.66	30.50

“西部经济隆起带”人民币存贷款统计表

2020年末　　单位：亿元

地区	各项存款		各项贷款	
	余额	比年初增减	余额	比年初增减
山东省	116,155.37	13,478.99	95,411.56	11,708.59
西部经济隆起带	31,425.40	3,696.35	22,386.25	2,967.94
枣庄市	2,399.26	211.08	1,729.90	173.67
济宁市	6,520.68	664.68	4,780.82	705.57
宁阳县	370.79	39.83	207.36	34.05
东平县	369.96	44.11	275.78	16.90
临沂市	8,144.26	1,085.88	6,996.41	1,080.10
德州市	4,270.51	488.08	2,533.93	319.93
聊城市	4,340.70	477.83	2,867.72	229.90
菏泽市	5,009.25	684.85	2,994.33	407.81
西部经济隆起带占全省比重（%）	27.05	27.42	23.46	25.35

2020年山东省银行业保险业运行报告

2020年，面对新冠肺炎疫情冲击和复杂的经济金融形势，全省银行保险机构持续加大金融风险攻坚力度，有力有效服务实体经济，实现了平稳有序发展。

一、资产负债规模快速增长，存贷款增量占比下降

截至12月末，山东省银行业资产总额为14.91万亿元，负债总额为14.37万亿元，分别较年初增加1.76万亿元和1.65万亿元，增速分别为13.35%、13.00%，增速为近年来最高点。从增量结构看，存贷款增量占比下降。各项存款增量占负债增量的81.74%，各项贷款增量占资产增量的65.32%，同比分别下降7.99个、20.63个百分点；标准化投资业务大幅增长。投资业务较年初增加3,000.88亿元，增速为24.31%，同比提高17.61个百分点，达2017年以来年度最高值。主要是法人机构投资业务增加2,951.43亿元，其中，债券投资增加3,115.29亿元，非标投资持续规范压缩，下降164.26亿元。

二、各项存款同比大幅多增，个人存款仍是拉动主力

2020年末，各项存款余额为11.55万亿元，较年初增加1.35万亿元，是2019年增量的1.59倍，增速为13.24%，达2014年以来年度最高值。从存款来源看，受金融市场波动加剧、疫情冲击等因素影响，居民“积谷防饥”观念增强，投资及消费意愿减弱，个人存款较年初增加9,024.33亿元，同比多增2,261.34亿元，占存款增量的66.96%。单位存款增量仅4,184.00亿元，不足个人存款增量的一半。从存款类别看，在结构性存款、保本理财压降影响，以及降息预期下，大额存单替代作用显现，定期存款较年初增加8,537.79亿元，占各项存款增量的63.18%，同比多增3,105.69亿元，其中主要是个人定期存款同比多增2,807.89亿元。结构性存款压降明显，较年初减少1,049.78亿元，较4月峰值减少2,423.76亿元。

三、信贷增量创历史新高，贷款结构有所优化

2020年末，各项贷款余额为9.79万亿元，较年初增加1.15万亿元，年度增量首次超过1万亿元，增速为13.31%，为2013年以来年度最高值。一是贷款结构有所优化。从期限结构看，中长期贷款增加8,375.73亿元，同比多增1,522.30亿元，特别是下半年，受企业生产恢复、基建项目发力等因素影响，中长期贷款增加3,921.32亿元，是下半年贷款总增量的1.17倍；从担保结构看，保证贷款占比为29.78%，同比下降2.42个百分点。二是积极服务重点领域和重大项目。制造业贷款扭转了2017年以来净减少的态势，较年初增加178.55亿元，同比多增1,494.90亿元；批发和零售业贷款较年初增加1,085.92亿元，同比多增469亿元，是2019年增量的1.13倍；基础设施建设领域贷款较年初增加2,704.14亿元，同比多增1,082.74亿元，增速为21.16%，高于各项贷款平均增速7.90个百分点。三是着力支持民营小微企业等薄弱领域。还原不良处置出表因素后民营企业贷款较年初增长3,972.31亿元，占全部企业贷款增量的41.90%；国标口径小微企业贷款较年初增加3,748.12亿元，增速为18.28%，高于各项贷款平均增速5.01

个百分点；个人经营性贷款较年初增加1,714.82亿元，是2019年增量的1.86倍，增速达28.04%。

四、不良处置持续发力，信用风险趋于收敛

2020年，银行业继续加大信用风险攻坚力度，坚持化解存量与管控增量有机结合，信用风险防控取得积极成效。一是不良贷款处置力度较大。全年共处置不良贷款2,566.80亿元，同比减少276.71亿元，但高于当年新形成不良贷款460.17亿元。其中，收回现金570.39亿元，核销1,482.29亿元，以物抵债78.27亿元，其他435.86亿元，占比分别为22.22%、3.05%、57.75%、16.98%。批量转让方式470.91亿元，同比减少582.99亿元。二是不良贷款保持“双降”。截至12月末，全省不良贷款余额为1,986.18亿元，不良贷款率2.03%，分别较年初减少511.79亿元、下降0.86个百分点，连续两年实现“双降”。三是风险分类真实性提升。逾期贷款余额为2,605.18亿元，较年初减少680.14亿元。逾期90天以上贷款与不良贷款的比例为83.47%，同比下降5.04个百分点。

五、保险业运行总体稳健，业务结构持续优化

2020年，受新冠肺炎疫情和行业改革等因素影响，保险发展的“危”与“机”并存，业务增速总体呈现“明显下滑—快速反弹—逐步回落”的特征。一是保费收入稳定增长。截至12月末，保险业原保险保费收入为3,482.49亿元，增速为7.52%，同比下降1.91个百分点，但高于全国平均水平1.39个百分点。疫情进一步催化了线上业务发展，网销车险和网销人身险保费同比分别大幅增长61.22%和123.78%。二是业务结构持续优化。受车险综合改革影响，车险增速同比下滑1.44个百分点，非车险成为业务增长的主要支撑力量，增速和占比较2019年分别提升2.52个、3.64个百分点；疫情明显提升了社会公众的健康意识，保障程度较高的健康险、普通寿险保费增速分别达18.07%、20.45%，分红寿险、投连险、万能寿险等投资型险种同比分别下降6.45%、2.7%和8.00%。三是服务能力不断提升。保险业全年提供风险保障248.23万亿元，赔付支出1,036.48亿元，同比分别增长31.68%、14.73%。

（李江涛）

2020年山东省资本市场运行报告

2020年，山东省资本市场整体运行平稳，资本市场支持疫情防控和经济社会发展的一系列政策措施落地实施，直接融资规模大幅增加，重点领域风险稳步化解，资本市场服务经济社会发展的质效不断提升。

一、市场主体发展情况

（一）拟上市公司概况

2020年，全省新增81家公司辅导备案，18家企业首发上市。截至2020年末，全省共有拟上市公司150家，其中过会待发、待注册22家，在审企业28家，在辅导企业100家。各地市拟上市公司数量排名前五位的分别为青岛（35家）、济南（26家）、烟台（16家）、淄博（16家）、潍坊（16家）。

（二）上市公司概况

截至2020年末，全省共有境内上市公司229家，较2019年末增加18家（首发上市17家，外省迁入1家），位列广东、浙江、江苏、北京、上海之后，居全国第6位；其中主板111家，中小板69家，创业板40家，科创板9家；总市值为32,375亿元，市值超千亿元的公司有7家，为万华化学、歌尔股份、潍柴动力、中泰证券、中航沈飞、海尔智家、青岛啤酒；地市分布数量排名前五位的是分别是青岛（44家）、烟台（42家）、济南（35家）、潍坊（24家）、淄博（23家）。

（三）新三板挂牌公司概况

截至2020年末，全省有新三板挂牌公司506家，其中创新层69家，挂牌公司及创新层家数均居全国第6位。2020年，全省新增挂牌公司20家，有54家公司摘牌。

截至2020年末，全省有19家新三板公司申报精选层，其中万通液压、数字人、建邦股份、丰光精密4家公司已在精选层发行；2家已通过全国股转公司审查；2家正在全国股转公司审查；1家终止申报；10家处于辅导期。

（四）证券经营机构运行情况

截至2020年末，全省共有证券公司2家，证券分公司124家，证券营业部572家；投资咨询公司3家，分公司11家。

截至2020年末，2家证券公司——中泰证券和中信（山东）证券共设有营业部359家，总资产为1,794.44亿元。2020年，2家公司共实现营业收入99.16亿元，同比增长24.00%；实现利润总额38.18亿元，同比增长28.00%；代理证券总交易额为20.47万亿元，同比增长64.95%。

截至2020年末，全省证券营业部投资者资金账户开户数为1,237.05万户，管理客户资产18,229.12亿元。2020年全年，实现营业收入59.03亿元，同比增长42.10%；实现利

润总额11.48亿元，同比增长410.22%；实现总交易额19.63万亿元，同比增长40.62%。

（五）期货经营机构运行情况

截至2020年末，全省共有期货公司3家，期货分公司66家，期货营业部95家。截至2020年末，鲁证期货、招金期货和中州期货共设有营业部52家，总资产为179.65亿元，投资者开户数为18.13万户。2020年，3家期货公司共实现营业收入63,765.24万元，同比增长49.55%；实现净利润11,251.08万元，同比增长647.23%；实现代理交易额11.72万亿元，同比增长43.64%。

截至2020年末，全省期货分支机构投资者开户数为31.30万户。2020年全年，实现营业收入7.47亿元，实现利润总额8,524.2万元，同比减少140%；实现代理交易额20.78万亿元，同比增长48.85%。

（六）私募投资基金机构运行情况

截至2020年末，全省在中国证券投资基金业协会登记的私募投资基金管理机构为707家，居全国第8位。全省已登记的私募投资基金管理机构管理基金1,711只，管理规模为2,581.72亿元。

二、直接融资情况

（一）首发上市

2020年，全省新增境内首发上市企业17家，新增上市公司数量占全国新增上市公司数量（394家）的4.31%，募集资金合计153.99亿元。

（二）股权再融资

2020年，全省境内上市公司股权再融资（含可转债）规模为318.66亿元，较上年同期增长116.95%。全省新三板挂牌公司通过定向发行股份募集资金10.54亿元，较2019年下降18.8%。

（三）公司债券融资

2020年，全省公司债券（含ABS，不含可转债）发行规模为2,320亿元，发行规模较上年同期增长36.00%，融资规模创历史新高。从地市分布情况来看，济南市、青岛市、潍坊市的发行规模居前三位。截至2020年末，全省有681只公司债券尚在存续期，债券余额合计为7,098亿元。

截至2020年末，全省184只资产证券化产品尚在存续期，对应余额为499.47亿元。从地市分布情况来看，济南市、潍坊市和青岛市存续资产证券化产品余额居前三位，分别为168亿元、148亿元和113.47亿元。

（四）并购重组情况

2020年，全省有165家次上市公司并购重组事项，涉及金额750.07亿元。

（肖永泼）

2020年山东省金融稳定报告

2020年，山东金融业全面贯彻落实党中央、国务院和省委省政府各项决策部署，防范化解重大金融风险攻坚战取得重要成果，区域金融运行总体平稳。全省社会融资规模等主要金融指标增速创历史新高，信贷结构持续优化，金融机构组织体系更加健全，支持实体经济质量进一步提升。经济金融运行中的结构性矛盾和薄弱环节仍然突出，经济下行压力较大，实体经济领域风险继续向金融行业传导，金融风险防控压力依然较大。

一、宏观经济与金融稳定

（一）经济运行基本情况

2020年，全省经济发展好于预期，全年实现生产总值73,129.00亿元，比上年增长3.60%。三次产业比例为7.3∶39.1∶53.6。服务业对经济增长的贡献率达55.10%。对外贸易逆势上扬，进出口增长7.50%，出口增长17.30%。动能转换初见成效，全年压减焦化产能729万吨，退出地炼产能1,176万吨。“新技术、新产业、新业态、新模式”经济增势强劲，实现增加值占比达到30.20%，投资占比达到51.30%，新登记“四新”经济企业增长83.40%。高技术制造业增加值增长9.80%。地方一般公共预算收入增长0.60%，回落8.50个百分点；一般公共预算支出增长6.30%，回落2.80个百分点。城镇新增就业122.70万人，减少11.28%；城镇登记失业率为3.10%，下降0.19个百分点。居民人均可支配收入为32,886.00元，增长4.10%；人均消费支出为20,940.00元，增长2.50%。

（二）经济运行中存在的问题

经济发展内生动力依然不足，经济下行压力仍然较大。投资需求有待提升，服务业投资比重、高新技术产业投资占比较低，利用外资增长后劲不足；“四新”经济规模偏小、比重低，区域分化态势明显；财政收支困难突出，一般公共预算收支缺口有所扩大；就业结构矛盾加剧，“就业难”和“招工难”并存；疫情叠加全球经济走低，进口持续低迷。

（三）经济运行对金融稳定的影响

疫情纾困政策使得部分风险被延缓暴露，资产质量劣变承压，贷款下迁压力较大；重点房企资金监测、融资监管规则（“三道红线”）和房地产贷款集中度管理制度出台，银行对发放房地产开发贷款的态度更加审慎，房地产企业银行信贷融资难度加大；产能整合转移外溢风险突出，信用风险规模大、占比高；地方政府隐性债务风险依然面临不确定性，专项债主要流入土储或棚改，对投资引领作用有限；地方财政收支差额扩大，政府处置风险能力减弱，金融风险防控形势依然严峻。

二、金融业与金融稳定

（一）银行业

1.总体运行状况。截至2020年末，全省银行业机构资产总额为14.91万亿元，增长13.35%；负债总额为14.37万亿元，增长13.00%。各项存款余额为11.55万亿元，增长13.24%，增速为2014年以来年度最高值；各项贷款余额为9.79万亿元，增长13.26%，增速为2013年以来年度最高值。全省共有国有、政策性、股份制二级分行以上机构687家，法人银行业机构281家，银行业从业人员24.49万人。全省社会融资规模新增2万亿元，增量创历史新高。全年新增贷款1.15万亿元，年度增量首次超过1万亿元。制造业贷款扭转了2017年以来净减少的态势，较年初新增178.55亿元。小微企业贷款较年初新增3,748.12亿元，增速为18.28%，高于各项贷款平均增速5.01个百分点；个人经营性贷款较年初新增1,714.82亿元，是2019年增量的1.86倍，增速为28.04%。全省银行业实现账面净利润742.01亿元，在让利实体经济的背景下，银行业积极降低企业融资成本，同时加大融资支持力度，利息收入呈现“价减量增”的特点。

2.需关注的问题。一是信用风险形势依然严峻。截至2020年末，全省不良贷款余额较年初减少512亿元，不良贷款率较年初下降0.86个百分点。但疫情纾困政策使得部分风险被延缓暴露，关注类、逾期类贷款占比高，未来资产质量劣变承压，将进一步加大信用风险的不确定性。二是不良贷款处置难度增加。三年风险攻坚战期间，全省银行业共处置不良贷款7,000多亿元，在化解风险、腾挪出信贷空间的同时，也消耗了大量财务资源和优质资产，不良贷款继续大规模处置难度增加。三是部分区域信贷风险较为集中。4个地市不良贷款余额超过150亿元，3个地市不良贷款率高于5.00%，6个县市不良贷款率超过10.00%。部分地市大型出险企业较多，关联互保关系复杂，风险处置难度较大，不良贷款“前清后冒”问题突出，金融生态环境修复难度大。

（二）证券期货业

1.总体发展状况。2020年，山东省2家法人证券公司累计实现营业收入99.16亿元，同比增加19.19亿元。其中，因股票市场交投活跃，经纪业务手续费净收入同比增加13.12亿元；利息净收入同比增加6.37亿元；全年累计实现净利润31.27亿元，同比增加6.31亿元。2020年，全省取缔6家产权类交易场所的业务资格，现存13家，交易场所日趋规范成熟。截至2020年末，全省上市公司共334家，新增29家，其中科创板企业9家。目前排队上市企业共56家，其中科创板企业10家。2020年，山东省着力支持企业多渠道融资，提高直接融资比重。首发上市企业募集资金119.32亿元，同比增长65.00%；24家上市公司股权再融资规模达156.67亿元，同比增长5倍多；6家公司完成重大资产重组，涉及资产约66.44亿元。债券融资方面，公司债券（含ABS）募集资金2,485亿元，同比增长46.00%。

2.需关注的问题。一是公司债券发行难度和违约风险加大。2020年末信用债市场违约事件频发，导致部分国有企业推迟或取消债券发行，部分企业集中到期续发压力较大，个别企业出现短期偿债能力指标、营业收入下滑等情况。2020年，省内共有14只债券发生违约。二是部分上市公司存在股票质押风险。截至2020年末，有29家上市公司控股股东股票质押比例超过70.00%，有20家上市公司全部股票质押比例高于30.00%。三是可转债市场风险需要关注。2020年全国发行规模高达2,433.61亿元，同比增长87.17%，可转债投资存在强制赎回、下修转股价、信用级别下调等风险。四是权益类公募基金发行规模大，抱团持仓现象较为严重，加大了集中抛售风险，应予以关注。

（三）保险业

1.总体发展状况。截至2020年末，全省共有法人保险公司5家，其中财产险公司3家，寿险公司2家。省级分公司以上保险主体96家，保险公司分支机构7,586家。全省保险业总资产为8,072.00亿元，较年初增长18.00%。全年实现保费收入3,482.50亿元，增速为7.52%，高于全国平均水平1.39个百分点。受疫情影响，人身保险行业回归风险保障，产品结构不断优化，保障程度较高的健康险、普通寿险保费收入增速分别达14.92%、20.45%。受车险综合改革影响，车险增速同比下滑1.44个百分点，非车险成为业务增长的主要支撑力量，增速和占比较2019年分别提升2.52个、3.64个百分点。全年提供风险保障248.23万亿元，赔付支出1,036.48亿元，同比分别增长31.68%、14.73%。

2.需关注的问题。一是行业信用风险防控压力较大。在经济转型、去杠杆和打破刚性兑付的背景下，保险资金运用面临的信用环境严峻，保险资金配置固定收益类资产面临的信用风险加大。二是保险公司业务转型面临多重挑战。车险综改将进一步加速财险市场主体分化，马太效应凸显；改革将倒逼中小险企聚焦非车险业务的发展。人身险新单保费增速放缓，产品同质化和行业内卷问题较为严重。三是法人机构整体实力较弱。全省5家法人机构资产规模小，综合实力较弱，受地域条件、品牌知名度等因素影响，人才引进和业务拓展难度较大。

（四）金融业综合经营

1.整体发展情况。2020年，全省金融机构理财业务中净值型银行理财产品继续稳步增长，净值型产品余额同比增长124.17%，占比提高32.15个百分点。保本型理财产品余额同比下降85.14%，占比降至0.74%。投资方式仍以标准化资产为主，债券等标准化资产投资余额为14,246.72亿元，占比为86.79%，同比提高5.03个百分点。信托、黄金等代理类业务增长幅度大，代理信托产品和黄金产品同比分别增长16.00%、79.00%。

2.需关注的问题。一是底层资产违约现象较为突出。由于企业债券风险集中暴露，自2018年末以来投资于各类企业债券的资管产品违约现象凸显。二是中小法人银行底层资产处置困难。在新冠肺炎疫情发生、监管趋严的背景下，中小法人机构资产处置压力剧增。三是中小法人银行净值型产品研发能力不足。省内中小法人银行在理财产品设计、研发定价、终端风险对冲等高端领域的服务能力明显不足，资产管理业务开展面临较大挑战。

三、金融市场与金融稳定

（一）货币市场与债券市场成交量同比大幅增长，资金净融入大幅下降

2020年，全省共有294家市场成员和非法人投资主体参与货币市场和债券市场交易，同比增加79家。全省市场参与主体总成交量为83.78万亿元，同比增加21.88万亿元，同比增长35.40%。全年净融入资金2.80万亿元，同比下降2.78万亿元。

（二）票据市场运行平稳，全年票据贴现利率在合理区间内波动

2020年，山东省票据贴现发生额为9,738.80亿元，同比增加309.90亿元。银票贴现利率在3.50%左右波动，商票贴现利率比银票高160个基点左右，在5.10%左右波动。

（三）债务融资工具规模同比快速增长，国有企业占据市场主导地位

2020年，全省非金融企业共发行信用债730单、金额6,858.10亿元，其中债务融资工具458单、金额3,995.90亿元，同比分别增加110单、927.80亿元。全省存续期内非金融企业信用债券共1,453单，余额为13,618.10亿元，同比增加2,857.60亿元。伴随着国内疫情防控形势持续向好，企业抓紧复工复产，债券融资需求也相应回升。从发行主体所有制结构看，国有企业仍占据市场主导地位。2020年，63家国企共发行债务融资工具445单，融资3,887.40亿元，融资额占比为97.30%。

（四）黄金市场交易价格持续走高

截至2020年末，全省12家黄金交易所会员企业累计完成成交量2,082.50吨，其中买入量899.60吨，卖出量1,182.90吨。受新冠肺炎疫情和全球中央银行宽松政策影响，2020年黄金价格再创新高，突破历史高点并创新高2,075.14美元/盎司。国内金价走势主要受国际金价影响，变动趋势基本一致。

四、金融服务与金融稳定

2020年，山东省金融基础设施不断完善，金融服务水平不断提升，金融生态环境持续优化，为金融业稳定健康运行奠定了良好的基础。

（一）金融监管协调框架逐步完善

2019年，山东省在全国率先建立地方金融监管协调机制，2020年初转型升级为金融委办公室地方协调机制（山东省），先后召开了由省分管领导主持的联席会议2次，专题会议4次、联络员会议1次，围绕稳企业保就业、金融风险化解处置、消费者权益保护等出台细化措施，深入开展“金融诊疗”助企专项行动，联合12个部门印发了《山东省“金融诊疗”助企行动工作方案》，制定印发了《山东省处置集中取款事件应急预案》，强化风险监测信息机制性共享，绘制全省“金融风险图谱”，持续提升辖区金融风险监测预警水平，稳妥推进金融风险化解。

（二）金融法治环境不断改善

人民银行济南分行不断提升金融消费者权益保护水平，围绕“一点接入、集中处理”工作原则，2020年，山东省12363呼叫中心累计接听消费者来电2万余件，建立疫情监测日报和涉疫投诉咨询事项重点跟踪督办制度，做好涉疫事项处理。成立山东省金融消费权益保护协会，推动辖区协会与法院、仲裁和人民调解组织开展工作对接，实现诉调对接机制省、市、县三级全覆盖。与省银保监局、省证监局和地方金融监督管理局共同签署《山东省金融消费者（投资者）权益保护合作备忘录》，细化金融消费权益保护领域的监管协调内容，加大金融消费权益保护监管协同力度。

（三）支付体系建设持续深入

人民银行济南分行印发《山东省本外币合一银行结算账户体系试点实施方案》（济银发〔2020〕169号），夯实山东省试点工作制度基础，全面推行开立、注销企业开销户预约办理。印发《中国人民银行济南分行“农村支付服务环境优化提升年”活动实施方案》，打造“三公里支付服务圈”、“一市一品”农村特色支付服务名片，持续优化农村支付服务资源配置。印发《山东省2020年移动支付便民工程推广实施方案》，确定公共事业、交通、文教卫生等领域为集中攻坚领域，持续优化支付服务供给结构。组织279家银行接入山东省农民工工资支付监管平台，指导银行通过“绿色通道”紧急开立涉疫账户、办理涉疫资金汇划业务、减免商户银行卡手续费、通过云闪付发放惠民券，精准助力疫情防控与复工复产。2020年，山东省内大额支付系统

共处理业务0.70亿笔，同比减少55.60%，清算金额为284.30万亿元，同比增长15.80%。小额支付系统共处理业务4.30亿笔、金额21.30万亿元，同比分别增长25.70%、182.20%。

（四）信用体系建设稳步推进

顺利完成一二代征信系统切换工作，全省114个人民银行查询柜台、402台个人信用报告自助查询机、150余家征信系统接入机构顺利完成一二代征信系统查询切换，二代征信系统正式上线。建立完善征信报数程序测试验收、按季度量化评价和异常数据监测等多层次数据质量管理体系，保障金融信用信息基础数据库数据的完整性、准确性和及时性，山东省纳入征信系统数据准确率始终保持在99.00%以上。大力推进商业银行自助查询网点和自助查询设备布设，推广商业银行网银和手机银行征信查询服务，2020年全省共提供个人信用报告查询767.80万次、企业信用报告查询15.70万次。落实征信市场准入“负面清单”制度，指导全辖清理名称或注册范围中含有“征信”但不从事征信业务的机构284家。

（五）反洗钱工作持续加强

反洗钱监管力度不断加大，建立“银警”“银检”合作机制，与山东省公安厅建立“山东省预防、打击洗钱犯罪银警合作机制”，与山东省人民检察院建立“山东省预防、打击洗钱犯罪银检合作机制”。与山东银保监局、山东证监局、山东省地方金融监督管理局联合建立“山东省金融监管部门反洗钱工作合作机制”，确定了“坚持一个原则、突出一条主线、规范一个流程、确定一个重点、实现一个目标”的总体框架。2020年，组织对42家县级以上义务机构开展了执法检查，检查并完成处罚的项目共21个，全部处罚项目均严格执行“双罚”，处罚金额总计1,616.55万元。印发《山东省特定非金融机构及社会组织反洗钱工作指导意见》，为全省特定非金融机构反洗钱工作的开展提供依据，并以房地产领域为试点，推动14家房地产机构接入反洗钱监测分析二代系统。

（六）货币流通管理不断深化

现金流通渠道不断畅通，人民银行济南分行充分利用总行货币金银管理系统，不断充实和完善济南分行货币发行管理监测系统，2020年，山东省银行业金融机构库存现金余额总计306.94亿元，同比增加16.33亿元，同比增幅为5.62%。2020年现金供应及时，银行业金融机构对现金需求满意度显著提升，各券别现金满足率均在80.00%以上。积极推进反假工作转型与深化，形成山东省反假货币工作网络体系，推动反假货币工作“打、防、宣、教、管”长效机制建设，进一步完善反假货币社会管理综合治理体系。认真落实新的反假货币培训工作制度，督导金融机构落实主体责任，2020年共收缴、没收假币22.95万张（枚）、金额1,777.96万元，其中，金融机构柜台收缴16.75万张（枚）、金额1,391.80万元，公安机关没收6.14万张（枚）、金额384.73万元。

（七）金融宣传和投资者风险教育扎实推进

组织开展2020年全民国家安全教育日普法宣传活动、金融法律普及活动、“七五”普法自查自评以及第十七届全国法治动漫微视频作品征集展示活动。按照“集中性+阵地化”的宣传思路，主动牵头协调银保监局、证监局、地方金融监督管理局、省委网信办等部门联合开展金融知识宣教工作。在全国率先建立“一行二局一厅”共同推进中小学金融知识纳入国民教育体系的工作机制，四部门共同开展相关工作。积极指导辖区有条件的机构和单位创建金融教育示范基地，组织开展山东省首批省级金融教育示范基地评审，2020年共命名日照银行等3家基地作为省级金融教育示范基地。

五、政策建议

2020年，全省金融风险形势依然严峻，经济下行压力加大，发展不平衡不充分问题仍然比较突出，做好常态化金融风险防控压力较大。妥善应对当前面临的困难和问题，要继续以习近平新时代中国特色社会主义思想为指导，坚决贯彻中央经济工作会议和党中央、国务院的各项部署，坚持稳中求进工作总基调，持续防范化解金融风险，增强金融风险治理能力，提升风险防控的前瞻性、全局性和科学性，统筹金融发展与金融安全，牢牢守住不发生系统性金融风险的底线。

一是实施灵活精准、合理适度的货币信贷政策。疏通货币政策传导渠道，创新直达实体经济的政策工具和制度安排，发挥好金融机构作为政策传导主渠道的作用。发挥金融支农支小政策合力，强化涉农涉小信贷创新激励，督促金融机构加大对实体经济的资金支持力度。

二是持续强化金融监管协调。充分发挥金融委办公室地方协调机制（山东省）平台作用，进一步强化央地间、跨部门监管协同，避免监管冲突、监管重叠及监管空白。重点加强跨市场、跨业态交叉性金融业务的监管，分析业务模式，提出规制建议。与地方政府建立常态化、机制化会商制度，落实地方政府属地金融监管和风险防范处置责任。

三是及时转入常态化风险防控和风险处置。加强信息共享、联合研判，构建判断金融风险是否具有系统性影响的“定性+定量”“主观+客观”分析框架，提高风险预判的准确性和前瞻性。坚持稳中求进、市场化、法治化、压实各方责任等工作原则，及时有效处置各类风险，坚决阻断风险蔓延。进一步发挥存款处置平台作用，探索多种市场化、法治化方式，支持中小银行化解风险和补充资本。

四是优化金融生态环境。严厉打击逃废债行为，强化银企互信，推动辖区信用环境建设，完善地方金融生态环境。加强金融消费者权益保护，严肃查处侵害金融消费者合法权益的违法违规行为，倡导负责任金融理念，构建普惠金融发展良好生态，促进区域经济金融健康发展。

五是加强金融风险防控长效机制建设。逐步健全以宏观审慎监管为统领、以微观审慎监管为基础、以行为监管为支撑，存款保险、中央银行最后贷款人有效发挥功能的更加强健有效的金融安全网体系。

（张 宁）

2020年山东省支付体系运行分析报告

2020年，在面临新冠肺炎疫情严重冲击的情况下，山东省支付体系保持安全平稳运行，有力支持了山东省经济持续有序化解不利影响、回升向好发展，全省居民的支付服务获得感、幸福感、安全感进一步增强。

一、山东省社会交易资金情况

2020年，山东省通过大小额支付系统流往外省81.9万亿元，省外资金流入山东79.8万亿元，资金净流出2.1万亿元，同比多流出0.9万亿元，延续2018年以来净流出态势。

从资金流动总量来看，2020年与山东省资金往来最密切的6个省市是北京、上海、广东、福建、浙江、江苏，金额合计占比为81.9%。其中，山东省与北京资金往来规模最大，驻鲁金融机构与其总部之间资金往来较多是重要原因；与上海、广东、福建、浙江、江苏5省市之间资金流动总量较大，反映出山东省与这五个省市间经济往来较为密切。

从资金净流动情况看，2020年排在山东省资金净流入来源地前六位的省市分别是广东、江苏、福建、河北、江西、湖北，在一定程度上反映出这些省市是山东省外来投资来源地和商品销售重要市场。2020年在山东省资金净流出省市中位列前六位的分别是上海、河南、天津、辽宁、浙江、吉林，在一定程度上反映出这些省市是山东省对外投资的重要目的地和商品采购重要市场。

二、山东省银行结算账户发展情况

2020年，山东省银行结算账户数量持续稳步增长。截至年末，全省单位账户存量共计561.5万个，同比增长12.2%。从行业分布看，全省新开立基本存款账户数量位居前五位的行业分别是批发和零售业、建筑业、租赁和商务服务业、制造业、居民服务业；分产业看，新开立第一、第二、第三产业基本户占比分别为4.8%、22.0%、73.2%；从注册资金规模看，全省注册资金规模在100万元以下的新开立基本存款账户占比为61.8%。

个人账户方面，省内各银行按照风险分级和业务分类管理原则，积极推进Ⅱ类、Ⅲ类个人银行结算账户创新应用，有效满足个人客户差异化资金管理和使用需求，银行账户服务水平进一步提升。

三、山东省非现金支付业务发展情况

2020年，山东省共办理非现金支付业务184.9亿笔、金额186.4万亿元，同比分别增长6.9%和7.9%。

一是银行卡发卡规模持续扩大，消费业务大幅增长。截至2020年末，山东省累计发行银行卡6.7亿张，同比增长5.0%；累计布放ATM 7.0万台，同比下降9.9%。从银行卡交易情况看，全年山东省银行卡交易179.3亿笔、金额64.0万亿元，同比分别增长6.9%和2.7%。其中银行卡消费93.1亿笔、金额8.1万亿元，同比分别增长7.4%和4.3%；分行业看，银行卡刷卡消费范围已扩展至30余个行业，几乎涵盖所有类别的商品交易领域。

二是移动支付业务量保持增长态势。2020年，山东省银行业共办理移动支付业务29.7万亿元，同比增长25.8%，占非现金支付业务的15.9%；移动支付已成为社会公众高频使用的电子支付方式之一。

三是商业汇票业务规模持续增长，支票仍占据绝对份额。由于企业网银等电子支付工具的替代作用，票据结算量持续下降。2020年，全省共办理票据结算业务875.20万笔、金额7.4万亿元，同比分别下降25.9%和5.7%，在非现金支付业务中占比分别为0.05%和4.0%。其中，商业汇票结算金额为1.9万亿元，同比增长8.5%，增速上升8.3个百分点；支票结算金额为5.5万亿元，占比为74.8%。

（刘亚迪）

2020年山东省国库资金运行报告

2020年，全省一般公共预算收入自11月起增速由负转正，税收收入降幅自5月以来逐月收窄；土地出让收入年末增长较多，12月收入占全年收入的比例超过三成；一般公共预算支出加快增长，卫生健康支出增支居首。12月末全省国库库存降至全年月末库存次低，仅高于3月末。

一、国库收支存基本情况

从人民银行国库收支数据看，2020年，全省国库实现收入23,140.38亿元，同比增收3,414.05亿元，增长17.31%，提高6.11个百分点；全省国库支出23,509.73亿元，同比增支3,723.32亿元，增长18.82%，提高11.92个百分点。12月末，全省国库库存为1,002.48亿元，同比下降13.50%，较上年同期减少156.78亿元。

二、国库收支基本特点

（一）一般公共预算收入自11月起增速由负转正

2020年，全省一般公共预算收入为6,559.93亿元，同比增收33.22亿元，增长0.51%。从序时看，累计增速降幅自3月末降至低点后逐渐收窄，11月增速转正。分地市看，16地市中菏泽、临沂增幅居首，分别为7.20%、6.00%；仅淄博、枣庄2地市减收，同比分别下降12.80%、4.40%。

（二）税收收入降幅自5月以来逐月收窄，非税收入增收力度年末回落

2020年，全省税收收入为4,757.62亿元，同比减收91.67亿元，下降1.90%；连续8个月降幅收窄。全省非税收入为1,802.31亿元，同比增收124.89亿元，增长7.45%；因国有资产盘活力度加大，国有资源有偿使用收入同比增长15.50%，增收99.98亿元，占非税收入增收额的80.10%。其中，第四季度非税收入同比下降5.30%，增幅回落。

（三）国内增值税、企业所得税总体好转，个人所得税全年同比增收

2020年，全省国内增值税收入为1,814.47亿元，同比减收144.19亿元，下降7.36%；受企业生产回暖因素影响，自5月以来走势逐渐向好，至9月实现单月正增长。企业所得税收入为686.55亿元，同比减收9.65亿元，下降1.39%，较前三季度降幅收窄3.80个百分点。个人所得税收入为182.06亿元，同比增收34.59亿元，增长23.46%；自6月个税汇算清缴完成后，增速逐渐提升。

（四）土地出让收入年末增长较多，12月收入占全年收入的比例超过三成

2020年，全省土地出让收入为6,771.61亿元，同比增收558.37亿元，增长8.99%，回落3.59个百分点。前期受疫情影响，土地出让收入累计增速连续11个月为负，12月突增，当月入库金额占全年的31.00%，较上年同期占比提高6.50个百分点，拉动全年增速由负转正。

（五）地方债发行大幅扩容，发行规模居全国之首

2020年，全省发行地方政府债券4,500.20亿元，同比增发1,826.31亿元，增长68.30%；高于江苏319.00亿元，居全国之首。分类型看，一般债券为1,207.61亿元，同比增长66.70%；专项债券为3,292.59亿元，同比增长68.90%。其中新增专项债券3,134.00亿元，同比增长91.70%；从资金流向看，主要投向基础设施、农林水利、交通能源等领域。

（六）一般公共预算支出加快增长，卫生健康支出增支居首

2020年，全省一般公共预算支出为11,569.39亿元，同比增支748.37亿元，增长6.92%，较前三季度提高0.22个百分点。全省16地市增速“13正3负”，其中滨州同比增长23.50%，增幅居首。分项目看，卫生健康支出大幅增支，同比增支355.33亿元，占全部增支规模的47.50%。

（七）社保费征收职责划转顺利完成，社保收支规模大幅增加

2020年11月，山东省企业、个体工商户和灵活就业人员社保费由税务部门统一征收、缴入国库，推动社保收入规模进一步增加。2020年，全省社保基金收入入库1,523.49亿元，同比增收584.27亿元，增长62.21%，其中11月、12月同比分别增长177.10%、101.70%；全省社保基金支出1,527.89亿元，同比增支595.53亿元，增长63.87%。

三、需关注的情况

（一）年末支出压力大，财政支付承压

2020年12月末，全省国库库存同比下降13.50%，个别地区尤其是县区级国库库存紧张程度进一步加重。2020年，虽上级财政加大对基层县区的转移支付力度，地方债券发行规模扩大，也在一定程度上增加了县区可支配财力。但在税源总体不旺、财政增收压力加大、刚性支出不断增长的背景下，一旦出现收入入库不及时、上级转移支付资金等不能及时足额到位，而财政支出较为集中的情况，经济基础薄弱的县区容易发生财政支付困难问题。

（二）海外疫情和国内零星疫情冲击、政策优惠即将到期等因素加剧企业经营压力

第四季度，疫情蔓延对欧美国家造成二次冲击，冷链食品、进口零部件检测出新冠病毒的新闻频出，国内多地零星疫情反复，企业尤其是外贸企业经营压力增加。与此同时，部分减税降费优惠政策于12月31日到期，企业盈利空

间有所收缩。调研显示①，84.20%的样本企业认为，减税降费政策尤其是疫情期间出台的政策总体执行效果明显；43.30%的样本企业认为享受的增值税、所得税、社保等政策优惠消失后，企业需承担的成本、费用明显加重，未来生产经营承压。

2021年是“十四五”开局之年，人民银行济南分行将以习近平总书记关于山东发展的重要指示批示精神为指导，着眼于服从服务山东省经济社会发展大局，继续认真履行经理国库职责，充分发挥国库的预算执行、监督和反映职能，加强国库视角对宏观经济运行情况的分析；同时围绕金融支持稳企业保就业、防范化解金融风险等重点工作，为全省经济社会高质量发展提供金融力量。

注：

①按照《山东省减税降费重点企业监测服务制度》（济银办发〔2019〕62号），按季度对300余家样本企业跟踪调研。

（张 芳、冯 倩、李 滕）

2020年山东省征信业运行情况报告

2020年，山东省征信业积极对冲新冠肺炎疫情影响，立足服务实体经济、支持“六稳”“六保”大局，多举措提高征信有效供给，全方位提升服务效能：二代征信系统正式切换上线，征信查询服务持续便捷高效，地方征信平台建设取得突破性进展，征信机构市场竞争力进一步增强，农村信用体系建设不断深化，应收账款融资业务量稳步增长，征信业监督管理坚实有效。展望“十四五”，山东省征信业将继续贯彻高质量发展理念，着力提升市场适应性、竞争力和普惠性，深化征信在数字金融和经济治理中的应用，助力构建经济金融新发展格局。

一、2020年山东省征信业运行情况

（一）金融信用信息基础数据库稳定高效运行

金融信用信息基础数据库（简称征信系统）接入机构范围不断拓展，入库信息主体数量持续增长，收录信息种类进一步丰富，数据质量在高水平上保持稳定，服务质量和效率进一步提升。

1.二代征信系统正式上线。按照人民银行总行统一部署，中国人民银行征信中心山东省分中心（简称山东省分中心）根据辖内人民银行分支机构、地方性金融机构、中小机构等不同接入情况，分门别类组织做好切换方案制订、查询接口联调测试、系统切换演练等工作。2020年1月19日，二代征信系统正式对外提供查询服务，全省人民银行查询柜台、个人信用报告自助查询机、接入机构顺利切换至二代征信系统。与一代征信系统相比，二代征信系统优化了信息采集、产品加工、技术架构和安全防护，将为接入机构提供更为全面、及时、高效的信用信息服务。

2.覆盖范围不断拓展。山东省分中心稳步推进各类信贷机构接入征信系统，联合省银保监局、省地方金融监督管理局、省住建厅等部门，积极推进商业保理公司、住房公积金中心等非银行信贷机构接入工作。2020年，全省新接入机构共29家，其中地市级住房公积金中心8家、村镇银行16家、公用事业单位5家。截至2020年末，山东省有310家法人机构接入征信系统，涵盖城市商业银行、农村合作机构、信托公司、民营银行、村镇银行、财务公司、融资租赁公司、汽车金融公司、住房公积金中心、小额贷款公司等各类信贷机构，其中地市级住房公积金中心全部完成接入。征信系统在山东收录具有企业借贷账户的企业344.80万户、具有个人借贷账户的借款人4,654.70万人。

3.数据质量稳步提升。山东省分中心不断健全征信数据质量管理体系，保障数据入库及时、全面、准确。按季度对辖内所有地方性接入机构开展数据质量量化考评，组织对接入机构异常删除数据、异常呆账数据等进行专项核实，指导日照银行等5家省内头部机构开展二代接口程序开发测试，组织省内110家农商行对存量业务数据质量开展全面整改。2020年，山东省17家地方性接口行企业征信数据质量量化考评得分在99.59分以上，18家地方性接口行个人征信数据质量综合得分在99.81分以上。

4.征信查询服务持续便捷高效。征信系统持续为金融机构提供稳定高效的征信查询服务。一方面，与一代征信系统相比，二代征信系统信用报告丰富了基本信息和信贷信息内容，改进了信息展示形式，提升了信息更新效率，能够更好地满足金融机构信贷风险管理需求。另一方面，征信系统增值产品在地方性接入机构得到日益广泛的应用，2020年，省内17家地方性接入机构应用对公业务重要信息提示服务，共获取征信系统重要提示信息2.25万条，涉及借款人722户。同时，加大对复工复产的支持力度，征信系统面向村镇银行、小额贷款公司、消费金融公司等10类机构，阶段性免收信用报告查询服务费，惠及山东省213家接入机构，累计减免查询费用1,248.70万元。

面向信息主体的征信查询服务日趋便捷高效。山东省分中心积极搭建柜面查询、自助查询、互联网查询、网银和手机银行查询等立体化、全天候征信查询服务渠道，截至

2020年末，全省共设立商业银行自助查询网点385个，配备自助查询设备550台，全面覆盖市、县两级，基本实现客户即到即查；在经济发达、人口密集、查询量大的乡镇，试点设立22个商业银行自助查询点，解决偏远地区服务“真空”问题。工商银行、中国银行、建设银行等11家银行线上自助查询产品落户山东。查询渠道的拓展较好地满足了各类主体快速增长的查询需求，2020年，全省共向信息主体提供个人信用报告查询767.80万次、企业信用报告查询17.50万次。加快征信服务数字化转型，试点信用报告线上定向发送服务，实现电子化信用报告从查询机构到报告使用方的直接传输，在一定程度上解决了纸质信用报告需现场查询、传输不方便等问题，以实际行动践行“让数据多跑腿，让群众少跑路”改革精神。

同时，信用报告日益广泛应用到社会治理领域，推动社会信用体系建设向纵深发展。2020年，山东省分中心本级为公安、审计、监察等有权机关提供企业征信记录查询62笔、个人信用报告213笔，信用报告在协助有权机关办案等方面发挥了良好作用。此外，部分部门、地市在人大代表和政协委员资格审查、人员招录、评优评先等方面，参考使用人民银行征信报告。

（二）征信市场发展提质增效

围绕征信业高质量发展这一主线，2020年，人民银行济南分行积极推动落实《山东省征信体系建设推进方案》，打造政府提供信用信息基础服务与市场化机构提供增值服务相辅相成的征信市场体系，满足多层次、多元化的征信服务需求。

1.地方征信平台建设取得突破性进展。加快公共征信基础设施布局，充分利用政府部门、公用事业单位等掌握的数据资源，改善小微企业融资广泛面临的信贷记录薄弱、银企信息不对称问题。省级层面，优化“山东省融资服务平台”，整合信用信息查询、金融产品展示、融资供求对接等功能，在前期与13个省级部门达成信息共享共识的基础上，2020年完成环保、税务、公积金、社保等12大类、44小类信息数据项的标准化工作。地市层面，引导具备条件的地市开展地方征信平台建设，截至2020年末，全省共有12个市启动了市级征信平台建设，淄博、枣庄、威海、济南、青岛、济宁、东营、聊城8市平台投入运行，烟台、潍坊、德州、临沂4市平台正在建设中。

启动区块链技术在征信领域的研究和应用，稳健推进征信信息基于区块链技术的互联互通。2020年11月，“泉城链”平台在济南市金融机构成功试点，打造“政府数据上链+个人/企业链上授权+社会链上应用+全程追溯监管”的数据共享新模式，一期项目实现公安、民政、社保、医保、公积金、档案6部门、10大类政府数据与平台对接，为金融领域合规、高效应用政府信息提供了可行路径。截至2020年末，4家试点银行共有6款信贷产品上线，成功办理业务1,184笔，实现授信金额18,457万元，其中发放信用贷款5,147万元。

2.培育具有竞争力的征信机构。按照“有独立系统、有稳定数据、有市场需求、有技术优势”的标准，人民银行济南分行大力培育省内市场化征信龙头企业，完成浪潮集团旗下“天元大数据信用管理有限公司”企业征信机构备案，并鼓励其运用大数据、云计算、区块链等新兴技术，提升征信数据的整合、挖掘、分析能力，为金融机构及其他信息使用者提供高附加值的征信产品和服务。2020年，天元公司共建立信息采集渠道190条，对外提供征信报告服务69.59万次、信用评分服务69.59万次、反欺诈产品服务17.05万次、其他征信产品服务42.23万次，呈现良好的发展态势。

3.征信市场结构和功能不断优化。针对省内征信市场总体上小、散、弱的状况，人民银行济南分行注重发挥政府和市场双重机制的作用，推动具备一定发展能力的备案机构加大研发投入，发展特色化征信服务，开发了风控建模、融资撮合、全球商账追收服务等增值产品，成为山东省征信市场新的增长点。2020年，在人民银行济南分行备案的5家企业征信机构共增加企业信息1,781万余条，提供征信报告服务8.63万次；其中，青岛格兰德信用管理咨询有限公司创新国际贸易领域信用报告业务，提供信用报告30,793份，同比增长75.00%，保障贸易额近千亿元。

（三）小微企业和农村信用体系建设深入推进

人民银行济南分行认真贯彻落实国务院关于加强信用监管的决策部署，会同山东省发展改革委认真履行社会信用体系建设牵头职责。同时，按照总行的统一部署，深入推进小微企业和农村信用体系建设，发挥好信用建设在普惠金融中的基础性作用。

1.继续推进社会信用体系建设。会同省发展改革委印发《2020年山东省社会信用体系建设工作要点》《领导小组工作规则》《领导小组办公室工作细则》，健全部门间协调配合机制。积极参加国家营商环境评价，填报信用信息深度指数、征信机构覆盖面等评价指标。配合相关部门开展行业信用体系建设，推进诚信缺失专项治理行动、要素市场改革、根治农民工欠薪、瞪羚企业认定等工作，发挥征信在市场监管、“放管服”改革、优化营商环境等方面的积极作用。

2.助力普惠金融精准施策。将信用建设作为普惠金融的重要维度。一方面，完善省级中小微企业信用体系建设工作机制，成立中小微企业信用体系建设领导小组，探索在民营和小微企业“首贷培植行动”中引入信用要素，引导金融机构遴选信用好、有潜力、有市场、未获贷的中小微企业，组织银行“一企一策”提供金融服务方案。另一方面，按照“摸清底数、信用引领、巩固效果”原则，组织全省各地如期实现农村信用体系建设，支持脱贫攻坚“两个全覆盖”，即农村信用体系对建档立卡贫困户全覆盖、信用评定对有信贷需求贫困户全覆盖，助力打赢脱贫攻坚战。

3.提升“信用县”创建质效。“信用县”覆盖面不断扩大。截至2020年末，山东省共创建“信用县”57个，较2019年增加16个。引导“信用县”创建工作由“量”的增长向提质增效发展，研究出台《山东省“信用县”创建评价指标》，从信用制度和基础建设、守信激励和失信治理、信贷支持与金融服务、小微农村信用建设组织体系、营商环境5个维度，组织开展“信用县”创建评价工作。从评价情况看，57个“信用县”平均得分为88.76分，反映出县域信用环境总体上得到明显改善。

（四）应收账款融资超过预期目标

应收账款融资是缓解中小微企业融资难、融资贵的重要举措，对于新形势下稳定产业链、供应链，促进全链条协同高效发展具有重要意义。

1.应收账款融资业务量稳步增长。充分发挥包括中征应收账款融资服务平台在内的各类线上融资服务平台的优势，发展应收账款“直通车”服务，推动6家核心企业与中征应收账款融资服务平台实现系统对接，推动金融机构依托中征应收账款融资服务平台开展线上全流程应收账款融资业务，年内新增核心企业供应链融资链条30个。2020年，全省金融机构通过各类平台新增应收账款融资业务3.01万笔、金额2,046.64亿元；其中，中小微企业融资2.7万笔、金额1,400.81亿元，占比分别达89.70%、68.44%，圆满完成人民银行总行和省政府的任务目标，《金融时报》多次刊发做法经验。

2.政府采购合同融资成效明显。政府采购合同具有政府预算资金保障、国库集中支付的优势，是政府采购供应商重要的融资保障。人民银行济南分行大力推广政府采购合同融资，带动辖内35家金融机构共支持300余家中标供应商开展业务，覆盖全省15个地市，为缓解中小微企业融资难、融资贵问题提供了新渠道。2020年，全省金融机构开展政府采购合同融资1,164笔、金额73.11亿元；其中通过中征应收账款融资服务平台开展线上全流程政府采购合同融资309笔、金额11.62亿元，同比分别增长212.12%、229.17%。

（五）征信业监督管理坚实有效

以规范和安全为主线，人民银行济南分行注重提升征信管理工作的系统性、针对性、实效性、协同性和前瞻性，现场与非现场、“人防”与“技防”管理综合施策，切实维护征信市场秩序和信息主体合法权益。

1.征信系统合规管理扎实稳健。现场与非现场监管框架进一步健全，监管工具进一步丰富。人民银行济南分行组织辖内各级行、各征信系统接入机构全面落实每日核查、月度报告、季度自查、年度评级等非现场监管措施，构建制度防控、流程防控、科技防控、责任防控“四位一体”的征信合规管理体系。丰富现场监管制度机制，采取飞行检查方式对人民银行查询网点开展巡检，对全国性机构、城市商业银行开展现场走访，及时弥补接入机构征信合规漏洞，提升合规管理意识。按照总行统一部署，对渤海银行、济南农商银行、济宁银行开展征信专业执法检查，对日常监管中发现的征信违规行为，视情况及时启动现场调查或检查。建立以发起行统一接入为基础的村镇银行征信监管新模式，在提高系统接入效率的同时，切实保障征信信息安全。

2.风险防控技术水平不断提升。有序推广二代征信系统企业查询前置模块，优化个人前置系统补打双人复核、报告缓存等功能，人民银行查询前置系统功能不断完善。编制征信查询前置系统功能规范，督促地方性接入机构加快二代征信查询前置系统建设，实现辖内省农联社、城商行、民营银行前置系统全覆盖，并推动1家住房公积金中心、30家村镇银行启动或上线前置系统。建设完善全省征信查询监控中心，实现辖内人民银行征信查询大厅监控视频联网全覆盖，做到实时监控和预警管控。搭建全省非现场监管系统，对接入机构征信制度、用户备案实施在线管理，对考核评级、报表采集等进行流程化管控，借助科技手段进一步做好非现场监督分析。

3.强化征信市场和机构管理。做好《信用评级业管理暂行办法》宣传解释工作，制定实施《信用评级机构备案操作规程》《现场真实性审核方案》等配套工作规则，稳妥实施信用评级机构备案管理。加强征信机构信息安全管理，把信息安全和个人信息保护列为2020年征信机构合规管理重点，对1家征信机构开展执法检查，对3家征信机构开展行政调查，守住信息安全底线。大力开展征信市场清理和乱象治理，落实征信市场准入“负面清单”制度，全省清理名称或注册范围中含有“征信”但不从事征信业务的机构284家；联合市场监管、公安、网信等部门，成功打击多起涉征信虚假宣传事件，有力维护了市场主体权益；稳妥办结舜德征信公司调查处理工作；联合省发展改革委发布公告，撤销山东省信誉评级委员会，有效净化了市场环境。

4.着力做好疫情下征信权益保护。按照总行统一部署，做好涉疫情企业和个人信用记录调整。组织辖内人民银行、接入机构开辟涉疫情征信投诉和异议处理“绿色通道”，年内全省人民银行共受理异议3,476笔、投诉35笔，均做到高效办理、按期回复。联合相关部门印发《关于进一步规范无还本续贷业务有关事宜的通知》（鲁银保监发〔2020〕23号）、《关于印发持续优化营商环境推进破产办理会商纪要的通知》（鲁高法〔2020〕32号），规范无还本续贷业务、破产重整企业征信信息报送，确保信用报告准确反映企业信用状况，引导商业银行正确解读信用报告，合理维护企业公平信贷权利，相关企业予以高度评价。

（六）征信宣传教育务实利民

人民银行济南分行在全省组织开展“金融支持稳企业保就业——征信在行动”主题宣传活动，大力普及征信基础知识，宣讲信用报告、应收账款及动产融资等征信产品和服务，推动加快小微企业信用信息共享，维护信息主体权益，助力“六稳”“六保”工作大局。全省共举办线下、线上各类宣传500余次，“征信赋能”理念得到有关方面的广泛认同。

不断拓展征信国民教育。深化与青岛大学、山东工商学院等7所高校的征信课程合作。开展征信知识进中小学课堂活动，原创推出《信用伴我行》动画片，解决了中小学信用宣传教育缺乏权威教案问题。各地通过团市委公众号、教育部门“云端课堂”、家庭教育平台、现场展播、举办主题亲子活动等多种形式推广该片，覆盖全省860所中小学，受益学生达76.60万人，家校各方予以一致好评。

（七）调查研究成果丰富

充分发挥征信数据对研判疫情期间金融发展形势及金融风险态势的支持作用，按季度监测山东省信贷大户、贷款资金流入流出、征信查询、应收账款融资服务等情况，并就金融稳定、地方金融监管工作重点关注的大企业风险、担保圈风险等开展征信系统数据挖掘和分析，为防范化解区域金融风险、评估金融支持新旧动能转换工作成效提供参考。密切关注国内外经济金融形势和征信业发展动态，开展征信活动对信贷表现影响机制、大数据下信用评分业务规范、金融机构获取市场化数据服务、商业银行与第三方机构合作征信合规风险、新冠肺炎疫情期间信用报告处理等多项调查研究或外文资料编译，完成应用区块链技术开展地方征信平台建设的实证课题研究，为征信市场发展提供经验借鉴。

二、面临的形势和任务

2021年是“十四五”开局之年。《中华人民共和国国民经济和社会发展第十四个五年规划和2035年远景目标纲要》（简称《纲要》）明确提出，必须坚持深化供给侧结构性改革，以创新驱动、高质量供给引领和创造新需求，提升供给体系对国内需求的适配性。经过20多年的发展，我国的征信系统在借贷信息服务领域已居于领先地位，但征信供给仍存在结构性短板，主要表现在对信贷记录薄弱的中小微企业缺乏信息积累和服务，银企间信息不对称问题依然比较突出，征信服务供给与需求之间存在动态改善的要求。从供给端看，大数据、区块链、人工智能等信息技术的飞速发展，使利用大量非传统信贷数据判断经济主体的信用状况成为可能，政府数据、公用事业单位掌握的数据，以及市场主体在商业活动中沉淀的大量交易信息和信用信息，甚至是行为数据和社交数据，都可能成为信用风险评价的有效依据，从而为“薄信用”群体建立信用记录，提高信贷可得性。世界银行将借贷信息以外的征信数据定义为“替代数据”，替代数据应用研究已成为国际征信业发展前沿。《纲要》明确提出加强公共数据开放共享，建立公共信用信息和金融信息的共享整合机制，激活数据要素潜能。相应地，我国征信业服务领域也应尽快从传统的银行信用，拓展到商业信用，以及与信用相关的替代数据领域。从需求端看，持续加大金融支持小微企业、科技创新、绿色发展、制造业重点企业、产业链供应链等板块的力度，不仅是构建新发展格局的必然要求，也是商业银行转型发展的现实选择。优化信贷结构需要多层次、多元化的征信信息作为支撑。前期调查显示，山东省银行机构办理信贷业务急需的政府信息和公用事业信息多达16大类、78个亚类；大部分银行机构选择与第三方平台或数据服务商合作获取非信贷信息；2020年各地方征信平台上线运行以来，银行机构针对共享数据开发信贷产品反应迅速、态度积极，显示了市场对更为全面的征信数据的强劲需求和强大的吸纳能力。

伴随着信息共享范围拓展，我国数据安全、个人信息保护等领域基础性立法加快推进，从《刑法修正案（九）》到《网络安全法》《民法典》《个人信息保护法（草案）》，信息安全法律体系逐步建立健全。相应地，征信业监督管理法律制度体系不断完善。2021年1月，《征信业务管理办法（征求意见稿）》公开征求社会意见。该办法按照实质重于形式的原则，树立功能监管与行为监管理念，将为经济金融活动提供服务、用于判断个人和企业信用状况的各类信息界定为信用信息；将对信用信息进行采集、整理、保存、加工，并向信息使用者提供的活动界定为征信业务，全部纳入征信监管，这有利于进一步健全征信业监督管理，加强信息主体权益保护，保障数据资源依法合规公开、共享和使用。同时，继《信用评级业管理暂行办法》颁布施行之后，2021年3月，人民银行会同国家发展改革委、财政部、银保监会、证监会发出《关于促进债券市场信用评级行业高质量健康发展的通知（征求意见稿）》，立足提升信用评级质量，从规范性、独立性、质量控制等方面强化信用评级行业要求，加大监管力度和对违规行为惩戒力度，充分发挥信用评级风险揭示功能。可以预见，未来征信业将按照党中央战略部署，在审慎监管的前提下有序推进服务改革创新，加快推进主体、信息、功能、需求等方面的全面覆盖，充分发挥服务实体经济效能。

三、发展展望

“十四五”期间，山东省征信业将贯彻新发展理念，以建立健全覆盖全社会的征信体系为总体目标，以提高征信的有效供给为主题，以市场化、法治化为主线，坚持“征信为民”根本宗旨，着力提升征信对国民经济重点领域和薄弱环节的服务能力，形成“以优质供给创造需求、以有效需求牵引供给”相互促进、动态平衡的征信业发展新格局，为增强金融服务实体经济能力提供更加全面、精准、高效的信息支撑。

近期将主要从以下几个方面推进。

（一）持续改善征信系统管理与服务

按照人民银行总行的统一部署，稳妥推进二代格式数据报送切换，提高二代信用报告解读能力，为接入机构提供更加优质的征信服务。关注二代征信系统上线后征信合规与信息安全面临的新情况、新问题，进一步加强数据质量治理和信息安全技防管理，维护金融信用信息基础数据库安全运行。大力推广信用报告线上查询，推动更多的商业银行开通企业、个人信用报告网银查询和手机银行查询，进一步便利征信查询服务。

（二）大力推动地方征信平台建设

开展地方征信平台建设相关工作研究，提高平台的适用性和运行效率。推动构建地方政府、金融机构、市场化征信机构共同参与，“政府+市场”双轮驱动的地方征信平台建设运行机制，促进平台与金融机构有效对接，为信贷决策和风险防控提供信息支撑。支持区块链等新兴技术应用于平台建设，推动信用信息在更大范围内的安全可信共享。

（三）积极培育征信和评级市场

支持备案征信机构拓展征信产品和服务，通过征信机构实现金融数据、政府数据和企业数据依法共享和互联互通，不断增加征信有效供给。从严加强征信、评级机构业务监督，确保辖区市场健康稳定运行。

（四）深化小微企业和农村信用体系建设

引导地方政府部门、征信机构参与山东省中小微企业和农村信用体系建设，进一步明晰发展路径，推出可持续、可推广的工作经验。探索依托各类系统建设，实现地方农村和中小微企业信用体系建设成果的可量化、可评估。

（五）多元化推广应收账款融资服务

鼓励金融机构依托中征应收账款融资服务平台、银行自建平台或第三方平台开展应收账款融资业务，发挥线上融资优势，提高融资效率。推动金融机构、地方财政及相关预算部门大力发展政府采购合同融资。充分发挥财政补贴政策的激励作用，进一步激发金融机构、供应链核心企业办理应收账款融资业务的积极性。

（六）做好动产和权利担保统一登记工作

鼓励金融机构依托动产融资统一登记公示系统开展应收账款及其他动产融资质押和转让登记，防止重复抵押和空单质押，推动供应链金融健康稳定发展。

（七）提高征信宣传教育的普惠性

持续开展征信宣传“进企业、进社区、进农村、进学校、进机关”活动，根据不同主体需求，加大征信基础知识、基本服务的宣传普及力度，提升国民信用素质和金融素质。积极发挥移动互联网时代新媒体的作用，创新宣传的形式和渠道，进一步提高征信宣传教育的亲和力、接受度。

（陈宝贵）

2020年山东省外汇形势分析报告

2020年，在新冠肺炎疫情持续冲击世界经济、全球贸易投资活动明显放缓的背景下，山东省跨境资金流动形势总体好于预期、好于全国，全年涉外收支规模仍保持小幅正增长，跨境资金净流入激增。2020年，全省涉外收支规模为3,794.30亿美元，同比增长3.50%，其中涉外收入为2,044.10亿美元，同比增长7.30%；涉外支出为1,750.20亿美元，同比微降0.30%；实现顺差293.90亿美元，同比增长96.60%，各季度顺差额依次为21.40亿美元、46.60亿美元、77.00亿美元和149.00亿美元，表明境外资金流入山东省的步伐逐季加快。从结算币种看，全省跨境人民币收付总额为4,395.70亿元，占全部涉外收支规模的16.80%，同比提高1.50个百分点，表明涉外企业在人民币汇率双向宽幅波动情况下运用跨境人民币结算的意愿和能力提升。

一、进出口总值增长而资金收支规模微降，主因是企业出口汇款放缓

全省进出口形势好于全国。1—11月，全省进出口总值为1.98万亿元，同比增长7.30%，高出全国平均水平5.50个百分点。其中，出口1.16万亿元，增长16%，增速创2014年以来新高；进口8,214.90亿元，下降3%，为2016年以来首次下降；进出口顺差3,419.70亿元，同比扩大119.60%。全省出口强劲增长主要受全球防疫和宅经济需求拉升、海外疫情持续蔓延导致订单转移至山东省、2019年出口基数较低三方面因素影响，进口持续低迷主要是因为原油等大宗商品价格暴跌引发进口额大跌。2020年12月末对271家涉外企业监测显示，近八成企业预计出口增势可延续至2021年上半年。

货贸资金收支规模微降。2020年，全省货贸资金收支规模为2,893.60亿美元，同比微降0.60%，主要是两头在外的加工贸易萎缩所致，影响度高达93.50%。其中货贸收入1,550.00亿美元，同比增长2.80%；支出1,327.00亿美元，同比下降4.20%；实现顺差222.30亿美元，同比增长81.90%。

货物流与资金流不匹配的主因是出口企业回款放缓。1—11月，全省出口延收规模同比增长25.30%，延收货款平均期限同比增加9天。出口大幅回暖并未全部体现为资金回流。1—11月，全省可比口径出口收入率为80.20%，同比下滑12.90个百分点，创2016年以来新低。

二、利用外资规模增势明显，结构持续优化

受益于地方政府强有力的“双招双引”考核奖励政策，全省外国来华直接投资增势迅猛。2020年，全省FDI资本金流入183.90亿美元，同比增长88.90%；净流入143.20亿美元，同比增长102.50%。动态看，FDI资本金流入季末翘尾特征突出。3月、6月、9月、12月外资分别流入12.40亿美元、24.00亿美元、24.30亿美元、49.50亿美元，合计占全年外资流入总额的59.90%。新设外资项目占比近七成，且大项目带动作用增强。2020年，全省新设外资项目1,071个，汇入资本金127.10亿美元，占全省外资流入总额的69.10%。其中，686个外资项目注册资本超过1.00亿美元，同比增长1,600.00%；到位资金116.10亿美元，占全部新设外资企业外资流入总额的91.30%。利用外资行业结构进一步优化。一方面，房地产业引资比重大幅下降，占比较2019年降低12.30个百分点；另一方面，政府鼓励性产业领域资本金流入持续增加。2020年，全省专用设备制造业、专业技术服务业、软件和信息技术服务业外资流入金额同比分别增长250%、570.00%和420.00%，占比分别上升1个、2.40个、2.10个百分点。日资、韩资流入加快。2020年，日资、韩资合计流入5.70亿美元，同比增长136.20%。

三、对外直接投资逆势增长，对日韩投资增多

山东省对外直接投资在经历了2016年以来连年下滑之后，2020年在境外疫情持续蔓延的背景下逆势增长。全年对外投资资本金汇出41.30亿美元，同比增长32.90%，净汇出34.70亿美元，同比增长55.60%。存量项目占比近七成。2020年，累计有354家企业进行境外投资，存量项目共219个，累计汇出资金27.30亿美元，占全省对外投资总额的66.10%。规模居前的两个新设项目均有政府融资平台背景。烟台联测收购新加坡联合控股，意在将高端半导体封测项目引入烟台；济宁城投收购如意巴基斯坦火电站项目，主要是帮助其改善资产流动性，二者合计6.54亿美元，占全省对外投资总额的15.84%。投资集中度提高，对日韩投资倍增。2020年，山东对外投资主要流向我国香港、新加坡和老挝，合计24.70亿美元，占全省对外投资总额的59.81%，同比提高12个百分点。对日韩投资0.90亿美元，同比增长200%。

四、跨境融资由净融入转为净偿还，国内融资替代作用增强

2020年，全省跨境融资①收入124.25亿美元，同比下降31.66%；支出127.65亿美元，同比下降0.43%；净偿还3.40亿美元，而2019年为净融入27.84亿美元。其中，境外关联企业间借贷由净借入转为净偿还是影响全省跨境融资减少的主导因素，影响度为61.01%。

全省跨境融资回落的主要原因：一是境内人民币融资替代作用增强。中国人民银行三次降准，境内人民币流动性充足。2020年，山东省本外币贷款新增11,555亿元，同比多增3,406亿元。境内人民币融资成本不断降低。12月末，境内人民币综合融资成本为3.72%，同比下降0.71个百分点，低于跨境人民币融资成本0.30个百分点。另外，境内融资相对快捷便利，且银行内部考核激励加大，优先推介境内贷款。二是受新冠肺炎疫情持续影响，涉外企业境外融资活动受限，境外发债也受阻或推迟。2020年，全省境外直接发债净借入9.20亿美元，同比下降36.10%。三是近期锁汇成本上升引致跨境美元融资成本不具有明显优势。12月末1年期美元锁汇成本达2.59%，较6月末提高1.10个百分点。

五、结售汇市场总体平稳，外汇衍生品签约大幅增长

2020年，人民币汇率双向宽幅波动，整体呈现先贬后升态势。市场主体更加理性，在上半年人民币“破7”后逢高结汇，在下半年人民币持续升值时即收即结、逢低购汇，全年结售汇市场保持平稳。2020年，全省银行结汇1,235亿美元，同比增长5.70%；售汇1,004.90亿美元，同比下降8.30%；实现结售汇顺差230.10亿美元，同比增长213.60%。

在人民币汇率弹性增强、双向波幅增大的情况下，涉外企业汇率避险意识增强，外汇风险套保意愿上升。2020年，全省衍生产品签约规模为408.90亿美元，同比增长28.30%；外汇风险套保比率（外汇衍生品签约额/银行代客外汇收付规模）为12.90%，同比提升2.60个百分点。10月12日中国人民银行将远期售汇风险准备金率降为零后，涉外企业远期购汇意愿恢复，第四季度全省远期购汇签约12.00亿美元，是第三季度的450.00%，但尚未恢复至2018年8月远期售汇风险准备金率上调前月均11.90亿美元的水平。

注：

①数据来源于国际收支涉外收付款统计系统，包括621022与境外子公司的贷款及其他往来、622021与境外母公司的贷款及其他往来、623022与境外联属企业的贷款及其他往来、723债券交易所有项目和822020获得/偿还境外银行贷款。

（刘 宇）

2020年山东省财务公司运行报告

山东省现有财务公司22家（20家法人机构、2家分支机构）。2020年，各财务公司切实坚守本源定位，助力复工复产，服务实体经济，实现了整体稳健发展。

一、整体规模V形上升，资产负债结构保持稳定

自2020年3月疫情防控形势稳固以来，财务公司规模快速止跌回升，年末资产、负债总额分别为4,110.01亿元、3,411.73亿元，同比分别增长13.81%、15.04%。各项贷款、各项存款余额分别为2,388.93亿元、2,975.63亿元，同比分别增长10.70%、15.66%，存贷款增速位于全国前列。资产结构基本稳定，以信贷资产为主，各项贷款、同业、投资分别占58.12%、29.81%、6.20%。各项存款仍然是最重要的负债端来源，占比为72.39%。

二、信贷资源投放加大，有力支持复工复产

各财务公司积极应对疫情冲击，持续加大信贷支持。年内累计投放信贷资金3,085亿元，同比增长14.14%。累计签发银行承兑汇票1,732.30亿元，同比增长33.77%。强化对民营和中小微企业的金融支持，年末中小微企业、民营企业贷款余额分别为683.73亿元、411.10亿元，增速分别高出贷款平均增速18.72个、14.51个百分点。累计减费让利22.05亿元，同比增长39.37%。产业链金融业务快速发展，年末余额达238.36亿元，规模创历史新高，平均利率低于市场利率150个基点，有力促进产供销、大中小企业整体发展。5家财务公司获批山东自贸区税收担保改革试点企业，打造“企财保”通关新模式，有效助力集团资金周转提速。

三、运营质量整体良好，监管指标全部达标

财务公司全年实现净利润57.66亿元，与2019年基本持平。资本充足率为26.12%，贷款拨备率为3.42%，资本实力和抗风险能力良好。

（何 山）

第二部分

金融监管部门

山东省地方金融监督管理局

【第一负责人简介】 刘晓，男，汉族，1964年12月出生，中共党员，研究生学历；历任山东省龙口市副市长，龙口市委常委、副市长；沂水县委副书记、代理县长，沂水县委书记；临沂市委常委、沂水县委书记，临沂市委常委，临沂市委常委、副市长；淄博市委常委、副市长；山东省金融工作办公室副主任、党组成员，山东省金融工作办公室副主任、党组成员、机关党委书记，山东省金融工作办公室主任（山东省地方金融监督管理局局长）、党组书记、机关党委书记；山东省地方金融监督管理局局长（山东省金融工作办公室主任）、党组书记。

【综述】 2020年，山东省地方金融监督管理局统筹推进金融支持疫情防控和经济社会发展各项工作，全面落实金融改革发展稳定各项任务，为全省高质量发展提供了有力的金融支撑。2020年，全省金融业实现增加值4,567.40亿元，占地方生产总值的6.20%。

【金融服务】 2020年，山东省地方金融监督管理局坚持以习近平新时代中国特色社会主义思想为指导，深入贯彻落实党的十九届二中、三中、四中、五中全会精神，按照“重点工作攻坚年”要求，着力提升金融服务实体经济能力，实现金融与实体经济良性互动、深度融合。截至2020年末，全省本外币贷款余额增加1.16万亿元，同比多增3,405.60亿元。

一是统筹推进金融支持疫情防控和经济社会发展。2020年，山东省地方金融监督管理局注重加强政策指引，研究制定了金融支持中小企业、受疫情影响严重行业、个体工商户复工复产以及恢复农业生产等政策措施；出台了有关贷款业务资金接续、稳外资、稳外贸基本盘、企业出口订单融资封闭运行、地方金融组织助力疫情防控等事项的系列文件，为企业提供全方位金融支持；指导银行机构制定优惠政策操作指引，加强宣传解读，推动政策落地落实；深入推进银企对接，引导金融机构精准投放贷款。全年全省银行机构累计为259家全国疫情防控重点保障企业发放贷款65.10亿元，实际贷款成本为1.25%；累计为22.10万户市场主体办理贷款本息延期5,113.00亿元；累计为118.30万户市场主体发放普惠小微信用贷款1,970.00亿元；累计发放企业出口订单融资封闭运行贷款62.94亿元。积极发挥保险保障作用，探索开展企业复工复产政策性保险试点工作，累计为近2,700家企业提供风险保障5.34亿元。

二是着力提升金融服务实体经济质效。其一，推动金融辅导员制度落实落地。初步建立省、市、县三级辅导体系，由6,350名金融辅导员、2,200多名服务专员组成的1,968支金融辅导队辅导29,957家企业，为实体经济注入了“金融辅导”新动能。截至2020年末，全省金融业共为14,383家企业解决融资3,738.64亿元；纳入金融辅导专项攻坚行动企业1,876家，其中已解决融资需求804家，涉及金额153.47亿元。研发和建立金融辅导信息系统，实现了与浪潮等供应链金融系统的对接，注册企业达到3万多家。

其二，建立抵质押物“价值重置”机制。鼓励银行机构进一步盘活企业存量资产，拓展有效抵质押物范围，充分挖掘企业既有抵质押物潜在价值，提高企业融资能力。截至2020年12月末，全省企业抵质押贷款余额为2.36万亿元，占企业贷款总额的39.00%。

其三，完善惠企融资服务体系。推行企业“白名单”制度，强化对制造业重点企业的金融支持。截至2020年末，全省制造业中长期贷款同比多增665.80亿元。深入推动无还本续贷、银税互动、应急转贷等政策落实。截至2020年末，小微企业无还本续贷余额为1,530.10亿元；企业应急转贷服务体系累计转贷785.00亿元；银税互动融资服务平台贷款余额为186.30亿元。在全国首批开展中小企业应急贷款试点，为941家企业发放应急贷款29.84亿元。会同省大数据局推进融资服务平台建设，全年完成授信5,601笔、授信金额9.80亿元。数字化普惠金融项目扩面提质，全年累计为112.90万农户发放贷款923.10亿元。融资成本持续下降，2020年12月，全省新发放企业贷款利率为4.67%，同比下降0.49个百分点。

其四，强力推动企业上市。抢抓资本市场改革政策机遇，持续发挥“山东省推动企业上市专项小组”功能，密切与沪深交易所合作，推动上海证券交易所资本市场服务山东基地、科创板企业培育中心（山东）在全国率先揭牌，全力推进企业上市挂牌。2020年，全省新增上市公司29家，较上年增长61.00%。截至2020年末，全省已核准、已过会公司达24家，在审企业28家，辅导企业100家，均创近年来新高。

【金融稳定】 2020年，山东省地方金融监督管理局树牢底线思维、加强科学预判、注重统筹协调、推进分类施策，精准排除了一批金融风险隐患，打好防范化解金融风险攻坚战，牢牢守住了不发生系统性金融风险的底线。

一是建设用好“金安工程”。上线运行金融风险防控监测大数据平台并持续优化，建立常态化监测工作机制，强化对非法集资、企业流动性、地方法人银行机构、地方金融组织、金融舆情等领域风险的实时监测。系统部署至16市和具备条件的县，实现三级联动，非法集资风险监测预警系统首批实现与国家系统对接。监测对象扩充至109.00万家，全年累计研判涉金融信息60余万条、提示风险信息1,800条。

二是加大流动性风险处置力度。修订重大金融风险防控应急预案，制订打好防范化解重大金融风险攻坚战的下一阶段工作方案。统筹推动流动性风险和担保圈风险化解。组织参与产能整合的地炼企业逐企建立银行债委会，开立产能置换资金共管账户。出台具体措施，完善考核政策，压实各方责任，推进金融机构不良资产处置。

三是持续深入防范打击非法集资等非法金融活动。加强分级预警，实施举报奖励，积极开展专项排查和宣传教育活动。2020年，全省无新发非法集资案件的县（市、区）数量占比达到52.46%。稳步推进重大案件以及"原油宝""明天系"等风险事件的协调处置。打好非法集资陈案积案处置攻坚战，陈案积案压降率达87.72%。深入开展地方金融领域扫黑除恶专项斗争和集资融资领域信访突出问题专项治理，全年排查各类问题969件，提供涉黑涉恶线索81条。

四是做好P2P网贷风险等专项整治工作。纳入国家整治范围的242家网贷机构已全部退出网贷经营。有序推进交易场所清理整顿，配合省国资委组建山东产权交易集团，推动山东农村产权交易中心转制升级。

【金融发展】 2020年，山东省地方金融监督管理局聚焦地方金融改革发展，深化金融改革创新，优化金融发展布局，推进地方金融组织规范健康发展，努力改善金融营商环境。

一是积极探索地方法人银行机构改革。强化顶层设计和政策引领，统筹部署推进改革发展任务，积极推动深化农商行改革、中小银行深化改革和补充资本、利用政府专项债券补充中小银行资本等工作。

二是金改试验区、自贸区建设取得新突破。《临沂市普惠金融服务乡村振兴改革试验区总体方案》获国务院批复。济南市科创金融改革试验区建设方案进入部委会商程序。指导青岛市在财富管理、烟台市在基金服务等领域进一步先行先试。积极发挥自贸区金融政策实施工作小组作用，落实工作台账。鼓励开放创新，合格境外有限合伙人（QFLP）等自贸区金融政策落地实施。

三是推动地方金融组织规范健康发展。制定加强地方金融组织事中事后监管意见，出台融资担保、民间融资机构监督管理办法以及小额贷款公司分类评级办法，开展小额贷款公司统一借款票据试点。实行包容审慎监管，通过"双随机、一公开"现场检查、"互联网+监管"、风险摸排等方式推动行业动态调整、提质增效。2020年新批设地方金融组织29家，实现有序退出或注销业务许可279家。

四是深化"放管服"改革。全面实行政府权责清单制度，及时动态调整，制发办事指南，优化监管事项目录清单，编制行政检查实施清单，厘清部门权责事项和行政边界。推动简政放权，做好省级权力委托下放工作。向济南、青岛、烟台和重要功能区、国家级开发区等35家受托单位，委托下放省级行政权力事项8项，基本做到了"应放尽放"和"放得下、接得住、管得好"。完善金融发展奖励机制，加强金融人才队伍建设，推荐选拔齐鲁金融之星146名、金融高端人才39名。

（陈丽瑶）

附表1

机构概况一览表

局长（或其他称谓的第一负责人）		副局长（或其他称谓的同级领导）	
刘晓		王继东、李亚、赵理尘、葛志强	
地址	山东省济南市省府前街1号	邮编	250011
网址	http://dfjrjgj.shandong.gov.cn	联系电话	0531—51785000

附表2

内设部门及分支机构一览表

年度	内设机构（个）	下设分支机构（个）		员工人数（人）	
		地市级机构数	县区级机构数	员工总数（含非正式员工）	正式员工数
2016	11	17	137	67	63
2017	11	17	137	67	63
2018	11	17	137	71	67
2019	13	16	137	72	68
2020	13	16	136	89	85

中国人民银行济南分行

【第一负责人简介】 周逢民，男，湖南永州人，1963年7月出生，中共党员，大学本科学历；1982年9月参加工作，先后在中国人民银行沈阳分行、哈尔滨中心支行工作，2001年10月起任中国人民银行沈阳分行党委委员、副行长，2003年11月起任中国人民银行沈阳分行党委委员，哈尔滨中心支行党委书记、行长兼国家外汇管理局黑龙江省分局局长，2011年9月起任中国人民银行党校常务副校长，2016年3月起任中国人民银行国库局局长，2017年7月起任中国人民银行济南分行（简称人民银行济南分行）党委书记、行长兼国家外汇管理局山东省分局局长。

【综述】 2020年，人民银行济南分行认真落实总行决策部署，积极对接山东省重大发展战略，以全面从严治党为统领，深入推进金融支持疫情防控和经济社会高质量发展各项工作，不断提高各项业务履职能力，取得了良好成效。

【党建工作】 2020年，人民银行济南分行以强化党建统领全局为目标，推进全面从严治党向纵深发展。分行党委认真落实全面从严治党主体责任，始终把党的政治建设摆在首位，健全党建工作机制，狠抓问题整改，切实提升党建对高效履职和内部管理的统领作用。把做到“两个维护”体现在坚决贯彻党中央决策部署、有效传导国家金融政策上，健全习近平总书记关于金融和山东工作的重要指示批示、党中央决策部署和总行党委安排部署重点工作督查落实机制，全力做好“六保”“六稳”工作，全省市场主体运行总体平稳。全面落实意识形态责任制，制定意识形态督查检查正负面“两个清单”，坚决管好用好意识形态阵地。通过党委会对习近平总书记重要讲话、党中央及总行重要会议精神全面跟踪学习，通过中心组对与人民银行基层行关系密切的议题深度学习，自觉对标对表，校准工作方向。开展党的十九届五中全会精神宣讲培训，实施“青年党员理想信念宗旨教育计划”“青年理论学习提升工程”，开展“身边的榜样”“寻找央行最美‘逆行人’”等活动，推进社会主义核心价值观建设和文明单位创建。扎实开展模范机关创建，建立创建工作月报制度。开展“基层党建制度落实年”活动，组织基层党建制度落实情况自查整改和检查评估。推进党支部标准化、规范化建设，分级实施“党务干部能力提升计划”和年度党员教育培训计划，建立领导干部党支部工作联系点制度。深化职工民主管理，推进“暖心工程”“职工之家”建设。改进干部识别评价和选拔任用机制，突出政治标准和业绩导向，细化政治素质考察、政治把关要求，建立领导班子和领导干部疫情期间表现情况档案，作为评价和使用干部的重要依据。选优配强地市中支领导班子，做好分行机关副处级干部选拔工作。完善干部培养锻炼机制，推动系统内上下交流、跨行交流、与地方政府和金融机构之间的干部交流挂职。开展党的十九大以来巡视审计和自查问题整改“回头看”，整改率达91.89%。推进辖区“不忘初心、牢记使命”主题教育检视问题整改，整改率达99.62%。抓好警示教育提醒，开展员工异常情况整治、干部职工拥有非上市公司（企业）股份或证券清理、酒驾违纪专项整治，强化巡察整改督办。认真开展案件核查。

【货币政策】 2020年，人民银行济南分行认真落实稳健货币政策，加大对疫情防控和经济高质量发展的支持力度。坚持把贯彻稳健货币政策着力点放在疏通金融支持实体经济渠道和优化金融资源配置上，强化货币政策工具的导向作用，引导金融机构加大对辖区统筹疫情防控和经济社会发展的支持力度。加强对疫情防控和复工复产的支持，坚持“快、准、严、实”，落实3,000.00亿元再贷款政策，推动金融机构为全省259家防疫重点企业发放贷款65.10亿元；落实5,000.00亿元再贷款再贴现政策，两次获得总行追加额度，累计发放再贷款275.00亿元。运用1.00万亿元再贷款再贴现政策向省内金融机构发放再贷款再贴现1,152.60亿元，带动发放贷款和办理贴现1,590.80亿元，支持市场主体13.23万户。全力做好金融支持稳企业保就业工作，两项直达政策工具总量和占比逐月提高，2020年12月，法人银行普惠小微贷款延期率为77.60%，符合条件的法人银行普惠小微信用贷款发放占比为55.20%，分别比政策创设初期高64.40个、38.30个百分点。截至2020年末，通过阶段性延期还本付息，全省符合条件的地方法人银行可获得激励资金6.13亿元；通过落实普惠小微信用贷款支持计划，全省符合条件的地方法人银行可获得无息再贷款资金支持168.60亿元，规模均居全国前列。强化对各类受疫情影响企业的精准支持，对初创期企业，深化“首贷培植行动”，支持7.40万户小微企业获得首贷804.00亿元；对成长期企业，开展“金融诊疗”助企行动，帮扶市场主体7.30万家，支持资金3,412亿元。对遇到现实困难的企业，组织开展“金融顾问团”活动700余次，帮助企业4,365家。加强对高质量发展重点领域的金融支持，做好收官阶段金融精准扶贫，对有劳动能力、有致富愿望、有生产经营项目、有信贷需求并符合信贷条件的“四有”贫困人口，以及符合信贷条件的扶贫生产经营主体，实现应贷尽贷，2020年末，全省精准扶贫贷款余额同比增长31.70%。强化扶贫和乡村振兴工作衔接，创设“央行资金产业振兴贷”，农村集体资产股权质押贷款规模不断扩大，临沂市获批成为全国首个普惠金融服务乡村振兴改革试验区。联合八部门出台发展绿色金融的实施意见，推动再贴现“绿色票据直通车”投放资金23.50亿元，开展绿色项目融资对接7批，涉及项目1,115个、融资需求3,802.00亿元。加快推进LPR改革落地，在全国率先完成“新发放贷款LPR应用率第一季度实现100.00%”“存量浮动利率贷款定价基准转换率8月末实现100.00%”目标，促进企业贷款利率明显下行。12月，全省新发放企业贷款利率和普惠小微企业贷款利率分别为4.67%和5.50%，同比分别下降0.49个和0.93个百分点，推动金融合理让利实体经济。定期存款靠档计息违规产品整改工作稳步推进，2020年末，全省100家法人金融机构存续定期存款靠档计息产品余额清零，共压降1,384.00亿元，达到既定压降目标。持续拓宽融资渠道，开展债券发行“双百攻坚行动”，筛选建立百家民企、百家国企动态发债项目库，开展地方法人银行“双债引导行动”，推动7家法人机构发行永续债300.00亿元，3家法人机构发行二级资本债58.00亿元，6家法人机构发行绿色金融债230.00亿元。2020年，全省共发行债务融资工具3,991.90亿元，同比增长30.10%。加快推广应收账款融资，2020年，全省新增应收账款融资3.01万笔、金额2,046.64亿元。发展票据融资，推动20家企业和2家财务公司参与票据信息披露试点。

【金融稳定】 2020年，人民银行济南分行健全风险防控机制，全力打好防范化解重大金融风险攻坚战。坚持完善金融稳定工作机制与监管协调机制，着力提升金融风险监测识别效率，推动加快风险处置进度，坚决打好防范化解重大金融风险攻坚战。依托金融风险监测系统、金融机构重大事项报告系统和风险企业信息数据库，以及总行存款保险信息系统，打造“一库三系统”的山东金融风险监测分析中心，覆盖660余家银行机构的253项经营指标，收录单户5,000.00万元以上大额风险贷款3,402笔、金额5,231.00亿元。扎实做好风险识别预警和分析报告。定期绘制全省“金融风险图谱”，按月编制《金融风险监测月报》。建立金融委办公室地方协调机制（机制1），制定工作规则、联络员制度、信息报送制度，围绕稳企业保就业、重点机构风险化解等召开专题会议4次，召开机制1与机制2（山东省金融稳定发展领导小组）联席会议2次，传达金融委会议要求，同步研究部署全省金融领域重点工作，有效发挥了强化央地协同、凝聚部门合力的作用。推动省委省政府统筹加快全省不良资产处置，配合制定16项政策措施，全省不良贷款较年初实现“双降”，高风险机构较峰值下降24家。成功化解鄄城包商村镇银行异常取款风险事件，全力做好恒丰银行监督管理，妥善处理有关“明天系”9家金融机构接管过程中的各项工作，积极参与大企业风险处置工作。强化存款保险风险识别和早期纠正功能，有序启用存款保险标识，开展法人投保机构资产质量现场核查，对11家机构进行费率调整记录，对8家机构下发风险警示函，指导35家机构落实早纠要求，其中29家资本充足率提升、31家不良贷款率下降。按季度对全省276家法人机构开展央行评级工作，强化评级结果运用。

【金融服务】 2020年，人民银行济南分行以规范安全和普惠为导向，持续改进金融管理和服务。为应对疫情冲击，按照特事特办原则，及时开通支付结算、国库、现金、征信等金融服务“绿色通道”，全力满足疫情防控和人民群众金融服务需求。以金融“放管服”改革为突破口，扎实做好人民银行基层行金融管理服务工作。优化支付结算环境，全面实现企业登记和开户“一站式”办理，开展日韩短期入境游客移动支付便利化试点，拓展公共交通、生活服务、文教卫生等移动支付应用场景，全省助农取款综合服务点占比达50.00%，提前超额完成“手机号码支付”业务推广指标。推进会计核算业务线上化，法人机构接入HCS综合前置子系统占比居全国前列。加强支付市场监管检查，强化账户风险系统治理与源头防控，认真开展“断卡”行动，精准打击跨境赌博“资金链”。提升科技支撑能力，上线运行机房资产管理系统，推进机房设备管理智能化。推进金融科技应用试点，山东33个试点项目全部上线。布放刷脸付终端14,555台，建成刷脸付商圈17个，完成银行卡支持国密改造任务。改进现金服务管理，加大原封新券投放，全面实现1元券硬币化投放，推进区域现金处理中心试点。组织全省发行库安全风险大排查，开展整治拒收现金和整治违法使用人民币图样专项行动。提升国库服务质效，坚持特事特办、随到随办，快速精准拨付防疫专项资金、财政直达资金，全年办理中央财政直达资金支出659.40亿元。全面做好个税退库和国库资金经收支付服务，实现退税业务无纸化办理。加强国库业务管理，做好资格认定和检查工作，防范国库资金风险。加强征信管理服务，做好受疫情影响“四类人群”信用记录调整。推进征信查询便利化，实现市、县两级商业银行自助查询网点全覆盖，推广网银和手机银行查询服务。深化中小微企业和农村信用体系建设，实现对建档立卡贫困户全覆盖。加强征信合规管理，建成全省征信查询监控中心，指导全省14家城商行、农信社系统上线征信查询前置系统。做好统计研究和调研分析工作，在全国首批实现金融业综合统计信息采集阶段性目标，多项特色统计指标被总行采纳推广。强化特色金融智库功能，持续提升期刊质量和影响力。加强调研分析。推进金融消费权益保护，开展金融知识宣传教育，深入推进违规金融广告治理，畅通金融消费投诉咨询渠道，成立山东省金融消费权益保护协会，形成省、市、县三级覆盖的金融消费纠纷多元化解工作体系。2020年，山东省12363呼叫中心累计接听电话22,162个，办结率超过90.00%；调解金融消费纠纷433笔，成功313笔。认真履行反洗钱工作职责，建立反洗钱银检、银警、金融监管三项合作机制，推进特定非行业反洗钱监管，推动4地市14家房地产企业接入反洗钱监测分析系统，首次对法人机构开展风险评估。探索侦、诉、判一体推进机制，2020年，向公安机关移送可疑线索313条，全省洗钱罪判例达到19起，创历史新高。

【外汇管理】 2020年，人民银行济南分行坚持防风险和便利化并重，优化外汇与跨境人民币管理服务。围绕服务涉外经济发展，加强外汇和跨境人民币政策传导，着力提升事中事后监管能力，防范跨境资金流动风险。深化外贸企业精准服务，创新开展重点外贸企业入库建档，开展业务分类指导和“一对一”辅导。组织外汇服务进万企活动，筛选5,019家重点涉外企业跟踪帮扶，帮助解决融资、结算、汇率避险等问题3,849个。启动跨境金融区块链平台试点，组织银行办理贸易融资4,568笔、金额49.70亿美元，平均利率为3.50%，较平台上线前下降约1.50个百分点。落实贸易投资便利化政策，推进贸易收支便利化试点，累计办理试点业务16,210笔、金额61.39亿美元。推进跨国公司跨境资金集中运营管理业务扩容，至2020年末，共有55家跨国公司通过备案，较2019年末增加5家。开展跨境人民币可信企业便利化试点，支持银行为可信企业限时容缺办理业务。支持贸易新业态发展，推动市场采购便利政策落地。提升事中事后监管能力，加强外汇及跨境人民币监测分析预警，丰富人民币跨境监测分析系统功能，严防跨境资金流动风险。依法依规实施贸易收支、资本项目、国际收支、个人外汇业务等检查核查，推进德州“7·12”、烟台“4·23”地下钱庄案件行政查处，协助公安机关成功破获菏泽“1·28”跨境赌博案、日照“7·02”专案。全年共查处外汇违法违规案件501起，处罚没款3,969.00万元，案件查处实现零听证、零复议、零诉讼。

【内部管理】 2020年，人民银行济南分行以确保安全生产为底线，全面加强人财物规范管理。始终绷紧安全生产这根弦，定期开展安全检查，深入排查整治安全风险隐患。强化法治央行建设，推进依法行政，规范检查处罚工作，落实查处分离，在全国率先建立执法记录仪管理制度。落实“过紧日子”各项要求，做好年度预算管理，开展货币资金内控风险专项评估，推进公务用车改革。扎实开展业务监督，推进审计整改，深化内审成果运用。全年辖区没有发生重大安全事故和重大资金风险。

（白 峰、吴晓利）

附表1

机构概况一览表

行长（或其他称谓的第一负责人）		副行长（或其他称谓的同级领导）	
周逢民		贾广军、刘振海、董龙训、王珏琰、刘 健、肖瑞卿、王延伟、刘 明	
地址	山东省济南市经七路382号	邮编	250021
网址	http://www.jinan.pbc.gov.cn	联系电话	0531—86924114

附表2

内设部门及分支机构一览表

年度	内设机构（个）	下设分支机构（个）		员工人数（人）	
		地市级机构数	县区级机构数	员工总数（含非正式员工）	正式员工数
2016	33	17	98	6,753	6,027
2017	33	17	98	6,563	5,954
2018	33	17	98	6,445	5,903
2019	33	17	98	6,469	5,974
2020	33	17	98	6,493	5,949

中国银行保险监督管理委员会山东监管局

【第一负责人简介】 王俊寿，男，汉族，1971年3月出生，山西阳泉人，研究生学历，经济学博士；中国银行保险监督管理委员会山东监管局（简称山东银保监局）党委书记、局长。

【综述】 2020年，山东银保监局坚持以习近平新时代中国特色社会主义思想为指导，认真贯彻落实全国银行业和保险业监督管理工作会议和年中工作座谈会精神，坚决扛起统筹疫情防控和经济社会发展政治责任，谋划推进“一二三四五”工作思路，着力抓党建、防风险、治乱象、促改革、助实体、惠民生，扎实做好“六稳”工作，全面落实“六保”任务，助力经济社会高质量发展，各项工作取得积极成效。荣膺第六届“全国文明单位”、山东省委“攻坚克难奖”。郭树清等银保监会领导同志，刘家义、李干杰等山东省委省政府领导同志先后作出30次重要批示，对公私分开和履职回避专项治理、支持复工复产、加快风险处置化解、车险综合改革等工作给予高度肯定。

【行业规范】 2020年，山东银保监局接续开展“规范建设深化年”活动，紧抓高管人员这个“牛鼻子”，局主要负责同志两次对2020年以来39位新任高管集体谈话，特别是紧盯保险领域“顽疾”。一是“铁腕”规范车险秩序。出台整治车险市场秩序工作方案，建立车险市场监测评价机制，开展现场检调查60余家次，监管约谈省公司20余家次，停止使用商业车险条款机构2家次，阶段性暂停业务增速异常机构300余家次，督促化解车险未入账费用8.30亿元，车险综合费用率同比下降7.13个百分点。二是“高压”打击误导销售。发布人身保险销售宣传行为16类68项负面清单，明确销售红线，采取“飞行巡检+临时立项”方式对8家电销中心开展“拉网式”检查，聚焦7种销售误导典型形式，开展销售乱象全面排查，坚持靶向治疗，加大查处力度，人身险公司退保率同比下降1.20个百分点。三是“重拳”清退劣质中介。在上年基础上再清理注销保险专业中介机构915家、执业登记人员5.20万人，责成42家保险公司停止与266家不具备资格的中介机构合作，责令6家中介机构停止开展新业务。

【风险防控】 2020年，山东银保监局突出“目标导向”，全力以赴聚焦金融风险攻坚。一是大力推动不良贷款化解。继续强化贷款质量真实性管理，辖区逾期90天及以上贷款与不良贷款的比例为86.69%，连续13个月保持在100.00%以内。推动省政府召开压降不良资产工作会议，出台不良资产处置措施16项，着力破除财税、土地、司法、担保等堵点、难点。2020年，辖区共处置不良贷款2,337.67亿元，不良贷款余额和不良贷款率连续第二年实现“双降”。二是强化重点企业风险化解。建立144户大额授信风险企业清单，协同地方政府建立金融支持东营、滨州高质量发展协调机制，实施债委会主席行主要负责人挂牌包干处置机制，“一企一策”推动精准拆弹。三是打好高风险机构“歼灭战”。逐一发函城商行所在地方政府，与相关政府负责人面对面座谈，逐家约谈高风险机构及属地分局，督促制订完善风险处置方案并强化落实。推动建立农商行政府帮扶事项“六张清单”，督促省联社将风险化解成效与干部使用挂钩，部署开展重点违规问题集中整治，1家农商行退出高风险名单。

【银行保险改革】 2020年，山东银保监局注重“领航把向”，坚定不移推动银保改革发展。一是强化党的领导。认真贯彻支持配合中小银保机构加强和改进党的建设通知要求，强化任务分工和责任落实，推动地方党委政府加强城商行党的领导，督促省联社和农商行修改公司章程，明确党组织在治理结构中的法定地位，首次召开城商行纪委书记、监察室主任座谈会，切实发挥党组织在机构改革发展中的领导核心、政治核心作用。二是推动完善公司治理。开展公司治理监管评估，印发健全银行业保险业公司治理三年行动方案贯彻落实意见，做实股权和关联交易专项整治，督促城商行整治违规问题30余个，农商行处置问题股权103.73亿股，涉及股东8,588户，3家发起行回购9家村镇银行8,010万股问题股权。三是着力银行保险高质量发展。配合省政府制定《山东省深化农村商业银行改革试点方案》，努力争取试点省份资格。积极做好财务公司申设工作。牵头14个部门出台社会服务领域商业保险发展实施方案，加快养老保险第三支柱建设。稳步推进车险综合改革落地，基本实现“降价、增保、提质”的阶段性目标。

【支持疫情防控】 2020年，山东银保监局聚焦复产复工需求，响应实体企业关切，全面落实“六稳”“六保”任务，得到银保监会专项督查组充分肯定。一是打出政策措施“组合拳”。单独出台41项、联合有关部门出台26项支持复工复产的制度文件，加强逆周期资金供给和息费让利。积极部署开展应急贷款融资试点，累计为590家企业发放应急贷款20.23亿元，平均综合融资成本为5.35%左右，惠及就业5.60万余人，竭力保住合格市场主体。二是祭出惠民暖企“定心丸”。充分发挥“金融辅导员”“百行进万企”机制作用，深入开展专项自查督查，确保金融“暖风”直达实体、直通基层。2020年，辖区较年初新增贷款8,691.62亿元，是2019年增量的1.36倍，创历史同期新高；累计向全国和省级重点疫情防控企业发放贷款883.86亿元，为3.49万户企业减免利息7.68亿元，为43.50万户（次）企业办理延期还本，为2,667家企业提供政策性复工复产保险保障5.33亿元。三是亮出普惠金融“主动牌”。强化差异化监管考核，研究建立小微企业获得信贷综合评价指标体系，推动小微、民营金融“增量、扩面、降本、提质”。辖区国标口径小微企业贷款较年初增加2,974.23亿元，同比多增1,248.05亿元；农业保险承担风险保障1,047.03亿元，赔付支出25.46亿元。

【内部建设】 2020年，山东银保监局以“问政山东”问题整改为突破口，组织全系统深挖不足、补齐短板、强化弱项，细化部署保险市场乱象“大排查”，开展30余期监管技能“大培训”，分类举办8个业务模块“大比武”，跟进实施360°素质提升“大考核”，推动实现基层监管履职能力“大提升”。出台行政处罚操作规程，整编23个典型司法判例，有效增强依法监管能力。扎实开展监管数据质量专项治理，印发监管数据安全管理细则，筑牢改革发展监管根基和生命线。树立“无科技不监管”的理念，推进智能检查实验室建设，建成50人的检查骨干团队和200人的应用分析团队，立项开展同业和信用卡业务线上稽核，研发股东信息查询共享系统，延伸EAST系统在非银领域的创新应用，智慧监管、精准监管水平持续提升。认真落实银保监会财险公司监管主体职责改革安排，明确监管职责承接时间表、任务书、路线图，确保放得下、接得住、管得好。推进金融纠纷多元调处机制建设，协调建立省级层面工作小组，指导辖区16地市全部挂牌运行银行业纠纷调解组织，切实维护金融消费者合法权益。

（李江涛）

附表1

机构概况一览表

局长（或其他称谓的第一负责人）		副局长（或其他称谓的同级领导）	
王俊寿		赵东生（党委委员、副局长）、艾建华（党委委员、副局长）、邢安锋（党委委员、副局长）、许彦峰（党委委员、二级巡视员）、付国才（党委委员、二级巡视员）、张友道（党委委员、二级巡视员）、曹光中（一级巡视员）、鲁 青（一级巡视员）、唐加水（二级巡视员）	
地址	山东省济南市经二路146号	邮编	250001
网址	http://www.cbirc.gov.cn/branch/shandong/view/pages/index/index.html	联系电话	0531—86193512 0531—86193595

附表2

内设部门及分支机构一览表

年度	内设机构（个）	下设分支机构（个）		员工人数（人）	
		地市级机构数	县区级机构数	员工总数（含非正式员工）	正式员工数
2018	30	15	92	1,203	1,203
2019	24	15	92	1,198	1,198
2020	24	15	92	1,238	1,238

中国银行保险监督管理委员会青岛监管局

【第一负责人简介】　阚超，1968年8月出生，四川仪陇人，博士研究生学历；2010年1月任中国银行业监督管理委员会四川监管局党委委员、副局长；2018年10月任中国银行保险监督管理委员会四川监管局筹备组成员；2018年11月任中国银行保险监督管理委员会四川监管局党委委员、副局长；2019年8月任中国银行保险监督管理委员会青岛监管局（简称青岛银保监局）党委书记、局长；2020年7月任青岛银保监局党委书记、局长、一级巡视员。

【综述】　2020年是极不平凡的一年，面对突如其来的新冠肺炎疫情和复杂严峻的经济金融形势，青岛银保监局以习近平新时代中国特色社会主义思想为指导，深入贯彻落实党中央和银保监会党委决策部署，强化党建引领，落实监管责任，加强风险管控，深化改革创新，持续推动辖区银行保险机构安全稳健运行，为地方经济社会恢复发展提供了有力的金融支撑。截至2020年末，辖区银行业金融机构资产、负债余额分别为2.90万亿元和2.80万亿元。其中，各项贷款余额为21,148.00亿元，比年初增加2,785.00亿元，同比增长15.17%；各项存款余额为19,458.00亿元，比年初增加2,464.00亿元，同比增长14.50%；不良贷款率较年初下降0.14个百分点；辖区保险业实现保费收入511.00亿元，同比增长4.90%；保险业累计提供风险保障31.50万亿元，同比增长14.10%，持续发挥风险保障作用。

【党建工作】　2020年，青岛银保监局深入推进全面从严治党。一是全面加强政治建设。始终把党的政治建设摆在首位，时刻牢记政治机关本色，巩固深化“不忘初心、牢记使命”主题教育成果，推动全局形成坚定理想信念、坚守初心使命、勇于担当作为的良好氛围。二是扎实推进全面从严治党。制定印发主体责任清单，压紧工作责任。召开全局意识形态分析专题会议，组织开展专题教育活动和防谍保密专项排查，扎实落实工作要求。三是切实强化政治理论武装。围绕党的十九届四中和五中全会精神、疫情防控、复工复产、脱贫攻坚、意识形态等重点内容做好理论学习。积极探索线上“三会一课”等新模式，提升学习效果。四是不断夯实党建基础。深入推进党支部标准化规范化建设，部署开展“党员示范岗”创建、组织党员重温入党誓词、过“政治生日”等活动，提升组织生活仪式感。五是持之以恒正风肃纪。制定纪检监察和党风廉政建设工作要点，印发廉政风险排查防控方案，抓好关键环节监督检查，开展清廉金融文化建设，推动廉洁意识入脑入心。

【金融监管】　2020年，青岛银保监局金融服务疫情防控成效明显。一是强化部署推动。把做好疫情防控金融服务、支持经济恢复发展作为重大政治任务来抓，局党委多次专题研究安排部署金融服务保障工作，印发关于金融支持疫情防控和企业恢复生产工作的通知，提出15项针对性措施，在银保监会系统内率先出台金融政策贯彻落实评价机制，实行“按月监测、按季评价”，推动机构扎实落实支持疫情防控和企业复工复产各项政策，确保金融秩序不乱、服务不断、力度不减。二是引导加大金融支持力度。2020年末，辖区主要银行机构向371家全国重点疫情防控企业发放贷款112.00亿元；为企业办理无还本续贷和借新还旧等资金接续业务2.45万户次，办理贷款1,132.00亿元；减免企业贷款利息和服务费用2.90亿元；累计捐款913.00万元，为抗疫一线人员捐赠保险保障311.00亿元。

【金融服务】　2020年，青岛银保监局助力地方经济高质量发展。引领辖区银行保险机构聚焦“十五个攻势”等地方发展战略，优化金融资源配置，持续强化金融服务。一是金融供给力度加大。全年各项贷款新增2,785.00亿元，为上年同期的1.30倍，同比增长15.20%；保险资金运用规模为652.00亿元，同比增长78.20%，为地方经济发展注入充足的金融活水。二是金融供给结构优化。制造业贷款增量是上年同期的5.80倍；批发和零售业贷款增量是上年同期的2.40倍。首台（套）、工程险、船舶险等保险业务快速发展，有力支持铁路、机场等交通基础设施建设。三是普惠金融质效提升。普惠型小微企业贷款增速高于各项贷款平均增速21.60个百分点；户数较年初增加4.10万户，实现“两增”目标；贷款平均利率较上年下降0.99个百分点。涉农贷款较年初增长14.20%，农业保险覆盖面稳步扩大。四是服务民生功能增强。长期护理保险“青岛模式”创新推进，灾害民生综合保险成功落地，老年人意外险、残疾人意外险、防贫减贫保险等民生保障类保险功能进一步强化。全国首家银行保险业纠纷调解中心设立，金融消费纠纷化解质效进一步提升。

【风险防范】　2020年，青岛银保监局防范化解金融风险攻坚战扎实有序。坚持“底线思维”，积极应对经济下行和疫情持续的严峻形势，连续5天召开党委专题会议，统筹部署金融风险防控工作，坚决打好防范化解金融风险收官之战。一是资产质量管控取得积极成效。全年辖区未发生重大风险事件和大案要案，银行业不良贷款率较年初回落0.14个百分点。二是接托管工作稳妥推进。辖内3家被接管保险机构经营管理有序运行，人员队伍稳定，实现了“业务不断、秩序不乱、人心不散”的工作目标。三是重点领域风险得到有效防控。房地产金融化得到遏制，房地产相关贷款增速比上年下降4.20个百分点；影子银行风险持续收敛，两家主要法人机构保本理财均实现零余额；地方政府隐性债务风险化解稳步推进。四是乱象整治成果持续巩固深化。机构主体责任进一步压实，自查和监督检查整改率明显提升。车险综合改革平稳落地实施，市场竞争秩序明显好转，人身险公司满期给付与退保风险总体可控。

【金融改革】 2020年，青岛银保监局深入推进银行业保险业改革开放。适应经济高质量发展的内在要求，持续深入推进银行业保险业供给侧结构性改革。一是公司治理机制持续完善。党的领导与公司治理不断融合，党委决策在公司决策中的领导作用进一步增强。股权和关联交易专项整治“回头看”有序推进，公司治理的合规性和有效性持续提升，10家法人银行提前半年完成股权托管工作。二是重点区域服务力度加大。金融资源加快向青岛自贸片区、上合示范区、财富管理试验区聚集，19家银行保险机构与地方政府签订上合示范区战略合作协议，14家银行保险机构在“两区”设立分支机构。三是金融组织体系进一步完善。青银理财子公司开业运营，广发银行青岛分行、亚太财险青岛分公司、招商银行信用卡分中心、平安银行汽车消费金融分中心获批筹建。

【内部管理】 2020年，青岛银保监局结合机构改革融合新形势，进一步完善内部机制流程，加强干部监管能力建设，切实提升监管履职效能，各项工作取得积极成效，荣获第六届“全国文明单位”。一是加强干部队伍建设。制定干部选拔任用实施细则，有序推进职级晋升，充分调动干部干事创业积极性。加强干部人文关怀，制定局党委关心干部身心健康实施办法和谈心谈话制度，密切关注干部思想动态和身心健康。延伸业务培训触角，创新“现场学+线上学”新模式，利用企业微信及内网直播平台组织线上培训。组织开展“红色七月”“庆祝新中国成立71周年”、沙滩运动会等活动，有效促进了干部职工感情融和，提升了组织凝聚力和向心力。二是加强监管效能建设。强化科技赋能，深入推进智能检查实验室建设，强化EAST系统深度运用，开发优化专项模型，监管精准性、智能性和有效性持续提升。组队参加银保监会EAST竞赛，两个团队均获二等奖，青岛银保监局被评为应用分析先进单位，应用水平继续处于全国前列。不断完善市场准入、非现场监管和现场检查工作机制，持续优化监管流程，加强监管协调联动，整体协同效应显著增强。三是加强基础工作建设。完善内部管理制度，先后制定各类制度40余项，实现各项工作有章可循、有规可依。加大督查督办力度，促进各项重点工作任务有效落实。强化公文、印章、值班等政务管理，压实保密工作责任。加强财务后勤管理，落实落细疫情防控措施，配足防疫物资，厉行勤俭节约，坚决制止餐饮浪费。全局形成了积极向上、干事创业、风清气正的良好政治生态。

（刘金文）

附表1

机构概况一览表

<table>
<tr><td colspan="2">局长（或其他称谓的第一负责人）</td><td colspan="2">副局长（或其他称谓的同级领导）</td></tr>
<tr><td colspan="2">阚 超</td><td colspan="2">王永存、李继明、宋朝晖、林 洁、徐一臻、罗 中</td></tr>
<tr><td>地址</td><td>山东省青岛市市南区香港西路69号</td><td>邮编</td><td>266071</td></tr>
<tr><td>网址</td><td>http://www.cbirc.gov.cn/branch/qingdao/view/pages/index/index.html</td><td>联系电话</td><td>0532—83079101</td></tr>
</table>

附表2

内设部门及分支机构一览表

年度	内设机构（个）	下设分支机构（个）		员工人数（人）	
		地市级机构数	县区级机构数	员工总数（含非正式员工）	正式员工数
2016	17	0	0	144	135
2017	17	0	0	141	131
2018	19	0	0	171	171
2019	19	0	0	177	177
2020	19	0	0	181	181

中国证券监督管理委员会山东监管局

【第一负责人简介】 陈家琰，河南固始人，研究生学历，高级经济师；2015年8月至今任中国证券监督管理委员会山东监管局（简称山东证监局）党委书记、局长兼济南稽查局局长。

【综述】 2020年，山东证监局深入学习党的十九大和十九届二中、三中、四中、五中全会精神，坚持“建制度、不干预、零容忍”九字方针，坚持“四个敬畏、一个合力”监管理念，坚决贯彻落实全国证券期货监管工作会议精神和证监会党委各项决策部署，统筹推进全面从严治党、疫情防控、深化改革、监管执法等各项工作，全局队伍建设和监管工作水平稳步提升，辖区资本市场服务实体经济成效呈现稳中向好的发展态势。

【上市公司监管】 大力提高上市公司质量。一是推动建立协同有效的工作机制。推动省政府先后多次召开会议，研究部署高风险公司风险化解和提高上市公司质量工作。局党委班子成员分片包干，赴12地市逐家协调化解公司风险。认真学习贯彻国发〔2020〕14号文精神，结合山东实际推动工作落实。二是多措并举化解重点公司风险。坚持分类施策，推动“一企一策”制订化解方案，存量风险化解取得明显进展。全年化解风险公司18家，督促3家公司全部偿还占用资金、2家公司解除违规担保。压实大股东主体责任，累计降低高比例质押公司8家。三是坚持“零容忍”打击违规行为。针对各类违规问题，正式立案调查6起，对20家公司及64个相关方采取行政监管措施42项。

【拟上市公司监管】 优化IPO辅导验收流程，严把入口关。督导中介机构勤勉尽责，加强现场检查，对实际控制人进行单独考试，并强化案例教育，督促归位尽责、诚实守信。全年完成37家企业辅导验收，辅导验收家数为历史最多。把握注册制改革机遇，大力推动企业上市，会同有关部门，加强专业指导和现场调研。企业上市家数和直接融资规模均大幅增加，24家公司通过发审委或上市委审核，13家公司首发上市，募集资金119.32亿元，同比增长65.00%。

【证券期货经营机构监管】 用好典型案例通报、合规培训等方式，提升经营机构合规意识。加强备案审核、舆情监测、投诉处理、报表分析，密切关注重点业务风险，定期调度股票质押业务情况以及资管业务风险处置进展，第一时间排查类“原油宝”金融产品风险；对债券业务、投行业务、投资者适当性管理等开展现场检查。组织分支机构自查，多维度考量，建立高中低风险机构名单，实施差异化监管。调查处置2家分支机构员工涉嫌集资诈骗、场外配资事项，有序化解风险。全年对证券期货经营机构、投资咨询机构、基金销售机构等开展现场检查32家次，针对投诉举报事项现场核查9家次，对9家机构、4名人员采取行政监管措施。

【非上市公众公司与公司债券监管】 优化挂牌公司舆情分析系统和风险台账系统，加强科技监管，提高监管针对性。充分发挥主办券商在举报处理、年报监管、强制摘牌、现场检查等环节中的作用，督促开展问题核查。加强协作，联合全国股转公司对2家公司开展检查，向其通报举报事项11起。以问题和风险为导向，对6家公司开展现场检查，对1家公司和1家审计机构采取行政监管措施。聚焦精选层及重点公司，探索建立精选层监管指引，打好持续监管基础。

持续摸排公司债券风险状况，加强沟通协作，及时向省市政府通报债券风险和到期情况，对重大风险和省市政府专题沟通，逐一推动化解处置。组织召开贯彻落实《全国法院审理债券纠纷案件座谈会纪要》精神座谈会，推动各方依法化解债券纠纷。加强监管执法，对7家债券发行人进行现场检查，采取行政监管措施6家次；及时对违法违规线索稽查处理。支持企业利用公司债券扩大直接融资。全年辖区企业发行公司债券（含ABS）募集资金2,485.00亿元，同比增长46.00%，融资规模创历史新高。

【审计资产评估机构监管工作】 做好上市公司“换所”专项审计监管，传递从严监管信号。结合监管需要，对上市公司控股股东资金占用、新三板等8个审计评估项目进行现场检查。各业务条线根据日常监管情况，主动延伸检查中介机构执业质量，发现问题的，同时追究中介机构责任。累计对5家审计评估机构及10名执业人员采取行政监管措施。加强会计典型案例和热点问题研究，更好服务监管。

【稽查与“打非”工作】 落实稽查执法体制改革要求，出台《山东证监局“总对总”案件线索平行移送机制实施意见》。承办各类案件线索36条，集中优势力量，全力推进大案要案查办工作，一批重点案件调查工作取得突破性进展，承办的7起A类案件中，2起已调查终结，3起已全部完成现场调查。探索简易案件由日常监管处室办理。优化审理工作流程，探索审理提前对接调查，进一步提高查办效率。审理行政处罚案件11起，作出处罚决定8份。

妥善处理61条涉非线索，依法将有关线索向司法机关移送，在官网曝光9家宣传“场外配资”“网络荐股”的网站。配合做好地方各类交易场所的风险防范化解工作，推动地方政府清理整顿45家涉嫌从事交易场所业务的机构。

【私募基金监管工作】 加强风险监测，形成常态化风险自查和重点排查机制，并制定《山东辖区私募投资基金风险应急处置指引》。继续保持检查执法高压态势，累计现场检查37家次，对9家机构和4名责任人员采取行政监管措施，向地方政府和公安机关移送3家机构的涉非线索。紧密依靠地方政府，稳妥推进高风险个案处置；建立与省地方金融监督管理局、省公安厅的常态化信息通报机制，与地方政府研究推动构建私募基金风险综合防控体系。

【投资者保护工作】 加强投资者教育和畅通维权渠道两手抓。紧密围绕《证券法》、新三板、创业板等改革开展政策宣传和投资者教育，组织开展“3·15消费者权益日”“5·15全国投资者保护宣传日”“防非宣传月”等专项活动，各项活动总参与人次达数百万。依法做好信访投诉举报处理工作，着重在提高办理效率和服务质量上下功夫，实行台账管理，加强跟踪督办。全年共接收投资者诉求2210件，前端化解82.00%，妥善办理投资者诉求393件。做好山东优化营商环境工作，牵头负责“保护中小投资者”指标。

（肖永泼）

附表1

机构概况一览表

局长（或其他称谓的第一负责人）		副局长（或其他称谓的同级领导）	
陈家琰		赵洪军、韩汝俊、李蔚春、张兆兵	
地址	山东省济南市经七路86号证券大厦	邮编	250001
网址	http://www.csrc.gov.cn/pub/shandong/	联系电话	0531—86106900

附表2

内设部门及分支机构一览表

年度	内设机构（个）	下设分支机构（个）		员工人数（人）	
		地市级机构数	县区级机构数	员工总数（含非正式员工）	正式员工数
2016	10	0	0	88	88
2017	10	0	0	88	88
2018	10	0	0	88	88
2019	10	0	0	91	91
2020	10	0	0	90	90

中国证券监督管理委员会青岛监管局

【第一负责人简介】 张文鑫，男，1969年1月出生，河北阳原人，中共党员，管理学博士，现任中国证券监督管理委员会青岛监管局（简称青岛证监局）党委书记、局长、一级巡视员，兼任中国证监会经济序列高级职称评审委员会委员、青岛市政协常委。

【综述】 2020年，青岛证监局坚持以习近平新时代中国特色社会主义思想为指导，坚决贯彻党中央及上级党委各项决策部署，坚持稳中求进工作总基调，贯彻新发展理念，紧扣深化金融供给侧结构性改革主线，围绕“打造一个规范、透明、开放、有活力、有韧性的资本市场”总目标，深刻领会“建制度、不干预、零容忍”九字方针，深入实践“四个敬畏、一个合力”监管理念，深入落实“科学监管、分类监管、专业监管、持续监管”工作要求，紧紧围绕全面深化资本市场改革重点目标任务，统筹抓好疫情防控和经济社会发展工作，推动辖区资本市场高质量发展。

在各方共同努力下，辖区资本市场发生了可喜变化，取得了新的成绩。

【上市公司监管】 2020年，青岛证监局坚持“四个敬畏、一个合力”，加强上市公司监管，促进提高上市公司质量，不断增强资本市场服务供给侧结构性改革和实体经济能力。一是落实国发〔2020〕14号文精神，大力推动提高上市公司质量。推动市政府在全国率先出台《关于进一步提高上市公司质量的意见》（国发〔2020〕14号）配套落实文件，组织召开辖区贯彻落实国发〔2020〕14号文动员部署大会，并印发做好学习贯彻工作的专项通知。二是回归本位严监管，持续保持监管高压。全年开展现场检查核查市场主体37家次，约谈150人次，下发监管关注函25份，采取行政监管措施5项，有效遏制了风险苗头。部署开展资金占用、违规担保专项行动，高标准启动公司治理专项行动。三是全力化解股票质押风险，切实防范商誉减值风险。年内辖区高风险公司由8家降至6家（含1家本年迁入风险公司），其中高比例质押公司由3家降至2家。先后约谈商誉价值高、减值风险大的5家公司相关责任人和年审会计师，对2家商誉重点监管项目开展现场检查。四是辖区多层次资本市场规模和直接融资规模不断壮大。上市公司达到44家，年内新增5家，过会待发8家，总数将达到52家，省内、北方城市中排名分别升至第1位、第3位。坚持股债双轮驱动，年内实现交易所债券融资1,191.00亿元，存量突破2,700.00亿元；13家上市公司筹划再融资173.98亿元，完成发行80.00亿元。16家上市公司完成并购重组88.00亿元。

【拟上市公司监管】 2020年，青岛证监局持续加大对辖区拟上市挂牌资源的挖掘、培育和服务力度，严把企业上市关。一是进一步强化辅导过程监管，督导券商、会计师、律师等中介机构归位尽责。二是进一步优化辅导备案流程，上线公开发行辅导监管系统，创新设立材料接收专属邮箱，开展远程辅导备案、辅导验收。三是按照政策要求积极为3家在疫情防控和复工复产过程中作出突出贡献的企业争取优先审核机会。四是进一步完善现场辅导评估工作程序，通过提前熟悉材料、加班等方式确保验收工作标准不降低，最大限度缩短报审周期，同时严防公司上市后业绩变脸风险。五是持续加大对辖区拟上市资源的挖掘、培育和服务力度，全年新增过会企业12家（含3家科创板），新增在审企业15家（其中科创板企业2家），新增24家企业辅导备案。

【证券机构监管】 一是推动行业高质量发展取得积极成效。省内首家公募基金管理公司兴华基金开业并发行产品。配合协助地方政府推动外资控股证券公司和CEPA框架下合资证券公司申设工作，外资控股券商意才证券申请材料获得接收。引导机构服务实体企业融资，支持证券经营机构规范拓展上市、挂牌、发债业务的承揽业务，全年辖区证券经营机构承揽在做项目56个，完成债券融资369.00亿元。辖区证券基金期货经营机构合计211家，客户证券资产和期货保证金合计超过4,900.00亿元。二是加强监管执法，做好风险防范化解处置工作。现场检查各类机构27家次，采取行政监管措施4项，出具监管关注函8份。

【期货机构监管】 一是推动法人机构设立，有序完善期货业态。2020年12月2日，港信期货取得证监会批复，成为时隔二十多年来证监会开闸新设法人期货公司试点的首家。推动国际化期货品种保税交割落地，全国首家授牌港口企业——青岛港原油期货指定交割库正式启用，20号胶完成全国首单实物交割。积极探索大宗商品期现市场联动发展，现有25家期货交割库、33个存放点，居全省首位，“期货交割库群”效应初步形成。二是跟踪研判相关市场风险。关注国际原油期货极端行情，摸底机构原油期货持仓、客户强平及穿仓情况，关注中国银行“原油宝”事件，分析研究事件起因、业务流程、性质、法律适用以及辖区持牌机构的风险防控措施等。

【非上市公众公司与债券监管】 2020年，青岛证监局进一步加强非上市公众公司和债券监管，推动辖区多层次资本市场建设取得新成效。非上市公众公司监管方面，一是强化分类监管，提升新三板挂牌公司规范运作意识。持续关注6家重点公司、精选层公司以及精选层辅导备案企业动态，联合全国股转公司举办新三板改革暨监管第一课专题培训会，加强与交易所、全国股转公司的沟通协调，凝聚监管合力，年内与全国股转公司联合检查挂牌公司3家次。二是分批组织座谈，坚持寓监管于服务之中。分四批组织召开辖区挂牌公司工作座谈会，传达新三板改革政策、《证券法》修订要点以及监管要求，听取各公司关于新三板改革、地方支持民营经济发展、证监局坚持监管与服务并举、发挥行业协会作用等方面的意见建议合计28条，并梳理报送地方政府。三是推动青岛市非上市公众公司协会完成规范换届。交易所债券发行人监管方面，一是推动债券规模和品种稳步发展。联合地方金融监督管理局、国资委、深圳证券交易所举办青岛市推进发行疫情债专题线上培训会，与山东证监局等四部门联合印发《山东省推动基础设施领域不动产投资信托基金有序发展工作方案》，联合山东证监局、上海证券交易所等部门开展山东省公司债券、资产支持证券和公募REITs专题培训会。交易所债券融资再创新高，本年债券融资在各辖区中排名第17位，计划单列市中仅次于深圳，排名第2位，发行疫情防控债、短期债、可转债等创新品种23只，融资292.00亿元。二是严防交易所债券违约风险。新建受托管理人微信群，督导受托管理人提前三个月研判违约风险。督促存续公司债发行人开展全面自查，全面摸排违约风险，26家债券发行人均完成了自查工作，针对1家债券发行人（融海投资）违约事项，推动召开债券持有人会议，审议通过豁免抵押议案并开展现场检查，对3家债券发行人开展现场检查并出具监管关注函。督导年内12只、66.91亿元债券如期兑付。

【审计资产评估机构监管】 2020年，青岛证监局坚持以年报监管为抓手，充分发挥中介机构看门人作用，促进有效提高辖区上市挂牌公司质量。

一是督导中介机构提升执业质量。开展年报审计监管工作，与重点审计机构、重点项目年审人员逐一约谈，传导监管压力。参与1家会计师事务所全面检查，对3家上市公司年审项目开展专项检查。建立辖区中介机构执业质量“灰名单”，实施“冷淡处理”，已有4家中介机构因执业质量问题被记入“灰名单”。二是严把上市“入口关”，督促保荐机构提升辅导质量。下发通知进一步规范企业首发上市辅导工作，压实保荐机构责任。三是落实证券法要求，支持本地中介机构发展壮大。指导天和资产评估机构和尤尼泰振青会计师事务所按要求完成备案信息填报工作，尤尼泰振青会计师事务所成为辖区首家备案从事证券业务的法人会计师事务所。

【稽查与“打非”工作】 稽查执法工作方面，一是稽查执法效能持续加强。全年办理稽查案件9起，进一步提升办案效率、缩短调查周期，仅用38天即完成“徐某内幕交易案”调查阶段工作。二是“总对总”稽查执法体制改革走深走实。出台贯彻落实证监会“总对总”案件线索平行移送机制的指导意见，制订并报送查审一体化改革方案，日常监管处室直接办理公司机构类简单案件，年内完成一起从业人员违法买卖股票及代客理财案件调查。三是执法协作更加紧密。2020年，青岛证监局深度发挥公、检、法、证四部门联合打击证券期货违法犯罪工作机制作用，深化信息、资源、技术等领域的合作共享：向公安机关移送2起涉刑案件；向市公安局移送案件线索11条，发起、召开线索会商会；与青岛市检察院进行座谈交流。

打击非法证券期货活动工作方面，一是持续清理场外配资网站等涉非信息。持续摸排涉非网站信息，通过官网与“青岛资本市场”微信公众号曝光场外配资网站黑名单，持续进行风险提示。强化与网信部门的交流，商请有关部门摸排场外配资等涉非舆情信息13条，清理关停涉非网站。二是积极处置涉非线索，不断推动案件立案查处。组织开展辖区“股市黑嘴”“非法荐股”“场外配资”及相关“黑群”“黑APP”专项整治行动，多渠道摸排涉非线索，各种手段核查涉非网站，分类施策打击，将4家机构列入异常机构，向公安机关移送涉非线索11条，向金融监督管理局通报线索1条。三是组织开展防非宣传教育。组织辖区机构、投教基地集中开展了“理性投资 远离非法证券期货活动陷阱”宣传月活动与“股市黑嘴”“非法荐股”“场外配资”及相关“黑群”“黑APP”专项整治宣传活动。同时，通过在官网、微信公众号发布风险提示、非法机构黑名单、警示案例10起，推动“以网治网”，持续引领宣传舆论，录制短视频并通过电视台扩大宣传覆盖范围。

（宿伟娜）

附表1

机构概况一览表

局长（或其他称谓的第一负责人）		副局长（或其他称谓的同级领导）	
张文鑫		万景初、李世伟	
地址	山东省青岛市市南区东海西路39号世纪大厦23层	邮编	266071
网址	http://www.csrc.gov.cn/pub/qingdao/	联系电话	0532—85798505

附表2

内设部门及分支机构一览表

年度	内设机构（个）	下设分支机构（个）		员工人数（人）	
		地市级机构数	县区级机构数	员工总数（含非正式员工）	正式员工数
2016	6	0	0	37	30
2017	6	0	0	38	30
2018	6	0	0	41	33
2019	6	0	0	40	32
2020	7	0	0	40	32

国家外汇管理局山东省分局

【第一负责人简介】　周逢民，男，湖南永州人，1963年7月出生，中共党员，大学本科学历；1982年9月参加工作，先后在中国人民银行沈阳分行、哈尔滨中心支行工作，2001年10月起任中国人民银行沈阳分行党委委员、副行长，2003年11月起任中国人民银行沈阳分行党委委员、哈尔滨中心支行党委书记、行长兼国家外汇管理局黑龙江省分局局长，2011年9月起任中国人民银行党校常务副校长，2016年3月起任中国人民银行国库局局长，2017年7月起任中国人民银行济南分行党委书记、行长兼国家外汇管理局山东省分局（简称外汇局山东省分局）局长。

【综述】　2020年，外汇局山东省分局认真贯彻落实全国外汇管理工作会议精神及各项工作部署，在扎实做好疫情防控工作的基础上，积极调整工作方式，有序推进各项便利化措施在山东落地见效，加大对疫情防控及企业复工复产的支持力度，加强外汇市场微观监管能力建设，密切关注跨境资金流动风险，服务涉外经济发展，各项工作取得积极成效。

【外汇改革】　2020年，外汇局山东省分局贯彻落实重点领域改革举措，稳妥有序推进创新试点政策落地见效，不断促进贸易投资自由化便利化。

一是山东自贸区外汇创新政策初见成效。建立组织保障及工作运行机制，围绕自贸区金融创新发展需求，强化宣传、督导落实，组织编写政策解读手册，面向企业和金融机构开展相关外汇政策宣讲，指导落实9项外汇创新政策。

二是稳妥有序推进贸易便利化试点，稳步扩大试点地区、试点银行和试点业务。截至年末，已有5家试点银行46家经办网点为38家企业开展试点业务，累计办理试点业务13,665笔。所有试点银行和企业均同时具备货物贸易、服务贸易便利化试点资质。试点政策受到市场主体的一致好评。

三是大力推进跨境金融区块链平台试点工作。持续扩大试点银行数量，推动全省业务办理量稳步增加。截至12月末，省内银行利用平台办理融资业务4,568笔、金额49.70亿美元，服务企业451家，平均放款利率仅为3.67%，较平台上线前下降约1.33个百分点，有效引导利率下行，助力外贸企业解决融资难题。与省税务部门签订合作备忘录，在数据分享、联合监管等方面达成共识，在全省全面推进资本项目收入结汇支付真实性审核区块链应用场景应用，助力企业提高业务办理效率。辖内银行已办理试点业务1,582笔、金额10.80亿美元，涉及银行55家、企业406家。

四是扎实推进“放管服”改革，切实优化营商环境。深入开展《优化营商环境条例》学习宣传，充分利用外汇市场自律机制等渠道引导商业银行加强学习宣传，增强社会知晓度。联合人民银行济南分行等九部门制定深化金融“放管服”改革有关意见，提出外汇领域深化“放管服”改革的4项具体措施；推进行政审批标准化，全面落实“一个窗口”受理制度，目前全省45个审批项目已全部实现“一次办好”。持续优化外汇管理政务服务网上办理，积极推广“国家政务服务”微信小程序，便利涉外主体随时查询业务办理要求和办理进度。截至11月末，全省各级局共计通过政务服务网上办理系统受理并办结许可事项11,459件，用户评价实现100%“非常满意”。落实暗访工作制度要求，督促银行优化外汇服务。制定外汇局山东省分局《推进银行提升个人外汇服务质量工作暗访抽查工作指引》，引导和规范中心支局定期对辖内银行开展抽查暗访工作，以常态化形式督促银行提升责任意识和服务质量。

【外汇服务】　2020年，外汇局山东省分局创新外汇服务方式，不断提高外汇服务水平，畅通政策“绿色通道”，全力支持疫情防控和稳企业保就业，支持涉外经济发展。

一是启动外汇业务“绿色通道”，统一制发疫情期间外汇业务办理便民指引、行政许可业务办理指南等，按照“网办业务网上办、特殊业务特殊办、现场业务随时办”原则，优化业务办理流程，确保业务顺利办理。建立疫情期间业务日报制度、疫情防控业务24小时监测制度，畅通政策传导机制，指导各银行机构落实好各项政策。全省简化流程为企业办理防疫物资进口付汇业务459笔、金额7,811.41万美元，与疫情相关的外汇捐赠收入54笔、金额57.79万美元。

二是及时传达资本项目外汇收入支付便利化、内保外贷和境外放款等管理要求，指导银行做好政策学习和宣传，对有业务需求的企业实行“一对一”政策讲解和业务指导，确保符合条件的企业用好便利化政策，截至12月末，全辖资本项目收入结汇支付业务共1,664笔、金额57.30亿元。

三是按照全口径跨境融资宏观审慎有关要求，对中心支局及银行提出4项贯彻落实措施，督促银行开展政策宣传、解读和业务指导，确保政策落实到位。

四是大力支持贸易新业态发展，指导临沂市场采购贸易联网信息平台二期项目建设，推动最新市场采购便利政策落地；推动中韩跨境电商聚集区建设，鼓励服务贸易创新发展。

五是深化“外汇服务进万企活动”，帮助企业解决实际困难。组织对涉外企业进行摸底，筛选出重点企业5,019家，进行跟踪监测和精准帮扶。2020年，全省各级外汇局和有关金融机构通过现场和音视频等形式组织开展政策宣讲和推介活动925场，服务涉外企业5,727家；组织各类专项或定制化宣讲辅导1,226次，服务涉外企业5,197家；帮助企业解决融资、结算、汇率避险等具体困难和问题3,369个。加强与商务部门的信息和数据共享，及时了解重大外商投资项目落地情况，指导企业利用资本项目收入支付便利化政策，推动外商投资资金及时到位。

六是实行分类指导和“一对一”辅导，实现精准帮扶。落实重点企业联系制度，稳住大企业基本盘，定期了解大企业涉外业务进展情况及面临的困难问题，有针对性地对企业进行政策和业务指导，帮助解决实际困难，及时识别并关注两家大企业涉外业务风险。积极支持中小企业、民营企业开展跨境融资和延期还款，指导50多家企业通过跨境融资弥补融资缺口、办理外债展期，有效缓解企业资金周转压力，降低企业财务风险。

【外汇监管】 2020年，外汇局山东省分局进一步加大外汇监管力度，加强事中事后监管能力建设，对外汇违法行为保持高压态势，防范跨境资金流动风险。

一是加强监管科技应用，非现场检查效率和精准度显著提升。组建“模型算法实验室”，搭建业务模型、智能算法和分析软件研发平台。积极探索聚类、分类、链接分析、数据可视化技术在非现场检查领域的应用，先后研发多款非现场检查工具软件。承担国别违规分析、货贸重点渠道分析、贸易新业态违规分析、黄金走私类异常交易分析等全国性专题分析任务，提供了有价值的检查线索。组织对系统重要性企业集团开展监测，开展地下钱庄流入社区、流出社区监测指标研究。

二是组织开展银行专项检查和调查工作。综合考虑疫情防控情况，组织开展两期银行风险业务非现场问询工作，灵活运用数据分析、电话邮件问询、调取影像资料等方式，筛选并核实异常线索，采取约谈、发放风险提示函等方式，对相关业务进行风险提示。开展银行办理涉及地下钱庄业务非现场核实工作。组织全辖开展特定银行外汇业务专项检查。

三是严厉打击地下钱庄和跨境赌博等非法金融活动。加强与公安机关的沟通协作，继续稳步推进德州“7·12”、烟台“4·23”地下钱庄案件的行政查处工作。开展打击地下钱庄和跨境赌博综合整治工作，配合公安机关侦办菏泽“1·28”、日照“7·02”专案，并组织对非法买卖外汇行为开展查处。积极开展网络炒汇平台清理整治工作，稳妥处置非法网络炒汇平台。

四是扎实做好经常项目核查。组织做好贸易收支日常监测工作，对企业出口延期收汇情况进行专项调研，摸排虚假贸易等苗头性问题；密切关注“五重一大”、关联交易等重点领域，做好非现场指标设计和大型机构样本组设置，及时发现异常线索；参与总局重点监测机制落实工作，将重点监测企业扩大至42家，按月开展调查；加强个人外汇收支管理，及时处理违规主体。

五是扎实开展资本项目非现场核查，切实做好系统滞留数据处理。截至12月末，全辖累计处理合规性和异常指标1,498笔，督促银行通过问题整改，有效规范业务操作。按周全面排查银行国际收支、外汇账户、结售汇滞留数据，并督导银行对滞留数据进行及时修改重报。

六是强化银行合规经营与审慎评估结果应用，加强银行管理。扎实推进2020年度银行外汇业务合规与审慎经营评估，做好评估事件录入、计算、提交全辖评估信息等工作。以评估结果为基础，计算并提供各季度银行MPA政策评估中的外汇业务得分情况。召开全省商业银行通报会，对银行外汇业务合规与审慎经营评估情况及监管要求进行通报；对评估结果为B-级的银行进行约谈，督促其加强整改，促进提高规范化管理水平。

七是夯实国际收支统计数据质量，为非现场监管提供数据支撑。设计开发并在全省推广应用“一查通”软件，实现每年300万笔间接申报数据，日均核查时长同比缩短20%。在全省开展线上为主、线下为辅的“云核查”，通过“一次提取，多重比对；一次进场，多重核查”，取得了全覆盖、全比对、全纠错的良好效果。

【外汇调研】 2020年，外汇局山东省分局在做好疫情防控工作的基础上，加强监测分析与调查研究，对国内外关注的外汇问题进行深入研究，提升服务决策水平，为各级领导决策提供有效依据。

一是建立新冠肺炎疫情对全省外资外贸业务影响调查制度，选定上百家样本企业按月开展专题调研。重点对外资外贸企业复产复工情况、境内企业境外发债情况进行调研，了解企业复产复工面临的困难及跨境投融资业务难题，共完成各类调研30余项，多次被省委省政府及总局领导批示。

二是开展前瞻性学习及课题研究。积极参与“银行外汇业务宏观审慎评估等跨境资本流动宏观审慎工具的实操性研究”等总局多项课题研究。围绕离岸信托外汇管理、境内企业境外发债管理、区块链技术在外汇管理中的应用等热点难点问题、完善跨境资金流动管理等开展多方位、多层次研究。

【内部管理】 2020年，外汇局山东省分局以党建促管理，夯实内部管理基础，扎实做好外汇管理各项工作。

一是持续推进全面从严治党。进一步强化党建统领，深入开展“让党中央放心、让人民群众满意的模范机关”建设活动，组织制订活动实施方案；以金融战“疫”为主线开展系列学习，以金融战“疫”大家谈、清明线上祭英烈、世界读书日等为主题开展党日活动；组织党员参加“红五月”等主题教育活动和参与党史、新中国史、改革开放史学习教育活动。组织学习党的十九届五中全会精神，通过远程学习、远程会议等方式，严格执行“三会一课”等组织生活制度。

二是加强内审内控管理。组织落实内审内控工作指导意见，组织各市中心支局以“强化同级监督检查，促进规范高效履职”为主题开展内控监督检查业务竞赛，推动完善同级监督检查工作机制，加强内控管理。组织开展统筹推进疫情防控和支持复工复产政策落实情况审计调查、外汇管理依法行政及专项经费专项审计。

三是提升外汇科技服务水平。运用科技手段助力疫情防控，推动外汇业务顺利开展。及时加大线上服务力度，积极推动市场主体通过国家外汇管理局“数字外管”平台办理业务；加强监测分析，建立涉外企业经营情况监测分析样本库，强化外汇领域经济运行分析预警，引导企业合理规避外汇风险。

四是加强人才队伍建设。联合人民银行济南分行、山东省总工会和共青团山东省委，成功举办全省金融机构资本项目外汇业务竞赛，通过以赛促学提升全省金融机构外汇业务从业人员业务素质。创新开展“经常项目专业能力建设”工作，通过将专题研究制度化、固定化、常态化，实现加强宏观经济走势研判、拓展监测分析深度、锻炼人员队伍的目的。坚持面向各类申报主体和经办银行开展统计业务线下轮训和视频培训，年均受训一线统计人员超过2,500人次。连续5年面向省、市、县三级外汇局统计人员，以技巧分享、交叉实战等形式，组织开展统计核查技巧培训，以老带新、以查代训，打造全省高水平统计核查团队。

（王 雪、罗 震）

附表1

机构概况一览表

局长（或其他称谓的第一负责人）		副局长（或其他称谓的同级领导）	
周逢民		陈好孟	
地址	山东省济南市市中区经七路382号	邮编	250021
网址	http://www.safe.gov.cn/shandong/	联系电话	0531—86167210

附表2

内设部门及分支机构一览表

年度	内设机构（个）	下设分支机构（个）		员工人数（人）	
		地市级机构数	县区级机构数	员工总数（含非正式员工）	正式员工数
2016	5	15	92	623	610
2017	5	15	92	616	609
2018	5	15	88	629	608
2019	5	15	88	645	630
2020	5	15	88	649	637

第三部分

金融社团与行业自律组织

山东省金融学会

【第一负责人简介】 周逢民，男，湖南永州人，1963年7月出生，中共党员，大学本科学历；1982年9月参加工作，先后在中国人民银行沈阳分行、哈尔滨中心支行工作，2001年10月起任中国人民银行沈阳分行党委委员、副行长，2003年11月起任中国人民银行沈阳分行党委委员，哈尔滨中心支行党委书记、行长兼国家外汇管理局黑龙江省分局局长，2011年9月起任中国人民银行党校常务副校长，2016年3月起任中国人民银行国库局局长，2017年7月起任中国人民银行济南分行党委书记、行长兼国家外汇管理局山东省分局局长；2018年6月1日，经山东省金融学会九届二次会员代表大会选举为山东省金融学会会长。

【综述】 2020年，山东省金融学会以习近平新时代中国特色社会主义思想为指导，全面贯彻落实党的十九大及十九届三中、四中、五中全会精神，全面加强党建统领和意识形态管理，积极应对疫情带来的工作挑战，紧紧围绕经济金融中心工作和区域金融改革发展热点难点问题，不断完善体制机制，深化课题管理，多种形式开展学术活动，积极推动研究成果转化，加大科普宣传力度，学会平台影响力持续提升，特色金融智库建设取得新成效，荣获2018—2019年度山东省社科普及先进单位荣誉称号，金融智库建设工作获评“山东省2020年度社会科学工作创新提升优秀案例”。

【党建统领】 2020年，山东省金融学会坚持“以党建带业务，以业务促党建”的工作思路，着力加强党的领导和党建工作，强化规范化管理，严守纪律规矩，确保学会各项工作方向正确、廉洁合规。

积极开展党建活动。开展“学红色金融史 做新时代央行人”联学联建主题党日活动；参观“纪念建党99周年暨鲁西银行成立80周年”史料专题展，进一步坚定中国特色社会主义理想信念，激发新时代央行人的使命担当。

加强意识形态管理。学会秘书处按照章程要求，进一步落实中央有关意识形态工作要求，制定完善学会互联网平台信息管理办法，规范信息发布流程，明确意识形态审核责任，把牢意识形态方向，增强党建引领。

开发金融学会数据库管理系统。学会秘书处委托相关科技公司开发数据库管理系统，并对数据库管理系统进行充分的论证和研讨。

【金融研究】 2020年，山东省金融学会依托学会科研工作委员会搭建起高质量的科研平台，积极发挥学会“现代金融服务产业智库”平台的学术引领作用，通过调研、高端论坛、研讨、沙龙等多种方式，紧扣经济金融发展热点难点问题，凝聚会员单位的专家、学者及金融实务工作者的科研成果，金融智库建设取得明显成效。

发挥智库服务决策功能。一是继续加强与省内科研院校的横向联合。与山东财经大学金融学院合作，承办了“疫情防控的金融支持：理论、实践与政策评价”智库网络论坛及“泰山金融workshop（第4期）”。二是积极推动红色金融史料研究工作，就北海银行史料研究方向、如何弘扬红色金融精神等主题开展研讨；充分发挥学会作为省政府金融智库的智力支撑作用，组织召开山东省金融业未来发展规划座谈会。三是充分发挥金融稳定专委会的特色专业优势，主办了“关于《中国人民银行法》《商业银行法》修订”的内部研讨会。

着力抓好课题全流程管理。在学会科研工作委员会的领导下，学会秘书处继续从选题立项、中期管理和结项评鉴三个环节严格课题管理。2020年度共立项重点研究课题45项，并继续与省软办、省社科联合作，资助立项40余项省级金融专项课题。组织召开学会重点研究课题中期报告会，加强中期督导，不断提升课题总体质量。

依托各专委会，有效服务地方实体经济。依托绿色金融专委会持续推动绿色金融发展攻坚工作，组织完成了《关于加快推进绿色金融服务生态文明建设和高质量发展的实施意见》；组织撰写并出版《山东省绿色金融发展报告（2018—2020年）》；在临沂罗庄举办“绿色金融成果巡展暨绿色金融改革创新报告会”。依托金融科技专委会，对“监管沙箱”等金融科技管理工具开展研究，推动全省金融科技健康持续发展；组织召开了金融科技应用创新监管座谈会；在济南科创金融改革试验区创办工作启动后，积极参与创建方案的起草与论证；在山东产业技术研究院举办“2020山东金融科技论坛”。依托金融统计调查专委会，举办了四期“山东省金融顾问大讲堂”暨金融辅导员培训活动；在聊城市高唐县开展政策宣讲暨“金融护航”助企活动。依托金融稳定专委会，积极推进地方协调机制建设，加大攻坚工作调研力度，形成防范化解重大金融风险攻坚战系列调研报告，报人民银行和省委省政府，为打赢防范化解金融风险攻坚战积极建言献策。依托外汇专业委员会，对全省涉外企业进行摸底，筛选出重点企业5,019家，进行跟踪监测和精准帮扶；参与省稳外资稳外贸工作小组工作，通过省商务厅平台接收外贸企业提出的金融外汇方面问题，按日梳理和协调解决企业反馈的问题和困难需求；推进便利化政策在山东落地，组织编写《山东自贸试验区（济南、烟台片区）外汇创新政策解读》。

【会刊建设】 作为全国中文核心期刊、复印报刊资料重要转载来源期刊及《中国学术期刊影响因子年报》统计源期刊，学会会刊《金融发展研究》始终坚持正确的办刊方向，不断提高办刊质量，在业界影响力持续提升。

提升学术期刊的理论高度。继续保持对金融改革发展的专业敏锐性，关注经济金融前沿领域，邀请重要专家学者撰稿，就绿色金融、世界贸易争端解决机制、供应链金融、数字货币等热点问题组织专题研讨，不断提升学术期刊的理论高度，年度综合影响因子不断大幅提升。

突出服务金融改革发展的重要作用。组织开展“基层央行高效履职与创新发展”主题征文、年度优秀论文评选等活动，充分发挥刊物的成果转化和宣传平台作用，较好服务了金融改革发展。

加快期刊网络化建设。开发期刊协同采编系统并正式上线试运行，实现了期刊管理工作的数字化运作，有效提高了稿件编辑处理效率；出版期刊电子书，拓展数据合作平台，全终端清除阅读障碍、提升阅读体验；坚持期刊网络首发，确保期刊内容的首创性、时效性、前沿性。

【科普宣传】 2020年，山东省金融学会不断丰富金融科普宣传形式，拓展宣传渠道，提升宣传成效，扩大受众群体，正确引导社会公众对宏观金融政策的认知，得到省委宣传部、省社科联的充分肯定。

从百姓需求出发开展科普活动。与人民银行济南分行联合主办“信用记录关爱日——用征信、助融资、促发展”暨“普及金融知识 守住钱袋子——推动社会共治全面规范金融营销宣传行为”主题宣传活动。

建设好金融科普新媒体平台。通过学会官方网站和微信公众号“汇研识金”，向公众及时传达最新最权威的金融政策、金融风险防范以及经济金融发展趋势等金融信息解读，有效掌控一方金融政策的话语权。目前累计发布微信信息380期1,700余条。连续6年举办了“汇研识金”手机摄影大赛，获得社会公众关注与好评，有力提升了微信公众号的影响力。2020年，学会编撰、出版了科普读物重点项目《反洗钱知识读本》。

（董 晓）

附表1

机构概况一览表

会长（或其他称谓的第一负责人）		常务副会长（或其他称谓的同级领导）	
周逢民		董龙训	
地址	山东省济南市经七路382号	邮编	250021
网址	http://www.sdsjrxh.com/	联系电话	0531—86167412

附表2

内设部门及分支机构一览表

年度	内设机构（个）	下设分支机构（个）		员工人数（人）	
		地市级机构数	县区级机构数	员工总数（含非正式员工）	正式员工数
2016	1	0	0	5	5
2017	1	0	0	6	6
2018	1	0	0	6	6
2019	1	0	0	6	6
2020	1	0	0	6	6

山东省钱币学会

【第一负责人简介】 贾广军，男，汉族，1962年4月出生，中共党员，高级经济师，中国人民银行济南分行巡视员；2018年3月，在山东省钱币学会六届一次会员代表大会上被选举为山东省钱币学会理事长。

【综述】 2020年，在人民银行济南分行党委的正确领导下，在中国钱币学会、中国钱币博物馆，以及山东省民政厅、社科联、文物局、新闻出版局等的业务指导下，山东省钱币学会坚持“围绕中心，服务大局”的根本宗旨，坚持“依法治会、从严治馆”的工作理念，扎实工作、开拓创新，圆满完成了各项工作任务，实现了在疫情防控条件下党建工作与业务工作全面发展。山东省钱币学会获评“省级社科普及先进单位”，齐鲁钱币博物馆获评“2020年山东省优秀社会科学普及教育基地”“分行机关文明窗口”，在人民银行2020年钱币学会专业考核中获得满分、优秀等级，得到中国钱币学会和中国钱币博物馆的高度评价。

【制度建设】 2020年，山东省钱币学会在上年获得社会组织5A等级的基础上，继续严格按照省社会组织管理局有关要求，发挥党建统领作用，完善各项管理制度，严格遵照章程、财务管理制度、会员管理办法等有关规定开展学会活动。以现场和视频相结合的方式召开了理事会，会议审议了上年会费收支报告，对全年工作进行了总结，对下一步工作进行了部署；以通信方式召开2次常务理事会，研究确定了2020年度会员收费标准调整、部分理事变更、新会员吸收等相关事项。根据省社会组织管理局等有关部门的要求，做好军人身份个人会员的梳理排查，按时完成年度报告（年检）以及学会财务审计等工作。为全面吸取有关钱币学会案件教训，及时下发《关于加强钱币学会规范化建设的通知》，对市级钱币学会在党组织建设、学会内部管理、人员管理、财务管理、重要事项报告制度等方面进行全面规范，确保依法合规开展各项业务活动。

【钱币科普】 一是有效发挥齐鲁钱币博物馆“科普宣传教育基地”的作用。在做好疫情防控的基础上，坚持免费开放。通过人民银行济南分行官网对外公布博物馆地点、参观时间、预约电话等有关事项，安排专人接听预约电话。为提高科普宣传效果，研究打磨了针对小学生、中学生、金融系统员工、钱币爱好者等不同参观者的讲解词，使不同群体通过参观都能够深入了解中华钱币文化，得到社会各界的好评。全年接待参观者3,000余人次。二是加强山东红色金融文化宣传普及。为贯彻习近平总书记关于学习“四史”的号召，结合山东红色金融历史，在人民银行济南分行机关成功举办“纪念建党99周年暨鲁西银行成立80周年”史料专题展，并在全省各会员单位进行了巡展，还通过电视台、总分行微信公众号、《金融时报》《中国金融》《金融博览》等媒介对此进行了广泛宣传。三是以展览形式广泛宣传普及人民币知识。继续在全省进行“锦绣中华——人民币上的风景名胜”专题巡展。威海、滨州、枣庄、济宁、临沂、潍坊等16市钱币学会，充分利用展览的宣传载体作用，配合实物展览、电子展览等多种形式，走进乡村、集市、博物馆、银行营业网点等公众场所，广泛宣传人民币知识，弘扬爱国主义精神，受到社会公众的欢迎。四是指导会员单位建设钱币文化展室。为逐步在全省构建钱币文化展示体系，指导市级钱币学会和会员单位结合自身实际，探索建设具有本地钱币文化特色和新时代金融特点的钱币文化宣传服务阵地。先后指导建设银行山东省分行建设国家级金融知识科普宣传示范区，指导威海市钱币学会建立钱币文化长廊，指导菏泽、济宁、枣庄市钱币文化展室规范发展，积极申报当地社会科学普及教育基地，有效发挥其作为钱币知识普及教育平台和钱币学会会员活动基地的作用。五是组织开展人民币反假宣传活动。组织各会员单位依据地域特色、行业特点，发挥钱币学会人才专业优势，配合货币金银、现金管理等职能部门深入农村、学校、社区等地开展丰富多彩、形式多样的人民币反假宣传活动。据不完全统计，全省共组织各项人民币反假宣传公益活动30余次，受众达数十万人。

【钱币研究】 一是出版研究专著《鲁西银行货币》一书。在旧址遗存实地调查、走访历史当事人、赴各地档案馆收集资料、组织研讨会和课题研究等大量深入细致工作的基础上，学会编撰出版了山东红色货币研究专著《鲁西银行货币》。本书对鲁西银行及其发行的鲁西币进行了系统考证与全面梳理，填补了鲁西银行及其货币研究的历史空白。中国钱币博物馆馆长周卫荣在《金融博览》刊发书评，给予高度评价。二是推动红色金融史料研究和遗址保护利用。联合山东省金融学会、山东省档案馆召开“北海银行史料座谈会”，积极推动山东革命根据地金融史研究。主动将北海银行、鲁西银行等10处红色金融遗址推荐到省文物局革命文物处，纳入革命文物管理。派员参加潍坊地区红色金融挖掘保护工作座谈会，赴潍坊昌邑、威海乳山、东营垦利等地实地考察北海银行及印钞厂旧址，与地方党委政府和有关部门共同研讨红色金融纳入党性教育基地、乡村振兴工程的形式和途径，推动山东红色金融遗址的挖掘保护和开发利用。三是成功召开“2020年山东省钱币学会学术年会”。会议入选“山东省社会组织学术月活动”。会议通过现场和视频相结合的方式召开，参会人员达520余人。收到研究论文80篇，集中就齐国刀币、鲁国货币、《管子》思想、山东银元、民间私票、红色货币等山东地方历史货币的重要议题进行研讨，有力推动了山东地方历史货币研究的不断深入。四是指导召开鲁南地区历史货币研讨会。临沂、济宁、日照的钱币研究专家学者围绕齐国刀币、鲁国货币、北海银行货币等议题进行了深入研讨。区域性研讨会有利于加强周边地市钱币学会的联系与合作，在区域性地区历史货币研究中互通有无，集中攻关，形成合力。五是完善课题研究制度。根据工作需要进一步修订了《省级课题管理办法》，提高了资助标准，明确了资助经费开支的范围、报销比例、报销程序等，有效调动钱币研究人员参与课题研究的积极性，发挥课题研究在推动全省钱币学术研究中的带动作用。六是广泛开展课题研究、论文征集等学术研究工作。围绕山东地方历史货币以及全国货币研究中的重点热点难点问题，组织开展了课题研究、论文征集等学术活动。完成上一年度全国课题5项，完成省级课题4项；本年度全国课题立项4项，占全国的1/5，省级课题立项21项；向中国钱币与银行博物馆委员会报送以钱币保养与修复为主题的论文26篇。全国课题结项、立项及论文报送数量均为全国第一。七是精心打造《齐鲁钱币》刊物。《齐鲁钱币》为山东省钱币学会会刊，每季度一期。按照有关主管部门要求，全面加强意识形态阵地建设，严格依法合规编发刊物，坚持正确的政治方向，坚决做到“两个维护”，牢固树立“四个意识”，坚定“四个自信”；同时增强编校力量，强化工作流程，严格审核把关，有效提升编发质量，顺利通过新闻出版内刊管理部门的专业审验，办刊水平获得省新闻出版局肯定。全年编发《齐鲁钱币》4期。

（贺传芬、徐建磊）

附表1

机构概况一览表

理事长（或其他称谓的第一负责人）		副理事长（或其他称谓的同级领导）	
贾广军		贺传芬、刘爱峰、马 林、杨 青、李建平、董 莹、许凤亮、于富海	
地址	山东省济南市经七路382号	邮编	250021
网址	—	联系电话	0531—86167213

附表2

内设部门及分支机构一览表

年度	内设机构（个）	下设分支机构（个）		员工人数（人）	
		地市级机构数	县区级机构数	员工总数（含非正式员工）	正式员工数
2016	1	0	0	5	4
2017	1	0	0	6	4
2018	1	0	0	6	4
2019	1	0	0	6	3
2020	1	0	0	7	3

山东省支付清算协会

【第一负责人简介】 益虎，男，1962年12月出生，1979年11月参加工作，历任中国农业银行东营市东营区支行行长，东营市分行党委书记、行长，山东省分行营业部党委书记、总经理，陕西省分行党委书记、行长，政协第十届陕西省委员会常委、政协第十二届山东省委员会委员；现任中国农业银行股份有限公司山东省分行党委书记、行长，山东省政府决策咨询特聘专家；2017年6月16日起，兼任山东省支付清算协会会长。

【综述】 2020年，山东省支付清算协会深入学习贯彻党的十九大和十九届二中、三中、四中、五中全会精神，按照人民银行济南分行工作部署，严格落实监管要求，充分发挥协会服务会员、行业自律的作用，统筹推进金融服务实体经济、防范化解金融风险，持续推动山东省支付市场规范健康发展。协会秘书处荣获“山东省财贸金融系统五一劳动奖状”。

【行业自律】 2020年，山东省支付清算协会强化行业自律，引导全省支付行业合规发展。

一是积极响应监管。充分研究各项政策规定，积极对接人民银行济南分行支付结算处、科技处、反洗钱处、金融稳定处、清算中心等业务关联处室，通过协会官网、微信订阅号等平台释放监管信号，针对疫情期间防范化解重大金融风险、反洗钱监管、防范网络电信诈骗、支付服务、支付系统运维等方面的内容进行宣传。二是做好疫情期间的宣传引导工作。及时发布《山东省支付清算协会关于全力做好防控新型冠状病毒感染的肺炎疫情工作的倡议书》，提醒会员单位做好疫情期间防控知识普及、舆情监测引导、工作协调安排、疫情数据收集统计等工作。通过协会微信订阅号以专栏、专刊、专题等形式宣传报道会员单位在疫情防控工作中集中展现抗击疫情、服务民生各项工作的开展情况。三是按照省民政厅换届选举工作的各项要求，顺利完成协会换届改选工作。审议通过了《二届理事会工作报告》《二届理事会财务工作报告》，选举产生了协会第三届理事会，选举交通银行山东省分行为协会第三届理事会会长单位。四是完善行业自律机制建设。采取走访调研、问卷调查、信息报送等多种形式，发挥行业引领作用，为会员单位提供支付行业信息与支付风险预警等信息服务，积极探索行业标准建设，推动行业自律。五是发挥协会的平台优势，提供行业自律发展智力支持。编印《2019年度专项调研课题文集》，制作山东省支付清算协会宣传报；微信订阅号累计发布信息130余条、65,000余字。

【行业培训】 2020年，山东省支付清算协会强化行业培训交流，提高服务质量和水平。

一是创新打造“支付讲座”服务品牌。先后举办金融企业网络安全防护能力建设系列线上公开课、金融科技业务培训班、金融科技重点标准解读培训班、银行账户管理与金融行业IPv6相关业务培训班、规范代收业务政策解读线上培训班等。据统计，全年共组织24期线上培训，先后有96家会员单位参与培训，累计培训学员24,000余人次，得到了广大会员单位的积极参与和一致认可。二是举办沙龙活动。全年举办了主题分别为个人信息保护、创新支付产品、支付工具与支付安全、账户管理的四期沙龙活动，邀请监管部门专家与会员单位共同讨论、答疑解惑，提供了支付业务发展的横向交流平台。三是紧跟支付行业发展前沿。组织部分会员单位高管赴深圳考察农业银行5G网点现场、银雁科技集团总部、华为坂田基地、微众银行等，对支付行业发展形势有了更深的认识。先后参加第九届中国支付清算论坛、2020年金融教育回顾与展望年会、2020山东金融科技论坛、新型智慧城市网络安全建设高级研修班、山东金融大数据应用研讨会等活动，把握支付行业前沿。

【调查研究】 2020年，山东省支付清算协会加强行业调研和专题研究，注重研究成果的转化应用。

一是强化课题研究，积极开展专项调研课题研究活动。紧扣当前支付清算行业发展的新形势和热点话题，坚持以问题为导向，深入开展专项调研课题研究活动，共立项调研课题27项，研究成果具有较高的学术性和严谨性，对监管部门实施监管、对同行业内工作交流具有很强的指导和借鉴意义。二是组织参与行业座谈研讨。组织召开山东省主流财经媒体宣传工作座谈会，建立起与大众网财经频道、齐鲁晚报—齐鲁壹点等省内主流财经媒体的长效合作机制，为山东支付行业宣传创造了快速、便捷、覆盖面广的宣传途径。组织召开以财务公司为主的部分会员单位座谈会，邀请了人民银行济南分行货币信贷处专家现场指导，此次座谈会起到了监管部门现场指导、会员单位横向交流、意见疑惑集中反馈、应用案例专题辅导的积极作用。

【行业活动】 2020年，山东省支付清算协会举办多种创先评优和业务竞赛活动，搭建从业人员展示才能和成长进步的舞台。

一是举办第八届“支付清算杯”2020年移动支付便民工程劳动竞赛。本次竞赛由人民银行济南分行、山东省支付清算协会共同主办，中国银联山东分公司承办，共有25家会员单位、1万多名选手报名参加了此次专题培训和比赛活动，最终产生个人奖项16个、团体奖12个，另有2人荣获“山东省财贸金融系统五一劳动奖章”。二是组织会员单位参加第二届山东省大数据创新应用技能大赛。比赛由山东省总工会、山东省科学技术协会、共青团山东省委员会、山东电子商会联合举办，协会共组织了9家会员单位、12个项目参与此次比赛。经过推荐选拔、初审、决赛，共产生一等奖2个、二等奖5个、三等奖2个，协会获得大赛优秀组织奖。三是组织举办新一代信息技术在数字经济领域创新应用线上成果展。协会作为济南市大数据产业创新发展联盟的成员单位，协同联盟各单位举办新一代信息技术在数字经济领域创新应用线上成果展，共收到8家会员单位报送的20个优秀成果，充分发挥了软件和大数据等新一代信息技术对数字经济的驱动作用。

【业务宣传】 2020年，山东省支付清算协会引领支付清算业务宣传，切实履行社会责任。

一是举办“手机号码支付宣传周”活动。将第七届“支付清算杯”竞赛活动中的16个优秀演示案例，制作成宣传片和宣传材料，以“手机号码支付宣传周”的形式在微信订阅号上陆续推送。二是与人民银行济南分行共同举办纪念人民银行支付系统建设30周年宣传作品征集活动。本次活动充分展现了30年来支付清算系统发展取得的累累硕果，呈现出全系统艺术爱好者的人文情怀与精神内涵。三是组织开展“6·29全国反欺诈宣传日”宣传活动。全省宣传受众总计达38万余人，本次活动增强了社会公众防范诈骗的意识和能力，提高了全社会对于防范电信诈骗工作的关注度。中国支付清算协会发来感谢信对本次活动给予充分肯定。四是开展打击跨境赌博专题宣传活动。协会秘书处以“严厉打击跨境赌博，维护社会安全稳定”为主题，制作发布了9期微信订阅号推送文章，通过宣传海报、宣传视频等形式，宣传了跨境赌博的常见形式、主要危害、防范措施等内容。五是创新推出“支惠生活”宣传品牌。通过协会微信订阅号和门户网站介绍和宣传山东省各会员单位支付服务与产品及其惠民信息，帮助会员单位扩大宣传范围，践行“支付为民”服务理念。

【内部管理】 2020年，山东省支付清算协会坚持党建统领，推进内部管理规范化建设。

一是扎实推进党建工作。坚持党组织领办、创办协会的原则，发挥党支部的政治优势和组织优势，推动协会健康有序发展。深入开展“让党中央放心、让人民群众满意的模范机关”创建活动，扎实推进学习型党组织建设。坚持“三会一课”制度，通过党课教育、主题党日和自主选学等形式，使党员的义务、权利在潜移默化中得以渗透落地。协会联合党支部被中国人民银行济南分行机关党委授予“2018—2020年度先进基层党组织”荣誉称号。二是健全组织制度。在疫情防控形势下，以通信方式召开协会第二届理事会第四次、第五次会议，审议协会2019年工作报告和2020年工作要点，对《山东省支付清算协会章程（草案）》和《山东省支付清算协会选举办法（草案）》、选举委员会和监督委员会人选名单进行了审议，为召开第三届会员大会做好前期准备工作。三是完善协会内部建设。为维护职工的合法权益，促进协会长远发展，报经省财贸金融工会批准同意，组织成立了山东省支付清算协会工会委员会，加强协会内部治理和协会的发展。认真总结2019年党建、各项业务、宣传、会员对接、扶贫等工作，按照省民政厅要求完成2019年度社会组织年度报告工作。走访会员单位易宝支付、北京畅捷通，加强与会员单位的沟通交流，对协会今后工作的开展起到了促进作用。

（丁延生、王 军）

附表1

机构概况一览表

会长（或其他称谓的第一负责人）		副会长（或其他称谓的同级领导）	
益 虎		刘爱峰、景在伦、李文达、董 莹、王宝城、张连怀、刁云涛、李中山、秦 琰、丁延生（执行副会长）	
地址	山东省济南市经七路382号	邮编	250021
网址	http：//www.sdzfqs.org.cn/	联系电话	0531—86167701

附表2

内设部门及分支机构一览表

年度	内设机构（个）	下设分支机构（个）		员工人数（人）	
		地市级机构数	县区级机构数	员工总数（含非正式员工）	正式员工数
2016	4	0	0	10	2
2017	4	0	0	12	2
2018	4	0	0	12	2
2019	4	0	0	12	2
2020	4	0	0	12	2

山东省银行业协会

【第一负责人简介】 张强，男，1964年5月出生，汉族，中共党员，高级经济师，1980年12月参加工作；2003年12月至2011年2月，历任临沂、淄博等市银监分局党委书记、局长；2011年3月至2017年8月历任山东银监局财会处处长、政策性银行和邮政储蓄银行监管处处长、监察室主任、城市商业银行监管处处长；2017年9月至2019年11月任山东省银行业协会专职副会长；2019年12月至今任山东省银行业协会专职副会长、二级巡视员；先后荣获原银监会系统首届百优青年、监管标兵等荣誉称号，当选山东省第十一届人大代表。

【综述】 山东省银行业协会成立于2001年6月，是经人民银行济南分行同意，山东省民政厅批准成立的非营利性社会团体，2003年业务主管单位变更为山东银监局，2018年业务主管单位变更为山东银保监局。截至2020年末，山东省银行业协会共有186家会员单位。本届理事会为第七届理事会，于2018年3月21日召开的第七届会员大会换届产生。本届会长单位为中国工商银行山东省分行，副会长单位为中国农业银行山东省分行、中国银行山东省分行、中国建设银行山东省分行、交通银行山东省分行、中国邮政储蓄银行山东省分行。根据《山东省银行业协会章程》和有关规定，山东省银行业协会由山东银保监局派驻的专职副会长主持日常工作；山东省银行业协会党支部隶属于山东银保监局机关党委；秘书处为山东省银行业协会日常办事机构，下设办公室、维权部、自律部、培训部、消保中心五个职能部门。

【党建工作】 2020年，山东省银行业协会坚持全面从严治党，聚力打造品牌省银行业协会。强化党建统领，坚持党对山东省银行业协会工作的统一领导，扎实开展标准化规范化党支部建设，健全完善党组织体系，严格落实“三会一课”，开展廉政风险防控排查，坚持“三重一大”事项集体决策。加强内部管理，组织实施2020年社会招聘，开展“制度建设月”活动，编印形成《山东省银行业制度汇编》。践行社会责任，先后向新疆慈善总会、临沂齐家庄村捐款捐物，运用银光基金救助特困员工46人，奖励金融卫士2人，发放救助款奖励款项96.00万元。

【疫情防控】 2020年，山东省银行业协会发挥引领作用，全力抗击新冠肺炎疫情。疫情发生后，山东省银行业协会第一时间向会员单位印发《关于积极做好新型冠状病毒肺炎疫情防控相关工作的通知》，制订疫情防控工作方案和应急预案。发挥新闻宣传激励作用，宣传报道山东银行业在抗击疫情中的优秀做法和先进事迹，引导会员单位强化责任担当，助力疫情防控。山东省银行业协会被山东省社会组织总会评为“抗击新冠肺炎疫情表现突出单位”。

【行业自律】 2020年，山东省银行业协会加强行业自律，着力提升规范服务水平。将“行业规范建设深化年”活动纳入“银行业文明规范服务”评估内容。开展《银行业从业人员职业操守和行为准则》学习教育活动，召开学习贯彻座谈会、深化行业规范建设推进会。上线“鲁众小保·山东银行业消保平台”，平台推广达137.30万人，累计受理投诉684件，办结率达95.20%。建立省、市、县三级行长消费投诉接待日制度，累计接待消费者6,212人次，处理问题4,160万个。挂牌成立省级银行业纠纷调解中心，创立“律调对接”模式，成功调解纠纷131件。

【金融维权】 2020年，山东省银行业协会强化维权担当，维护会员合法权益。联合45家银行机构，通过《大众日报》等媒体平台，公开对1,165户债务人公示催收债权，本息合计151.69亿元。组织会员单位积极申请胜诉案件诉讼费退还，已累计退还4.3亿元。推进行业法治建设，与山东省高院沟通探索金融司法审判案例推送机制，组织会员单位认真学习《2015—2019年山东省金融犯罪审判白皮书》，深入开展警示教育。加强行业调查研究。组织会员单位申报调研课题60项，编发6万余字的《民法典对银行业务的影响研究报告》，成为全国首个发布《民法典》研究成果的省级行业协会。

【风险防范】 2020年，山东省银行业协会发挥协调职能，助推信用风险防控化解。债委会风险处置取得新成效。参与省级重点债委会风险化解，督促落实债委会主席行主要负责人挂牌包干处置机制，建立主席行季度工作报告机制。按季度对全辖债委会、按月对济南地区债委会运行情况进行监测分析，并及时将有关情况上报山东银保监局、下达会员单位。截至11月末，全省存量债委会为951家，较年初减少148家。正常债委会转化得到新实践。推动济南和临沂地区开展正常债委会向联合授信委员会转化试点工作。截至11月末，辖内试点企业增至57家，成功转化45家。定期召开联合授信工作座谈会，建立授信额度复评机制，相关做法被中国银行业协会予以宣传推广。

【金融服务】 2020年，山东省银行业协会坚守服务初心，助力行业高质量发展。联动《人民日报》、新华社等主流媒体开展“行业规范建设深化年”“普及金融知识万里行”等专题宣传，2020年编发行业宣传稿件3,000篇次。组织开展“金融惠企政策落地”“助力脱贫攻坚”基层行宣传活动，受邀媒体刊发原创稿件100余篇，转载报道1,200余篇，复合传播人数达300万人次。深入推进“百行进万企”精准对接。召开新闻发布会，印发活动宣传方案，全年编发宣传稿件500余篇，中国银行业协会编发涉鲁简报42期。成功实践线上培训新模式。主动应对疫情防控形势，全年创新开展7期线上培训，参训人员达到11万人次。建设“山东省银行业协会在线教育系统”，在全国行业协会中走在前列。

（崔 勇、于林丽、刘洪凯）

附表1

机构概况一览表

会长（或其他称谓的第一负责人）		专职副会长（或其他称谓的同级领导）	
赵桂德		张 强	
地址	山东省济南市经十路11666号奥体金融中心D栋11层	邮编	250014
网址	http://www.sdba.org.cn/	联系电话	0531—8613591

附表2

内设部门及分支机构一览表

年度	内设机构（个）	下设分支机构（个）		员工人数（人）	
		地市级机构数	县区级机构数	员工总数（含非正式员工）	正式员工数
2016	5	0	0	25	9
2017	5	0	0	21	8
2018	5	0	0	23	10
2019	5	0	0	21	10
2020	5	0	0	25	19

山东省证券业协会

【第一负责人简介】 李玮，男，汉族，山东济南人，1962年4月出生，中共党员，博士研究生，正高级会计师；1983年8月参加工作，历任莱芜钢铁总厂财务处副处长、处长，莱芜钢铁股份有限公司财务部主任、副总经理，莱芜钢铁集团有限公司副总经理、总会计师、董事，鲁银投资集团股份有限公司总经理、董事长等职，为第十二届、第十三届全国人大代表；现任鲁信集团党委书记、董事长，山东省证券业协会会长。

【综述】 山东省证券业协会前身为2003年3月4日成立的山东省证券期货业协会，2009年3月更名为山东省证券业协会；2013年，山东省证券业协会被山东省民政厅评为4A级社团组织；2015年11月28日，山东省证券业协会加入山东省社会组织总会，并成为其会员单位。

2020年，在山东省民政厅、山东证监局的指导下，山东省证券业协会严格履行协会会员大会、理事会、常务理事会的各项决议，严格落实《山东省证券业协会章程》，紧密团结和依靠全体会员，切实履行“自律、服务、传导”三大职能，在推进行业自律管理、反映行业意见建议、改善行业发展环境等方面发挥了行业自律组织的作用。截至2020年末，山东省证券业协会共有575家会员单位。其中包括1家法人证券公司，82家分公司，449家营业部，5家证券投资咨询公司，38家私募投资基金管理机构。山东省证券业协会的宗旨是：在国家对证券业实行集中统一监督管理的前提下，进行证券业自律管理；发挥政府与证券行业间的桥梁和纽带作用；为会员服务，维护会员的合法权益；维持证券业的正当竞争秩序，促进证券市场的公开、公平、公正，推动证券市场的健康稳定发展。

【制度建设】 山东省证券业协会制定了完善的各类制度，包括：《章程》《会员管理办法》《会费收缴办法》等会员管理制度；《会员诚信与自律公约》《地区自律管理例会制度》《投诉、举报管理办法》《现场检查工作流程》等自律管理制度；纪律委员会、业务咨询委员会、财务委员会、投资者教育委员会、私募投资基金委员会等各专业委员会工作规则；《财务费用管理办法》《档案管理办法》《人事管理办法》《借调人员管理办法》《印章管理办法》《秘书处工作人员考核办法》等内部管理制度。

【行业自律】 2020年，山东省证券业协会根据中国证监会、中国证券业协会、山东证监局等有关单位要求，进一步深化行业自律，依靠行业整体力量，主动开展行业自律。

一是积极开展投资者教育工作。2020年，山东省证券业协会通过多种渠道方式进行投资者教育，创新投资者教育形式，扩大投资者教育范围，取得了良好的教育宣传效果。包括但不限于：编写印制投资者教育宣传材料；利用互联网开展投资者教育；通过微信公众号开展有奖知识问答等。大大增加了受众人数，延长了教育周期，受到了投资者的一致好评。

二是认真处理投诉举报工作。山东省证券业协会探索建立纠纷多元化解机制，为维护辖区市场秩序和投资者合法权益作出了积极贡献。2020年全年受理投诉60件，和解率为56.67%。

三是大力加强从业人员培训。2020年，山东省证券业协会组织12次各类业务培训，共计培训从业人员5,530人次。从业人员及时掌握了有关法律法规、监管要求与业务知识，提高了管理能力、综合素质与职业水平，更好适应行业创新发展的需要。

【金融服务】 2020年，山东省证券业协会发挥行业组织优势，持续推动证券行业服务实体经济。

一是开展服务实体经济研讨调研对接。通过组织考察调研、交流座谈、业务对接等多种方式，推动企业了解资本市场，鼓励证券机构服务实体经济。组织机构投资者对烟台睿创微纳技术股份有限公司、烟台正海生物科技股份有限公司、鲁商健康产业发展股份有限公司进行了实地考察，深入了解公司经营和公司治理现状、未来发展规划和融资需求。

二是积极开展扶贫工作。贯彻落实党中央、国务院及证监会有关扶贫工作的要求和部署，在山东证监局的指导下，制订了工作方案，推动会员单位积极开展扶贫工作。

（邢瀚允）

附表1

机构概况一览表

会长（或其他称谓的第一负责人）		副会长（或其他称谓的同级领导）	
李 玮		袁西存、郑家文、林 鹏、刘华琦、李红英、张 庆、吴 倩、侯成伟（秘书长）	
地址	山东省济南市经七路86号1101室	邮编	250001
网址	http://www.ssfa.org.cn/	联系电话	0531—86131757

附表2

内设部门及分支机构一览表

年度	内设机构（个）	下设分支机构（个）		员工人数（人）	
		地市级机构数	县区级机构数	员工总数（含非正式员工）	正式员工数
2016	4	0	0	7	4
2017	4	0	0	10	4
2018	4	0	0	8	4
2019	4	0	0	10	6
2020	4	0	0	13	9

山东省期货业协会

【第一负责人简介】 刘庆斌，男，汉族，1969年12月出生，中共党员，高级经济师、注册会计师。1992年7月参加工作，1992年7月至1997年7月于济南第一机床厂任职工；1997年7月至2014年4月，历任济南市证券管理办公室科员，中国证监会济南证券监管办公室科员、副主任科员、主任科员，中国证监会山东监管局主任科员、副处长、处长，中国证监会期货监管部正处级干部、处长，中国证监会期货监管二部处长；2014年5月至今，历任鲁证期货股份有限公司员工、党委书记、总经理，鲁证经贸有限公司董事长。2017年8月被选举为山东省期货业协会会长，兼任中国期货业协会理事等职。

【综述】 山东省期货业协会是根据《社会团体登记管理条例》设立的山东辖区内期货行业自律组织，是非营利性的行业性社会团体法人。山东省期货业协会成立于2009年5月25日，注册地和常设机构所在地均为济南市，接受中国证监会山东监管局、山东省民政厅的业务指导和监督管理，围绕“自律、服务、传导”三大职能开展工作。

【组织架构】 山东省期货业协会的职能是：负责组织山东辖内期货行业的调查研究、行业自律，反映会员诉求；提供业务培训、业务咨询、业务交流等行业服务，协助监管部门开展行业管理等。其宗旨是：遵守宪法、法律、法规和国家政策，遵守社会道德风尚；在国家对期货业实行集中统一监督管理的前提下，进行期货业自律管理；发挥政府与期货行业间的桥梁和纽带作用，为会员服务、维护会员的合法权益；坚持期货市场的公开、公平、公正，维护期货业的正当竞争秩序，保护投资者利益，推动期货市场的健康稳定发展。

山东省期货业协会的会员为注册地在山东（不含青岛）的期货公司及其营业部、异地期货公司驻山东营业部、IB证券公司及其营业部、期货保证金存管银行、期货交割仓库、中介机构等；有关机构自愿申请加入山东省期货业协会，经理事会审议通过后正式成为协会会员。会员大会是山东省期货业协会的最高权力机构，由全体会员组成，每届五年；理事会在会员大会闭会期间领导山东省期货业协会开展日常工作，对会员大会负责。理事会每年至少召开一次会议；山东省期货业协会设会长一名、副会长若干名、监事一名、秘书长一名，山东省期货业协会设秘书处，作为日常办事机构。

【制度建设】 山东省期货业协会自成立以来，建立了脉络清晰、符合行业发展定位的制度体系，并根据行业发展与会员需求，持续健全完善各项制度，确保山东省期货业协会职能有效发挥。山东省期货业协会制度体系包括管理制度、人事制度、财务制度、自律规则四个单元，覆盖山东省期货业协会内部管理、行业自律管理的方方面面。在山东证监局的指导下，经过充分征求会员意见，经理事会审议通过，山东省期货业协会发布了《山东辖区期货从业人员执业行为失信信息管理暂行办法》《山东辖区期货居间人自律管理办法》《山东辖区期货经营机构自律公约》等自律规则，以督导会员贯彻落实各项自律规则，促进辖区期货市场健康发展、同业间良性竞争。

【行业自律】 开展行业自律管理是山东省期货业协会的重要职能。2020年，山东省期货业协会以制度建设为保障、以理论培训为指导，通过自律管理保护会员正当利益，切实维护了市场和谐发展，促进了长效工作机制的建立。一是举办期货从业人员知识竞赛，督促期货从业人员重视对期货法律法规知识的学习，提升自律、合规、诚信意识，坚持在执业过程中自觉遵纪守法。二是在日常培训、座谈中，安排合规自律有关课程。持续强调严格监管、合规执业的重要性和必要性，促进辖区从业人员准确理解并自觉遵守各项法规政策。三是组织辖区期货经营机构开展居间人管理专项工作。四是组织期货经营机构做好投资者教育与保护工作，积极引导投资者理性投资，远离非法期货陷阱。

【金融服务】 作为期货市场与社会各界的重要桥梁和纽带，2020年，山东省期货业协会注重搭建交流平台，做好期货市场宣传、行业调研，促进行业间、市场间的业务交流与合作，提升期货服务实体经济发展质效。一是组织开展仓单质押融资业务等专题调研活动，了解相关金融工具在服务实体经济中的应用情况，并就相关业务更好地发挥作用提出合理化建议。二是组织实体企业学习套期保值等期货及衍生品工具应用经验。三是组织从业人员学习期货、现货知识和开展业务交流、产业基地调研等活动，提升期货经营机构服务实体经济的能力。

（季秋红、王海然、初 迪）

附表1

机构概况一览表

会长（或其他称谓的第一负责人）		副会长（或其他称谓的同级领导）	
刘庆斌		高 军、张 艳、袁西存、季秋红、王海然（秘书长）	
地址	山东省济南市市中区经七路86号	邮编	250001
网址	http://www.sdfa.com.cn	联系电话	0531—86131790

附表2

内设部门及分支机构一览表

年度	内设机构（个）	下设分支机构（个）		员工人数（人）	
		地市级机构数	县区级机构数	员工总数（含非正式员工）	正式员工数
2016	1	0	0	7	1
2017	1	0	0	6	1
2018	1	0	0	7	1
2019	1	0	0	8	2
2020	1	0	0	8	2

山东省保险行业协会

【第一负责人简介】　胡伟，男，汉族，1968年10月出生，中共党员，大学本科学历，高级经济师。1990年9月参加工作，历任中国人民财产保险股份有限公司济宁市分公司办事处业务员，支公司副科长、科长、经理助理、副经理、经理，分公司副总经理；2008年2月任济宁市分公司党委书记、总经理；2010年12月任济南市分公司党委书记、总经理；2011年2月任山东省分公司党委委员、副总经理（2011年2月至2014年12月兼任济南市分公司党委书记、总经理）；2018年12月任山东省分公司主要负责人；2019年2月任山东省分公司党委副书记、副总经理（主持工作）；2020年5月至今任山东省分公司党委书记、总经理；2020年6月任山东省保险行业协会会长。

董蓉，女，汉族，1976年7月出生，中共党员，研究生学历，硕士学位，中级经济师；2001年7月参加工作，历任济南保监办副主任科员，山东保监局副主任科员、主任科员；2009年3月任山东保监局统计研究处处长助理；2011年任山东保监局保险中介监管处副处长；2018年10月任山东银保监局保险中介监管处副处长；2019年4月任山东银保监局财产保险监管处副处长；2019年5月任山东银保监局财产保险监管处监管调研员；2019年6月任山东银保监局财产保险监管处二级调研员；2020年6月任山东省保险行业协会专职副会长（正处长级）。

【综述】　山东省保险行业协会成立于1997年9月，是在山东省民政厅登记注册的社团法人，注册资金50万元。截至2020年12月，共有会员112家，其中省级财产险公司41家、人身险公司55家、市级保险行业协会16家。山东省保险行业协会成立以来，已历任九届理事会。

【制度建设】　山东省保险行业协会在制度建设方面坚持依法合规的原则。

一是具有较为完善的法人治理结构。山东省保险行业协会建立了会员大会、理事会、会长办公会等工作机制，山东省保险行业协会和秘书处的重要事项，均按照章程规定的权限，由会长办公会、理事会、会员大会逐级审议通过。确保了公开、公平、民主办会宗旨的贯彻。

二是修订了《山东省保险行业协会章程》，确立了专职副会长负责制的新管理体制，完善了山东省保险行业协会内部治理架构，为山东省保险行业协会的正常运行提供保证，为各会员单位的权利和义务提供保障。

三是制定了《理事会议事规则》，建立理事会工作机制，发挥理事会的核心决策作用。

四是制定了《山东省保险行业协会会员管理办法》，明确了会员分类、会籍管理、权利和义务等，规范了会员行为。

五是制定了各项行业自律管理规则，为充分发挥行业自律职能奠定了制度基础。

六是秘书处建立起以岗位责任制为重点，部门分工负责的完善制度体系。

【行业自律】　2020年，山东省保险行业协会进一步抓好行业自律，规范市场竞争秩序。

一是规范车险市场，建立车险阈值自律机制，约谈13家机构，对31个三级机构采取了自律措施，推动自律规则严格执行。

二是开展车险理赔服务测评，督促公司提升服务质量。

三是研究发布9大行业企财险纯风险损失率，规范非车领域竞争。

四是开展人身险销售误导综合治理，组织全省各地市协会产说会自律检查，在全国率先制定了地方性电子化回访标准，修订完善了《山东省人身保险新单回访自律公约》和《山东省人身保险业销售宣传行为负面清单（2021）》，进一步规范人身险公司经营行为。

五是开展营销员负面清单测试，68.58万人参考，是自2015年保险营销员资格考试取消之后第一次对保险销售从业人员进行全面测试。

六是完善保险营销员评价管理系统，提高从业人员合规意识，促进从业人员良性循环。

七是持续做好业务数据、营销员管理星级评价、长期寿险风险评分等数据分析，为保险机构研判市场提供支持服务。

八是进一步落实行业规范建设，发出推进“行业规范建设深化年”活动的行业倡议，组织开展行业“三问大讨论”、高管培训活动，引导行业正本清源，深化规范建设理念。

【金融服务】　2020年，山东省保险行业协会以服务为基础，积极履行山东省保险行业协会职能，打造行业平台，服务行业转型发展。

一是推进行业科技平台建设，加大科技赋能力度。组织经营农险公司上线电子化保单，深挖车险理赔风险预警系统和车险理赔协查追偿系统使用潜力，推动山东省医疗健康保险快处快赔平台建设，引入山东省车辆风险评价系统，以大数据赋能行业服务水平及反欺诈工作水平提升。目前山东省保险行业协会已经开发投入运行的行业平台、数据统计系统共10个，有力支持了行业规范化高质量发展。

二是打造交流平台，开展形式多样的交流培训。先后举办经济发展形势专题培训、银行系保险公司高质量发展研讨会、齐鲁保险大讲堂潍坊专场、后疫情时代保险业变革与发展学术报告会、反欺诈工作经验交流会等，为行业搭建经验交流、能力提升的平台。

三是拓展宣传平台，营造行业高质量发展良好舆论氛围。组织开展“山东保险业防疫抗疫”专题宣传、“3·15”保险消费者权益日、防范非法集资月、“7·8全国保险公众宣传日”、金融知识普及月等行业性宣传，获得中国保险行业协会、山东银保监局的肯定和表彰。联合山东广播电视台推出《保险新生活》保险科普公益节目，拓展消费者教育新渠道。维护自媒体宣传平台，为保险业发展提供良好舆论环境。

四是搭建学术平台，先后组织山东保险业理论研究骨干人员暨2020年课题研究培训班、“积极参与国家治理体系建设、充分发挥商业保险支柱作用”主题征文、山东省财产保险公司职工职业技能竞赛等，提升保险业理论研究水平和保险从业人员职业技能。与山东大学经济学院合作编制《山东保险业2019年发展报告》，展示行业为山东强省建设提供的保障支撑。

五是深化消保平台作用，强化消费者保护。建立并完善监管投诉与纠纷调解衔接机制，指导全省所有地市协会建立人民调解委员会。压实主体责任，持续开展总经理接待日活动。

六是引导行业服务民生，助力经济社会发展。多措并举，做好疫情防控工作，及时发出行业倡议，引导行业发挥保险专业优势，履行社会责任，支持复工复产和经济社会恢复；承担社会责任，精准扶贫脱贫，组织“助力脱贫攻坚 服务经济发展”山东保险业线上图片展，展示行业正能量；代表行业向省派“第一书记”帮扶村和山东大学、山东财经大学贫困大学生共捐助8万元。

（李法进）

附表1

机构概况一览表

会长（或其他称谓的第一负责人）		副会长（或其他称谓的同级领导）	
胡 伟		董 蓉（专职）、魏成和、赵林增、邓 刚、郭 强、黄炳杰	
地址	山东省济南市舜耕路38—1号	邮编	250002
网址	http://www.sdbx.org/	联系电话	0531—86197112

附表2

内设部门及分支机构一览表

年度	内设机构（个）	下设分支机构（个）		员工人数（人）	
		地市级机构数	县区级机构数	员工总数（含非正式员工）	正式员工数
2016	6	0	0	29	25
2017	6	0	0	30	27
2018	6	0	0	26	26
2019	6	0	0	31	26
2020	7	0	0	35	30

第四部分

政策性银行

国家开发银行山东省分行

【第一负责人简介】 况澜，男，1964年9月出生，重庆人，中共党员，高级工程师，研究生学历。1990年1月到国家交通投资公司工作；1994年3月加入国家开发银行总行；2007年7月起先后担任国家开发银行湖北省分行副行长、风险管理局副局长、住宅金融事业部住宅评审局局长；2019年7月至今任国家开发银行山东省分行（简称开发银行山东分行）党委书记、行长。

【综述】 2020年，开发银行山东分行以习近平新时代中国特色社会主义思想为指导，深入贯彻执行总行党委各项部署，坚持党建统领，积极革新发展，统筹做好疫情防控与经营发展工作，不断加强内部管理和风险管控，全力支持山东经济社会高质量发展。截至2020年末，开发银行山东分行资产总额为4,566.00亿元，本外币贷款余额为4,186.00亿元（含转贷款107.00亿元），其中表内人民币贷款余额为3,171.00亿元，外汇贷款余额为139.00亿美元。

一是扛牢政治责任，助力决战决胜脱贫攻坚。将脱贫作为首要政治任务，全年发放各类扶贫贷款47.56亿元。其一，着力推动产业扶贫。聚焦深度贫困地区，加大与龙头企业合作力度，发放产业扶贫贷款33.50亿元。其二，创新开展东西部扶贫协作。一方面，积极引导省内龙头企业赴重庆、湖南等中西部地区投资兴业；另一方面，有力支持东西部劳务协作项目，首次发放劳务协作贷款3.00亿元。其三，扎实推动教育扶贫。在疫情防控形势下切实保障生源地助学贷款业务平稳开展，推广线上远程办理，全年发放助学贷款14.06亿元，惠及家庭经济困难学生17.07万人。

二是主动谋划作为，系统探索推进城市更新（老旧小区改造）。其一，主动谋划，积极提出政策建议，推动山东成为老旧小区改造全国首批试点省份，推动住房和城乡建设部、国家开发银行与山东省政府签订支持老旧小区改造合作协议。其二，密切银政合作，赴多个项目开展现场调研，助力济南市政府推动明府城、老商埠等历史风貌保护区城市更新项目。其三，加快融资模式创新，创新提出老旧小区及小区外相关区域“4+N”改造方式和融资模式，并选取济宁市任城区旧改项目作为试点。其四，完成首个社会力量参与的老旧小区改造项目授信并发放首笔贷款5,000.00万元，获《人民日报》积极评价，中央电视台《新闻联播》对此进行了报道。

三是围绕重大战略，支持重点领域建设。先后与省政府、省发展改革委、省工信厅及部分地市政府、龙头企业签署战略合作协议，服务支持重大项目、重点领域发展。其一，支持黄河流域生态保护和高质量发展，成立专项工作组，加强专题研究和事项推动。其二，支持新旧动能转换，“十三五”期间支持“十强”产业项目135个，全年向公路、铁路、轨道交通领域发放贷款176.00亿元。其三，稳步推进国际业务，重点支持厄瓜多尔、哥伦比亚国际项目及山东企业“走出去”。

四是高效应急响应，保障社会民生发展。其一，多措并举支持防疫抗疫，全力保障山东疫情防控资金需求，全年发放疫情相关贷款110.20亿元。其二，积极开展转贷款业务，将疫情防控、复工复产达产、春耕备耕等作为支持重点，帮助解决近3,000户小微企业的融资困难。其三，助力打造乡村振兴齐鲁样板，支持农村基础设施建设、农业产业和农村公共服务供给，全年发放乡村振兴贷款96.32亿元。其四，强化金融辅导，积极响应省政府及监管部门部署，创新提出送政策、送思路、送钱景的“三送”理念，被省地方金融监督管理局、人民银行济南分行、山东银保监局评定为优秀单位。

五是强化经营管理，提升金融服务水平。其一，完善全面风险管理体系建设，建设风险管理人人有责的风控文化，针对行业、区域、大客户及资产组合的风险特征及时分析预判风险，运用各类工具将风险控制在可承受范围内。其二，积极落实减费让利要求，2020年度新发放贷款利率水平明显降低。其三，强化反洗钱工作，有效开展客户身份识别，及时准确报送可疑交易和大额交易，做深做细反洗钱工作。其四，积极开展债券承销业务，承销金额为60.00亿元。其五，加强同业合作及协同业务，与工商银行山东省分行、聊城农村商业银行分别签署战略合作协议，向国家开发银行子公司推荐济南城投、国泰租赁等项目。

六是坚持党建统领，推进全面从严治党。其一，加强党委自身建设。始终把政治建设摆在首位，持续深入学习领会习近平新时代中国特色社会主义思想，落实落细从严治党主体责任。其二，强化基层党组织建设。着力提升党员干部政治素养，举办政治理论学习专题培训班，实现分行党员脱产培训全覆盖。其三，推动党建与业务融合。贯彻落实党中央、国务院各项决策部署，及时传达总行党委和省委省政府工作要求，以党建推动业务开展。其四，重视选人用人。坚持“政治过硬、本领高强、廉洁担当”的选人用人导向，加大年轻干部培养提拔、轮岗锻炼力度。其五，加强党风廉政建设。深刻认识金融反腐严峻复杂形势，将纪检工作纳入全面风险管理流程，提高廉洁从业意识。其六，坚持以党建带工建、团建。引导干部员工参与分行文化重塑，营造干事创业氛围，积极参与各类竞赛和评先推优，获得多项荣誉。

【计划资金管理】 2020年，开发银行山东分行认真贯彻执行国家宏观调控政策和货币信贷政策，坚持把服务山东高质量发展作为工作主线。积极争取总行规模资源倾斜，加大信贷资金投放力度，优化信贷结构，将更多信贷资源有效配置于山东实体经济领域，重点支持疫情防控与企业复工复产达产，服务山东新旧动能转换，助力山东决战决胜脱贫攻坚，保障山东社会民生事业发展。通过制订经营计划，调度贷款需求，实时统筹需求与资源，确保计划资金配置到位。提升资金头寸预测准确性、及时性，提高流动性精细化管理水平，加强资金头寸日常调度及资金运作，动态掌握分行资金流量，提前做好计划安排，对于突发性的紧急资金需求，及时与总行沟通，保障各类用款需求。

【信贷项目及管理】 2020年，开发银行山东分行落实总行与省委省政府对接成果，充分发挥开发性金融作用，大力支持黄河流域生态保护、新旧动能转换、绿色金融等重点领域，继续加大对扶贫、教育、棚改、水利等重点民生项目的融资支持力度，不断完善普惠金融、金融消费者权益保护政策，为山东经济社会发展和增长模式转型提供优质金融服务。加强信贷管理，做好信贷资产综合分析、发放支付审核，细化信贷资产质量管理、双名单管理等贷后管理工作。落实监管机构及总行要求，采取有效措施，维护信贷资金安全，充分利用各种风险管理手段和工具主动、持续进行风险监控，及时识别、评估潜在风险，全面落实风险管理责任。

【金融债权维护】 2020年，开发银行山东分行继续按照依法合规原则开展不良化解工作，按照总行统一部署，通过批量转让、诉讼、核销等手段开展不良资产处置。落实总行“充分暴露风险，做实资产质量”要求，对难点回收项目进行动态化管理，加快不良化解进度。统一思想，夯实责任，明确任务，建立健全制度基础，制订不良项目化解计划，为全流程、全方位防范化解贷款风险、保障资产质量和维护金融债权提供机制保障、组织保障和人员保障。

【筹资工作】 国家开发银行作为中长期债券银行，信贷资金来源主要为发行金融债券，存款业务是筹资的重要补充方式。开发银行山东分行根据总行存款工作要求，重视做好存款方面的相关工作，提高筹资来源多元性，统筹兼顾，确保发展。

【电子化建设】 2020年，开发银行山东分行高度重视信息安全建设，积极推进信息科技重点工作，按照“防控风险、科技赋能”的指导方针，细化安全管理，深化技术支撑，强化信息系统运维，保障分行业务平稳开展。一是以信息安全为目标，不断提升风险防范意识和管控能力。强化宣传，增强员工网络安全意识和安全防护技能；组织演练，有效验证业务连续性和系统可用性。二是尽职履责，打赢疫情防控阻击战，助力复工复产达产。疫情期间坚持专人值守，实施实时监控；落实网络攻击、视频监控干扰和计算机病毒防控要求，防范科技风险。三是推进信息规划实施，提高办公信息化水平。完成线路迁移扩容，提升传输和通信效率；支持企业云盘、金融城域网视频会议系统测试和落地实施。

（刘 娱）

附表1

机构概况一览表

行长（或其他称谓的第一负责人）		副行长（或其他称谓的同级领导）	
况 澜		池 勇、刘思嘉（纪委书记）、王 强、徐文强	
地址	山东省济南市历下区经十路11666号开行大厦	邮编	250002
网址	http：//www.cdb.com.cn/	联系电话	0531—81928100

附表2

内设部门及分支机构一览表

年度	内设机构（个）	下设分支机构（个）		员工人数（人）	
		地市级机构数	县区级机构数	员工总数（含非正式员工）	正式员工数
2016	19	0	0	214	214
2017	20	0	0	218	218
2018	21	0	0	223	223
2019	21	0	0	232	232
2020	21	0	0	240	240

国家开发银行青岛市分行

【第一负责人简介】　石太峰，男，中共党员，高级经济师，1969年出生，北京大学经济法专业毕业，博士研究生。1990年至1994年任职于化工部监察局；1994年进入国家开发银行工作；2006年至2007年参加中央组织部、共青团中央“博士服务团”，挂任北部湾经济区管委会办公室副主任；2008年起，先后担任国家开发银行青岛市分行副行长，国家开发银行国际金融局副局长、加拉加斯代表处首席代表（正局级）；2019年7月起任国家开发银行青岛市分行（简称开发银行青岛市分行）党委书记、行长。

【综述】　2020年，开发银行青岛市分行坚持以习近平新时代中国特色社会主义思想为指导，不断强化政治担当，充分发挥开发性金融优势和作用，统筹服务疫情防控和青岛经济社会发展，全面助力做好“六稳”“六保”工作，在疫情大考中不断巩固党建工作成效，提升业务发展质效，加强风险管控和内部管理，各项工作取得新成效。截至2020年末，开发银行青岛市分行管理资产2,666.57亿元，其中表内资产总额为2,196.02亿元；本外币贷款余额为1,960.94亿元，人民币非个人中长期贷款、外汇贷款余额均居地区同业第一；年末不良贷款率为零，实现了发展、风险与收益的统筹平衡。

一是旗帜鲜明讲政治，党建工作扎实有效。夯实理论武装，认真学习习近平新时代中国特色社会主义思想，宣传贯彻党的十九届五中全会精神。大力弘扬“红船精神”和“长征精神”，以高质量党建推动高质量发展，坚持以党建攻坚推动业务攻坚，通过解决全体员工思想上、作风上的短板，着力破解业务上的短板。聚焦提升政治功能和组织力，推动基层党组织全面进步全面过硬。创新党建带群建、群建促党建工作机制，搭建“心相约”等活动平台凝聚发展合力。加强党风廉政建设，压实全面从严治党责任，切实营造干事创业良好政治生态。

二是发挥牵头行骨干行作用，创新推动重大战略重大项目实现突破。成为青岛市“十四五”规划编制领导小组成员单位中唯一金融机构，围绕热点问题积极建言献策。牵头发放银团贷款，支持轨道交通、机场、港口等领域重大基础设施项目建设。加大力度支持山东省港口资源整合，服务世界一流海洋港口建设。实现青岛市首笔成本规制项目融资落地，为轨道交通三期规划提供融资范本。

三是支持制造业高质量发展。围绕高端装备制造、人工智能、新能源汽车装备等重点领域，加大制造业贷款支持力度。加强母子公司协同，广泛运用租赁、债券、投资等多元化金融产品，助力“世界工业互联网之都”建设。

四是主动担当作为，全力以赴服务疫情防控大局。加强组织领导，严格执行总行、山东省及青岛市相关疫情防控要求，抓紧抓实抓细常态化疫情防控各项举措。及时高效发放本外币应急贷款、人民银行防疫专项再贷款、转贷款、复工复产专项贷款，实现青岛市首笔疫情防控应急贷款和首笔人民银行防疫专项再贷款落地。在青岛银保监局开展的支持疫情防控和经济社会发展各项金融政策贯彻落实评价中，开发银行青岛市分行始终保持最高等次评价。

五是聚焦薄弱环节短板领域，倾力服务保障和改善民生。作为青岛市唯一参与东西部产业协作扶贫的金融机构，加大产业扶贫贷款发放力度，积极开展消费扶贫、服务东西部劳务扶贫等工作，带动脱贫人口200余人。深化与地方股份制商业银行的机制合作，通过转贷款支持中小微企业400余户。支持教育、水利、医疗、健康养老、棚改等领域发展，助学贷款受理人数以及受理金额均创历史新高。

六是服务稳外贸和高质量共建“一带一路”，助力打造“一带一路”国际合作新平台。发放外汇复工复产专项贷款，支持受疫情影响的“一带一路”重点企业发展。积极服务本土企业“走出去”。推动“一带一路”国际金融合作。融资融智支持上合示范区建设。外汇贷款市场份额连续五年居地区同业第一。

【计划资金管理】　2020年，开发银行青岛市分行加强运行调度与经营分析，做好多情景预案，确保资源实现最优化配置。稳步推进利率改革创新，积极利用各类专项贷款利率优惠政策，有效发挥开发性政策工具的精准滴灌作用。做好资金腾挪和头寸管理，合理丰富资金运用途径，进一步提高资金收益。同时，充分发挥开发性金融逆周期调节作用，加快资金支付进度，提高资金利用效率，增强对实体经济的推动作用。

【信贷项目及管理】　2020年，开发银行青岛市分行不断完善信贷管理长效工作机制，加强“贷前调查、贷时审查、贷后检查”，以“严审查、强管理、勤调度、深检查、优服务、重培训”的信贷管理工作措施，持续强化对薄弱环节的风险把控。夯实全流程信贷管理模式，严抓信贷管理要点，规范合同审查、担保管理、贷款发放支付、资产质量分类等重点环节，着力打造分行信贷特色文化，信贷管理精细化水平显著提升。

【金融债权维护】 2020年，开发银行青岛市分行积极稳妥防控金融风险，持续优化全面、全员、全流程风险管控，资产质量保持优良。全年科学高效开展授信评审和审查审议，进一步完善规章制度体系，强化对重点领域的风险分析，不断提高风险预研预判能力。严把客户项目准入关口，加强客户准入精细化管理。

【筹资工作】 国家开发银行的信贷资金来源主要为发行金融债券，存款业务为筹资的重要补充方式。2020年，开发银行青岛市分行根据总行存款工作要求，不断完善存款工作长效机制，拓宽存款来源，促进存款工作精细化管理水平的提升，优化资产负债结构。

【电子化建设】 2020年，开发银行青岛市分行优化信息科技治理体系，强化信息安全和科技风险管控，做好源头数据质量管理，有序开展信息科技基础设施完善，全面提升信息科技服务能力，为助推业务发展、提升内部管理和强化全面风险防控提供强有力的支撑。

（宋绍滨、郭 凯）

附表1

机构概况一览表

行长（或其他称谓的第一负责人）		副行长（或其他称谓的同级领导）	
石太峰		李国颂、李 杨、穆 岚、李相君	
地址	山东省青岛市东海路15号甲联通大厦17层	邮编	266071
网址	http://www.cdb.com.cn/	联系电话	0532—81978277

附表2

内设部门及分支机构一览表

年度	内设机构（个）	下设分支机构（个）		员工人数（人）	
		地市级机构数	县区级机构数	员工总数（含非正式员工）	正式员工数
2016	17	0	0	130	130
2017	18	0	0	135	135
2018	18	0	0	137	137
2019	19	0	0	143	143
2020	19	0	0	148	148

中国农业发展银行山东省分行

【第一负责人简介】 江卫国，男，1964年1月出生，江西南昌人，中共党员，高级经济师，硕士研究生学历。1983年参加工作以来，先后在江西省经济贸易委员会农业处、江西省政府农村工作办公室生产处、江西省委办公厅经济信息处工作，1995年到中国农业发展银行工作，历任中国农业发展银行江西省分行办公室副主任、开发信贷处副处长、人事教育处副处长、新余市分行行长、抚州市分行行长、江西省分行办公室主任，2005年12月任中国农业发展银行江西省分行党委委员、副行长，2014年3月任中国农业发展银行江西省分行党委副书记、副行长，2016年11月任中国农业发展银行云南省分行党委书记、行长，2020年9月至今任中国农业发展银行山东省分行（简称农发行山东省分行）党委书记、行长。

【综述】 2020年，农发行山东省分行在山东省委省政府和总行党委的坚强领导下，深入学习贯彻习近平新时代中国特色社会主义思想，坚决落实省委省政府决策部署，认真履行政策性金融职责，突出发挥“当先导、补短板、逆周期”职能作用，大力支持疫情防控和复工复产，助力“六稳”“六保”落地，为全省经济社会发展作出了积极贡献。全年累计发放贷款963.00亿元，创历年新高；年末各项贷款余额为3,583.00亿元，较年初净增447.00亿元，增速为14.25%。其中，中长期贷款余额为3,061.00亿元，占全部贷款的85.43%；黄河流域贷款、水利贷款、棚改贷款、农地贷款余额均居农发行系统首位。

一是坚持党建统领，推动全面从严治党向纵深发展。农发行山东省分行党委坚持以习近平新时代中国特色社会主义思想为指导，深入贯彻学习党的十九大和十九届二中、三中、四中、五中全会精神，全面贯彻党中央、国务院方针政策，以党的政治建设为统领，全面加强党的建设，落实全面从严治党主体责任规定，坚持思想建设、组织建设、作风建设、纪律建设、制度建设及反腐败斗争工作同向发力、一同推进，为打赢疫情防控和“六稳”“六保”两场硬仗提供坚强的政治保证。

二是践行政治责任，助力疫情防控和复工复产。春节后复工首日，全省125个机构网点全部恢复运营，确保金融服务“不断档”。开辟疫情防控贷款“应急通道”和复工复产办贷“绿色通道”，出台系列优惠举措，累计减免五大类46项金融服务收费项目。全年累计发放贷款加权平均利率为4.74%，低于同业平均利率75个基点，让利企业3.12亿元，结算汇兑让利1,996.00万元，降费幅度为81.00%，居全省银行业前列。逐一对接全省384家全国性疫情防控重点保障企业、31家省级重点企业，主动上门，送资金、送服务，全年发放疫情防控应急贷款14.00亿元。同时以脱贫攻坚、粮食全产业链、农业农村基础设施民生工程等十大领域为重点，发放贷款529.00亿元，助力464个企业和重点项目复工复产。

三是深化改革创新，持续提升现代化治理能力。坚定不移推进农发行改革创新，稳步实施“四大工程”，全力推进“八项改革”，落实好改革的“最后一公里”。坚持创新驱动，注重科技对金融的支撑作用，提升治理能力，努力建设现代化高质量发展的农业政策性银行。

【业务发展】 2020年，农发行山东省分行始终坚持政策性银行职能定位，强化责任担当，以服务乡村振兴齐鲁样板为总抓手，持续加大金融支持力度，全力支持“八大发展战略”实施，推动各项重大战略落实落地，着力打造“粮食银行”“扶贫银行”“水利银行”“农地银行”四大品牌。

一是“粮食银行”地位更加稳固。累放贷款211.00亿元，支持新建高标准农田56万亩，新增耕地157万亩。贷款3.00亿元支持潍坊寒亭建设袁隆平海水稻三产融合发展示范园。储备贷款余额为240.94亿元，支持全省储备粮食218.05亿斤、油脂3.33亿斤，及时足额供应国家、省、市、县四级储备资金。积极推动建立省、市、县粮食收购信用保证基金，全年发放粮食收购贷款168.93亿元，支持收购粮食占全省收购量的60.00%，守住了“种粮卖得出”的底线。

二是“扶贫银行”形象深入人心。自觉提升站位，担当服务脱贫攻坚政治责任，发放扶贫贷款139.00亿元，扶贫贷款余额为239亿元，连续6年位居全省金融系统首位，带动贫困人口16万人，荣获“全省脱贫攻坚先进集体”称号。重点支持产业扶贫，支持144家客户参与“万企帮万村”精准扶贫行动。引导70家企业参与东西部扶贫协作，招商引资落地项目63个。发放贷款4.45亿元，支持易地扶贫搬迁后续产业发展，通过提供生活物资、就业等形式，确保搬迁群众稳得住、有就业、能致富。

三是“水利银行”品牌不断擦亮。认真贯彻落实省委省政府加强水利建设工作部署，坚持海陆一体化，着力补齐水利建设短板，推进黄河流域生态保护和高质量发展、海洋强省等战略。全年发放黄河流域生态保护贷款204.49亿元，贷款余额为799.00亿元，居农发行系统首位。其中，水利贷款余额为513.23亿元，有力支持了引黄灌溉、农村饮水安全、江河湖库治理、水污染治理等重点领域；海洋贷款余额为31.00亿元，形成了覆盖海洋牧场、海洋渔港、海岸线整治、海洋生态保护、海洋科技等领域的海洋贷款产品体系。

四是“农地银行”特色日益彰显。针对乡村振兴项目多与土地相关联的实际，紧紧围绕农村土地做文章，探索利用建设用地增减挂钩和耕地占补平衡“两项土地指标”模式，大力支持乡村振兴。审批该类贷款超过300亿元，在金融同业中占据绝对主导地位，成功开辟了当前服务乡村振兴的有效融资路径。向16地市党政发函，与省发展改革委联合建立全省乡村振兴重大项目库，入库项目406个，支持落地项目239个，贷款1,007.00亿元，支持了朱家林田园综合体、泰山山水林田湖草综合治理、五莲白鹭湾艺游小镇、兰陵新农人培训中心等一大批典型项目，推动农业新旧动能转换，全面推进乡村“五大振兴”。

【信贷管理】 2020年，农发行山东省分行积极开展“行业规范建设深化年”活动，以“立规矩、订规章、明规则、树规范”为目标，明确加强道德建设、依法合规经营、全力提升服务、夯实管理基础四项深化重点，精心制定“路线图”，用好考核“指挥棒”，“四项规范”深入人心，纪律规矩意识不断增强。推进内控合规检查常态化，建立全面排查与日常排查相结合的风险排查机制，强化法律保障和反洗钱管理。严格信贷管理流程，推行信用审批“三维监督管控体系”和“3W1H审查工作法”，优化放款监督流程质效，实行放款监督预审制度，做到当日报送、当日审核。规范贷后管理，制定自营性大客户及集团客户三级行共管办法，提升管理水平。

【风险防控】 2020年，农发行山东省分行积极应对疫情和经济下行带来的严峻风险形势，牢牢扛起风险防控责任，加强监测、精准施策、多措并举。一方面，通过减费让利、延期还本付息、无还本续贷等措施，支持小微企业渡过难关；另一方面，按照地方政府及监管部门统一部署，强化风险及不良贷款清收处置，全年累计清收处置不良贷款6.61亿元，收回风险基金2.66亿元。年末，不良贷款余额为7.76亿元，不良贷款率为0.22%，不良贷款实现“双降”，资产质量居全省大型银行机构前列水平。

【运营管理】 2020年是农发行新核心系统、财务集中核算等处理系统上线的第二年，也是贯穿全年运用的首个结算年。农发行山东省分行大力推进柜面运营模式步入集约化轨道，成为“八大改革”首个落地项目，初步建立“一个银行、一个流程、一个平台”的服务标准，金融基础设施管理能力整体迈上新台阶。系统内创新性打通C2B运营渠道，弥补线上渠道服务突出短板，行内外资金汇路进一步畅通。国际结算业务量和国际业务收入继续稳居农发行系统首位，4个项目入围金砖国家新开发银行转贷业务总行项目库，成功中标“利用以色列政府贷款山东兰陵农场科技示范园项目（一期）代理银行选聘”，实现农发行外国政府转贷业务“零”的突破。

（董义利、张 军、高健君）

附表1

机构概况一览表

行长（或其他称谓的第一负责人）		副行长（或其他称谓的同级领导）	
江卫国		吴辉家、孟范君、张艳娟、时祝华、王 华、薛 莹	
地址	山东省济南市市中区经十路20908号	邮编	250002
网址	http://www.adbc.com.cn/	联系电话	0531—85189199

附表2

内设部门及分支机构一览表

年度	内设机构（个）	下设分支机构（个）		员工人数（人）	
		地市级机构数	县区级机构数	员工总数（含非正式员工）	正式员工数
2016	17	17	107	3,324	3,324
2017	18	17	107	3,295	3,295
2018	18	17	107	3,189	3,189
2019	19	17	107	3,198	3,198
2020	19	17	107	3,121	3,121

中国进出口银行山东省分行

【第一负责人简介】 白华峰，男，1972年3月出生，中国人民解放军国际关系学院毕业，大学本科学历，中共党员，1989年参加工作。历任中国进出口银行优惠贷款部干部，圣彼得堡代表处代表（副处级），优惠贷款部优惠贷款六处、优惠贷款五处处长，公司业务部信贷六处处长，公司业务部副总经理，公司客户部副总经理。现任中国进出口银行山东省分行（简称进出口银行山东省分行）党委书记、行长。

【综述】 2020年，进出口银行山东省分行以习近平新时代中国特色社会主义思想为指导，贯彻落实党中央、国务院决策部署，立足山东省经济发展实际，充分发挥政策性金融逆周期调节作用，全力支持国家战略和实体经济发展。截至2020年末，进出口银行山东省分行本外币贷款余额合计1,264.92亿元，同比增长14.59%。

【经营管理】 2020年，在山东省委省政府的大力指导和帮助下，进出口银行山东省分行以习近平新时代中国特色社会主义思想为指导，坚决贯彻落实党中央、国务院决策部署，按照总行统一工作安排，聚焦山东省经济发展实际，围绕山东省人民政府与总行签订的《抗疫情 保企业 稳外贸联合工作方案》，在外贸外资、制造业、战略性新兴产业、“一带一路”、传统基础设施建设和新型基础设施建设等重点领域，加大信贷投放力度，全力服务稳住山东省外贸基本盘和推动开放型经济高质量发展。

一是支持企业抗疫复产取得良好效果。2020年，面对突发的新冠肺炎疫情，进出口银行山东省分行认真做好自身防疫工作，第一时间了解企业受疫情影响、复工复产和资金需求等情况，制订支持防控疫情工作方案，大力支持企业抗击疫情和复工复产。为2家全国性疫情防控重点保障企业发放1.49亿元人民银行防疫专项再贷款；为3家企业申领9.50亿元总行抗击疫情主题债和支持企业抗疫复产主题债；将10家受疫情冲击较大的客户纳入总行纾困名单库，并投放93.82亿元纾困资金；对符合条件的8家受疫情影响的中小微企业降息让利1,513.28万元；办理小微企业统借统还平台展期2.50亿元，缓解受疫情影响的11家小微企业、外贸企业资金周转困难；通过信用证、保函收费折扣等多种形式，切实降低服务收费水平，全年累计为企业降费约750.00万元；启动评审“绿色通道”，按照“特事特办、急事急办、合规高效”的原则，加快疫情防控和企业纾困相关贷款项目的审批，平均评审用时2.50个工作日。

二是扩大外贸信贷投放成效显著。2020年，进出口银行山东省分行扎实做好稳外贸各项工作，制订扩大外贸信贷投放工作方案，为稳住外贸基本盘提供精准政策性金融服务。支持外贸企业稳定发展，运用出口卖方信贷、进口信贷等贷款产品支持企业出口高新技术产品、进口生产用原材料，支持劳动密集型外贸企业稳定生产与就业；与中信保山东分公司加强沟通协作，发挥政策性金融合力，推动落实短期险白名单专项服务方案；支持山东省企业“走出去”，助力企业围绕“一带一路”沿线国家开展境外项目投资、对外承包工程建设；支持山东省提高互联互通和对外开放水平，保障山东路桥、济南轨道交通、济南城投等各类重点基础设施项目融资需求；支持中国（山东）自由贸易试验区、中国—上海合作组织地方经贸合作示范区、各类综合保税区、经济开发区区内重点企业和项目建设，打造对外开放新高地。截至年末，进出口银行山东省分行外贸产业贷款余额为1,006.73亿元，占比为79.59%，较年初提高6.61个百分点。

三是服务重点领域和薄弱环节作用突出。2020年，进出口银行山东省分行充分发挥政策性金融逆周期调节职能作用，积极服务实体经济重点领域。

其一，支持企业自主创新和产业转型升级，强化对山东省新旧动能转换重点项目及省市政府重点建设项目的资金支持，助力优势龙头企业延伸产业链、增强国际竞争力，推动传统产业逐步淘汰过剩落后产能、实现转型升级。截至年末，进出口银行山东省分行制造业贷款余额为702.55亿元，占全部贷款的比重达55.54%，其中中长期贷款余额为383.42亿元，占全部制造业贷款的比重达54.58%，较年初提高18.76个百分点。

其二，落实普惠金融工作要求，支持民营小微企业稳定发展。支持省内优质民营企业加快发展。截至年末，进出口银行山东省分行民营企业贷款余额为362.26亿元，新增41.40亿元。与北京银行济南分行、青岛银行等资质较好的城市商业银行建立小微企业转贷合作关系。截至年末，进出口银行山东省分行小微企业银行统借统还平台共9个，贷款余额为87亿元，较年初增加18.00亿元。

其三，积极支持产业扶贫，助力打好脱贫攻坚战。以威海市对口帮扶重庆市云阳县为契机，为威高集团提供1.00亿元贷款，其中500.00万元定向支持其在云阳县成立的威高（重庆）医药公司（生产销售口罩、手术衣等防疫产品），推动金融支持与产业扶贫有机结合，促进贫困地区增强可持续发展能力。

四是综合金融服务能力不断增高。2020年，进出口银行山东省分行牢固树立质量第一、效益优先的经营理念和精细化、合规化的管理理念，多措并举着力提高政策性金融综合服务水平。

其一，积极拓展客户基础。围绕山东省进出口1亿美元以上企业、山东省重点建设项目、工业和信息化部制造业单项冠军企业、产业链领航企业等名单，筛选符合支持方向的潜在客户。全年新开拓并实现贷款投放37家客户，新增客户数量为近年最高。

其二，大力发展贸易金融业务。积极叙做信用证、押汇、保函等传统贸易金融产品，大力推广结售汇、代客衍生品交易等汇率、利率管理产品；引导支持企业使用跨境人民币产品，扩大本币结算量；运用国内保理业务，为核心企业上游供应商提供资金支持，助力稳定产业链供应链。全年累计办理贸易金融业务64.21亿美元，同比增长17.06%。

其三，扎实做好金融辅导工作。认真贯彻落实山东省有关深化金融“放管服”改革的意见措施，根据省委省政府工作部署，组建省级、市级2支金融辅导队，通过电话、现场走访等多种方式与25家企业进行对接辅导，推送政策性金融政策，指导企业合理制订融资方案，已解决9家企业18.60亿元融资需求。

【转贷业务贷后管理】　截至2020年末，山东省共有开发银行转贷项目76个，主要集中在教育、医疗、工业、农业、其他基础设施等领域，具体涉及医药设备引进、经济信息系统建设、消防设备购置、供水、城建、环境改造等项目，贷款资金主要来源于日本、以色列、德国、法国、美国等政府及政策性金融机构。正常类项目贷后检查主要以会谈、走访借款人及担保人为主，以提供财务报表、电话问询、网络信息查询等非现场检查方式为辅。不良类项目多数历史久远，形成不良原因复杂，涉及单位和部门众多，多数无法联系到企业负责人或相关业务人员，贷后现场检查难度大，主要以网络查询为主，通过查询国家企业信用信息公示系统、中国裁判文书网等平台追溯企业改制变化情况及现有经营状态。

【风险化解与防范】 2020年，进出口银行山东省分行按照“一类一方、一户一策”的原则，全面梳理存量风险项目，充分摸清底数，加快推进存量风险处置，全力压降潜在风险敞口。同时，配合地方政府，联合其他债权行，加强风险项目管理，切实做好风险防范。全年阶段性化解有风险隐患的贷款15.38亿元。

（张 昱）

附表1

机构概况一览表

行长（或其他称谓的第一负责人）		副行长（或其他称谓的同级领导）	
白华峰		王宇辉、关海英、贾中园、杨海亮	
地址	山东省青岛市市南区东海西路2号甲	邮编	266071
网址	http://www.eximbank.gov.cn/	联系电话	0532—80899999

附表2

内设部门及分支机构一览表

年度	内设机构（个）	下设分支机构（个）		员工人数（人）	
		地市级机构数	县区级机构数	员工总数（含非正式员工）	正式员工数
2016	8	0	0	71	64
2017	8	0	0	77	71
2018	9	0	0	75	69
2019	9	0	0	79	74
2020	9	0	0	87	82

第五部分

国有商业银行

中国工商银行股份有限公司山东省分行

【第一负责人简介】 赵桂德，男，1970年8月出生，吉林省吉林市人，中共党员，硕士研究生学历，高级经济师；历任中国工商银行吉林省分行党委委员、副行长兼营业部党委书记、总经理，中国工商银行内蒙古分行党委书记、行长；2019年11月担任中国工商银行股份有限公司山东省分行（简称工行山东省分行）党委书记、行长，政协第十二届山东省委员会委员。

【综述】 2020年，面对复杂严峻的形势，在山东省委省政府的正确领导下，在人民银行济南分行的指导帮助下，工行山东省分行坚持在大局下行动，既讲担当，也讲规律，全力服务“六稳”“六保”，聚力支持“八大发展战略”，助力实施“九大改革攻坚行动”，为新时代现代化强省建设贡献出“工行力量”。2020年末，工行山东省分行全口径融资余额突破1.3万亿元，贷款余额突破8,200.00亿元。

一是聚焦服务本源，加大融资投放力度。作为国有大行，工行山东省分行坚持在大局下行动，坚决贯彻落实省委省政府战略部署，充分发挥金融服务主力军作用。围绕全省“八大发展战略”，制定《投融资规划布局》，构建全口径投融资体系，为企业提供多渠道、低成本融资支持。尤其是面对疫情影响，坚决贯彻政策导向，全力争取总行支持，信贷规模较年初调增2.40倍，为实体经济注入更多“金融活水”。2020年，工行山东省分行全口径融资累计投放4,046.00亿元，同比增加592.00亿元。其中，各项贷款累计投放2,681.00亿元，同比增加355.00亿元，余额较年初净增696.00亿元，还原核销、证券化因素后单边增长1,037.00亿元，创历史最高水平。表外融资累计投放1,365.00亿元，同比增加237.00亿元。认购政府债674.00亿元，占比超过17.00%，自2013年政府债券开始发行以来，始终保持认购额、余额市场“双第一”。

二是聚焦精准直达，倾力支持全省重大战略。站位全省发展大局，围绕实体经济需要，与省国资委、工信厅、文旅厅及11个地市签订全面战略合作协议，找准金融服务的切入点和发力点，提高融资支持的精准性和有效性。支持新旧动能转换重大工程。“十强”产业贷款净增283.00亿元，占公司贷款增量的98.00%；项目贷款净增224.00亿元，同比多增158.00%，支持重大项目加快落地；济南、烟台地区贷款净增242.00亿元，占全部贷款增量的84.00%，助推动能转换核心区域加快发展。支持制造业强省建设。投向制造业的各项贷款净增15.00亿元，余额突破1,500.00亿元。加大制造业中长期贷款投放力度，增速高于各项贷款平均增速25个百分点；民营企业贷款单边增长190亿元，有贷户增长74.00%，融资覆盖面显著扩大。支持产业链转型升级。加大供应链融资支持力度，全年新增供应链62条，为453家上下游企业新增融资52.00亿元，排名工商银行系统前列。工行山东省分行“工银供应链”全产业链产品，荣获2020年度山东省新旧动能转换优秀金融产品奖。

三是聚焦责任担当，大力发展普惠金融。履行社会责任，服务“六稳”“六保”，为解决融资难融资贵问题提供“工行方案”。做好金融辅导员工作，成立省、市、县级共169支金融辅导队，帮助辅导2,492家企业，被辅导企业开户率较年初提高19个百分点，达到83.00%，各项融资较年初增加35.00亿元，增幅为12.00%。加大减费让利力度，落实政策导向，降低贷款利率，规范业务收费，做好延期还本付息，全年向企业减费让利近14.00亿元。重点支持中小微企业，普惠贷款较年初增长59.00%，高于各项贷款平均增速50个百分点，超额完成监管和总行要求；普惠贷款客户增量超万户，其中首贷户占比为27.00%；贷款平均利率较年初下降42个基点，处于同业较低水平。全力服务脱贫攻坚和乡村振兴发展，精准扶贫贷款较年初增长14.00%，普惠涉农贷款增长37.00%，分别高于各项贷款平均增速4个和27个百分点。积极开展消费扶贫“春暖行动”“金秋行动”，全年累计购买扶贫农产品1,326.00万元，帮助销售贫困县农产品3.90亿元；为“第一书记”对口扶贫村累计争取资金超过1,400.00万元。提升账户服务水平，助力优化营商环境。大力推广中小微企业便捷开户、企业信息便捷变更、电子营业执照预约开户等账户服务新模式，实现客户线上一次申请、线下一次办结，大幅提升办理效率。全年应用便捷方式为中小微企业开户逾9万户。

四是聚焦外资外贸，加大精准扶持力度。响应政府号召，围绕稳外资稳外贸，组织开展“春融齐鲁”专项活动，助力打造对外开放新高地。加大融资支持力度，在融资规模、利率、费率上给予专项保障，助力外贸企业保市场、保订单、保生产，累计为外贸企业办理国际贸易融资近560.00亿元；为暂时遇到困难的外贸企业提供封闭账户融资21.00亿元，省内银行机构排名第一。支持重点项目，为山东高速集团参与投资建设“孟加拉国达卡高架高速路项目”、潍柴控股集团（香港）投资公司“法拉帝项目”等项目提供跨境融资近100.00亿元，办理跨境人民币结算超过520.00亿元，保障外贸企业资金流转。提高服务效率，成功上线“单一窗口”金融服务功能，累计服务客户超过1,100户，跨境汇款1万余笔，在工商银行系统排名第一；直联省外汇局跨境金融区块链服务平台，办理国际贸易融资21亿元，参与“鲁贸贷”融资业务试点，有效满足中小微外贸企业融资需求。

五是聚焦稳定大局，加快化解信用风险。认真落实防范化解重大金融风险攻坚战的部署要求，全力打赢资产质量攻坚战，坚决维护区域经济金融稳定大局。加快不良资产处置。2020年处置不良贷款251.00亿元，排名工商银行系统和金融同业“双第一”。坚决扛起大行担当，在5个省级债委会、102个市级债委会中担任主席行，牵头制订工作方案，做好同业协调工作，累计缓释化解如意、玉皇等重点大户2,251.00亿元融资风险。加强信用风险管控。建立“主动防、智能控、全面管”的矩阵式、网格化工作机制，实现信用风险管控的全口径、全流程和全覆盖。2020年，工行山东省分行贷款劣变同比减少49.00%。

六是聚焦疫情防控，做好金融保障服务。疫情就是命令，防控就是责任。疫情发生后，工行山东省分行第一时间贯彻省委省政府决策部署，大年初一线上办公，完善配套工作机制，动员全行进入“战备状态”。全力支持复工复产。对全省疫情防控重点企业，新增优惠贷款16.00亿元，金额、户数排名同业“双第一”。累计向复工复产企业发放融资1,075.00亿元。全力保障服务供给。疫情期间，合理确定网点开门比例，始终领先同业，并全面做好客户和员工的安全防护。全面构建线上便捷受理、服务快捷交付的线上线下一体化服务新模式，在实物、信息、现金、账户、外汇五大领域23类场景推广应用，满足新形势下客户“无接触、零出行”的金融服务需求。坚持现金收支两条线管理，做好现金消毒杀菌，确保公众使用“干净钱、放心钱”，全年累计收付现金6,300.00余亿元。全面践行社会责任。向疫情地区累计捐款753.00万元。免费提供专属意外险，为全省援鄂医务工作者提供保障近16.00亿元，为全省基干民兵提供保障近60.00亿元。全面做好扶危解困，疫情期间救助困难企业778户、金额294.90亿元，帮扶个人客户1.40万户、金额25.60亿元。

七是聚焦为民服务，维护消费者合法权益。坚持“以人民为中心”的发展理念，将其作为经营转型的方向指引和消保工作的根本遵循。2020年工行山东省分行消费者权益保护工作排名工商银行系统第二，创历史最好成绩。完善体制机制。把《中国人民银行金融消费者权益保护实施办法》纳入党委中心组学习计划，组织省行、各分行班子成员进行系统学习。发挥消保委员会的重要作用，建立行长消费投诉接待制度，组建工单集中处理团队，完善短信外拨流程，规范知识库管理体系，构建起推动工作提升的长效机制。开展“投诉压降百日攻坚行动”，加大力度化解金融消费者投诉，全年监管转办投诉同比压降50.00%。加强消保宣传，原创作品在人民银行全国比赛中荣获二等奖第一名，在全国省级金融机构和工商银行系统内均是最好名次。治理涉诈账户。集中开展涉嫌电信网络新型违法犯罪企业账户风险治理专项行动，累计完成12.90万户风险排查，有效管控2万余户。严格落实主体责任，加强账户存续期监测管理，超过80.00%的涉案账户先于公安部门主动管控，切实保障人民群众资金安全。

【公司业务】 2020年，工行山东省分行既讲规律，也讲担当，不折不扣落实好党中央和总行党委决策部署。一是加大信贷总量投放。贯彻逆周期调节政策，人民币公司贷款净增量创近八年新高。还原处置因素，实际投向实体经济的公司贷款增量超过500.00亿元，创历史新高。二是提高服务实体经济的精准有效性。聚力支持“六稳”“六保”，制造业贷款余额、增量同业最多。聚焦新旧动能转换，“十强”产业贷款增量占比达到98.00%。聚焦全省重大项目，项目贷款占比提升2.50个百分点达到45.80%。聚焦补链固链强链，供应链融资增量系统排名前列，“工银供应链”产品获山东省新旧动能转换优秀金融产品奖。三是推动负债业务高质量发展。人民币公司存款站上“两千亿元”大关，时点增量创近十年最好水平，日均增量连续四年实现“百亿元”增长。

【投行业务】 2020年，工行山东省分行密切跟进国家政策导向与山东发展战略，充分发挥工商银行投贷联动、行司联动的集团优势，全力支持实体经济高质量发展。一是聚焦国企改革、产业链收购、资本市场再融资等领域，助力企业发展壮大与提质增效。二是加强产品创新，通过理财投资、债转股等各类金融产品满足客户多渠道融资、财务优化、资产盘活等多元化需求。三是积极支持新材料、新产业与新经济，联合集团子公司，积极为科创企业、高端制造企业提供“融智+融资+保荐”的全方位服务。

【个人业务】 2020年，工行山东省分行秉承客户至上、服务为本的理念，以建设“人民满意银行”为目标，全力打造山东“第一个人金融银行”。一是加强金融基础服务，以岗位优化为核心，推出“客户经理增配、客服经理笃行、远维经理提振”计划，强化服务供给。二是加强线上服务创新，首创客户经理线上工作室，搭建e钱包支付缴费新场景，积极适应生活方式线上化趋势。三是加快智慧零售转型，打造“双AI”引擎线上智能服务新模式，改善服务品质。四是提高民生领域服务效率，首创社保卡全流程自助发卡、线上补换卡等功能，推动落实“线上办、马上办、一次办”。2020年，工行山东省分行实现了市场竞争力、金融服务力、价值创造力和风险控制力的全面提升。

【中间业务】 2020年，工行山东省分行贯彻落实支持实体经济发展、服务社会民众的政策要求，严格执行规范融资收费、商业银行服务价格管理等规章制度，建立健全企业年金、资产托管等业务管理办法，多层次开展合规检查，强化整改落实，推动依法合规水平提升。本着系统化思维，将组织推动措施向前沿一线延伸，通过研发精准营销系统、强化基础业务考核等措施，提升客户服务能力，增强基层行业务发展动能。推进转型发展，个人结算、国际结算、信用卡、代理基金、电子商务等基础业务加快发展，通过做大做强“压舱石”，提升中间业务收入可持续增长能力。2020年实现中间业务收入74.18亿元，同比增加4.00亿元，增幅为5.70%。

【国际业务】 2020年，工行山东省分行深入贯彻落实省委省政府稳外资稳外贸工作意见。一是发挥进口业务优势，支持“十强”产业相关先进技术设备和大宗商品进口，满足进口企业贸易融资需求。二是注重提升中小型外贸企业服务工作，坚定支持出口外贸企业发展。三是坚持以服务实体经济为导向，积极推进便利化服务，持续提升工行山东省分行外汇服务水平。四是积极引导企业树立风险中性管理理念，合理利用金融衍生工具规避市场风险，助力企业聚焦主业，稳健经营。五是狠抓合规经营管理，连续四年获得国家外汇管理局综合评价A类评级。

【普惠金融】 2020年，工行山东省分行围绕“增量、扩面、提质、降本”的发展要求，强化顶层设计，统筹信贷布局，实行“一把手工程”，提高考核占比，加强资源保障，提升小微专营能力，圆满完成全年目标。一是加大信贷支持小微企业力度，助力疫情防控和复工复产。普惠贷款余额为342.00亿元，较年初增加127.00亿元，贷款增幅达59.07%，高于各项贷款平均增速50个百分点，高于政府工作报告增速要求18个百分点；累计发放抗疫贷款16.00亿元，可比同业居第一，信贷支持防疫抗疫企业居系统内第一。二是科技赋能、集群营销，提高金融覆盖面。创新创建17个特色融资场景，年末普惠贷款客户达30,500户，较年初增加10,500户，进一步提高金融触达率。三是加强管理提升发展质效。在前期50家小微分中心的基础上，再增加30家支行小微中心，进一步提升服务小微企业的水平与能力；通过加强资产质量管控和存续期管理，普惠贷款质量进一步提升，普惠贷款不良贷款率、不良贷款余额较年初实现“双降”。四是强化金融支持精准扶贫。精准扶贫贷款余额为32.47亿元，较年初增加3.96亿元，增幅达13.89%，高于各项贷款平均增速4个百分点，助力脱贫攻坚实施。

【住房金融】 2020年，工行山东省分行认真贯彻落实房地产市场宏观调控相关政策要求，把满足人民群众对美好生活的向往作为出发点和落脚点，坚持“房住不炒”定位，以高质量发展为主线，按照“因地施策、分类指导”原则，积极支持居民自住和改善型住房贷款需求，持续巩固省内“第一个人贷款银行”地位。2020年末，工行山东省分行个人住房贷款余额达3,170.90亿元，较年初增加305.30亿元，余额、新增均居同业首位；个人住房贷款不良贷款余额、不良贷款率实现“双降”，个人住房贷款业务整体实现高质量可持续发展。

【信用卡业务】 2020年，工行山东省分行深入推进信用卡互联网业务发展，加快场景建设，创新线上业务模式，加快业务转型，简化业务流程。一是深耕网点阵地营销，完善网点线上线下精准识别营销方法，提升网点信用卡营销服务能力。二是为进一步践行支农支小、支持复工复产，全面落实普惠金融服务的数字化转型，提高普惠金融服务水平，全面推动线上业务发展。三是全面推动e分期业务发展，适时承接从互联网行业回流的优质信贷业务，促进整体消费信贷业务发展。

【电子银行业务】 2020年，工行山东省分行积极推动“第一手机银行”战略落地。一是积极开展线上营销促活，利用“增长黑客”技术提速第三方支付业务发展，个人和企业移动端客户规模持续保持同业领先。二是强化“GBC”联动实现获客活客，成功上线公益捐赠公示可追溯系统、校园消费、智慧食堂等项目，场景建设效果初显。三是持续开展客户安全宣传，切实保护金融消费者线上交易权益。

【风险控制】 2020年，工行山东省分行紧紧围绕资产质量攻坚战主线，强化资产质量管控，完善信用风险管理体系，认真落实总行资产质量“123”攻坚战方案要求和“三道口、七彩池”智能信贷风险管控思路，信用风险管理工作取得了积极成效。一是资产质量攻坚战取得决定性胜利。工行山东省分行不良贷款余额下降幅度在系统和同业均为最高，劣变及新发生逾期速度明显放缓，存量风险加快出清，新增风险得到有效控制。二是矩阵式、网格化的信用风险管控机制不断完善，前中后台对信用风险的联防联控不断强化，信贷管理体制机制更加畅通高效，为工行山东省分行“三步走”战略提供了有效助力。三是“主动防、智能控、全面管”的全面风险管理体系建设全面铺开，授信审批新规试点有序推动，建立了信用风险化解支持团队、不良资产清收处置团队，推动了信贷经营能力的提升。

（庄绪政、张全鑫）

附表1

机构概况一览表

行长（或其他称谓的第一负责人）		副行长（或其他称谓的同级领导）	
赵桂德		徐光林、吴进、刘爱峰、郑允弢、朱岩峰、张冠军、陈兵、陈文、邱春	
地址	山东省济南市经四路310号	邮编	250001
网址	http://www.icbc.com.cn/	客服电话	95588

附表2

内设部门及分支机构一览表

年度	内设机构（个）	下设分支机构（个）		员工人数（人）	
		地市级机构数	县区级机构数	员工总数（含非正式员工）	正式员工数
2016	26	16	592	21,214	21,182
2017	26	16	581	20,550	20,530
2018	27	16	580	20,354	20,335
2019	27	16	574	20,109	20,090
2020	27	16	571	19,631	19,612

附表3

主要统计指标1

单位：亿元

项目	2016年	2017年	2018年	2019年	2020年	2020年同比增幅（%）
本外币资产总额	7,466.93	7,871.72	8,672.38	9,122.89	10,526.11	15.38
本外币存款余额	7,092.40	7,541.44	8,383.64	8,985.03	10,258.16	14.17
人民币存款余额	6,929.68	7,380.52	8,250.06	8,846.55	10,055.01	13.66
单位存款	3,219.92	3,474.16	3,807.72	3,751.98	4,091.82	9.06
储蓄存款	3,709.76	3,906.36	4,377.05	4,905.24	5,712.75	16.46
本外币贷款余额	6,298.79	6,530.33	6,859.38	7,587.58	8,283.29	9.17
人民币贷款余额	6,223.00	6,461.20	6,833.67	7,549.96	8,221.96	8.90
短期贷款	2,581.92	2,162.87	2,022.31	2,133.89	1,732.59	-18.81
中长期贷款	3,640.62	4,298.33	4,837.07	5,416.06	6,489.36	19.82
票据融资	506.44	103.45	99.09	102.63	101.44	-1.16
利润总额	34.82	37.94	24.90	-99.74	5.85	—
不良贷款余额	188.51	222.30	314.15	310.05	201.33	-35.07
不良贷款占比（%）	2.99	3.40	4.58	4.09	2.43	-40.59

附表4

主要统计指标2

项目	2016年	2017年	2018年	2019年	2020年	2020年同比增幅(%)
单位结算账户（万户）	26.20	29.92	36.23	42.80	50.47	17.92
单位结算金额（亿元）	562,277.00	586,242.00	603,604.00	580,205.00	544,779.00	-6.11
个人结算账户（万户）	4,373.38	4,993.72	6,576.93	7,385.29	7,933.72	7.43
个人结算金额（亿元）	79,757.78	89,516.14	91,125.56	78,137.88	77,486.02	-0.83
信用卡发卡量（万张）	766.34	904.20	1,000.35	952.37	953.57	0.13
信用卡消费额（亿元）	1,289.67	1,020.79	1,236.33	1,396.85	1,225.01	-12.30
企业网银客户（万户）	17.60	20.80	27.10	35.72	50.97	42.69
个人网银客户（万户）	1,399.00	1,632.00	1,818.00	2,171.01	2,436.12	12.21
手机银行客户（万户）	1,116.00	1,306.00	1,818.00	2,171.01	2,436.12	12.21
现金自助设备（台）	4,948	4,803	4,682	4,264	3,611	-15.31
营业网点（个）	941	908	908	889	887	-0.22
自助网点（个）	536	513	492	461	385	-16.49

中国工商银行股份有限公司青岛市分行

【第一负责人简介】 蔡谦，男，1977年3月出生，中共党员，高级经济师。历任中国工商银行四川省分行营业部党委委员、副总经理，中国工商银行公司金融业务部副总经理（其间，2019年1月至2020年1月挂职任中国雄安集团副总经理），2020年11月任中国工商银行青岛市分行党委书记，2021年1月至今任中国工商银行股份有限公司青岛市分行（简称工行青岛市分行）党委书记、行长。

【综述】 2020年，工行青岛市分行以建设“同业和系统内高质量高效益发展的引领行”为目标，全面树立高质量高效益发展意识，坚持“大格局、新视野、持久战”的经营理念，坚持走稳健务实的发展道路，以务实促发展、以务实育创新，突出务实发展这条主线，稳中求进、防范风险、突出重点、狠抓担当落实，统筹做好常态化疫情防控、金融服务和经营发展工作。扎实做好“六稳”工作，全面落实“六保”任务，实现了贷款总量、增量排名国有大行首位和纳税总额排名国有大行首位“双第一”的成绩。

一是经营整体保持稳中向好的发展态势。全年贷款投放再创历史新高，累计投放各项贷款共计1,325.00亿元，余额达到2,090.02亿元，贷款增量为284.00亿元。年末本外币全部存款余额为1,958.51亿元，较年初增加241.33亿元，创近四年来新高。经营效益指标好于预期，拨备前利润、中收和营业收入总量均保持四行第一。

二是服务实体经济的精准性和直达性进一步提高。认真贯彻落实稳健货币政策，全力支持疫情防控、复工复产和稳企业保就业，着力加大对民营和小微企业、制造业、科技创新等重点领域的信贷投放力度，为实体经济持续健康发展营造了良好的货币金融环境，在中国人民银行青岛市中心支行对各金融机构2020年度贯彻货币信贷政策情况考核中取得了第一名的成绩。

三是常态化疫情防控和金融保障工作到位。针对青岛市作为港口城市持续性输入风险压力较大的特点，始终把疫情防控作为重大政治任务，动态优化疫情防控工作预案，对重点人员实行主动、全面、低频的核酸检测，坚决守住“第二道防线”。有针对性地开展了支持企业复工复产的“春润行动”，累计为复工复产七大领域234家企业投放贷款427.00亿元。在青岛市委经济运行应急保障指挥部金融运行工作组对金融机构企业新增贷款增长情况考评中，位列同业第一。

【公司业务】 2020年，工行青岛市分行强化国有大行担当，把稳企业保就业作为当前重要的政治任务抓紧抓细抓落实。坚守服务实体经济本源，统筹把握好信贷投放总量、结构和节奏，加大对实体经济的融资供给，主动解决受困企业续贷难题，以金融力量支持企业复工复产，主动让利实体经济。人民币公司贷款余额为983.00亿元，总量保持四行第一，较年初增加151.00亿元，首次实现年度百亿级增长。

一是持续开展“春润行动”，大力支持企业复工复产。高效开展银企对接，持续加大对疫情防控重点企业与重点领域的信贷支持，充分发挥政策宣导、咨询指导、融资策划协调等优势，帮助企业科学运用金融惠企政策，切实解决融资难题。通过“春润行动”，加大对“五医领域”类、生活物资保障类、交通物流类、装备制造类、能源化工类、电信运营类、外贸外资类企业的支持力度，为全国性疫情防控重点保障企业提供快速融资8,200.00万元，开户率、授信率、融资率均居同业第一。

二是认真落实减费让利政策，主动让利实体经济。对于受疫情影响企业，工行青岛市分行通过展期、续贷、再融资及还款计划调整等方式做好融资接续安排。2020年，累计为832户中小微企业办理了98.00亿元延期还本付息或调整计息周期，有效纾解了企业年内还本付息资金压力。在降低融资成本方面，认真落实减费让利政策，严格执行“七不准、四公开”“两禁两限”要求，坚决杜绝不合规不合理收费，主动减费让利，做到“应免尽免”。全年发放人民币公司贷款平均利率同比下降50个基点，尤其是制造业贷款平均利率同比下降58个基点。

三是发挥工商银行集团整体优势，助力青岛经济社会高质量发展。2020年8月，工商银行与青岛市政府签署战略合作协议，在未来五年内，将向中国—上海合作组织地方经贸合作示范区、中国（山东）自由贸易试验区青岛片区、青岛市国际航运贸易、高端制造业、海洋经济等青岛市重点发展领域，提供总额不低于5,000亿元的融资支持。工行青岛市分行充分发挥集团全牌照经营优势，持续加大对重点项目的支持力度，助力“十五个攻势”，不断为实体经济注入金融活水，截至2020年末，共对接“十五个攻势”重点项目410个，审批贷款780.00亿元，累计放款450.00亿元，充分发挥了国有大行在“稳预期、稳投资”中的“压舱石”作用。工商银行与海尔集团签署战略合作协议，作为首家合作银行融入海尔卡奥斯平台建设，以“融智+融资+融商”的一体化综合金融服务，全面构建国际工业互联网全景金融生态圈，共同助力青岛打造“世界工业互联网之都”。

四是建立民营企业白名单制度，促进民营经济发展。工行青岛市分行确定了435家民营企业白名单客户，为企业提供精准金融支持，设置民营企业专项信贷规模，加大贷款规模向民营企业倾斜的力度。2020年，累计投向民营企业贷款近340.00亿元。工行青岛市分行积极推广债转股，成功组建青岛市首只债转股基金，这是青岛市首单投向民营企业的市场化债转股业务。

【个人业务】 2020年，工行青岛市分行积极践行“以人民为中心”的发展思想，坚持“客户至上”的工作思路，以“第一个人金融银行”战略为引领，充分发挥线上科技优势和线下渠道优势，主动提供优质的便民惠民服务，致力于打造“人民满意银行”。

一是强化大行担当，以实际行动践行“您身边的银行，可信赖的银行”。疫情期间，工行青岛市分行积极践行社会责任，在做好员工安全防护、构建网点“防护网”等工作的同时，最大限度畅通疫情防控金融服务快速通道、简化业务操作流程、提供全天候金融服务。疫情期间，工行青岛市分行合理调度营业网点，坚持营业网点“应开尽开”，为150余万社保客户提供各类社保服务。坚持为社保代发客户及时足额拨付社保资金，作为唯一金融机构为全市退费业务提供票据打印支持，确保全市减免社保退费工作顺利实施。

二是发挥大行表率作用，扎实做好数字货币试点推广工作。工行青岛市分行成立了由分行行长任组长的数字货币推广领导小组，发挥工行青岛市分行线上线下金融服务优势，通过创新应用模式、丰富业务场景等方式，加快在智慧政务、工业互联网、社保应用、交通出行、文体娱乐、大型卖场、市政公用等九大重点场景的落地步伐，持续加大试点推广工作力度，助推青岛市数字经济发展。试点推广期间保持同业和系统内领先优势，实现青岛同业和全国第二批试点城市行排名“双第一”。

三是坚持创新引领，全力打造“第一信用卡银行”和“第一手机银行”。工行青岛市分行作为全国试点城市行，聚焦消费金融市场，抢抓复工复产加快和消费回暖的时机，围绕信用卡获客、分期付款、快捷支付绑卡、消费促销等核心板块，信用卡客户数和消费额均实现同业第一。创新“客户经理线上工作室”等营销工具，持续优化客户体验，手机银行客户规模达到359万户，位居同业第一。

【机构业务】 工行青岛市分行以智慧政务为依托，积极响应青岛市“一次办好”政策号召，打造线上线下一体化综合金融服务。

一是线上精准发力，助力“高效青岛建设攻势”。工行青岛市分行与青岛市大数据发展管理局合力打造“青e办平台”，作为唯一清算银行，搭建“安心账户托管体系+智能清分+工银e钱包”支付平台。研发投产了社保转移资金批量代付项目、公积金商贷系统项目、线上税务贷项目。联合青岛市社会保险事业中心顺利上线“社银便民服务平台”，不断改善居民社保服务。

二是线下资源共享，助力岛城民生改善。工行青岛市分行与青岛市行政审批局、税务局开展合作，工商银行进驻审批大厅和网点，引入30台综合性政务服务终端、25台工商注册证照一体机终端、40台税务社保自助机，实现了金融政务功能的交叉输出；与青岛市住房公积金管理中心签订战略合作框架协议，发行首张工银青岛公积金联名卡。

【国际业务】 2020年，工行青岛市分行以“境内外汇首选银行”战略为引领，紧抓青岛在新发展格局中的“双节点”区位优势，借助上合示范区和自贸区等国家战略，主动融入“一带一路”建设，助力青岛更高水平对外开放。

一是发挥内外联动优势，服务新发展格局。工行青岛市分行与青岛市商务局签署《“春融行动”稳外贸、稳外资战略合作协议》，大力支持稳外贸稳外资基本盘。截至2020年末，为全市外贸外资企业办理国际结算303.00亿美元，办理跨境人民币业务169.00亿元，为名单内企业客户提供全口径融资108.00亿元。以第三届中国国际进口博览会召开为契机，搭建“中欧企业家大会”分会场，联合青岛市商务局举办“助力外贸外资 工银e路同行”跨境金融创新产品推介会，启动运用大数据、区块链等数字金融前沿技术打造的“智慧贸金生态体系”平台，并发布“数贸e链通”“e企保”等创新产品，不断深化对全球贸易往来的金融服务。

二是主动融入上合示范区、自贸区等国家战略，提升外汇业务市场竞争力和品牌形象。工行青岛市分行充分发挥集团跨境服务优势，全力助推上合示范区和自贸区建设。工行青岛市分行与上合示范区签订了战略合作协议，共同推进国家战略实施和地方经济发展。工行青岛市分行将开发区支行正式升格为西海岸新区分行，并与西海岸新区签订战略合作框架协议，未来三年将提供700.00亿元的金融服务支持额度，在支持青岛市自贸区、上合示范区建设以及跨境企业发展中发挥了主力军作用。

【普惠业务】 2020年，工行青岛市分行大力发展普惠金融，持续增强小微金融供给，积极践行社会责任，开创了“大银行服务小微企业”的新局面。

一是提升小微企业贷款“增量、扩面、提质、降本”的可得性。工行青岛市分行积极开展“首贷培植行动”“百行进万企”“千名专家进小微”等活动，加强对首贷户的挖掘，扩大首贷户覆盖范围，做好客户成长接续服务。主动为优质小微企业增信，提高小微企业首贷率、信用贷款占比，主动减费让利，全方位提供“融资＋融智＋融商”综合金融服务。截至2020年末，人民银行降准口径普惠贷款余额及银保监会口径贷款余额较年初均增加40.00亿元以上，增速远高于全行各项贷款平均增速。普惠型小微贷款企业户数较年初增加2,481户，增幅达132.00%。

二是创新推出小微企业金融产品和服务模式。工行青岛市分行以大数据、互联网、区块链技术推动业务创新，基于交易、资产、纳税、信用等多维度数据，为小微企业开发了“税务贷”“跨境贷”“用工贷”“资产贷”等各类场景化信用贷款服务；以“数字普惠+供应链”带动产业链条发展，推出“工银e信”“e链快贷”等数字供应链融资产品；创新开发了符合当地小微企业经营特色的“医保贷”“专利贷”“农担贷”“政银保”等普惠产品，有效满足了各类企业的金融服务需求。

【风险管理】 2020年，工行青岛市分行强化全面风险管理，按照“主动防、智能控、全面管”的风险管理路径，压实内控案防主体责任，聚焦关键环节和重点领域，统筹经营发展与内部管理，实现了全行安全稳定经营。

一是完善信用风险管理体制机制。工行青岛市分行实施了授信审批新规改革，进一步理顺信用风险管理体制机制，进一步明确前中后台的管理责任，确立规范统一的业务审查审批标准，保证审查审批的独立性、专业性和严肃性。进一步优化信贷结构，把好客户准入关，加强风险源头管控，严防发生新的“出血点”，为资产业务健康可持续发展提供坚实的保障。

二是持续做好内控合规工作。工行青岛市分行在全行组织开展“制度治理年”活动，扎牢制度笼子，完善内控体系建设，强化制度执行，管住人、管住钱、管好防线、管好底线。全面推动反洗钱治理能力提升。进一步完善反洗钱制度体系，强化制度执行，加大反洗钱工作力度。加强防范洗钱风险宣传和培训，开展涉嫌电信网络新型违法犯罪专项治理，提高全员和社会公众风险意识。

（杨 杰、战依辰）

附表1

机构概况一览表

行长（或其他称谓的第一负责人）		副行长（或其他称谓的同级领导）	
蔡 谦		程 青、赵晓滨、孙 伟、李 霞、邵冬霞、李 昆	
地址	山东省青岛市市南区山东路25号	邮编	266071
网址	http://www.icbc.com.cn/	客服电话	0532—85814361

附表2

内设部门及分支机构一览表

年度	内设机构（个）	下设分支机构（个）		员工人数（人）	
		地市级机构数	县区级机构数	员工总数（含非正式员工）	正式员工数
2016	29	1	19	3,574	3,574
2017	30	1	19	3,488	3,488
2018	30	1	19	3,468	3,468
2019	30	1	19	3,441	3,441
2020	30	1	19	3,398	3,398

附表3

主要统计指标1

单位:亿元

项目	2016年	2017年	2018年	2019年	2020年	2020年同比增幅（%）
本外币资产总额	1,349.18	1,459.67	1,636.84	1,820.35	2,095.97	15.14
本外币存款余额	1,259.19	1,353.24	1,514.85	1,717.18	1,958.51	14.05
人民币存款余额	1,227.37	1,317.49	1,478.29	1,680.49	1,888.47	12.38
单位存款	602.10	681.45	780.48	848.74	865.44	1.97
储蓄存款	657.10	671.79	734.37	845.46	969.19	14.63
本外币贷款余额	1,298.66	1,439.42	1,602.84	1,845.87	2,127.21	15.24
人民币贷款余额	1,280.30	1,422.65	1,575.15	1,806.00	2,090.02	15.73
短期贷款	350.17	292.10	263.04	237.22	333.63	40.64
中长期贷款	948.49	1,147.32	1,339.80	1,572.79	1,756.39	11.67
票据融资	59.15	24.31	26.01	27.44	35.01	27.59
利润总额	31.39	35.06	29.21	32.39	28.74	-11.27
不良贷款余额	34.81	28.69	24.32	23.40	64.96	177.61
不良贷款占比（%）	2.68	1.99	1.48	1.30	3.05	134.62

附表4

主要统计指标2

项目	2016年	2017年	2018年	2019年	2020年	2020年同比增幅（%）
单位结算账户（万户）	6.05	6.98	7.25	8.05	8.83	9.69
单位结算金额（亿元）	59,270.69	61,219.03	64,268.20	76,402.29	70,768.93	-7.37
个人结算账户（万户）	798.68	825.79	851.23	872.75	897.77	2.87
个人结算金额（亿元）	14,944.07	15,720.56	16,703.82	16,750.34	17,190.11	2.63
信用卡发卡量（万张）	115.01	137.65	148.62	154.32	155.19	0.56
信用卡消费额（亿元）	205.71	195.10	237.98	267.58	228.24	-14.70
企业网银客户（万户）	3.42	4.02	4.99	6.33	7.73	22.12
个人网银客户（万户）	203.48	252.50	279.30	271.20	316.00	16.52
手机银行客户（万户）	145.64	200.40	230.90	315.70	356.63	12.96
现金自助设备（台）	895	659	590	538	525	-2.42
营业网点（个）	124	123	122	122	124	1.64
自助网点（个）	94	92	67	62	54	-12.90

中国农业银行股份有限公司山东省分行

【第一负责人简介】 益虎，男，1962年12月出生，1979年11月参加工作，历任中国农业银行东营市东营区支行行长，东营市分行党委书记、行长，山东省分行营业部党委书记、总经理，陕西省分行党委书记、行长，政协第十届陕西省委员会常委、政协第十二届山东省委员会委员；现任中国农业银行股份有限公司山东省分行（简称农行山东省分行）党委书记、行长，山东省政府决策咨询特聘专家；2017年6月16日起，兼任山东省支付清算协会会长。

【综述】 2020年，农行山东省分行坚持以习近平新时代中国特色社会主义思想为指导，坚持稳中求进工作总基调，以服务“六稳”“六保”为重点，统筹疫情防控与服务实体经济两手抓、两不误，业务经营稳健向上，发展质量进一步提升，主要经营指标继续保持同业前列。年末，各项存款余额为11,439.30亿元，较上年末增加1,209.04亿元。各项信用总量为8,080.00亿元，其中各项贷款余额为7,396.86亿元，较2019年末增加644.95亿元，涉农、普惠、扶贫等领域投放全面达标。农行山东省分行连续四年保持省级“文明单位”荣誉称号。在中国农业银行第六届业务技术比赛中勇夺团体冠军，被授予“中国农业银行五一劳动奖状”。

【公司业务】 2020年，农行山东省分行贯彻新发展理念，围绕全省经济发展布局，扎实做好供给侧结构性改革金融服务。积极服务重大区域发展战略，加大稳增长、调结构、新动能等领域的信贷投放力度，支持实体经济高质量发展，固定资产贷款增加212.00亿元，绿色信贷增加79.00亿元，“两高一剩”及九大“去产能”行业贷款同比下降。统筹推进“便捷获得信贷”行动、“首贷培植行动”、企业金融辅导员等工作，组建省、市、县三级金融辅导队165支，对接企业2,500多家。认真落实金融纾困政策，创新推出餐饮贷、纳税e贷等，支持企业复工复产，累计发放防疫贷款173.50亿元。

【“三农”业务】 2020年，农行山东省分行全面完成金融扶贫任务，扶贫贷款增加23.70亿元，20家深度贫困县支行贷款增加136.00亿元，增速高于全行各项贷款平均增速12.40个百分点。加强乡村振兴金融服务，创新开展“五覆盖一力争”工作，投放“金穗齐鲁·乡村振兴贷”1,126.00亿元，打造服务乡村振兴示范村1,514个。联合山东省委组织部、省农担公司创新推出“强村系列贷”，支持村党组织领办合作社发展，被评为2020年山东省新旧动能转换十大优秀金融产品。探索构建“网点+惠农通服务点+乡村振兴信息员”服务体系，打造标准化服务点5,164个。

【投行业务】 2020年，农行山东省分行强化业务创新和线上展业，整合渠道资源，调整优化机制，持续提升投行业务综合贡献度和市场竞争力，金融市场、投资银行、资产管理三大板块业务齐头并进。黄金租赁、非标投资业务位居农业银行系统首位，投资银行、对公理财业务稳居“第一梯队”。成功发行农业银行系统首笔疫情防控短期融资券；资产支持票据业务实现突破；落地首笔行司联动产业基金业务，开创股权融资服务新模式。荣获中国银行业协会“最佳银团贷款项目奖”、中国农业银行“投行业务特别贡献奖”“资管业务先进集体”等荣誉称号。

【个人业务】 2020年，农行山东省分行积极践行零售“五大发展理念”，个人金融业务保持稳步健康发展态势。“扩户提质”成效显著，规模与质量实现“双提升”，新开个人有效账户484.01万户、个人有效客户203.20万户，个人存款增加962.40亿元。私人银行月日均达标客户、金融资产增量等指标同业领先。全力支持消费升级和个私小微业主生产经营，个人贷款增加453.30亿元，占比提升2.30个百分点。

【中间业务】 2020年，农行山东省分行完善中间业务管理机制，强化增量收入资源配置，完善市场竞争力硬约束机制。进一步加强服务收费合规管理，以合法经营、规范收费为前提，服务疫情防控和实体经济发展大局。认真落实减费让利政策部署，建立小微企业服务收费常态化监测机制，助力小微企业复工复产。加强过程控制，规范利益分成与收入划转，加强服务收费合规管理，建立健全小微企业服务收费常态化监测机制，确保收费依法合规有序。

【国际业务】 2020年，农行山东省分行紧跟国家战略，强化经营转型，创新服务方式，跨境金融服务水平持续提升，全年办理十大类（15项）重点外汇产品140.61亿美元，同比增长23.00%，突破3项全国首笔业务、11项全省首笔业务。将稳外贸稳外资作为支持实体经济的重要着力点，出台支持出口企业金融服务方案，创新推出“退税e贷”，试点开办“订单贷”“鲁贸贷”业务，全力支持外贸外资企业发展。

【普惠金融】 2020年，农行山东省分行健全服务体系，强化数字化转型，加大金融产品创新推广力度，普惠金融业务取得较好成效。构建“普惠金融事业部+三农金融事业部”双轮驱动的普惠金融服务体系，普惠金融服务能力持续提升，人民银行和银保监会口径普惠型小微企业贷款增速分别达到72.91%和80.56%。提升普惠金融服务可得性，打造小微企业“金色通道”专属品牌体系和数字化产品体系，线上贷款增加57.08亿元。严格执行“七不准、四公开”要求，降低小微企业融资成本，普惠贷款加权平均利率同比下降47个基点。

【住房金融】 2020年，农行山东省分行严格执行房地产调控政策，实施差异化政策和分类管理，促进房地产市场平稳健康发展。在规定限额内，优先满足刚需居民首套房贷款需求。积极应对疫情影响，优化住房贷款业务流程，实现线上看房、申贷功能，推广在线抵押登记、“一网通办”模式，为客户提供便捷金融服务。一手房业务自动审批功能实现二级分行全覆盖，办贷效率进一步提升。

【信用卡业务】 2020年，农行山东省分行加强信用卡业务精细化管理，提升业务发展质量和效益。信用卡有效客户增加43.17万户，发卡增量连续五年保持四行第一，累计发卡量跃居首位。实现信用卡分期交易额287.60亿元，同比增长16.90%。新增聚合码商户36.99万户，新增信用卡智慧商圈场景商户1,355户，信用卡贷款余额增加43.10亿元，不良贷款率同比下降。

【电子银行业务】 2020年，农行山东省分行聚焦“掌银MAU提升”“互联网场景平台”两大核心，统筹推进数字化转型。线上信贷跨越式发展，“农银e贷”增加398.80亿元。个人掌银月活客户增加229万户，掌银交易15.00亿笔、金额7.00万亿元。企业网银月活客户增长22.30%。场景生态更加丰富。新增有效互联网场景商户5,088户，上线资金管理、网络货运等产业链场景项目176个，机构类智慧场景建设居系统内首位。

【风险控制】 2020年，农行山东省分行全力防范化解信用风险，不良贷款实现“双降”，一批重大风险客户得到妥善处置，信贷资产质量持续提升。案件防控成效明显，深化行业规范建设，统筹开展《员工行为守则》学习教育、屡查屡犯问题专项治理等活动，内外部检查发现问题减少36.50%。安全管理不断加强，落实运营风险“强管理”，建成系统内首家同城灾备中心、首家数字化风险预警中心、首家智慧消防平台，被省公安厅评为内部治安保卫工作成绩突出集体。合规水平进一步提升，内控综合评价居农业银行系统一类行，被评为反洗钱工作先进集体。消保工作全面提升，受理中国人民银行、银保监局、总行95599转办投诉同比大幅下降，中国人民银行消保考核获A级。

（郇长亮）

附表1

机构概况一览表

<table>
<tr><td colspan="2">行长（或其他称谓的第一负责人）</td><td colspan="2">副行长（或其他称谓的同级领导）</td></tr>
<tr><td colspan="2">益 虎</td><td colspan="2">陈光明、郑祖刚、檀树荣、马 林、耿曙明、马景明、邵静河、付 晓、娄 群、翟世勇、闵令民、刘序林</td></tr>
<tr><td>地址</td><td>山东省济南市经七路168号</td><td>邮编</td><td>250001</td></tr>
<tr><td>网址</td><td>http：//www.abchina.com/cn/</td><td>客服电话</td><td>95599</td></tr>
</table>

附表2

内设部门及分支机构一览表

年度	内设机构（个）	下设分支机构（个）		员工人数（人）	
		地市级机构数	县区级机构数	员工总数（含非正式员工）	正式员工数
2016	27	16	160	27,815	27,483
2017	26	16	160	27,568	27,253
2018	26	16	161	26,476	26,170
2019	26	16	164	25,698	25,413
2020	26	16	160	24,979	24,699

附表3

主要统计指标1

单位:亿元

项目	2016年	2017年	2018年	2019年	2020年	2020年同比增幅(%)
本外币资产总额	8,946.91	9,393.25	9,858.07	10,639.34	11,919.58	12.03
本外币存款余额	8,683.46	9,195.70	9,681.22	10,230.26	11,439.30	11.82
人民币存款余额	8,505.05	9,040.00	9,573.66	10,097.41	11,297.54	11.89
单位存款	3,232.43	3,486.96	3,548.93	3,450.20	3,687.69	6.88
储蓄存款	5,272.62	5,553.06	6,034.73	6,647.21	7,609.85	14.48
本外币贷款余额	5,411.69	5,753.29	6,162.40	6,751.91	7,396.86	9.55
人民币贷款余额	5,367.50	5,679.17	6,089.50	6,672.32	7,316.79	9.66
短期贷款	2,607.00	2,326.69	2,228.13	2,271.85	2,181.09	-3.99
中长期贷款	2,760.50	3,352.48	3,861.37	4,400.47	5,135.70	16.71
票据融资	434.50	400.19	135.02	237.73	198.88	-16.34
利润总额	—	—	—	—	—	—
不良贷款余额	—	—	—	—	—	—
不良贷款占比(%)	—	—	—	—	—	—

附表4

主要统计指标2

项目	2016年	2017年	2018年	2019年	2020年	2020年同比增幅(%)
单位结算账户(万户)	20.40	23.80	28.40	36.75	43.20	17.55
单位结算金额(亿元)	227,134.00	236,149.00	273,990.00	295,913.00	336,926.00	13.86
个人结算账户(万户)	7,331.00	7,401.00	9,533.00	10,171.00	9,495.22	-6.64
个人结算金额(亿元)	—	—	—	—	—	—
信用卡发卡量(万张)	527.00	653.00	789.00	924.00	1,014.00	9.74
信用卡消费额(亿元)	1,125.00	1,318.00	1,483.00	1,651.00	1,633.00	-1.09
企业网银客户(万户)	23.40	28.20	34.40	44.30	53.78	21.40
个人网银客户(万户)	1,240.00	1,498.00	1,707.00	1,953.00	2,222.00	13.77
手机银行客户(万户)	1,154.00	1,330.00	1,553.00	1,809.00	2,089.00	15.48
现金自助设备(台)	7,623	7,759	7,081	6,669	4,731	-29.06
营业网点(个)	1,422	1,418	1,375	1,337	1,324	-0.97
自助网点(个)	872	844	573	420	370	-11.90

中国农业银行股份有限公司青岛市分行

【第一负责人简介】 王延磊，男，汉族，1962年12月出生，中共党员，大学本科学历，高级经济师；1979年参加工作，历任中国农业银行股份有限公司青岛市分行（简称农行青岛市分行）信贷管理处处长，青岛城阳区支行党委书记、行长，青岛市分行党委委员、副行长，山东省分行党委副书记、副行长；现任农行青岛市分行党委书记、行长。

【综述】 2020年，农行青岛市分行坚持以习近平新时代中国特色社会主义思想为指导，全面落实总行和监管机构各项决策部署，以“做精做强、打造精品银行”为发展方向，以“同业提升进位、系统力争上游”为目标，着力打基础、做整合、促转型、谋长远，高质量可持续发展迈出坚实步伐。截至2020年末，各项存款余额为1,998.76亿元，比年初增加212.74亿元，同比多增59.00亿元；各项贷款余额为1,707.08亿元，比年初增加204.19亿元，同比多增44.00亿元；实现营业收入61.80亿元、拨备前利润45.50亿元，均创历史新高；不良贷款余额和占比分别比年初下降8.49亿元、0.65个百分点；全年上缴地方税收2.99亿元，同比增加0.50亿元；全年未发生案件和责任事故。

2020年，农行青岛市分行统筹推进疫情防控和业务经营，做好金融支持“六稳”“六保”重点工作。全年累计支持防疫相关企业78家，发放贷款26.50亿元，减免利息500多万元；积极响应金融支持企业复工复产“春风行动”，共为4,000家企业发放复工复产贷款562.00亿元；主动为企业让利纾困，新发放实体贷款加权平均利率比年初下降37个基点；为338家中小微企业办理无还本续贷、展期，为“菜篮子”“生猪产能恢复”等发放贷款近百亿元。

【“三农”业务】 2020年，农行青岛市分行发挥县域金融服务领军银行作用，不断推动“三农”和县域业务取得新成效。一是强化对乡村振兴的信贷支持。年末县域贷款余额为522.00亿元，比年初增加77.00亿元，高于各项贷款平均增速3.77个百分点；涉农贷款余额为343.00亿元，比年初增加20.00亿元。二是提升县域金融服务力度。全年完成农户信息建档3.60万户，评选信用村26个、信用户759个；实施社区乡镇网点效能提升工程，开展重点空白乡镇“蓝海掘金”活动，年末县域各项存款增加111.00亿元。三是大力提升互联网金融服务力度。“三资”管理平台已覆盖275个行政村，全年新开立村委及村集体经济组织账户238个；提高科技研发效率，投产数字乡村小程序、农民工工资监管平台等多个服务“三农”特色项目；年末惠农e贷余额为11.40亿元，比年初增加4.30亿元。四是积极参与东西部扶贫协作，积极介绍客户进行产业扶贫，全年实现“线上+线下”消费扶贫3,200.00万元。

【公司业务】 2020年，农行青岛市分行树牢新发展理念，围绕金融服务实体经济，主动对接国家、省市发展战略，积极推进金融支持新旧动能转换，推进山东自贸区青岛片区、上合示范区建设，大力拓展“两新一重”项目。法人贷款客户比年初增加1,702个，增长61.40%；法人贷款余额为970.50亿元，比年初增加92.90亿元，其中民营企业贷款、制造业中长期贷款和绿色信贷分别比年初增加43.65亿元、14.20亿元、26.50亿元，均达到监管要求；年末法人存款余额为820.70亿元，比年初增加48.00亿元。

【投行业务】 2020年，农行青岛市分行深入推进“商行+投行”转型，尽力满足企业多元化金融需求，推动银团、并购、理财融资、产业基金、对公理财等业务取得较快发展，全年新增投行客户19个，实现投行收入1.80亿元，同比增加0.50亿元。注重加强银团筹组能力，全年完成银团筹组15个；实现债权融资计划首单突破；紧抓国企混改、行业整合带来的并购业务机遇，全年发放并购贷款13.05亿元，助力企业战略布局和产业升级；签约对公理财客户0.47万户，对公理财日均规模达90.45亿元，同比多增3.05亿元；首次成功开办债券借贷和债券做市交易业务，实现债市宝分销规模2.14亿元，全年新增债市宝有效客户753户。

【个人业务】 2020年，农行青岛市分行坚持以客户需求为中心，推动存款和财富管理业务协同发展。一是全力打造个人存款“标志性工程”。年末个人存款余额为1,178.00亿元，较年初增加165.00亿元，同比多增65.00亿元；全年新增个人有效账户48.40万户，个人贵宾客户比年初增加4.30万户；私人银行折效客户比年初增加318户，同比多增117户；私人银行客户金融资产增加31.00亿元，同比多增11.00亿元。二是积极服务新发展格局和消费升级。年末个人信贷余额为736.60亿元，比年初增加111.20亿元。三是持续推进网点转型。全年整合低效网点9个，智能化升级改造网点28个，营销服务人员比转岗前增加331名。四是多渠道开展消费者权益保护教育宣传活动，切实维护消费者合法权益，提高客户风险防范意识和自我保护能力。

【中间业务】 2020年，农行青岛市分行发力长期收益型、高价值型中间业务，全年实现中收11.60亿元，同比增长0.53亿元，占营业收入的比重达到18.80%。基金、信用卡分期、银团贷款、托管、贵金属等业务收入增幅分别达到181.00%、56.00%、191.00%、72.00%、42.00%；贵金属、互联网金融、保险、银团贷款、托管、个人人民币结算等收入居青岛市四行之首，地方债承销量居青岛市同业首位；信用债承销规模创历史新高，达15.00亿元。做强对公外汇产品、拓宽线上服务，对公外汇中收同比增加0.40亿元，增幅为24.30%。

【国际业务】 2020年，农行青岛市分行大力推进本外币一体化发展，积极服务新发展格局，更好地满足客户进出口业务需要。一是加大国际业务产品创新力度，办理首笔境内系统外总行专营委托代付、国内证自营福费廷+二级市场转卖、国内证项下买方福费廷业务。二是积极参与自贸区建设，举办自贸政策宣传及产品推介会，自贸区金融创新研究成果获青岛市金融创新三等奖；研发区块链货押融资产品，被青岛市自律机制评为优秀课题。三是加强合规管理，在银行执行外汇管理规定考核中连续四年荣获A类行称号。2020年实现国际结算量270.42亿美元，同比增加2.65亿美元，增幅为0.99%；实现结售汇业务量74.92亿美元，同比增长3.2亿美元，增幅为4.46%；实现贸易融资余额85.42亿元，比年初增加36.08亿元。疫情期间，帮助企业进口口罩450万个、防疫服6万多套。

【普惠金融】 2020年，农行青岛市分行全面实施普惠金融发展战略，持续优化普惠金融线上线下双渠道。一是积极推动普惠金融业务向网点下沉，在全辖组建普惠金融服务团队，团队人员达到全行人数的近10.00%；优先保障普惠领域信贷规模，实施普惠金融优惠利率。二是积极推动小微信贷业务数字化转型，普惠型小微企业法人贷款线上化率达到95.33%；在“资产e贷”“抵押e贷”“续捷e贷”“保理e融”等多项线上产品中先行先试。截至2020年末，监管口径普惠型小微企业贷款余额为72.51亿元，比年初增加28.00亿元，增速为62.91%，其中法人普惠贷款增加17.60亿元，增速为61.00%；普惠型小微企业普惠客户数比年初增加4,248个。获评山东省小微企业信贷政策导向效果评估优秀单位及青岛银行业小微企业金融服务先进单位。

【住房金融】 2020年，农行青岛市分行认真贯彻落实房地产宏观调控政策，积极支持居民家庭合理住房贷款需求。深化与重点房企和中介机构的战略合作，2020年末，房地产开发贷款余额保持稳定，控制在限额以内；个人住房贷款余额为644.30亿元，比年初增加88.50亿元。

【信用卡业务】 2020年，农行青岛市分行积极支持居民消费升级和支付结算需求，大力发展信用卡业务。全年新增贷记卡客户7.11万户，信用卡当年累计消费额达到149.70亿元，同比增长9.87亿元。积极营造收单场景，逐步打造青岛地区商圈生态，拓展信用卡智慧商圈场景261户，新增聚合码小微商户6.70万户；新增有效对公商户760户，全年累计服务居民消费3,446.00万人次，实现交易金额395.00亿元。

【电子银行业务】 2020年，农行青岛市分行深入推进数字化转型，聚焦掌上银行和金融场景获客两大线上阵地，全面推进智慧商圈和惠农商圈建设，掌银月活客户达到102.50万户，相比年初增长35.00%；3,700名员工全部开通线上“金融小店”，客户产品购买更加便捷。智慧货架网点覆盖率达100.00%；掌银智慧商圈入驻商户717个，点均达4.50个；互联网有效场景净增1,047户。

【风险控制】 2020年，农行青岛市分行加强重点领域信用风险管控，推进信贷管理数字化转型，建立“信贷资金回流预警模型”，打造“智慧监控”体系，提高风险管控智能化水平；不良贷款余额及占比保持“双降”，不良贷款率优于四行平均水平。常态化开展大数据分析核查，深入挖掘、严肃查处违规违纪问题，推进数字化智慧运营建设，加强反洗钱和制裁合规管理，反洗钱监管评级提升至A级。全年未发生案件和责任事故。

（李兆亮、许嘉诚）

附表1

机构概况一览表

行长（或其他称谓的第一负责人）		副行长（或其他称谓的同级领导）	
王延磊		于 东、兰卫东、孙文秀、范久顺、吴显明、郭宝林	
地址	山东省青岛市市南区山东路19号	邮编	266071
网址	http：//www.abchina.com/cn/	客服电话	95599

附表2

内设部门及分支机构一览表

年度	内设机构（个）	下设分支机构（个）		员工人数（人）	
		地市级机构数	县区级机构数	员工总数（含非正式员工）	正式员工数
2016	22	104	86	2,812	1,470
2017	24	92	95	2,776	1,348
2018	24	126	53	2,651	1,288
2019	24	115	51	2,606	1,239
2020	24	80	77	2,549	1,169

附表3

主要统计指标1

单位：亿元

项目	2016年	2017年	2018年	2019年	2020年	2020年同比增幅（%）
本外币资产总额	1,701.67	1,599.18	1,712.54	1,895.17	2,125.06	12.13
本外币存款余额	1,603.00	1,517.98	1,632.01	1,786.02	1,998.76	11.91
人民币存款余额	1,549.63	1,466.50	1,592.65	1,733.12	1,918.77	10.71
单位存款	679.55	602.95	682.49	723.36	744.32	2.90
储蓄存款	870.08	863.56	910.15	1,009.76	1,174.46	16.31
本外币贷款余额	1,045.57	1,222.64	1,342.76	1,502.89	1,707.08	13.59
人民币贷款余额	990.92	1,160.80	1,295.94	1,452.88	1,633.24	12.41
短期贷款	361.39	351.16	349.09	373.25	350.56	-6.08
中长期贷款	584.20	796.28	927.89	1,079.63	1,282.69	18.81
票据融资	45.32	12.87	18.47	32.96	19.63	-40.44
利润总额	23.32	26.20	17.09	27.29	35.54	30.23
不良贷款余额	17.61	19.57	20.17	19.46	10.97	-43.63
不良贷款占比(%)	1.68	1.60	1.50	1.29	0.64	-50.39

附表4

主要统计指标2

项目	2016年	2017年	2018年	2019年	2020年	2020年同比增幅（%）
单位结算账户(万户)	6.25	7.68	8.62	9.41	9.54	1.38
单位结算金额(亿元)	—	—	43,502.62	50,841.80	57,358.90	12.82
个人结算账户(万户)	682.10	691.70	735.70	825.20	857.90	3.96
个人结算金额(亿元)	874.83	867.55	935.35	1,050.00	1,181.67	12.54
信用卡发卡量(万张)	72.03	81.73	94.31	104.20	115.08	10.44
信用卡消费额(亿元)	94.40	98.23	116.34	139.83	149.67	7.04
企业网银客户(万户)	—	6.90	8.29	9.40	10.78	14.68
个人网银客户(万户)	205.50	237.50	246.00	281.64	315.71	12.10
手机银行客户(万户)	167.13	200.85	235.53	272.02	306.78	12.78
现金自助设备(台)	1339	1305	742	635	500	-21.26
营业网点(个)	190	187	177	166	157	-5.42
自助网点(个)	91	92	47	25	30	20.00

中国银行股份有限公司山东省分行

【第一负责人简介】 徐效强，男，1965年出生，江苏南通人，中共党员，南京大学高级工商管理硕士；历任中国银行江苏省南通分行党委委员、副行长，东京分行信贷部部长，江苏省分行国际结算部总经理，江苏省南通分行党委书记、行长，江苏省分行党委委员、行长助理兼信贷风险总监，江苏省分行党委委员、副行长；2020年3月，任中国银行股份有限公司山东省分行（简称中行山东省分行）党委书记；2020年7月起，任中行山东省分行党委书记、行长，兼任政协第十二届山东省委员会委员、山东省金融消费权益保护协会会长、山东省金融学会副会长。

【综述】 2020年，中行山东省分行紧紧围绕山东省委省政府关于全省经济社会发展的决策部署，围绕总行“建设新时代全球一流银行”的战略愿景，积极践行“金融报国”理念，坚持激发活力、敏捷反应、重点突破，通过扎实推进新时代全面从严治党带动全面从严治行，不断深化发展、风控、管理、执行、文化和队伍建设，充分发挥全球化、综合化优势，全力做好金融抗疫，认真落实“六稳”“六保”要求，坚决维护地方金融生态稳定，为推动山东经济社会事业发展作出积极贡献。截至2020年末，中行山东省分行本外币资产总额、负债总额分别达到5,637.22亿元、5,622.83亿元，累计缴纳税款34.52亿元；本外币时点存款为5,336.46亿元，新增520.29亿元，增幅为10.80%；本外币时点贷款为4,394.54亿元，新增182.01亿元，增幅为4.32%；主要效益指标同比正增长；全年营业收入为142.90亿元，增幅为2.67%；拨备前利润为95.81亿元，增幅为5.97%；全年实现不良化解147.74亿元，年末不良贷款余额为117.59亿元，不良贷款率为2.61%。

【公司业务】 2020年，中行山东省分行切实履行社会责任，全力支持山东“八大发展战略”，“十强”产业授信余额为429.00亿元，支持新旧动能转换项目、省内重大建设项目授信余额为377.00亿元。积极推动制造业高质量发展，实现制造业贷款投放912.99亿元。大力支持民营企业发展，民营企业新投放贷款1,227.78亿元，占全部对公贷款投放额的47.49%，支持民营企业授信客户4,566户，新增928户。积极支持疫情防控工作，主动对接329家山东省列入全国疫情防控重点保障企业，累计发放防疫专项再贷款55笔，助力企业复工复产。组建152支金融辅导队，深入2,200余家企业开展沟通辅导，提供信贷支持219.00亿元。抓实“双户双基”建设，服务企业新开立单位结算账户6.00万户。持续深化金融创新，大力推广自主研发的“中银e农通”产品，科技赋能农村政务发展，年内服务区县增至23个，累计开立乡镇“三资”代管中心及村委会账户931户。提升养老金融服务质效，运营养老金托管规模为143.50亿元，同比增长98.00%。发挥汇率保值业务专业优势，帮助企业规避汇率波动风险，叙做远期结售汇和人民币期权业务130.00亿美元。截至2020年末，中行山东省分行本外币对公时点存款为2,582.49亿元，本外币对公时点贷款为2,617.36亿元。

【投行业务】 2020年，中行山东省分行全力加大直接融资服务力度，全年完成地方债投资186.88亿元，同比增长16.90%。引导金融活水流向山东经济社会发展关键领域，全年承销境内债20只，金额162.67亿元，增幅为62.67%。发挥中国银行全球化优势，全年承销海外债11只，金额37.50亿美元，增幅为14.68%，市场份额第一。加强同业交流联动，全年承销金融债5只，金额40.34亿元。完成债券分销量354.00亿元，增幅为94.51%。顺应资管新规要求，加快净值型理财推广，表外理财时点余额为139.92亿元，增幅为14.13%。做好投行资管产品存续期管理，切实防范金融风险，全年非标资产业务、债券承销业务均未出现逾期、欠息情况。

【个人业务】 截至2020年末，中行山东省分行辖内共有营业网点494家、各类自助银行631家，设立消费金融、普惠金融等特色网点133家，投放智能柜台共1,883台。全年累计服务客户171.79万人次。研发投产智能柜台社保卡一体式制卡特色服务，全年累计办理社保卡业务2.50万笔，有效提升客户体验。疫情期间统筹考虑疫情防控和金融服务需要，合理安排辖内网点开门营业、有序复工，办理开通“绿色通道”，保障抗疫捐款快速免费入账。上线推出疫情统计“快易报”，帮助企事业单位加强健康数据管理，覆盖用户近百万。积极助力民生消费，服务人民大众，推出线上消费贷款产品“中银E贷”，凭借手续简便、审批迅速、利率优惠等特点获得市场好评，全年为2.60万名客户提供便捷的消费金融服务。围绕留学、跨境消费场景为客户打造专业、贴心的跨境金融服务新阵地，在五大行个人结售汇市场份额中占59.01%，稳居市场第一。以助农服务点为依托，持续推进助农客群普惠服务，全年累计下乡服务2,637次，建设“中银书屋”12家。截至2020年末，中行山东省分行本外币个人时点存款为2,739.84亿元，新增287.00亿元。

【国际业务】 2020年，中行山东省分行充分发挥国际业务特色优势，强化外汇外贸跨境金融服务的支持作用，全年实现国际结算525.00亿美元、跨境人民币693.00亿元、结售汇225.59亿美元，市场份额均保持同业首位。深化与省市政府的战略合作，做好“稳外贸”金融支持，积极参与推进跨境金融区块链平台推广、信保融资、外贸企业订单融资封闭试点、支持产业链协同复工复产等政府主导专项工作，与省商务厅联动推进中行山东省分行“抗疫情、稳外贸、促发展”专项金融服务，基本盘客户开户覆盖率为82.00%，结算覆盖率为53.00%，均实现较大提升。积极投身山东自贸区建设，扎实做好济南片区和烟台片区金融服务。持续推进跨境撮合，抓好重点活动组织跟进，带动近百户山东客商参与第三届中国国际进口博览会，达成贸易合作意向55个、金额1.23亿美元。

【普惠金融】 2020年，中行山东省分行全力推动普惠金融事业发展。截至2020年末，普惠金融贷款余额为236.09亿元，同比增长74.70亿元，全面完成监管要求。积极推进“百行进万企”活动，全年累计举办44场银企对接会，服务客户1,179户。做优跨境撮合，落实省政府稳外贸稳外资要求，全年累计组织超过100家山东出口型中小企业与海外客户实现对接，满足企业产业升级和海外投融资需求。创新普惠金融产品，开发投产“中银企E贷”“中银税贷”“税易贷”等线上产品，为小微企业和个体工商户提供“一站式”线上融资服务，全年累计投放贷款11.26亿元。推出“科技成果转化贷款”“政银保”“鲁担惠农贷”“厂房贷”等各类服务管理方案30余项，惠及客户3,000余户，年末授信余额逾200.00亿元。做实减费让利，着力降低小微企业贷款利率标准，持续加强收费管理，综合融资成本下降121个基点。加强应急管理，创新推出“疫控贷”“助企贷”等专项信贷产品，共实现全国疫情防控重点保障小微企业授信40余户，授信金额达2.10亿元，投放户数及金额均居中国银行系统前列。积极开展金融扶贫产品与服务模式创新，在县域推广“中银E农通”“三资”监管服务，推出“农担贷”等助农金融产品。2020年末，普惠涉农贷款较年初新增23.03亿元，金融扶贫贷款较年初新增1.54亿元。

【住房金融】 2020年，中行山东省分行严格落实“房住不炒”政策要求，积极配合政府推动房地产市场平稳健康发展。优化业务流程，提高审批效率，提升客户体验，在符合监管部门、总行住房贷款规模管控要求的情况下，全力满足居民合理的置业需求，实现个人住房金融稳健发展。截至2020年末，个人住房贷款余额为1,598.00亿元，当年投放370.00亿元，较年初新增173.00亿元，增长率为87.82%；个人住房贷款不良贷款余额为4.52亿元，较年初下降4,259.00万元，不良贷款率为0.28%，较年初降低0.07个百分点，实现了不良贷款余额和不良贷款率“双降”。

【信用卡业务】 2020年，中行山东省分行持续强化信用卡业务及场景创新，为大众消费和经济社会发展提供支持。疫情期间，为慈善总会开立线上募捐渠道，为受疫情影响的信用卡客户冲减息费、修改征信记录，持续开展市场营销活动，促进社会消费复苏。推进线上发卡，线上办理分期业务，上线微信银行信用卡客户权益平台，为客户提供更加优质、便捷的信用卡服务。截至2020年末，当年信用卡分期交易额为149.80亿元，增幅为32%；当年新增信用卡客户30.47万户；当年信用卡非利息收入为9.18亿元，增幅为1.32%；当年营业净收入为6.39亿元，增幅为3.23%；不良贷款余额为4.46亿元，较年初下降0.20亿元；不良贷款率2.30%，较年初下降0.23个百分点。

【电子银行业务】 2020年，中行山东省分行将手机银行作为数字化转型的切入点，不断强化科技引领、移动优先、场景为王、极致体验、敏捷组织。重点做好微信银行平台建设，构建微信银行运营体系，打造“乐惠齐鲁”品牌，实现获客活客线上化、数字化、移动化。完善数据标签体系与客户画像，精准筛选目标客户群体，开展精准营销活动。利用人工智能、大数据等新技术，通过“智能+人工”的模式，拓展线上客户接触点，全面提升触点服务、营销和交易处理能力，推动客服中心向决策辅助、智能客户关系管理转型。截至2020年末，手机银行月活客户数达到334.11万户，同比增长34.23%，“中国银行山东分行”微信公众号粉丝突破150.00万人。

【风险控制】 2020年，中行山东省分行坚决贯彻回归商业银行经营本源的要求，服务实体经济、防控金融风险。优化资源配置，加大不良化解力度，全年化解不良资产147.74亿元，总行、省行、市行三级联动处置大户不良，累计化解亿元以上不良大户25户，金额合计125.78亿元；对大额、重点风险客户进行名单式管理，通过多种方式科学分析、精准施策，实现不良贷款余额与不良贷款率“双降”。服务发展能力持续提升，授信体制改革顺利落地，进一步优化审批流程，整体审批时效提升29.00%，改革红利初步显现。内控体系有效完善，全面加强内控合规管理，严守合规底线，完善三大内控体系，强化员工异常行为排查，深入开展“合规文化提升年”活动，建立规章制度管理长效机制，推动合规文化建设常态化。

（王　珏）

附表1

机构概况一览表

行长（或其他称谓的第一负责人）		副行长（或其他称谓的同级领导）	
徐效强		王 魏、杨 青、景在伦、王 权、薛 冬、胡 冲、郑元昌、仲维功	
地址	山东省济南市泺源大街22号中银大厦	邮编	250063
网址	http://www.boc.cn/	客服电话	95566

附表2

内设部门及分支机构一览表

年度	内设机构（个）	下设分支机构（个）		员工人数（人）	
		地市级机构数	县区级机构数	员工总数（含非正式员工）	正式员工数
2016	28	15	511	13,918	13,918
2017	28	15	509	13,817	13,817
2018	27	16	487	13,686	13,686
2019	25	16	487	13,558	13,558
2020	25	16	477	13,504	13,504

附表3

主要统计指标1

单位：亿元

项目	2016年	2017年	2018年	2019年	2020年	2020年同比增幅(%)
本外币资产总额	4,959.53	4,988.60	5,001.87	5,017.21	5,637.22	12.36
本外币存款余额	4,744.60	4,828.75	4,888.30	4,816.17	5,336.46	10.80
人民币存款余额	4,346.24	4,431.92	4,532.35	4,501.14	4,965.04	10.31
单位存款	2,306.59	2,387.33	2,361.52	2,126.72	2,207.34	3.79
储蓄存款	1,995.63	2,016.82	2,137.96	2,336.87	2,621.31	12.17
本外币贷款余额	4,044.21	4,258.29	4,211.38	4,212.53	4,394.54	4.32
人民币贷款余额	3,797.85	4,037.52	4,072.36	4,080.23	4,283.70	4.99
短期贷款	1,810.52	2,024.04	1,726.99	1,616.90	1,505.86	-6.87
中长期贷款	1,876.60	2,164.45	2,248.82	2,463.33	2,777.84	12.77
票据融资	101.48	55.05	81.29	142.79	110.83	-22.38
利润总额	31.20	-50.93	-126.76	-87.30	8.70	—
不良贷款余额	89.40	118.91	144.44	134.62	117.59	-12.65
不良贷款占比(%)	2.21	2.79	3.43	3.09	2.61	-15.53

附表4

主要统计指标2

项目	2016年	2017年	2018年	2019年	2020年	2020年同比增幅(%)
单位结算账户（万户）	25.75	26.58	27.89	31.77	37.86	19.17
单位结算金额（亿元）	49,100.22	48,100.03	59,430.63	62,402.00	65,522.10	5.00
个人结算账户（万户）	3,482.59	3,576.13	3,678.03	3,780.74	3,849.74	1.83
个人结算金额（亿元）	3,257.28	3,324.39	3,357.18	3,333.54	3,408.22	2.24
信用卡发卡量（万张）	389.76	431.50	484.29	534.13	570.86	6.88
信用卡消费额（亿元）	1,022.27	990.69	968.90	1,049.55	979.67	-6.66
企业网银客户（万户）	20.73	22.04	24.12	27.98	34.19	22.19
个人网银客户（万户）	868.10	945.21	1,045.70	1,127.90	1,190.84	5.58
手机银行客户（万户）	637.26	730.38	897.80	1,074.50	1,226.19	14.12
现金自助设备（台）	3,099	2,937	2,606	2,390	1,895	-20.71
营业网点（个）	527	525	504	504	494	-1.98
自助网点（个）	265	249	219	180	143	-20.56

中国银行股份有限公司青岛市分行

【第一责任人简介】 俞群，男，浙江杭州人，1968年11月出生，中共党员，研究生学历，1990年8月进入中国银行工作；历任中国银行浙江杭州市庆春支行行长、金华市分行行长、温州市分行行长，江西省分行行长助理、副行长，浙江省分行副行长等职；2019年11月起，任中国银行股份有限公司青岛市分行（简称中行青岛市分行）党委书记、行长。

【综述】 2020年，中行青岛市分行认真落实党中央、国务院和总行党委决策部署，着力加强顶层设计，全面启动品牌建设工程、产品带动战略及EVA提升攻坚战，制定实施一系列政策措施，引导全行牢固树立“服务于地方经济，依托于地方经济，在支持地方经济发展过程中实现自身健康发展”的工作思路，主动对接青岛市重点战略，积极满足民营经济、小微企业、制造业、外贸外资、新旧动能转换、民生消费等重点领域的金融需求，不断优化金融服务，全力支持青岛经济社会发展大局。截至2020年末，中行青岛市分行本外币各项存款余额为1,535.80亿元，较年初新增287.15亿元；本外币各项贷款余额为1,328.35亿元，较年初新增259.28亿元。

【公司业务】 2020年，中行青岛市分行坚持以服务实体经济为己任，扎实做好“六稳”工作，全面落实“六保”任务，持续加大对疫情防控、企业复工复产和实体经济发展的支持力度。截至2020年末，中行青岛市分行本外币公司贷款余额为791.61亿元，较年初新增215.07亿元，增幅为37.30%。大力支持重大项目建设和重点企业经营发展，组织开展贯穿全年的项目储备竞赛活动，对全市各类重点企业和300余个重点建设项目进行全面梳理，落实专门机构和专人主动对接，切实加大支持力度。大力支持新旧动能转换重点项目，全力满足轨道交通装备、新一代信息技术、高端化工、海洋工程装备等先进制造业领域的金融服务需求，当年制造业贷款增幅达到34.81%。大力支持重点功能区建设，围绕青岛经济技术开发区、山东自贸区青岛片区、上合示范区、军民融合示范区等重点园区，积极提供金融支持。大力发展投行业务，帮助企业拓展融资渠道、降低融资成本，全面参与青岛市重点企业债券承销业务，年内承销境内债券47.30亿元、境外债券10.00亿美元。成功引进中银资产鼎晖投资基金、国新中银基金，资金规模超过百亿元。

【个人业务】 2020年，中行青岛市分行主动担当社会责任，加大金融创新力度，全力提升社会民生领域金融服务水平。加强跨境、体育、教育、银发等重点场景建设，满足市民金融、健身、文化、消费等一体化生活需求。聚焦民生工程，持续优化升级智能柜台，完成社保卡即时制卡及即时查询打印交易功能投产，成为青岛市首家实现自助渠道“一站式”制卡的银行。承办“社银便民服务平台上线暨社银（适老）便民服务体验月”启动仪式，联合青岛市人社局、人民银行青岛市中心支行打造了青岛市首家“社银便民服务体验中心”，同时依托网点资源优势，向广大市民提供“一次办好”社保卡业务的优质服务，实现社保业务全流程“一站式”服务。认真执行个人外汇政策，切实提升个人外汇业务便利化水平，成为首家试点“外籍人才薪酬购付汇便利化”业务的银行，做好引进人才的外汇业务服务，助力优化引才引智环境。大力发展个人经营和消费类贷款，持续推动消费金融产品创新，依托抗疫贷、烟商贷、税易贷等系列产品，构建起场景化服务模式，全力支持个体工商户经营发展，个人经营、消费类贷款增幅达到67.79%。

【国际业务】 2020年，中行青岛市分行立足国内国际双循环新发展格局，聚焦产业链、贸易链运转中的金融服务需求，创新服务模式，切实做好稳外贸稳外资工作。加大对外贸外资企业的支持力度，通过开通业务处理“绿色通道”、开展对外贸外资企业的全面对接营销、加大贸易融资投放力度、加强信保融资支持、推出便捷高效的专属服务方案、实施贸易融资振兴计划、开展稳外贸稳外资专项竞赛、实施减费让利等举措，将支持外贸外资发展作为服务实体经济的重要着力点，精准施策助力外贸外资企业复工复产。截至2020年末，表内外贸易融资余额为312亿元，增幅为20.71%。为全市1.10万余户外贸物流企业提供跨境结算服务，实现国际结算业务量343.00亿美元，市场份额居当地同业首位。大力发展在线结算业务，在线结算业务范围涵盖外币结汇、汇入汇款性质确认及申报、跨境汇款、境内外币汇划等多种产品，2020年累计办理业务16.95万笔，金额合计71.60亿美元。大力支持山东自贸区青岛片区发展，年内新增中德生态园支行和王台支行两个自贸区专属服务机构，成为首家在山东自贸区青岛片区实现多点布局的金融机构，叙做试点政策项下自贸区业务225笔、金额3.60亿美元，业务种类和业务量均居同业之首。

【普惠金融】 2020年，中行青岛市分行切实提高政治站位，大力发展普惠金融业务，全力支持小微企业经营发展。截至2020年末，普惠小微贷款余额为70.33亿元，较年初新增27.61亿元，增幅为64.63%；小微企业信用、中长期贷款占比分别较年初提升1.32个和3.77个百分点。加强战略引领，出台《关于大力推进中小企业及普惠金融业务发展的指导意见》，从发展目标、拓客渠道、标准产品、机制建设等方面，明确发展方向及路径，引导全行切实转变观念，把普惠金融作为“点面结合”客群培育的主战场，把支持小微企业作为常态化工作，久久为功、持续推动。加大银企对接力度，参与多场政府主办的“春风行动”系列活动，累计现场对接客户300多家；以人民银行青岛市中心支行、青岛市民发局及地方金融监督管理局下发的名单为抓手，累计对接企业1,400余家/次，积极满足企业金融服务需求。加大金融撮合力度，连续第四年与青岛市政府共同举办中小企业国际采购暨合作洽谈会，吸引了300余家当地企业和125家外商参会，企业对接轮次超过800次，规模及效果均较往届大幅提升。

【风险控制】 2020年，中行青岛市分行全面加强风险管控，努力提升发展质量，确保依法合规稳健经营。加大资产质量管控力度，累计开展14轮风险排查，深入摸清风险底数，分层分类采取差异化管控手段，夯实资产质量基础；大力推进不良清收化解工作，不良贷款余额和不良贷款率实现“双降”；开展授信政策打开重检工作，结合市场需求和监管导向，修订或新制定了16个制度文件，以加快发展为核心，强化对授信业务的引导与支持，相关政策的调整完善极大地激发了发展活力。加强内控合规管理，构建内控案防立体化管控模式，出台《关于进一步加强内控案防工作的若干意见》，细化明确五大类十项27条案防具体措施，切实加大管控力度，内控案防形势保持稳定，获评青岛银保监局案防考评A级评价。完善反洗钱资源配置及体系建设，有效提升反洗钱工作质效，获评人民银行青岛市中心支行反洗钱考评A级评价。强化外侵案件防控力度，全辖成功防范、堵截各类外部案件15起，涉及金额165.00万元。

（赵戎戈）

附表1

机构概况一览表

行长（或其他称谓的第一负责人）		副行长（或其他称谓的同级领导）	
俞 群		隋春玲、郑文礼、刘 钝、郝连才、曾钰恒、付连晔、吴维彬	
地址	山东省青岛市市南区香港中路59号	邮编	266071
网址	http://www.boc.cn/	客服电话	95566

附表2

内设部门及分支机构一览表

年度	内设机构（个）	下设分支机构（个）		员工人数（人）	
		地市级机构数	县区级机构数	员工总数（含非正式员工）	正式员工数
2016	23	1	14	3,378	3,378
2017	23	1	14	3,405	3,405
2018	23	1	12	3,358	3,358
2019	22	1	12	3,318	3,318
2020	23	1	12	3,277	3,277

附表3

主要统计指标1

单位:亿元

项目	2016年	2017年	2018年	2019年	2020年	2020年同比增幅（%）
本外币资产总额	1,128.78	1,113.94	1,218.33	1,309.42	1,657.57	26.59
本外币存款余额	1,075.23	1,083.34	1,143.56	1,248.65	1,535.80	23.00
人民币存款余额	953.97	930.16	997.21	1,104.94	1,347.81	21.98
单位存款	469.00	392.89	431.32	476.28	598.17	25.59
储蓄存款	536.00	481.00	506.87	573.05	697.44	21.71
本外币贷款余额	866.00	951.20	1,027.21	1,069.07	1,328.35	24.25
人民币贷款余额	772.00	866.39	937.53	994.11	1,213.07	22.03
短期贷款	283.00	302.72	278.01	259.19	291.01	12.28
中长期贷款	508.00	555.37	647.62	713.05	893.42	25.30
票据融资	14.00	6.63	10.53	19.96	28.03	40.43
利润总额	1.00	-29.00	11.18	6.19	25.22	307.43
不良贷款余额	28.32	62.87	62.51	29.07	17.25	-40.66
不良贷款占比（%）	3.27	6.61	6.09	2.72	1.30	-52.21

附表4

主要统计指标2

项目	2016年	2017年	2018年	2019年	2020年	2020年同比增幅（%）
单位结算账户（万户）	7.92	8.13	8.50	9.24	10.28	11.26
单位结算金额（亿元）	24,648.28	21,974.95	25,477.52	28,578.21	32,834.47	14.89
个人结算账户（万户）	577.50	620.05	642.25	694.89	732.19	5.37
个人结算金额（亿元）	198.51	2,344.56	2,861.13	2,827.90	2,451.41	-13.31
信用卡发卡量（万张）	10.54	13.32	11.21	11.88	6.05	-49.07
信用卡消费额（亿元）	136.35	141.15	140.21	150.47	136.68	-9.16
企业网银客户（万户）	6.53	6.91	7.42	8.27	9.03	9.19
个人网银客户（万户）	183.79	200.32	222.63	246.85	265.75	7.66
手机银行客户（万户）	112.65	133.17	167.47	208.72	242.56	16.21
现金自助设备（台）	628	604	561	479	480	0.21
营业网点（个）	98	98	108	108	108	0
自助网点（个）	0	0	0	0	0	0

中国建设银行股份有限公司山东省分行

【第一负责人简介】 杨军，男，1972年5月出生，中共党员，博士研究生学历，管理学博士学位，正高级经济师；历任中国建设银行风险管理部总经理助理、副总经理，中国建设银行湖北省分行党委副书记、副行长，中国建设银行风险管理部总经理兼任建信租赁非执行董事、建行大学风险管理研修院副院长；现任中国建设银行股份有限公司山东省分行（简称建行山东省分行）党委书记、行长。

【综述】 2020年，面对前所未有的疫情挑战，建行山东省分行认真贯彻国家宏观调控政策和中央银行货币政策，紧紧围绕“六稳”“六保”大局，将增强“三个能力”与服务实体经济需求结合起来，全面发力“三大战略”，积极服务新旧动能转换，倾力支持民营小微企业发展，全力维护区域金融稳定，努力为地方建设和民生改善作出贡献。

截至2020年末，主要指标完成情况（本外币合计，未经审计）如下：实现拨备前利润173.60亿元；一般性存款日均余额为8,829.00亿元，新增705.00亿元；各项贷款余额为6,330.75亿元，新增708.64亿元；实现中间业务净收入58.40亿元；不良贷款余额为37.05亿元，不良贷款率为0.59%，逾期贷款余额为67.70亿元，逾期率为1.07%，均为四行最优。

【公司业务】 2020年，建行山东省分行积极支持“六稳”“六保”工作，持续服务实体经济，有序推进精准扶贫与乡村振兴工作，以实际行动诠释国有大行的使命与担当。

全力服务疫情防控。认真落实人民银行再贷款政策，向57家纳入专项再贷款支持的全国和重点地区疫情防控重点保障企业提供20亿元优惠利率贷款，投放额居省内国有四行和系统内“双第一”。建立涵盖省内2,210家重点客户的白名单，累计为白名单客户办理信贷业务157.00亿元。完成南山集团2020年第一期超短融疫情防控债发行，认购华鲁控股集团有限公司2020年第一期疫情防控公司债券2.00亿元。

全力支持实体经济。放宽基础设施领域信贷政策，为京沪与京台高速、鲁南高铁等一批重点项目提供信贷支持。紧紧围绕山东省经济转型升级总体方向，聚焦“十强”产业重点项目，优先支持战略性新兴产业、先进制造业和传统产业改造提升。落实减费让利政策，新发放对公非贴贷款加权平均利率为4.14%，较年初下降46个基点，累计降低客户融资成本11.40亿元，减免手续费收入10.20亿元。

全力支持民营经济。坚持“大中小微、国有民营，一视同仁”，积极开展平台化经营、流程化审批、集约化作业、精细化管理。民营企业信贷客户达4.40万户，占全部对公信贷客户的98.00%，较年初新增1.60万户；民企贷款余额为1,332.40亿元，新增124.30亿元，占全部对公贷款新增的38.30%。

推动扶贫与乡村振兴有效衔接。精准扶贫贷款余额为85.20亿元，较年初新增31.40亿元，高于各项贷款平均增速（12.60%）45.76个百分点。

【个人业务】 2020年，建行山东省分行聚焦“以用户为中心，打造客户主关系银行”，基于“极致体验”和“价值创造”，突出AUM、LUM和MAU，以“品牌”内涵升级为指引，聚焦“体验”升级经营理念，扩围“生态”升级经营模式，强化“赋能”升级专业能力，加快“融合”升级协作关系，全面推动品牌内涵、经营理念、经营模式、专业能力和协作关系五个方面升级，实现对客服务能力、对内价值贡献和对外竞争能力的提升，加快释放零售业务新动能。持续推进消费者权益保护工作体制机制建设，加强消保宣传教育，消保考核居同业第一、系统前五，“百佳”网点、星级网点总量均居同业首位。

【机构业务】 2020年，建行山东省分行聚焦新金融实践，服务社会民生。聚焦医卫生态圈建设，与省药监局共同建设的“山东省药品追溯管理平台”项目于2020年9月入选国家药品监督管理局“全国药品智慧监管优秀案例”；与城市与卫生健康部门合作建设“智慧社区+互联网医院”，在农村充分利用全省1万家“裕农通+诊所”资源，建设560家“互联网医院+诊所”医联体样板间，帮助城乡居民足不出户体验三甲医院诊疗服务；帮助医卫机构提升疫情防控能力，全省二甲以上医院授信覆盖度达61.00%；推出“e医通”产品，为432家医院供应商提供112.00亿元资金支持。紧抓农村集体产权制度改革关键期，推广农村“三资”及产权交易平台，以新金融力量解决农村集体资金、资源和资产经营管理问题。助力智慧校园建设，全省11所高校上线建融慧学平台，有效解决教育缴费问题。

【国际业务】 2020年，建行山东省分行致力于服务稳外资稳外贸大局。积极助力疫情防控，为境外防疫物资采购建立外汇业务“绿色通道”，免收汇款手续费，协助省政府完成伦敦防疫抗疫捐赠，协助海外机构完成省内医疗机构物资捐赠；举办系统内首场线上会展，出口订单封闭融资试点及跨境金融区块链服务平台推进工作领跑同业；积极参与省级外贸新业态建设，服务临沂市场采购平台收汇系统建设；推进监管政策便利化，成为全省首批便利化政策试点行，外汇管理考核获评A类行。

【普惠金融】 2020年，建行山东省分行深耕普惠金融发展。发挥普惠金融线上产品优势，聚焦纳税、交易、采购、结算、水电气信息，创新“小微快贷”线上系列产品，研发“惠懂你”小微企业APP，构建起“一分钟融资、一站式服务、一价式收费”的“三个一”信贷模式。普惠金融贷款与客户“总量、增量”四项核心指标均居市场第一。依托“民工惠”场景，全年共为145家核心企业上游的649家劳务公司、工程公司提供53.50亿元资金支持，帮助29.63万名农民工及时收到劳动报酬。依托手机银行，创新推出“大棚贷”“e农通”“兴农贷”等农户贷款产品，把手机打造成农民的“新农具”。

【住房金融业务】 2020年，建行山东省分行巩固保持传统房金业务优势，积极探索住房租赁等新兴领域。全年累计发放个人住房贷款672.98亿元，满足人民群众购房需求；推出快贷利率优惠、自助贷款办理与支用等措施，全年发放快贷286.36亿元，新增客户17.65万户。稳步推进住房租赁，积极改造自有闲置房产，在全省挂牌“建融家园”长租社区17个，其中“济南银龙青年公寓”纳入济南市委青年人才公寓体；盘活济南最大城市综合体“万象城”闲置房源近百套；盘活省内首个村集体保障性闲置用房项目——济南泺河港项目。大力推广数字房产，已在15个地市上线18个系统①。全国首笔市场化住房租赁REITs项目（济南泉世界壹品公寓）在北京证券交易所挂牌。

【金融科技】 2020年，建行山东省分行充分发挥科技优势，完善金融服务体系。建设“国内首批、省内首家”国家级金融教育示范基地，搭建起“1+4”智慧展示平台。作为总集成方，建成全国首家省级“三网融合”（政府门户网、政务服务网、信息公开网）“政务服务一网通办”总门户，上线“山东一网通办”微信小程序，在全国率先推出疫情防控、复工复产复学、小微企业和个体工商户服务专栏。建成“1+16”分厅站点（1个省本级、16个市级分厅），实现省、市政务服务区域全覆盖，政务服务“跨省通办”。建成蔬菜智慧管理服务平台，全流程跟踪服务蔬菜生产销售监管，并以该平台为抓手，聚焦特色产业和品牌农业，建设20个左右产供销一体化产业链。围绕“衣食住行文体医养”等消费需求，建成“智慧生活十大场景”7.40万个，累计服务1.20亿人次。

【风险控制】 2020年，建行山东省分行聚焦风控合规，维护区域金融稳定。遵循“充分暴露、加快处置、协调有序”总基调，加强过程性、预期性管控，全年累计处置不良贷款125.70亿元，已核销现金实现回收16.90亿元。持续调整优化信贷结构，充分发挥金融资源优势，精准滴灌实体经济重点领域和薄弱环节。建设智能风控指挥中心，实现风险管理由“人控”向“机控”“智控”的转变，打造智慧风控山东样板。建设“金融方舱”，为受疫情影响企业提供专项金融服务，营造“风险共治”良性生态。强化反洗钱管理，全行对私、对公反洗钱重点目标客户身份基本信息完整率均超过99.00%。

注：

①主要分为四大类：工建审批、智慧建筑、智慧房管、交易资金监管。

（刘太丽）

附表1

机构概况一览表

行长（或其他称谓的第一负责人）		副行长（或其他称谓的同级领导）	
杨 军		肖 鹏、李建平、楚孔用、刘春龙、董 强、王云鹏	
地址	山东省济南市历下区龙奥北路168号	邮编	250099
网址	http://www.ccb.com/	客服电话	95533

附表2

内设部门及分支机构一览表

年度	内设机构（个）	下设分支机构（个）		员工人数（人）	
		地市级机构数	县区级机构数	员工总数（含非正式员工）	正式员工数
2016	26	16	508	21,007	20,478
2017	26	16	529	20,465	20,045
2018	26	16	549	19,809	19,474

续表

年度	内设机构（个）	下设分支机构（个）		员工人数（人）	
		地市级机构数	县区级机构数	员工总数（含非正式员工）	正式员工数
2019	26	16	569	19,337	19,336
2020	26	17	649	18,927	18,926

附表3

主要统计指标1

单位:亿元

项目	2016年	2017年	2018年	2019年	2020年	2020年同比增幅（%）
本外币资产总额	7,388.14	7,710.31	8,240.71	8,872.67	10,076.30	13.57
本外币存款余额	7,060.84	7,379.42	7,916.76	8,307.23	9,365.79	12.74
人民币存款余额	6,895.89	7,217.25	7,780.90	8,170.70	9,233.87	13.01
单位存款	3,360.80	3,561.37	3,769.37	3,653.97	3,916.18	7.18
储蓄存款	3,535.09	3,655.88	4,011.53	4,516.73	5,317.68	17.73
本外币贷款余额	4,727.07	5,026.48	5,223.66	5,622.11	6,330.75	12.60
人民币贷款余额	4,588.82	4,901.55	5,117.35	5,535.41	6,271.70	13.30
短期贷款	1,646.64	1,707.21	1,652.22	1,632.24	1,736.07	6.36
中长期贷款	2,764.95	3,119.98	3,374.36	3,774.86	4,487.59	18.88
票据融资	177.23	74.36	90.77	128.31	48.04	-62.56
利润总额	43.54	-30.29	-71.51	-2.04	95.11	—
不良贷款余额	122.06	117.76	150.08	69.50	37.05	-46.69
不良贷款占比（%）	2.58	2.34	2.87	1.24	0.59	-52.42

附表4

主要统计指标2

项目	2016年	2017年	2018年	2019年	2020年	2020年同比增幅（%）
单位结算账户（万户）	27.08	30.45	34.15	39.84	45.63	14.53
单位结算金额（亿元）	231,204.36	255,877.75	258,843.79	267,430.62	286,039.25	6.96
个人结算账户（万户）	5,496.38	8,451.88	8,846.54	9,620.28	9,926.42	3.18
个人结算金额（亿元）	37,632.52	50,639.00	51,678.69	60,799.77	66,879.75	10.00
信用卡发卡量（万张）	497.09	581.20	662.32	735.13	794.31	8.05
信用卡消费额（亿元）	1,652.59	1,680.50	1,860.00	1,912.37	1,780.83	-6.88
企业网银客户（万户）	25.12	30.20	36.72	44.23	50.92	15.13
个人网银客户（万户）	1,537.97	1,775.92	1,989.49	2,198.00	2,389.00	8.69
手机银行客户（万户）	1,428.30	1,693.23	1,932.24	2,167.00	2,382.00	9.92
现金自助设备（台）	5,443	5,452	4,936	4,757	4,359	-8.37
营业网点（个）	828	829	827	808	805	-0.37
自助网点（个）	994	1,017	912	831	734	-11.67

中国建设银行股份有限公司青岛市分行

【第一负责人简介】 郝子建，中共党员，大学本科学历，高级经济师；1986年参加工作，2013年11月至2015年5月，历任中国建设银行山东省分行党委委员兼烟台市分行党委书记、行长，山东省分行党委委员兼营业部党委书记、总经理；2015年5月至2016年7月任中国建设银行山东省分行党委委员、副行长；2016年7月任中国建设银行股份有限公司青岛市分行（简称建行青岛市分行）党委书记、主要负责人，2016年9月任建行青岛市分行行长。

【综述】 2020年，面对疫情大考，建行青岛市分行坚决贯彻落实地方政府及总行各项战略部署及工作要求，坚持党建统领，统筹疫情防控与业务发展，以“三个能力”建设为根本遵循，以“三大战略”为动力引擎，以“系统化+精细化+专业化”为发展路径，运用数字化经营新打法，加快打造当地最具价值创造力银行，各项工作呈现良好发展势头。

截至2020年末，建行青岛市分行各项存款时点余额为1,731.41亿元，一般性存款新增279.02亿元，人民币各项贷款余额为1,930.96亿元。实现拨备前利润36.73亿元、税前利润29.22亿元，持续稳定增长。全年纳税5.48亿元，同比增长13.00%，税收贡献持续增长。

【公司业务】 2020年，建行青岛市分行坚守服务实体经济的初心使命，以总行与青岛市政府签署战略合作协议为契机，对青岛市“十五个攻势”重点支持名单内的企业完成营销全覆盖，在支持疫情防控和实体经济恢复中积极发挥大行“头雁”作用，新增对公贷款152.63亿元。

一是支持疫情防控重点企业。年初疫情发生后，建行青岛市分行主动对接疫情防控重点保障企业，梳理防疫白名单客户46户，全年合计授信103.72亿元，贷款余额为29.81亿元。

二是支持基础设施建设。年末基础设施贷款余额为375.00亿元，较年初新增73.06亿元；全年为青岛地铁、蓝色硅谷、新机场、西海岸新区市民中心等重点项目融资59.82亿元；积极对接新基建客户及项目，制订个性化融资服务方案，全年授信总额为184.01亿元，信贷余额为51.93亿元。

三是支持制造业高质量发展。年末制造业贷款余额为173.71亿元，新增24.21亿元，完成总行年初计划。

四是支持工业互联网建设。为海尔卡奥斯工业互联网平台提供一体化现金管理服务；为工业互联网企业提供授信152.11亿元，年末信贷余额为44.15亿元，助推企业实现从“制造”到“智造”的迭代升级。

五是支持民营企业发展。年末民营企业信贷客户达1.29万户，占全部对公信贷客户的98.00%，较年初新增0.71万户；民企贷款余额为578.16亿元，新增131.54亿元，占全部对公贷款新增的86.00%。

六是支持产业链供应链稳定。全年为62家核心企业的817家上下游链条企业投放网络供应链贷款37.04亿元，新增15.70亿元，助力畅通产业内循环。

七是支持农村地区现代农业和绿色农业发展。年末涉农贷款余额为160.08亿元，较年初增长44.48亿元，新增金额位列青岛市非涉农银行第三。

【投行业务】 2020年，建行青岛市分行以市场为导向、以客户为中心，积极探索资管投行业务发展新路径、新模式，在投行创收能力、融资服务、客户数量等方面均保持良好发展势头。

一是加强债权承销业务。2020年完成各类债券承销业务量115.27亿元，居同业四行首位，其中为实体企业承销发行债券融资46.21亿元，同比增长92.21%。

二是推进集团资产统筹模式。运用集团全牌照优势，加强母子公司联动，与建信理财、建信信托、建信投资、建信保险资管、建信租赁、建信养老六家子公司实现协同项目落地，资产统筹规模达到76.40亿元。

三是持续优化财务顾问业务。不断提升“融资+融智”能力，重点拓展核心交易型财务顾问业务，2020年实现财务顾问收入1.18亿元，其中新型财务顾问收入为1.09亿元，实现收入总量与业务质量“双提升”。

四是加大产品创新力度。完成母子协同大类资产配置、飞驰合翼并购通、地方债再融资等5个自主创新项目和6个移植创新项目，住房租赁资产“盘活通”项目入选青岛市金融创新工作项目，获青岛市2020年金融创新奖。

【个人业务】 2020年，建行青岛市分行以“用户+”新思维、“数字化”新手段，打造零售金融“新生态”，构建与用户的“新连接”。

一是强化客户经营。持续提升客户经营能力，深入推进数字化经营，按照“分层分群分级”策略，深化“用户场景化、大众客户智能化、中高端客户专业化、私人银行客户个性化”“四化”经营。

二是强化场景连接。建生态、搭场景，打造建设银行主导品质生态，与青岛地铁APP运营商合作，全国首家实现

"公交+地铁一码通乘"，覆盖岛城全部地铁和公交线路，为岛城居民带来了智慧、便捷的生活体验；加强"线上渠道+物理网点"全渠道协同，释放渠道效能。

三是强化资金拓展。强化存款和理财双轮驱动和统筹发展。狠抓"协同、到期、消费"三大资金，着力提升资产配置能力，赋能队伍实现业务快速健康发展。

四是强化队伍建设。加快培育出一支懂数据、会建模、知规律的数字化经营人才队伍；加快推进客户经理专职化建设，发挥客户经理客户维护主力军作用；加快网点内训师培养，使更多业务专家成为精英讲师。

【国际业务】 2020年，建行青岛市分行充分把握青岛市国家战略叠加机遇，积极探索服务与产品创新，鼎力助推青岛建设开放新格局，国际结算收入连续四年同业四行第一。

一是服务上合示范区建设。升格建设银行胶州支行为二级分行，积极联动子公司，设计多元化融资方案，截至年末，区内企业在建行青岛市分行开户275户、授信15户，信贷余额为21.00亿元。

二是服务青岛片区建设。区内国际结算、代客结售汇、跨境人民币结算等业务指标均为同业第一。首创区块链物流金融服务，与山东省港口集团签订战略合作协议，同时积极运用"区块链+物联网"技术，搭建起系统内首个物流金融系统平台，为大宗商品贸易商融资3.60亿元；与中储京科"货兑宝"平台合作，创新区块链电子仓单质押业务，荣获"2020中国产业区块链创新奖"之"十佳案例"。

三是服务稳外贸稳外资。全年，"跨境快贷"为小微外贸企业提供全线上信贷支持2.40亿元，"全球撮合家"平台为339家企业提供了高质量服务。

【普惠金融】 截至2020年末，建行青岛市分行普惠贷款余额为128.11亿元，新增51.85亿元，是青岛市同业四行唯一普惠贷款超过百亿元的银行。

一是"普"字为先，持续提升服务覆盖。2020年，建行青岛市分行与青岛市税务局深化合作，上线小微企业"减税云贷"业务，成为青岛市唯一一家应用"减税、免税"助力企业增信获信的银行机构；强化与青岛市不动产登记中心的合作，成为青岛市唯一一家推出"互联网+不动产抵押登记"直连金融机构，系统内首家实现"电子签名+电子印章+电子认证"无纸化登记；与新协航及能链集团两家核心企业合作实现系统直连、数据互动，上线"新协航平台快贷"和"能链贷"，利用自主研发的额度测算模型，精准提供全线上融资服务，实现"一点对全国"。

二是"惠"字为实，减费让利助企业减负。通过"三新四专"①组合，全年为8,700余户小微企业发放优惠利率贷款197.67亿元，为2,200余户小微企业办理延长还款期限或续贷21.97亿元；做实减费让利，对普惠型小微企业贷款利率差异化下调约0.75个百分点，对疫情防控相关小微企业再下调0.40个百分点；对普惠型小微企业办理抵押类信贷业务的，抵押登记费、押品评估费、保险费全部由建行青岛市分行承担。

【住房金融】 2020年，建行青岛市分行住房租赁综合服务平台累计注册用户达16.74万户，累计发布社会化房源7万余套，在线交易2,807笔，交易额为7,434.34万元，交易笔数、金额分别为上年同期的15倍和70倍。

一是助力政府，全流程打造服务样板。协助青岛市政府成功申报第二批中央财政支持住房租赁市场发展试点城市；与市住建局签订全面战略合作协议，深度参与住房政策制定、人才小镇选址及规划建设等工作，编写的综合配套服务方案被收纳在青岛市《关于加强人才住房建设和管理的实施意见》中。

二是服务企业，全方位保障资金需求。为动车小镇等6家租赁企业项目授信23.00亿元，累计投放住房租赁贷款8.00亿元，带动长租房源新增近2,600套；创新住房租赁资产"盘活通"业务，有效盘活1,300余套公租房资产，解决了租赁住房回报期长、长租房供给不足的痛点。

三是平台赋能，全周期支持数字化运营。搭建"建融家园"住房租赁综合服务平台，并与市住房保障和租赁服务监管平台对接，实现智慧物业系统、房屋专项维修资金系统、公租房租金收缴系统"三个独家"承建，大幅提升政务服务效能和市民办事便利水平。

【信用卡业务】 2020年，建行青岛市分行坚持走结构化发展之路，优化客户结构，深化客户经营，客户规模、贷款余额、资产质量、客户满意度等核心指标排名同业四行前列。

一是加强客户一体化拓展。深化联动、模型、数据三个赋能，提升客户服务能力；打造"龙卡惠多多"品牌，丰富线上多元化消费内容，让客户时刻感受到建设银行活动就在身边。

二是加快分期特色化推进。搭建专业化运营组织架构，以网点为基础推进"分期通"全员主动营销；以支行为核心整合盘活"楼盘、中介、装企、家装节"四大渠道资源，提升"装修分期"产能；以消费信贷中心及分期外呼中心为支点，促进"购车分期、一般分期"两翼齐飞。

【电子银行业务】 2020年，建行青岛市分行践行新金融理念，强管理、夯基础、促发展，打造全方位手机银行场景，提升客户服务质效。

一是聚焦场景，打造移动金融生态。加快重点支付场景建设，2020年先后上线了地铁钱包支付及龙支付、能链集团小程序支付及团油APP龙支付、青岛理工大学线上缴费系统（网关支付及聚合支付）、青岛农业大学学费财政直缴系统、河海商都及西海岸热电微信公众号缴费系统、六十六中等10所中学的慈云智慧校园系统及青岛二中线上点餐系统、五医、六医、九医、惠康医院等聚合支付等，打造支付结算生态圈。

二是消费扶贫，履行大行责任担当。持续组织员工消费扶贫活动，引导帮销扶贫交易，全年共促成员工扶贫交易额182.00万元，完成帮销扶贫交易额620.00万元。组织开展“全国消费扶贫月”活动，动员个人及企业客户购买和帮助销售扶贫产品，活动期间共促成消费扶贫交易额218.00万元。

【风险控制】 2020年，建行青岛市分行始终将防范金融风险、维护金融安全贯穿经营管理全过程，确保各项业务可持续、高质量发展。

一是夯实资产质量基础。认真落实总行及监管部门防风险各项工作部署，持续完善全面风险管理体系，以信用风险为核心，有效管控各类风险。2020年末不良贷款余额为10.31亿元，较年初减少5.55亿元，不良贷款率为0.52%，下降0.40个百分点，逾期额为12.76亿元，较年初下降3.99亿元，逾期率为0.64%，下降0.33个百分点。

二是夯实合规管理基础。建行青岛市分行将2020年确定为“员工行为管理深化年”，以“两个确保、五个减少”为管理目标，以运行、推进、管控三大机制为实施路径，推进人人尽责的合规管理体系、数字合规体系“两大合规体系”建设，提升全行合规能力和水平。持续强化“四位一体”反洗钱制度体系建设，多措并举推进客户身份识别工作，连续八年被人民银行评为反洗钱工作A类机构。

注：

“三新”：新政策、新平台、新产品；“四专”：专门通道、专项规模、专业政策、专属服务。

（安 瑜）

附表1

机构概况一览表

行长（或其他称谓的第一负责人）		副行长（或其他称谓的同级领导）	
郝子建		郭中华、刘从正、徐 海、管恩新、杜光宇	
地址	山东省青岛市崂山区深圳路222号	邮编	266061
网址	http://www.ccb.com/qd/cn/index.html	客服电话	95533

附表2

内设部门及分支机构一览表

年度	内设机构（个）	下设分支机构（个）		员工人数（人）	
		地市级机构数	县区级机构数	员工总数（含非正式员工）	正式员工数
2016	23	1	98	3,314	3,314
2017	23	2	102	3,187	3,187
2018	23	2	110	3,059	3,059
2019	24	2	118	3,092	3,092
2020	24	3	120	3,120	3,120

附表3

主要统计指标1

单位：亿元

项目	2016年	2017年	2018年	2019年	2020年	2020年同比增幅（%）
本外币资产总额	1,235.54	1,375.89	1,523.41	1,712.86	1,984.03	15.83
本外币存款余额	1,117.58	1,199.48	1,384.38	1,441.84	1,731.41	20.08
人民币存款余额	1,042.60	1,113.96	1,326.40	1,382.15	1,651.89	19.52
单位存款	527.28	583.58	754.94	744.81	875.09	17.49
储蓄存款	502.66	516.30	571.46	637.34	776.80	21.88

续表

项目	2016年	2017年	2018年	2019年	2020年	2020年同比增幅（%）
本外币贷款余额	1,151.87	1,365.49	1,432.66	1,721.15	1,996.65	16.01
人民币贷款余额	1,061.79	1,170.96	1,382.09	1,666.02	1,930.96	15.90
短期贷款	238.67	249.12	263.41	308.18	369.16	19.79
中长期贷款	794.02	916.81	1,103.55	1,310.32	1,549.00	18.22
票据融资	56.73	3.62	7.61	46.01	11.23	-75.59
利润总额	2.51	18.51	23.46	23.15	29.22	26.22
不良贷款余额	39.91	30.76	29.66	15.86	10.31	-34.99
不良贷款占比（%）	3.47	2.25	2.07	0.92	0.52	-43.48

附表4

主要统计指标2

项目	2016年	2017年	2018年	2019年	2020年	2020年同比增幅（%）
单位结算账户（万户）	5.85	6.62	7.74	8.93	10.14	13.55
单位结算金额（亿元）	—	—	—	—	—	—
个人结算账户（万户）	884.16	—	—	—	—	—
个人结算金额（亿元）	—	—	—	—	—	—
信用卡发卡量（万张）	75.13	81.08	91.54	96.66	107.99	11.72
信用卡消费额（亿元）	154.01	161.85	200.00	216.90	201.08	-7.29
企业网银客户（万户）	3.97	4.85	6.27	7.66	9.05	18.15
个人网银客户（万户）	187.51	211.72	235.48	258.42	286.50	10.87
手机银行客户（万户）	166.52	202.11	220.30	255.16	291.52	14.25
现金自助设备（台）	879	805	717	609	508	-16.58
营业网点（个）	122	123	125	124	123	-0.81
自助网点（个）	550	521	479	398	315	-20.85

交通银行股份有限公司山东省分行

【第一负责人简介】　于启春，男，汉族，1973年2月出生，河北吴桥人，中南财经大学金融专业毕业，高级工商管理硕士；2012年进入交通银行工作，任北京市分行党委委员、副行长；2017年3月任交通银行股份有限公司山东省分行（简称交行山东省分行）行长，2017年8月任交行山东省分行党委副书记（主持工作），代为履行行长职责；2017年12月任交行山东省分行党委书记；2018年3月任交行山东省分行行长。

【综述】　2020年，交行山东省分行坚持以习近平新时代中国特色社会主义思想为指导，深入贯彻落实党的十九大和十九届二中、三中、四中、五中全会精神，坚持“两手抓、双确保”的防控策略和工作措施，围绕“六稳”“六保”工作要求，统筹推进疫情防控与经营管理各项工作，持续加大信贷投放力度和精准度，服务实体经济能力显著增强，在全行干部员工的共同努力下，2020年系统内绩效考核排名较2019年末提升2位，连续三年实现较大幅度提升，各项业务发展稳步向好，经营管理、转型发展都取得了长足进步。

【公司业务】　2020年，交行山东省分行直面疫情防控和经营发展大考，主动对接服务国家战略，突出客户发展主线，不断提升服务实体经济的能力。

一是持续营销推进以专项债为重点的政府市场业务。对专项债资产负债两端实行“清单制+责任制+销号制”营销推进模式。

二是重视客户基础建设。对公达标客户指标排名居前，连续两个年度在总行“开门红”竞赛中荣获二等奖。

三是加强资产业务储备与投放。全年围绕全省新旧动能转换、“两新一重”、高端制造、新基建、政府主流客户、“三个一百”等目标客户清单，采取“营销—审批—投放”全流程名单制管理，储备了丰富的项目资源，推动对公实质性贷款规模持续增长、市场占比提升。

四是依托项目制，全面加强“系统、平台、场景”建设，瞄准政府系统、教育医疗系统、重点行业客户场景结算系统以及烟草主动支付系统四类系统平台建设，不断提升资金聚集能力。

五是强化队伍建设。开展“基层党支部组织力提升和网点转型”活动，对公条线开展客户经理绩效“1+1”专项提升行动，着力提能力、建队伍。

【投行业务】 2020年，交行山东省分行坚持打造“商行+投行”模式，立足地区实际，抢抓发展机遇，实现投行类业务加速发展。

一是积极推动债券业务发展，通过直接融资工具为省内企业类客户节约融资成本。2020年，累计为26户优质客户发行债券42只，承销金额为237.35亿元。

二是通过资产流转模式多渠道解决客户融资困难。积极协助客户对接各类外部机构，通过融资租赁、信托、公司债、企业债、债转股等方式为33家企业解决融资需求，累计投放资产流转规模超过189.00亿元。

三是积极参与山东省地方政府债投标，并连年担任主承销商角色。2020年，通过参与山东省政府一般债、专项债投标发行工作，累计中标137.00亿元。

【个人业务】 2020年，交行山东省分行突出价值创造和财富管理特色，实现零售业务高质量发展，总行条线排名第6位，较上年提升4位。

一是锚定“价值创造”，系统内排名大幅提升。截至2020年末，实现零售板块净经营收入13.76亿元，利润贡献度变化系统内第一。储蓄存款发展“总量增”“结构优”，截至2020年末，低成本存款日均达468.17亿元，实现财管中收2.14亿元，同比增长41.00%；客户类指标实现较快提升，绩效考核得分排名系统内第一。

二是加强“一个班子”，发挥“头雁”作用。举办6期“练将行动”培训班，从公司、零售、网点管理、经营能力提升等方面，对全辖126名基层网点负责人进行全方位培训。

三是分层分类经营全面铺开。构建“基础+财管+私银”三层经营体系，以客户生命周期管理为抓手，持续推进客户经营策略精准优化，做大客户规模，全行有效商户数增势明显，交叉销售力度加大。

四是加快数字化转型，手机银行持续领先。截至2020年末，手机银行季月均活户达83.00万户，贡献度变化及绩效考核得分均排名系统内第一。

【国际业务】 2020年，交行山东省分行深化转型发展，聚焦跨境金融，大力推进“金融+科技+场景”服务模式，实现国际业务良好发展，服务实体经济能力显著增强。

一是积极对接省商务厅稳外贸基本盘重点企业。聚焦“走出去”“一带一路”、新基建等业务需求，利用交通银行离在岸一体化授信的优势，深挖跨境融资潜力，为企业提供全球化金融服务。

二是大力推广重点产品。实现网银结售汇新签约客户717户，电子渠道财资业务量8.15亿美元，“单一窗口”签约客户31户，并完成了全省首笔“鲁贸贷”客户授信业务，创新开发了第一个线上“鲁贸贷”系统，持续推动综合化经营向纵深发展。

三是加强与商务部门的合作，做大资本金业务。2020年通过资本项目业务带动国际收支10.91亿美元，同比增长42.43%。

【普惠金融】 2020年，交行山东省分行将普惠业务作为落实金融社会责任、全力支持实体经济的一项政治任务来抓。截至2020年末，“两增”口径贷款余额为157.01亿元，比年初增加66.97亿元，增幅为74.38%；“两增”口径贷款客户数达到10,398户，比年初增加6,688户，增幅为180.27%；降准口径贷款余额为147.62亿元，比年初增加65.62亿元，增幅为80.02%，全面完成了总行、地方监管部门下达的普惠金融工作任务。

一是把握科技主线，搭建拓客平台。加强与各类政府、监管等外部平台的对接，实现平台批量集中化拓客。

二是落实名单管理，推进精准服务。通过内外部渠道筛选多类清单，借助上门、外呼等多种途径做好覆盖式营销；有针对性地瞄准营销建筑类、医药类等链属金融需求旺盛行业，积极发展小微供应链业务。

三是优化业务流程，聚焦网点转型。在提升线上产品客户服务体验的同时，通过行内条线联动，提高全行客户经理普惠业务覆盖率。

【住房金融】 2020年，交行山东省分行个人住房贷款业务以提升市场占比为目标，聚焦净经营收入，提升价值创造能力。截至2020年末，交行山东省分行房贷余额为340.23

亿元，较年初净增70.57亿元，同比增长26.17%，净增、增幅均创历史新高；市场占比较上年提升27个基点，市场占比提升排名全省同业第一，较上年提升4位。

一是推行差异化服务策略。继续加强与重点开发商的合作，重点支持总行级、分行级重点开发商；各辖行积极对接，瞄准重点楼盘分层营销，提高高层走访营销频率。

二是完善组织架构，加强队伍建设，加强客户经理实战培训，提高从业人员素质。

三是严格执行监管政策，坚持“房住不炒”主基调，积极支持刚性及改善性购房需求。

四是致力于流程优化及时效管控，提升客户体验。

【信用卡业务】 2020年，交行山东省分行以数字化转型引领信用卡高质量发展，持续搭建用卡环境，实现信用卡业务对集团价值贡献最大化。

一是加大资源投入，优化用卡环境。持续打造“最红星期五”品牌，提升市场口碑及美誉度，提高信用卡的获客活客能力。

二是深化场景营销，精耕潜力客群。通过企业行、社区行、校园行、商圈行等活动深挖重点客群，精准营销，提升客户黏性。

【电子银行业务】 2020年，交行山东省分行遵循“以客户为中心”的原则，强化科技业务融合，推动数字化转型。

一是确保信息系统安全稳定运行，全年系统、网络可用率和重要业务系统运行率均达100%。

二是科技赋能，大力推进银政、银企平台对接。开发了线上税融通、“中移铁通”资金监管、线上鲁贸贷等50个项目，密切了银企关系，为业务发展提供了良好技术支持。

三是落实基层减负要求，深化数据治理。重点支持全员全产品计价系统指标和基层减负报表开发，新增、优化22个指标及108张报表。

四是优化创新管理机制，促进创新成果落地。推广聚融圈、安居保证金等总行创新产品8个，建设营运条线反洗钱反欺诈等分行创新实验项目3个，引领科技创新工作提质增效。

【风险控制】 2020年，交行山东省分行风险管理工作以贯彻中央服务实体经济的宏观政策要求、培育新动能、守住不发生系统性和区域性风险底线为核心目标，为实现转型发展提供保障和支持。

一是提升风险统筹管理能力，持续提升风险管控成效。规范召开“全风会”，发挥全行风险管理决策核心平台的作用；借力智慧风控，解决银企信息不对称、人为因素干扰的问题，提升风险排查精度、风险预警敏感度和应急响应速度；不断扩充内外部信息，紧盯重点领域和突出问题，持续开展重点业务及重点客户风险排查，防范系统性区域性风险。

二是充分发挥内控委员会的引领作用，完善内控评价与考核办法，下发“内控整改15条”意见，确定内控整改十大重点课题，全面提升内控管理水平。

三是切实从维护国家经济金融安全、防范化解金融风险、维护金融稳定的高度，深化反洗钱工作，压实责任，齐抓共管，稳步推动经营风险把控与综合竞争力提升。

四是充分借助金融科技和大数据技术实现智能风控，加强风险监测系统、风险排查和计量工具的深入运用，不断提高管理水平，落实“三早”工作要求，遏止“前清后冒”。

【授信业务】 2020年，交行山东省分行全面贯彻中央经济工作会议精神，落实高质量发展要求，坚持服务实体经济和风险防控“两手抓”，确保依法合规经营和稳健发展。

一是积极支持山东区域经济发展。明确重点业务领域，建立储备项目名单，积极培育契合山东区域经济发展的新客户。2020年，水利、环境和公共设施管理业、石油化工等行业贷款余额占对公贷款的51.97%。

二是持续推动“一行一策”项目落地，支持前台营销发展。通过“一行一策”指导省辖分行因地制宜，确定多元化、特色化的发展目标和经营策略，指导全辖在选项择户中有的放矢，精准对接行业发展动向，支持实体经济发展，累计对接审批项目199个、金额1,259.33亿元。

三是全面落实总行风险授信与反洗钱改革工作要求，完成风险板块架构调整，强化全面风险管理；落实监管“审管分离”要求，强化全行贷（投）后统一管理，突出资产保全“经营+管理”职能，提升全行风险管理能力。

（庞 洁）

附表1

机构概况一览表

行长（或其他称谓的第一负责人）		副行长（或其他称谓的同级领导）	
于启春		姚 桢、赵秀军、孙 亮、刘安奎、董 蕾	
地址	山东省济南市共青团路98号	邮编	250012
网址	http://www.bankcomm.com/	客服电话	95559

附表2

内设部门及分支机构一览表

年度	内设机构（个）	下设分支机构（个）		员工人数（人）	
		地市级机构数	县区级机构数	员工总数（含非正式员工）	正式员工数
2016	30	16	143	2,855	851
2017	31	16	143	2,828	838
2018	31	16	141	2,761	840
2019	30	16	130	2,743	861
2020	27	16	127	2,718	867

附表3

主要统计指标1

单位：亿元

项目	2016年	2017年	2018年	2019年	2020年	2020年同比增幅（%）
本外币资产总额	2,027.62	1,927.83	2,003.18	1,955.50	2,162.67	10.59
本外币存款余额	1,914.21	1,815.73	1,883.17	1,922.94	2,064.57	7.37
人民币存款余额	1,901.25	1,801.36	1,870.69	1,905.51	2,026.90	6.37
单位存款	1,370.76	1,277.79	1,296.55	1,274.65	1,341.05	5.21
储蓄存款	495.28	523.57	574.15	630.86	685.85	8.72
本外币贷款余额	1,095.38	1,145.81	1,227.25	1,350.78	1,587.61	17.53
人民币贷款余额	1,071.75	1,120.02	1,209.81	1,331.68	1,570.33	17.92
短期贷款	614.35	582.21	567.25	521.16	612.13	17.46
中长期贷款	412.20	506.69	575.97	719.75	887.82	23.35
票据融资	30.62	29.26	64.11	87.22	57.51	-34.06
利润总额	7.70	-9.55	-24.95	-44.00	-7.66	—
不良贷款余额	22.16	39.80	36.83	54.52	98.94	81.47
不良贷款占比（%）	2.02	3.47	3.00	4.04	6.23	54.21

附表4

主要统计指标2

项目	2016年	2017年	2018年	2019年	2020年	2020年同比增幅（%）
单位结算账户（万户）	4.54	4.55	4.95	5.69	5.98	5.10
单位结算金额（亿元）	2,366.32	2,248.38	2,305.14	2,353.74	2,461.00	4.56
个人结算账户（万户）	1,077.02	1,304.87	1,442.35	1,514.05	1,586.07	4.76
个人结算金额（亿元）	643.26	713.15	761.47	861.99	1,007.02	16.83
信用卡发卡量（万张）	385.85	433.28	481.00	478.00	487.00	1.88
信用卡消费额（亿元）	1,397.30	1,631.32	2,075.00	1,898.00	2,223.00	17.12
企业网银客户（万户）	2.28	2.52	2.56	3.36	3.41	1.49
个人网银客户（万户）	277.41	298.19	332.70	366.82	399.03	8.78
手机银行客户（万户）	105.81	148.92	187.11	219.61	219.93	0.15
现金自助设备（台）	1,055	794	669	544	431	-20.77
营业网点（个）	159	159	157	146	143	-2.05
自助网点（个）	229	195	131	86	54	-37.21

交通银行股份有限公司青岛分行

【第一负责人简介】 董莹，女，汉族，1971年12月出生，山东济南人；华东师范大学经济管理专业本科毕业，山东大学工商管理硕士学位；1989年12月参加工作，历任交通银行济南分行财会处副科长、科长、副处长，济南分行预算财务处高级经理（计划财务会计处处长），烟台分行党委书记、行长；2008年1月起，任交通银行山东省（济南）分行党委委员、副行长；2020年7月起，任交通银行股份有限公司青岛分行（简称交行青岛分行）主要负责人（代为履行行长职责）；2020年12月至今，任交行青岛分行党委书记、行长。

【综述】 交行青岛分行成立于1988年2月，是交通银行总行直接管辖的直属行之一，设有19家中心直属支行、26家二级支行、2家社区支行，覆盖青岛全部区市。交行青岛分行坚持以习近平新时代中国特色社会主义思想为指导，坚决落实中央“六稳”“六保”工作任务，认真贯彻落实国家决策部署，统筹推进疫情防控和经营发展工作。截至2020年末，交行青岛分行各项人民币存款余额为1,175.54亿元，各项人民币贷款余额为792.43亿元。不良资产率为0.76%，资产质量继续优于本地同业平均水平，综合竞争力在系统内37家省直分行中排名第10位。2020年，交行青岛分行荣获三项国家实用新型专利，荣获全国文明单位、交通银行五一劳动奖状、山东省财贸金融系统五一劳动奖状、青岛金融五一劳动奖状、青岛市文明单位、青岛市工人先锋号、青岛市金融业“青年文明号”等多项荣誉称号。多名员工分别荣获交通银行五一劳动奖章、山东省财贸金融系统五一劳动奖章、青岛金融五一劳动奖章等荣誉称号。

【公司业务】 2020年，交行青岛分行围绕服务青岛市经济社会发展这一核心，综合运用多种方式做好全方位融资服务，持续推动金融支持实体经济“增量、降本、提质、扩面”。一是全力支持复工复产，落实“稳企业保就业”。积极参与青岛市复工复产“春风行动”，深入企业宣讲政策，主动对接融资需求，开通绿色审批通道，为疫情防控企业提供信贷支持。全年为国家疫情防控重点保障企业发放贷款2,000.00万元；为476户客户实施延期付息、延期还本，帮助中小微企业纾困解难；加大让利力度，2020年累计下调存量贷款利率77笔，合计56.18亿元；全年新发放人民币对公贷款加权平均利率较上年下降了0.63个百分点，在当地五大行中最低。二是全力支持青岛经济建设。全年，交行青岛分行融资总量较年初净增277.79亿元。与山东省港口集团签署全面战略合作协议，支持山东港向贸易大港发展，协助完成全省港口整合工作，得到当地交通局肯定。落地青岛首只QFLP基金——交银海控科创基金，支持青岛市国际航运贸易金融创新中心建设。积极利用总行专项审批授权，发放分行首笔并购贷款，有效支持了地方国企改革。三是主动对接“一带一路”建设。充分运用交通银行“国际化、综合化”的专业优势，提供多层次特色化的跨境金融服务，持续通过国际信用证、对外担保、跨境结算等多种产品支持“一带一路”沿线发展。涉及智利、南非、阿联酋、沙特阿拉伯、新加坡等多个国家和地区，涵盖电力、交通、航运等多个行业。四是坚持科技赋能，创新支持青岛市重点领域发展。为海尔卡奥斯工业互联网平台成功上线“交e保”系统，创新上线票付通（票据支付）等金融产品，帮助平台上下游企业实现资金安全支付和快速周转；成功发行了系统内首单FOF资产管理计划；联合交银投资，落地中铁建系统首单市场化债转股业务；成功办理分行首笔票据池质押项下授信业务，实现票据池业务零的突破。

【普惠金融】 2020年，交行青岛分行创新推广特色产品和服务模式，推动普惠业务高质量发展，全面完成普惠“两增两控”指标。一方面，聚焦产业链金融。积极满足以民营企业为主的中小供应商、经销商、零售商应收账款融资、商票贴现等业务需求，持续推广“快易贴”“快易收”“快易付”等产品，为企业提供融资服务，全年普惠产业链融资较年初净增5.15亿元，增幅为45.73%。另一方面，围绕数字化转型，提供惠民服务。创新推出“普惠e贷”全线上贷款业务，提升普惠金融服务精准度。优选快捷抵押贷、线上税融通等符合青岛区域特色的产品，推进科技投保贷等，全年累计发放科技小微贷款近1.11亿元。

【零售业务】 2020年，交行青岛分行坚持大零售数字化转型道路，紧抓关键能力建设，零售业务实现长足发展。一是积极搭建民生服务平台。2020年，联手相关部门，率先开通城乡居民社会保险费微信和支付宝缴费、灵活就业人员线上参保、微信缴费，方便随时随地缴费，实现“不见面”办理。自主研发了社保智能柜台，获青岛市金融创新奖第二名，研发的制发卡一体机，获国家实用新型专利授权，为青岛同业首创，“一站式”解决了市民的公共服务需求。二是持续优化机制，提升客户体验。推出“厅堂值班经理制度”，在厅堂及时回复金融消费者的意见。积极开展宣传教育活动，以网点厅堂为主阵地，建设网点公众教育区，拓展消保教育的广度和深度，得到监管部门、社会的高度认可，先后荣获2020年度“青岛银行业保险业金融知识进万家”“青岛银行业保险业大学生金融文化节”等先进单位称号。三是围绕疫情防控，完善增值服务体系。推进全国范围的就医绿色通道、陪诊导医等项目，开展“一份守护，十分关爱”“致敬最美逆行者”“祛疫香牌制作”“名家中医论坛”等活动，涵盖财富、健康、文化等多方面需求。

【风险管理】 2020年，交行青岛分行全力构建全流程、全覆盖的信用风险管理体系，全力做好高风险资产管控，严守风险与合规底线。一是控风险。做实信用风险管控，进行全行业资产质量摸排，做到资产质量“大起底”、全覆盖，公司类客户高风险资产全年保持“零”新增。二是强清收。积极推进风险处置化解工作，综合运用诉讼、重组、批转、核销等措施，加大风险资产处置力度，实现不良资产高效处置。不良贷款、逾期贷款规模和占比保持“四降”。三是抓合规。持续开展“支行经营班子讲合规”“合规主题晨会”和全员合规知识测试等合规文化建设活动，营造良好的合规文化氛围。强化反洗钱中心的牵头管理职能，可疑交易报告较上年增长了59.15%，涉电信诈骗可疑交易报告较上年增长了167.65%，提供重点可疑交易线索，协助公安部门取得实质性侦破成果。四是重案防。持续推进案防专项治理，对重点问题、案件多发领域开展高压高频排查，持续跟踪检查既往发现问题的整改落实情况，持续开展警示教育，全年无重大案件发生。

【文化建设】 2020年，交行青岛分行坚持以员工为中心，聚焦满足员工群众日益增长的美好生活需要，2020年初制定的10件实事全部达成。一是加强民生保障。不断增加慰问品种，新增“委屈员工”慰问，持续提高各类慰问标准，其中生育慰问和重大疾病慰问标准较上年提高了50%；做好疫情防控保障，保证防护用品供给，为员工及家属增加了新冠肺炎疫情特定保险；坚持“送健康到一线”，全年支行“巡诊”覆盖率超过90%。二是丰富员工活动。积极开展线上文体活动，开展“抗击疫情，我们在一起”书画摄影微展播、别样“三八”女员工“云欢聚”短视频大赛、“疫路童心”员工子女线上才艺秀等活动，持续提升凝聚力。三是积极履行社会责任。组织抗击新冠肺炎疫情捐赠活动，募集资金近15.00万元；开展无偿献血公益活动，支援疫情和洪灾血库储备；连续19年协办市政府主办的“青岛市新年音乐会”，连续18年冠名市体育局主办的“青岛市万人健康跑”活动，连续13年冠名市纠风办主办的电台直播节目“行风在线”栏目。

（臧 永）

附表1

机构概况一览表

行长（或其他称谓的第一负责人）		副行长（或其他称谓的同级领导）	
董 莹		贺 飚、徐芝清、程熙忠、华勐慧	
地址	山东省青岛市市南区中山路6号	邮编	266001
网址	http://www.bankcomm.com/	客服电话	95559

附表2

内设部门及分支机构一览表

年度	内设机构（个）	下设分支机构（个）		员工人数（人）	
		地市级机构数	县区级机构数	员工总数（含非正式员工）	正式员工数
2016	24	1	47	1,361	1,329
2017	24	1	44	1,318	1,301
2018	24	1	44	1,314	1,303
2019	25	1	49	1,314	1,307
2020	23	1	49	1,314	1,307

附表3

主要统计指标1

单位:亿元

项目	2016年	2017年	2018年	2019年	2020年	2020年同比增幅（%）
本外币资产总额	1,007.67	1,019.65	1,085.78	1,229.59	1,308.65	6.43
本外币存款余额	906.68	916.01	1,023.72	1,105.11	1,197.98	8.40
人民币存款余额	853.55	890.55	1,004.98	1,082.19	1,175.54	8.63
单位存款	565.11	581.84	671.34	705.29	749.32	6.24
储蓄存款	288.44	308.71	333.64	376.89	426.22	13.09
本外币贷款余额	540.97	587.91	664.92	706.58	800.81	13.34
人民币贷款余额	534.83	583.15	660.60	699.46	792.43	13.29
短期贷款	143.60	146.78	165.28	190.28	222.89	17.14
中长期贷款	355.37	400.18	434.79	480.74	542.96	12.94
票据融资	33.66	34.25	58.80	27.94	26.10	-6.59
利润总额	9.97	15.58	12.20	23.14	21.47	-7.22
不良贷款余额	6.64	10.48	5.98	8.49	6.10	-28.15
不良贷款占比（%）	1.23	1.78	0.90	1.20	0.76	-36.67

附表4

主要统计指标2

项目	2016年	2017年	2018年	2019年	2020年	2020年同比增幅（%）
单位结算账户（万户）	2.75	2.70	3.14	4.00	3.46	-13.50
单位结算金额（亿元）	103,091.93	73,320.16	20,909.25	18,354.75	18,158.15	-1.07
个人结算账户（万户）	575.81	591.95	329.89	291.04	280.09	-3.76
个人结算金额（亿元）	8,452.00	14,425.30	6,977.09	6,314.15	4,440.51	-29.67
信用卡发卡量（万张）	9.99	11.76	14.06	15.79	17.80	12.73
信用卡消费额（亿元）	293.78	322.01	382.00	350.48	422.43	20.53
企业网银客户（万户）	1.30	1.48	1.70	2.25	2.84	26.22
个人网银客户（万户）	139.34	158.39	137.22	155.00	162.00	4.52
手机银行客户（万户）	95.92	120.21	138.47	163.00	176.00	7.98
现金自助设备（台）	498	428	341	249	233	-6.43
营业网点（个）	46	44	44	49	47	-4.08
自助网点（个）	101	38	23	15	11	-26.67

中国邮政储蓄银行股份有限公司山东省分行

【第一负责人简介】 焦玉泉，男，辽宁盖县人，1962年10月出生，中共党员，高级会计师，硕士研究生学历，政协第十二届山东省委员会委员；1984年7月参加工作，历任辽宁省邮政局副局长、党组成员，辽宁省邮政公司副总经理、党组成员，中国邮政储蓄银行辽宁省分行党委书记、行长；2014年12月任中国邮政储蓄银行高级资深经理；2017年1月至今，任中国邮政储蓄银行股份有限公司山东省分行（简称邮储银行山东省分行）党委书记、行长。

【综述】 2020年，面对疫情冲击、经济下行的复杂环境，邮储银行山东省分行坚持以习近平新时代中国特色社会主义思想为指导，认真落实集团公司、总行工作部署和监管部门要求，以"三个视角"找差距、"三大规律"促改革，扎实推进"比学赶帮超"，发展势头保持良好，取得了总部认可、社会认同、员工满意的良好业绩。

截至2020年末，邮储银行山东省分行本外币各项存款余额为7,290.39亿元，增加1,030.87亿元，均居省内国有大行第4位；各项贷款余额为2,863.71亿元，增加432.70亿元，分别居省内国有大行第5位、第4位。不良贷款率连续五年保持省内大中型银行最优。

【公司业务】 2020年，邮储银行山东省分行积极转变发展思路，在面对疫情冲击、利率下行、额度受限等众多不利因素的情况下，多措并举、积极应对，在能源、"三医"、商事服务、公积金等多个领域的政银合作上取得重要突破。公司存款业务年末时点余额为678.92亿元，居邮储系统第7位，同比增加96.91亿元，居邮储系统第3位；年日均余额为658.18亿元，居邮储系统第7位，同比增加17.79亿元，居邮储系统第14位。公司贷款全年完成放款355.28亿元，同比增加11.89亿元；年末余额为702.90亿元，居邮储系统第5位，同比增加91.77亿元，居邮储系统第8位。

【金融同业业务】 2020年，邮储银行山东省分行在做好同业融资和票据业务等传统业务的同时，大力发展托管、资管等中间业务，实现资金资管业务健康持续发展。成功办理首笔公募基金纯托管业务、净值型理财托管业务。全年办理同业融资89笔、金额441.10亿元，居邮储系统第2位；年末托管规模为1,152.50亿元，居邮储系统第7位；全年办理票据贴现338.83亿元，居邮储系统第3位；全年办理再贴现74.82亿元，居邮储系统第3位。

【投行业务】 2020年，邮储银行山东省分行持续巩固企业债承销和并购融资业务发展势头，发挥债券承销、银团贷款牵头行资格优势，积极开展并购贷款业务与财务顾问。全年完成债券承销74.62亿元，居邮储系统第8位，实现银团贷款中收2,093万元，居邮储系统第2位；年末并购贷款余额为7.54亿元，居邮储系统第3位；全年完成收入22.8亿元，同比增长11.06%，同比提升5.8个百分点，占全行总收入的比重为22.84%。

【个人业务】 2020年，邮储银行山东省分行深化转型，总结并推进个金转型的"四大路径十大措施"，抓源头活水、抓网点产能、抓线上营销、抓综合营销。年末全辖储蓄存款余额为6,598.87亿元，居邮储系统第3位，同比净增923.28亿元，居邮储系统第1位。以代发工资等批量代发项目拓展为基础，压实社保卡、退役军人服务卡、腾讯联名卡三个重点卡项目的落地，全年发放借记卡共计703.40万张，居邮储系统第1位。在总行2019—2020年个人金融业务跨年度营销活动中，荣获"最佳一级分行"第1名。

【中间业务】 2020年，邮储银行山东省分行加强理财队伍建设，提高基层服务能力，助推实现中间业务高质量发展。代理保险业务方面，把控发展节奏，全年累计销售代理保险210.40亿元，荣获总行"代理保险业务示范分行"称号；基金业务方面，实行全流程管理，全年累计销售非货币基金24.05亿元，居邮储系统第2位，荣获总行"2020年基金销售优秀单位"；理财业务方面，稳妥推进净值型理财产品转型，年末理财保有量为684.73亿元，居邮储系统第1位；贵金属业务方面，继续保持常态化销售，全年实物贵金属业务累计销售金额达9,997.77万元，实现净收入1,990.29万元，居邮储系统第1位；代理贵金属业务方面，成交金额为5.63亿元，实现手续费收入20.24万元。

【国际业务】 2020年，邮储银行山东省分行全年国际业务条线顺利完成机构改革，各项业务快速发展。全年累计实现收入1.68亿元；现金管理账户较年初净增5,765户；企业网银开通率为70.02%，较年初提高26.50个百分点；全年开放式缴费新增上线客户751户，居邮储系统第1位；全年国际结算金额为12.46亿美元；全年表内贸易融资累计发放95.95亿元，年末余额为80.13亿元，较年初净增33.18亿元；全年表外贸易融资累计发放85.07亿元；年末银行承兑汇票余额为52.20亿元。突破汽车金融业务，准入汽车经销商为93户，居邮储系统第1位。全年资产质量优良，无逾期不良，获得国家外汇管理局综合评价B+评级。

【普惠金融】 2020年，邮储银行山东省分行积极应对疫情挑战，落实“六稳”“六保”，将“金融精准扶贫”“普惠小微”等作为“一把手工程”重点推进，助力脱贫攻坚和复工复产。农村地区基础金融服务覆盖面进一步扩大，全年累计建设助农取款点2.00万余个；积极参与城乡居民社保、医保收缴、非税收缴等工作，服务区域覆盖率超过90.00%，全年累计代发养老金810.00万笔、金额126.00亿元。小微企业金融服务实现“增量、扩面、降本、控险”平衡发展，年末贷款余额为441.90亿元，增速为28.23%，高于行内各项贷款平均增速12.29个百分点；有贷款余额户数突破十万户，较年初增加8,135户；发放利率较上年下降73个基点，直接让利3.94亿元；年末不良贷款率为1.00%，较年初下降0.12%。全力支持脱贫攻坚和乡村振兴。年末涉农贷款余额为996.74亿元，同比增加50.60亿元；金融精准扶贫贷款余额为89.40亿元，年增37.51亿元，带动贫困户9,811户；荣获总行“脱贫攻坚先进单位”荣誉称号。

【住房金融】 2020年，邮储银行山东省分行严格落实国家房地产调控政策，保持住房贷款合理平稳投放，重点支持居民刚性和改善性住房需求。严控房地产市场区域风险，将房贷资源投放在“优质区域、优质房企”，优化业务结构，提升业务质量，保持住房贷款稳健发展，全年新增住房贷款148.77亿元，年末余额为1,189.45亿元。

【信用卡业务】 2020年，邮储银行山东省分行以“夯基础，促转型，增收入，控风险”为发展主线，信用卡业务多项指标实现新突破。全年新增发卡55.90万张，居邮储系统第3位；结存233万张，居邮储系统第3位；新增客户44.50万户，居邮储系统第2位、省内国有大行第2位。

【电子银行业务】 2020年，邮储银行山东省分行以收单、手机银行、快捷支付等战略性业务为抓手，推进金融与场景深度融合。全年商户收单业务新增10.60万户，居邮储系统第3位；年末联动存款达到19.10亿元，居邮储系统第4位。全年手机银行新增激活客户77.10万户，居邮储系统第4位；快捷支付绑卡账户新增124.10万户，居邮储系统第2位。

【风险控制】 2019—2020年，邮储银行山东省分行连续两年实现“零案件”，在全省案防合规知识集中测试中连续六年获得省内大型银行第一名。邮储银行山东省分行及13家市行积极推进行业规范建设，活动情况得到山东省及各市银保监局的通报表扬，邮储银行山东省分行先后两次面向全省银行业做经验介绍；5家市行荣获人民银行综合评价A级单位，11家市行的反洗钱工作被评级为A级。强化信用风险全流程管理，对潜在风险客户采取“减退加固”策略，主动摸清延期贷款风险底数，前瞻性把控资产质量。建立“四位一体”征信监督机制。持续开展征信授权查询日监测、异常查询核查、季度自查自纠、征信查询重点抽查等日常监督工作。推进授信审批动态分档管理、差异化授权和“一站式”审查审批，审批效率进一步提升。

（刘贝贝、张居正）

附表1

机构概况一览表

行长（或其他称谓的第一负责人）		副行长（或其他称谓的同级领导）	
焦玉泉		常　江、韩　勇、韩　电、许凤亮、赵可满、张　文、赵　峰	
地址	山东省济南市高新区经十路7000号 汉峪金融商务中心四区6号楼	邮编	250102
网址	http://www.psbc.com/	客服电话	95580

附表2

内设部门及分支机构一览表

年度	内设机构（个）	下设分支机构（个）		员工人数（人）	
		地市级机构数	县区级机构数	员工总数（含非正式员工）	正式员工数
2016	20	16	109	12,247	11,384
2017	23	16	107	12,001	11,260
2018	23	16	107	11,687	10,997
2019	24	16	107	11,443	10,751
2020	24	16	107	11,304	10,610

附表3

主要统计指标1

单位:亿元

项目	2016年	2017年	2018年	2019年	2020年	2020年同比增幅(%)
本外币资产总额	4,852.88	5,484.49	6,046.06	6,671.27	7,831.29	17.39
本外币存款余额	4,712.26	5,265.16	5,721.09	6,259.52	7,290.39	16.47
人民币存款余额	4,711.51	5,261.48	5,720.14	6,258.53	7,289.28	16.47
单位存款	522.05	582.68	610.56	582.94	690.41	18.44
储蓄存款	4,159.37	4,678.80	5,109.58	5,675.59	6,598.87	16.27
本外币贷款余额	1,302.01	1,695.61	2,035.17	2,431.01	2,863.71	17.80
人民币贷款余额	1,302.01	1,682.22	2,030.02	2,431.01	2,833.91	16.57
短期贷款	360.30	564.83	683.81	802.84	895.98	11.60
中长期贷款	841.97	1,117.39	1,346.21	1,628.17	1,937.94	19.03
票据融资	175.05	121.71	206.61	333.25	341.10	2.36
利润总额	19.25	23.62	29.65	40.10	44.74	11.57
不良贷款余额	7.27	6.33	8.44	9.15	11.08	21.09
不良贷款占比(%)	0.49	0.00	0.38	0.33	0.35	6.06

附表4

主要统计指标2

项目	2016年	2017年	2018年	2019年	2020年	2020年同比增幅(%)
单位结算账户(万户)	5.33	5.23	5.65	5.98	6.86	14.72
单位结算金额(亿元)	16,116.17	17,090.61	20,568.33	20,093.18	20,993.72	4.48
个人结算账户(万户)	8,782.46	10,237.02	10,702.28	11,771.12	12,406.70	5.40
个人结算金额(亿元)	23,366.65	27,837.45	31,059.49	31,903.63	38,034.63	19.22
信用卡发卡量(万张)	15.02	40.50	55.20	60.90	55.90	-8.21
信用卡消费额(亿元)	242.70	290.78	414.69	533.44	575.03	7.80
企业网银客户(万户)	1.51	1.53	1.74	2.04	3.56	74.51
个人网银客户(万户)	1,157.28	1,436.85	1,642.83	1,818.75	1,963.32	7.95
手机银行客户(万户)	1,012.40	1,387.17	1,667.07	1,937.45	2,236.42	15.43
现金自助设备(台)	5,453	6,452	6,597	6,648	6,800	2.29
营业网点(个)	2,689	2,681	2,678	2,671	2,665	-0.22
自助网点(个)	1,374	1,372	1,372	1,389	1,392	0.22

中国邮政储蓄银行股份有限公司青岛分行

【第一负责人简介】 李楠，男，1963年10月出生，中共党员，大学本科学历，高级会计师；2017年9月至今，任中国邮政储蓄银行股份有限公司青岛分行（简称邮储银行青岛分行）党委书记、行长。

【综述】 2020年，邮储银行青岛分行以习近平新时代中国特色社会主义思想为指导，在地方政府和监管部门的支持下，在集团公司党组、总行党委的正确领导下，坚持质量第一、效益优先，统筹做好疫情防控和经营发展，转型升级扎实推进，风险防控成效显著，管理效能充分释放，内生动力不断增强，与地方经济社会发展实现同频共振，经营业绩持续向好。截至2020年末，邮储银行青岛分行资产规模达到657.30亿元，增长15.20%；负债规模达到653.00亿元，增长15.21%；各项贷款余额为448.75亿元，增长7.29%。

【业务发展】 2020年，邮储银行青岛分行采取多种有效措施，整合全行资源，大力推进各项资产负债业务，取得了显著成效。

一是零售金融。坚守零售战略定位，零售类业务收入占比为69.18%。个人储蓄存款新增60.71亿元，个人理财余额新增1.58亿元，代销保险1.28亿元，代销非货币基金3.98亿元，代销信托及资管计划4.04亿元。新增收单商户8,852户，新增无实体介质账户1.76万户。个人消费贷款结余215.71亿元，净增12.22亿元；零售信贷工厂项目成功落地，作业效率显著提升。

二是公司金融。存贷款规模方面，公司存款年日均余额为38.58亿元，净增3.80亿元；公司贷款结余77.67亿元，净增1.45亿元。公司客户增量方面，围绕机构和企业客户两类客群，全年新增公司客户4,340户。投资银行方面，债券承销规模达5.00亿元，地方政府债券承销12.79亿元，顺利落地首单中期票据、资产证券化、永续债项目。交易银行业务方面，贸易金融资产结余20.20亿元，增长26.23%。

三是金融同业。全年办理贴现业务43.23亿元、转贴现业务135.66亿元、再贴现业务5,100.00万元。抢抓优质同业资产，协助总行做好资管业务转型，以资源整合推进托管业务发展，全年新增推荐同业业务78.50亿元，新增推荐资管项目落地23.20亿元，新增纯托管项目94.00亿元。

四是普惠金融。坚定不移服务实体经济，助力“六稳”“六保”，践行国有大行责任担当。小额贷款结余46.55亿元，净增13.26亿元。小企业法人贷款结余39.08亿元，净增10.23亿元。提前完成普惠性小微企业贷款“两增两控”指标，顺利完成民营企业贷款增长指标。

五是助力打好“三大攻坚战”。扎实推进金融精准扶贫，扶贫贷款全年净增1.24亿元。加大“三农”支持力度，涉农贷款净增25.52亿元。全面服务乡村振兴，新建信用村75个，新增新用户1,613户。加快绿色银行建设，绿色贷款结余46.60亿元，高于分行各项贷款平均增速。防范化解金融风险取得实效，信贷资产质量大幅优于同业。

六是抗疫金融服务。按照市委市政府、监管部门和集团公司、总行工作要求，全力落实各项疫情防控措施，配合地方政府做好联防联控，做好人员防护和办公场所安全管理，加强防疫物资配备。全年累计投放抗疫资金1.04亿元，居青岛辖内9家抗疫全国性银行第1位；办理小微企业“无还本续贷”12.90亿元，业务量居辖内六大行首位。

【风险管控】 2020年，邮储银行青岛分行主要围绕以下几个方面加强风险管理与防范，确保各项工作合法合规、风险可控。

一是案防工作。逐级签订案防责任书，组织6家单位完成现场案防合规述职，开展警示教育、关键控制点大讨论，曝光典型案例。扎实开展扫黑除恶专项斗争、制度梳理等工作。对抗疫贷款、公司贷款、员工异常交易等重点领域进行风险排查，加大问责力度，加快机制建设。

二是资产保全处置。不良贷款余额较上年减少0.26亿元，不良贷款率为0.42%，较上年下降0.09个百分点，不良贷款率和信贷资产不良净增额均控制在限额以内，优于青岛市平均水平。

三是安全保卫工作。组织开展安全生产专项整治行动、安全生产和行风行貌专项整治活动，开展消防安全专项整治活动。开展防范自助设备非法安装侧录装置专项检查，推进邮储银行青岛分行安全用电监测系统建设，完成5个网点和1个办公场所的“双达标”建设工作。获得公安部门“全市单位内部治安保卫工作成绩突出集体”荣誉称号。

【党建工作】 2020年，邮储银行青岛分行认真落实中央各项政策，加强习近平新时代中国特色社会主义思想学习，不断提高全行党建工作水平。

一是严格贯彻党中央、集团公司党组和总行党委要求。注重加强政治学习，确保各项工作政治方向正确、政治效果良好。召开党的建设暨党风廉政建设和反腐败工作会议，制定分行各级党组织落实全面从严治党要求主体责任清单，明确党建重点工作任务。深化“理论武装提升行动”，认真落实“三个第一时间”学习机制。加强“模范机关”建设，开展“让基层满意”主题活动等。抓实巡视整改，坚持未巡先改，突出主体责任和制度建设，加强监督检查，做好巡视“后半篇文章”。

二是强化党风廉政建设。切实为基层减负，力戒形式主义、官僚主义，开展对下级请示事项答复不及时、文件流转时效慢问题整治工作，持续改进文风会风，文件数量同比下降38.00%。加强巡视整改及巡察监督，建立巡视整改预审机制，对季度成效评估进行前置监督；完善巡察工作“六步骤”，对4家单位的党支部开展巡察，累计巡察覆盖率达83.33%，加强纪律规矩意识建设，开展党风廉政警示教育活动。

三是完善职代会运作机制。畅通员工民主参与渠道，积极维护员工权益。关心员工切身利益，开展重大节日慰问，组织开展“冬送温暖，夏送清凉”、青年员工联谊会等活动，开展女职工主题活动和系列文体活动。扎实推进“职工小家”建设。

（段浩然）

附表1

机构概况一览表

行长（或其他称谓的第一负责人）		副行长（或其他称谓的同级领导）	
李 楠		江守湖、孙 皓、邵福生、李云涛	
地址	山东省青岛市市南区延安三路222号	邮编	266071
网址	http://www.psbc.com/	客服电话	95580

附表2

内设部门及分支机构一览表

年度	内设机构（个）	下设分支机构（个）		员工人数（人）	
		地市级机构数	县区级机构数	员工总数（含非正式员工）	正式员工数
2016	18	12	0	1,154	1,115
2017	18	12	0	1,170	1,153
2018	19	12	0	1,141	1,125
2019	21	12	0	1,175	1,147
2020	22	10	0	1,207	1,161

附表3

主要统计指标1

单位:亿元

项目	2016年	2017年	2018年	2019年	2020年	2020年同比增幅（%）
本外币资产总额	476.74	485.67	517.99	570.55	657.30	15.20
本外币存款余额	462.50	464.91	486.78	530.50	602.91	13.65
人民币存款余额	460.82	463.19	486.01	529.69	601.57	13.57
单位存款	31.92	30.42	40.01	34.31	45.42	32.38
储蓄存款	415.17	432.72	446.00	495.38	556.15	12.27
本外币贷款余额	254.48	317.60	395.00	418.25	448.75	7.29
人民币贷款余额	254.23	317.02	395.00	418.25	446.46	6.74
短期贷款	41.76	72.86	103.17	89.72	100.10	11.57
中长期贷款	167.41	214.16	245.85	252.13	274.91	9.04
票据融资	43.62	26.85	43.63	61.27	61.67	0.65
利润总额	1.39	1.33	1.76	3.96	4.43	11.87
不良贷款余额	1.19	1.15	2.69	2.15	1.86	-13.49
不良贷款占比（%）	0.47	0.36	0.68	0.51	0.42	-17.65

附表4

主要统计指标2

项目	2016年	2017年	2018年	2019年	2020年	2020年同比增幅(%)
单位结算账户（万户）	0.51	0.56	0.59	0.66	1.06	60.61
单位结算金额（亿元）	1,374.00	1,664.00	1,887.00	1,827.00	2,187.00	19.70
个人结算账户（万户）	796.81	825.80	839.74	984.59	992.31	0.78
个人结算金额（亿元）	2,426.31	2,714.14	2,738.13	2,637.42	2,729.47	3.49
信用卡发卡量（万张）	15,682.00	34,951.00	87,359.00	10.62	5.38	-49.34
信用卡消费额（亿元）	9.00	11.69	20.57	37.07	43.41	17.10
企业网银客户（万户）	0.14	0.19	0.25	0.32	0.62	93.75
个人网银客户（万户）	98.28	117.96	135.08	148.90	159.60	7.19
手机银行客户（万户）	86.48	113.34	133.00	154.10	176.50	14.54
现金自助设备（台）	660	613	598	590	609	3.22
营业网点（个）	266	266	266	262	261	-0.38
自助网点（个）	15	14	12	11	1	-90.91

第六部分

股份制商业银行

恒丰银行股份有限公司

【第一负责人简介】 陈颖，女，汉族，湖北武汉人，研究生学历，经济学博士，中共党员，山东省第十三届人大代表，中国妇女第十二次全国代表大会代表，山东省优秀企业家；历任中国银行业监督管理委员会国际部国际监管研究处处长、国际部（港澳台事务办公室）副主任、银行监管一部（负责国有大型银行监管）副主任、银行监管三部（负责外资银行监管）副主任，中国银行业监督管理委员会青岛监管局党委书记、局长，中国银行业监督管理委员会山东监管局党委书记、局长；现任恒丰银行股份有限公司（简称恒丰银行）党委书记、董事长。

【综述】 2020年，在山东省委省政府的坚强领导下，在监管部门的大力支持下，恒丰银行坚持以习近平新时代中国特色社会主义思想为指导，深入学习贯彻党的十九届五中全会精神，坚持党的领导，坚持深化改革，夯实高质量发展根基，以“打造用心倾听的敏捷银行”为发展愿景，统筹抓好疫情防控和服务实体经济两项任务，持续加强全面风险管理，在外部环境复杂多变的形势下，较好地保持了稳中向好、稳中有进的发展态势。截至2020年末，全行资产规模达11,141.55亿元，其中贷款（含贴现）余额为5,548.56亿元；负债规模达10,088.11亿元，其中存款余额为6,045.58亿元。

【公司业务】 2020年，恒丰银行公司业务锚定三年战略目标加压奋进，坚定不移抓存款、调结构、扩规模，妥善应对内外部挑战，推进各项工作稳步开展。一是客户方面，聚焦客户分层，建立差异化开发机制。开展了“恒惠开户”“客户存量提升和维护”等系列活动。截至2020年末，全行对公客户共66,270户，较年初增加2,054户，增幅达3.20%，其中，全行新开对公客户10,684户，提升有效对公客户8,152户，转化率为76.30%，同比提升4.30个百分点。二是坚持“优化结构、固本强基”的原则，提高资产回报收益。年末对公贷款（不含贴现）余额为4,611.27亿元，较年初增加682.71亿元。三是调整对公负债结构。年末对公存款余额为4,813.19亿，较年初增加366.22亿元，增幅为8.24%，其中活期存款2,321.20亿元，较年初增加227.50亿元，活期存款占比为48.23%，比年初增加1.14个百分点。通过调整压降高成本存款388.00亿元，单位存款付息率为2.25%，较年初下降9个基点。

【个人业务】 2020年，恒丰银行深入推进“做大零售”战略，加快零售体系化建设，不断做大业务规模。一是坚持以客户为中心。加大ETC业务推广力度，被山东高速授予“突出贡献奖”和“最佳服务银行”两项荣誉称号；落实乡村振兴战略，全年新增助农服务点100家。二是不断完善产品体系。创新推出多款储蓄存款拳头产品，上线蜜罐、小住配齐等信用卡分期产品。截至2020年末，人民币储蓄存款余额为1,226.41亿元，同比增长9.35%；个人消费贷款（含按揭贷款）余额为467.01亿元，同比增长231.85%；信用卡流通卡量为64.30万张，同比增长24.00%。三是全面推进“三大渠道”建设，提升全触点服务能力。“小步快跑”推进手机银行建设，线上渠道数字化经营能力不断强化；线下网点标准化、体系化经营能力显著增强；远程银行中心服务水平持续提升。

【国际业务】 2020年，恒丰银行积极探索全球疫情项下国际业务发展新思路，切实响应国家稳外资稳外贸号召，一方面，为涉疫企业开辟跨境业务绿色审批通道，为进出口企业外贸运转保驾护航；另一方面，与新加坡大华银行合作推动大华—恒丰“贸易直通车”项目，服务外贸客户“走进来、走出去”。2020年，恒丰银行共实现国际结算量678.00亿元，同比增长8.00%；对公外币融资约为58.00亿元，同比增长28.00%；并与全球86个国家或地区的约700家银行建立了代理行关系。

【中间业务】 2020年，恒丰银行坚持轻资本、数字化运营理念，着力发展中间业务，改善传统资产拉动型业务结构，全力提升综合金融服务能力。在做大信用证、保理、保函等传统贸易融资业务的同时，全面推进支付结算、现金管理、供应链金融升级发展。打造业内领先的统一支付结算平台“恒丰付”，通过支付结算业务规模扩张带动中间业务收入增长，全年累计交易量突破6,000.00亿元大关，同比增长401.00%。同时深耕线上化和场景化金融服务，推出建筑、物流、招投标、港口贸易综合金融服务方案，综合金融服务能力不断提升。凭借产品创新与业务的高速增长，恒丰银行荣获上海地区银联创新业务拓展优秀奖、第十届“金贸奖”最佳贸易金融成长银行、《银行家》杂志十佳供应链金融创新奖。财富管理方面，推出净值型理财产品30余款，净值型理财规模占比提升至20.60%；引入头部基金、保险公司优质产品300余款，满足客户多样化投资需求。托管方面，通过多部门协同、总分联动等方式推动全方位营销；持续优化业务结构，降低通道类业务托管规模；产品创新升级，线上交易资金监管业务取得突破。2020年，交易银行业务持续稳健发展，实现中间业务收入7.38亿元，同比增长24.00%。财富管理业务非利息净收入同比增长109.22%；信用卡业务非利息净收入同比增长258.82%；全年实现托管收入2.88亿元。

【电子银行业务】 恒丰银行以手机银行为核心载体，加快提升线上化、数字化经营能力。一是聚焦用户体验。持续优化高频业务流程，操作时间节省30.00%。二是持续完善场景生态，新增医保电子凭证、“云门禁”等便民化功能。三是有效保障交易安全，完善风险运行监测与控制机制，全面实施反欺诈监测与处理。截至2020年末，手机银行客户为206.26万户，同比增长28.25%；个人网银客户为159.48万户，同比增长28.53%。

【风险控制】 2020年，恒丰银行把主动防范化解金融风险放在更加重要的位置，加快构建全面风险管理体系。初步构建以区域、行业、客户、产品风险政策为主体的授信政策指引体系。明确全业务线完整的业务发展路径和风控策略。严把新增业务准入，推行“三位一体”审批机制。优化非零售评级体系，完成债项评级体系开发。以“尚合规文化增强年”为主题，完善合规风险管理机制。初步搭建多维度不良资产信息平台，全力开展不良清收，实现了资产质量总体稳定。搭建数字化风控体系，在线上自动受理贷款申请、开展风险评估、完成授信审批、合同签订、贷款支付、贷后管理等核心业务环节，实现零售业务线上数字化、智能化转型。

（叶丹丹）

附表1

机构概况一览表

董事长		行长	
陈 颖		王锡峰	
地址	山东省济南市历下区泺源大街8号	邮编	250012
网址	http://www.hfbank.com.cn/	客服电话	95395

附表2

内设部门及分支机构一览表

年度	内设机构（个）	下设分支机构（个）		员工人数（人）	
		地市级机构数	县区级机构数	员工总数（含非正式员工）	正式员工数
2016	58	44	184	10,855	9,605
2017	54	50	206	11,046	10,041
2018	67	50	218	10,560	10,344
2019	31	50	220	10,832	10,684
2020	30	50	219	11,340	11,079

附表3

主要统计指标1

单位：亿元

项目	2016年	2017年	2018年	2019年	2020年	2020年同比增幅（%）
本外币资产总额	12,085.00	13,341.80	10,464.28	10,287.68	11,141.55	8.30
本外币存款余额	7,724.83	7,916.50	5,993.38	5,574.35	6,045.58	8.45
人民币存款余额	7,473.29	7,503.28	5,898.96	5,447.76	5,795.86	6.39
单位存款	6,225.08	6,318.70	4,759.38	4,326.25	4,569.45	5.62
储蓄存款	1,248.22	1,184.58	1,139.58	1,121.51	1,226.41	9.35
本外币贷款余额	4,300.00	4,609.20	5,503.41	4,187.82	5,239.76	25.12
人民币贷款余额	3,738.23	4,480.89	5,408.56	4,128.76	5,168.85	25.19
短期贷款	1,951.50	1,970.86	1,584.52	1,036.79	2,198.00	112.00
中长期贷款	1,581.80	2,049.21	3,824.04	3,091.97	2,970.85	-3.92

续表

项目	2016年	2017年	2018年	2019年	2020年	2020年同比增幅（%）
票据融资	408.18	220.43	246.67	244.63	308.81	26.24
利润总额	115.15	89.82	4.87	-8.96	45.31	—
不良贷款余额	76.74	89.68	1,635.61	149.67	148.35	-0.88
不良贷款占比(%)	1.78	1.86	28.44	3.38	2.67	-21.01

附表4

主要统计指标2

项目	2016年	2017年	2018年	2019年	2020年	2020年同比增幅（%）
单位结算账户(万户)	12.10	9.06	8.87	9.49	9.89	4.21
单位结算金额(亿元)	209,595.30	315,666.87	184,068.97	162,392.59	215,138.72	32.48
个人结算账户(万户)	286.68	313.39	324.03	358.49	406.73	13.46
个人结算金额(亿元)	10,965.71	12,695.30	14,584.45	15,766.18	20,234.38	28.34
信用卡发卡量(万张)	0.01	2.17	2.91	49.81	17.45	-64.97
信用卡消费额(亿元)	0.01	6.84	16.52	72.83	167.22	129.60
企业网银客户(万户)	4.68	5.63	6.22	7.28	7.66	5.22
个人网银客户(万户)	54.22	78.29	98.02	124.08	159.48	28.53
手机银行客户(万户)	66.93	98.80	125.75	160.83	206.26	28.25
现金自助设备(台)	982	1,086	1,111	1,010	825	-18.32
营业网点(个)	306	334	346	340	310	-8.82
自助网点(个)	112	102	89	55	13	-76.36

中信银行股份有限公司济南分行

【第一负责人简介】　杜晓峰，男，1966年4月出生，中共党员，高级经济师，毕业于中国人民大学货币银行学专业；历任中国建设银行西安分行项目评估处副科长、贷款审查处科长，陕西省分行营业部信贷风险管理处/信贷经营处科长，中信银行西安分行公司银行部总经理，呼和浩特分行副行长，西安分行副行长，贵阳分行行长等职；2020年7月至今，任中信银行股份有限公司济南分行（简称中信银行济南分行）党委书记、行长。

【综述】　中信银行济南分行成立于1994年5月，是中信银行在山东省内设立的一级分行，目前管辖淄博、济宁、东营、临沂、滨州五家二级分行，下辖46家营业网点。2020年，中信银行济南分行坚决执行国家宏观经济政策和监管规定，以高质量发展为目标，坚持稳中求进工作总基调，加快转型、提质增量、优化结构，强化客户深度经营，深化合规经营理念，有效防范化解风险，全力以赴构建高质量发展新格局。截至2020年末，中信银行济南分行各项存款余额达1,122.07亿元，其中自营存款余额为1,037.82亿元；表内外各项融资规模为2,942.80亿元，其中一般性贷款余额为830.43亿元。

【公司业务】　2020年，中信银行济南分行以客户为中心，以创新为动力，在新兴领域培育先发优势，全面提升公司金融业务核心竞争能力。截至2020年末，中信银行济南分行对公时点存款为736.20亿元，对公人民币一般性贷款余额为442.10亿元。与省内重点客户及新旧动能转换各类项目不断实现新突破，合作客户覆盖了区域内大企业、百强企业和主流行业龙头企业，为践行“有担当、有温度、有特色、有尊严的最佳综合金融服务提供者”奠定了客户基础。强化与中信集团子公司的协同联动，为山东区域内众多大型企业提供了协同金融服务，并为集团子公司加快在山东产业布局积极创造有利条件。交易银行品牌建设卓有成效，公司网银、现金管理、多银行资金管理系统、贸易融资规模等各项业务全面发展，上线了山东省内首笔以B2B电商平台为基础的票付通业务，实现了交易过程中的票据支付场景。普惠金融方面，作为中信系统普惠金融业务试点分行，搭建完成审查、审批、放款、贷后管理“四集中”的运营管理平台，全面推进普惠金融体系建设，加快推进专业服务团队建设和标准化产品落地。

【个人业务】 2020年，中信银行济南分行零售板块紧紧围绕总行“中信零售16条”战略规划，克服疫情影响、抢抓市场机遇、推进转型升级，实现跨越式发展：零售业务规模指标再创新高，个人存款规模、增量均排名同业前列；管理资产站上700.00亿元新台阶；个贷增量稳居同业首位，普惠个贷任务超额完成。打造“硬核财富”，加快净值转型，代销保险、基金、私人银行两大单品销售均跻身系统前列，零售板块营业净收入占比较上年提升1.20%，其中轻资本业务收入占比达55.00%，较上年提升5.55个百分点，“价值零售”不断凸显。贯彻“中信幸福财富”品牌建设，客户指标稳步增长。荣获山东银行业协会“消保平台宣传推广工作先进单位”“普及金融知识万里行活动优秀组织单位”，中国银联山东分公司“防赌反赌 金融守护宣传周活动优秀组织单位”荣誉称号。辖属天桥支行获评“中国银行业协会文明规范服务千佳示范单位”殊荣，市中支行获评驻济银行系统“文明服务优秀窗口”。

【国际业务】 2020年，中信银行济南分行通过积极拓展客户来源、提升服务质效、优化客户体验等措施，开拓新的业务增长点，加速推进业务转型发展，中信银行济南分行国际业务取得了较好的经营成果。业务发展方面，积极贯彻国家政策，持续推进跨境人民币业务开展，帮助企业有效规避汇率风险，2020年实现跨境人民币收付量91.58亿元，累计为8家大型优质企业备案跨境双向人民币资金池业务，排名均位居省内股份制银行首位。内控合规方面，通过加强政策指导、着力制度建设、强化监督检查、狠抓人员培训、细化管理考核等措施，多管齐下，进一步提升服务实体经济水平，完善外汇业务内控体系，在国家外汇管理局山东省分局2020年度银行外汇业务合规与审慎经营评估情况通报中继续蝉联股份制银行首位，第十次获评省、市两级“A级银行”。

【金融市场业务】 2020年，中信银行济南分行金融市场板块本着“服务实体、回归本源”的政策导向，积极围绕“产品和客户”两条主线，推动托管业务、同业业务发展，加强产品创新，抢抓业务机会，提升市场竞争力；坚持轻型发展和数字化转型，深化客户经营，为全行提供协同支持，综合贡献水平持续提升，同业条线营收和中收均创同业专营制实施以来新高，获得系统内“盈利能力进步奖”“票据业务优秀分行奖”两个单项奖。2020年金融市场板块实现营业净收入2.32亿元，增幅为26.65%；中间业务收入0.70亿元，增幅为75.01%。

【数字金融业务】 2020年，中信银行济南分行认真贯彻执行“稳中有进”的工作思路，结合自身发展特点，努力整合数字金融业务资源，积极搭建线上线下一体化的批量获客渠道，敢于走在全行业发展的前沿，为全行业务的跨越式发展进行研究探索，积极拓展各类行业的代收代缴电子化渠道，持续深化精细管理、优化营销体系、强化合规建设，推动数字金融业务全面发展。2020年，中信银行济南分行拥有手机银行客户152.73万户、数字金融客户175.00万户。

【风险控制】 2020年，中信银行济南分行秉承稳健的整体风险偏好，以服务实体经济、防范风险为指导方针，以不良资产处置攻坚战活动为依托，强力推进问题资产分类处置，通过对问题资产分类施策，落实责任、强化考核，全年处置工作成效显著。以授信政策为引导，坚持有进有退、有保有压，持续优化授信结构；持续推进风险管理体系建设，认真贯彻落实统一授信管理，风险管理“三道防线”协同，有效控制新增授信风险暴露，风险管理能力明显提升。

（纪 媛）

附表1

机构概况一览表

行长（或其他称谓的第一负责人）		副行长（或其他称谓的同级领导）	
杜晓峰		柳永生、张海鹰、毕新宇、康 超	
地址	山东省济南市泺源大街150号中信广场	邮编	250011
网址	http：//www.citicbank.com/	客服电话	95558

附表2

内设部门及分支机构一览表

年度	内设机构（个）	下设分支机构（个）		员工人数（人）	
		地市级机构数	县区级机构数	员工总数（含非正式员工）	正式员工数
2016	22	5	42	1,586	1,548
2017	23	6	43	1,568	1,563
2018	24	6	40	1,529	1,528
2019	23	6	40	1,544	1,544
2020	24	6	40	1,557	1,557

附表3

主要统计指标1

单位：亿元

项目	2016年	2017年	2018年	2019年	2020年	2020年同比增幅（%）
本外币资产总额	1,110.26	942.60	879.13	937.02	1,102.65	17.68
本外币存款余额	1,151.56	911.34	883.99	1,040.12	1,122.07	7.88
人民币存款余额	1,130.28	877.64	858.92	998.61	1,093.83	9.54
单位存款	733.37	637.07	594.56	640.10	715.15	11.72
储蓄存款	158.48	153.78	200.73	261.05	294.43	12.79
本外币贷款余额	682.76	705.63	791.25	855.72	929.10	8.58
人民币贷款余额	664.17	676.47	789.17	855.36	830.02	-2.96
短期贷款	300.23	249.53	228.28	239.54	230.07	-3.95
中长期贷款	363.94	426.94	508.68	545.28	599.95	10.03
票据融资	18.72	22.29	48.71	68.56	98.67	43.92
利润总额	10.56	-3.83	-26.06	-8.73	-7.36	—
不良贷款余额	6.65	14.91	56.14	27.25	34.01	24.81
不良贷款占比（%）	0.97	2.11	7.10	3.18	3.66	15.09

附表4

主要统计指标2

项目	2016年	2017年	2018年	2019年	2020年	2020年同比增幅（%）
单位结算账户（万户）	1.97	2.03	2.02	2.45	2.98	21.63
单位结算金额（亿元）	402.00	416.40	392.40	498.60	563.70	13.06
个人结算账户（万户）	212.56	209.33	245.47	279.04	290.03	3.94
个人结算金额（亿元）	161.58	158.53	205.69	266.21	301.58	13.29
信用卡发卡量（万张）	27.70	49.45	53.37	69.98	42.73	-38.94
信用卡消费额（亿元）	547.30	759.16	932.57	1,524.72	1,549.16	1.60
企业网银客户（万户）	0.92	0.99	1.14	1.64	2.37	44.51
个人网银客户（万户）	82.69	98.74	126.10	144.37	159.17	10.25
手机银行客户（万户）	73.72	92.50	118.74	137.00	152.73	11.48
现金自助设备（台）	380	310	211	175	161	-8.00
营业网点（个）	42	42	40	40	40	0.00
自助网点（个）	233	175	108	88	80	-9.09

中信银行股份有限公司青岛分行

【第一负责人简介】 刘泽云，男，1971年7月出生，中共党员，财政部财政科学研究所财政学专业博士；1996年参加工作，获得中信银行总行贸清部、营业部、同业及投行管理部、风险管理部等多个部门重要岗位的工作历练；2006年4月起历任中信银行国际业务部总经理助理、副总经理，资产托管部副总经理（主持工作）、总经理，国际业务部总经理等职；现任中信银行股份有限公司青岛分行（简称中信银行青岛分行）党委书记、行长，阿尔金银行股份公司董事，中信金融租赁有限公司董事。

【综述】 2020年是极不平凡的一年，中信银行青岛分行坚决贯彻落实党中央、国务院决策部署和监管要求，统筹常态化疫情防控和经营管理，紧扣“六稳”“六保”任务，固本强基，守正创新，在回归本源中展现责任担当，在稳健经营中守住风险底线，在改革转型中抓住发展机遇，在精准施策中夯实管理基础，在党建统领中把握前进方向，各项工作取得显著成效。

一是资产质量显著改善。截至2020年末，中信银行青岛分行问题贷款、不良贷款余额分别为23.90亿元、15.93亿元，分别比年初减少7.65亿元、4.18亿元；问题贷款率、不良贷款率分别为2.31%、1.54%，分别比年初下降1.23个、0.72个百分点，不良贷款率低于总行平均值，创下近六年最优水平。

二是经营效益大幅提升。2020年，中信银行青岛分行实现营业净收入29.60亿元，同比增加4.05亿元，增幅为15.85%；实现非利息收入7.38亿元，同比增加1.62亿元，增幅为28.13%；实现净利润11.65亿元，同比增加11.17亿元，创下2012年以来最好水平；全年成本收入比为32.01%，同比改善5.36个百分点；全年风险资本回报率为12.68%，同比提高12.04个百分点。

三是存款规模平稳增长。2020年，中信银行青岛分行自营存款日均余额为934.00亿元，同比增加71.00亿元，增幅为8.23%；全口径对公存款日均余额为630.00亿元，同比增加34.00亿元，增幅为5.70%；个人存款日均余额为295.00亿元，同比增加44.00亿元，增幅为17.53%。

四是综合金融服务能力显著提升。截至2020年末，中信银行青岛分行表内外综合融资1,744.00亿元，年增349.00亿元，增幅为25.02%。其中，表内各项贷款余额为1,035.00亿元，突破千亿元大关，较年初增加145.00亿元，增幅为16.29%。

五是客户基础持续夯实。截至2020年末，中信银行青岛分行对公客户数为3.72万户，较年初增加0.32万户。其中，对公基础客户8,045户，较年初增加1,208户；对公有效客户5,053户，较年初增加798户。个人客户数为306.00万户，较年初增加12.00万户，其中，贵宾客户3.57万户，较年初增加0.33万户；私人银行客户数为1,673户，较年初增加248户。

【公司业务】 2020年，中信银行青岛分行服务实体经济取得新成效。年末对公贷款规模较年初增加78.40亿元，其中制造业、制造业中长期贷款分别增加14.08亿元、18.72亿元，普惠、民营、涉农、扶贫贷款分别增加29.59亿元、6.28亿元、17.68亿元、1.04亿元，提前完成监管考核指标。开展“阳光计划”“护卫计划”，积极支持企业复工复产。全年发放应急类医药领域贷款51户、金额29.00亿元；发放支持复工复产生活保障类贷款173户、金额146.00亿元。赛轮轮胎、助农抗疫债等重点项目获得中央电视台等主流媒体点赞。全年实现债券承销、债券投资达170.00亿元，发行境外债7.00亿美元，落地青岛城投10.00亿元银团贷款，切实满足企业多元化融资需求。成立中信集团协同委员会青岛分会，与集团子公司协同联合融资267.00亿元，撮合业务300.00亿元，综合金融服务水平得到显著提升。

【个人业务】 2020年，中信银行青岛分行服务人民群众美好生活需要取得新突破。大力推广“中信幸福财富”品牌，全年实现全口径个人理财销售2,099.00亿元。实现青岛民办教育智能管理服务、青岛区域诊疗一卡通、山东省农民工工资支付监管、培诺教育资金存管等平台落地。深化“互联网+党建”，全年累计服务党支部602个，服务党员1.47万人。

【国际业务】 2020年，中信银行青岛分行积极融入山东自贸区及上合示范区建设，落实“稳外贸 促发展”，打出稳外贸金融“组合拳”，得到国家外汇管理局、人民银行青岛市中心支行的肯定。全年实现国际结算客户数同比增长135户，外汇资金交易量为88.00亿美元，同比增长10.00%，国际收支收付汇量、结售汇量、跨境人民币收支量市场占有率保持股份制银行首位，辖内五地均获评外汇管理“A类银行”。

【中间业务】 2020年，中信银行青岛分行围绕轻资本转型战略，按照建设“九大能力”相关部署，持续加大中间业务的发展推动力度。全年实现非利息收入7.38亿元，同比增加1.62亿元，增幅为28.13%；受疫情及落实减费让利政策影响，手续费净收入增长放缓，非利息收入主要靠理财销售、托管、债券承销等产品增长拉动，其中，理财业务收入为1.53亿元，同比增加0.25亿元；资产托管业务实现中收4,238.00万元，增加1,271.00万元，增幅为42.84%。

【电子银行业务】 2020年，中信银行青岛分行手机银行累计服务个人客户68.50万人，上线城市服务专区，推出优惠洗衣、实惠加油、滴滴优惠券、实惠半岛、属地专享等活动板块，极大地便利了人民群众生活。同时，继续在“智慧党建”“智慧校园”“智慧出行”“智慧医疗”等智慧城市建设领域发力，不断创新产品，为客户提供了更加便捷的支付业务服务。

【风险控制】 2020年，中信银行青岛分行大力强化风险防控。一是通过制度设计，进一步明确、压实第一道防线的管理职能；通过重点项目、大额项目、创新项目，100.00%参与现场尽调、核保和贷后检查，使第二道防线的管理职能不断前移；通过风险合规文化建设、警示教育、精准问责，使第三道防线的震慑监督作用不断增强。二是清收处置成效显著。全年通过常规核销、清收、不良提级等方式完成表内不良资产处置8.96亿元。三是内控合规工作取得明显成效。内外部检查发现问题整改率达到97.72%，宏观政策执行、统一授信等实现源头性整改，屡查屡犯问题得到有效遏制。辖内五地均获评2020年外汇业务合规与审慎经营A类评级。

（江增斌）

附表1

机构概况一览表

行长（或其他称谓的第一负责人）		副行长（或其他称谓的同级领导）	
刘泽云		张强军、陈秋实、张佑晶、娄 勇、吴从勇	
地址	山东省青岛市市南区香港中路22号	邮编	266071
网址	http：//www.citicbank.com/	客服电话	95558

附表2

内设部门及分支机构一览表

年度	内设机构（个）	下设分支机构（个）		员工人数（人）	
		地市级机构数	县区级机构数	员工总数（含非正式员工）	正式员工数
2016	20	5	47	1,787	1,731
2017	22	5	48	1,738	1,689
2018	22	5	48	1,677	1,641
2019	24	5	48	1,668	1,633
2020	23	5	48	1,681	1,649

附表3

主要统计指标1

单位：亿元

项目	2016年	2017年	2018年	2019年	2020年	2020年同比增幅（%）
本外币资产总额	1,115.37	1,037.59	966.62	977.52	1,123.44	14.93
本外币存款余额	909.45	961.17	831.28	945.44	997.81	5.54
人民币存款余额	827.76	880.76	782.77	900.89	953.83	5.88
单位存款	554.58	575.90	510.91	604.61	642.77	6.31
储蓄存款	191.81	160.22	215.11	268.09	294.53	9.86
本外币贷款余额	750.05	841.37	873.25	831.13	938.30	12.89
人民币贷款余额	704.11	820.71	848.55	815.49	903.27	10.76

续表

项目	2016年	2017年	2018年	2019年	2020年	2020年同比增幅（%）
短期贷款	327.09	294.64	275.63	226.07	227.70	0.72
中长期贷款	365.87	507.94	529.57	589.04	675.30	14.64
票据融资	10.97	17.44	42.33	58.77	96.26	63.79
利润总额	4.16	6.47	-10.34	-0.35	14.74	—
不良贷款余额	12.02	17.60	31.59	20.11	15.93	-20.79
不良贷款占比（%）	1.60	2.09	3.62	2.26	1.54	-31.86

附表4

主要统计指标2

项目	2016年	2017年	2018年	2019年	2020年	2020年同比增幅（%）
单位结算账户（万户）	3.47	3.62	3.69	4.11	4.47	8.76
单位结算金额（亿元）	20,015.00	33,444.00	19,866.00	20,186.00	21,806.00	8.03
个人结算账户（万户）	197.46	179.37	220.96	245.00	264.00	7.76
个人结算金额（亿元）	15,974.00	108.22	15,156.67	15,784.00	10,665.00	-32.43
信用卡发卡量（万张）	22.96	16.77	30.50	20.45	15.60	-23.72
信用卡消费额（亿元）	361.00	226.00	307.00	486.00	368.00	-24.28
企业网银客户（万户）	1.35	1.74	1.98	2.65	3.12	17.74
个人网银客户（万户）	95.47	115.43	148.30	169.00	185.17	9.57
手机银行客户（万户）	75.41	98.07	132.03	153.76	170.45	10.85
现金自助设备（台）	446	390	307	262	241	-8.02
营业网点（个）	52	53	53	53	53	0.00
自助网点（个）	67	61	36	21	17	-19.05

中国光大银行股份有限公司济南分行

【第一负责人简介】　朱军，男，汉族，1965年8月出生，中共党员，大学本科学历，经济师职称；历任中国光大银行石家庄分行公司业务部兼国际业务部总经理，唐山分行行长，石家庄分行副行长等职；2018年5月，任中国光大银行股份有限公司济南分行（简称光大银行济南分行）党委书记；2018年10月，任光大银行济南分行行长。

【综述】　2020年，光大银行济南分行面对复杂多变的市场环境和突发新冠肺炎疫情的不利影响，坚持以习近平新时代中国特色社会主义思想为指导，认真贯彻落实党中央决策部署，扎实做好“六稳”“六保”工作，大力支持复工复产，积极履行社会责任、展现国企担当，紧紧围绕打造“一流财富管理银行”战略目标，按照“稳中求进、变中求机、进中求新”的工作思路，迎难而上、担当作为、积极进取，统筹疫情防控和业务发展，推动业务转型和高质量发展，防范化解各类风险，各项业务实现了均衡健康发展。截至2020年末，光大银行济南分行资产总额为639.20亿元、一般性存款余额为613.87亿元，各项贷款余额为467.81亿元。

【公司业务】　2020年，光大银行济南分行坚决贯彻脱虚向实、回归本源的监管要求，肩负起金融“国家队”作用，加大金融服务实体经济支持力度，坚持业务发展，狠抓项目落地。全年全行制造业、民营企业和普惠贷款分别新增99.19亿元、9.88亿元、6.23亿元，增速均超过各项贷款平均增速，普惠金融新投放贷款平均利率较上年下降71个基点，全面完成普惠金融“两增两控”监管目标。狠抓客户数量增长，发挥好部室管理职能，加强探索和拓展获客渠道，强化精细化管理，提高经营单位获客能力，客户基础得到有效提升，对公有效户年增长2,973户。坚决贯彻落实中央精准扶贫决策，精准扶贫贷款较年初新增5,100.00万元，普惠型涉农贷款较年初新增1.29亿元。

【个人业务】 2020年，光大银行济南分行持续加强市场营销，围绕夯实客户基础、队伍基础、服务管理基础，提升获客能力、客户服务能力和管理机制能力，进一步夯实业务发展基础，营造敢想、敢闯、敢拼、敢赢的零售业务发展氛围，深化财富管理银行转型，推动个人客户财富E-SBU生态链建设，财富管理创收能力增强，充分发展“名品”建设，深度挖潜客户综合贡献，实现存款稳步增长。同时顺应市场变化，以网点转型和服务质量为抓手，致力于构建综合金融服务体系和平台，以AUM财富总量、代理理财、零售贷款、零售存款为四大工作重点，各项业务齐头并进、均衡发展，取得了较好的经营业绩。截至12月末，实现AUM余额298.00亿元，零售存款时点余额达到121.00亿元，零售信贷规模88.00亿元。

【国际业务】 2020年，按照总分行相关部署，光大银行济南分行明确贸易金融业务营销目标，优化产品结构，以控制风险为前提、以提升利润为中心、以创新产品为导向，围绕重点行业、重点客户、重点产品，加强营销组织和营销支持，加强外汇管理和合规管理，一是积极发展在线供应链金融，创新获客渠道和营销方式，针对建筑行业制订特色普惠金融解决方案，通过现场宣讲、直接协助客户注册等多种措施，依托阳光供应链云平台，解决了民营中小客户的融资难题；二是做好农民工工资保函推广工作，发挥助推企业复工复产、服务普惠民生的重要作用；三是依托外币资金池，实现结算量与外币存款双赢。

【中间业务】 2020年，光大银行济南分行大力发展持有到期信托受益权业务、债券持有到期业务，加大小微企业贴现支持力度，从贴现规模、贴现利率同时提供差别服务，真正响应总行支持中小企业融资的号召。发债业务取得了实质性突破，发行只数和发行客户数均得到了提高。大力发展托管业务，丰富中间业务收入来源。加强与省内同业机构的交流，积极开展同业授信业务，拓展同业资金来源，实现合作共赢。加强对二级分行业务的管理与指导，促进业务健康发展。

【数字金融业务】 2020年，光大银行济南分行持续推进数字化转型，落实普惠便民战略，统筹推进云缴费业务发展，扩大项目接入，促进财政非税线上收缴业务，以增客户、创中收为核心目标，以拓展渠道、联动营销、产品为主要抓手，重点做好云缴费、云支付、e托管、e电商的项目推广，规模与效益快速增长，云缴费、e电商、e托管、e容贷均取得了突破性的成绩，呈现良好发展势头。依托线上衍生交易为企业复工复产提供金融保障，积极推荐“阳光e结算”平台线上签约衍生产品，帮助客户实现足不出户锁定汇率规避风险。

【风险控制】 2020年，光大银行济南分行始终把风险防控摆在前端，稳步抓好资产质量管控工作，强化授信后管理和风险预警，实行风险管理差异化授权，实现前倾后延闭环全流程管理。强化收息收贷，对重点关注客户和潜在风险客户进行逐户摸排，按户制订解决方案，实行销号制度，实现了不良贷款率、不良贷款余额“双降”。通过“行业规范建设深化年”“内控治理提升年”、市场乱象整治“回头看”等系列工作，进一步完善内控体系、制度建设，强化稽核检查、合规意识，确保全行安全稳健发展。

（刘 佳）

附表1

机构概况一览表

行长（或其他称谓的第一负责人）		副行长（或其他称谓的同级领导）	
朱 军		王正明、杨 林、辛 锋、黄 秦	
地址	山东省济南市经七路85号	邮编	250002
网址	http://www.cebbank.com	客服电话	95595

附表2

内设部门及分支机构一览表

年度	内设机构（个）	下设分支机构（个）		员工人数（人）	
		地市级机构数	县区级机构数	员工总数（含非正式员工）	正式员工数
2016	18	3	14	786	667
2017	19	4	16	851	776
2018	21	5	16	879	804
2019	21	5	16	883	808
2020	21	6	17	898	831

附表3

主要统计指标1

单位：亿元

项目	2016年	2017年	2018年	2019年	2020年	2020年同比增幅（%）
本外币资产总额	608.16	523.10	508.05	556.79	639.20	14.80
本外币存款余额	488.73	472.84	488.44	540.31	613.87	13.61
人民币存款余额	483.29	464.14	484.61	537.60	609.62	13.40
单位存款	418.37	400.13	401.66	421.35	444.28	5.44
储蓄存款	70.36	72.71	86.78	101.67	121.11	19.12
本外币贷款余额	353.63	387.90	416.07	447.09	467.81	4.63
人民币贷款余额	350.65	384.67	412.19	438.43	460.54	5.04
短期贷款	154.15	138.89	133.86	139.94	135.23	-3.37
中长期贷款	178.27	241.84	268.99	277.49	301.25	8.56
票据融资	17.90	4.78	7.88	19.13	23.27	21.64
利润总额	4.61	1.46	-9.51	0.26	9.30	3476.92
不良贷款余额	6.20	7.38	20.21	9.91	9.97	0.61
不良贷款占比（%）	1.75	1.90	4.86	2.22	2.13	-4.05

附表4

主要统计指标2

项目	2016年	2017年	2018年	2019年	2020年	2020年同比增幅（%）
单位结算账户（万户）	0.72	0.78	1.05	1.34	1.72	28.36
单位结算金额（亿元）	833.12	902.55	953.17	1,002.73	1,152.41	14.93
个人结算账户（万户）	88.20	96.50	105.04	117.60	135.51	15.23
个人结算金额（亿元）	21.33	23.34	25.67	28.24	32.48	15.01
信用卡发卡量（万张）	8.68	6.90	13.94	20.51	13.97	-31.89
信用卡消费额（亿元）	526.00	608.00	734.00	870.40	933.40	7.24
企业网银客户（万户）	0.65	0.71	0.90	1.28	1.67	30.47
个人网银客户（万户）	62.13	66.98	72.89	79.95	86.47	8.16
手机银行客户（万户）	61.60	68.26	56.89	65.27	73.35	12.38
现金自助设备（台）	220	172	135	123	91	-26.02
营业网点（个）	22	27	29	29	30	3.45
自助网点（个）	11	5	0	0	0	—

中国光大银行股份有限公司青岛分行

【第一负责人简介】 朱小庆，男，汉族，甘肃张掖人，1967年10月出生，中共党员；2009年5月至2015年2月任中国光大银行南宁分行党委委员、纪委书记、副行长；2015年2月至2016年4月任中国光大银行海口分行副行长；现任中国光大银行股份有限公司青岛分行（简称光大银行青岛分行）党委书记、行长。

【综述】 光大银行青岛分行成立于1994年，是光大系统内较早成立的分行之一，现有员工1,000余人，在东营、临沂、日照设有3家二级分行，全辖设有31家支行营业网点、24家社区银行网点。光大银行青岛分行紧紧围绕“服务实体经济、防范金融风险、深化金融改革”三大任务和“打造一流财富管理银行”战略愿景，以“有情怀、有质量、有特色、有创新、有底线、有口碑、有活力、有责任”银行为标准，打响阳光品牌、做好集团联动，强化客户基础，狠抓风险管理，优化体制机制，主要指标实现新突破、政银合作取得新成绩、协同对接作出新贡献、队伍建设凝聚新力量、党建工作达到新高度，实现了更高质量的发展。截至2020年末，资产规模达612.69亿元、一般性存款余额为574.14亿元，贷款余额为460.79亿元，不良贷款率远低于同业平均水平。

【经营发展情况】 2020年，光大银行青岛分行扎实落实“六稳”“六保”，全面提升服务实体经济质效。深入贯彻落实习近平总书记关于统筹推进疫情防控和经济发展的重要指示精神，统筹做好疫情防控和业务发展工作。围绕“增量、降本、便利”，大力支持实体经济发展。有力有序支持小微企业发展和制造业、民营企业发展。加大支持传统产业转型升级力度，支持地方政府专项债项目。有力有序推动减费让利，降低企业融资成本。疫情期间，通过调整还本付息计划、无还本续贷等措施，帮助克艰渡难。围绕青岛市新旧动能转换重大工程，支持发展壮大新兴未来产业，优先投向新一代信息技术、生物医药、高端装备、节能环保、文化创意五个产业的项目。积极配置专项资源，加大涉农贷款支持力度。对接山东省财政、青岛市财政业务系统，开展线上“阳光政采贷”业务。严格控制高耗能、高污染行业信贷总量，择优支持绿色经济行业。

【个人业务】 2020年，光大银行青岛分行以“财富转型”“个贷转型”“网点转型”为契机，保持零售存款、AUM的良好增长势头，积极推进财富管理转型，不断提升阳光财富管理的知名度与认可度，市场影响力不断扩大。深入开展个贷业务流程优化，制定标准化实施细则，开发便捷审批系统，促进业务办理效率不断提升。

【金融科技】 2020年，光大银行青岛分行深入开展数字化营销模式推广，强化业务发展的科技支撑，加速数字化转型，持续推进业务创新。一是加速数字银行建设，搭建了特色项目伴客超市。二是打造“数字商街”平台，在微信端搭建开放的折扣活动平台，利用分行同时拥有BC两端优势，解决B端商户寻找客源、C端客户消费增值的痛点。三是加速线上平台扩容和迭代升级，拓展、深耕云缴费业务，探索打造出具有获客持续性、价值创造性的互联网金融生活服务平台。累计上线云缴费项目35项，实现了青岛地区基础缴费项目全覆盖。光大银行“管理财富，服务民生”的品牌形象深入人心。

【风险控制】 2020年，光大银行青岛分行坚决打好资产质量保卫战，守好资产质量底线。一是防范新增风险。提升风险防控的前瞻性和全局性意识，聚焦企业经营层面实质，严守不发生新增授信风险底线。坚持统一授信制度，防范多头授信、过度授信。二是持续加强“三道防线”能力建设，以日常风险监控为基础、以预警系统为工具、以提升风险排查多样性为手段，以重点关注及预警类贷款客户名单为目标。

（盖小飞）

附表1

机构概况一览表

<table>
<tr><td colspan="2">行长（或其他称谓的第一负责人）</td><td colspan="2">副行长（或其他称谓的同级领导）</td></tr>
<tr><td colspan="2">朱小庆</td><td colspan="2">纪新仕（纪委书记）、王 侃、樊效峰、任 海、李 鹏、段 成</td></tr>
<tr><td>地址</td><td>山东省青岛市市南区香港西路67—69号</td><td>邮编</td><td>266071</td></tr>
<tr><td>网址</td><td>http://www.cebbank.com/</td><td>客服电话</td><td>95595</td></tr>
</table>

附表2

内设部门及分支机构一览表

年度	内设机构（个）	下设分支机构（个）		员工人数（人）	
		地市级机构数	县区级机构数	员工总数（含非正式员工）	正式员工数
2016	25	4	25	1,060	929
2017	25	4	26	1,046	953
2018	26	4	27	1,043	949
2019	27	4	27	1,047	971
2020	27	4	27	1,019	943

附表3

主要统计指标1

单位:亿元

项目	2016年	2017年	2018年	2019年	2020年	2020年同比增幅（%）
本外币资产总额	809.38	810.11	788.16	570.08	612.69	7.47
本外币存款余额	744.98	715.67	754.24	569.96	574.14	0.73
人民币存款余额	731.88	694.57	734.78	549.42	561.67	2.23
单位存款	300.26	283.48	307.31	361.33	356.12	-1.44
储蓄存款	104.94	99.17	149.01	181.62	205.09	12.92
本外币贷款余额	423.07	428.47	434.43	398.64	460.79	15.59
人民币贷款余额	414.99	417.91	429.24	393.57	453.90	15.33
短期贷款	190.42	178.59	165.33	110.07	132.87	20.71
中长期贷款	189.61	236.75	249.95	252.68	254.59	0.76
票据融资	32.49	2.12	13.02	30.38	26.52	-12.71
利润总额	5.18	4.78	-0.81	-9.72	0.75	—
不良贷款余额	4.35	4.13	2.83	7.83	10.53	34.48
不良贷款占比（%）	1.03	0.96	0.65	1.96	2.58	31.63

附表4

主要统计指标2

项目	2016年	2017年	2018年	2019年	2020年	2020年同比增幅（%）
单位结算账户（万户）	1.20	1.21	1.57	2.04	2.34	14.71
单位结算金额（亿元）	9,689.56	9,381.23	11,562.74	10,748.40	14,956.97	39.16
个人结算账户（万户）	108.50	237.90	296.33	346.91	385.60	11.15
个人结算金额（亿元）	5,229.49	6,356.43	6,603.72	6,163.01	5,759.26	-6.55
信用卡发卡量（万张）	90.19	114.52	155.78	179.95	205.63	14.27
信用卡消费额（亿元）	283.44	398.02	574.00	707.93	742.90	4.94
企业网银客户（万户）	0.88	1.02	1.87	2.40	2.72	13.33
个人网银客户（万户）	60.90	70.99	80.63	89.63	95.53	6.58
手机银行客户（万户）	44.83	54.38	77.87	90.97	102.60	12.78
现金自助设备（台）	352	312	257	128	115	-10.16
营业网点（个）	56	59	60	60	55	-8.33
自助网点（个）	15	11	3	1	1	0.00

中国光大银行股份有限公司烟台分行

【第一负责人简介】 谢正玉，男，汉族，1971年4月出生，中共党员，大学本科学历；1993年8月在交通银行南京江宁支行参加工作，2001年5月调入中国光大银行南京分行，历任中国光大银行南京分行江宁支行副行长、行长；2015年4月任中国光大银行南京分行党委委员，同年8月任中国光大银行南京分行党委委员、行长助理；2016年12月任中国光大银行南京分行党委委员、副行长；2020年12月至今任中国光大银行股份有限公司烟台分行（简称光大银行烟台分行）党委书记（代为履行行长职务）。

【综述】 2020年初，面对疫情冲击带来的不确定性，光大银行烟台分行按照“稳中求进、变中求机、进中求新”总体思路，以服务实体经济作为疫情防控、战略执行、同业对标、高质量发展的出发点和落脚点，贯彻落实新发展理念，强化财富管理特色，调结构、促转型、防风险、强合规，统筹打出了一场高强度、高标准、高质量的疫情防控、业务发展和金融服务的硬仗，综合竞争能力连续多年保持区域可比同业第一。截至2020年末，光大银行烟台分行一般性存款时点余额为389.44亿元，增幅为17.48%，日均余额为378.00亿元，增幅为16.00%；核心存款日均余额增加60.00亿元，增幅为30.00%，占比提升7个百分点至68.00%。各项贷款余额为320.49亿元，增幅为27.00%。实现营业净收入12.70亿元，增幅为11.30%。其中，公司业务营业净收入6.50亿元，增幅为27.00%，占比为51.00%；零售业务营业净收入2.90亿元，增幅为19.00%，占比为22.00%；信用卡业务营业净收入3.40亿元，同比下降8.10%，占比为27.00%。经济利润为2.90亿元，同比下降3.50%。

【公司业务】 2020年，光大银行烟台分行坚定支持实体经济发展方向，落实“增量、降本、便利”工作要求，民营企业、制造业和制造业中长期贷款增速高于全行各项贷款平均增速，普惠贷款增幅为20%；强化综合金融服务能力建设，债券承销、黄金租赁、交易结算、现金管理、阳光薪、科技贷、助业贷、云缴费等一系列拳头产品成为便民利企、助力复工复产的服务“名品”；客户“朋友圈”进一步拓展，与多家优质客户和平台公司开展战略合作，与财政、公安、住建深化合作关系，全年对公有效户净增1,260户，完成4,183户企业账户、6,866户信用卡账户的风险排查，对客户质量的把握更加真实准确。

【个人业务】 2020年，光大银行烟台分行聚焦上规模、增存款、提产能，多项指标实现整数关口跨越。年末管理资产规模达到370.00亿元，代理业务占比提升至32.00%，结构进一步优化；10家社区支行管理资产跨越50.00亿元关口，个贷业务跨越70.00亿元关口；全年投放超过31.00亿元；年末储蓄存款余额为111.00亿元，增加10.00亿元；全年潜力以上客户净增1,827户，其中，优质、财富、私人银行客户合计净增1,162户；全年新增信用卡中高端客户6.60万户；全年新增代发工资企业271户、1.50万人；辖内4家支行入围总行“百强代发支行”。

【国际业务】 2020年，光大银行烟台分行以具有竞争优势的外汇交易产品和阳光供应链金融为着力点，支持进出口企业融资需求，重点打造以“财汇盈”“供应链金融”为代表的交易银行“名品”，利用丰富的境内外平台，帮助企业规避汇率风险，实现境内外融资。全年收付汇量为47.00亿美元，同比增长8%；年末表内外贸易融资余额为135.00亿元，同比增长25.00%。

【中间业务】 2020年，光大银行烟台分行以低资本占用业务为导向，大力发展中间业务。全年实现中间业务收入4.10亿元，占营业净收入的32.00%。其中，公司中间业务收入为1.40亿元，增幅为16.00%，占比为35.00%；零售中间业务收入为1.30亿元，增幅为21.00%，占比为33.00%；信用卡中间业务收入为1.30亿元，降幅为18.00%，占比为33.00%。全年光大银行烟台分行债券承销67.00亿元，连续三年保持区域内所有银行第一。

【电子银行业务】 2020年，光大银行烟台分行紧抓总行“科技投入倍增”导向和创新政策，加强人力资源配置和科技力量支撑，威高海洋馆智慧旅游项目顺利获批，云缴费、手机银行上线多项贴近民生的缴费服务。其中，“云缴费”对接“烟台一手通”、公安治安罚没缴费、社保、医保系统；全年归集取暖费超过10.00亿元，服务烟威地区51.00万户家庭；手机银行上线医保电子凭证展码支付业务，树立了敏捷、科技形象。“和对讲”赋能厅堂营销，助力网点产能提升；响应政府促消费、惠民生部署，推出“1元购”“逢8不打烊”品牌活动，活跃消费氛围，提振市场信心，打出“服务民生”品牌。

【风险控制】 2020年，光大银行烟台分行贯彻落实“三个治贷”和“两个一律”，强化尽职调查、审查审批、放款审核、贷后管理、清收保全等“全面、全程、全员”信用风险管控制度，守好资产质量。全年不良贷款、不良贷款率、关注贷款、关注率四项指标均实现下降。不良贷款为2.84亿元，不良贷款率为0.89%，下降0.49个百分点；关注贷款为2.86亿元，关注率为0.89%，下降0.24个百分点。累计处置不良资产3.20亿元，其中，现金清收1.40亿元，信用卡处置不良资产3.80亿元。

2020年，光大银行烟台分行持续深入转作风、强治理、创价值，重点优化“三重一大”事项，强力抓好基层党支部标准化规范化建设、基层党组织巡察、党员重大事项报告和巡察审计问题整改等重点；纪委紧盯不良贷款、员工行为管控等领域，强化执纪问责，全年党纪行纪问责55人次。外汇业务合规与审慎经营评估连续九年获评市级A级行，首次获评省级A级行；交易银行团队作为唯一一家股份制银行在山东省外汇业务竞赛中取得第五名。反洗钱工作连续八年获评市级A级行；“行业规范建设深化年”工作获评烟台银保监分局“优秀单位”。

（杨鸿远）

附表1

机构概况一览表

行长（或其他称谓的第一负责人）		副行长（或其他称谓的同级领导）	
谢正玉（党委书记、代行长）		唐宁、刘雨梦、林燕、张清艳、陈雄、刘燕波	
地址	山东省烟台市芝罘区南大街111号	邮编	264000
网址	http://www.cebbank.com/	客服电话	95595

附表2

内设部门及分支机构一览表

年度	内设机构（个）	下设分支机构（个）		员工人数（人）	
		地市级机构数	县区级机构数	员工总数（含非正式员工）	正式员工数
2016	16	1	11	451	429
2017	18	1	11	487	463
2018	18	1	12	488	464
2019	20	1	12	493	469
2020	21	1	12	501	477

附表3

主要统计指标1

单位：亿元

项目	2016年	2017年	2018年	2019年	2020年	2020年同比增幅（%）
本外币资产总额	269.72	292.85	300.24	378.06	407.95	7.91
本外币存款余额	243.52	260.27	274.11	331.49	389.44	17.48
人民币存款余额	221.80	233.19	243.71	294.99	334.86	13.52
单位存款	161.36	172.79	166.37	197.83	227.19	14.84
储蓄存款	60.44	60.40	77.34	95.74	106.59	11.33
本外币贷款余额	176.11	201.23	218.03	252.36	320.49	27.00
人民币贷款余额	162.53	179.94	195.06	224.08	270.13	20.55
短期贷款	61.32	67.67	83.63	95.02	115.80	21.87
中长期贷款	91.14	107.30	105.57	121.40	140.47	15.71
票据融资	10.01	4.63	5.05	7.28	13.85	90.25
利润总额	3.86	4.56	4.23	4.41	3.78	-14.29
不良贷款余额	1.07	1.65	3.61	3.48	2.84	-18.39
不良贷款占比（%）	0.61	0.82	1.66	1.38	0.89	-35.51

附表4

主要统计指标2

项目	2016年	2017年	2018年	2019年	2020年	2020年同比增幅（%）
单位结算账户（万户）	0.55	0.62	0.77	1.07	1.25	16.82
单位结算金额（亿元）	2,960.00	3,415.00	4,188.00	4,774.00	7,197.00	50.75
个人结算账户（万户）	83.36	87.72	87.63	109.65	117.10	6.79
个人结算金额（亿元）	5,410.21	5,323.03	5,521.30	6,546.04	6,845.02	4.57
信用卡发卡量（万张）	11.33	12.35	13.58	12.47	9.50	-23.82
信用卡消费额（亿元）	200.75	270.31	352.88	395.66	394.59	-0.27
企业网银客户（万户）	0.48	0.57	0.77	0.92	0.96	4.35
个人网银客户（万户）	35.60	39.20	46.50	57.80	58.20	0.69
手机银行客户（万户）	21.90	25.90	33.21	54.20	63.98	18.04
现金自助设备（台）	72	70	72	64	65	1.56
营业网点（个）	11	12	13	13	13	0.00
自助网点（个）	22	21	17	15	7	-53.33

华夏银行股份有限公司济南分行

【第一负责人简介】 张志刚，男，汉族，1969年11月出生，中共党员，经济师；历任交通银行河南省分行分理处主任及下辖支行副行长、行长，华夏银行郑州分行纪委书记、副行长，华夏银行兰州分行党委书记、行长；现任华夏银行股份有限公司济南分行（简称华夏银行济南分行）党委书记、行长。

【综述】 华夏银行济南分行成立于1996年12月，是华夏银行在山东省内设立的一级分行，目前管辖烟台、聊城、东营、临沂、潍坊、济宁、滨州和德州8家二级分行，营业网点达到54家，形成了立足济南、辐射全省的服务格局。2020年，华夏银行济南分行围绕总行工作部署和监管要求，坚持稳中求进工作总基调和新发展理念，在统筹疫情防控和经营发展的基础上，保持战略定力，把握发展节奏，强化党建统领，狠抓工作落实，不断提高综合服务能力，努力打造"华夏服务"品牌，向着"提质量、增效益、稳规模"工作目标迈出了坚实步伐，推动各项业务持续健康发展，进一步树立了良好的企业形象。

【公司业务】 2020年，华夏银行济南分行积极融入主流经济，聚焦省内重大项目，不断加大对实体经济的信贷支持力度，深化营销机制转型，强化产品创新运用，推动公司业务持续稳健发展。一是持续深化客户开发，提升综合服务能力。全年为3.70万户公司客户提供优质金融服务，机构客户营销及政府类平台资格获取取得新突破。二是创造性地将总行"3-3-1-1"客户战略与山东省新旧动能转换、自贸区建设等国家和地方战略有机结合。全年共为62只政府引导基金提供托管服务，计划总规模为610.00亿元，其中，山东省新旧动能转换基金14只，总规模超过170.00亿元。三是"商行+投行"作业模式进一步优化。构建信贷、投资、交易、避险、托管、资管融为一体的全方位服务体系，打造一揽子产品服务方案，加大交叉营销力度，满足客户综合融资需求。年末资产托管规模达1,647.87亿元，较年初增加624.37亿元，实现债券承销71.50亿元。四是持续打造绿色金融特色业务，助力山东省内能源行业转型升级，实现高质量发展。年末绿色信贷余额为82.43亿元，绿色贷款占比为14.24%；持续打造"绿筑美丽华夏"的绿色金融品牌形象，通过世界银行"京津冀大气污染防治融资创新项目"与山东省多家优质企业开展合作，已运用转贷资金4,941.00万欧元、配套人民币4.67亿元。

【个人业务】 2020年，华夏银行济南分行坚持以客户为中心，通过构建金融生态圈，积极搭建营销平台，提升客户服务体验。一是强化重点产品营销，个人业务实现较好发展。年末服务个人借记卡客户达到175.00万户、个人信用卡客户达到146.00万户。二是强化“以产品打市场”营销模式。重点打造理财、代发、商户三大增存主渠道，积极推进社区、老年、出国、ETC四大生态圈建设，夯实发展基础。三是积极顺应消费升级，做强消费信贷客群，完善消费场景搭建，提升市场影响力。年内累计投放个贷33.81亿元，年末余额达128.07亿元，个贷余额占比为20.34%，较年初提高3.26个百分点；全年信用卡业务新增发卡9.69万户。四是切实强化消费者权益保护工作，推进网点规范服务和消保服务内训“双提升”工程。目前辖内共有9家“全国文明规范服务百佳示范单位”和“全国文明规范服务千家示范单位”、8家五星级营业网点，连续多年在总行服务评比中名列前茅。

【国际业务】 2020年，华夏银行济南分行认真落实总行工作会议精神和部署，前瞻研判外部形势，强化重点产品运用，拓展多元发展空间，采取有效措施克服疫情影响，实现了贸易金融效益、规模和客户的协调增长。一是强化产品运用，加大境外发债、国内信用证、供应链融资等业务营销力度，增加国际结算量，拓宽增收渠道。二是加快线上化建设，积极推广区块链技术和线上融资平台业务，带动业务线上化发展，促进数字化转型，通过产品和服务升级，提升客户体验。三是强化营销组织推动，深挖业务发展潜能，跨境资本项下业务贡献突出，打造新的利润增长点，优质客户开发提速。

【中间业务】 2020年，华夏银行济南分行积极调整业务结构，推动经营转型；深挖中间业务增长潜力，在做好资管、托管、债务融资工具承销和结算等业务的基础上，大力发展贸易金融业务和信用卡业务，全年实现信用卡中间业务收入6.46亿元，同比增长超过10.00%；加大托管营销力度，聚焦信托财产保管、银行理财、证券投资基金、保险资产保管和资金监管等领域，做大资产托管规模；以现金管理和理财业务为重点，积极发展财富管理业务，体系化推动私人银行客户综合经营，提升价值贡献。

【电子银行业务】 2020年，华夏银行济南分行以金融科技发展规划为指引，以“深化结构调整”为主线，推进“以依法合规为前提，保运营、稳存量、拓增量、争创新”整体工作，进一步强化网络金融价值中心创新引领。加强网络金融现金管理产品的推广应用，实现协同引领，提升对全行获客活客、创收增存的贡献；全面推广以手机银行5.0为核心的渠道协同服务体系，以线上专属理财为抓手，发挥其对全行客户的带动及维系作用；全面推广企业手机银行，推进业务线上化，优化业务结构，强化服务支持。截至2020年末，全行移动银行客户数累计达98.32万户，较年初净增11.53万户。

【风险控制】 2020年，华夏银行济南分行进一步深化全面风险管理，强化总体风险管控，着力提升资产质量，实现稳健经营运行。持续优化信贷结构，强化授信业务全流程风险管控，严把授信准入关，切实提高贷后管理工作质量，塑造良好信贷文化；强化风险“穿透”管理，坚持信用风险、流动性风险、市场风险、操作风险、声誉风险、案件风险统筹管理，实现动态把控，确保全行平稳运营；加强内控合规建设，深入贯彻落实总行和监管部门的工作要求，保持案防高压态势，完善洗钱风险管理体系，加强营业场所和员工异常行为管理，打造全员合规文化；立足“风险为本”，强化安全保卫和维稳工作，稳健推进运营体制改革，确保“零案件”工作目标，为全行经营发展营造良好环境。

（蒯祎樯）

附表1

机构概况一览表

行长（或其他称谓的第一负责人）		副行长（或其他称谓的同级领导）	
张志刚		刘增文、张沛儒、李延伟、李艳霞、王 毅、杨晓丽、景 涛、宁金龙	
地址	山东省济南市纬二路138号	邮编	250001
网址	http：//www.hxb.com.cn/	客服电话	95577

附表2

内设部门及分支机构一览表

年度	内设机构（个）	下设分支机构（个）		员工人数（人）	
		地市级机构数	县区级机构数	员工总数（含非正式员工）	正式员工数
2016	19	7	49	1,549	1,410
2017	19	7	50	1,643	1,507
2018	20	8	56	1,649	1,556
2019	20	8	55	1,570	1,477
2020	20	8	54	1,493	1,409

附表3

主要统计指标1

单位：亿元

项目	2016年	2017年	2018年	2019年	2020年	2020年同比增幅（%）
本外币资产总额	730.23	770.06	777.10	669.76	660.63	-1.36
本外币存款余额	679.56	683.02	617.56	659.91	646.78	-1.99
人民币存款余额	647.51	655.35	593.06	615.91	620.36	0.72
单位存款	286.81	377.28	295.12	323.08	338.67	4.83
储蓄存款	135.55	141.81	159.62	188.93	199.83	5.77
本外币贷款余额	578.01	637.76	663.41	652.99	603.32	-7.61
人民币贷款余额	551.85	605.99	642.58	625.91	587.76	-6.10
短期贷款	355.18	360.95	298.39	278.93	228.43	-18.10
中长期贷款	189.53	241.24	321.03	346.98	359.33	3.56
票据融资	3.30	1.00	11.52	25.55	24.50	-4.11
利润总额	14.22	11.10	-1.37	-22.24	-10.81	—
不良贷款余额	5.88	8.43	20.06	20.33	18.46	-9.20
不良贷款占比（%）	1.02	1.32	3.02	3.11	3.06	-1.61

附表4

主要统计指标2

项目	2016年	2017年	2018年	2019年	2020年	2020年同比增幅（%）
单位结算账户（万户）	2.55	3.11	3.37	3.67	3.74	1.91
单位结算金额（亿元）	12,728.00	15,628.00	15,643.00	15,428.88	12,931.04	-16.19
个人结算账户（万户）	121.13	130.75	138.33	146.61	170.01	15.96
个人结算金额（亿元）	6,077.00	7,669.00	7,724.00	6,730.88	6,924.92	2.88
信用卡发卡量（万张）	15.03	20.61	34.75	12.79	9.69	-24.24
信用卡消费额（亿元）	221.88	382.99	600.45	641.96	618.25	-3.69
企业网银客户（万户）	1.56	2.04	2.27	2.49	2.48	-0.40
个人网银客户（万户）	30.39	31.80	33.15	33.94	32.92	-3.01
手机银行客户（万户）	38.45	53.59	70.21	84.25	101.36	20.31
现金自助设备（台）	273	267	218	200	183	-8.50
营业网点（个）	48	50	56	55	54	-1.82
自助网点（个）	71	69	65	63	60	-4.76

华夏银行股份有限公司青岛分行

【第一负责人简介】 王勇，男，汉族，1974年4月出生，陕西西安人，中共党员，陕西财经学院金融财政学院国际金融专业毕业，大学本科学历，硕士学位，经济师；1998年7月参加工作，历任华夏银行北京分行会计部总经理、个人业务部总经理、营销总监、副行长等职；现任华夏银行股份有限公司青岛分行（简称华夏银行青岛分行）党委书记、行长。

【综述】 2020年，华夏银行青岛分行在总行和分行党委的正确领导下，认真贯彻总行和分行年初工作会议要求，紧紧围绕效益这一核心目标，深化机制转型、优化结构调整、强化资源整合，发展基础得到进一步夯实，经营态势持续向好。全年主要经营指标：实现考核口径拨备前利润16.36亿元，中间业务净收入5.70亿元，账面口径一般性存款日均增量31.25亿元；个人金融资产总量增量为39.35亿元；运营费用成本收入比降低；大力发展普惠金融，小微企业条线贷款增量为5.68亿元，综合计划完成率为275.10%。

【公司业务】 2020年，华夏银行青岛分行坚持融入主流经济，持续加大对本地重点项目、民生领域和战略性新兴产业的金融支持力度。全年新增对公客户1,811户，公司客户数突破3.00万户，实现对公表内贷款余额295.50亿元。坚持绿色信贷基本原则，持续推进投融资结构绿色调整，积极开展绿色金融创新，绿色信贷业务余额为33.00亿元，较上年同期翻一番。服务重点项目和重点客户，落地市场化业务规模突破108.50亿元，其中信用债投资累计超过50.00亿元，带动多家热点区域头部平台实现首次合作，促进地方经济发展。落地系统内和山东省首笔“双创专项债”，取得良好的社会效益。建立政府债全流程顾问团队及配套机制，落地政府专项债20余笔，进一步深度融入主流经济。

【个人业务】 2020年，华夏银行青岛分行延续个人业务特色分行良好势头，对标同业、做强特色，以建设财富、联动、商贸、消费、普惠金融五大营销工程为主线，争做青岛地区最具竞争力的银行。强化“华夏服务，传递幸福”品牌建设，扎根社区，积极对接街道、居委会开展惠民系列活动，进一步提升品牌影响力；围绕车服务、餐饮、观影、健康、儿童娱乐等主题商户活动，2020年卡均交易额大幅提升，提高了持卡人满意度与忠诚度；加快助农服务点建设，覆盖平度、即墨、胶州、胶南等县域地区，服务客户3,500余户，切实将普惠金融服务范围扩展至广大农村地区；针对中老年、中高端客户需求，推出“微信课堂”、网点沙龙、财富讲座、贵金属展销会等特色服务，全年个人业务实现中收4.86亿元，同比增长8.00%；个人存款日均135.99亿元，较年初增加9.40亿元，余额排名当地可比同业第4位。全年新增信用卡VIP客户5.23万户，拉动中收3.80亿元。

【国际业务】 2020年，华夏银行青岛分行贸易金融业务认真贯彻总行“上量、提效、守规、控险”八字方针，积极开展精准营销，客户基础进一步夯实。年内实现国际结算量31.80亿美元，结售汇17.40亿美元，国际业务有效客户数达到563户，新增61户。同时，继续扎实推进国际业务结构调整，转型发展起步良好，国际结算收益率、结售汇收益率均高于系统内平均水平，国际业务结构更加合理。另外，年内持续压缩高风险融资业务，积极拓展纯结算业务，国际业务整体运行更加稳健，业务风险持续降低，服务能力大幅提高。

【中间业务】 2020年，华夏银行青岛分行大力推进中间业务发展，实现中间业务净收入5.70亿元，信用卡中间业务净收入3.80亿元；推进同业团队建设，大力发展债务融资工具承销、理财销售、同业投资等业务，同业条线完成中间业务收入0.44亿元；国际业务实现结构转型，主动退出高风险客户，培养新客户，国际业务量和中间业务收入稳步增加，国际条线实现中间业务收入0.60亿元。

【电子银行业务】 2020年，华夏银行青岛分行电子银行业务产品不断丰富，搭建电子银行综合金融服务平台，紧跟未来银行发展方向，大力发展移动金融业务。依托手机银行、直销银行平台，通过互联网应用场景衔接，构建“直销银行+生态圈”客户服务体系，业务发展较快。公司网银客户达20,978户，同比增长19.40%；公司网银使用客户达19,883户，同比增长6.10%；公司网银交易客户达14,580户，同比增长1.20%；新开公司客户开通网银比例达到95.90%，同比持平；企业网银动账交易达161.70万笔，同比增长48.49%。

【风险管理】 2020年，华夏银行青岛分行扎实推进全面风险管理新体制有效运行，全面落实总行全面风险管理体制改革要求，实现了组织架构、部门职责、人员划转等多层次的整合优化，全面风险体制改革进入全面实质运转阶段，形成了覆盖信用风险、市场风险、国别风险、信息科技风险等各种风险类别的全面风险管理体系，通过全面风险管理考核实施细则、二级分行首席风险官考核实施细则、风险管理与内部控制委员会工作实施细则等制度有效促进各条线、各层级风险管理责任落到实处。

（强 滨）

附表1

机构概况一览表

行长（或其他称谓的第一负责人）		副行长（或其他称谓的同级领导）	
王 勇		赵 劼、崔 巍、顾新静、刘佳来、邵作钢、张卫华、由明君	
地址	山东省青岛市市南区东海西路5号甲	邮编	266071
网址	http：//www.hxb.com.cn/	客服电话	95577

附表2

内设部门及分支机构一览表

年度	内设机构（个）	下设分支机构（个）		员工人数（人）	
		地市级机构数	县区级机构数	员工总数（含非正式员工）	正式员工数
2016	18	1	30	816	816
2017	20	1	31	854	854
2018	20	1	31	844	844
2019	20	1	31	813	813
2020	20	1	34	1,022	798

附表3

主要统计指标1

单位：亿元

项目	2016年	2017年	2018年	2019年	2020年	2020年同比增幅（%）
本外币资产总额	463.15	443.44	441.28	429.74	468.49	9.02
本外币存款余额	331.23	354.92	360.99	381.11	438.79	15.13
人民币存款余额	307.34	332.30	348.11	372.69	431.23	15.71
单位存款	215.30	258.19	245.73	252.63	294.60	16.61
储蓄存款	92.04	96.73	115.26	128.48	144.19	12.23
本外币贷款余额	363.43	376.87	417.66	429.44	458.98	6.88
人民币贷款余额	335.22	353.13	403.30	420.12	453.46	7.94
短期贷款	177.59	180.59	175.29	168.34	174.87	3.88
中长期贷款	157.63	196.28	228.01	261.10	284.11	8.81
票据融资	5.45	2.14	5.08	2.07	13.40	547.34
利润总额	3.94	2.59	-2.02	-4.33	8.76	—
不良贷款余额	5.67	9.74	11.26	13.97	14.14	1.22
不良贷款占比（%）	1.56	3.00	2.70	3.25	3.08	-5.23

附表4

主要统计指标2

项目	2016年	2017年	2018年	2019年	2020年	2020年同比增幅（%）
单位结算账户（万户）	1.48	2.27	2.50	2.60	2.35	-9.62
单位结算金额（亿元）	8,984.15	10,247.79	11,914.00	9,028.41	9,856.78	9.18
个人结算账户（万户）	73.47	84.00	95.77	107.24	118.16	10.18
个人结算金额（亿元）	4,017.00	4,174.00	4,337.00	4,510.00	4,682.00	3.81
信用卡发卡量（万张）	12.67	19.37	31.79	38.27	43.50	13.67
信用卡消费额（亿元）	201.73	310.66	330.22	357.36	322.88	-9.65
企业网银客户（万户）	1.20	1.56	1.83	2.22	2.10	-5.41
个人网银客户（万户）	17.44	18.56	19.15	19.39	18.80	-3.04
手机银行客户（万户）	24.81	34.03	43.62	52.70	76.16	44.52
现金自助设备（台）	234	217	199	123	84	-31.71
营业网点（个）	29	35	37	37	38	2.70
自助网点（个）	57	26	26	20	0	-100.00

中国民生银行股份有限公司济南分行

【第一负责人简介】 徐文华，男，浙江杭州人，中共党员，硕士研究生学历，经济师；历任中国民生银行杭州分行党委委员、行长助理、副行长，温州分行党委副书记（主持工作）、党委书记、行长；2018年10月起任中国民生银行股份有限公司济南分行（简称民生银行济南分行）党委书记、行长。

【综述】 2020年，民生银行济南分行按照总行战略部署，积极落实国家“六稳”“六保”工作任务，一手抓疫情防控，支持复工复产；一手抓经营管理，推进转型发展，在支持区域经济高质量发展的同时，各项业务呈现稳健发展的良好态势。截至2020年末，民生银行济南分行各项存款余额为1,141.89亿元，同比增加19.96亿元，其中储蓄存款余额为293.69亿元，同比增加26.08亿元；各项贷款余额为1,233.51亿元，同比增加212.80亿元；2020年共实现营业收入53.86亿元。

【公司业务】 2020年，民生银行济南分行统筹推进疫情防控和经营发展，持续推动信贷投放，加大对实体经济的支持力度。通过专项支持疫情防控白名单企业、降息减费和纾困解难等措施，助力企业复工复产。聚焦民营企业提质升级，扎实推进民企战略，改进产品和服务体系，进一步深化与省内优秀民营企业的战略合作关系。推进中小企业“萤火计划”，全年累计签约74单，利用合作投资机构为科创企业提供股权投资，解决初创期融资难题。推广“信融e”“票融e”等场景化供应链产品，提高线上化、自动化服务水平。2020年，民生银行济南分行公司业务实现净收入28.50亿元。年末对公贷款余额为912.17亿元，同比增加183.78亿元；对公客户数为2.52万户，同比增加0.35万户。

【个人业务】 2020年，民生银行济南分行持续深化“财富管理+资产业务”双轮驱动发展模式，强化客群细分经营、垂直化管理，提升专业服务能力，加强产品适配销售，做大零售业务。全面落地小微企业支持政策，大力推广无还本续贷服务，推出了免还本转期续贷、降低贷款利率、临时性延期还本付息、贷款展期、赠送小微红包等支持措施，以及利罚息减免、征信保护等救助措施，优化提升线上产品和服务功能，满足小微企业融资需求。2020年，民生银行济南分行零售业务实现净收入13.40亿元。年末金融资产余额为692.53亿元，同比增加47.35亿元；零售有效客户数为19.78万户，同比增加0.67万户；零售贵宾客户数为13.29万户，同比增加0.47万户；私人银行达标客户数为1,048户，同比增加144户；个人贷款余额为311.25亿元，同比增加24.42亿元，其中，小微贷款余额为150.86亿元，同比增加14.56亿元。

【国际业务】 2020年，民生银行济南分行主动顺应外贸发展新趋势，不断提升客户便利化水平。全年实现国际结算量22.21亿美元，同比增加3.42亿美元；扩大国际贸易融资产品运用，实现国际业务资产投放7.42亿美元，同比下降0.65亿美元。持续推广国际贸易“单一窗口”平台应用，为进出口企业提供报关报检、退税缴税、支付结算、贸易融资等全流程、线上化、“一站式”服务。全年新增“单一窗口”金融服务签约286户，累计签约810户，跨境结算量为1.88亿美元；税费支付金额为53.53亿元，在系统内排名第一。

【中间业务】 2020年，民生银行济南分行注重加强产品应用和推广，推动中间业务收入结构改善和多元化发展，盈利能力进一步提升。全年承销融资发债208.55亿元，其中发行全国首单高速公路疫情防控中期票据和山东省首单信托受益权ABN业务，承销规模连续两年突破200.00亿元。加快推动并购和资产证券化业务，全年新增并购业务投放42.70亿元；年末投资资产证券化规模达19.50亿元，托管业务规模突破2,000.00亿元大关，达到2,486.00亿元；作为联席全球协调人协助客户成功发行4.00亿美元境外债；全年实现中间业务收入3.14亿元。

【电子银行业务】 2020年，民生银行济南分行充分利用手机银行、远程银行以及银企直联平台、网络支付平台等电子银行产品，不断提升网络金融整体服务能力，促进网络金融与传统业务的深度融合，打造开放高效的创新平台，提高服务的便捷性和智能化水平。年末零售线上平台用户数达到258.77万户，同比增加34.17万户；对公线上平台用户数为14.99万户，同比增加2.31万户；直销银行客户数为76.34万户，管理金融资产40.41亿元。

【风险控制】 2020年，民生银行济南分行强化全面风险管理，加大风险与业务的协同力度，加强授信审查及评级管理，优化授信设计与产品配置。建立“业务复盘与风险反馈机制”，及时修正前端业务操作，不断加固风险预防体系。实施清收团队专业清收、多部门保驾护航的“一专多辅”推进机制，加强问题资产清收处置精细管理，加快问题资产处置进度。截至2020年末，民生银行济南分行不良贷款占比为1.12%，同比下降0.32个百分点。民生银行济南分行坚持“强管理、重合规”，连续两年实施收入提升、管理提升、效能提升和合规提升四项管理举措，全面提升管理水平和能力，增强管理对业务发展的促进作用。

（王华栋、李 新）

附表1

机构概况一览表

行长（或其他称谓的第一负责人）		副行长（或其他称谓的同级领导）	
徐文华		彭曙光、韩咏军、陈 红、马 涛	
地址	山东省济南市市中区舜耕路28号拱北楼	邮编	250014
网址	http://www.cmbc.com.cn	客服电话	95568

附表2

内设部门及分支机构一览表

年度	内设机构（个）	下设分支机构（个）		员工人数（人）	
		地市级机构数	县区级机构数	员工总数（含非正式员工）	正式员工数
2016	23	6	47	1,971	1,808
2017	27	7	48	1,899	1,763
2018	26	7	48	1,923	1,785
2019	27	7	48	1,921	1,783
2020	26	8	50	1,929	1,796

附表3

主要统计指标1

单位:亿元

项目	2016年	2017年	2018年	2019年	2020年	2020年同比增幅(%)
本外币资产总额	1,289.09	1,106.26	1,115.86	1,178.58	1,233.72	4.68
本外币存款余额	1,044.43	991.97	1,044.19	1,121.93	1,141.89	1.78
人民币存款余额	1,028.73	986.71	1,033.16	1,112.31	1,135.69	2.10
单位存款	799.79	782.99	816.67	844.70	842.00	-0.32
储蓄存款	228.94	208.97	216.49	267.61	293.69	9.75
本外币贷款余额	854.75	883.49	877.14	1,020.71	1,233.51	20.85
人民币贷款余额	854.71	883.46	872.41	1,018.92	1,227.15	20.44
短期贷款	432.00	451.43	389.69	381.80	453.75	18.84
中长期贷款	305.12	387.87	424.01	561.98	668.98	19.04
票据融资	112.76	40.17	25.07	42.77	79.20	85.18
利润总额	14.12	6.33	-17.25	3.78	-1.13	-129.89
不良贷款余额	8.00	17.71	12.26	14.74	13.81	-6.31
不良贷款占比(%)	0.92	2.00	1.40	1.44	1.12	-22.22

附表4

主要统计指标2

项目	2016年	2017年	2018年	2019年	2020年	2020年同比增幅(%)
单位结算账户(万户)	6.09	8.57	10.04	11.89	13.19	10.93
单位结算金额(亿元)	26,350.00	22,161.00	21,263.00	23,174.00	19,095.83	-17.60
个人结算账户(万户)	223.30	283.50	317.94	344.02	364.66	6.00
个人结算金额(亿元)	24,218.00	18,548.00	25,389.00	19,648.00	21,613.96	10.01
信用卡发卡量(万张)	27.13	55.69	62.47	100.19	27.15	-72.90
信用卡消费额(亿元)	579.46	855.12	1,220.93	1,608.46	1,753.92	9.04
企业网银客户(万户)	3.08	3.36	3.87	4.78	5.42	13.39
个人网银客户(万户)	78.30	93.40	117.80	131.80	146.90	11.46
手机银行客户(万户)	120.00	142.00	187.00	202.00	216.90	7.38
现金自助设备(台)	610	537	432	342	287	-16.08
营业网点(个)	162	170	138	128	130	1.56
自助网点(个)	87	76	66	34	11	-67.65

中国民生银行股份有限公司青岛分行

【第一负责人简介】 李真，汉族，1972年6月出生，中共党员，河南西峡人，在职研究生学历，经济学和工商管理硕士，金融从业27年；2020年11月至今，任中国民生银行股份有限公司青岛分行（简称民生银行青岛分行）党委书记、行长。

【综述】 民生银行青岛分行成立于2006年3月18日，是中国民生银行在山东省内设立的第二家一级分行。经过十多年的发展，民生银行青岛分行在青岛、烟台、威海、日照4地市已设立36家分支机构。2020年，民生银行青岛分行以总行党委的各项决策部署和指示精神为行动指南，将“一家银行”“受人尊重、让人信任的银行”“合规经营是银行的核心竞争力”“以客户为中心”等战略理念，作为民生银行青岛分行发展的根本遵循，充分发挥好分行党委把方向、管大局、保落实中的重要作用，以高效的执行力，全面推动总行党委的各项决策部署落地见效。

【公司业务】 2020年，民生银行青岛分行树立正确的业绩观，踏踏实实回归本源，抓好结算资金和机构存款，以客户为中心，以创利增收为导向。深挖客户需求，做实存量客户提升尤其是总分行级战略客户、上市公司的综合开发，提升客户综合贡献；同时围绕重点客户的产业链上下游拓客，增加客户数量，为民生银行青岛分行公司业务的长远发展奠定基础。

【个人业务】 2020年，民生银行青岛分行把零售业务定位为分行战略业务，切实从“以客户为中心”的经营理念出发，树立客群理念，强化综合开发，搭建平台和财富管理体系，加强标准化、精细化管理，做大金融资产及客群，采用“资产投放+财富管理”双轮驱动的模式，在大力发展零售资产业务的同时，重视财富管理业务，让中国民生银行成为客户的“主办银行”，实现零售资产业务和零售财富管理业务协同发展，不断提高零售业务占比。大力发展场景金融，实现消费贷客群式经营，促进按揭贷款、非按揭消费贷款产品健康协调发展。

【国际业务】 2020年，面对国内外经济低迷的大环境，民生银行青岛分行坚定落实“深耕场景、丰富产品、便利客户、改善体验”的发展思路，聚焦“强结算、重客群、促投放、全线上”重点工作，深挖客户需求，强化产品优势。全年通过“单一窗口”金融服务，累计服务签约客户1,382户，为客户开立账户652户，接收授信申请463户，居系统内前列。通过国际信贷业务，协助中资跨国企业缓解海外公司在疫情期间的经营压力，全年累计投放中长期外币贷款3.50亿美元。

【中间业务】 2020年，民生银行青岛分行根据市场变化不断调整策略，中间业务从办理传统的支付结算类、代理类和担保类业务发展到提供各类理财业务、投行业务、汇率避险业务和贵金属业务等综合金融服务，业务规模和质量都有明显进步，较好地满足了客户对支付结算、投资理财、风险管理等方面日益增长的金融消费需求。

【电子银行业务】 2020年，民生银行青岛分行严格按照监管要求与时代发展趋势，守正创新，努力拼搏，建成面向各类客群、各类行业的差异化平台金融场景，实现了电子银行客户数及直销银行客户数、金融资产跨越式增加。以客户为中心，以市场为导向，依托“三个银行、四个平台”，全面致力于实体制造业、小微普惠金融等国家重点扶持行业与客群的支持，坚持不懈打造多场景、多样化的行业解决方案。

【风险控制】 2020年，民生银行青岛分行多措并举，创新管理模式，严把风险，严控不良。持续加强信用风险全流程管理，推进客户分层管理，落实“三道防线”风险管理机制，通过考核激励引导风险客户主动退出，运用平衡计分卡进行绩效考核，做实全面风险管理，筑牢经营发展的基石。加速问题资产处置，完成逐户底数摸排和损失评估，认定资产质量，明确划分“好银行”和“坏银行”的标准。确定问题资产清单，制订资产专业化经营改革总体方案。针对每笔问题资产的特点，采取“一户一策”的清收处置策略，灵活运用诉讼、转让、核销等各种清收手段最大限度地保障分行利益。加深风险文化教育，建立健全全面风险管理体系，彻底扭转“重发展、轻管理，重数据、轻内涵，重创新、轻风险”等现象，夯实发展基础。制订风险文化教育实践活动实施方案，组成宣讲团，开展现场宣讲，实现全辖宣讲全覆盖。

（鲁贞真）

附表1

机构概况一览表

行长（或其他称谓的第一负责人）		副行长（或其他称谓的同级领导）	
李 真		高建绪、李加岭、林 青、李少波、徐 峰	
地址	山东省青岛市崂山区海尔路190号民生大厦	邮编	266100
网址	http://www.cmbc.com.cn	客服电话	95568

附表2

内设部门及分支机构一览表

年度	内设机构（个）	下设分支机构（个）		员工人数（人）	
		地市级机构数	县区级机构数	员工总数（含非正式员工）	正式员工数
2016	27	4	33	1,014	934
2017	25	4	33	956	902
2018	25	4	32	909	861
2019	26	4	32	898	875
2020	26	4	32	893	861

附表3

主要统计指标1

单位：亿元

项目	2016年	2017年	2018年	2019年	2020年	2020年同比增幅（%）
本外币资产总额	389.24	417.70	663.87	911.71	710.72	-22.05
本外币存款余额	318.91	352.39	604.40	887.34	695.26	-21.65
人民币存款余额	311.24	308.88	536.88	838.85	657.77	-21.59
单位存款	238.84	249.39	457.39	726.34	544.13	-25.09
储蓄存款	72.40	59.49	81.05	108.79	108.27	-0.48
本外币贷款余额	319.97	330.45	458.14	466.29	542.87	16.42
人民币贷款余额	319.97	330.45	390.11	441.91	508.90	15.16
短期贷款	165.48	159.36	146.34	136.69	200.84	46.93
中长期贷款	141.90	161.86	228.85	280.61	270.09	-3.75
票据融资	12.60	6.65	9.11	15.66	17.82	13.79
利润总额	-10.69	3.10	-10.56	-6.22	-9.49	—
不良贷款余额	21.68	15.31	13.05	8.14	17.63	116.58
不良贷款占比（%）	6.78	4.63	2.85	1.75	3.25	85.71

附表4

主要统计指标2

项目	2016年	2017年	2018年	2019年	2020年	2020年同比增幅（%）
单位结算账户（万户）	2.06	2.20	3.00	3.00	3.90	30.00
单位结算金额（亿元）	36.62	53.59	128.01	183.26	293.10	59.94
个人结算账户（万户）	66.36	74.93	127.00	145.00	151.00	4.14
个人结算金额（亿元）	73.44	60.50	31.08	31.11	35.92	15.46

续表

项目	2016年	2017年	2018年	2019年	2020年	2020年同比增幅（%）
信用卡发卡量（万张）	7.53	15.38	29.32	14.28	6.52	-54.34
信用卡消费额（亿元）	130.83	217.70	539.43	388.05	442.57	14.05
企业网银客户（万户）	1.71	2.09	2.50	3.16	3.50	10.76
个人网银客户（万户）	15.21	16.43	27.05	36.80	39.17	6.44
手机银行客户（万户）	58.57	72.91	84.21	92.66	97.13	4.82
现金自助设备（台）	269	220	136	135	115	-14.81
营业网点（个）	37	37	36	36	36	0.00
自助网点（个）	174	143	82	12	51	325.00

招商银行股份有限公司济南分行

【第一负责人简介】 辛亮，男，汉族，中共党员，1969年12月出生，大学本科学历，工程师；1989年参加工作，历任中国建设银行北京分行集团客户部副总经理、战略客户一部总经理，招商银行总行战略客户一部副总经理，招商银行北京分行党委委员兼总行战略客户一部总经理，招商银行北京分行副行长，招商银行乌鲁木齐分行党委书记、行长；自2019年2月起，任招商银行股份有限公司济南分行（简称招商银行济南分行）党委书记、行长。

【综述】 2020年，注定是被载入史册的一年。这一年，招商银行济南分行乔迁新址并迎来了20周岁生日；这一年，面对疫情和发展的双重压力，在监管部门和社会各界的关心指导下，全行员工高扬“亮剑”精神，以三年规划为指引，迎难而上、勇于开拓，在服务地方经济社会发展和内部考核方面，交出了一份亮丽的答卷：全行资产规模、盈利能力持续提升，客群基础和存款规模不断增长，存量风险有效化解，业务结构进一步优化，内部管理稳步提升，员工队伍建设得到加强，服务水平和社会形象再上新台阶。今后，招商银行济南分行将践行开放融合理念，以金融科技为手段，不断提升服务客户的能力，打造最佳客户体验银行，在服务山东省和济南市经济社会发展过程中贡献力量。

【公司业务】 2020年，招商银行济南分行深入推进体制改革，客户经营红利持续释放。以区域研究引领行业专营，构建市场部门、产品部门和风险部门共同参与的行业研究机制，将行业研究转化为指导行业经营生产力，全面梳理区域经济结构和业务发展机会，更好地指导“一行一策”“一区一策”和“一户一策”经营；战略客户行业团队充分整合和发挥行业客户在产业链、平台搭建等方面的核心优势，聚焦“内环”家谱企业和“中环”供应链客群深度经营，不断强化战略客户经营深度和广度，以战略客户为核心的产业链条经营能力持续提升；完成了基础客群改革，进一步优化了公司金融作战队形，理顺了客户经营、成长、输送的机制，彻底完成了客群经营的分层分类经营体系搭建，实现了客户经理的分赛道管理。

【个人业务】 零售AUM是衡量一家银行零售金融竞争力的核心指标。2020年，在疫情等多重压力的测试下，招商银行济南分行零售AUM规模达1,381.00亿元，较上年增长7.81%，同比多增100.00亿元，增速和同比增量均创历史新高。AUM激增的背后是招商银行强劲的客群增长，而往前延伸则是非利息净收入优势的扩大。招商银行零售AUM的逆势增长，显示出零售业务发展的强大韧性，同时彰显了招商银行在财富管理领域的强劲实力。

【国际业务】 2020年，招商银行济南分行取得银行外汇业务合规与审慎经营评估考核省市双“A类银行”。利用国际业务线上化及非授信类国际结算产品带动国际业务客群，进而充实国际贸易融资客户，带动国际贸易融资发展。巩固衍生交易客户群，为重点客户开通“招银避险交易平台”，强化“招银避险”品牌建设。增强监管政策把控能力，充分利用政策红利，深入发掘两战客户的全球化经营进程、境外主体经营情况、融资情况、投资情况，利用招商银行济南分行跨境金融离在岸一体化优势，在客户境外流动性支持、债务转换、项目融资、并购融资等方面，提供综合化服务方案。打破传统思维，扩大中资企业借外债业务客群范围，打造厚实的跨境融资客群基础，同时，为同业客户跨国经营提供境外资金支持，提升离岸金融客群质量。打破地域经营限制，拓展优质离岸金融客户，持续发掘无风险资产投放业务机会，此外，抓住客户核心诉求，对券商境外投资业务流动资金提供支持，发挥跨境金融联动优势，提升离岸资产撮合能力。

【电子银行业务】 2020年，在全力抗击疫情之余，作为金融科技的先行者，招商银行将疫情视为数字化转型成果的检验。近几年的MAU布局，使招商银行能够厚积薄发，用金融科技重构用户获取与经营模式，从容应对全面线上化的到来。2020年，招商银行更加关注如何利用金融科技提升流量的转化与经营效率，打通MAU向AUM的转化。通过聚焦和突出济南专区与网点线上店平台优势，持续丰富各类金融周边场景，通过友好、便捷的交互方式，持续打磨最佳客户体验。持续升级投资产品体系，针对年轻长尾客户推出系列低门槛流量型产品，逐步开展投资者教育，引领大众客群财富管理理念。

【中间业务】 2020年，招商银行济南分行批发条线、中间业务全面回归本源，整体保持较快发展。深入研究区域优势产业和行业，提升客户服务能力，拓展中间业务收入渠道。票据业务发挥传统优势，贴现规模和转贴现、再贴现业务量再创佳绩。交易银行稳中拓新，结算、内外贸、金融市场等支柱业务均取得较好发展，探索创新型支付结算模式，企业APP、C+归集成效显著。顺应投商行一体化经营路径，大财富管理飞轮效应凸显，债券承销、并购、结构化融资、托管业务均有斩获。财富管理业务方面，创新资产组织形式，一手接资金，一手托资产，落地撮合业务，实现业务模式创新。零售条线方面，持续关注客户投资全旅程，实现盈利体验升级，通过对客户进行全面的资产检视，为客户提供投资框架下的全产品配置策略。保险产品方面，积极探索数字化保险营销模式，优化客户保险产品体验。基金方面，聚焦权益、“固收+” 两大方向，面向未来战略布局，提高客户盈利体验。理财产品方面，重构数字化产品体系，力推净值化转型，优化产品全旅程体验。

【风险控制】 2020年，面对突发的新冠肺炎疫情和日趋严峻复杂的内外部环境，招商银行济南分行全面贯彻总行“以开放提升风险管理、以融合促进业务发展”的战略，主动靠前站位、夯实管理基础，资产质量进一步改善，信贷结构进一步优化，风险管理能力和水平得到显著提升。一是靠前站位，服务信贷资产结构优化调整。二是赋能减负，推动二级分行扁平化管理落地。三是风险压降，多措并举加速清收处置。四是开放融合，强化与营销条线的赋能交流。五是夯实根基，全流程补足补强基础管理薄弱环节。年度内不良贷款余额、不良贷款率逐季“双降”，为后续资产质量持续向好奠定了坚实的基础。

（王林新）

附表1

机构概况一览表

行长（或其他称谓的第一负责人）		副行长（或其他称谓的同级领导）	
辛 亮		綦 琨、于 冬、伊晓棠、廖国忠、娄文杰、陈 伟	
地址	山东省济南市高新区经十路7000号 汉峪金融商务中心四区1号楼	邮编	250102
网址	http：//www.cmbchina.com/	客服电话	95555

附表2

内设部门及分支机构一览表

年度	内设机构（个）	下设分支机构（个）		员工人数（人）	
		地市级机构数	县区级机构数	员工总数（含非正式员工）	正式员工数
2016	20	7	49	804	778
2017	20	7	50	856	787
2018	20	7	52	916	756
2019	23	7	53	963	729
2020	23	7	55	999	715

附表3

主要统计指标1

单位:亿元

项目	2016年	2017年	2018年	2019年	2020年	2020年同比增幅(%)
本外币资产总额	770.94	689.62	796.09	887.59	1,068.89	20.43
本外币存款余额	609.35	640.53	704.42	808.23	984.13	21.76
人民币存款余额	594.90	626.85	692.25	798.37	970.78	21.60
单位存款	391.01	392.66	413.71	448.60	574.17	27.99
储蓄存款	195.91	205.25	252.17	320.42	361.81	12.92
本外币贷款余额	667.00	636.76	678.35	783.56	851.08	8.62
人民币贷款余额	659.47	631.60	674.37	780.42	848.53	8.73
短期贷款	273.18	269.03	251.02	227.82	137.11	-39.82
中长期贷款	271.08	305.21	366.06	440.88	598.43	35.74
票据融资	115.21	57.36	57.29	111.72	112.99	1.14
利润总额	-10.68	-34.29	6.30	13.04	16.77	28.60
不良贷款余额	16.95	36.13	32.75	28.27	16.80	-40.57
不良贷款占比(%)	2.54	5.67	4.83	3.61	1.97	-45.43

附表4

主要统计指标2

项目	2016年	2017年	2018年	2019年	2020年	2020年同比增幅(%)
单位结算账户（万户）	2.66	3.33	4.26	4.84	5.37	10.95
单位结算金额（亿元）	36,162.00	39,142.10	34,402.20	37,682.18	43,494.57	15.42
个人结算账户（万户）	185.37	220.00	270.18	422.19	487.61	15.50
个人结算金额（亿元）	13,481.00	14,970.00	24,009.00	24,624.00	25,592.00	3.93
信用卡发卡量（万张）	21.09	22.90	23.36	21.37	20.87	-2.34
信用卡消费额（亿元）	470.92	510.11	602.96	652.94	653.00	0.01
企业网银客户（万户）	1.63	2.61	3.48	4.44	4.77	7.43
个人网银客户（万户）	115.37	120.71	124.69	125.82	126.31	0.39
手机银行客户（万户）	125.97	126.12	195.67	296.29	363.10	22.55
现金自助设备（台）	402	384	365	333	289	-13.21
营业网点（个）	56	50	52	53	54	1.89
自助网点（个）	76	61	74	43	28	-34.88

招商银行股份有限公司青岛分行

【第一负责人简介】 沈世强，男，1973年10月出生，上海人，解放军信息工程大学信息技术应用与管理学士学历，中共党员，1993年参加工作；自2020年8月起至今，任招商银行股份有限公司青岛分行（简称招商银行青岛分行）党委书记、行长。

【综述】 招商银行青岛分行是招商银行设立的一级分行，成立于2000年5月。截至2020年末，招商银行青岛分行辖有日照、潍坊2家二级分行，在青岛地区设有36家支行。2020年，面对复杂严峻的客观环境，在招商银行总行、各级监管部门和地方党委政府的正确领导和大力支持下，招商银行青岛分行深入贯彻总行“开放融合”“一体两翼”“打造金融科技银行”等各项战略部署，全体干部员工上下一心，攻坚克难，持续提升服务水平，继续加强精神文明建设和企业文化建设，积极履行企业社会责任，进一步树立良好的企业形象。

【公司业务】 2020年，招商银行青岛分行进一步深入推进体制改革，释放改革红利。紧紧把握“客户”和“科技”两大未来增长核心要素，不断提升行业认知能力，提高战略客户“三环”经营能力，加强对公客群数字化经营，探索破题产业互联网，通过推动体制改革进一步完善客户服务体系和客户经营管理体系，公司业务实现了高质量的稳健发展。

【个人业务】 2020年，招商银行青岛分行线上经营能力持续提升。以科技赋能，加快分行数字化经营，加大对Fin-Tech的投入力度，围绕政府服务、公共便民服务、居民个性化服务生态圈，以客户为中心，用服务升级带动持续发展，打造金融科技差异化竞争优势；同时结合代发产品，重点聚焦教育、食堂等场景，以智慧食堂、智慧停车、智慧党建为重要场景构建职工生态，全力实现职工客群全覆盖，提升客群深度经营能力。

【风险控制】 2020年，招商银行青岛分行面对尤为复杂的风险形势，一方面落实好各项疫情优惠政策，另一方面围绕总行预算目标和分行经营目标开展资产质量管控工作。严防风险，加大不良处置力度，全面完成总行资产质量预算，不良贷款余额、不良贷款率持续“双降”，资产规模持续提升，资产质量稳中向好，风险资产加快出清。不良贷款率及关注率均低于招商银行平均水平，并保持同业领先优势。

【内部管理】 2020年，招商银行青岛分行大力推进3.0管理新模式，持续打破竖井，将赋能减负落到实处，全面提升管理质效。持续优化基础管理工作。通过大幅缩减无效培训，升级员工培训方式，切实减轻员工负担。积极推动合规与业务相融合，实现全面无监管处罚、无重大审计发现，外汇管理、反洗钱管理再次获得A级考评的好成绩。落实员工关爱，积极倡导“平视”文化。

【党建工作】 2020年，招商银行青岛分行纵深推进从严治党、从严治行。开展“不忘初心、牢记使命”主题教育专项回检工作，促进学习教育制度常态化，形成长效机制；对照上年度查摆、审计反映的问题，认真回检整改，并从根本上反思管理、工作作风问题，确保各项工作整改落实到位；坚定支持纪委履行监督责任，为从严治党、从严治行保驾护航。发挥党组织战斗堡垒作用和党员先锋模范作用。分行党委认真学习贯彻习近平总书记关于新冠肺炎疫情防控的重要指示精神，及时部署分行防疫政策，各基层党组织组建党员先锋突击队和志愿者服务队伍，切实发挥党员在疫情防控中的先锋带头作用。

（高倩倩）

附表1

机构概况一览表

行长（或其他称谓的第一负责人）		副行长（或其他称谓的同级领导）	
沈世强		张 洪、马 龙、郭志强	
地址	山东省青岛市海尔路65号	邮编	266000
网址	http://www.cmbchina.com/	客服电话	0532—829395555

附表2

内设部门及分支机构一览表

年度	内设机构（个）	下设分支机构（个）		员工人数（人）	
		地市级机构数	县区级机构数	员工总数（含非正式员工）	正式员工数
2016	24	2	35	1,420	1,420
2017	32	2	33	1,437	1,437
2018	32	2	33	1,448	1,448
2019	32	2	33	1,466	1,466
2020	32	2	36	1,488	1,488

附表3

主要统计指标1

单位：亿元

项目	2016年	2017年	2018年	2019年	2020年	2020年同比增幅（%）
本外币资产总额	562.06	573.65	698.16	717.67	882.37	22.95
本外币存款余额	510.20	541.85	659.94	675.79	841.40	24.51
人民币存款余额	473.17	495.25	633.97	650.60	814.55	25.20
单位存款	291.92	310.43	395.75	369.84	498.16	34.70
储蓄存款	181.25	184.82	238.22	280.76	316.39	12.69
本外币贷款余额	412.69	394.18	394.18	471.58	509.24	7.99
人民币贷款余额	407.34	393.35	393.35	464.54	505.81	8.88
短期贷款	150.55	138.21	89.71	95.88	71.89	-25.02
中长期贷款	216.71	238.84	287.36	335.06	383.51	14.46
票据融资	40.08	16.30	16.28	33.60	50.41	50.03
利润总额	-13.87	2.43	15.43	15.86	13.73	-13.43
不良贷款余额	23.05	11.24	11.36	4.92	3.65	-25.81
不良贷款占比（%）	5.58	2.85	2.51	1.04	0.72	-30.77

附表4

主要统计指标2

项目	2016年	2017年	2018年	2019年	2020年	2020年同比增幅（%）
单位结算账户（万户）	2.90	3.50	4.30	5.64	6.87	21.81
单位结算金额（亿元）	7,100.00	7,300.00	7,960.00	8,231.00	9,961.98	21.03
个人结算账户（万户）	228.56	237.81	290.49	314.81	361.12	14.71
个人结算金额（亿元）	257.95	272.59	301.66	342.65	405.78	18.42
信用卡发卡量（万张）	37.00	48.50	63.00	28.00	15.00	-46.43
信用卡消费额（亿元）	—	—	—	624.00	162.00	-74.04
企业网银客户（万户）	0.55	2.30	3.40	4.92	5.81	18.09
个人网银客户（万户）	61.40	58.25	31.18	11.48	7.70	-32.93
手机银行客户（万户）	85.12	114.34	150.40	197.98	222.52	12.40
现金自助设备（台）	288	281	227	199	187	-6.03
营业网点（个）	35	35	35	35	36	2.86
自助网点（个）	134	130	92	76	69	-9.21

招商银行股份有限公司烟台分行

【第一负责人简介】 王智华，男，汉族，1964年10月出生，山东荣成人，中共党员，大学本科学历；1981年参加工作，2009年9月任招商银行威海分行筹备组负责人，2010年1月任招商银行威海分行党委书记、行长；自2016年5月起，历任招商银行股份有限公司烟台分行（简称招商银行烟台分行）党委委员、纪委书记、副行长；2019年4月起代为履行招商银行烟台分行行长职务，2019年9月至今任招商银行烟台分行党委书记、行长。

【综述】 2020年，招商银行烟台分行克服疫情影响，坚持创新驱动、专业支撑、科技保障，以优质的金融服务支持区域经济社会发展，取得了良好的工作成效。在总行发展战略指引下，招商银行烟台分行将开放融合作为工作方法论，以客户为中心有效整合内部资源，构建起面向各类客群的“一站式”综合金融服务体系。截至2020年末，全行人民币自营存款、贷款分别达295.10亿元和204.09亿元，同比分别增长25.05%和22.89%；管理个人客户总资产规模达396.27亿元，较年初增加60.20亿元；批发客户融资总量为272.00亿元，较年初增加88.00亿元。

【公司业务】 2020年，招商银行烟台分行围绕区域核心企业，着力打造投商行一体化服务模式，通过直接融资与间接融资相结合，融资融智并举，为核心企业提供综合金融解决方案。着眼区域产业，有效利用优质产品，充分延伸服务半径，由点及面服务供应链和产业网，在巩固核心企业经营生态的同时，有效支持了上下游中小企业的经营发展。深化企业经营管理，利用聚合支付系统、跨银行资金管理系统等金融科技工具，有效提升企业数字化现金管理能力，逐步树立起区域市场现金管理服务标杆的地位。全面开展“名单制”经营管理，组织跨条线、跨部门的全行性区域研究、行业研究，形成重点客户名单，在此基础上组织编制服务方案，主动上门推介，为客户提供“一站式”服务体验。随着注册制改革深入推进，企业进入资本市场的热情逐步提升，招商银行烟台分行紧跟市场趋势，整合招商银行集团资源，为区域上市、IPO企业提供资本市场全周期、全渠道服务。同时，聚焦区域科创型新兴企业，放眼长周期、新赛道，与烟台市科技局建立战略合作伙伴关系，共同推出科创型中小企业评价体系，在金融支持新动能方向上不断进行深入探索。

【个人业务】 2020年，招商银行烟台分行重点打造场景化金融服务，建立起涵盖政务便民、交通出行、智慧医疗、校企园区等在内的场景体系。立足手机银行APP平台，整合理财、基金、保险、贵金属等多元化产品，按照产品配置理念建立客户财富管理服务模式，加强市场投研，强化策略部署，有效保障了客户的资产保值增值需要。利用“闪电贷”，开拓消费金融市场，在利用金融科技把控风险的前提下，助力消费升级。开展各类线上线下“泛金融”活动，让客户充分体验金融服务的敏捷便利。遵循“全客群”服务理念，致力于为客户提供全产品、全渠道、全周期的综合金融服务，“一站式”满足客户投融资、财务规划等财富管理需求。服务方面，落实投资者教育责任，通过线上线下多种方式开展投教服务，探索构建客户陪伴式服务体系，为客户全投资周期保驾护航。创新应用服务质量监测系统，配合健全的服务评审体系，为客户提供优质的厅堂体验。推动中台产品经理向“一专多能”的方向发展，从中台走向一线，与客户对接，以专业能力服务客户需求。

【国际业务】 2020年，招商银行烟台分行立足山东自贸区烟台片区建设发展，积极推动跨境人民币结算便利化和资本项目外汇收支便利化等相关政策的落地，积极开展跨境金融创新实践，先后落地系统内首笔行内国际双保理业务、山东自贸区首单NRA衍生交易创新。关注境内外市场变动，通过内保外债、进出口代付等方式为境内企业引进境外资金。把握市场波动形成的窗口期，为跨境企业提供资本项目结售汇业务，有力支持了企业对外投资、“外转中”、上市公司外资股东减持等工作的开展，同时以客户为中心，创新配套类衍生交易，帮助客户规避利率和汇率风险，有效降低企业资金成本。

【中间业务】 2020年，招商银行烟台分行在公司业务方面，借助投商行一体化专业优势，逐步构建形成投融资顾问服务模式，充分发挥自身投研能力。在融资服务之外，提供企业财富管理、财务规划、金融解决方案等综合服务。目前，招商银行烟台分行是区域多家政府类融资平台的财务顾问银行，同时也是多家区域核心企业的金融首问银行。零售业务方面，招商银行烟台分行对接系统内优质资源，同时推进平台化转型，引入优质资管机构、保险机构、银行同业的优质产品，围绕客户需求量身配置资源，充分满足客户的多维需求。

【风险控制】 截至2020年末，招商银行烟台分行不良贷款余额为0.54亿元，较年初下降0.31亿元；不良贷款率为0.26%，较年初下降0.25个百分点，不良贷款率继续大幅低于区域平均水平。招商银行烟台分行高度重视风险管理工作，通过开展多样的宣教活动树立全行风险管理意识，建立全员风险管理文化，通过风险前置，严格防范各类风险。高度重视内控合规工作，通过系统化管理，实现零案件、零风险、零事故。2020年，招商银行烟台分行荣获烟台银保监分局“行业规范建设深化年服务能力先进单位”称号，连续十年获评外汇业务合规与审慎经营评估A类评级。

（曲岩岩）

附表1

机构概况一览表

行长（或其他称谓的第一负责人）		副行长（或其他称谓的同级领导）	
王智华		于泽增、阳华生、王 胜	
地址	山东省烟台市开发区珠江路66号正海大厦	邮编	264000
网址	http：//www.cmbchina.com/	客服电话	95555

附表2

内设部门及分支机构一览表

年度	内设机构（个）	下设分支机构（个）		员工人数（人）	
		地市级机构数	县区级机构数	员工总数（含非正式员工）	正式员工数
2016	19	2	16	569	473
2017	19	2	16	612	495
2018	20	2	17	662	515
2019	20	2	17	682	530
2020	20	2	17	669	538

附表3

主要统计指标1

单位:亿元

项目	2016年	2017年	2018年	2019年	2020年	2020年同比增幅（%）
本外币资产总额	167.05	172.50	203.96	245.57	309.69	26.11
本外币存款余额	160.06	164.82	195.81	235.98	295.10	25.05
人民币存款余额	149.61	152.83	186.71	227.74	283.59	24.52
单位存款	91.63	95.45	112.31	132.81	185.39	39.59
储蓄存款	57.98	57.38	74.39	94.93	98.20	3.44
本外币贷款余额	122.51	131.29	141.48	166.08	204.09	22.89
人民币贷款余额	120.81	129.98	140.42	164.95	203.54	23.39
短期贷款	63.68	69.71	60.37	36.76	54.76	48.97
中长期贷款	51.76	56.55	74.03	118.21	130.93	10.76
票据融资	5.37	3.73	6.02	9.99	17.85	78.68
利润总额	0.09	2.04	1.32	1.88	3.33	77.13
不良贷款余额	2.50	0.82	0.92	0.85	0.54	-36.47
不良贷款占比（%）	2.04	0.63	0.65	0.51	0.26	-49.02

附表4

主要统计指标2

项目	2016年	2017年	2018年	2019年	2020年	2020年同比增幅（%）
单位结算账户（万户）	1.89	1.93	2.19	2.66	3.09	16.17
单位结算金额（亿元）	5,523.70	6,113.26	7,445.06	7,553.12	10,694.49	41.59
个人结算账户（万户）	81.25	91.32	100.24	120.61	135.09	12.01
个人结算金额（亿元）	7,019.33	8,034.80	7,762.91	6,567.37	6,750.27	2.78
信用卡发卡量（万张）	10.74	19.44	27.11	50.38	51.23	1.69
信用卡消费额（亿元）	225.83	286.44	365.33	274.51	280.86	2.31
企业网银客户（万户）	0.88	0.91	0.99	1.23	1.56	26.83
个人网银客户（万户）	5.98	8.96	10.74	10.30	7.49	-27.28
手机银行客户（万户）	34.69	47.35	67.06	93.88	104.61	11.43
现金自助设备（台）	139	137	121	99	88	-11.11
营业网点（个）	16	16	17	17	17	0.00
自助网点（个）	34	34	31	29	28	-3.45

兴业银行股份有限公司济南分行

【第一负责人简介】　俞裕辉，男，1968年6月出生，福建福清人，1990年7月参加工作，中共党员，大学本科学历；历任兴业银行南平分行党委书记、行长，乌鲁木齐分行党委书记、行长；现任兴业银行股份有限公司济南分行（简称兴业银行济南分行）党委书记、行长。

【综述】　兴业银行济南分行是兴业银行在山东设立的省级管辖行，2001年7月正式开业。自成立以来，兴业银行济南分行一直秉承“打造一流银行”的办行理念，在服务地方经济中迅速发展壮大，资产质量与综合效益屡创新高，各项业务取得长足发展，经营管理指标全面优化，产品服务功能日益完善，树立了全新、健康、优良的企业形象。目前，兴业银行济南分行已在潍坊、烟台、淄博、济宁、临沂、泰安、滨州、威海、东营、聊城、日照、菏泽等地市开设了12家二级分行，并设立了多家县域支行，初步形成了立足济南、辐射全省的服务网络和“省—分—支”三级管理组织架构，拥有了一支创业精神饱满、专业素质过硬、富有朝气、奋发向上的职业团队。

2020年，面对外部经营环境的复杂变化，兴业银行济南分行严格贯彻国家金融政策，按照总行“稳中求进、稳中求新、稳中求精”的工作基调，大力推动“1234战略”“2344策略”实施，全行各项业务均呈现出稳健发展的良好势头，综合竞争力及品牌影响力持续攀升。

【公司业务】　2020年，兴业银行济南分行公司业务以“防疫情、保安全、稳发展”为主线，积极适应新常态，响应国家供给侧结构性改革号召，勇于创新，锐意进取，为抗击疫情、稳定金融环境、扶持实体经济、促进产业结构调整作出了较大贡献。一是聚焦民生发展，加大重大项目支持力度，如积极参与地方政府债券投标、地方棚改项目等。二是以行业调研为抓手，关注新旧动能转换重大工程，对地炼、铝加工、造纸、纺织等省内特色产业加大信贷投放，支持实体经济发展更加精准、有效。三是助力企业直接融资，为客户提供多元化融资渠道。近年来，兴业银行济南分行债券承销金额和市场占有率均居山东省金融机构前列，拓宽了实体企业融资渠道，有效降低企业融资成本。四是着力发挥经营特色，大力发展绿色金融业务。截至2020年末，全行绿色融资余额达到677.03亿元，累计在山东省节能环保领域提供融资超过1,100.00亿元，支持了550多个客户。五是加快产品创新，重点扶持实体中小微企业成长。2020年，兴业银行济南分行专门为小微企业服务的线上融资产品“快易贷”上线，该产品与“山东省银税互动融资服务平台”实现对接，以企业纳税信息为主，结合企业及企业主的工商、征信等信息，运用大数据技术进行分析评价，对诚信纳税的优质小微企业提供线上融资服务，为小微企业主融资提供更多便利。

【个人业务】 2020年，兴业银行济南分行个人业务围绕"以客户为中心"的经营理念，不断提升服务水平，加大新产品的推广力度，加强品牌建设，各项指标均实现了快速发展。一是以网点组织架构改革为契机，全面提升各网点服务水平，积极打造精品服务网点。多次获得"山东省银行业文明规范服务示范单位""中国银行业文明规范服务五星网点""中国银行业文明规范服务千佳示范网点"等荣誉称号。二是加强新产品、新技术的推广，为客户提供更加便捷、满意的服务。针对个人客户推出的移动支付业务、"安愉人生"理财业务、"快速经营贷"等产品深受客户好评。其中，"安愉人生"是国内首个养老金融服务方案。三是加快网点建设，打造营业厅、综合支行、社区银行、自助银行等多元化服务网络。截至2020年末，兴业银行济南分行已在省内13个地市设立分支机构，对外营业网点总数在系统内排名第二。

【国际业务】 2020年，兴业银行济南分行国际业务以产品为抓手，以服务为基础，继续保持良好发展势头。通过与兴业银行香港分行联动，为内地企业提供更加多元化的融资渠道。2020年，兴业银行济南分行荣获总行颁发的"跨境业务十佳分行"荣誉。

【中间业务】 2020年，兴业银行济南分行结合市场环境变化，不断加大产品创新力度，提高金融服务能力，进一步优化业务结构，夯实中间业务发展基础，中间业务收入占利润总额的比重稳步提升。

【电子银行业务】 2020年，兴业银行济南分行电子银行业务以"科技兴行，服务客户"为发展理念，不断加大科技创新投入，致力于打造现代化、电子化、综合化的服务保障体系。目前，已形成"在线兴业"网上银行、"无线兴业"手机银行、"热线兴业"电话银行、微信银行等多产品综合金融服务平台。截至2020年末，兴业银行济南分行企业网银客户达到2.78万户，个人网银客户达到53.53万户，手机银行客户达到426.22万户。

【风险控制】 2020年，面对严峻的风险形势，兴业银行济南分行发挥行业调研作用，完善沙盘作业，加强信用准入管理，增强尽职调查实效，从严做好存续期管理，风险管理工作更加全面有效。不良处置取得较大突破，成功处置了多笔大额不良。截至2020年末，全行不良贷款率较年初下降0.36个百分点，好于本地同类型股份制银行平均水平。不断加强内控管理，深化合规经营理念。2020年，兴业银行济南分行积极开展"行业规范建设深化年""兴航程"、反洗钱等专项活动，加强多层级问责机制，持续强化员工异常交易行为排查，合规经营理念更加深入人心。

（赵 翔）

附表1

机构概况一览表

行长（或其他称谓的第一负责人）		副行长（或其他称谓的同级领导）	
俞裕辉		魏 军、穆晓达、吴永林	
地址	山东省济南市高新区经十路7000号 汉峪金融商务中心六区1号楼	邮编	250001
网址	http：//www.cib.com.cn	客服电话	95561

附表2

内设部门及分支机构一览表

年度	内设机构（个）	下设分支机构（个）		员工人数（人）	
		地市级机构数	县区级机构数	员工总数（含非正式员工）	正式员工数
2016	21	11	12	2,094	1,774
2017	20	12	13	2,252	1,903
2018	19	13	13	2,322	1,988
2019	21	13	13	2,255	2,009
2020	19	13	13	2,236	2,016

附表3

主要统计指标1

单位:亿元

项目	2016年	2017年	2018年	2019年	2020年	2020年同比增幅(%)
本外币资产总额	1,510.17	1,708.28	1,833.73	1,862.66	2,051.97	10.16
本外币存款余额	1,225.13	1,472.23	1,575.52	1,636.48	1,806.66	10.40
人民币存款余额	1,177.72	1,434.31	1,538.23	1,612.07	1,776.13	10.18
单位存款	1,013.99	1,087.93	1,233.13	1,338.70	1,441.97	7.71
储蓄存款	138.36	146.21	206.00	262.39	313.45	19.46
本外币贷款余额	885.32	1,083.61	1,412.98	1,593.72	1,678.27	5.31
人民币贷款余额	834.45	1,030.34	1,357.84	1,573.04	1,661.44	5.62
短期贷款	351.16	380.70	422.14	449.01	429.39	-4.37
中长期贷款	456.08	634.43	857.30	1,025.80	1,135.33	10.68
票据融资	28.96	11.66	72.97	94.49	83.70	-11.42
利润总额	9.61	-13.95	-10.84	-8.69	2.10	—
不良贷款余额	14.94	32.72	30.64	30.12	25.71	-14.64
不良贷款占比(%)	1.69	3.02	2.17	1.89	1.53	-19.05

附表4

主要统计指标2

项目	2016年	2017年	2018年	2019年	2020年	2020年同比增幅(%)
单位结算账户(万户)	3.67	4.21	4.70	5.07	5.83	14.99
单位结算金额(亿元)	26,015.10	31,545.04	36,090.28	37,065.06	37,316.21	0.68
个人结算账户(万户)	279.54	213.20	403.41	449.24	450.56	0.29
个人结算金额(亿元)	12,019.68	13,417.10	17,025.49	16,871.88	16,044.70	-4.90
信用卡发卡量(万张)	24.78	45.10	41.32	31.55	28.95	-8.24
信用卡消费额(亿元)	442.54	752.01	1,109.60	1,359.90	148.50	-89.08
企业网银客户(万户)	1.71	2.23	2.56	2.70	2.78	2.96
个人网银客户(万户)	55.69	53.52	53.52	53.52	53.53	0.02
手机银行客户(万户)	173.22	240.04	317.22	398.72	426.22	6.90
现金自助设备(台)	365	334	297	265	231	-12.83
营业网点(个)	109	112	111	116	115	-0.86
自助网点(个)	28	19	11	6	2	-66.67

兴业银行股份有限公司青岛分行

【第一负责人简介】 彭光辉，男，中共党员，大学本科学历；历任兴业银行杭州分行嘉兴分行行长，杭州分行党委委员、行长助理，副行长等职；现任兴业银行股份有限公司青岛分行（简称兴业银行青岛分行）党委书记、行长，青岛市十六届人大代表。

【综述】 2020年，兴业银行青岛分行以习近平新时代中国特色社会主义思想为指导，紧紧围绕上级组织各项重大决策部署，坚持以服务实体经济、服务人民生活为本，以助力新旧动能转换和高质量发展为目标，回归金融本源，下沉服务重心，在扎实做好支持复工复产和地方经济发展、助力脱贫攻坚、防控金融风险等重点工作中，持续推进分行向更高质量发展迈进。截至2020年末，兴业银行青岛分行各项存款余额为645.20亿元，各项贷款余额为472.01亿元，各项存款、贷款余额均居辖区同类行第2位；全年实现净营运收入12.29亿元，累计缴纳税款2.01亿元；先后获评“崂山区优秀企业”“最具创新银行”“最具责任力银行”等荣誉称号，品牌影响力和美誉度节节攀升。

【公司业务】 2020年，兴业银行青岛分行以金融服务实体经济为出发点，持续沉下身、沉下心、沉下力，围绕地方经济社会发展重点领域，着力完善体制机制，创新产品服务，盘活信贷资源，加大支持力度，逐步走出一条特色化、精细化、专业化发展之路。成立中小企业部，通过“增量、扩面、提质、降本”，在全力支持疫情防控、“六保”“六稳”、脱贫攻坚等重点工作中实现“双提升”。结合区域资源优势及自身业务优势，持续深耕绿色金融、海洋产业、制造产业、涉农产业等特色发展，先后与青岛市海洋发展局、蓝谷管理局签署战略合作协议，助力青岛建设全球海洋中心城市；与清洁基金、青岛市财政局在线签署“绿创贷”合作协议，助力青岛成为国家清洁基金首个副省级城市合作伙伴。

【个人业务】 2020年，兴业银行青岛分行个人业务在推进精细管理中实现弯道超车。“1+N”零售队伍建设，结合“分类施策、分层管理”的客户维护，为财富银行建设注入源源不断的动力；围绕“全行做零售，全员做零售”，逐步打通公私联动的队伍建设、全员培训、考核机制等，转型发展全面推进；按照“智慧银行”建设要求，相继开设第9家、第10家社区支行，完成11家营业网点迁址改造及1家千佳网点创评，持续扩大服务覆盖、提升服务品质、深化服务特色。

【国际业务】 2020年，兴业银行青岛分行聚焦稳外贸稳外资发展，以国际业务特色优势和强大韧劲久久为功，多管齐下为辖区外贸经济发展贡献“兴业力量”。相继推出加大金融供给、畅通“绿色通道”、优化线上服务、减费让利等多项措施，“一企一策”为外贸企业“走出去”保驾护航，全年山东外贸百强青岛进口企业服务覆盖率达83.00%。不断探索以开放银行理念将银行系统平台与不同行业、企业、业务场景互联互通，积极构建开放共赢的供应链金融新生态，与海尔卡奥斯合作上线票据业务平台，为金融赋能工业互联网打造了可借鉴的“兴业样板”。以金融科技为抓手，积极推进现金管理在医疗、旅游、交通、教育培训等多个行业领域的覆盖，完善的交易场景应用，为智慧城市建设和百姓生活品质提升贡献了重要力量。

【中间业务】 2020年，兴业银行青岛分行充分发挥“商行+投行”综合优势，创新有为服务地区战略。立足创投风投中心建设，持续提升直接融资、并购融资占比，辖区上市公司合作覆盖率超过70.00%，2020年成为青岛市场非金融企业债务融资工具承销金额唯一破百亿元的机构，并先后落地青岛市首笔疫情防控债、全国首单蓝色债券，市场地位无可撼动。立足青岛财富管理金融综合改革试验区建设，依托资产托管（青岛）中心，服务全国客户托管业务3,327.00亿元，为青岛培育良好的财富管理生态圈贡献了重要力量。立足实体经济发展，进一步完善FICC服务领域，创新金融产品，拓宽投资渠道，增强对实体企业的精准支持。2020年，兴业银行青岛分行非利息净收入占比同比增长26.00%，转型发展加速推进。

【智慧银行业务】 2020年，兴业银行青岛分行始终坚持“从客户体验出发，走数字化战略、智能化服务之路”，通过线上线下服务场景全覆盖，致力于推动前沿技术与业务融合，助力实体，普惠民生。依托大数据智能风控系统，上线小微线上融资平台，在提升融资效率的同时，实现风险管理的信息化、自动化和智能化，精准助力普惠金融。创新融合人工智能与机器人流程自动化技术，上线账户管理机器人，全面提升公司开户效率，为传统业务流程突破构建新格局。首批上线农民工工资支付监管平台、房屋专项维修资金系统，深入践行便民、利民、惠民服务发展理念。

【风险控制】 2020年，兴业银行青岛分行在加快推进不良清收的基础上，持续完善体制机制、提高专业能力，不断加强风险管理及合规内控，确保各项事业行稳致远。通过完善特殊资产运营管理工作机制，提高特殊资产专业经营管理能力，实现不良资产余额及不良贷款率大幅“双降”；扎实推进兴航程“制度与治理年”各项活动，认真配合监管EAST系统排查，培育全员法治思维；切实提高消保工作政治站位，设立消保办公室，强化员工服务意识和服务技能，常态化开展各项金融支持宣传教育活动，全年实现监管零有责投诉，消保工作层次和水平全面提升。

（盖真萍）

附表1

机构概况一览表

行长（或其他称谓的第一负责人）		副行长（或其他称谓的同级领导）	
彭光辉		步延进、丁武民、刘方勃	
地址	山东省青岛市崂山区同安路886号	邮编	266000
网址	http：//branch.cib.com.cn/QingDao/	客服电话	95561

附表2

内设部门及分支机构一览表

年度	内设机构（个）	下设分支机构（个）		员工人数（人）	
		地市级机构数	县区级机构数	员工总数（含非正式员工）	正式员工数
2016	18	1	16	618	544
2017	15	0	14	529	468
2018	15	0	14	551	461
2019	16	0	14	591	466
2020	16	0	14	608	492

附表3

主要统计指标1

单位：亿元

项目	2016年	2017年	2018年	2019年	2020年	2020年同比增幅（%）
本外币资产总额	1,034.92	449.09	420.71	521.35	739.66	41.87
本外币存款余额	523.07	315.53	341.48	436.60	645.20	47.78
人民币存款余额	518.04	305.99	331.05	392.96	632.91	61.06
单位存款	261.78	203.99	183.15	276.60	394.92	42.78
储蓄存款	38.81	28.50	34.85	57.20	72.25	26.31
本外币贷款余额	256.90	206.55	256.47	354.23	472.01	33.25
人民币贷款余额	255.40	201.23	252.14	347.20	461.13	32.81
短期贷款	109.75	69.66	109.34	155.07	239.06	54.16
中长期贷款	136.59	119.48	120.70	158.01	176.51	11.71
票据融资	10.16	12.04	16.77	26.61	45.56	71.21
利润总额	11.07	2.44	-1.85	-3.68	4.82	—
不良贷款余额	2.58	2.02	16.74	22.19	7.60	-65.75
不良贷款占比（%）	1.00	0.98	6.53	6.26	1.61	-74.28

附表4

主要统计指标2

项目	2016年	2017年	2018年	2019年	2020年	2020年同比增幅(%)
单位结算账户（万户）	1.19	1.13	1.54	1.76	2.09	18.75
单位结算金额（亿元）	20,753.28	46,311.27	36,298.84	21,152.60	23,188.08	9.62
个人结算账户（万户）	35.66	41.38	47.57	54.83	62.15	13.35
个人结算金额（亿元）	2,819.11	2,147.16	2,287.55	2,509.78	2,672.19	6.47
信用卡发卡量（万张）	6.04	15.24	8.69	4.30	5.12	19.07
信用卡消费额（亿元）	111.48	111.08	157.00	188.30	222.60	18.22
企业网银客户（万户）	0.40	0.41	0.41	0.79	0.91	15.19
个人网银客户（万户）	16.68	19.71	19.89	19.32	19.62	1.55
手机银行客户（万户）	42.96	43.17	53.12	59.81	66.41	11.03
现金自助设备（台）	82	85	73	57	55	-3.51
营业网点（个）	24	23	22	22	24	9.09
自助网点（个）	14	19	14	8	0	-100.00

广发银行股份有限公司济南分行

【第一负责人简介】 赵殿斌，男，研究生学历，高级经济师，高级投行分析师；金融从业26年，先后在工商银行各层级行工作；2015年起任广发银行总行投资银行部总经理，2018年起任广发银行股份有限公司济南分行（简称广发银行济南分行）党委书记、行长；先后荣获“2016年广州市高层次专业人才”“2017年产业领军人才重点项目产业急需人才”“2018年度济南市市中区重点产业领军人才”等荣誉称号。

【综述】 2020年，广发银行济南分行始终坚持党建统揽全局，深入贯彻集团党委“重振国寿”战略部署，加快落实总行党委“三步走”目标要求，坚决执行“一二三四”发展举措，KPI绩效考核综合得分为980.10分，在系统内43家分行中排名第8位，主要指标全面达成，如期实现“三年脱困”目标，为广发银行济南分行“新三年·大发展”奠定了坚实的基础。

【公司业务】 2020年，广发银行济南分行公司业务转型发展理念逐渐深入人心，整体发展态势保持良好。一是客户结构进一步优化。明确了风险偏好及组合风险限额指标，从行业、区域、担保方式等方面不断优化信贷结构。截至2020年末，广发银行济南分行基建类、文教卫生类等重点行业授信占比由年初的52.39%提升至58.60%，抵质押类授信占比为35.43%，其中A-级（含）以下授信抵质押覆盖率占比提升至51.30%。二是客户质量进一步提升。不断引入高评级客户，A-级以上优质客户（含非标）授信占比由年初的55.75%提升至69.12%；年内公司新开结算账户1,487户，同比增长73.00%，有效户为1,553户，较年初增加433户；公司核心户为244户，较年初增加49户。三是着力推进普惠金融领域发展。成立普惠金融一级部，全年累计投放个体工商户贷款1.33亿元、小微企业主贷款3.33亿元。年末普惠小微贷款银保监会口径余额为15.70亿元，较年初新增2.20亿元；普惠涉农贷款余额为2.51亿元，较年初新增0.96亿元，均超额完成年度计划任务。

【个人业务】 2020年，广发银行济南分行个人业务稳中有进。一是储蓄存款实现稳存增存。重视重要节点客户资金营销，强化疫情期间客户资金留存，年末储蓄存款日均40.61亿元，较年初增加9.47亿元。积极开展公私联动，代发工资客户完成11,071户。二是个贷规模快速提升。抢抓按揭贷款机遇，上线“浪潮爱城市网”一贷通线上消费贷款项目。年末个人贷款余额为77.48亿元，较年初增加18.80亿元。三是信用卡保持量质“双升”。持续擦亮广发银行“金字招牌”。山东区域累计发卡426.00万张，有效卡量为

260.00万张，系统内排名第4位。四是消保工作机制逐步完善。坚持以客户为中心，设立独立消保与服务工作团队，健全广发银行济南分行消保内部考评体系。按季度召开消保联席工作会议，按月定期通报投诉情况，按季度定期通报全辖网点投诉情况。全年处理内部系统投诉186笔，较上年下降90笔。

【国际业务】 2020年，广发银行济南分行“双轻”业务规模不断做大，达116.30亿元。全年实现营收9,161.00万元、中收7,361.00万元；实现跨境人民币结算量14.55亿元，增幅为501.00%。全年投行与金融市场业务实现营收1.97亿元，资产托管业务净增规模为253.66亿元，同业有效户完成220户，为黄金集团、招金矿业累计承销发行超短期融资券15.00亿元。

【风险控制】 2020年，广发银行济南分行在风险控制方面，一是突出信用风险防控。严控对公新发生逾期欠息贷款，实现“叙做客户不逾欠、逾欠客户进不良”的风险管控要求。全年实际新增逾欠金额5.89亿元，较上年大幅下降，继续保持2018年以来新增授信客户“零逾欠、零不良”。二是加速不良资产处置。年内批量转让3个资产包，转让债权本金为36.97亿元，不良贷款转让金额及溢价率实现“双升”。三是坚守内控合规底线。坚持有章可循，健全内控制度，制定、修订制度20部。坚持形式多样，牵头组织“行业规范建设深化年”活动，建立合规荣誉体系；组织开展“一把手讲合规”活动，全行各层级28名“一把手讲合规”活动共计35次。

【保银协同】 2020年，广发银行济南分行注重与国寿三司的交流互通，成立了“三司一行”对接战略合作协议委员会，确立了联席会议、上下联动等机制。通过高频度沟通互访、实地调研同督导，层层推动，步步紧盯，综合金融理念逐步植根各级管理干部和代理人心中。广发银行济南分行成立保银协同一级部，搭建30人的渠道经理队伍。截至2020年末，广发银行济南分行保银协同迁徙借记卡累计16.20万户，较年初增加4.40万户；保银零售有效户累计2.78万户，较年初增加11,842户；保银迁徙信用卡新增发卡量为1.39万张，累计发卡6.65万张，荣获总行保银协同卓越贡献奖。

（郭经浩）

附表1

机构概况一览表

行长（或其他称谓的第一负责人）		副行长（或其他称谓的同级领导）	
赵殿斌		张社教、张　峰、刘玉娟、迟珊珊、郑中华	
地址	山东省济南市经四路15号广发银行大厦	邮编	250001
网址	http://www.cgbchina.com.cn/	客服电话	95508

附表2

内设部门及分支机构一览表

年度	内设机构（个）	下设分支机构（个）		员工人数（人）	
		地市级机构数	县区级机构数	员工总数（含非正式员工）	正式员工数
2016	15	1	10	607	597
2017	16	1	10	623	615
2018	16	1	10	594	594
2019	16	1	10	585	585
2020	17	1	10	625	617

附表3

主要统计指标1

单位:亿元

项目	2016年	2017年	2018年	2019年	2020年	2020年同比增幅(%)
本外币资产总额	241.62	273.15	263.76	350.86	486.15	38.56
本外币存款余额	225.22	202.56	176.74	219.31	296.17	35.05
人民币存款余额	224.88	200.99	176.09	217.77	292.28	34.21
单位存款	187.15	181.94	143.49	185.04	247.26	33.63
储蓄存款	16.92	18.38	25.44	33.64	44.34	31.81
本外币贷款余额	236.21	270.23	276.12	370.72	493.06	33.00
人民币贷款余额	227.25	265.94	263.58	370.43	490.78	32.49
短期贷款	147.53	166.06	144.70	177.71	201.25	13.25
中长期贷款	75.57	88.16	99.26	177.99	271.75	52.68
票据融资	4.16	9.71	16.91	9.26	17.78	92.01
利润总额	2.30	-5.45	-16.87	-23.96	-4.67	—
不良贷款余额	0.88	0.32	13.29	19.62	5.32	-72.88
不良贷款占比(%)	0.37	0.12	4.81	5.29	1.08	-79.58

附表4

主要统计指标2

项目	2016年	2017年	2018年	2019年	2020年	2020年同比增幅(%)
单位结算账户（万户）	0.36	0.41	0.41	0.44	0.46	4.55
单位结算金额（亿元）	54.94	74.55	61.80	62.98	66.16	5.05
个人结算账户（万户）	20.93	34.92	46.16	51.05	57.85	13.32
个人结算金额（亿元）	17.10	18.35	20.07	31.21	38.33	22.81
信用卡发卡量（万张）	108.60	147.98	201.60	240.30	259.70	8.07
信用卡消费额（亿元）	639.90	895.39	1,640.75	1,692.30	1,642.10	-2.97
企业网银客户（万户）	0.22	0.25	0.26	0.34	0.39	14.71
个人网银客户（万户）	75.39	111.85	147.43	178.68	214.28	19.92
手机银行客户（万户）	58.13	103.2	165.66	227.35	275.97	21.39
现金自助设备（台）	99	109	91	70	51	-27.14
营业网点（个）	22	25	26	24	19	-20.83
自助网点（个）	42	36	43	41	3	-92.68

平安银行股份有限公司济南分行

【第一负责人简介】 曾勇，男，汉族，1974年11月出生，中共党员，北京大学光华管理学院高级管理人员工商管理专业硕士；1998年参加工作，金融从业22年，具备丰富的业务拓展与风险管理经验，有较强的组织领导能力与较高的业务管理水平；2020年6月任平安银行股份有限公司济南分行（简称平安银行济南分行）党委书记，2021年1月任平安银行济南分行行长。

【综述】 2020年，平安银行济南分行依托平安集团“金融+科技”的强大平台，不断强化行业规范建设，积极探索特色化发展之路，整体经营情况呈现稳健发展态势。截至2020年末，平安银行济南分行各项贷款余额为387.40亿元，较年初增加49.15亿元，增幅为14.53%；各项存款余额为291.79亿元，较年初增加22.44亿元，增幅为8.30%。全年累计实现考核营收17.00亿元，同比增加3.34亿元，增幅为24.45%。其中非利息收入实现4.02亿元，同比增加1.30亿元，非利息收入占总营收的比重为23.64%，同比提升3.52个百分点。

【公司业务】 2020年，平安银行济南分行坚持以服务实体经济为己任，持续加大对山东省新旧动能转换重点项目、优质制造业、普惠金融等行业领域的支持力度，依托集团的“金融+科技”能力，不断深化银企业务合作。平安银行济南分行作为平安集团团体综合管理委员会山东分会的会长单位，年内先后与山东省国资委、山东发展投资集团、济南轨道交通集团等签署战略合作协议，全面落实“1+N+n”综合金融战略，牵头集团驻济南产险、养老险、寿险、租赁等机构，综合运用债券承销、综合金融、资产托管、结构化融资等业务模式，联动支持山东实体经济发展。2020年，落地独立牵头行跨境银团贷款3.00亿美元，落地国家发展改革委优质企业债45.00亿元，落地债融承销73.50亿元。

【个人业务】 2020年，面对疫情对经济发展的冲击，平安银行济南分行紧跟政策方向，多措并举助力实体经济复苏。截至2020年末，平安银行济南分行零售AUM实现484.00亿元，同比增加133.00亿元，增幅为37.89%。重点贷款产品规模突破200.00亿元，同比增加5.40亿元。在创新发展方面，平安银行济南分行通过持续加大科技投入、加快金融创新，提升AI运营能力，推进业务流程线上化，实现了贷款业务全线上化办理，全力帮助中小微企业抗疫渡难、复工复产，真正实现“足不出户，居家融资”。在消费者权益保护方面，平安银行济南分行成立消保管理中心，有序推动消保工作，先后上线“智能咨诉系统”“智能双录系统”“AI消保平台”等，赋能智慧消保。

【国际业务】 在离岸跨境业务方面，2020年，平安银行济南分行积极利用离岸金融优势，大力发展全球授信、内保外债、离岸敞口外债、离岸债券投资、跨境银团等离岸跨境业务。2020年，平安银行济南分行敏捷捕捉客户需求，与总行交易银行部迅速成立跨境银团专项小组，克服国内及澳大利亚疫情等诸多困难，成功筹组了平安银行作为独家牵头行及代理行的3.00亿美元3年期的跨境银团。该笔跨境银团的成功落地显著提升了平安银行在跨境银团市场的地位和荣誉，有效提高了平安银行跨境资产经营能力及跨境“双轻”创收能力。全年累计办理各类离岸贷款1.45亿美元；累计结算量约为9.40亿美元；累计实现中收6,520.00万元，同比增长480.30%。

在岸国际业务方面，平安银行济南分行自2015年开始就针对地炼行业开展了行业调研，并得到了总行贸融风险团队的支持，获得了“一行一策”具体贯彻实施，为进口开证、进口代付、即期购汇及外汇衍生产品等业务带来了较大发展。全年平安银行济南分行累计办理进口开证26笔，约合6.88亿美元；累计办理进口代付11笔、金额4.02亿美元；并根据客户需求，落地了一般远期购汇、期权、货币互换等外汇衍生产品业务。2020年，平安银行济南分行在岸国际业务累计结算量约为12.19亿美元，累计实现中收3,675.00万元，同比增长19.30%。

【中间业务】 2020年，平安银行济南分行通过“行业+投行”模式，聚焦“对公五张牌”业务方向，大力发展中间业务，通过一个个标杆模式和标杆项目的落地，一个山头一个山头地争取，层层推进，经过一年的努力，达到预期目标，中间业务在效益、规模、创新等方面已成为引领公司业务发展的主导力量。截至2020年末，平安银行济南分行投行业务累计实现中间业务收入6,411.00万元，同比增长4.00%；交易银行部累计实现中间业务收入1.59亿元，同比增长58.00%。其中，结构化融资业务中收为5,210.00万元，同比增长12.00%；债券承销业务中收为1,201.00万元，同比下降22.00%。托管业务中收为1,475.00万元，同比下降20.00%。

【电子银行业务】 2020年，平安银行济南分行发挥平安集团科技金融优势，致力于各类政府交易结算平台构建工作。积极发展省级平台业务，服务产权流转和现货交易。作为山东交易市场清算所有限公司（简称鲁清所）合作的第一家全国性银行，接入省内合规交易市场13家。鲁清所（牡丹国际商品交易中心）单一项目存款突破5.50亿元；鲁清所（日照大宗商品交易中心）存款突破2.35亿元，仍在持续增长，未来存款增长潜力较好。

【风险管控】 2020年，平安银行济南分行持续强化风险防控，严守资产质量生命线，突出抓好重点领域的风险化解工作，加大不良贷款处置力度，全面提升风险管理的效率和水平。截至2020年末，平安银行济南分行各项不良贷款余额为5.31亿元，较上年末减少3.57亿元；不良贷款率为1.37%，较上年末下降1.25个百分点，不良贷款余额和不良贷款率连续两年实现“双降”，资产质量指标持续改善。

（孙文超、张 睿、林 颖）

附表1

机构概况一览表

行长（或其他称谓的第一负责人）		副行长（或其他称谓的同级领导）	
曾 勇		孙丰娟、蒋 鑫、郑 涛	
地址	山东省济南市经十路13777号中润世纪广场17号楼	邮编	250014
网址	http://bank.pingan.com/	客服电话	95511

附表2

内设部门及分支机构一览表

年度	内设机构（个）	下设分支机构（个）		员工人数（人）	
		地市级机构数	县区级机构数	员工总数（含非正式员工）	正式员工数
2016	25	3	17	791	733
2017	17	5	16	708	657
2018	17	6	14	751	724
2019	17	6	18	732	719
2020	19	6	20	788	778

附表3

主要统计指标1

单位：亿元

项目	2016年	2017年	2018年	2019年	2020年	2020年同比增幅（%）
本外币资产总额	529.86	354.40	338.81	333.17	387.50	16.31
本外币存款余额	392.18	297.75	217.71	270.35	292.79	8.30
人民币存款余额	389.42	287.67	215.99	268.19	291.52	8.70
单位存款	360.89	266.42	173.98	201.93	195.29	-3.29
储蓄存款	31.29	31.33	43.73	68.41	96.23	40.67
本外币贷款余额	444.21	358.84	355.97	338.25	387.40	14.53
人民币贷款余额	441.07	357.95	350.68	317.66	377.31	18.78
短期贷款	230.23	159.44	140.86	120.48	87.90	-27.04
中长期贷款	213.98	199.35	215.11	217.76	264.73	21.57
票据融资	4.41	0.05	0.00	0.01	24.68	246,700.00
利润总额	6.63	-40.09	-26.79	-33.95	-4.84	—
不良贷款余额	6.61	9.32	26.46	8.88	5.31	-40.20
不良贷款占比（%）	1.49	2.60	7.43	2.62	1.37	-47.71

附表4

主要统计指标2

项目	2016年	2017年	2018年	2019年	2020年	2020年同比增幅(%)
单位结算账户（万户）	0.97	0.74	0.79	0.53	0.64	20.75
单位结算金额（亿元）	44.71	44.74	71.16	69.56	77.36	11.21
个人结算账户（万户）	9.03	108.18	116.65	141.30	160.23	13.40
个人结算金额（亿元）	8.00	8.03	8.58	9.30	10.15	9.14
信用卡发卡量（万张）	92.68	134.15	268.56	370.51	416.49	12.41
信用卡消费额（亿元）	218.25	664.17	1,449.06	2,094.57	2,319.22	10.73
企业网银客户（万户）	0.66	0.67	0.65	0.68	0.76	11.76
个人网银客户（万户）	32.26	39.70	—	83.00	83.07	0.08
手机银行客户（万户）	27.60	62.20	25.50	103.00	105.01	1.95
现金自助设备（台）	74	69	72	75	88	17.33
营业网点（个）	22	24	23	24	27	12.50
自助网点（个）	31	31	4	0	0	—

平安银行股份有限公司青岛分行

【第一负责人简介】 王珺，女，1967年出生，山东龙口人，中共党员，硕士研究生学历，从事金融行业工作26年；1990年10月参加工作，曾就职于山东省青岛市市南区审计局；1993年2月入职中国平安保险（集团）股份有限公司，2012年入职平安银行股份有限公司青岛分行（简称平安银行青岛分行），担任销售总监，并先后兼任公司业务发展一部主管、对公综拓/投资银行部总经理、投资银行部总经理等职；2015年8月，任平安银行青岛分行行长助理；2019年5月起，任平安银行青岛分行党委书记、行长。

【综述】 平安银行青岛分行下辖烟台、日照、威海3家异地二级分行、19家支行、11家社区支行。截至2020年末，平安银行青岛分行账面资产余额为576.76亿元，同比增长17.29%；总存款余额为450.10亿元，总贷款余额为563.75亿元；全年共缴纳税款3.02亿元，纳税总额一直保持青岛市排名前50，为推动地方经济发展、支持地方财力作出了积极贡献。

【公司业务】 2020年，面对新冠肺炎疫情、中美贸易摩擦升级等不利因素，平安银行青岛分行坚决贯彻总行政策指导精神，充分践行自身社会责任，大力支持实体经济发展。通过内部资金转移定价补贴、竞赛激励等形式积极加大制造业企业信贷投放，取得了良好效果。截至2020年末，平安银行青岛分行公司条线贷款余额为214.00亿元，较年初提升8.60亿元，其中制造业企业贷款为121.13亿元，较年初提升23.91亿元。

【个人业务】 2020年，平安银行青岛分行坚持零售转型战略不动摇，零售业务迈入转型发展的第三阶段。在“三张名片”新定位和“3+2+1”战略布局及能力建设的基础上，践行“四化”新打法，即数据化经营、线上化运营、综合化服务和生态化发展。通过AI赋能业务升级，数据驱动管理与风控，100.00%全业务管理线上化；队伍综合化展业，产品服务综合化升级；对内深化综合金融并拥抱“五大生态”，对外加快开放平台。截至2020年末，平安银行青岛分行（不含二级分行）账面储蓄存款余额为83.74亿元，账面零售贷款余额为359.68亿元。

【国际业务】 2020年，平安银行青岛分行国际业务继续保持健康稳定发展，业务规模和经营收益同比基本持平。全行克服疫情带来的不利影响，秉持发展与风控并重的原则，确保外汇合规及贸易融资风险控制，无违规问题、无新增问题贸易融资授信。根据监管机构的要求及总分行战略导向，重点支持外向型实体企业、优质出口型贸易企业，并依托总行离岸金融牌照优势，为辖区内的企业提供低成本的外债贷款、海外代付等产品，实现银企共赢。

【中间业务】 2020年，平安银行青岛分行在国际业务及内贸中间业务方面，大力推动有真实贸易背景的国际/国内证业务发展，推动票据一体化、新型供应链融资等，重点支持本地实体企业，实现了贸易融资规模与中收“双增长”。大力推广科技金融引领作用，财资平台、数字口袋、外汇交易通、平安好链等系统，为广大内外贸客户提供线上化的高效便利服务，为业务发展提供技术保障。

在投资银行领域，平安银行青岛分行依托综合金融优势积极探索客户“商行+投行+投资”的复杂投融资模式，在债务融资工具、债券承销、并购、银团、资本市场等业务条线积极作为，并引入兄弟公司协同险资投资、证券承揽等工具，满足客户不断增长的复杂投融资需求，降低客户对于金融服务的获得成本，有效支持企业生产经营，助力地区产业升级和新旧动能转换。

【电子银行业务】 2020年，平安银行青岛分行在电子银行业务方面，积极践行数字化经营，以科技驱动战略转型，加快人工智能、大数据、区块链等新技术与金融场景的融合，加强产品创新，深化客户经营。一方面，着力打造数字财资平台，为大中型客户提供跨行账户资金管理、资产负债管理、支付结算管理、风险管理等服务，整合客户跨银行资金数据，全面提升资金管理效能；另一方面，持续优化手机端企业网银的金融服务产品“数字口袋APP”，为用户提供“一站式”金融服务。通过数字财资平台和数字口袋APP，服务大中小型客户，打造端到端、产业链全覆盖的全方位、一体化客户经营服务平台。

在互联网支付结算领域，平安银行青岛分行抓住青岛打造“世界工业互联网之都”及传统企业数字化转型的机遇，以头部产业互联网、消费互联网、物联网平台客户为中心，整合云收款、云账户、云付款等优势产品能力，为平台客户及其项下的B、C端用户提供综合服务方案。聚焦工业互联网平台、网络货运平台、网约车、二手车、汽配维修等行业，深入场景服务，为客户提供“账户+融资”一体化服务方案。

【风险控制】 2020年，面对多个风险因素叠加，平安银行青岛分行坚持提高政治站位，践行社会责任担当，以夯实、发展为主线，深入开展风险管理工作。一是坚持不良资产早暴露、早化解，应核尽核。通过核销、现金收回等多种手段强化清收处置，原事业部落地分行大额不良资产基本处置完毕。二是聚焦重点领域风险管控。持续加强房地产、影子银行、政府平台、债券市场、网络金融等领域业务的风险排查，坚持合规经营。三是立足本地，服务胶东一体化发展。坚持风险引领，做实行业规划，重点支持民营企业、制造业、基础设施、现代农业、优质国企等胶东本地企业发展。

在零售贷款方面，平安银行青岛分行继续坚持科技引领，并结合“技防+人防”管控措施。客户准入充分利用各类风险数据分析刻画客户完整画像，不断完善、优化授信及管理的技术工具、模型策略；业务审批实现集中化操作，在降低操作风险的同时提升业务前端进件质量；建立起对全产品的预警提示，对异常情况提前发现、及时处置；沿用贷款资金监测“三道防线”，建立多维度的贷款资金监测体系，保障贷款资金用途合规；多举措开展逾期压降，充分利用AI催收技术，搭建“追猎者”管理系统，引入陆易拍等资产转让平台，提升贷款资产质量。

（宋钦娟）

附表1

机构概况一览表

行长（或其他称谓的第一负责人）		副行长（或其他称谓的同级领导）	
王 珺		庄复兴、谷 辉、纪小倩、赵学军、李伟杰、卢玉君	
地址	山东省青岛市崂山区苗岭路28号金岭广场2号楼	邮编	266100
网址	http://bank.pingan.com/	客服电话	95511

附表2

内设部门及分支机构一览表

年度	内设机构（个）	下设分支机构（个）		员工人数（人）	
		地市级机构数	县区级机构数	员工总数（含非正式员工）	正式员工数
2016	22	3	15	716	702
2017	15	3	16	612	598
2018	16	3	16	686	675

续表

年度	内设机构（个）	下设分支机构（个）		员工人数（人）	
		地市级机构数	县区级机构数	员工总数（含非正式员工）	正式员工数
2019	15	3	18	670	664
2020	15	3	19	736	702

附表3

主要统计指标1

单位：亿元

项目	2016年	2017年	2018年	2019年	2020年	2020年同比增幅（%）
本外币资产总额	391.28	362.49	395.62	491.73	576.76	17.29
本外币存款余额	325.71	256.79	310.54	410.35	450.10	9.69
人民币存款余额	288.15	221.61	228.25	348.36	421.35	20.95
单位存款	197.88	156.94	148.38	233.25	274.95	17.88
储蓄存款	42.72	44.41	53.36	57.22	83.74	46.35
本外币贷款余额	290.44	278.10	341.80	350.80	563.75	60.70
人民币贷款余额	250.16	245.02	284.32	282.37	538.80	90.81
短期贷款	113.31	76.30	89.49	64.67	219.82	239.91
中长期贷款	134.42	167.52	193.48	216.75	277.75	28.14
票据融资	1.94	0.00	0.15	0.95	41.23	4,240.00
利润总额	-0.83	-1.56	-12.91	-21.93	-6.38	—
不良贷款余额	2.52	1.58	14.99	15.24	3.59	-76.44
不良贷款占比（%）	0.87	0.57	4.39	4.34	0.64	-85.25

附表4

主要统计指标2

项目	2016年	2017年	2018年	2019年	2020年	2020年同比增幅（%）
单位结算账户（万户）	2.30	2.50	6.06	1.06	1.14	7.55
单位结算金额（亿元）	9,332.00	10,821.00	9,761.45	6,721.48	5,417.64	-19.40
个人结算账户（万户）	71.51	83.32	91.16	101.98	116.82	14.55
个人结算金额（亿元）	2,805.00	3,389.00	6,998.50	8,083.56	4,089.94	-49.40
信用卡发卡量（万张）	16.26	23.51	27.80	22.13	37.71	70.40
信用卡消费额（亿元）	247.27	324.45	543.04	661.39	1,234.70	86.68
企业网银客户（万户）	0.50	0.60	0.68	0.72	0.76	5.56
个人网银客户（万户）	—	—	36.99	43.26	43.47	0.49
手机银行客户（万户）	3.97	29.11	51.95	74.49	98.75	32.57
现金自助设备（台）	98	106	114	102	97	-4.90
营业网点（个）	28	28	30	32	34	6.25
自助网点（个）	12	12	11	6	3	-50.00

上海浦东发展银行股份有限公司济南分行

【第一负责人简介】 葛宇飞，男，汉族，1969年12月出生，山东莒县人，中共党员，研究生学历，硕士学位；1992年7月参加工作，历任上海浦东发展银行上海分行办事员、科员、副科长，支行副行长、行长，上海分行合规部总经理；2008年5月，任上海浦东发展银行上海分行行长助理、副行长，上海分行副行长兼上海自贸区分行副行长；2014年7月，任上海浦东发展银行南昌分行党委书记、行长；2017年7月，任上海浦东发展银行总行审计部负责人；2018年3月至今，任上海浦东发展银行股份有限公司济南分行（简称浦发银行济南分行）党委书记、行长。

【综述】 2020年，面对新冠肺炎疫情带来的严峻挑战，浦发银行济南分行认真贯彻省委省政府关于金融支持实体经济发展的战略部署，拓客户、强队伍、严执行，强化党建引领，深化基础管理，加快发展转型，各项业务筑底上扬，为经济社会发展作出了应有贡献。截至2020年末，浦发银行济南分行本外币存款余额为565.38亿元，同比减少39.42亿元，降幅为6.52%；本外币贷款余额为682.36亿元，同比增加31.19亿元，增幅为4.79%；不良贷款余额为27.11亿元，同比下降19.75亿元；全年实现账面利润-0.48亿元，同比减亏60.60亿元。

【公司业务】 2020年，浦发银行济南分行积极贯彻落实总行“促投放”策略，聚焦总分行战略客户和地方头部企业，不断加大贷款投放力度。剔除打包核销和村镇银行划转等因素，全年各项贷款较年初实际增加54.90亿元。其中，31户集团战略客户贷款增加65.40亿元，增幅为56.69%，对公普惠贷款增加4.00亿元，超额完成目标计划，客户结构调整取得明显成效。从投向看，全行国有企业授信客户占比从2018年的18.00%提升到2020年的25.00%，国有企业敞口用信占比从2018年的48.00%提升到2020年的61.00%；从评级看，A-及以上客户占比从2018年的31.00%提升到2020年的53.00%。机构客户年内新开户263户，基础存款日均新增12.04亿元，营销氛围初步形成。加强与金融同业客户的合作，目前已合作110家，合作覆盖率为94.00%。加快重点业务、重点项目落地，多渠道融资拓展提速，全年实现非信贷融资363.28亿元，收入结构得到优化。

【零售业务】 2020年，浦发银行济南分行以做大客户规模为目标，扎实开展“客户关系档案”建档工作，积极推广“浦惠到家”、API线上平台获客，商圈与线上获客成效显著，客户结构进一步优化。全年零售基础客户新增7.80万户，零售中高端客户净增2942户、私人银行客户新增68户，信用卡账户净增3.70万户。加强板块联动、业务协同，组建代发“铁三角”，全年新增达标代发客户6.76万户，代发金额为96.43亿元。零售贷款较年初增加18.76亿元，主要是住房按揭较年初增加26.00亿元。

【风险管理】 2020年，浦发银行济南分行坚持以“控新降旧”为中心，聚焦风险压降，加强不良清收处置化解，严控新增逾欠和不良，有效控制风险成本。全年实现现金清收10.23亿元，同比增加5.49亿元，回吐风险成本7.90亿元；实现风险预警客户现金压退29.88亿元，回吐风险成本超过2.00亿元。2018年以来，浦发银行济南分行共计清收处置不良资产207.11亿元。资产质量指标持续向好，年末后三类不良贷款余额为18.81亿元，较年初下降28.05亿元；不良贷款率为2.80%，较年初下降4.40个百分点（剔除村镇银行划转因素）；全年新发生不良13.89亿元，仅为上年同期的15.50%；连续两年实现“双降”，风险高发势头得到有效遏制。

【科技运营】 2020年，浦发银行济南分行强化运营管理和科技支撑。开展“智慧运营+”建设专项行动，狠抓项目清单落地，推出“运营创新共享平台”，加强特色项目运营集约化，推动网点轻型化建设；主动对接前台部门和客户需求，全力提升运营科技服务支撑效率。

【合规内控】 2020年，浦发银行济南分行严格落实监管和总行“严合规”工作要求，开展了“行业规范建设深化年”、乱象治理“回头看”、员工行为专项排查等一系列合规内控活动，加大了合规内控（案防）考核和问责工作力度。坚持以问责促尽责，员工的合规意识、风险意识明显增强。

【党建工作】 2020年，浦发银行济南分行认真履行管党治党主体责任，充分发挥党委把方向、管大局、保落实的重要作用，更加规范基础党建工作，更加注重各级党组织和党员干部的责任担当意识和引领发展能力。持续提升抓党建促发展“党建领航工程”，推动党建工作与中心工作深度融合；扎实开展“当一天员工”“七个一”行动，有效解决中场效率问题。严格落实全面从严治党“四责协同”工作机制，深入开展党委巡察，扎实做好上海市委巡视、总行党委巡察发现问题的整改落实工作。积极开展文明创建活动，泰安分行营业部、潍坊分行营业部荣获2020年银行业文明规范服务千佳示范单位，提升了服务质量，树立了良好的品牌形象。

（廖 峰）

附表1

机构概况一览表

行长（或其他称谓的第一负责人）		副行长（或其他称谓的同级领导）	
葛宇飞		钟玉明、张 志、李广富、管瑞宁	
地址	山东省济南市历下区黑虎泉西路139号	邮编	250001
网址	http://www.spdb.com.cn/	客服电话	95528

附表2

内设部门及分支机构一览表

年度	内设机构（个）	下设分支机构（个）		员工人数（人）	
		地市级机构数	县区级机构数	员工总数（含非正式员工）	正式员工数
2016	26	9	28	1,468	1,156
2017	26	10	27	1,444	1,179
2018	23	11	27	1,416	1,279
2019	23	11	27	1,316	1,228
2020	23	11	27	1,251	1,184

附表3

主要统计指标1

单位:亿元

项目	2016年	2017年	2018年	2019年	2020年	2020年同比增幅（%）
本外币资产总额	982.13	910.70	833.20	752.38	724.77	-3.67
本外币存款余额	800.65	819.06	596.89	604.80	565.38	-6.52
人民币存款余额	784.11	807.69	584.53	596.73	556.54	-6.74
单位存款	681.91	694.67	451.83	441.27	375.76	-14.85
储蓄存款	102.20	113.02	132.70	155.46	180.78	16.29
本外币贷款余额	844.83	810.30	788.88	651.17	682.36	4.79
人民币贷款余额	830.71	805.54	786.07	642.73	679.91	5.78
短期贷款	439.28	382.72	312.36	235.77	230.83	-2.10
中长期贷款	391.43	405.61	438.01	388.65	422.49	8.71
票据融资	17.74	17.21	35.70	18.31	26.59	45.22
利润总额	-5.95	-40.46	-34.92	-61.08	-0.48	—
不良贷款余额	17.47	46.15	58.38	46.86	27.11	-42.15
不良贷款占比（%）	2.07	5.70	7.40	7.20	3.97	-44.86

附表4

主要统计指标2

项目	2016年	2017年	2018年	2019年	2020年	2020年同比增幅(%)
单位结算账户（万户）	2.31	2.36	2.46	2.54	2.53	-0.39
单位结算金额（亿元）	17,483.78	2,0711.19	26,032.60	26,451.70	25,357.70	4.14
个人结算账户（万户）	157.29	179.39	247.56	267.41	399.28	49.31
个人结算金额（亿元）	798.50	5,601.00	13,121.00	13,215.00	14,327.00	8.41
信用卡发卡量（万张）	97.12	169.95	260.69	318.15	329.36	3.52
信用卡消费额（亿元）	410.50	820.65	1,343.47	1,672.30	1,709.55	2.23
企业网银客户（万户）	1.27	1.47	1.81	2.17	2.45	12.90
个人网银客户（万户）	13.08	114.70	164.10	187.50	201.40	7.41
手机银行客户（万户）	99.50	137.60	205.90	250.00	229.30	-8.28
现金自助设备（台）	312	230	209	200	156	-22.00
营业网点（个）	59	65	65	63	63	0.00
自助网点（个）	222	49	34	28	20	-28.57

上海浦东发展银行股份有限公司青岛分行

【第一负责人简介】 张湧，男，1972年出生，历任上海浦东发展银行天津分行公司金融部副总经理（主持工作），公司金融业务一部总经理，滨海新区业务部总监兼总行直接股权投资基金业务部副总经理，天津分行副行长、行长；现任上海浦东发展银行股份有限公司青岛分行（简称浦发银行青岛分行）党委书记、行长。

【综述】 浦发银行青岛分行成立于2003年3月，经营区域覆盖青岛、烟台、威海三地。开业以来，浦发银行青岛分行认真贯彻总行发展战略，积极参与地方经济建设，不断探索金融创新途径，努力提升客户服务水平，各项业务持续健康发展，赢得了社会各界和广大客户的良好口碑。截至2020年末，浦发银行青岛分行银保监会口径存款为707.00亿元，贷款余额达到708.00亿元，不良贷款率为0.77%；全年实现营业收入25.26亿元。2020年，浦发银行青岛分行被总行评为系统内“十佳分行”第2位，多项工作考核名列系统内前十。

【公司业务】 2020年，浦发银行青岛分行公司业务实现多个首次突破：首次实现公司存贷款双百亿元增长，首次存贷款增量列当地股份制同业首位，公司营收完成率及增幅首次均列系统首位，公司业务首次以全行第2名的综合成绩荣获总行“十佳分行”称号，公司及金融市场业务KPI首次双双列系统内首位。投行业务方面，债务融资工具承销额创历史新高，保持辖内第二的市场地位，落地分行首单永续票据和保障房专项中票，疫情期间为威高集团发行全国首单民企“CRMW+防控债”中票，展现了专业能力与社会担当；银团贷款投放破“零”；落地首笔PE基金并购贷款业务。交易银行方面，离在岸结算量、资产投放、中收等多项指标均居系统前列；离岸贷款余额增量居系统内第4位，离岸优质客户系统内排名第二。小企业方面，落地海尔卡奥斯工业互联网平台首个线上供应链融资项目和系统内首笔基于区块链技术的网络货运平台在线融资项目。

【个人业务】 2020年，浦发银行青岛分行切实以客户经营为中心，以数字化为方向，紧跟总分行零售业务发展战略，继续围绕零售客户分层梯度经营，深耕“企业、乡镇、商圈、社团”四大客群，加强支付结算、财富、私人银行、消费金融、信用卡五大类客户场景的客户经营，各项业绩继续保持平稳健康快速发展。截至2020年末，浦发银行青岛分行零售存款余额为124.11亿元，同比增加18.68亿元，增幅为17.72%；个人金融资产余额为319.31亿元，同比增加25.36亿元，增幅为8.63%；个人贷款余额为183.41亿元，同比增加22.81亿元，增幅为14.20%。个人客户总量达到151.67万户，同比新增14.45万户，增幅为10.53%。全年实现零售业务收入7.1亿元，零售中间业务收入为3.90亿元。

【国际业务】 浦发银行青岛分行一贯坚持“以客户为中心”的服务理念，在国际贸易融资领域旨在为客户提供最优质高效的国际贸易融资服务，通过多年来在国际贸易金融领域和离岸银行领域的积累和沉淀，已形成了本外币、离在岸、境内外联动服务的经营特色和理念，涵盖在岸分行、海外分行、自贸区分行和离岸银行的国际化经营网络，能够满足进出口企业产品多样化、手续便利化、流程高效化、多渠道多方面的金融服务需求。

浦发银行青岛分行具有离岸业务牌照，致力于服务“走出去”的跨境客户，不仅具备深厚的跨境金融行业经验，而且凭借众多国际平台，对企业跨境金融服务需求具有更深刻的洞察与理解，可以为谋求“全球布局、跨国经营”的企业提供投融资、并购发债、资金管理、汇率避险等一揽子跨境综合金融产品和服务，在青岛市场获得了一定的知名度。截至2020年末，浦发银行青岛分行服务的国际结算客户超过1,700户，国际结算量超过70.00亿美元（其中跨境人民币6.73亿元）；离岸客户数超过500户，离岸国际业务量超过56.00亿美元；为多家企业提供了跨境贸易融资及外汇避险产品服务，助力外贸企业客户拓展国际市场。

2020年，面对复杂多变的经济形势和激烈的竞争环境，浦发银行青岛分行在大力开展外汇业务的基础上，坚守合规底线，贯彻落实国家外汇政策导向，细化业务流程、堵塞风险漏洞，加强培训宣导提升外汇人员素质，业务发展与合规经营有机结合，使外汇管理工作起到了为业务发展保驾护航的作用；荣获“2020年度执行外汇管理规定情况考核A级行”称号。

【中间业务】 2020年，浦发银行青岛分行各类中间业务扎实推进，取得了较好成绩。一是传统表外业务实现较好增长。年末银行承兑汇票余额为197.00亿元，同比增加14.00亿元，增幅为7.65%；信用证余额为56.00亿元，同比增加5.00亿元，增幅为9.80%。通过商票保证/保贴方式，借助核心企业增信提升商票流动性。2020年共办理商票保证保贴44.00亿元，同比增加38.00亿元，增幅为633.33%。二是投行在发债、组合融资等领域不断开拓市场。从债券承销业务来看，截至2020年末，共主承销债券25只，承销金额为127.48亿元，列同业市场第2。从组合融资业务来看，截至2020年末，浦发银行青岛分行组合融资业务规模为90.10亿元，创历年组合融资业务规模新高。其中，保险、信托、租赁等渠道多点开花，集团协同效应作用明显。三是交易银行现金管理业务保持良好发展态势。其中，公司理财继续保持系统内领先，实现销售收入超过2,600.00万元，系统内排名第7；年度新增金水控股、龙海建设、威海天润、南山财务等近20个集团资金管理重点项目。另外，全年交易银行轻型化产品替代表内投放取得显著成效。四是“浦银避险”产品收益跨越式增长。落地多项首笔理财产品托管业务，全年托管规模超过千亿元，规模及中收均完成总行计划；“浦银通”覆盖辖区所有具备发行资格的客户。

【电子银行业务】 2019年，浦发银行总行研发打造个人手机银行10.0版APP，进一步体现了“无界·有我”的零售业务理念，巩固了浦发银行移动金融的领先形象。年末手机银行客户数为91.40万户，全年新增超过15.20万户，手机银行月活客户数为17.40万户；网银客户数为63.10万户，全年新增5.90万户；全年电子银行（网银、手机银行、微信银行以及自助银行）累计交易笔数超过2989.00亿笔，累计交易额为1,322.00亿元。

【风险控制】 2020年，浦发银行青岛分行固根基、控风险，压实“三道防线”责任，夯实风险管理基础。结合区域环境和分行战略，重点开展海洋经济、科技金融、物流和汽车等行业的研究，持续提高专业引领能力；加强全员风险文化培育，持续推进“前瞻精准、慎行知止”的风险观在全行落地，明确“三道防线”各自的风险管理职责，统一全行对风险理念的认识，为全行践行风险文化理念奠定良好基础。截至2020年末，全行贷款总额为708.00亿元，不良贷款总额为5.47亿元，不良贷款率为0.77%，资产质量保持稳定；年内审批对公授信金额2,222.00亿元，较上年增加约620.00亿元，特别是在科技金融和先进制造领域给予重点支持，有力推动了辖区内实体经济发展。

授信审批方面，全年累计完成对公授信客户审批1,084笔，同比增加73笔；审批通过金额合计2,222.00亿元，同比增加600.00亿元；全年累计审批新增对公授信客户344户，同比减少10户；批复金额为385.00亿元，同比增加170.00亿元。授信管理方面，根据总行信贷投向政策，结合分行所处区域产业结构和经济特点，制定信贷投向指导意见，并提出相应的行业策略、客群策略及区域策略，就疫情防控领域制定专项政策，优化疫情防控相关领域授信审查审批流程；通过实地走访、搜集外部信息、内部交流探讨、邀请行外专家莅临授课等方式，先后完成对公立医院、教育、化纤、商超、物流、电子信息等11个行业的研究工作，在提升营销能力的同时也提高了全行的风控水平；建立资产投放定期回溯机制，了解投放的总体特点，发现投放过程中存在的问题和不足，并制订相应的优化方案，为推动分行实现高质量发展夯实基础；开展开业以来首次风险案例回溯分析会，深刻分析2010年以来出险案例产生的本质原因和潜在的管理问题，以案为鉴，提高全行信贷人员的风险意识。

（李婉君）

附表1

机构概况一览表

行长（或其他称谓的第一负责人）		副行长（或其他称谓的同级领导）	
张 湧		李重民、孙保进、姜辉胜	
地址	山东省青岛市崂山区海尔路188号	邮编	266000
网址	http://www.spdb.com.cn/	客服电话	95528

附表2

内设部门及分支机构一览表

年度	内设机构（个）	下设分支机构（个）		员工人数（人）	
		地市级机构数	县区级机构数	员工总数（含非正式员工）	正式员工数
2016	17	3	21	733	666
2017	19	3	23	753	673
2018	21	3	23	725	654
2019	21	3	23	759	696
2020	22	3	23	820	760

附表3

主要统计指标1

单位:亿元

项目	2016年	2017年	2018年	2019年	2020年	2020年同比增幅（%）
本外币资产总额	744.00	560.00	541.00	706.00	771.00	9.21
本外币存款余额	509.00	488.00	441.00	543.00	707.00	30.20
人民币存款余额	484.00	461.00	409.00	523.00	678.00	29.64
单位存款	430.00	407.00	333.00	421.00	557.00	32.30
储蓄存款	54.00	54.00	76.00	102.00	121.00	18.63
本外币贷款余额	330.00	344.00	456.00	575.00	708.00	23.13
人民币贷款余额	305.00	328.00	445.00	568.00	684.00	20.42
短期贷款	124.00	125.00	158.00	199.00	250.00	25.63
中长期贷款	163.00	188.00	204.00	265.00	327.00	23.40
票据融资	18.00	15.00	83.00	105.00	107.00	1.90
利润总额	7.61	5.27	5.12	2.05	9.97	386.34
不良贷款余额	2.54	2.10	2.50	5.42	5.47	0.92
不良贷款占比（%）	0.77	0.61	0.55	0.93	0.77	-17.20

附表4

主要统计指标2

项目	2016年	2017年	2018年	2019年	2020年	2020年同比增幅（%）
单位结算账户（万户）	—	—	2.04	2.40	2.30	-4.17
单位结算金额（亿元）	—	—	—	—	—	—
个人结算账户（万户）	58.65	70.06	85.15	100.23	118.77	18.50
个人结算金额（亿元）	—	2,095.21	2,311.96	2,049.19	2,081.97	1.60
信用卡发卡量（万张）	26.39	49.78	75.57	92.48	94.30	1.97
信用卡消费额（亿元）	113.25	232.52	380.37	465.01	493.95	6.22
企业网银客户（万户）	0.91	1.15	1.47	1.59	1.96	23.27
个人网银客户（万户）	34.60	39.30	49.40	57.20	63.10	10.31
手机银行客户（万户）	28.10	43.80	60.40	76.20	91.40	19.95
现金自助设备（台）	123	93	82	80	73	-8.75
营业网点（个）	29	31	31	31	32	3.23
自助网点（个）	82	52	45	42	37	-11.90

浙商银行股份有限公司济南分行

【第一负责人简介】　张强，男，1966年出生，河北唐山人，中共党员，硕士研究生学历；1987年参加工作，2008年加入浙商银行，历任浙商银行西安分行党委委员兼计划财务部总经理，杭州分行行长助理，西安分行行长助理、副行长；2015年1月任浙商银行股份有限公司济南分行（简称浙商银行济南分行）党委书记、行长。

【综述】　2020年，面对突如其来的新冠肺炎疫情，浙商银行济南分行深入贯彻落实各级政府和监管部门的决策部署，积极应对复杂严峻的经济金融形势，紧紧围绕“两最”总目标和平台化服务战略，务实高效服务山东实体经济发展，慎终如始抓好疫情防控，持之以恒推动创新转型发展，系统内综合绩效考评蝉联二类行第1。

【公司业务】　2020年，浙商银行济南分行以服务实体经济为中心，应用区块链技术与金融科技创新，平台化创新服务模式全面推广。依托浙商银行创设的池化融资平台，企业把各类票据、信用证、应收账款等资产入“池”质押后生成额度，在额度内灵活转化成随时使用的银行融资产品，盘活流动资产。票据池、出口池、资产池、超短贷、至臻贷等平台化产品较好地满足了企业流动性管理和“自金融”需要。截至2020年末，通过池化融资平台服务企业1,786户，池内资产余额为410.66亿元，池项下融资余额为417.04亿元。

2016年浙商银行创设了应收款链平台，将企业供应链中沉淀的应收账款改造成为高效、安全的线上化“区块链应收款”加以盘活。2020年，浙商银行济南分行抓住核心企业复工复产复销过程中扩大销售的核心需求，推动平台化产品向供应链下游延伸。积极运用特色产品“系列通”“系列+”等场景化业务模式，依托核心企业供应链交易背景，加强对信息技术、高端装备、新材料、生物医药、大宗商品交易等重点行业的金融支持。截至2020年末，应收款链平台用户达到2,353户，292户核心企业辐射上下游中小企业2,025户，提供应收款融资146.45亿元。

【国际业务】　2020年，浙商银行济南分行依托“涌金出口池”“池链通”等产品优势，着力推动信保项下贸易融资业务，确定贸易融资客户白名单，强化平台化创新产品推广和批量应用。推广“浙商交易宝”，提供自主在线发起、签约办理外汇交易业务的“一站式”客户服务，利用线上化外汇交易平台优势办理即期、远期、外汇掉期以及外汇期权交易。全年浙商银行济南分行完成跨境人民币业务量34.53亿元，新增6.95亿元，跨境人民币收支总额占本外币收支总额的15.97%。浙商银行济南分行成为山东省首家与山东电子口岸实现系统对接的银行机构，在国家外汇管理局山东省分局2020年度外汇业务合规与审慎经营评估中获评省市双A级。

【普惠金融】 2020年，浙商银行济南分行普惠型小微贷款余额为43.46亿元。运用合作贷、智造贷等应用场景和“1+N”“H+M”等授信模式，转变小微企业经营服务模式，大力发展平台化供应链金融业务。紧跟政策导向，积极拓展标准厂房贷、房抵点易贷、便利贷、五年贷等特色产品业务，满足小微客户多种融资需求。通过增加还款宽限期、主动续期、增加授信、“绿色通道”、减费让利等措施落实各项优惠政策，积极支持小微企业应对疫情和复工复产。全年共为556户小微企业客户办理线上化无还本续贷，无还本续贷余额为5.70亿元；对53户存量客户办理延期还本付息，累计延期还本金额为1.28亿元。

【零售业务】 2020年，浙商银行济南分行以私人银行中心、浙银（山东）碑帖艺术博物馆、浙银（山东）美术馆、泉城书房等物理网点为载体，不断丰富完善客户增值服务体系。积极做好“e家银”商城、“e家银”资产池、“e家银”代发工资等平台化项目推广工作；大力发展“物管通”业务，积极打造区域特色，围绕物业线上缴费、报修巡检、生活缴费等场景，吸引平台客户下载注册，不断提升智慧社区用户活跃度。截至2020年末，智慧社区已覆盖商户740户、居民房屋16,000余户、学生1,000余户，当前微信注册超过7,000户。

【中间业务】 2020年，浙商银行济南分行加大再贴现持票力度，推进同业资产池创新产品应用及各类平台化资产的证券化盘活。推广应收账款ABN、债券承销、风险缓释凭证、地方政府债等业务，提高客户合作紧密度。浙商银行济南分行作为票据经纪业务试点行，疫情期间开通24小时业务受理“绿色通道”，保障特殊时期资金及时到账。截至2020年末，已累计为制造业、物流、商贸等行业的120家企业办理票据经纪业务25.42亿元。

【电子银行业务】 2020年，浙商银行济南分行牢固树立“创新领先、深度服务、极致体验”的理念，以智能化、超预期服务为目标，持续推进在线服务和客户体验优化，全面提升在线服务能力。对于集团公司客户、大型公司客户、票据池（资产池）合作客户进行银企直连、票据直连、现金管理、缴保通以及极简报销业务合作，为客户提供高效、便捷的查询、支付结算通道。

【风险控制】 2020年，浙商银行济南分行认真贯彻人民银行、监管部门及总行风险管控各项政策要求，不断深化平台化风险管理理念，积极应对市场风险波动，持续推进线下风控向线下与线上风控并重，“事后分析”向“事前甄别、事中干预”两大转变。主动加强存量授信客户逾期、预警管理，通过诉讼清收、追加担保等方式，在积极化解存量风险的同时，重点防范大额新增风险，不断优化授信资产质量和结构。全年累计处置表内不良贷款3.41亿元，各项贷款不良率为0.61%，同比下降0.40个百分点；在总行风险条线年度考核中获得A级，授信业务质量整体优良。

【内控合规】 2020年，浙商银行济南分行以三项内控长效机制建设为核心，严格按照山东银保监局“行业规范建设深化年”的要求，以“道德规范、行为规范、服务规范、管理规范”为抓手，强化员工道德教育、制度执行力，加强监督与问责，紧盯案防、监管处罚、底线红线三个重点，抓“规范”、抓“落实”、抓“履职”。组织员工在线学习“合规警示教育栏目”、参加监管部门及总行组织的合规知识测试等合规教育活动，在山东银保监局合规知识测试中排名当地同业第一；以“2020年银行业市场乱象整治‘回头看’”工作为契机，下发屡查屡犯问题、监管检查常见问题等九大类163项问题清单，持续、深入开展排查，深化条线风险防控，规范经营行为，坚持从严治行。全年未发生重大案件、重大操作风险事件和重大违规事件。

（陈万博）

附表1

机构概况一览表

<table>
<tr><td colspan="2">行长（或其他称谓的第一负责人）</td><td colspan="2">副行长（或其他称谓的同级领导）</td></tr>
<tr><td colspan="2">张　强</td><td colspan="2">吴宝国、迟英明、金红子、杜长峰、鹿悦军</td></tr>
<tr><td>地址</td><td>山东省济南市历下区草山岭南路801号</td><td>邮编</td><td>251100</td></tr>
<tr><td>网址</td><td>http: //www.czbank.com/</td><td>客服电话</td><td>95527</td></tr>
</table>

附表2

内设部门及分支机构一览表

年度	内设机构（个）	下设分支机构（个）		员工人数（人）	
		地市级机构数	县区级机构数	员工总数（含非正式员工）	正式员工数
2016	26	3	2	515	458
2017	27	5	5	663	603
2018	31	6	6	704	657
2019	27	6	6	679	654
2020	30	6	6	691	674

附表3

主要统计指标1

单位:亿元

项目	2016年	2017年	2018年	2019年	2020年	2020年同比增幅（%）
本外币资产总额	418.25	474.59	533.88	589.71	652.69	10.68
本外币存款余额	322.05	387.07	409.79	483.21	623.45	29.02
人民币存款余额	316.44	343.50	367.65	435.18	582.47	33.85
单位存款	310.17	325.00	311.38	363.59	476.26	30.99
储蓄存款	6.27	17.41	33.25	50.62	81.87	61.73
本外币贷款余额	174.54	239.62	288.01	337.65	339.08	0.42
人民币贷款余额	161.92	187.85	256.87	315.43	323.19	2.46
短期贷款	92.31	105.34	129.08	12.33	150.24	1,118.49
中长期贷款	69.61	82.51	114.91	159.07	111.07	-30.18
票据融资	5.83	0.18	7.82	32.64	16.61	-49.11
利润总额	1.43	-1.42	-1.34	8.77	-2.33	-126.57
不良贷款余额	4.26	4.68	4.71	3.41	2.07	-39.30
不良贷款占比（%）	2.44	1.95	1.63	1.01	0.61	-39.60

附表4

主要统计指标2

项目	2016年	2017年	2018年	2019年	2020年	2020年同比增幅（%）
单位结算账户（万户）	0.25	0.33	0.51	0.79	0.94	18.99
单位结算金额（亿元）	4,763.91	8,952.35	9,747.17	15,525.00	19,782.76	27.43
个人结算账户（万户）	8.12	20.27	34.22	39.61	41.57	4.95
个人结算金额（亿元）	408.56	1,443.59	1,587.90	2,148.40	1,326.33	-38.26
信用卡发卡量（万张）	5.28	12.48	18.63	19.63	20.16	2.70
信用卡消费额（亿元）	6.42	17.96	65.70	87.56	72.99	-16.64
企业网银客户（万户）	0.21	0.33	0.47	0.67	0.90	34.33
个人网银客户（万户）	1.84	4.40	7.38	8.87	9.61	8.34
手机银行客户（万户）	1.88	4.78	8.35	10.52	11.89	13.02
现金自助设备（台）	9	20	27	40	41	2.50
营业网点（个）	6	10	13	13	13	0.00
自助网点（个）	0	0	0	0	0	—

渤海银行股份有限公司济南分行

【第一负责人简介】 陈任武，男，汉族，1971年5月出生，湖南石门人，中共党员，博士研究生学历，博士学位，经济师；1996年7月参加工作，曾先后在中国人民银行武汉分行、中国人民银行随州市中心支行、中国银行业监督管理委员会湖北监管局工作；2014年1月入职渤海银行，2014年2月起历任渤海银行武汉分行党委委员、副行长，武汉分行党委委员、纪委书记、副行长，武汉分行党委副书记、纪委书记、副行长（主持工作），武汉分行党委书记、行长；2020年11月起至今，任渤海银行股份有限公司济南分行（简称渤海银行济南分行）党委书记。

【综述】 2020年，渤海银行济南分行以习近平新时代中国特色社会主义思想为指导，全面贯彻党的十九大和十九届二中、三中、四中全会精神，紧紧围绕总行战略部署和分行发展定位，一手抓疫情防控，一手抓业务发展，坚定回归本源，扎实做好"六稳"工作，全面落实"六保"任务，努力构建服务实体经济新格局。主动优化信贷政策，开辟"绿色通道"，全力服务支持抗疫及中小微企业复工复产。2020年，渤海银行济南分行始终以客户为中心，致力于打造"客户最佳体验的现代财资管家"，加强金融消费者权益保护，荣获"3·15诚信金融品牌"称号。

【公司业务】 2020年，渤海银行济南分行公司业务围绕"存款、客户、利润"三大目标，紧抓"流量银行、投资银行、交易银行"三大转型发展方向，明确普惠金融的核心地位，加快业务拓展，实现资产、负债稳步增长。

2020年，渤海银行济南分行将中央关于金融工作的要求落实在行业及客户选择、风险偏好、资源配置等方面，反映出鲜明的政治态度。2020年，渤海银行济南分行对制造业、民营企业的贷款支持进一步加大，聚焦产业升级、优质稳健的制造业，2020年末，渤海银行济南分行制造业贷款余额为87.31亿元，较年初新增7.33亿元；民营企业授信客户数为302户，较年初增加55户。

2020年，渤海银行济南分行加大普惠金融领域信贷投放，确保小微贷款增速远高于各项贷款平均增速。普惠型小微贷款余额整体呈大幅增长趋势，全年小微信贷计划完成率为334.67%。

【国际业务】 2020年，渤海银行济南分行以客户、产品、渠道和服务为基础搭建组织架构，业务涵盖境内外、本外币、离在岸、内外贸等多种业务场景，利用其轻资产、低风险的属性，建立以客户为中心的全生态网络思维，将金融服务延伸至包括其上下游在内的多个相关方，研究和挖掘客户整体生态的金融和服务需求，利用线上线下渠道和大数据等信息场景提供创新服务。2020年，渤海银行济南分行完成国际结算业务量34.88亿美元，业务范围涵盖跨境汇款、信用证、保函外债和贸易融资等，同时实现了系统内首笔内保自贸贷业务。

【个人业务】 2020年，渤海银行济南分行坚持"客户至上"理念，零售业务以存款、客户、中收为中心，不断做大业务规模，增加中间业务收入。2020年末，渤海银行济南分行财富资产余额为204.60亿元，较年初增加14.90亿元，储蓄存款余额为43.86亿元，较年初增加13.63亿元。渤海银行济南分行不断强化金融消费者权益保护工作，完善消保管理制度，2020年，渤海银行济南分行消费者权益保护工作系统内排名第一。

截至2020年末，渤海银行济南分行零售贷款余额为93.50亿元。疫情期间，渤海银行济南分行进一步完善消费金融体系，服务社会民生。一是强化科技赋能，线上线下齐头并进，开展无接触线上消费金融产品营销，先后推出渤银商户贷、渤银房闪贷、新婚时贷等多个线上产品，降低疫情期间人员接触风险，同时满足了不同客群的资金需求。二是提高政治站位，全力推进普惠金融发展，推出延期还本付息及无还本续贷服务，纾解小微企业经营困难，推出阳光金科房抵类经营贷、普惠农牧贷款、商用车贷款等产品助力复工复产，切实满足当地小微企业经营资金需求。

【中间业务】 2020年，渤海银行济南分行坚持以"以投行和资管为特色的综合型银行"为转型发展方向，提升中间业务收入。主要包括结算手续费、同业咨询顾问费、理财业务、托管费、投资管理费、见证保证手续费、委托代理收入等。

2020年，渤海银行济南分行积极贯彻落实国家"畅通金融服务实体经济渠道，扩大直接融资规模"政策要求，加大承销债券力度。全年累计承销债券21笔，承销份额为73.03亿元。已落地债务融资工具、北京金融资产交易所债权融资计划、理财直接融资工具等10类产品。完成系统内首单疫情防控债、市场首单含权永续中票和市场首批标准化票据的承销发行，成功完成省内和系统内首笔"双创债"注册工作，通过创新产品突破，更有力支持企业直接融资，降低融资成本。

2020年，依托不断丰富的存款、理财和代理信托、代理保险、贵金属等产品，渤海银行济南分行零售营业收入多元化发展，代销业务收入占比稳步提升。

【电子银行业务】 2020年，渤海银行济南分行以金融科技平台业务为抓手，积极拓展营销推广渠道，为客户提供综合金融产品服务及信息管理一体化行业解决方案，充分发挥科技赋能金融优势，实现互联网线上“拓客、获客、留客、活客、黏客”，解决客户资金监管、支付结算等难题。

2020年，渤海银行济南分行实现金融生态零售对私获客75,432户，金融生态零售对公获客共计507户，绑卡动账客户共计42,652户，手机银行季活客户增量为30,338户，微信关注客户实现新增86,742户，手机号码支付客户数为3,898户，生态交易量完成14.15亿元。以科技赋能，为客户提供更加便捷的线上服务。

【风险管理】 2020年，渤海银行济南分行加强资产质量管控，坚决守住系统性金融风险防控底线。向智能风控转型，建立敏捷、主动、全面的风险管理体系，进一步加强风险管理与业务拓展的深度融合，推行跨部门平行作业，强化前中后台业务沟通机制。深入落实“行业规范建设深化年”要求，持续加强道德规范、行为规范、服务规范、管理规范等建设，维护平安稳定的金融环境。

（刘向真）

附表1

机构概况一览表

行长（或其他称谓的第一负责人）		副行长（或其他称谓的同级领导）	
陈任武		徐庆吉、季惠芳、刘 楠	
地址	山东省济南市经十路9777号鲁商国奥城	邮编	250011
网址	http://www.cbhb.com.cn/	客服电话	95541

附表2

内设部门及分支机构一览表

年度	内设机构（个）	下设分支机构（个）		员工人数（人）	
		地市级机构数	县区级机构数	员工总数（含非正式员工）	正式员工数
2016	22	4	6	483	440
2017	25	4	6	484	449
2018	24	4	5	472	449
2019	26	4	5	449	433
2020	27	4	5	462	450

附表3

主要统计指标1

单位:亿元

项目	2016年	2017年	2018年	2019年	2020年	2020年同比增幅（%）
本外币资产总额	345.25	292.73	313.23	322.26	356.95	10.76
本外币存款余额	308.61	277.20	293.55	313.84	340.24	8.41
人民币存款余额	308.58	265.51	291.81	299.77	315.11	5.12
单位存款	294.52	248.87	270.49	221.06	224.40	1.51
储蓄存款	14.06	16.64	21.29	30.23	43.86	45.09
本外币贷款余额	176.94	232.07	245.23	293.78	361.31	22.99
人民币贷款余额	169.04	227.45	241.28	274.03	328.40	19.84
短期贷款	63.52	75.29	66.71	96.43	130.68	35.52
中长期贷款	105.52	152.15	174.57	167.47	184.85	10.38

续表

项目	2016年	2017年	2018年	2019年	2020年	2020年同比增幅(%)
票据融资	2.98	1.65	0.80	10.13	12.87	27.05
利润总额	7.22	8.01	4.77	-3.09	4.08	—
不良贷款余额	2.91	1.70	8.31	14.86	6.91	-53.50
不良贷款占比(%)	1.61	0.72	3.30	5.06	1.91	-62.25

附表4

主要统计指标2

项目	2016年	2017年	2018年	2019年	2020年	2020年同比增幅(%)
单位结算账户（万户）	0.29	0.31	0.31	0.33	0.45	36.36
单位结算金额（亿元）	—	—	—	—	—	—
个人结算账户（万户）	38.66	45.55	59.02	62.75	67.15	7.01
个人结算金额（亿元）	—	—	—	—	—	—
信用卡发卡量（万张）	0.41	0.84	1.17	1.83	2.68	46.45
信用卡消费额（亿元）	0.40	0.87	1.50	2.56	2.71	5.86
企业网银客户（万户）	0.24	0.26	0.27	0.28	0.41	46.43
个人网银客户（万户）	13.26	16.08	18.10	19.48	21.46	10.16
手机银行客户（万户）	11.17	13.99	16.06	17.52	19.74	12.67
现金自助设备（台）	35	36	36	36	36	0.00
营业网点（个）	15	15	15	14	14	0.00
自助网点（个）	0	0	0	0	0	—

第七部分

其他银行类金融机构

一、农村金融机构

山东省农村信用社联合社

【第一负责人简介】 孙开连，男，汉族，1967年9月出生，山东龙口人，西安交通大学管理学博士；1987年10月入党，1989年8月参加工作，历任淄博市体改委主任科员，淄博证券交易自动报价系统副总经理，威海市国资委副主任，威海市委组织部副部长，威海市环翠区区长、区委书记，威海市经济技术开发区党工委书记、管委会主任，德州市委常委、副市长、德州经济技术开发区党工委书记；2015年5月任山东省农村信用社联合社（简称山东省联社）党委副书记、主任，2018年7月任山东省联社党委书记、理事长。

【综述】 山东省联社成立于2004年6月，根据省政府的授权，履行对全省110家农商银行的管理、指导、协调、服务职能。截至2020年末，山东省联社下辖办事处1家、审计中心13家、市联社1家、农商银行110家、营业网点4,862个，共有从业人员6.90万余人。年末全省农商银行资产总额为2.76万亿元，较年初增加3,006.96亿元；各项存款余额为2.20万亿元，较年初增加2,294.09亿元；各项贷款余额为1.47万亿元，较年初增加1,647.78亿元；各项收入为1,151.00亿元，较上年增长4.96%；全年实现净利润99.00亿元，上缴税金90.12亿元；2020年11月，山东省联社（本部）被中央文明委授予“全国文明单位”荣誉称号。

【金融服务】 2020年，山东省联社响应中央和山东省委省政府号召，全力服务“三农”和实体经济发展。

一是助力精准扶贫。全年累计发放小额扶贫贷20.70亿元，省内占比为85.70%；发放富民生产贷108.10亿元，省内占比为60.10%，支持48.90万农户实现脱贫；全年累计发放涉农贷款5,112.40亿元，余额省内占比为27.28%。助力打造乡村振兴齐鲁样板，选树4,620个样板村，选派4,435名业务骨干到乡镇、村居挂职；选定全省财政金融政策融合支持乡村振兴试点农商银行32家，全年累计发放乡村振兴贷款2,407.90亿元，增长21.40%。

二是全力服务民营小微企业。助力复工复产稳企稳岗，全年累计对461家国家和省级疫情防控保障重点企业、1,268家重点工业企业和204家科技型企业授信549亿元、用信447.90亿元；累计为18.10万户小微企业发放信用贷款339.00亿元，为3.50万户小微企业办理延期还本续贷及延期还本付息1,531.00亿元，为2.40万户企业减息让利5.00亿元，为13.10万户制造业小微企业发放贷款2,058.00亿元。积极开展“百行进万企”活动，全年为4,019家企业宣讲金融惠企政策1.20万次，为9.90万户企业发放贷款67.80亿元。积极开展“首贷培植行动”，培植首贷企业4.70万户，发放贷款229.00亿元。大力支持新旧动能转换重大工程，支持“十强”产业年末贷款余额为178.30亿元。主动让利于企，普惠型小微企业贷款综合融资成本同比下降0.79个百分点，全系统累计投放小微企业贷款5,503.20亿元，年末余额省内占比为27.61%。

三是全力服务城乡居民家庭。全面推广“家庭银行”贷款模式，年末“家庭亲情贷”余额为1,197.20亿元。大力推广“一卡通用智慧社区”建设，全年累计拓展智慧社区2,510个，导入业主信息30.29万户。积极拓宽农户、社区居民授信范围，有效授信覆盖面分别达到38.50%和25.90%。

四是不断提升服务质效。持续壮大服务营销队伍，全年新增一线客户经理4,129人，总数达到2.03万人。持续创新信贷产品，新推出强村贷、农耕贷、知识产权质押贷等产品18个，其中线上产品9个。持续提高服务广度、深度、精度，全年召开新产品发布推介会300多场次；面向社会公布省、市、县三级申贷受理电话365个，全年受理贷款申请14,414笔、金额25.51亿元，办理贷款9,204笔、金额14.41亿元；建立农户、个体工商户、小微企业、城镇社区“四张清单”，对接客户2,764.30万户；推广智慧营销系统，推行客户经理驻村办公、定期走访和关键人营销等措施，金融服务规范化水平显著提高。

【金融改革】 2020年，山东深入推进山东省联社及其派出机构和下辖法人机构“三级改革”，不断完善各项工作机制，激发广大干部员工的积极性、主动性和创造性。一是山东省联社行业管理效能进一步提升。深化内设部室改革，加强常规工作过程管控，全程督办重要事项，强力推进重点工作，行业管理指导更加精准有力，协调服务更加精准到位。二是派出机构主责主业更加突出。各派出机构聚焦审计监督、协调服务、风险化解、信访安全维稳和党的建设五大职能，在加大管理指导协调服务力度的同时，重点强化审计监督职能。三是持续深入推进“三项机制”改革。下辖110家农商银行全年淘汰中层管理人员732名、压缩机关冗余人员858名，一线员工平均薪酬比山东省联社总部的同级人员高16.00%，同比提高15个百分点。

【公司治理】 2020年，山东省联社指导110家农商银行进一步规范法人治理机制。修订完善党委会、股东会、董事会、监事会和高管层决策议事规则；加强董事会建设，对董事长实行集中培训，建立了董事会履职报告制度；做实监事会功能，除青岛农商银行外的其余109名监事长全部兼任党委副书记，全部实行异地交流任职；实行按季度向监管、行业管理部门报告工作制度；规范高管层履职管理，及时调整不称职高管人员，不断强化高管成员分工管理，实行分管业务资格考试制度；强化高管成员相互监督制约机制；进一步强化关联交易管理，提高关联交易识别能力，非现场识别数量增长525.51%。

【推进“五大转型”】 2020年，山东省联社积极推进干部人才素质提升，加快优化年龄、学历和阅历结构。年末山东省联社党委管理干部全日制大专以上学历占比较年初提升5.60个百分点，45岁以下中层干部占比较年初提升2.20个百分点，109家农商银行董事长、行长全日制大专以上学历占比较年初提升3.60个百分点。加大人才引进力度，通过面向社会公开招选的方式，从国有商业银行、全国股份制银行引进中层管理人员4名、选聘信息科技安全人员7名、招聘高校毕业生1,634名。

积极推进信贷结构调整。大力拓展零售类贷款，全年新增零售贷款1,364.90亿元，年末余额为7,156.50亿元，占比为48.75%，较年初提高4.31个百分点。全面规范公司类贷款，严把贷款准入关，优先、鼓励、支持类公司贷款占比较年初提高7.68个百分点。严格控制大额贷款，从严执行占比、限额和禁额管理，大额贷款占比较年初下降3.78个百分点。

积极推进资金业务规范。在确保合规操作的前提下，强化效益意识，加大市场研判力度，不断增加投资收益。抢抓2—5月货币政策阶段性宽松、资金价格相对较低的时机，增加收益1.15亿元；指导各机构投资3～5年期国债、地方政府债和政策性金融债284.60亿元，收益率达到3.35%。

积极推进网点布局结构功能优化。总体布局不断优化，全年“撤、并、迁、建”网点480个；老旧网点改造基本完成，全年改造老旧网点259个；内部结构更加合理，完成高柜改低柜网点1,100个，新建贵宾室471个；配置智慧柜员机10,222台，业务替代率达到79.10%，较年初提高31.10个百分点，释放内勤人员1,856名。

积极推进核心银行系统升级。进一步拓展系统功能，迭代开发新项目102个、上线64个。进一步提升系统性能，全年优化系统架构、实施软硬件扩容升级580项。进一步加强安全管理，精心准备，周密组织，“铸盾行动”圆满完成。

【“六大平台”建设】 一是持续完善信息科技平台。加强项目组管理，成立科技创新党总支，直接管理7个项目组临时党支部；调整完善人力资源管理项目组，新增数据资产管理项目组。加大项目建设力度，新上统筹类项目156个，指导上线特色业务平台项目45个。

二是持续做强行业审计平台。突出审计重点，实施经营指标真实性审计2次、重要业务领域风险审计5次、高管人员履职审计78次。抓好项目统筹，重点强化派出机构审计职能，积极引进外部审计。山东省联社和各派出机构全年投入人力4,775人次、5.59个工作日，完成现场审计项目751个。

三是持续做优资金清算平台。进一步拓展系统功能，完成农信银系统清算、行内支付清算和银行卡系统等功能优化28项。全面加强备付金管理，提升资金使用效率，备付金日均余额下降3.75%。全年累计办理各类清算业务15.05亿笔、金额24.45万亿元，分别增长27.17%和21.46%。

四是持续做精教育培训平台。加大员工教育培训力度，全年组织线上培训9次、视频培训71次、集中培训9次、现场培训6次，累计完成培训95次、185期、44万人次。调整充实内训师队伍175人，建立新进员工带教辅导基地246个，开发线上精品课程17个，征集微课作品401个。

五是持续做实法律服务平台。加强法律合规审查，审查各类合同及规章制度713份，参与商务谈判监督102次。加强公司律师队伍管理，调整充实公司律师队伍198人，组织公司律师岗前培训，参与重要业务法律咨询、案例分析撰写，持续提高专业能力。

六是持续做活电子商务平台。提升商城活跃度，累计组织营销活动148场，总结推广商城场景应用优秀案例13个。智e购商城累计交易51.72万笔、金额1.63亿元，交易金额同比增长8.54%。依托智e购商城，组织开展生鲜配送、农资下乡营销活动58场，惠及2万余户家庭，累计交易额达2,489.75万元，销售滞销农产品6.93万件。

【党建工作】 2020年，山东省联社始终把政治建设摆在首位，坚持党建与改革发展同谋划、同部署、同推进、同考核，进一步把党的领导融入公司治理相关机制。110家农商银行全部落实“党建入章”，制定党委会议研究决定、前置研究讨论和前置研究讨论事项负面清单“三张清单”。

持续加强思想建设。组织全系统3.90万余名党员深入学习党的十九届五中全会精神，开展优秀传统文化、革命文化、社会主义先进文化、廉政文化和农信“大挎包”精神教育809次。

持续夯实基层党建基础。实施支部建设“系列工程”，提升基层党组织战斗力，全年创建过硬党支部1,811个，占比为57.26%。加大党建共建力度，提升党建业务融合度，与3,387家合作单位、客户开展党建共建项目7,222个，组织共建活动8,466次。

持续加强全面从严治党。细化落实责任，制定《新时代加强党建工作指导意见》和《党委落实全面从严治党主体责任规定实施意见》，层层压实责任，逐级传导压力，推动全面从严治党带动全面从严治行。

（宋振雷、罗旭东、褚建军）

附表1

机构概况一览表

党委书记、理事长（或其他称谓的第一负责人）		党委副书记、副理事长、主任（或其他称谓的同级领导）	
孙开连		—	
地址	山东省济南市历下区转山西路1号	邮编	250014
网址	http://www.sdnxs.com	客服电话	96668

附表2

内设部门及分支机构一览表

年度	内设机构（个）	下设分支机构（个）		员工人数（人）	
		地市级机构数	县区级机构数	员工总数（含非正式员工）	正式员工数
2016	20	17	108	75,533	74,616
2017	17	18	107	74,274	73,649
2018	20	18	107	72,520	71,907
2019	16	26	99	70,986	70,433
2020	16	26	99	69,691	69,132

附表3

主要统计指标1

单位:亿元

项目	2016年	2017年	2018年	2019年	2020年	2020年同比增幅（%）
本外币资产总额	20,046.16	21,510.67	22,639.98	24,557.90	27,564.86	12.24
本外币存款余额	15,160.73	16,589.63	17,936.26	19,687.02	21,981.11	11.65
人民币存款余额	15,146.79	16,564.59	17,907.12	19,649.91	21,951.90	11.72
单位存款	2,656.85	3,238.84	3,547.03	3,523.59	3,630.07	3.02
储蓄存款	12,191.50	12,966.40	13,720.45	15,137.78	17,166.76	13.40
本外币贷款余额	9,655.61	10,440.49	11,702.39	13,031.89	14,679.67	12.64
人民币贷款余额	9,653.19	10,419.01	11,684.13	13,017.04	14,661.88	12.64
短期贷款	6,215.65	6,347.78	6,601.44	6,730.99	7,168.38	6.50
中长期贷款	2,788.70	3,526.54	4,209.17	5,046.30	5,923.99	17.39
票据融资	646.16	553.62	873.52	1,170.91	1,507.09	28.71
利润总额	195.54	163.03	160.97	153.69	139.89	-8.98
不良贷款余额	—	—	—	—	—	—
不良贷款占比（%）	—	—	—	—	—	—

附表4

主要统计指标2

项目	2016年	2017年	2018年	2019年	2020年	2020年同比增幅（%）
单位结算账户（万户）	53.00	58.00	62.00	70.00	76.45	9.21
单位结算金额（亿元）	—	—	—	—	137,771.74	—
个人结算账户（万户）	15,093.00	15,855.00	17,889.00	18,870.00	17,485.63	-7.34
个人结算金额（亿元）	—	—	—	—	114,827.61	—
信用卡发卡量（万张）	6,849.00	7,567.00	8,275.00	9,395.85	9,824.46	4.56
信用卡消费额（亿元）	—	—	—	—	—	—
企业网银客户（万户）	21.21	26.56	33.73	46.23	58.84	27.28
个人网银客户（万户）	454.66	475.96	888.44	1,263.87	1,693.70	34.01
手机银行客户（万户）	501.77	703.18	922.17	1,263.87	1,693.70	34.01
现金自助设备（台）	12,286	12,944	12,991	12,048	10,735	-10.90
营业网点（个）	5,112	5,043	4,983	4,952	4,862	-1.82
自助网点（个）	—	—	28	757	1,085	43.33

山东省农村商业银行名录

序号	单位名称	单位地址	单位电话
1	山东章丘农村商业银行股份有限公司	山东省章丘市明水汇泉路2550号	0531—83215885
2	山东平阴农村商业银行股份有限公司	山东省平阴县锦水河街中段龙山小区22号	0531—87875331
3	山东济阳农村商业银行股份有限公司	山东省济阳县城开元大街华宇舜苑小区	0531—84230779
4	山东商河农村商业银行股份有限公司	山东省商河县商中路488号	0531—84882268
5	济南农村商业银行股份有限公司	山东省济南市转山西路1号	0531—67721316
6	莱芜农村商业银行股份有限公司	山东省莱芜市鲁中东大街28号	0634—6292801
7	青岛农村商业银行股份有限公司	山东省青岛市崂山区秦岭路6号	0532—85933797
8	山东张店农村商业银行股份有限公司	山东省淄博市张店区柳泉路256号	0533—3588017
9	山东临淄农村商业银行股份有限公司	山东省临淄区齐兴路88号	0533—7161272
10	淄博博山农村商业银行股份有限公司	山东省淄博市博山区沿河西路57号	0533—4177092
11	淄博淄川农村商业银行股份有限公司	山东省淄博市淄川区松龄东路29号	0533—5181578
12	山东周村农村商业银行股份有限公司	山东省淄博市周村区新建中路57号	0533—6403756
13	山东桓台农村商业银行股份有限公司	山东省桓台县城镇南大街380号	0533—8215069
14	山东高青农村商业银行股份有限公司	山东省高青县青城路58号	0533—6973789
15	山东沂源农村商业银行股份有限公司	山东省沂源县城鲁山路1号	0533—3238790
16	枣庄农村商业银行股份有限公司	山东省枣庄市薛城区民生路766号	0632—3832609
17	山东滕州农村商业银行股份有限公司	山东省滕州市善国南路76号	0632—5564059
18	东营农村商业银行股份有限公司	山东省东营市东营区南一路282号	0546—8201721
19	山东广饶农村商业银行股份有限公司	山东省广饶县城花苑路285号	0546—6445111
20	山东垦利农村商业银行股份有限公司	山东省垦利县中兴路187号	0546—2526009
21	山东利津农村商业银行股份有限公司	山东省利津县津三路276号	0546—5623359
22	烟台农村商业银行股份有限公司	山东省烟台市高新区科技大道57号	0535—6651502
23	山东莱州农村商业银行股份有限公司	山东省莱州市光州西路356号	0535—2211630
24	山东龙口农村商业银行股份有限公司	山东省龙口市港城大道707号	0535—8515199
25	山东莱阳农村商业银行股份有限公司	山东省莱阳市龙门西路497号	0535—7210780
26	山东蓬莱农村商业银行股份有限公司	山东省蓬莱市南关路160号	0535—5959227
27	山东招远农村商业银行股份有限公司	山东省招远市魁星路199号	0535—8113427
28	山东栖霞农村商业银行股份有限公司	山东省栖霞市跃进路427号	0535—5213141
29	山东海阳农村商业银行股份有限公司	山东省海阳市海阳路208号	0535—3235013
30	山东长岛农村商业银行股份有限公司	山东省长岛县乐园大街132号	0535—3213893
31	潍坊农村商业银行股份有限公司	山东省潍坊市北宫东街5007号	0536—8668896
32	山东寿光农村商业银行股份有限公司	山东省寿光市银海路19号	0536—5222195
33	山东青州农村商业银行股份有限公司	山东省青州市驼山中路3188号	0536—3260352
34	山东安丘农村商业银行股份有限公司	山东省安丘市青云大街631号	0536—4225721
35	山东诸城农商行股份有限公司	山东省诸城市密州东路43号	0536—6095216
36	山东高密农村商业银行股份有限公司	山东省高密市康成大街（东）2088号	0536—2328777
37	山东昌邑农村商业银行股份有限公司	山东省昌邑市北海路136号	0536—7210146
38	山东临朐农村商业银行股份有限公司	山东省临朐县龙泉南路31号	0536—3165331
39	山东昌乐农村商业银行股份有限公司	山东省昌乐县昌盛街571号	0536—6271016
40	济宁农村商业银行股份有限公司	山东省济宁市建设路31号	0537—2339307

续表1

序号	单位名称	单位地址	单位电话
41	山东曲阜农村商业银行股份有限公司	山东省曲阜市大成路南首	0537—4494113
42	山东兖州农村商业银行股份有限公司	山东省兖州市建设东路271号	0537—3415455
43	山东邹城农村商业银行股份有限公司	山东省邹城市东滩路1669号	0537—5217697
44	山东微山农村商业银行股份有限公司	山东省微山县夏镇奎文东路	0537—8226910
45	山东鱼台农村商业银行股份有限公司	山东省鱼台县湖凌二路北首	0537—6218155
46	山东金乡农村商业银行股份有限公司	山东省金乡县青年路9号	0537—8728904
47	山东嘉祥农村商业银行股份有限公司	山东省嘉祥县建设南路42号	0537—6838404
48	山东汶上农村商业银行股份有限公司	山东省汶上县中都大街88号	0537—7211194
49	山东泗水农村商业银行股份有限公司	山东省泗水县泉兴路中段	0537—4221008
50	山东梁山农村商业银行股份有限公司	山东省梁山水泊中路118号	0537—7328027
51	山东东平农村商业银行股份有限公司	山东省东平县稻香街1号	0538—2851069
52	泰山农村商业银行股份有限公司	山东省泰安市财源大街36号	0538—6271756
53	岱岳农村商业银行股份有限公司	山东省泰安市岱岳区财兴街90号	0538—8227099
54	新泰农村商业银行股份有限公司	山东省新泰市青龙路879号	0538—7211196
55	肥城农村商业银行股份有限公司	山东省肥城市泰临路078号	0538—3301001
56	山东宁阳农村商业银行股份有限公司	山东省宁阳县七贤路944号	0538—5687169
57	山东威海农村商业银行股份有限公司	山东省威海市海滨中路56号	0631—5286018
58	山东文登农村商业银行股份有限公司	山东省文登市世纪大道86号	0631—8458375
59	山东荣成农村商业银行股份有限公司	山东省荣成市成山大道中段8号	0631—7552900
60	山东乳山农村商业银行股份有限公司	山东省乳山市胜利街101号	0631—6620656
61	日照市东港农村商业银行股份有限公司	山东省日照市海曲中路55号	0633—8258008
62	日照岚山农村商业银行股份有限公司	山东省日照市岚山区岚山西路	0633—2681809
63	山东莒县农村商业银行股份有限公司	山东省莒县振兴东路18号	0633—6222813
64	山东五莲农村商业银行股份有限公司	山东省五莲县城沿河路382号	0633—5229017
65	山东邹平农村商业银行股份有限公司	山东省邹平县城鹤伴一路35号	0543—4351140
66	山东博兴农村商业银行股份有限公司	山东省博兴县博城五路522号	0543—2328606
67	滨州农村商业银行股份有限公司	山东省滨州市滨城区黄河六路363号	0543—5169180
68	山东惠民农村商业银行股份有限公司	山东省惠民县南关大街207号	0543—5330167
69	山东阳信农村商业银行股份有限公司	山东省阳信县阳城四路667号	0543—8232090
70	山东无棣农村商业银行股份有限公司	山东省无棣县院前街71号	0543—6360358
71	德州农村商业银行股份有限公司	山东省德州市德城区大学西路1576号	0534—2235680
72	山东乐陵农村商业银行股份有限公司	山东省乐陵市阜新路399号	0534—6808837
73	山东禹城农村商业银行股份有限公司	山东省禹城市汉槐街181号	0534—7223365
74	德州陵城农村商业银行股份有限公司	山东省陵城区陵州路272号	0534—8225013
75	平原农村商业银行股份有限公司	山东省平原县平安东大街476号	0534—4253283
76	夏津农村商业银行股份有限公司	山东省夏津县新市街3号	0534—3211520
77	武城农村商业银行股份有限公司	山东省武城县振华街西首84号	0534—6213728
78	山东齐河农村商业银行股份有限公司	山东省齐河县齐鲁大街215号	0534—5325306
79	山东临邑农村商业银行股份有限公司	山东省临邑县开元大街61号	0534—4432741
80	山东宁津农村商业银行股份有限公司	山东省宁津县福宁大街西首	0534—5222434
81	山东庆云农村商业银行股份有限公司	山东省庆云县中心街北首	0534—3326277
82	山东聊城润昌农村商业银行股份有限公司	山东省冠县冠宜春东路145号	0635—5685908
83	聊城农村商业银行股份有限公司	山东省聊城东昌府区军需南路2号	0635—8430087

续表2

序号	单位名称	单位地址	单位电话
84	山东临清农村商业银行股份有限公司	山东省临清市古楼东街26号	0635—2425828
85	山东阳谷农村商业银行股份有限公司	山东省阳谷县谷山北路64号	0635—6211078
86	山东莘县农村商业银行股份有限公司	山东省莘县振兴街92号	0635—6118038
87	山东茌平农村商业银行股份有限公司	山东省茌平县振兴路西首1412号	0635—4219196
88	山东东阿农村商业银行股份有限公司	山东省东阿县曙光街中段	0635—3265123
89	山东高唐农村商业银行股份有限公司	山东省高唐县官道南路108号	0635—3906066
90	山东临沂兰山农村商业银行股份有限公司	山东省临沂市解放路215号	0539—8221560
91	山东临沂河东农村商业银行股份有限公司	山东省临沂市河东区府前街	0539—8385071
92	罗庄农村商业银行股份有限公司	山东省临沂市罗庄区湖东路78号	0539—8268035
93	山东郯城农村商业银行股份有限公司	山东省郯城县人民路269号	0539—6223077
94	山东兰陵农村商业银行股份有限公司	山东省兰陵县城顺和路中段	0539—5261997
95	莒南农村商业银行股份有限公司	山东省莒南县城新建北段	0539—8283826
96	山东沂水农村商业银行股份有限公司	山东省沂水县城鑫华路42号	0539—2234902
97	山东蒙阴农村商业银行股份有限公司	山东省蒙阴县新城东路156号	0539—4272979
98	山东平邑农村商业银行股份有限公司	山东省平邑县棱河路85号金融大厦	0539—4216019
99	山东费县农村商业银行股份有限公司	山东省费县县城钟山路168号	0539—5228089
100	沂南农村商业银行股份有限公司	山东省沂南县城朝阳路34号	0539—3262005
101	临沭农村商业银行股份有限公司	山东省临沭县沭新东街31号	0539—6213707
102	菏泽农村商业银行股份有限公司	山东省菏泽市人民路809号403室	0530—5365117
103	曹县农村商业银行股份有限公司	山东省曹县青岛路中段	0530—3316969
104	定陶农村商业银行股份有限公司	山东省定陶县青年路中段	0530—2217001
105	山东成武农村商业银行股份有限公司	山东省成武县永昌路69号	0530—8622756
106	单县农村商业银行股份有限公司	山东省单县向阳路中段063号	0530—4657171
107	山东巨野农村商业银行股份有限公司	山东省巨野县前进路82号	0530—8211597
108	山东郓城农村商业银行股份有限公司	山东省郓城县东门街中段	0530—6528719
109	山东鄄城农村商业银行股份有限公司	山东省鄄城县鄄四路中段014号	0530—2426283
110	山东东明农村商业银行股份有限公司	山东省东明县五四路东段	0530—7212727

二、城市商业银行

齐鲁银行股份有限公司

【第一负责人简介】　王晓春，女，汉族，1960年出生，江苏邳州人，中共党员，研究生学历，管理学硕士学位，山东大学行政管理专业，高级经济师；自1995年11月起，历任中国人民银行山东省分行综合计划处副处长，中国人民银行济南分行货币信贷管理处副处长、处长，中国银行业监督管理委员会山东监管局政策法规处处长，中国银行业监督管理委员会山东监管局副局长、党委委员；2011年3月任齐鲁银行股份有限公司（简称齐鲁银行）董事长、党委副书记，2012年3月至今任齐鲁银行党委书记、董事长。

【综述】　2020年是极不平凡的一年。在党中央的坚强领导下，全国人民众志成城，战胜疫情，取得了令世界瞩目的发展成就。齐鲁银行作为新发展格局浪潮中的一个“小水滴”，融入其中，贡献前进中的力量。对公业务逆势而上，零售指标再创新高，普惠金融稳步推进，县域活力明显增强。连续三年获得山东金融企业绩效评价“AAA优秀”等次，取得央行公开市场业务一级交易商和省、市、县多级财政类业务代理银行等硬核资格，在各类比赛中取得令人称赞的佳绩。2020年12月10日，齐鲁银行首发上市成功过会，迎来大跨越、大发展。

【公司业务】　2020年，齐鲁银行积极应对内外部环境剧变和疫情挑战，强化政银关系搭建，加速交易银行转型升级。通过供应链、资产池等线上金融服务助力企业复工复产，传统业务跑出新速度，助企纾困勇担当。获山东省本级财政国库集中支付代理行资格，电子化改革同步推进；成功对接山东省农民工工资支付监管平台；深化与山东省公共资源交易中心的合作，省内城商行首家上线电子保函；济南市级财政国库集中支付电子化改革顺利上线；中标济南市历城区、历下区、天桥区建筑工程劳务保证金监管资格。紧抓双循环发展政策机遇，丰富“科技+场景”营销，依托商票线上创新产品，推进供应链票据化转型升级；现金管理实现农民工工资代发领域多点开花，场景化营销日趋完善；资产池集团模式全新上线。

【个人业务】　2020年，齐鲁银行顺应市场发展趋势，围绕财富管理“1+1+N”服务模式，持续做大做强财富管理业务，将“泉心理财”作为财富管理银行“明星产品”，加大理财产品发行力度，丰富理财产品种类，积极引入保险、贵金属等更为丰富的投资品种和优势产品，面向代发工资客户推出“齐鲁泉薪存”特色产品，积极优化个人结构性存款产品，满足客户多样的投资需求；充分发挥大数据、云计算、智能化优势，不断拓展“齐鲁无忧贷”“齐鲁市民贷”产品服务领域，持续规范优化业务流程。积极打造信用卡优质的用卡环境，推出城市名片“好客山东”文旅信用卡，围绕超市、加油、餐饮等民生消费场景开展丰富的权益活动，优化微信银行、手机银行等渠道业务功能，不断提升客户服务体验。

【国际业务】　2020年，齐鲁银行稳固推进国际业务发展，夯实基础、客户质量不断提升，科技赋能、数字化进程全面提速，优化团队、专业化水平持续提高，做响自贸金融、七大贸易金融产品体系全面构建，以“轻资产、低资本、强黏客、稳收入”的特征加速助推国际业务转型。

【中间业务】　2020年，齐鲁银行不断深化税务业务合作，与天津市税务局对接，实现天津城乡居民社保、医保缴费业务；严格按照山东省社会保险征收职责划转要求，实现20万名灵活就业人员协议迁移和养老医保费用的直连批扣；与济南市社保局实现了社银直连线上代发模式，以区块链加密为基础，全面保障养老金客户资金的安全、便捷发放；积极拓展公共事业类缴费业务，实现莘县一中、青岛热电等新缴费业务，优化济南水费批扣签约，“缴费通”服务客群范围持续扩大。

【互联网金融部】　2020年，齐鲁银行电子渠道用户规模增长，创历史新高。全行手机银行客户达173.91万户，较2019年新增49.10万户。微信银行绑卡客户达64.26万户，较2019年新增34.08万户，用户规模增长和转化率均创历史新高。完成智能机具2.0系统的升级工作，110项服务成功迁移至智能柜台，100.00%覆盖了网点办理的基础、常用个人金融服务，个人柜面业务替代率从37.85%增长至56.44%。

【风险控制】　2020年，齐鲁银行在稳健发展的大局下，以高质量和可持续发展为核心，稳妥审慎应对内外部风险，持续提升金融服务。以“风险攻坚决胜年”为抓手，着力提升风险管理质效；持续推动“授信业务全流程提升项目”，管理初显成效；优化放款审查流程，推进合同面签双录APP应用，启动原电子合同与扫描合同比对项目，切实防范操作风险；机构风险管理评价、授信业务飞行检查工作初显成效，风险管理质效不断提升；信用风险预警管理系统，操作风险、市场风险管理系统功能不断优化，实现流程、机构、产品、条线风险管控的全面覆盖，全面风险防控体系建设进一步完善。

（张　娜）

附表1

机构概况一览表

行长（或其他称谓的负责人）		副行长（或其他称谓的同级领导）	
王晓春（党委书记、董事长）、黄家栋（党委副书记、副董事长、行长）、赵学金（监事长、工会主席）		张常平（市纪委监委驻齐鲁银行纪检监察组组长）、张　华、崔　香、李九旭、葛　萍、陶文喆	
地址	山东省济南市市中区顺河街176号	邮编	250001
网址	http://www.qlbchina.com/	客服电话	400—609—6588

附表2

内设部门及分支机构一览表

年度	内设机构（个）	下设分支机构（个）		员工人数（人）	
		地市级机构数	县区级机构数	员工总数（含非正式员工）	正式员工数
2016	21	6	118	2,953	2,733
2017	21	8	122	3,315	2,969
2018	22	10	128	3,422	3,097
2019	22	12	136	3,685	3,300
2020	21	12	147	3,836	3,526

附表3

主要统计指标1

单位：亿元

项目	2016年	2017年	2018年	2019年	2020年	2020年同比增幅（%）
本外币资产总额	2,059.45	2,335.23	2,622.67	3,027.85	3,534.82	16.74
本外币存款余额	1,458.23	1,612.59	1,802.73	2,023.34	2,370.10	17.14
人民币存款余额	1,445.09	1,597.24	1,791.55	2,019.65	2,360.75	16.89
单位存款	955.77	1,022.26	1,125.51	1,201.39	1,374.03	14.37
储蓄存款	450.25	535.76	655.15	816.66	984.49	20.55
本外币贷款余额	857.79	982.25	1,152.75	1,355.43	1,655.98	22.17
人民币贷款余额	848.33	966.91	1,142.53	1,353.67	1,651.11	21.97
短期贷款	317.87	322.50	415.18	476.41	582.97	22.37
中长期贷款	436.77	572.52	648.99	774.89	942.60	21.64
票据融资	75.41	58.02	58.04	72.26	91.34	26.40
利润总额	19.52	23.51	25.30	26.61	27.51	3.38
不良贷款余额	14.53	15.19	18.93	20.33	24.06	18.35
不良贷款占比（%）	1.69	1.55	1.64	1.50	1.45	-3.33

附表4

主要统计指标2

项目	2016年	2017年	2018年	2019年	2020年	2020年同比增幅（%）
单位结算账户（万户）	6.73	7.22	8.19	9.41	10.24	8.82
单位结算金额（亿元）	24,157.97	24,513.09	28,507.38	31,822.00	37,697.79	18.46
个人结算账户（万户）	316.87	385.79	520.20	578.40	619.15	7.05
个人结算金额（亿元）	8,005.27	9,720.43	11,448.07	11,624.67	12,653.77	8.85
信用卡发卡量（万张）	0.79	4.95	11.58	26.36	43.80	66.16
信用卡消费额（亿元）	1.70	12.56	55.42	92.69	143.11	54.40
企业网银客户（万户）	4.81	5.56	6.84	8.16	9.00	10.29
个人网银客户（万户）	60.90	69.30	75.01	78.54	79.42	1.12
手机银行客户（万户）	56.54	71.56	93.82	124.81	173.91	39.34
现金自助设备（台）	454	475	443	402	390	-2.99
营业网点（个）	125	131	139	149	160	7.38
自助网点（个）	114	128	134	145	154	6.21

莱商银行股份有限公司

【第一负责人简介】　岳隆杰，男，汉族，1966年3月出生，山东淄博人，中共党员，大学本科学历，高级经济师；1985年参加工作，历任山东银行学校教员，中国人民银行淄博市分行科员、副主任、主任，淄川区支行党委书记、行长，淄博市中心支行副行长，东营市中心支行党委书记、行长，济宁市中心支行党委书记、行长等职；2012年1月至2013年7月，任中国人民银行济南分行营业管理部党委副书记、副主任；2013年7月至9月，任莱芜市政府党组成员，中国人民银行济南分行营业管理部党委副书记、副主任；2013年9月至2015年6月，任莱芜市人民政府副市长（挂职）、党组成员，中国人民银行济南分行营业管理部党委副书记、副主任；2015年6月至2016年1月，任莱商银行股份有限公司（简称莱商银行）党委书记；2016年1月至今，任莱商银行党委书记、董事长。

【综述】　2005年7月，经中国银行业监督管理委员会批准，设立了莱芜市商业银行；2008年，莱芜市商业银行更名为莱商银行。多年来，莱商银行坚持走规范发展、改革创新、文化兴行、品牌竞争之路，逐步成长为一家区域性品牌银行。目前，莱商银行总行设有职能部室16个，在济南、徐州、菏泽、济宁、泰安、临沂、聊城、日照8个地市设有1家营业部、8家分行，营业网点总数为105家，在职员工2,000余人；在天津武清、山东东营、河南南阳方城和山西五台发起设立了4家村镇银行。莱商银行是德州银行、山东省城市商业银行合作联盟和齐商银行的股东。截至2020年末，莱商银行资产总额为1,506.30亿元，各项存款余额为1,099.40亿元，各项贷款余额为877.05亿元，发展速度居山东城商行前列。良好的经营业绩使莱商银行社会公信力不断提升，先后被授予“全国五一劳动奖状”“全国守合同重信用企业”“中国银行业文明规范服务示范单位”“山东服务业50强”“山东省企业文化优秀品牌”等荣誉称号，被《金融时报》评为“2020年度最佳支持抗疫复产中小银行”。

【公司业务】　截至2020年末，莱商银行对公存款余额为701.34亿元，较年初增加49.82亿元，增幅为7.65%；其中保证金存款余额为132.57亿元，较年初减少9.58亿元，降幅为6.74%；对公日均存款为700.53亿元，较年初增加129.18亿元，增幅为22.61%。全行对公类（含个人经营）贷款为676.94亿元，较年初增加130.62亿元，增长23.91%；银行承兑汇票业务余额为269.40亿元，较年初增加0.63亿元，增幅为0.23%；国内信用证余额为49.87亿元，较年初增加14.25亿元，增幅为40.01%。

【贸易金融业务】 2020年，莱商银行累计实现国际结算业务量19.09亿美元，同比增长14.42%；办理代客结售汇14.82亿美元，同比增长16.57%，其中网银渠道客户自助结汇3.67亿美元，同比增长40.80%；开立国内信用证56.96亿元，同比增长43.05%；办理国内信用证福费廷54.62亿元，同比增长47.57%；办理线上供应链融资15.40亿元，同比增长3,800.00%。截至2020年末，莱商银行国内外贸易融资表内余额折人民币为55.15亿元，同比增长235.68%；表外余额折人民币为68.25亿元，同比增长15.08%。

【个人业务】 截至2020年末，莱商银行储蓄时点存款（不含保本型理财）为394.40亿元，较年初增加114.33亿元，增幅为40.82%；其中，活期储蓄存款为129.50亿元，占比为32.83%，较年初增加24.13亿元，增幅为22.90%；定期储蓄为264.90亿元，占比为67.17%，较年初增加90.20亿元，增幅为51.63%；个人消费贷款为193.57亿元，较年初增加53.21亿元，增长37.91%。

【中间业务】 2020年，莱商银行实现中间业务收入16,994.39万元，较同期增加2,893.29万元，增幅为20.52%；国内结算业务收入为15,715.33万元，较同期增加2,974.07万元；国际结算业务收入为1,279.06万元，较同期减少80.78万元；国内信用证业务收入为6,011.43万元，较同期增加1,604.12万元；国际信用证业务收入为1,157.27万元，较同期减少107.46万元；实现结售汇损益1,789.66万元，较同期增加119.14万元。

【电子银行业务】 截至2020年末，莱商银行特约商户存量达到12,896户，较年初增加3,573户；全年累计收单交易笔数为688万笔，累计交易额为95.00亿元；年末个人网银客户数为26.41万户，企业网银客户数为4.09万户，个人手机银行客户数为66.99万户，企业手机银行客户数为0.13万户；全系统共有ATM 247台、智能柜台232台、高速现金出纳机87台、助农终端61台；全年支付宝签约59.82万户、财付通签约66.63万户，总交易金额为154.65亿元。

【风险控制】 莱商银行风险管理体系由董事会、监事会、高级管理层、全面风险管理部门、风险管理主控部门、风险管理责任部门、审计部门及各分支机构组成。2020年，莱商银行始终以高质量稳健发展为中心，坚持稳中求进工作总基调，遵循“风险与收益匹配”原则，不断深化全面风险管理体系建设，扎实开展风险管理系统优化升级，持续完善风险管理制度流程，稳步推进重点领域风险防范化解，全面风险管理水平显著提升。

（吕 梁）

附表1

机构概况一览表

党委书记、董事长		行长	
岳隆杰		朱鸣	
地址	山东省济南市莱芜区龙潭东大街137号	邮编	271100
网址	http：//www.lsbankchina.com/	客服电话	400—669—6629

附表2

内设部门及分支机构一览表

年度	内设机构（个）	下设分支机构（个）		员工人数（人）	
		地市级机构数	县区级机构数	员工总数（含非正式员工）	正式员工数
2016	19	8	83	1,939	1,939
2017	15	8	91	1,870	1,868
2018	15	8	93	1,961	1,862
2019	15	8	96	2,111	1,880
2020	16	8	97	2,368	2,087

附表3

主要统计指标1

单位:亿元

项目	2016年	2017年	2018年	2019年	2020年	2020年同比增幅（%）
本外币资产总额	830.97	1,024.31	1,196.96	1,319.21	1,506.30	14.18
本外币存款余额	556.88	675.01	756.52	940.75	1,099.40	16.86
人民币存款余额	554.44	670.96	753.42	937.82	1,095.80	16.85
单位存款	401.24	482.27	510.22	653.44	703.51	7.66
储蓄存款	154.80	191.02	245.09	286.04	395.20	38.16
本外币贷款余额	411.72	462.11	621.52	693.12	877.05	26.54
人民币贷款余额	398.14	453.64	614.62	686.58	872.23	27.04
短期贷款	311.06	327.18	400.23	410.77	494.28	20.33
中长期贷款	55.99	111.31	204.55	260.80	319.49	22.50
票据融资	25.99	9.20	3.89	4.12	6.47	57.04
利润总额	3.96	5.82	6.03	7.34	5.53	-24.66
不良贷款余额	11.34	19.15	17.77	16.86	16.82	-0.24
不良贷款占比（%）	2.75	4.14	2.86	2.43	1.92	-20.99

附表4

主要统计指标2

项目	2016年	2017年	2018年	2019年	2020年	2020年同比增幅（%）
单位结算账户（万户）	4.11	4.68	5.13	5.67	6.26	10.41
单位结算金额（亿元）	223.24	296.87	344.31	383.10	401.84	4.89
个人结算账户（万户）	184.47	205.66	224.15	251.50	276.36	9.88
个人结算金额（亿元）	65.08	81.11	99.48	104.10	128.69	23.62
信用卡发卡量（万张）	0.35	0.39	0.43	0.53	0.56	5.66
信用卡消费额（亿元）	0.72	0.69	0.71	0.63	0.58	-7.94
企业网银客户（万户）	1.81	2.41	2.92	3.40	4.09	20.29
个人网银客户（万户）	18.00	20.37	22.22	24.70	26.41	6.92
手机银行客户（万户）	20.54	27.57	35.44	49.75	66.99	34.65
现金自助设备（台）	263	305	353	343	334	-2.62
营业网点（个）	91	99	102	104	105	0.96
自助网点（个）	124	134	136	133	131	-1.50

青岛银行股份有限公司

【第一负责人简介】 郭少泉，男，1962年出生，南开大学高级管理人员工商管理硕士学位、北京大学高级管理人员工商管理硕士学位，高级经济师；1980年12月至2000年4月任职于中国建设银行青岛分行，曾任建设银行系统支行副行长、行长及分行副行长等职；2000年4月至2009年11月任职于招商银行，曾任青岛分行行长、天津分行行长；2009年11月加入青岛银行股份有限公司（简称青岛银行），担任党委书记，2010年1月起任青岛银行董事长。

【综述】 青岛银行于1996年11月成立，前身是青岛城市合作银行、青岛市商业银行。经过多年积累，在公司治理、风险管控、IT建设等方面持续提升，已经形成“治理完善、服务温馨、风管坚实、科技卓越”的发展特色。青岛银行是全国第二家“A+H”股上市城商行，山东省首家主板上市银行、资产规模最大的区域性法人银行。截至2020年末，青岛银行资产总额达到4,488.92亿元，存贷款总额分别达到3,002.42亿元和2,067.47亿元。

青岛银行业务发展立足青岛，辐射山东。2020年末，已在济南、烟台、威海等山东省主要城市设有15家分行。青岛银行子公司共有2家，分别为青岛青银金融租赁有限公司与青银理财有限责任公司。

青岛银行四度荣登“亚洲品牌500强”及“中国500最具价值品牌”榜；五度荣获“五星钻石奖”；十次蝉联“金龙奖”；2020年8月28日，问鼎《亚洲银行家》“最佳联名信用卡产品”大奖；2020年，作为唯一金融企业入选新一代“青岛金花”培育企业，社会认可度和美誉度不断提升。

【公司业务】 2020年，青岛银行公司业务围绕“双基战略”，持续提升基础客群贡献和客户服务能力。通过分层经营实现精细化管理，不断夯实基础客群。深入推进“结网工程”，完善基础产品和基础服务，创新公司银行产品体系，客户服务能力和客户黏性显著提升。截至2020年末，公司存款余额为1,834.47亿元，较上年末增长355.66亿元，增幅为24.05%；公司贷款余额（含票据贴现）为1,459.92亿元，较上年末增长277.05亿元，增幅为23.42%；公司银行业务营业收入为57.97亿元，占本公司营业收入的54.99%。

【个人业务】 2020年，青岛银行零售金融深耕客群，持续推进数字化转型。秉持“以客户为中心”的理念，以金融科技为手段，持续提升客户服务能力。充分利用大数据、人工智能等手段，深挖客户需求，持续快速迭代产品体系，丰富产品功能，开展精准营销。创设“5G+生态”智慧银行，全面布局智慧网点，持续推进零售业务智能化转型。全力打造零售银行特色化品牌，聚焦农村金融和社区金融，拓展零售银行生态圈辐射面的广度和深度。截至2020年末，青岛银行个人贷款为607.55亿元，比上年末增加62.46亿元，增长11.46%；零售银行业务实现营业收入19.51亿元，占本公司营业收入的18.51%。

【国际业务】 2020年，青岛银行通过与哈萨克斯坦同业合作开通坚戈汇款通道，完成山东省金融机构首笔坚戈币种跨境贸易结算；在花旗银行开通多币种结算业务；实现本行跨境金融区块链服务平台与国家外汇管理局跨境区块链平台的直联，成为山东省内首家参与直联的法人级银行，全国第三家实现直联的银行；成功落地全国首单跨境供应链金融业务；凭借100.00%高直通率，连续17年获得“花旗银行美元清算直通率卓越奖”。国际业务新增客户430家，实现国际结算63.00亿美元。

【中间业务】 2020年，青岛银行坚持打造以资产配置为核心的动态财富管理顾问式金融服务，在强化业务风险控制的基础上，完善财富管理的业务经营体系和丰富的产品线，通过发展基金、保险、资管、信托等第三方代理业务，提升金融服务能力，推进公司、个人客户财富管理业务。扎实推进财富管理服务绑定客户。2020年，青岛银行财富中收突破2.00亿元，增幅超过100.00%；实现财富管理手续费及佣金收入2.07亿元，突破2.00亿元大关，同比增长97.15%。

【电子银行业务】 2020年，青岛银行将电子银行业务作为创新发展的重要突破口，围绕“提升客户体验”，持续优化手机银行、网上银行等线上服务渠道，加强金融科技应用，强化开放合作，推动产品和服务快速更新迭代，全面增强渠道服务能力。个人手机银行5.0版实现性能、安全、功能、界面全新升级。企业手机银行、信贷业务预受理等移动端应用的发布加速了金融服务从线下到线上的转移。截至年末，青岛银行共有企业网上银行客户13.49万户、个人网上银行客户73.74万户、手机银行用户301.57万户，累计交易金额达到3,975.64亿元。

【风险控制】 2020年，青岛银行风控能力稳步提高，资产质量显著改善。重塑操作流程，精简优化手续，提高信贷运营效率；推行平行作业，建立预沟通机制，提高授信审批效率；夯实“三查”管理基础工作，完善授信后督查机制，提升贷后管理工作质效；探索推行统一授信的新管理模式，统一风险偏好、统一审贷标准，提升集团风控能力。

【金融市场业务】 2020年，面对国内外经济金融的巨大变化以及全球财政金融的大规模刺激，青岛银行金融市场业务发展强化协同效应，通过优化投资结构，推进资产证券化业务，全年共压降风险加权资产254.00亿元，有效节约资本占用。强化与分支机构的联动营销，全年通过债券承销和债券投资帮助分支机构派生存款超过260.00亿元。推进资产证券化业务，全年发行证券化产品两期共84.10亿元，有效盘活存量资产，为全行信贷投放腾挪空间。2020年，全行金融市场业务营业收入为23.22亿元，占本公司营业收入的22.03%。

【防疫工作】 2020年，面对新冠肺炎疫情冲击，青岛银行坚守金融服务主阵地，扎实落实“六稳”“六保”要求，创新金融产品，开辟“绿色通道”，全力支持实体经济发展。全年向受困及防疫企业发放贷款253笔，共166.75亿元；持续降低社会融资成本，累计减费让利9.80亿元；充分运用再贷款、再贴现政策，坚决落实“两项工具”，发放小微信用贷款超过40.00亿元，办理再贴现67.00亿元，有效维护区域经济稳定。

（常伟臣）

附表1

机构概况一览表

董事长		行长	
郭少泉		王 麟	
地址	山东省青岛市崂山区秦岭路6号青岛银行大厦	邮编	266061
网址	http://www.qdccb.com/	客服电话	400—66—96588

附表2

内设部门及分支机构一览表

年度	内设机构（个）	下设分支机构（个）		员工人数（人）	
		地市级机构数	县区级机构数	员工总数（含非正式员工）	正式员工数
2016	25	11	100	3,672	3,276
2017	25	13	115	3,913	3,545
2018	30	14	120	4,176	3,781
2019	31	14	127	4,450	4,058
2020	34	15	132	4,653	4,231

附表3

主要统计指标1

单位：亿元

项目	2016年	2017年	2018年	2019年	2020年	2020年同比增幅（%）
本外币资产总额	2,779.06	3,026.88	3,103.26	3,652.09	4,488.92	22.91
本外币存款余额	1,813.47	1,901.02	2,072.34	2,409.53	3,002.42	24.61
人民币存款余额	1,805.18	1,891.43	2,065.48	2,387.87	2,973.76	24.54
单位存款	918.50	1,061.06	1,145.86	1,457.36	1,797.24	23.32
储蓄存款	486.36	521.98	568.71	647.72	891.93	37.70
本外币贷款余额	872.65	981.59	1,301.87	1,762.42	2,067.47	17.31
人民币贷款余额	866.71	978.95	1,300.30	1,748.62	2,048.29	17.14
短期贷款	302.81	334.87	433.17	486.66	553.24	13.68
中长期贷款	522.97	614.35	798.35	1,168.53	1,422.70	21.75

续表

项目	2016年	2017年	2018年	2019年	2020年	2020年同比增幅(%)
票据融资	38.74	29.51	67.73	62.50	72.15	15.44
利润总额	26.46	26.47	24.10	26.82	25.63	-4.44
不良贷款余额	11.84	16.59	21.17	28.52	31.26	9.61
不良贷款占比(%)	1.36	1.69	1.68	1.65	1.51	-8.48

附表4

主要统计指标2

项目	2016年	2017年	2018年	2019年	2020年	2020年同比增幅(%)
单位结算账户（万户）	7.72	9.00	10.93	12.73	14.79	16.18
单位结算金额（亿元）	24,025.91	28,239.41	32,870.69	35,481.44	33,976.88	-4.24
个人结算账户（万户）	342.60	373.94	373.47	424.43	455.09	7.22
个人结算金额（亿元）	23,755.57	26,216.50	23,056.83	30,917.84	24,874.35	-19.55
信用卡发卡量（万张）	2.18	2.49	18.06	112.44	73.26	-34.85
信用卡消费额（亿元）	4.80	4.11	11.79	180.65	354.53	96.25
企业网银客户（万户）	5.94	7.47	8.89	11.73	13.49	15.00
个人网银客户（万户）	64.58	69.78	72.35	73.29	73.74	0.61
手机银行客户（万户）	77.50	111.31	156.42	235.62	301.57	27.99
现金自助设备（台）	468	482	472	450	423	-6.00
营业网点（个）	111	127	134	141	153	8.51
自助网点（个）	98	101	102	107	105	-1.87

齐商银行股份有限公司

【第一负责人简介】　李大鹏，男，汉族，1975年1月出生，大学本科学历，工学硕士学位，工程师，1997年8月参加工作；2015年6月至2017年7月，任中国邮政储蓄银行山东省分行公司业务部总经理兼金融市场部总经理；2017年7月至2018年7月，任中国邮政储蓄银行山东省分行公司业务部总经理；2018年7月至2019年9月，任中国邮政储蓄银行淄博市分行党委书记、行长；2019年9月至2020年7月，任中国邮政储蓄银行山东省分行公司金融部总经理；2020年7月至2020年10月，成为齐商银行股份有限公司（简称齐商银行）党委书记、董事长候选人；2020年10月至今，任齐商银行党委书记、董事长。

【综述】　齐商银行成立于1997年8月，2009年2月经中国银监会批准更名为齐商银行。现有注册资本金38.88亿元、在职员工2,800余人，下辖淄博支行和西安、济南、滨州、东营、潍坊、济宁、威海、临沂8家分行，在临沂市控股发起设立了1家村镇银行，全行共有营业网点124家。2020年下半年以来，齐商银行坚持稳中求进工作总基调，坚持不忘初心使命、回归金融本源，坚持高起点规划、高品质建设、高效能管理，坚持深化改革、强化创新，坚持“存款上规模、贷款调结构、投行新突破、科技赋动能、风控强保障、文化固基业”的发展思路，实现“二次创业、再攀高峰”。截至2020年末，齐商银行资产总额为1,392.78亿元，较年初增加148.71亿元；各项存款余额为1,100.53亿元，较年初增加81.35亿元；各项贷款余额为887.55亿元，较年初增加122.78亿元；全年实现经营利润12.70亿元，实现净利润5.83亿元。

【公司业务】　2020年，齐商银行公司业务稳健发展，经营效益持续提升，服务实体经济能力进一步增强。小微金融标准化信贷技术体系实现新突破，标准化、批量化业务水平有效提升，产品创新动能不断优化，助力金融抗疫，推动复工复产，“人才贷”“纾困贷”“复工贷”等特色产品既丰富了产品库又强化了金融抗疫抓手效应，普惠金融服务质效得到极大提升。截至2020年末，全行各项贷款余额为887.55亿元，较年初增加122.78亿元，其中单户授信1,000.00万元以下（含）小微企业贷款余额为110.27亿元，小微金融增长、风险防控、成本控制等方面全面发展，全面完成“两增两控”监管指标。

【个人业务】 2020年，齐商银行在财富管理方面，通过深耕以金达系列理财产品、代理代销产品为主的多层次综合财富管理服务，不断丰富财富管理产品线，成为老百姓身边真正的“个人金融专家”。截至年末，齐商银行累计销售理财产品343.00亿元，理财客户数达11.00万户；全年累计发行信用卡9.60万张，为广大市民提供了更加优质、便捷、安全的现代金融服务；个人贷款总量创历史新高，截至年末，齐商银行个人贷款余额为137.66亿元，较年初增加23.43亿元。

【国际业务】 2020年，齐商银行在国际业务方面，始终秉持“合规发展”的经营理念和“中小企业主办行”的市场定位，着力为客户提供优质、高效、专业的国际结算服务。积极应对复杂多变的内外部环境，注重强化内控管理，防范各类风险，外汇业务保持稳健发展，连续多年被国家外汇管理局评为“外汇业务合规与审慎经营”A级行。国际业务已经成为齐商银行对接境内外同业和客户的重要桥头堡和展示合规经营的主要窗口。截至年末，齐商银行拥有境内外代理行423家，遍布全球63个国家和地区，极大地满足了客户业务拓展和跨境结算便利化需求。

【中间业务】 2020年，齐商银行持续开展零售客户精准营销。加强客户分层管理，强化与基金公司、保险公司等金融机构的合作，不断丰富零售产品类型，为客户提供专属资产配置方案，打造齐商银行财富管理品牌形象。完善客户投资理财配置需求，引导分支行深入开展各类活动，提升网点产能，提高产品交叉营销水平及综合金融服务能力，在做大客户金融资产的同时，积极提升存款沉淀。

【电子银行业务】 2020年，齐商银行互联网渠道客户数量突破82.00万户，同比增长18.10%，微信银行绑卡用户数超过21.00万户；网络渠道业务办理替代率超过94.30%，居全省城商行第三位，获评中国财经风云榜“杰出手机银行”。在智慧校园、智慧财务、智慧社区、智慧医疗、智慧政务五大领域做深做实，完成10大类、31项业务合作，为162个对公客户、4.50万个人客户提供了线上服务，存款沉淀超过16.00亿元。“e齐惠农贷”“纾困e贷”“e齐鑫车贷”等产品，顺利通过疫情大考，快速提升授信业务审批效率及风控水平。与多家核心企业联合推出“齐银e信”产品，并成功引入区块链技术实现首笔放款，线上供应链业务发展迈入新阶段。

【风险管理】 2020年，齐商银行稳步推进全面风险管理暨新资本管理办法实施项目，信用风险内评体系项目顺利上线运行，为风险精细化管控提供了有力支撑。授信管控机制持续强化，集中上收了授信审批权限，减少审批节点，优化审批模式，提升了授信业务审批质效，持续规范放款审核工作，优化调整展业区域系统控制规则，异地授信管控能力持续加强。不断提高资产负债管理能力，确保负债总量适度、来源稳定、结构多元。

（高 军、朱 莉、王立哲）

附表1

机构概况一览表

<table>
<tr><td colspan="2">行长（或其他称谓的负责人）</td><td colspan="2">副行长（或其他称谓的同级领导）</td></tr>
<tr><td colspan="2">李大鹏（党委书记、董事长）、赵晓东（党委副书记、行长）、侯全明（党委副书记、监事长）</td><td colspan="2">王 强、王 涛、曹志坚、孙高荣、马慧玲、邹 倩、薛 云、汪 波</td></tr>
<tr><td>地址</td><td>山东省淄博市张店区金晶大道105号</td><td>邮编</td><td>255025</td></tr>
<tr><td>网址</td><td>http://www.qsbank.cc/</td><td>客服电话</td><td>0533—96588</td></tr>
</table>

附表2

内设部门及分支机构一览表

年度	内设机构（个）	下设分支机构（个）		员工人数（人）	
		地市级机构数	县区级机构数	员工总数（含非正式员工）	正式员工数
2016	24	8	114	2,962	2,633
2017	22	8	125	2,981	2,799
2018	24	8	126	3,011	2,816
2019	23	8	118	2,911	2,756
2020	23	8	124	3,042	2,802

附表3

主要统计指标1

单位:亿元

项目	2016年	2017年	2018年	2019年	2020年	2020年同比增幅（%）
本外币资产总额	1,010.23	1,045.63	1,068.70	1,244.07	1,392.78	11.95
本外币存款余额	735.31	763.35	818.51	1,019.18	1,100.53	7.98
人民币存款余额	729.56	758.10	815.55	1,015.01	1,096.74	8.05
单位存款	471.45	505.96	520.12	680.24	672.72	-1.11
储蓄存款	258.11	252.14	295.43	334.77	424.02	26.66
本外币贷款余额	497.91	547.34	601.90	764.77	887.55	16.05
人民币贷款余额	489.93	538.62	596.33	759.63	882.63	16.19
短期贷款	381.12	362.39	362.84	408.34	369.79	-9.44
中长期贷款	108.81	176.23	233.49	351.29	512.84	45.99
票据融资	37.99	37.32	38.52	37.88	42.15	11.27
利润总额	6.73	7.52	6.73	7.28	7.40	1.65
不良贷款余额	9.92	11.96	13.16	14.22	14.01	-1.48
不良贷款占比（%）	1.99	2.18	2.19	1.86	1.58	-15.05

附表4

主要统计指标2

项目	2016年	2017年	2018年	2019年	2020年	2020年同比增幅（%）
单位结算账户(万户)	4.35	5.24	5.93	6.08	6.24	2.63
单位结算金额(亿元)	11,746.00	13,193.00	16,415.00	18,062.00	20,106.00	11.32
个人结算账户(万户)	103.68	99.52	105.79	114.16	124.24	8.83
个人结算金额(亿元)	4,173.00	5,395.00	5,458.00	4,354.00	4,515.00	3.70
信用卡发卡量(万张)	0.82	1.12	1.45	4.87	9.60	97.13
信用卡消费额(亿元)	3.52	5.04	6.20	8.49	17.41	105.06
企业网银客户(万户)	2.36	2.84	3.27	3.71	4.01	8.09
个人网银客户(万户)	13.23	14.64	16.13	20.25	24.72	22.07
手机银行客户(万户)	17.03	27.91	43.25	57.55	71.24	23.79
现金自助设备(台)	414	402	360	322	282	-12.42
营业网点(个)	122	133	133	126	124	-1.59
自助网点(个)	26	31	29	26	19	-26.92

烟台银行股份有限公司

【第一负责人简介】　吴明理，男，1963年1月出生，中共党员；1979年11月在中国人民银行蓬莱县支行参加工作，历任中国人民银行烟台市分行计划科科员，经济技术开发区支行副行长，烟台市分行副行长，威海市中心支行副行长；2001年10月任中国人民银行威海市中心支行党委书记、行长，2007年4月任中国人民银行烟台市中心支行党委书记、行长，2017年2月任中国人民银行济南分行纪委副书记兼纪检监察一处处长；2018年7月任烟台银行股份有限公司（简称烟台银行）党委书记；2018年12月至今，任烟台银行党委书记、董事长。

【综述】　2020年，面对复杂严峻的形势，烟台银行坚持以习近平新时代中国特色社会主义思想为指导，坚持稳中求进工作总基调，围绕“做大零售，做精对公，深耕本土，风控先行”的工作主线，内外协调强力攻坚克难，改革创新提升发展质量，加快建设具有鲜明地域特色和核心竞争力的“市民银行”。截至年末，烟台银行资产总额达到1,164.62亿元，较年初增加125.44亿元，增长12.07%；各项存款余额为859.50亿元，较年初增加196.99亿元，增长29.73%；各项贷款余额为517.25亿元，较年初增加53.87亿元，增长11.63%；实现净利润2.75亿元。

【公司业务】　2020年，烟台银行积极落实“六稳”“六保”，帮助企业纾困解难。疫情期间，积极对接企业，梳理防疫用品制造、防疫医疗卫生、食品供应、城市能源供应等抗疫企业，重点对道恩集团、荣昌制药等5家企业给予信贷支持，授信金额为16.30亿元。在抗击疫情、支持企业复工复产工作中发挥重要作用，切实解决企业融资困难，共发放复工复产贷款564户、金额121.64亿元。全省金融辅导工作启动后，在烟台市辖区组建了13支金融辅导队，对接辅导企业207家，为辅导企业制订融资服务方案163份，为辅导企业提供融资金额39.10亿元。

【个人业务】　截至2020年末，烟台银行存款规模超过400.00亿元，较年初新增97.00亿元，创历史新高。疫情期间，烟台银行主动实施存款到期自动转存及“线上+线下”模式，为客户提供便捷服务。上线代销理财产品，开发黄金积存业务，改造手机银行基金交易场景，建立了省内城商行领先的财富管理体系。开展“智慧校园”合作，丰富跨业合作场景。持续推动零售业务转型固化，搭建完整的专职理财经理队伍，并建立科学的零售队伍考评体系，保证业务发展的持续性。

【国际业务】　2020年，烟台银行坚持贯彻“产品打市场”的营销策略，调整、优化产品结构和业务结构，高效服务提升客户体验；构建了烟台银行国际结算、贸易融资、外汇资金、外汇会计、代理行服务等完善的产品体系，代理行网络遍布全球40多个国家和地区的200多家银行，实现了国际业务逆势较快增长，较好地服务了外贸企业。全年共办理汇款、信用证、保函、托收等国际结算业务和各类贸易融资业务9,475笔，国际结算量达10.60亿美元，开立国际、国内信用证43.76亿元，开立外币保函3,651.36万元；全年表内外贸易融资业务量达50.86亿元。

【中间业务】　2020年，烟台银行以提高服务质量、提升服务能力为目标，以创新产品为竞争力，不断推动中间业务的发展。截至年末，共实现中间业务收入0.84亿元。

【电子银行业务】　2020年，烟台银行坚持“以客户为中心”的服务理念，以渠道优化为基础，以“强化产品推动与创新、做大做实客户规模、丰富线上线下应用场景”为发展思路，打造数字化与线上化相结合的客户服务平台，有效推进电子银行业务快速发展。截至年末，全行电子银行存量客户为89.22万户，个人电子银行客户渗透率为95.96%，企业电子银行客户渗透率为73.68%，电子银行业务分流率为89.50%；全年实现中间业务收入430.18万元。

【风险控制】　2020年，烟台银行坚持“审慎、稳健、可控”的风险管理主基调，围绕“风控先行”的工作主线，持续推进全面风险管理体系建设，优化完善风险管理组织架构、制度流程、计量工具及信息系统，健全风险管理机制，升级风险管理技术与工具，夯实风险管理基础。推进全面风险管理，有效识别、评估本行经营管理中面临的各类风险，强化信用风险、操作风险、流动性风险等重点风险的研判分析、监测、报告与控制，持续推进风险处置化解，推动风险防控机制常态化运行。

（郄丽宁）

附表 1

机构概况一览表

党委书记、董事长		行长（或其他称谓的同级领导）	
吴明理		王建光	
地址	山东省烟台市芝罘区海港路25—18号	邮编	264000
网址	http://www.yantaibank.net/	客服电话	400—831—1777

附表 2

内设部门及分支机构一览表

年度	内设机构（个）	下设分支机构（个）		员工人数（人）	
		地市级机构数	县区级机构数	员工总数（含非正式员工）	正式员工数
2016	16	0	21	1,932	1,574
2017	16	1	20	1,976	1,769
2018	18	2	20	1,968	1,837
2019	18	2	21	1,905	1,784
2020	18	2	20	1,932	1,820

附表 3

主要统计指标 1

单位:亿元

项目	2016年	2017年	2018年	2019年	2020年	2020年同比增幅（%）
本外币资产总额	702.74	872.30	861.72	1,039.18	1,164.62	12.07
本外币存款余额	533.10	597.70	601.94	662.51	859.50	29.73
人民币存款余额	529.26	591.24	598.82	658.84	856.23	29.96
单位存款	261.92	306.21	280.48	267.91	347.74	29.80
储蓄存款	243.02	237.99	263.22	296.78	402.15	35.50
本外币贷款余额	316.73	338.38	382.59	463.38	517.25	11.63
人民币贷款余额	312.80	333.46	380.79	462.62	515.46	11.42
短期贷款	181.48	217.07	205.46	262.17	248.72	-5.13
中长期贷款	118.19	111.53	158.33	187.08	232.20	24.12
票据融资	13.14	4.64	15.11	12.81	33.67	162.84
利润总额	6.08	6.63	4.90	3.51	3.40	-3.13
不良贷款余额	7.97	7.31	13.87	13.35	12.43	-6.89
不良贷款占比（%）	2.52	2.16	3.65	2.88	2.40	-16.67

附表 4

主要统计指标 2

项目	2016年	2017年	2018年	2019年	2020年	2020年同比增幅（%）
单位结算账户（万户）	5.24	7.45	7.89	8.89	8.99	1.12
单位结算金额（亿元）	5,878.10	6,624.52	9,218.87	6,812.97	8,448.66	24.01
个人结算账户（万户）	94.22	169.65	202.45	223.60	191.97	-14.15
个人结算金额（亿元）	923.04	1,084.06	1,973.62	1,848.48	1,895.40	2.54
信用卡发卡量（万张）	0.00	0.00	0.00	0.00	0.00	—

续表

项目	2016年	2017年	2018年	2019年	2020年	2020年同比增幅（%）
信用卡消费额（亿元）	0.00	0.00	0.00	0.00	0.00	—
企业网银客户（万户）	1.00	1.36	1.60	1.76	1.88	6.82
个人网银客户（万户）	3.56	5.14	5.52	5.67	5.75	1.41
手机银行客户（万户）	16.19	31.47	43.34	53.99	61.63	14.15
现金自助设备（台）	134	156	154	154	144	-6.49
营业网点（个）	78	85	82	83	83	0.00
自助网点（个）	10	12	12	11	3	-72.73

潍坊银行股份有限公司

【第一负责人简介】 郭虎英，男，汉族，1962年1月出生，中共党员，大专学历，高级经济师；1979年11月参加工作，历任潍坊证券公司副总经理，山东省资金融通中心潍坊办事处副主任，中国人民银行潍坊市中心支行党委委员、纪委书记、监察室主任，潍坊银监分局党委副书记、副局长，聊城银监分局党委书记、局长；2016年4月至今，任潍坊银行股份有限公司（简称潍坊银行）党委书记、董事长。

【综述】 2020年，面对错综复杂的外部环境和新冠肺炎疫情双重考验，潍坊银行坚守“三个立足”市场定位，坚持抗疫情、扶实体、助复产，抓管理、促转型、谋发展，各项工作取得积极进展。截至年末，全行总资产为1,730.75亿元，较年初增加308.30亿元，增长21.67%；各项存款余额为1,318.01亿元，较年初增加270.23亿元，增长25.79%；各项贷款余额为812.62亿元，较年初增加162.47亿元，增长24.99%；在减费让利1.86亿元的前提下，全年实现经营利润27.24亿元、净利润8.00亿元；全年缴纳税金7.50亿元，同比增加1.40亿元，增长22.95%；年末全行不良贷款率为1.22%，资本充足率为13.42%，拨备覆盖率为167.94%，主要监管指标持续达标。

【公司业务】 2020年，潍坊银行大力支持地方经济发展。全年新增资金投放245.00亿元，同比增加63.30亿元；分项目来看，新增新旧动能转换重点项目库企业贷款71.60亿元，新增小微企业贷款47.40亿元。通过金融市场业务投放82.00亿元，带动发债资金300.00亿元，支持地方发展能力进一步提升。深入推进交易银行业务发展，财资管理系统营销有序推进，“链赢通”“商易贷”“政采贷”等产品规模不断扩大。

【个人业务】 2020年，潍坊银行加强产品优化和创新，升级“乐安居”“宝贝存单”存款产品，开通线上办理渠道；研发推出“鸢都聚福人生”代发工资客户专属理财产品；上线“玫瑰定投”智能基金定投，满足不同客群的投资理财需求。强化存款营销，对客户实行分类分层管理，精准画像，针对性营销。优化金融服务，建成全市首家5G智慧银行，落地“智慧社区”“智慧停车”等便民服务，上线智能客服系统，客户服务更加全面。信用卡正式发卡，产品体系更加丰富，综合服务能力进一步提升。

【电子银行业务】 2020年，潍坊银行进一步优化和完善网上银行、手机银行、微信银行、风筝银行（直销银行）等线上渠道功能建设，实现微信银行账务推送消息余额显示、手机银行流水证明开具、个人网银扫码登录等功能，客户体验不断提升。山东省内首家上线视频银行，有力提升客户在全渠道、全场景下的一致性服务体验。深度参与智慧APP6.0项目，持续推进微信商城项目，提升项目建设水平，线上化渠道不断丰富和完善。

【国际业务】 2020年，潍坊银行克服全球新冠肺炎疫情蔓延、贸易摩擦升级等不利影响，推进贸易金融业务稳健发展。推行线上办理渠道，上线网银自助结汇功能、外汇牌价查询功能、电子信用证业务，节省客户“脚力成本”；利用好跨境金融区块链服务平台，缩短客户融资申请周期，有效降低企业财务成本；推动“鲁贸贷”融资业务及订单融资封闭运行业务实施，缓解中小微外贸企业融资难融资贵问题；加大国内信用证及福费廷业务的推广力度，帮助企业出口转内销。全年累计完成国际结算量41.28亿美元，较上年同期增加2.37亿美元，同比增长6.09%；全年完成结算手续费收入3,591.00万元，较上年同期增加668.00万元，同比增长22.85%。

【中间业务】 2020年，潍坊银行持续推动业务协调发展，逐步提高中间业务收入占比，降低利差收窄对盈利的弱化影响。全年实现中间业务收入2.70亿元、净收入1.30亿元；在代理业务收入方面尤其突出，实现中间业务收入0.93亿元、理财业务收入0.66亿元。

【风险控制】 2020年，潍坊银行坚持保增量、优存量，持续优化信贷结构。严格“三查”制度落实，强化授信政策研判和授权管理、投向管理，把好授信准入关口。加强存量风险管理，多项风险业务圆满处置。加快推进数字化转型，应用大数据、人工智能、云计算等建立蚁盾、非零售内评、风险监测与预警系统等智慧风控平台，风险技防能力和精细化管理水平得到进一步提升。按照市委巡察要求，完善制度约束和规范体系，年内新增和修订制度168项、废止125项；扎实推进“行业规范建设深化年”活动，不断强化“四项规范”建设。持续开展审计、运营、信访处置、消保及行政安保等方面的工作，全年安全运营无事故。

（徐敬超）

附表1

机构概况一览表

行长（或其他称谓的负责人）		副行长（或其他称谓的同级领导）	
郭虎英（董事长）、马 杰（行长）、王 丙（监事长）		李子刚、冯怀春	
地址	山东省潍坊市奎文区胜利东街5139号	邮编	261041
网址	http://www.bankwf.com/	客服电话	400—61—96588

附表2

内设部门及分支机构一览表

年度	内设机构（个）	下设分支机构（个）		员工人数（人）	
		地市级机构数	县区级机构数	员工总数（含非正式员工）	正式员工数
2016	10	5	81	2,346	2,346
2017	12	5	88	2,410	2,410
2018	23	5	93	2,356	2,356
2019	23	6	100	2,487	2,487
2020	23	6	102	2,615	2,615

附表3

主要统计指标1

单位：亿元

项目	2016年	2017年	2018年	2019年	2020年	2020年同比增幅（%）
本外币资产总额	1,015.13	1,137.00	1,250.25	1,422.45	1,730.75	21.67
本外币存款余额	735.47	803.00	860.93	1,047.78	1,318.01	25.79
人民币存款余额	725.59	786.50	855.61	1,042.52	1,312.32	25.88
单位存款	403.53	467.99	484.46	581.33	712.28	22.53
储蓄存款	298.74	318.51	371.15	461.19	600.04	30.11
本外币贷款余额	452.25	485.20	550.69	650.15	812.62	24.99
人民币贷款余额	444.99	475.53	540.19	642.80	809.83	25.98
短期贷款	319.76	279.93	290.21	330.85	351.94	6.37
中长期贷款	125.24	195.60	249.98	311.95	457.89	46.78
票据融资	28.76	24.94	24.90	30.16	41.84	38.73

续表

项目	2016年	2017年	2018年	2019年	2020年	2020年同比增幅（%）
利润总额	9.10	9.33	9.42	10.38	10.23	-1.45
不良贷款余额	5.88	6.14	11.07	11.83	9.93	-16.06
不良贷款占比（%）	1.30	1.27	2.01	1.82	1.22	-32.97

附表4

主要统计指标2

项目	2016年	2017年	2018年	2019年	2020年	2020年同比增幅（%）
单位结算账户（万户）	4.80	5.00	7.21	6.36	6.97	9.59
单位结算金额（亿元）	279.09	363.74	420.94	296.69	376.86	27.02
个人结算账户（万户）	336.12	350.24	376.23	337.06	348.57	3.41
个人结算金额（亿元）	295.51	315.00	363.87	361.52	479.10	32.52
信用卡发卡量（万张）	0.93	0.94	0.99	1.03	4.90	375.73
信用卡消费额（亿元）	4.07	3.30	3.16	2.89	5.37	85.81
企业网银客户（万户）	2.40	2.80	3.25	3.92	4.51	15.05
个人网银客户（万户）	45.02	49.93	53.19	60.14	60.65	0.85
手机银行客户（万户）	40.31	50.00	60.78	71.04	88.47	24.54
现金自助设备（台）	366	412	436	624	450	-27.88
营业网点（个）	85	92	97	106	108	1.89
自助网点（个）	23	25	24	26	26	0.00

临商银行股份有限公司

【第一负责人简介】 汲长虹，男，汉族，山东莒南人；2019年5月至2019年12月，先后担任临沂市政府副秘书长（正县级）、临商银行股份有限公司创新发展领导小组组长、临时党委书记；2019年12月至今，任临商银行股份有限公司党委书记、临商银行创新发展领导小组组长。

【综述】 2020年，在临沂市委市政府的正确领导和中国人民银行临沂市中心支行、临沂银保监局的监管政策指引下，临商银行新一届党委带领全行干部员工以高质量创新发展为核心，抓班子、带队伍，讲政治、顾大局，抓业务、促发展，主要经营指标得到优化提升，高质量发展效应凸显。截至年末，临商银行辖92家分支机构，横跨鲁浙两省，共有员工2,000余人；年末全行资产总额为1,078.42亿元，各项存款余额为897.00亿元，各项贷款余额为707.41亿元，全年实现拨备前利润18.20亿元；临商银行被市委市政府授予“临沂市优秀企业”称号。

【公司业务】 2020年，临商银行在紧紧围绕全市做好疫情防控工作的同时统筹抓好企业复工、项目建设、乡村振兴等改革发展稳定各项工作，以“支持企业复工复产、金融诊疗及优化营商环境”为抓手，突出结构调整和质量效益，细化存款提升管理，优化信贷资源配置，助推地方经济转型升级。积极对接战略项目。主动对接省级重点项目企业、全市战略企业、新旧动能转换企业、政府主导产业及医疗设备重点企业，重点介入新一代信息技术、高端装备、新能源新材料等新兴产业和高端化工、现代高效农业、文化创意、精品旅游等传统行业，推出大额授信业务会商机制。全年召开会商会议10余次，审议授信业务60余笔，授信金额近130.00亿元。抓实存款提升管理。以“金链·坤居融”为抓手，主动推出预售资金监管保函业务。瞄准房地产业五个环节的各类账户开展营销，全年开立监管账户286户，开立农民工工资专户710户，沉淀资金10.20

亿元。协调住建局为15家支行新开通商品房预售资金监管资格，存款沉淀9.00亿元。金融诊疗帮扶企业，对接赫峰集团、翔龙集团等30余家企业进行现场诊疗，帮助企业制订发展方案，实现银企共赢。

【个人业务】 2020年，临商银行持续深化零售转型。创新推出“两卡”。与市总工会联合开发工会惠员卡，工会惠员卡以特约服务商家为合作单位，是集“身份识别、特惠服务、公共服务、帮扶服务、金融服务”于一身的公益性惠民卡，全年累计发行85.00万张。与市退役军人事务局开展拥军优属战略合作，发行退伍军人军烈属专用的拥军卡，享受公交便利、金融优惠、服务优先等一揽子便捷式服务，开创了全国该项业务的先河。创新发展线上业务。围绕个人消费贷、线上业务等重点，研发上线薪E贷、工惠贷、税易贷等网络金融新产品，与京东数科签约合作，上线银票秒贴，推广商票业务，全年累计签发商票31.72亿元，办理商票贴现23.10亿元。大力发展普惠金融。深入贯彻国家惠农金融政策，下沉资金、网点，推进新型普惠金融服务站建设，实现了站内取款、转账、查询、各类缴费等业务的办理，累计签约2,000余家新型普惠金融服务站，有效提高了金融服务覆盖面。

【国际业务】 2020年，临商银行实现国际业务结算量16.90亿美元，完成计划任务的101.00%；实现中间业务收入2,871.00万元，完成计划任务的103.00%；临沂本埠实现账面利润3,170.00万元，超额完成570.00万元；全行客户跨境人民币业务规模持续增长，全年跨境人民币业务累计办理157笔、金额3.90亿元，较上年同期上涨181.00%；围绕全行创新发展目标和企业需求，努力推动内外贸一体化发展，推出国内信用证福费廷转卖业务，增加中间业务收入600.00万余元，沉淀公司存款2.00亿余元。

【中间业务】 2020年，临商银行持续推进中间业务创新，优化收入结构。在稳步发展资金结算、银行卡产品等传统中间业务的同时，重点加快电子银行、理财等中间业务创新步伐。银行卡方面，全年累计发行借记卡263.59万张，较年初增加24.89万张，沉淀资金132.46亿元，较年初增加26.60亿元；全年实现借记卡手续费收入816.00万元；全年累计发行公务卡1.47张，总透支余额为4,292.66万元；全年实现公务卡手续费收入167.00万元。代理业务方面，持续推进代客理财、代理保险业务和贵金属业务，及时兑付各类到期理财产品，全年共实现理财业务收入2,647.00万元、惠商宝业务手续费收入169.00万元、代理保险业务手续费收入42.00万元、代理实物贵金属业务手续费收入21.00万元。

【电子银行业务】 2020年，临商银行电子银行客户数量快速增长，交易笔数、交易金额再创新高。电子银行业务的快速发展进一步分流柜台交易，减轻了柜面压力，降低了业务成本。全年，临商银行手机银行用户新增20.96万户，同比增长67.63%，存量用户达51.95万户；网上银行用户新增1.00万户，存量用户达18.37万户；短信平台用户新增26.54万户，存量用户达129.34万户；微信银行用户新增4.76万户，存量用户达14.26万户，电子银行渠道资金交易笔数达1,242.66万笔，金额为8,427.17亿元，实现手续费收入578.75万元。

【风险控制】 2020年，临商银行抓实“控险提质”主线，各类风险有效管控，经营质量稳固提升。信贷风险管控有力。围绕环保治理开展风险隐患排查，抓好潜在风险退出、抵质押率、逾期欠息等专项治理。不良贷款实现“双降”。组织开展集中清收攻坚活动，落实“四集中”（集中目标、集中人员、集中时间、集中办公）管理，全年累计清收化解不良贷款30.72亿元，年末不良贷款余额为11.93亿元，不良贷款率1.69%，同比下降0.74个百分点。基础管理持续夯实。成立临商银行内部控制委员会、违规问责委员会，抓实外部法规内生化工作，年内制定、修订制度112项，组织开展“行业规范建设深化年”、合规大讲堂、案例警示教育等活动，强化员工行为管理，严肃违规问责；开展全时段、全覆盖集中授权，深化影子银行柜员替岗，统筹全行内控检查管理；组织实施轮岗交流774人，有效防控操作风险。

（王诠文）

附表1

机构概况一览表

党委书记		行长（或其他称谓的同级领导）	
汲长虹		周曙光	
地址	山东省临沂市兰山区北京路37号	邮编	276000
网址	http://www.lsbchina.com/	客服电话	400—69—96588

附表2

内设部门及分支机构一览表

年度	内设机构（个）	下设分支机构（个）		员工人数（人）	
		地市级机构数	县区级机构数	员工总数（含非正式员工）	正式员工数
2016	25	2	86	2,110	2,032
2017	25	3	86	2,133	2,045
2018	25	3	87	2,171	2,084
2019	25	3	86	2,152	2,139
2020	25	3	85	2,076	2,064

附表3

主要统计指标1

单位:亿元

项目	2016年	2017年	2018年	2019年	2020年	2020年同比增幅（%）
本外币资产总额	751.94	774.82	819.02	882.97	1,078.42	22.14
本外币存款余额	608.74	643.29	608.74	744.47	897.00	20.49
人民币存款余额	598.81	637.89	598.81	742.76	893.63	20.31
单位存款	392.74	425.80	439.85	479.02	557.47	16.38
储蓄存款	215.24	215.41	231.84	264.34	331.92	25.57
本外币贷款余额	456.07	485.03	456.07	569.99	707.41	24.11
人民币贷款余额	441.05	474.56	441.05	567.39	703.46	23.98
短期贷款	339.71	345.90	349.54	348.14	410.35	17.87
中长期贷款	76.25	97.23	125.34	154.64	197.36	27.63
票据融资	23.54	29.87	43.18	63.79	95.00	48.93
利润总额	6.10	7.81	4.58	5.67	5.69	0.35
不良贷款余额	9.83	21.43	16.85	13.86	11.93	-13.92
不良贷款占比（%）	2.15	4.42	3.70	2.43	1.69	-30.45

附表4

主要统计指标2

项目	2016年	2017年	2018年	2019年	2020年	2020年同比增幅（%）
单位结算账户（万户）	2.30	2.70	3.10	3.50	4.18	19.43
单位结算金额（亿元）	194.50	223.30	234.75	247.57	335.38	35.47
个人结算账户（万户）	191.48	205.87	382.23	427.76	459.04	7.31
个人结算金额（亿元）	80.70	78.85	81.12	79.32	90.53	14.13
信用卡发卡量（万张）	1.12	1.21	1.31	1.43	1.47	2.80
信用卡消费额（亿元）	5.55	5.29	5.38	5.38	4.30	-20.07
企业网银客户（万户）	1.48	1.77	2.15	2.63	3.29	25.10
个人网银客户（万户）	11.23	12.90	13.93	14.74	15.08	2.31
手机银行客户（万户）	8.47	14.78	20.67	30.99	51.95	67.63
现金自助设备（台）	236	262	293	309	273	-11.65
营业网点（个）	89	90	91	90	93	3.33
自助网点（个）	8	10	10	10	10	0.00

威海市商业银行股份有限公司

【第一负责人简介】 谭先国，男，汉族，1966年10月出生，山东文登人，中共党员，研究生学历；1993年7月参加工作，先后获得过“山东省优秀青年企业家”“山东省十大杰出青年企业家”“山东省优秀企业家”“山东省劳动模范”“全国五一劳动奖章”“全国劳动模范”“山东省金融高端人才”等荣誉称号；现任威海市商业银行股份有限公司（简称威海市商业银行）董事长、党委书记，全国人大代表。

【综述】 2020年，威海市商业银行各项业务实现了平稳健康发展。主要呈现以下八大特点：一是规模大幅增长。年末资产总额达到2,676.02亿元，较2019年末增加429.66亿元；各项存款余额较2019年末增加352.80亿元；各项贷款余额较2019年末增加278.41亿元；主要经营指标均创历史最好增长水平。二是质量保持稳定。年末不良贷款率为1.47%，较2019年末下降0.33个百分点；资本充足率达到15.00%以上，拨备覆盖率为173.39%；各项监管指标全面达标并持续向好。三是效益不断提升。全年实现净利润16.48亿元，同比增加1.25亿元，增长8.17%。四是改革释放能量。深入推进“两端型零售银行”改革，通过上收授信审批权和对公业务经营权，引导基层支行聚精会神做零售，有力地推动了业务增长。五是机构全面覆盖。日照分行、滨州分行顺利开业，分支机构数量达到120家，在山东省地方法人银行中率先实现机构网点“全省全覆盖”，服务区域经济社会发展的能力进一步提升。六是上市圆满成功。2020年10月12日，威海市商业银行在香港交易所主板成功上市，募集资金净额达32.77亿港元，全部用于补充核心一级资本，进一步提升资本实力，支持业务持续增长。七是服务精准有效。深入践行金融企业的初心和使命，不断加大对战略性新兴产业、高端装备制造业、民生事业等实体经济的信贷投放力度，有效降低小微企业融资门槛。八是品牌影响扩大。连续五年被评为“全国十佳城市商业银行”，在山东省政府组织的地方金融企业绩效评价中排名第一，主体信用评级为AAA级，管理模式、业务创新、党建工作、企业文化等多次获得山东第一、全国最好的成绩，品牌形象大幅提升。

【公司业务】 2020年，威海市商业银行以客户名单为指引、以项目制为抓手，聚焦高端客户，充分依托股东优势、规模优势、网点优势，通过总对总平台搭建、名单制管理、链条式营销、科技赋能等措施，实现了业务规模和效益的稳定增长。

【零售业务】 2020年，威海市商业银行紧扣“两端型零售银行”发展战略，坚持“以客户为中心，以市场为导向”，强化科技赋能，加强与科技金融公司、互联网平台、生活服务类企业等的合作，实现零售业务高质量快速发展。威海市商业银行所有网点均通过人民银行两项国家标准监督审查，成功入围2020年银行营业网点服务领域“领跑者”候选名单。

【金融市场业务】 2020年，威海市商业银行深耕资金交易业务，创新同业金融业务，优化资产负债结构，建立了完善的投资产品线。荣获全国银行间同业拆借中心颁发的“2020年度银行间本币市场交易300强”“2020年度银行间本币市场最佳进步奖”等荣誉；取得了北京金融资产交易所债权融资计划主承销商资格、中国进出口银行金融债券承销团成员资格。

【国际业务】 2020年，威海市商业银行紧跟市场需求，为涉及跨境交易及国内贸易的公司银行客户提供汇款、托收、信用证、保函及跨境人民币结算等国际结算服务。截至年末，威海市商业银行有22家分支行提供国际结算服务，与其建立代理行关系的银行共计254家。

【中间业务】 近年来，威海市商业银行中间业务收入总量稳健增长，收入结构明显改善。威海市商业银行开展的中间业务包含七大类：一是包括网上银行、手机银行等在内的支付结算类中间业务；二是银行卡及收单类业务；三是代发工资、代理理财、代理保险、代理资产业务等代理类中间业务；四是承兑及担保类业务；五是顾问咨询业务；六是融资租赁服务类中间业务；七是保管箱等其他类中间业务。

【电子银行业务】 威海市商业银行开展的电子银行业务包括网上银行、手机银行、直销银行、微信银行、电话银行、短信银行等线上金融服务平台。截至2020年末，威海市商业银行手机银行客户规模突破135.00万户；2020年，威海市商业银行荣获中国金融出版社“整合营销年度案例奖”、中国人民银行清算总中心第二、第三季度业务能手等荣誉称号。

【风险控制】 威海市商业银行一直注重风险防控工作，不断健全和完善与总体发展战略和风险状况相适应的资本管理体系。形成了以资本充足率为核心的资本约束机制和完善的内部资本充足评估程序；建立了覆盖全员、全流程、全机构及各类风险形态的全面风险管理体系；形成了前中后台整体联动和相互制约的风险管理体制；建立了有效平衡风险与回报的内控和运行机制，对业务持续稳健发展起到了重要促进作用。

（冷朝晖、王 晶）

附表1

机构概况一览表

行长（或其他称谓的负责人）		副行长（或其他称谓的同级领导）	
谭先国（董事长）、孟东晓（行长）、邓 卫（监事长）		刘 河、张仁钊、刘昌杰、毕秋波、陶遵建、邢志强、张晓东	
地址	山东省威海市宝泉路9号	邮编	264200
网址	http://www.whccb.com/	客服电话	96636

附表2

内设部门及分支机构一览表

年度	内设机构（个）	下设分支机构（个）		员工人数（人）	
		地市级机构数	县区级机构数	员工总数（含非正式员工）	正式员工数
2016	23	13	105	3,103	2,966
2017	24	14	109	3,126	3,015
2018	24	15	100	3,073	3,023
2019	25	15	104	3,092	3,038
2020	26	17	103	3,096	3,049

附表3

主要统计指标1

单位：亿元

项目	2016年	2017年	2018年	2019年	2020年	2020年同比增幅（%）
本外币资产总额	1,863.40	2,044.98	2,031.22	2,246.36	2,676.02	19.13
本外币存款余额	1,105.15	1,200.96	1,157.84	1,422.01	1,774.81	24.81
人民币存款余额	1,096.42	1,186.46	1,147.04	1,404.27	1,755.62	25.02
单位存款	774.74	797.74	700.20	827.27	1,024.09	23.79
储蓄存款	377.23	388.72	446.84	577.00	731.53	26.78
本外币贷款余额	585.22	665.19	751.96	924.52	1,202.93	30.11
人民币贷款余额	582.61	663.14	750.77	920.67	1,202.59	30.62
短期贷款	335.59	321.99	342.60	365.63	371.27	1.54
中长期贷款	198.08	299.04	340.57	484.16	754.87	55.91
票据融资	46.34	39.18	66.04	66.61	75.27	13.00
利润总额	20.91	19.58	11.50	18.14	19.51	7.59
不良贷款余额	6.29	9.78	13.70	16.68	17.74	6.35
不良贷款占比（%）	1.07	1.47	1.82	1.80	1.47	-18.33

附表4

主要统计指标2

项目	2016年	2017年	2018年	2019年	2020年	2020年同比增幅（%）
单位结算账户（万户）	2.96	3.61	4.12	4.62	4.75	2.81
单位结算金额（亿元）	—	—	—	—	—	—
个人结算账户（万户）	175.50	230.38	261.25	293.17	394.41	34.53
个人结算金额（亿元）	—	—	—	—	—	—
信用卡发卡量（万张）	—	—	1.62	6.10	9.90	62.30
信用卡消费额（亿元）	—	—	3.54	10.54	20.13	90.99
企业网银客户（万户）	1.58	2.16	2.86	3.78	4.74	25.40
个人网银客户（万户）	19.32	23.16	28.04	34.15	40.64	19.00
手机银行客户（万户）	22.26	47.80	75.69	107.00	135.93	27.04
现金自助设备（台）	253	269	261	267	267	0.00
营业网点（个）	118	122	114	118	119	0.85
自助网点（个）	126	129	122	124	122	-1.61

日照银行股份有限公司

【第一负责人简介】　王森，男，山东日照人，1962年10月出生，中共党员，大学本科学历，高级经济师，工商管理硕士学位；1979年11月参加工作，历任日照市城市信用社中心社党委委员、副主任，日照市商业银行党委委员、副行长、监事长，日照银行党委委员、行长等职；先后荣获“全国企业文化建设功勋人物”“全国企业文化创新优秀管理者”“山东省金融高端人才”“山东省优秀企业家”等称号；2014年12月至今，任日照银行股份有限公司（简称日照银行）党委书记、董事长。

【综述】　日照银行是一家由国有股份、企业法人股份及自然人股份共同组成的具有独立法人资格的股份制商业银行，注册资本为39.35亿元，从业人员共2,900余人；总行设23个部室，下辖9家分行、7家中心支行、3家直管支行，共99家营业网点。截至2020年末，日照银行资产总额为2,086.66亿元，存款余额为1,573.60亿元，贷款余额为1,068.99亿元，全年实现经营利润39.21亿元，稳站山东银保监局辖内13家城商行第一方阵，在日照辖内存款市场份额为29.21%，保持同业第一并再创新高；全行表内外授信总量连续6年在日照市保持第一，缴纳地方税连续12年保持全市企业前列、金融企业第一。

【公司业务】　2020年，日照银行坚持服务地方经济和实体企业的市场定位，抓实优质客户拓展、信贷精准投放、结构优化调整、服务效能提升各项工作，推动本行公司业务向轻资本、综合化转型提升。一是支持港口经济发展，与山东省港口集团合作，发放动产质押融资10.82亿元、供应链融资116.64亿元，被中国物流与采购联合会评为“2020中国物流与供应链金融卓越服务企业”。二是投行资管业务实现突破，获批资产证券化业务资格和北京金融资产交易所主承销商资格，落地全国首单PPN加团业务、全省首笔TDFI企业超短融业务。三是践行普惠金融发展理念，“好伙伴”客户达到1,160户，小微贷款余额为247.00亿元，荣获“十佳小微企业金融服务创新奖”。四是积极支持企业复工复产，推出“搏疫贷”，为抗疫重点企业投放信贷资金3.12亿元；推出“支小助强贷”，投放低成本资金28.80亿元。五是联合市有关部门，对疫情防控物资生产企业和受疫情影响企业提供融资支持52.90亿元；为畜禽饲养、农畜产品生产加工等涉及民生领域的企业投放贷款6.91亿元。六是试点开展知识产权质押融资业务，为科创企业授信2.18亿元。

【个人业务】　2020年，日照银行加快个人业务转型升级。年末全行个人金融资产为911.26亿元，较年初新增259.90亿元；储蓄存款余额为669.56亿元，较年初新增187.42亿元；日照辖区新增储蓄占全市银行业新增储蓄的40.00%，连续4年位居全市首位，是日照银行业金融机构中首家储蓄新增超过百亿元的机构；在全省10个地市布局消费金融中心，个人消费贷款余额达135.00亿元，占全行贷款的12.64%；深耕农村市场、服务广大农民，金融惠民服务站突破1,000处，惠农存款贡献突破200.00亿元。

【国际业务】 2020年，日照银行克服中美贸易摩擦和疫情带来的不利影响，积极落实疫情扶持政策，开辟跨境服务“绿色通道”。为外资外贸企业减费降息，为受疫情影响的外资外贸企业提供金融服务便利和融资支持。全年累计投放进出口贸易融资105.00亿元，实现国际结算量39.80亿美元；落地全省首单综保区电子仓单质押融资业务；创新推出“链易融”产品，办理全市首笔跨境区块链平台融资业务，投放全市首笔“鲁贸贷”；“e仓通”电子仓单质押融资被中国物流与采购联合会评为“2020中国物流与供应链金融优秀案例奖”，编入《中国物流与供应链金融发展报告（2020）》。

【中间业务】 2020年，日照银行通过加强资源整合、增强创新能力、完善中间业务定价机制、规范中间业务收费标准等方式，不断增强综合化金融服务对中间业务的拉动作用。全年实现中间业务收入4.60亿元，占全部营业收入的比例为8.43%。

【电子银行业务】 2020年，日照银行坚持“优体验、促转型、勇创新、建场景”的发展主线，客户增长质量并重。一是优化电子服务渠道，上线40余项便民业务功能。智能柜台全行网点全覆盖，上线近70个业务场景，加速网点智能化转型。二是启动开放银行建设，打造场景金融，开办“优享存”产品。年末全行网络金融客户数达到126.00万户，渠道动账交易替代率为97.00%，其中电子渠道销售理财、基金金额占比为99.90%。

【风险控制】 2020年，日照银行举全行之力抓实资产质量管控“头号工程·风险攻坚”行动，扎实推进资产质量管控长效机制建设，创新实施资产保全PMO工作机制，加快问题资产清收化解处置。截至年末，全行不良贷款余额为13.85亿元，较年初减少0.42亿元，不良贷款率为1.30%，较年初下降0.43个百分点，全行资产质量达到区域贸易融资风险爆发以来最好水平。

（张丽敏）

附表1

机构概况一览表

行长（或其他称谓的负责人）		副行长（或其他称谓的同级领导）	
王 森（党委书记、董事长）、闫 鸣（党委副书记、行长）、杨宝峰（监事长）		黄 玲、毕坤传、王永健、袁玲玲、孙艺祥、王惠斌、陈 迎	
地址	山东省日照市烟台路197号	邮编	276826
网址	http://www.bankofrizhao.com.cn/	客服电话	400—68—96588

附表2

内设部门及分支机构一览表

年度	内设机构（个）	下设分支机构（个）		员工人数（人）	
		地市级机构数	县区级机构数	员工总数（含非正式员工）	正式员工数
2016	22	7	57	2,050	1,897
2017	22	8	66	2,198	2,051
2018	22	9	76	2,366	2,220
2019	23	9	84	2,624	2,405
2020	23	9	89	2,971	2,599

附表3

主要统计指标1

单位:亿元

项目	2016年	2017年	2018年	2019年	2020年	2020年同比增幅(%)
本外币资产总额	1,043.06	1,238.40	1,472.83	1,658.59	2,086.66	25.81
本外币存款余额	792.54	890.66	1,021.58	1,207.02	1,573.60	30.37
人民币存款余额	769.20	884.13	1,017.02	1,201.38	1,562.46	30.06
单位存款	514.87	565.90	624.48	719.24	892.90	24.14
储蓄存款	254.32	318.23	392.54	482.14	669.56	38.87
本外币贷款余额	508.20	568.87	698.23	827.08	1,068.99	29.25
人民币贷款余额	498.77	562.74	692.52	824.07	1,061.53	28.82
短期贷款	327.67	294.69	351.76	380.37	521.59	37.13
中长期贷款	141.19	245.20	321.46	420.02	496.30	18.16
票据融资	24.63	19.42	16.42	21.63	42.60	96.95
利润总额	8.86	8.19	8.56	10.53	10.53	0.00
不良贷款余额	11.19	18.08	14.69	14.27	13.85	-2.94
不良贷款占比(%)	2.20	3.18	2.11	1.73	1.30	-24.86

附表4

主要统计指标2

项目	2016年	2017年	2018年	2019年	2020年	2020年同比增幅(%)
单位结算账户(万户)	6.52	8.93	10.69	12.72	12.73	0.08
单位结算金额(亿元)	15,336.00	17,420.00	19,373.00	24,526.00	30,068.09	22.60
个人结算账户(万户)	179.02	222.51	302.60	359.37	421.06	17.17
个人结算金额(亿元)	3,615.00	4,167.00	5,181.00	5,893.00	8,950.00	51.88
信用卡发卡量(万张)	1.15	1.32	1.91	2.06	2.23	8.25
信用卡消费额(亿元)	4.37	4.14	4.85	6.18	5.77	-6.63
企业网银客户(万户)	3.04	4.00	5.17	6.95	8.04	15.68
个人网银客户(万户)	17.38	17.62	19.20	20.70	24.91	20.34
手机银行客户(万户)	16.20	22.50	31.24	50.09	80.81	61.33
现金自助设备(台)	236	249	261	260	255	-1.92
营业网点(个)	64	74	85	93	98	5.38
自助网点(个)	53	50	50	45	42	-6.67

东营银行股份有限公司

【第一负责人简介】 高传星，男，汉族，1970年出生，山东广饶人，中共党员；曾任垦利县农村信用合作社主任，广饶县农村信用合作联社副主任，广饶农村合作银行行长、董事长，广饶农村商业银行股份有限公司董事长；2013年1月任山东省农村信用社联合社东营办事处党委副书记、副主任（主持工作）；2014年1月任山东省农村信用社联合社东营办事处党委书记、主任；2016年5月起任东营银行股份有限公司（简称东营银行）党委书记，2016年6月至今任东营银行董事长、党委书记。

【综述】 2020年，东营银行践行新发展理念，积极投身金融动能转换，全力服务地方经济发展，贯彻实施"一二三四五"总体发展思路，取得了良好发展业绩。截至2020年，全行共有员工1,781人，总行内设21个部门、1家营业部、1家持牌的小企业专营中心，东营辖内有网点机构65家，济南、青岛、潍坊、淄博、滨州、烟台6家异地分行有网点机构37家。年末全行资本净额为126.90亿元，较年初增加18.12亿元，增长16.66%；资产总额为1,275.97亿元，较年初增加184.03亿元，增长16.85%；各项存款余额为996.30亿元，较年初增加177.08亿元，增长21.62%；各项贷款余额为648.05亿元，较年初增加116.03亿元，增长21.81%；全年实现经营利润15.63亿元、净利润4.19亿元，上缴税收3.80亿元；年末资本充足率为12.97%，一级资本充足率为11.12%，高质量发展取得良好成效。

【公司业务】 2020年，东营银行全方位、深层次融入地方经济发展，主动对接新旧动能转换项目53个、省市重点项目企业139家，全年累计投放信贷资金达652.00亿元。积极争取运用再贷款、再贴现等货币政策工具，助力小微与民营企业发展，年末普惠型小微企业贷款余额为65.84亿元，增长38.17%，涉农贷款余额为164.46亿元，增长1.66%。助力企业复工复产，全年为疫情防控重点保障企业发放贷款9.00亿元，办理小微企业贷款延期还本付息业务9.67亿元、小微企业信用贷款4.63亿元。

【个人业务】 2020年，东营银行重塑零售板块组织架构，调整组建了零售金融部、网络金融部，分别负责线上、线下零售业务。建设线上贷款"智能风控系统"，探索搭建个贷移动管理平台，业务运营管控效率与效果全面提升。优化资产结构，推出"e盈贷""黄河e贷"等系列线上产品，个人贷款业务实现突破性增长，年末个人贷款余额为75.85亿元，较年初增长50.79%。积极服务乡村振兴，新增助农取款点153家，总数达到384家，农村基础金融服务品质有效提升。

【国际业务】 2020年，东营银行坚持内贸与外贸并重、业务发展与风险管理并重，协调稳健发展外汇、跨境人民币、国内信用证业务。加强政、银、汇、企联动，协助政府完成招商引资落地18户。扎实开展涉外金融顾问团走访活动，总分支联动走访企业30余家。紧扣企业需求与市场行情，推出"银租通""外币回购"等产品，全年累计实现结售汇量25.02亿美元、条线结算量47.12亿美元。持续强化精细化管理，连续12年获评"执行外汇管理规定考核A类行"。

【中间业务】 2020年，东营银行坚持多元化发展道路，积极拓展中间业务种类，满足客户差异化金融需求。成立资产管理部，组建理财队伍，积极推进理财业务净值化与自主化转型，全年累计发行理财产品350款、金额192.00亿元。积极推进代销基金业务，推出东营银行品牌金钞，在黄金积存、保险代理业务等方面取得新进展。全年实现手续费及佣金净收入1.00亿元，增长3.85%，非利息净收入占营业收入的8.32%，较年初提高2.09个百分点，营收结构进一步优化。

【电子银行业务】 2020年，东营银行以惠民服务、提质增效为目标，紧跟互联网金融发展趋势，积极拥抱金融科技。持续开展手机银行、微信银行、网上银行等电子渠道建设，上线"银联刷脸付"，移动支付更加便捷。稳步推进智慧银行旗舰店、智慧银行标准店建设，引入智能机具，业务智能化水平不断提升。建成投产风控平台、网贷平台等9个信息系统项目，完成移动报表平台、贷款系统改造等54个自主开发需求，科技赋能更加明显。

【风险控制】 2020年，东营银行"两会一层"充分履行风险管控职责，全面全额全程全员的风险管理体系建设稳步推进。实施风险限额管控、风险指标阈值预警，完善异地分行风险总监派驻机制，风险管控效能持续提升。扎实开展"行业规范建设深化年"等活动，持续开展业务制度修订、员工异常行为排查，进行新设机构业务辅导，合规管理实现常态化。完善内部审计体系，增强审计工作计划性，强化分支机构监督检查，全年开展各项审计43项，审计规范化水平不断提高。

（丁玉磊）

附表1

机构概况一览表

董事长		行长	
高传星		高树松	
地址	山东省东营市东营区府前大街87—1号	邮编	257000
网址	http://www.dyccb.net/	客服电话	400—62—96588

附表2

内设部门及分支机构一览表

年度	内设机构（个）	下设分支机构（个）		员工人数（人）	
		地市级机构数	县区级机构数	员工总数（含非正式员工）	正式员工数
2016	16	5	18	1,214	1,214
2017	16	5	16	1,336	1,336
2018	18	5	19	1,386	1,386
2019	18	6	21	1,561	1,561
2020	22	7	20	1,781	1,675

附表3

主要统计指标1

单位:亿元

项目	2016年	2017年	2018年	2019年	2020年	2020年同比增幅（%）
本外币资产总额	643.49	882.18	1,037.80	1,091.94	1,275.97	16.85
本外币存款余额	524.82	590.40	690.66	819.22	996.30	21.62
人民币存款余额	522.86	587.21	682.65	810.02	989.30	22.13
单位存款	281.30	315.93	359.03	415.13	468.60	12.88
储蓄存款	241.56	273.95	323.62	394.88	520.70	31.86
本外币贷款余额	330.80	362.59	430.69	532.02	648.05	21.81
人民币贷款余额	319.48	350.72	414.32	519.59	636.02	22.41
短期贷款	260.89	273.72	272.31	288.89	362.30	25.41
中长期贷款	58.59	77.00	132.89	219.57	273.72	24.66
票据融资	16.99	11.13	4.27	4.78	10.91	128.24
利润总额	9.50	9.65	8.52	5.33	6.32	18.57
不良贷款余额	5.46	5.21	8.35	10.90	10.60	-2.75
不良贷款占比（%）	1.65	1.44	1.94	2.05	1.63	-20.49

附表4

主要统计指标2

项目	2016年	2017年	2018年	2019年	2020年	2020年同比增幅（%）
单位结算账户（万户）	2.57	2.95	3.93	4.84	6.37	31.61
单位结算金额（亿元）	203.22	158.67	288.95	358.11	328.40	-8.30
个人结算账户（万户）	118.99	165.05	138.64	150.12	187.76	25.07
个人结算金额（亿元）	62.76	66.01	70.42	85.99	101.08	17.55
信用卡发卡量（万张）	0.73	0.88	1.15	1.39	1.43	2.88
信用卡消费额（亿元）	3.21	2.71	2.96	3.69	2.74	-25.75
企业网银客户（万户）	1.60	1.99	2.58	3.37	3.83	13.65
个人网银客户（万户）	20.51	22.71	23.86	24.27	24.35	0.33
手机银行客户（万户）	11.59	16.91	23.46	30.50	42.67	39.90
现金自助设备（台）	178	208	246	259	261	0.77
营业网点（个）	60	71	81	96	102	6.25
自助网点（个）	1	1	2	0	0	—

德州银行股份有限公司

【第一负责人简介】　董合平，男，汉族，1972年3月出生，中共党员，博士研究生学历，高级经济师；历任天同证券公司济宁营业部副总经理、总经理，山东省国资委副调研员、调研员、处长、办公室（党委办公室）主任；2015年10月起，历任山东省国有资产投资控股有限公司党委委员、副总裁，德州银行股份有限公司（简称德州银行）党委副书记、书记、董事长；2020年10月至今，任山东省国有资产投资控股有限公司党委常委、副总经理，德州银行党委书记、董事长。

【综述】　2020年，在德州银行党委的坚强领导下，全行广大党员和干部群众凝心聚力，攻坚克难，克服疫情影响，坚持党建统领，业务经营稳中有进，各项工作取得了突出的成绩。全行资产规模和经营绩效继续稳步提升，较好地完成了全年重点工作。在德州市“一号改革工程”优化营商环境工作中，作为全市迎评的唯一金融机构圆满完成了“获得信贷指标”评价。2020年6月，顺利完成存量浮动利率贷款基准转换工作，转换率为100.00%，在全省14家城商行中获得并列第一名。在人民银行济南分行组织的劳动竞赛中荣获“移动便民示范单位”；在2020年德州行业年度总评榜中荣获“最佳营商环境银行”“最佳财富管理银行”“最具影响力银行”“百姓口碑最佳银行”；成为山东首家顺利通过营业网点国标认证审查的金融机构；荣获《银行家》杂志商业银行竞争力评价“最佳战略管理城市商业银行”奖项。截至2020年末，全行资产总额为603.60亿元，较年初增加58.72亿元，增幅为10.78%；各项存款余额为528.47亿元，较年初增加68.89亿元，增幅为14.99%；各项贷款余额为328.89亿元，较年初增加35.19亿元，增幅为11.98%。

【公司业务】　2020年，德州银行对公人民币业务实现趋势性好转，贸易金融业务逆势增长。对公存款市场份额为12.67%，在全市同业排名第四；对公有效户净增4,462户，对公优质客户净增344户，有贷户归行率为24.03%，较年初提高9个百分点；启动“信贷投放重点推进季”工作，以“四增一减”为主要抓手，平稳有效地优化了信贷结构，扩大了信贷投放。

【个人业务】　2020年，德州银行持续强化网点营销功能，推进“全员营销”，在多渠道主动压降存款成本及费用支出的同时，储蓄存款实现大幅提升。年末储蓄存款增加63.28亿元，增量占比为91.86%，高于全市平均增速3.93个百分点；构建多层次产品体系，个人贷款业务稳中有进。

【国际业务】 2020年，德州银行坚持业务合规为重、数据质量为先的外汇经营理念，严格按照外汇管理政策法规，合规审慎办理各项业务。全年国际结算量逆势增长，增幅为12.00%，居全市同业第四；新增国际业务重点客户107家；与22家境内外银行达成代理行关系。

【中间业务】 2020年，德州银行全年新增投资220.00亿元，年末金融资产规模为293.00亿元；理财中间业务收入为2,100.00万元，同比增长55.00%；理财产品连续两年荣登普益标准理财百强榜单，发行量及存续规模均居全国前列；与53家同业机构建立同业授信，落地授信43.00亿元。

【电子银行业务】 一是实施智慧银行跨平台项目。2020年，德州银行共计投放智慧柜员机91台，覆盖全行所有支行，上线业务功能29项，对应柜面44个业务场景，覆盖柜面绝大多数非现金业务场景。二是丰富线上贷款产品。2020年，德州银行陆续上线“税易贷”“惠才贷”“医护贷”等全民贷子产品。三是积极推广银行卡、手机银行、网上银行、微信银行、特约商户。2020年末，全行借记卡累计发卡135.02万张，较上年增加6.62万张，借记卡存款达72.94亿元，借记卡存款占储蓄存款的21.30%，借记卡活期存款占活期储蓄存款的97.14%；公务卡累计发卡量为5,856张， 存款880.73万元。

【风险控制】 2020年，德州银行深入推进全行机关作风与效能提升建设，全行公文流转更顺畅、业务流程精简高效、客户服务满意度提升。在“行业规范建设深化年”活动的推进中，公开招标选聘常年法律顾问团队，实行驻场服务，7名公司律师全部通过山东省司法厅审核，成为德州域内金融同业中第一家成立公司律师队伍的金融机构。积极对接监管检查、外部审计和国家审计，开展内部审计项目86个。深化纪检监察体制改革，建成干部廉洁从业档案库，开展新任职中层正职廉洁从业谈话，组织警示教育、革命专题教育、党纪法规和德廉知识测试，合规文化、廉洁从业意识深入人心。

（孙　晶）

附表1

机构概况一览表

<table>
<tr><td colspan="2">行长（或其他称谓的负责人）</td><td colspan="2">副行长（或其他称谓的同级领导）</td></tr>
<tr><td colspan="2">董合平（党委书记、董事长）、牛洪春（党委副书记、监事长）、赵鸣翠（党委副书记、行长）</td><td colspan="2">郑亚林、杜成金、吴玉华、徐圣颖、刘凤焕、镡方东、姜忠洲、王树志、朱建丽</td></tr>
<tr><td>地址</td><td>山东省德州市经济技术开发区三八东路1266号</td><td>邮编</td><td>253077</td></tr>
<tr><td>网址</td><td>http://www.dzbchina.com/</td><td>客服电话</td><td>400—849—6588</td></tr>
</table>

附表2

内设部门及分支机构一览表

年度	内设机构（个）	下设分支机构（个）		员工人数（人）	
		地市级机构数	县区级机构数	员工总数（含非正式员工）	正式员工数
2016	22	3	63	1,360	1,331
2017	24	3	64	1,364	1,327
2018	24	3	64	1,340	1,313
2019	25	3	64	1,337	1,328
2020	21	3	63	1,315	1,303

附表3

主要统计指标1

单位：亿元

项目	2016年	2017年	2018年	2019年	2020年	2020年同比增幅（%）
本外币资产总额	468.29	465.48	491.34	544.88	603.60	10.78
本外币存款余额	370.46	375.10	417.88	459.58	528.47	14.99
人民币存款余额	370.04	374.61	416.91	458.87	527.91	15.05
单位存款	150.53	152.37	174.78	160.60	185.70	15.63
储蓄存款	185.38	198.02	224.10	279.19	342.47	22.67
本外币贷款余额	222.02	217.61	245.06	293.70	328.89	11.98
人民币贷款余额	221.48	216.76	244.17	293.25	328.14	11.90
短期贷款	122.26	119.86	107.31	98.68	115.73	17.28
中长期贷款	60.09	59.01	84.07	118.79	146.31	23.17
票据融资	36.96	36.33	50.88	74.88	66.85	-10.72
利润总额	3.61	2.36	1.66	2.47	2.09	-15.38
不良贷款余额	5.74	5.95	7.69	8.00	7.88	-1.50
不良贷款占比（%）	2.58	2.74	3.14	2.72	2.40	-11.76

附表4

主要统计指标2

项目	2016年	2017年	2018年	2019年	2020年	2020年同比增幅（%）
单位结算账户（万户）	2.60	3.12	3.75	4.58	5.05	10.26
单位结算金额（亿元）	4,553.61	4,889.83	5,460.11	5,926.11	6,700.67	13.07
个人结算账户（万户）	114.36	129.94	127.37	134.44	140.86	4.78
个人结算金额（亿元）	2,056.90	2,004.23	2,269.13	2,031.78	2,156.27	6.13
信用卡发卡量（万张）	0.39	0.50	0.54	0.56	0.59	5.36
信用卡消费额（亿元）	1.02	1.04	1.10	0.96	0.62	-35.42
企业网银客户（万户）	1.19	1.52	1.98	2.65	3.20	20.75
个人网银客户（万户）	9.91	10.85	11.85	12.79	10.58	-17.28
手机银行客户（万户）	12.20	16.73	21.42	28.30	36.01	27.24
现金自助设备（台）	226	219	210	199	183	-8.04
营业网点（个）	66	67	67	67	66	-1.49
自助网点（个）	24	19	14	11	5	-54.55

济宁银行股份有限公司

【第一负责人简介】 杜强，男，汉族，中共党员，先后担任济宁市公共汽车公司党委副书记、总经理；济宁市民用航空管理局党组副书记、副局长，兼任济宁曲阜机场有限公司党委副书记、总经理；济宁北湖省级旅游度假区管委会党工委委员、副主任；济宁市政府投融资管理中心党组副书记、副主任，并先后兼任济宁市城建投资有限责任公司总经理、董事长；济宁经济技术开发区党工委副书记、管委会主任；济宁银行股份有限公司（简称济宁银行）党委副书记、行长。2019年5月，任济宁银行党委书记、董事长。

【综述】 2009年12月，济宁市商业银行更名为济宁银行。截至2020年末，济宁银行共有80家分支机构，其中分行7家，分布在菏泽、枣庄、淄博、泰安、临沂、日照、聊城；在英国《银行家》杂志公布的2020年全球银行1,000强榜单中，济宁银行列第727位；截至2020年末，济宁银行资产总额为1,146.92亿元，同比增长19.85%；各项存款余额为860.39亿元，同比增长22.35%；各项贷款余额为641.67亿元，同比增长25.93%。

【公司业务】 2020年，面对疫情和经济下行的严峻考验，济宁银行围绕支持实体经济、助力企业复工复产，扎实做好“增量、扩面、提质、降本”各项工作，深入开展“百行进万企”、支小再贷款和金融辅导员等惠企活动。疫情期间，济宁银行开设“绿色通道”，配置专项信贷规模，降低企业融资成本，累计发放各类贷款1,364.51亿元，办理延期还本付息627户、金额45.74亿元，减费让利1.02亿元。科技赋能支持小微民营企业更加有力，数字化普惠金融成效逐步显现，客户获得贷款更加便捷。截至2020年末，“济时雨e贷”余额为19.71亿元，“房产儒E贷”余额为13.94亿元，“税e贷”余额为2.12亿元，综合金融服务平台累计服务客户92户，融资金额为13.80亿元。

【个人业务】 近年来，济宁银行零售信贷业务逐步实现线上和线下双结合模式，加速搭建流程化、标准化“信贷工厂”，同时推动“一县一品”系列产品升级，切实满足客户的融资需求。2020年济宁银行推出了“小微融·税e贷”和“房产儒E贷”新业务，当年累计发放贷款21.40亿元。截至2020年末，济宁银行本外币个人贷款余额为275.40亿元，同比增长20.49%。

【国际业务】 2020年，济宁银行积极推进国际业务数字化转型和新突破。新版国际业务系统正式上线，成为山东省第一家与国家外汇管理局货物贸易监测系统直接对接的法人银行。全省率先推进跨境金融区块链服务平台试点工作，全年办理跨境区块链融资7,929.71万元，全市排名第一。2020年实现跨境人民币收支75.45亿元，居全省地方法人机构第一，同时也实现了资本项目跨境人民币业务零的突破。

【电子银行业务】 近年来，济宁银行大力推进数字化转型，不断提升服务能力，实现网上银行、手机银行、微信银行、惠济生活APP、视频银行互通互联。2020年，济宁银行全新推出视频银行智能服务渠道，以远程视频“面对面”方式连接客户与银行，办理银行传统柜面业务，进一步提升了金融服务效率。

【风险控制】 2020年，济宁银行深入开展“内控合规管理提升年”活动，加快风险防控数字化进程，启动操作风险系统建设，提升风险管控能力。2020年末，全行不良贷款率为1.29%，低于全市、全省平均水平，新准入公司客户不良贷款实现“零”余额，枣庄、日照、聊城3家分行和嘉祥、泗水、汶上3家支行，实现公司类不良贷款“零”余额，资产质量稳居全省城商行前三。

（吴 凡）

附表1

机构概况一览表

行长（或其他称谓的负责人）		副行长（或其他称谓的同级领导）	
杜 强（董事长）、陈振勇（行长）		梁汝亮、张衍珍、刘志刚、贾广东、焦春华、宫 振	
地址	山东省济宁市金宇路6号济宁银行大厦	邮编	272000
网址	http://www.jn-bank.com/	客服电话	400—677—0537

附表2

内设部门及分支机构一览表

年度	内设机构（个）	下设分支机构（个）		员工人数（人）	
		地市级机构数	县区级机构数	员工总数（含非正式员工）	正式员工数
2016	23	6	20	1,486	1,218
2017	23	6	21	1,563	1,397
2018	27	7	24	1,629	1,535
2019	27	7	24	1,606	1,529
2020	27	7	24	1,594	1,537

附表3

主要统计指标1

单位：亿元

项目	2016年	2017年	2018年	2019年	2020年	2020年同比增幅（%）
本外币资产总额	534.63	617.41	767.02	956.96	1,146.92	19.85
本外币存款余额	390.74	457.10	550.47	703.23	860.39	22.35
人民币存款余额	390.27	455.78	554.33	702.02	859.40	22.42
单位存款	166.71	202.37	244.78	290.36	331.31	14.10
储蓄存款	223.57	253.02	304.61	410.37	524.76	27.87
本外币贷款余额	264.49	284.78	407.25	509.56	641.67	25.93
人民币贷款余额	264.05	284.23	406.42	508.19	639.93	25.92
短期贷款	157.71	143.00	252.11	314.51	346.33	10.12
中长期贷款	70.80	110.93	124.78	159.62	241.55	51.33
票据融资	35.12	29.84	29.23	33.94	51.80	52.62
利润总额	5.79	6.68	7.00	7.35	7.54	2.59
不良贷款余额	4.63	5.19	7.99	8.36	8.26	-1.20
不良贷款占比（%）	1.75	1.82	1.96	1.64	1.29	-21.34

附表4

主要统计指标2

项目	2016年	2017年	2018年	2019年	2020年	2020年同比增幅（%）
单位结算账户（万户）	4.78	5.59	6.69	7.18	8.21	14.35
单位结算金额（亿元）	95.27	113.87	130.21	141.19	119.07	-15.67
个人结算账户（万户）	155.26	172.69	189.92	207.17	272.69	31.63
个人结算金额（亿元）	122.32	133.26	137.94	139.02	153.38	10.33
信用卡发卡量（万张）	0.00	0.00	0.00	0.00	0.00	—
信用卡消费额（亿元）	0.00	0.00	0.00	0.00	0.00	—
企业网银客户（万户）	2.57	3.16	4.26	5.47	5.90	7.86
个人网银客户（万户）	25.44	26.22	28.97	31.58	33.18	5.07
手机银行客户（万户）	14.88	25.79	39.88	59.62	76.35	28.06
现金自助设备（台）	308	329	328	308	292	-5.19
营业网点（个）	68	71	76	80	80	0.00
自助网点（个）	53	59	59	49	42	-14.29

泰安银行股份有限公司

【第一负责人简介】 王希娟，女，汉族，1963年8月出生，山东肥城人，中共党员；历任泰安银监分局党委委员、副局长，泰安银监分局党委书记、局长，泰安银保监分局主要负责人，泰安市人民政府副秘书长；2019年11月起，任泰安银行股份有限公司（简称泰安银行）党委书记。

【综述】 泰安银行最早成立于1986年，至今已有30多年的发展历史，先后经历了城市信用社、泰安市城市信用社股份有限公司、泰安市商业银行、泰安银行等发展时期。2007年8月16日，组建成立泰安市商业银行，2015年11月12日更名为泰安银行。截至2020年末，全行资产总额为813.87亿元，各项存款余额为613.45亿元，各项贷款余额为410.16亿元，实现拨备前利润13.27亿元。

【公司业务】 2020年，泰安银行在公司业务方面，进一步发挥信贷政策导向作用。通过建立资产业务沙盘、丰富产品货架、开展重点工作攻坚、加强逆周期的主动作为和有效管理，积极推进业务转型和结构调整，在新旧动能转换重大项目对接、绿色金融发展、工业企业和民营企业贷款投放等方面主动作为，不断提升服务实体经济的水平。面对疫情肆虐，泰安银行全力做好疫情防控金融服务工作，积极落实再贷款、再贴现等各项优惠政策，加大对社会民生和疫情防控重点保障企业的支持，通过调整结息方式、延期付息、无还本续贷等方式，支持企业走出困境，为打赢疫情防控阻击战贡献了金融力量。

【个人业务】 2020年，泰安银行在零售业务方面创新发展。个人消费贷款运用科技助推业务，打造产品的普惠性、简易性、功能性；在公积金二手房贷款的基础上，新开办了商转公业务、公积金一手房贷款业务、组合贷业务，实现了公积金业务类型全覆盖。农村金融蓬勃发展。为响应国家乡村振兴战略，切实提升金融服务乡村振兴的效率和水平，发行“乡村振兴主题卡”，为持卡客户提供涉农意外保险、法律咨询服务、医疗咨询等服务权益和助农贷款等特色产品；“乡村振兴主题卡”在以“服务泰城我当先，金融青年做表率”为主题的泰安市银行保险机构服务地方经济社会发展“金点子”“好项目”活动中获评一等奖，并被中国银联授予全国“农村支付市场建设突出贡献奖”。个人客户提升方面，为有效保障储户到期存款的收益，在疫情期间推出个人定期存款到期自动延期服务；开展了银联云闪付1元购、云闪付燃气缴费满立减、微信及支付宝首绑卡等活动；积分商城全面升级，丰富了商城礼品和积分活动，满足了市民的生活需求。泰安银行在第八届“支付清算杯”——2020年移动支付便民工程劳动竞赛中获得“移动便民示范单位”荣誉称号，员工个人包揽“山东省财贸金融系统五一劳动奖章”及一、二等奖。

【国际业务】 2020年，泰安银行的国际业务依托灵活、高效、自主决策的独特优势，努力为泰安当地外贸企业提供便捷、优质、高效的服务。作为SWIFT一级会员单位，清算速度快、收付汇高效便捷；发挥中国外汇交易中心直接会员单位的优势，为企业提供优惠的结售汇报价，降低企业结售汇成本；发挥本土银行优势，积极践行本外币一体化产品服务经营方针，为进出口企业提供专属、便捷、定制化的全方位、综合化服务；认真落实“六稳”“六保”工作要求，全年完成结算量30.00亿元，其中跨境人民币结算7.00亿元，办理贸易融资16.00亿元；秉持“以客户为中心、市场为导向”的服务理念，全力提升客户金融服务体验，满足客户多元化、多层次金融服务需求，不断提升银行服务外向型经济能力，助力“稳外贸”政策落地。

【中间业务】 2020年，泰安银行在金融市场业务方面，积极响应经济政策指引和金融监管要求，以合规经营、防控风险为基调，研究、探索中小银行金融市场业务综合化、多元化的经营思路，实现金融市场业务全面发展。业务开展兼顾安全性、流动性和效益性原则，充分发挥调节功能。开展投贷联动业务，向政策性银行申请转贷业务，支持地方实体经济发展。票据交易系统成功接入上海票据交易所，对小微企业贴现实行优惠利率，助力普惠金融服务。

在资产管理业务方面，认真落实资管新规及其配套细则。依托专业管理团队，通过产品组合与创新，发行人民币理财系列产品——“金紫薇”理财产品；“金紫薇”系列理财产品种类丰富、投资期限多样、安全稳健、购买方便，自面市以来累计发售4,100余期次，为客户实现理财收益近23.00亿元，拓展服务理财客户80,000余户，资产管理规模稳居泰安市各银行机构前列。

【电子银行业务】 2020年，泰安银行充分发挥移动金融综合服务平台作用，致力于提高金融服务质量。微信银行、手机银行APP上线了“在线问诊”“疫情实时动态查询”等功能，免除向慈善机构捐款转账的手续费，多措并举助力社会抗击疫情；完成电子银行渠道IPv6改造、积分商城升级改造、银联代收平台业务迁移等重大系统优化改造，提升创新能力，为业务发展注入新活力；企业网银新增批量手机号转账、财政零余额账户转账、电子工资单等新功能，丰富了企业电子银行线上业务场景，助力企业客户轻松实现移动办公。

【风险控制】 2020年，泰安银行持续推进“以风控促管理，以管理强风控”的精细化管理。泰安银行以建立“预防”为主的主动性全面风险管理机制为目标，以精细化的“内控管理”为基础，以“风险管理”为主干，以“合规管理”为前提，以“全面风险管理体系建设项目”为抓手，在建设各类风险管理体系的同时，全面推进内部管控精细化、流程化、专业化建设；适应金融变革和发展转型的需要，不断为各条线引入先进管理理念和科学技术手段，持续强化员工风险意识，大力推进风险量化工具建设。

（戚桂状）

附表1

机构概况一览表

党委书记（或其他称谓的负责人）		行长、副行长（或其他称谓的同级领导）	
王希娟		闫 明、李成山、张 波	
地址	山东省泰安市长城路3号	邮编	271000
网址	http://www.taccb.com/	客服电话	400—658—6588

附表2

内设部门及分支机构一览表

年度	内设机构（个）	下设分支机构（个）		员工人数（人）	
		地市级机构数	县区级机构数	员工总数（含非正式员工）	正式员工数
2016	21	1	60	1,379	881
2017	20	2	65	1,456	1,002
2018	20	2	70	1,440	1,026
2019	22	2	75	1,393	1,049
2020	23	2	76	1,395	1,101

附表3

主要统计指标1

单位：亿元

项目	2016年	2017年	2018年	2019年	2020年	2020年同比增幅（%）
本外币资产总额	607.41	538.69	537.17	652.98	813.87	24.64
本外币存款余额	370.34	401.14	432.47	521.35	613.45	17.67
人民币存款余额	370.32	401.01	432.17	521.33	613.42	17.66
单位存款	137.40	150.65	145.33	164.26	182.66	11.20
储蓄存款	184.66	212.71	248.56	294.06	349.93	19.00
本外币贷款余额	193.06	215.42	246.42	327.66	410.16	25.18
人民币贷款余额	193.06	215.42	245.01	327.59	410.16	25.21
短期贷款	112.56	118.06	119.14	150.85	186.17	23.41
中长期贷款	68.47	87.78	117.19	161.14	189.28	17.46
票据融资	12.03	8.59	8.18	15.61	29.50	88.98
利润总额	6.52	5.85	5.26	6.10	5.80	-4.92
不良贷款余额	3.75	4.44	11.56	6.21	6.13	-1.29
不良贷款占比（%）	1.94	2.06	4.69	1.89	1.49	-21.16

附表4

主要统计指标2

项目	2016年	2017年	2018年	2019年	2020年	2020年同比增幅(%)
单位结算账户（万户）	1.37	2.08	2.34	2.69	2.74	1.86
单位结算金额（亿元）	95.26	111.34	123.00	146.84	128.16	-12.72
个人结算账户（万户）	77.19	90.40	107.52	121.47	133.82	10.17
个人结算金额（亿元）	33.90	38.61	43.76	46.46	51.40	10.63
信用卡发卡量（万张）	0.10	0.11	0.12	0.13	0.14	7.69
信用卡消费额（亿元）	0.12	0.15	0.26	0.23	0.19	-17.39
企业网银客户（万户）	0.96	1.10	1.30	1.58	1.72	8.86
个人网银客户（万户）	6.69	9.37	12.03	14.52	20.45	40.84
手机银行客户（万户）	14.13	22.30	27.78	39.43	52.52	33.20
现金自助设备（台）	208	250	266	213	182	-14.55
营业网点（个）	61	67	72	77	78	1.30
自助网点（个）	68	74	63	21	8	-61.90

枣庄银行股份有限公司

【第一负责人简介】 陈大章，男，汉族，中共党员，1964年5月出生，山东沂南人，研究生学历，高级经济师；2010年荣获银监会系统“标兵”称号；2018年1月至4月，任枣庄银行股份有限公司（简称枣庄银行）党委副书记、董事长；2018年4月至今，任枣庄银行党委书记、董事长。

【综述】 2020年，枣庄银行紧紧围绕“服务地方、服务民生、服务中小”的市场定位，深入践行普惠金融，加大转型创新力度，提升服务实体经济水平，各项业务稳健发展。截至2020年末，全行资产总额为322.43亿元，负债总额为273.65亿元，各项存款余额为207.94亿元，各项贷款余额为157.95亿元；全年实现经营利润1.03亿元、净利润0.76亿元，上缴税收0.91亿元。

【公司业务】 2020年，枣庄银行立足本土，积极履行服务政府、服务中小企业的责任使命，始终将支持地方经济发展作为自身发展的依托点和着力点，紧紧围绕全市经济发展战略，为地方经济提供优质的金融服务。全年累计利用人民银行资金总量全市第一，最大限度地降低了企业融资成本，减轻了企业负担。加强重点区县扶贫工作，加大对农村地区经济主体的扶植力度，加强应收账款融资业务推进和服务平台建设。以枣矿集团、苏鲁海王集团、华润纸业等核心企业为着力点，实现对规模以上企业的业务推进；大力推动政府采购合同融资工作。通过业务创新，枣庄银行先后推出“惠鑫存”存款产品、“云税贷”线上信贷产品，丰富了对公产品种类，满足企业差异化需求，提高了对公业务竞争力。通过开展“百行进万企”“金融辅导队”等活动，为企业复工复产提供金融支持。全年顺利完成客户意向调查问卷733户，完成率为100%。枣庄银行所属枣庄市级第1辅导队，引导企业数量位居全市第一，提高了金融服务效率和服务实体经济能力。

【个人业务】 2020年，枣庄银行立足零售业务长远发展，充分结合当地零售业务发展需求，积极承担“普之于城、惠之于民”的社会责任，丰富零售贷款品种，为零售客户提供多元化金融产品和服务。针对信用水平良好的公务员、企业高管、个体工商户、创业大学生等群体推出“即时贷”系列产品，一次授信、循环使用，实现了客户自主放款、随用随还。为满足老百姓购房刚性需求，推出个人购房按揭贷款，解决购房客户融资难、利率高等问题。围绕与老百姓息息相关的结婚、购买家具、购买车位等消费内容，推出无抵押无担保的个人消费信贷产品——闪电贷以及车位贷，解决客户担保难、担保贵的问题。

【中间业务】 2020年资管新规发布以来，枣庄银行认真落实新规要求，积极转型理财业务。全年累计发行“榴花理财”系列自发理财产品51期，总募集金额为68.75亿元；截至2020年末，枣庄银行理财产品余额为19.40亿元；全年实现理财客户收益8,999.88万元，实现理财业务收入2,495.69万元，其中手续费收入为1,086.16万元，实现超额收益1,409.53万元；全年枣庄银行所发行理财产品均如期兑付，无违约现象。

【电子银行业务】 2020年，枣庄银行致力于为客户提供更加便捷安全的移动支付金融体验。对手机银行5.0.0 UI界面进行升级，页面页签优化为图片式菜单，图标优化为线性图标，给人视觉上的新颖感，更加符合主流审美；为切实提高手机银行APP安全水平，保护金融消费者权益；按照人民银行《关于落实移动金融客户端应用软件备案工作的通知》的工作要求，枣庄银行及时启动金融APP实名备案相关工作，2020年末，枣庄银行移动客户端顺利通过国内认证审查，获得金融科技产品认证证书。

【风险控制】 2020年，在信用风险防范方面，枣庄银行加大不良贷款处置力度，圆满完成了风险分步处置方案各项任务目标。建立放款审核中心，主要负责对已获批准的授信业务在实际发放过程中操作风险的监控和管理工作，有效实现授信业务调查、审查、审批、放款“四分离”的制约机制。

在流动性风险防范方面，枣庄银行在保障全行流动性需求的前提下发挥资金使用效率。加大每日大额资金监测力度，建立流动性数据统计日报机制，以确保流动性充足；积极推进建设流动性管理相关系统模块，运用系统数据按日监测、预测现金流缺口，为日常流动性风险管理提供保障。

在市场风险防范方面，枣庄银行以电子票据的风险防控为重点，加强与人民银行分支机构、银行同业的沟通和交流；以加强理财资金投资运作风险管理为重点，完善风险防控体系。加强与城商行、证券、基金公司等机构关于投行业务的合作探讨，积极推进利率互换、ABS等新型业务的开展，完善业务品种，拓宽投资渠道。

在信息科技风险防范方面，枣庄银行顺利完成CBUS5.0智慧银行系统、资金交易系统、银企直连系统、互联网助贷、互联网自营贷、移动展业平台等的上线；及时修订信息科技管理委员会议事规则，进一步梳理信息科技制度体系，明确科技职责变更范畴。

在声誉风险防范方面，枣庄银行加强部门沟通，积极做好前期应急方案准备工作，形成了网点、总行部室、网络监测的网格监测体系。同时，加强舆情分析，强化优质文明服务，切实保护金融消费者权益不受侵害。

（王红亚）

附表1

机构概况一览表

党委书记、董事长		行长	
陈大章		陈 峰	
地址	山东省枣庄市薛城区光明大道1666号	邮编	277100
网址	http://www.zzbank.cc/	客服电话	400—68—96196

附表2

内设部门及分支机构一览表

年度	内设机构（个）	下设分支机构（个）		员工人数（人）	
		地市级机构数	县区级机构数	员工总数（含非正式员工）	正式员工数
2016	17	3	25	845	717
2017	17	3	27	818	741
2018	17	3	27	774	717
2019	20	3	27	758	721
2020	28	3	27	767	738

附表3

主要统计指标1

单位：亿元

项目	2016年	2017年	2018年	2019年	2020年	2020年同比增幅（%）
本外币资产总额	202.18	222.94	232.81	241.20	322.43	33.68
本外币存款余额	153.20	165.17	164.26	181.81	207.94	14.37
人民币存款余额	153.20	165.17	164.26	181.81	207.94	14.37
单位存款	71.04	78.31	76.52	83.81	103.71	23.74
储蓄存款	82.16	77.79	71.93	75.00	104.23	38.97
本外币贷款余额	103.84	139.42	103.12	140.92	157.95	12.08
人民币贷款余额	103.84	139.42	103.12	140.92	157.95	12.08
短期贷款	82.15	94.81	67.57	86.38	92.79	7.42
中长期贷款	9.75	12.65	9.55	45.62	60.13	31.81
票据融资	10.27	7.34	25.84	8.82	5.03	-42.97
利润总额	1.83	1.69	1.42	1.05	1.03	-1.90
不良贷款余额	2.95	3.58	3.76	4.80	2.69	-43.96
不良贷款占比（%）	2.84	2.57	3.65	3.41	1.70	-50.15

附表4

主要统计指标2

项目	2016年	2017年	2018年	2019年	2020年	2020年同比增幅（%）
单位结算账户（万户）	0.73	0.84	1.01	1.15	1.21	5.22
单位结算金额（亿元）	19.98	30.76	47.55	46.94	54.11	15.27
个人结算账户（万户）	38.57	44.46	47.85	51.96	56.10	7.97
个人结算金额（亿元）	27.55	23.31	23.28	25.89	30.03	15.99
信用卡发卡量（万张）	0.00	0.00	0.00	0.00	0.00	—
信用卡消费额（亿元）	0.00	0.00	0.00	0.00	0.00	—
企业网银客户（万户）	0.30	0.41	0.54	0.68	0.77	13.24
个人网银客户（万户）	6.53	8.15	9.39	10.09	11.06	9.61
手机银行客户（万户）	5.19	8.44	10.79	13.27	17.27	30.14
现金自助设备（台）	121	132	134	123	121	-1.63
营业网点（个）	28	30	30	30	30	0.00
自助网点（个）	42	44	45	40	39	-2.50

北京银行股份有限公司济南分行

【第一负责人简介】 房旭，男，中共党员，1970年出生；2010年9月入职北京银行，历任北京银行股份有限公司济南分行（简称北京银行济南分行）行长助理、副行长，北京银行总行公司银行部副总经理，北京银行济南分行常务副行长等职；现任北京银行济南分行党委书记、行长；2017年，获评“济南市优秀企业家”称号；2019年，获评“影响济南年度经济人物”称号。

【综述】 北京银行济南分行是北京银行设在山东的省级管辖行，目前下辖聊城分行、潍坊分行两家二级分行，分行营业部、大明湖支行等22家支行、7家小微支行和16家社区支行。

【公司业务】 2020年，北京银行济南分行积极开展公司业务，不断提升服务水平。一是实现对山东省及各市国企业务全覆盖。年内先后与济钢防务、济南能源、济南先行投资等公司签署战略合作协议，其中济南能源在北京银行济南分行开立基本结算账户，实现市属一级国企基本账户零的突破。目前北京银行济南分行已实现对山东省、市属国企合作全覆盖。二是强化银政合作。积极参加山东省地方债承销，累计承销45.40亿元；承办“2020中国产业·资本对接大会”“金融支持稳企业保就业”宣传活动等大型活动，进一步密切与地方政府、同业和客户之间的联系。三是实现了机构客群快速增长。特别是医疗、教育行业实现突破，位居系统前列。

【个人业务】 2020年，北京银行济南分行致力于开拓个人业务，不断推进个人业务上水平。一是靶心客户营销成效显著。通过深挖存量客户，拓展优质新客，不断提升零售靶心客户占比和规模。二是电话营销取得实效。在抗疫期间外拓受限的情况下，全年开展电话营销60.00万余通。三是搭建北京银行济南分行线上直播平台。全年开展各类特色直播活动100余期，直播间累计吸粉2.30万，直播活动累计实现30.00万访问量。四是销售转型业绩大幅提升，信用卡拓展新户、中收、分期放款均创历史新高。

【交易银行业务】 2020年，北京银行济南分行国内信用证福费廷规模收益“双升”。全年办理国内信用证福费廷27.31亿元，同比提升75.00%；实现中收2,786.00万元，同比增长51.00%。年内发布自贸区金融服务方案2.0版本，自贸联动投资，累计办理跨境投资25.15亿元，同比增长51.32%，跨境投资规模、投资笔数系统内排名第一。

【同业业务】 2020年，北京银行济南分行进一步加大ABS等轻资本业务投放力度。年内共落地资产证券化产品22.02亿元，占年内投放的38.00%；持续做好持牌金融机构资管产品营销和储备，年内新发生托管规模为108.00亿元，其中行外托管51.80亿元；成功投资北京银行财务公司标准化票据全国首批首笔业务。

【风险防控】 2020年，北京银行济南分行在风险控制方面取得新成效。一是不良资产处置取得一定成效。通过核销、批量转让及收回现金等方式加快处置不良资产。二是加强重点领域风险管控。对产能过剩行业实施名单式管理，调整城投平台业务结构，加强房地产业务管控，严格落实集团客户限额管理。三是开展高强度风险排查预警。全年开展法商按揭排查等14项排查，实现重点产品、重点环节、重点行业、重点区域全覆盖。

（张胜利、季　玮）

附表1

机构概况一览表

<table>
<tr><td colspan="2">行长（或其他称谓的第一负责人）</td><td colspan="2">副行长（或其他称谓的同级领导）</td></tr>
<tr><td colspan="2">房　旭</td><td colspan="2">蔡向阳、田　宏、王树民、廖　瑾、张兆福</td></tr>
<tr><td>地址</td><td>山东省济南市经十路11890号</td><td>邮编</td><td>250014</td></tr>
<tr><td>网址</td><td>http://www.bankofbeijing.com.cn/</td><td>客服电话</td><td>0531—82036666</td></tr>
</table>

附表2

内设部门及分支机构一览表

年度	内设机构（个）	下设分支机构（个）		员工人数（人）	
		地市级机构数	县区级机构数	员工总数（含非正式员工）	正式员工数
2016	13	3	14	554	500
2017	13	3	17	564	510
2018	13	3	18	656	600
2019	15	3	20	671	612
2020	15	3	21	700	627

附表3

主要统计指标1

单位:亿元

项目	2016年	2017年	2018年	2019年	2020年	2020年同比增幅（%）
本外币资产总额	568.81	592.53	678.80	746.24	848.37	13.69
本外币存款余额	372.50	419.44	452.86	478.07	484.91	1.43
人民币存款余额	363.19	409.48	440.02	466.25	482.21	3.42
单位存款	330.56	373.49	396.50	415.15	415.03	-0.03
储蓄存款	32.63	35.99	43.52	51.10	67.18	31.47
本外币贷款余额	416.55	549.36	651.87	723.16	823.45	13.87
人民币贷款余额	403.44	536.08	635.20	707.32	822.19	16.24
短期贷款	152.86	204.34	214.74	203.78	276.01	35.45
中长期贷款	206.47	286.48	389.03	435.47	448.42	2.97
票据融资	44.11	45.25	31.43	68.07	97.76	43.62
利润总额	6.17	3.64	-1.13	6.77	-0.84	-112.41
不良贷款余额	4.62	4.20	2.59	9.39	10.12	7.77
不良贷款占比(%)	1.11	0.76	0.40	1.30	1.23	-5.38

附表4

主要统计指标2

项目	2016年	2017年	2018年	2019年	2020年	2020年同比增幅（%）
单位结算账户（万户）	0.28	0.32	0.36	0.41	0.52	26.83
单位结算金额（亿元）	333.00	385.00	443.00	450.00	455.00	1.11
个人结算账户（万户）	22.72	29.16	35.92	43.37	49.59	14.34
个人结算金额（亿元）	104.56	245.00	271.21	334.50	549.36	64.23
信用卡发卡量（万张）	7.22	8.84	11.96	14.51	17.70	21.98
信用卡消费额（亿元）	23.42	31.07	37.82	46.44	50.97	9.75
企业网银客户（万户）	0.16	0.18	0.19	0.21	0.24	14.29
个人网银客户（万户）	12.85	16.96	11.70	13.87	14.07	1.44
手机银行客户（万户）	6.06	9.58	12.38	17.65	25.36	43.68
现金自助设备（台）	81	98	106	109	107	-1.83
营业网点（个）	33	40	41	47	45	-4.26
自助网点（个）	15	16	15	6	1	-83.33

天津银行股份有限公司济南分行

【第一负责人简介】 李国红，男，52岁，汉族，天津人，中共党员，高级政工师，高级经济师；1986年12月参加工作，1993年6月加入中国共产党，现任天津银行股份有限公司济南分行（简称天津银行济南分行）党委书记、行长。

【综述】 天津银行济南分行成立于2010年5月28日，截至2020年末，天津银行济南分行共设有东营、泰安、烟台3家二级分行以及14家一类支行。天津银行济南分行自成立以来，坚持以习近平新时代中国特色社会主义思想为指导，深入贯彻党的十九大及十九届二中、三中、四中、五中全会精神，牢固树立"质量第一、效益优先"的发展理念，扎实推进"改革+创新"双轨发展战略，紧紧围绕服务实体经济、防范化解金融风险和深化金融改革创新三大任务，不断深化改革，加强创新，健全管理和内控机制，提高风险防范能力。

天津银行济南分行及辖属分支机构扎根山东，积极服务山东经济社会发展，先后荣获全国金融系统五四红旗团委、山东省文明单位、省级文明规范服务示范单位、省级青年文明号、微笑服务窗口、支持实体经济贡献奖、山东金融业客户服务奖、服务小微企业优秀金融产品奖、"3·15优秀金融品牌"、星级服务网点、平安单位等多项荣誉称号。

【公司业务】 2020年，天津银行济南分行深入贯彻新发展理念，大力支持新旧动能转换，积极承担社会责任，推动业务创新，并通过"四个一批"，提高公司业务精细化管理水平。一是完善转型，彻底摒弃规模粗放扩张方式，突出效益导向，提高综合竞争力；二是积极承担社会责任，大力投放线下普惠小微信用贷款，着力解决小微企业融资难融资贵问题；三是加强业务创新，推出线上供应链融资及在线贴现业务，提升客户体验；四是按照"新增一批、维护一批、维持一批、退出一批"的要求进行客户分层管理，提质增效。

【个人业务】 2020年，天津银行济南分行以储蓄存款及个人综合性金融资产增长及风险防控为主要目标，持续构建"上天入地、天地对接"的零售发展模式，搭建起"线上+线下"互联互通立体服务网络，实现"最后一公里"金融服务。推动深层次产品创新，做大做强个人线上自营经营性贷款，创新获客及活客渠道，持续推出"商超e贷""银税e贷"等金融产品，以精准滴灌方式服务小微客群。通过实际行动，为个人客户、小微企业及个体工商户提供更加便捷的融资服务，支持实体经济发展。

【国际业务】 2020年，天津银行济南分行国际结算主要业务品种为跨境汇款、进口信用证，国内贸易融资主要以国内信用证及国内信用证福费廷业务为主。天津银行济南分行始终秉承"合规经营"发展理念，以服务实体经济为政策导向，不断提升金融服务水平。随着中国经济全球化进程的不断加快，天津银行济南分行也在积极推动跨境人民币业务发展，提升跨境人民币结算业务在国际结算量中的占比，为人民币国际化持续贡献力量。

【中间业务】 2020年，天津银行济南分行紧密围绕提质增效的经营发展思路，致力于丰富中间业务产品，完善产品体系，为客户提供全方位的金融服务。一是通过推广信用证、银行承兑汇票、保函等交易银行产品，为公司客户提供多种融资途径；二是通过做好"海鸥财富"管理，保险、信托、基金等代销业务优中选优，信用卡产品创新、推广及促分期等方式，满足个人客户多样化金融需求；三是充分发挥本行银行间市场A类主承销商资格，做大承销业务规模，实现了全国首单由理财子公司直接投资的债权融资计划及永续票据业务等的发行，投行业务品种更加丰富，业务联系更加紧密，为业务的全面开展奠定了坚实基础。

【电子银行业务】 2020年，天津银行济南分行继续对自身内建平台和外接流量平台进行深度筛选和整合，持续借助创新宣传、智能网点建设、搭建金融生态圈等方式全面提升客户体验；借助外部大数据和自有数据对传统模式进行深化改革，完成数字化流程再造；持续升级新版网上银行、手机银行，继续以客户为中心，优化业务流程，以客群进一步细分使用人群，改善并提升客户体验。通过线上线下业务相结合，提升业务综合软实力，回归金融业务本源，为客户提供便利的金融交易渠道和金融综合服务。

【风险控制】 2020年，天津银行济南分行本着"降旧控新"的整体原则，重视风险防范化解。进一步提高认知，坚持"质量第一、效益优先"的新发展理念，全面推动双轨发展战略和"十大工程（2.0）"落地实施，把高风险资产当资产来经营。推动重点风险精细化管理，在全面风险管理框架下，切实履行职责，定期召开会议研究部署，采取综合措施，防范流动性风险、操作风险和法律风险，有效化解信用风险；不断完善预警和押品管理工作，满足风险识别、评估、控制、监测、报告全流程的要求，覆盖信用风险、市场风险、流动性风险和操作风险四大核心领域。

（杨冬钰）

附表1

机构概况一览表

行长（或其他称谓的第一负责人）		副行长（或其他称谓的同级领导）	
李国红		陈文毅、刘亚军、张维东、张慧侠、程晓琴	
地址	山东省济南市市中区经十路20999号 三箭瑞福苑一区2、5号楼1—109	邮编	250001
网址	http：//www.bank-of-tianjin.com/	客服电话	956056

附表2

内设部门及分支机构一览表

年度	内设机构（个）	下设分支机构（个）		员工人数（人）	
		地市级机构数	县区级机构数	员工总数（含非正式员工）	正式员工数
2016	10	3	10	644	592
2017	10	3	12	593	554
2018	10	3	13	587	574
2019	11	3	15	541	538
2020	11	3	15	459	456

附表3

主要统计指标1

单位:亿元

项目	2016年	2017年	2018年	2019年	2020年	2020年同比增幅（%）
本外币资产总额	502.59	448.91	395.27	337.62	272.72	-19.22
本外币存款余额	301.68	281.42	239.27	242.62	161.60	-33.39
人民币存款余额	301.46	280.02	225.30	215.27	141.96	-34.05
单位存款	248.33	247.50	209.29	197.78	114.19	-42.26
储蓄存款	18.13	16.88	13.50	17.49	27.77	58.78
本外币贷款余额	285.50	349.08	317.91	263.18	222.38	-15.50
人民币贷款余额	285.37	347.63	300.31	237.99	201.70	-15.25
短期贷款	235.38	248.22	153.06	105.83	100.41	-5.12
中长期贷款	47.47	98.07	143.75	130.78	97.67	-25.32
票据融资	2.50	1.34	3.40	0.29	2.92	906.90
利润总额	12.19	11.32	1.65	4.45	2.83	-36.40
不良贷款余额	3.31	4.84	9.41	7.67	8.11	5.74
不良贷款占比（%）	1.16	1.41	2.96	2.91	3.64	25.09

附表4

主要统计指标2

项目	2016年	2017年	2018年	2019年	2020年	2020年同比增幅（%）
单位结算账户（万户）	0.34	0.38	0.35	0.31	0.38	22.58
单位结算金额（亿元）	1,402.89	2,005.74	2,144.15	1,684.99	1,283.51	-23.83
个人结算账户（万户）	7.91	7.37	8.64	10.27	11.81	15.00
个人结算金额（亿元）	220.54	214.15	210.12	221.52	277.63	25.33
信用卡发卡量（万张）	1.10	1.33	1.50	1.58	3.60	127.85
信用卡消费额（亿元）	3.35	3.23	3.29	2.45	2.39	-2.45
企业网银客户（万户）	0.23	0.25	0.28	0.32	0.42	31.25
个人网银客户（万户）	1.79	2.80	5.19	6.56	8.24	25.61
手机银行客户（万户）	1.80	2.78	5.61	7.19	8.79	22.25
现金自助设备（台）	60	53	40	46	46	0.00
营业网点（个）	29	17	16	18	18	0.00
自助网点（个）	0	0	0	0	0	—

河北银行股份有限公司青岛分行

【第一负责人简介】 田振宇，男，汉族，1972年6月出生，河北肃宁人，中共党员，大学本科学历，助理经济师；历任河北银行衡水分行行长助理、副行长，河北银行小企业金融部总经理；多次获得河北银行“先进工作者”“优秀共产党员”等荣誉称号；现任河北银行股份有限公司青岛分行（简称河北银行青岛分行）行长、党委书记。

【综述】 截至2020年末，河北银行青岛分行下设分行营业部、胶州支行、莱西支行、京口路支行、开发区支行、即墨支行、敦化路支行、大尧三路社区支行、书院路社区支行、绍兴路社区支行、宁夏路社区支行、台东一路社区支行、平度支行13个营业网点，共有员工203人，其中本科以上学历182人，占全行人数的89.66%。

2020年，河北银行青岛分行紧紧围绕总行高质量发展主线，团结一心，攻坚克难，扎实推进风险化解和高质量发展，加快脚步调结构促发展，加大力度抓内控重清收，坚持扎根地方，积极服务实体经济发展，保持战略定力，坚定不移推进高质量转型，扎实推进各项工作，全行经营稳中有进。截至2020年末，存款方面，两项存款时点余额为37.15亿元，较年初增加6.69亿元，增幅为21.96%，辖区市场占比为0.18%，较年初增长0.01个百分点；其中对公时点存款为20.08亿元，较年初增加0.13亿元，增幅为0.65%；储蓄时点存款为17.09亿元，较年初增长6.57亿元，增幅为62.45%，辖区市场占比为0.21%，较年初增长0.06个百分点。贷款方面，贷款总额（含投行自持8.00亿元）为85.93亿元，较年初增加5.94亿元，增幅为7.43%；其中对公融资额为28.78亿元，较年初增加1.13亿元，增幅为4.09%；小微贷款余额为16.13亿元，较年初增加2.65亿元，增幅为19.66%；个人贷款余额为41.02亿元，较年初增加2.16亿元，增幅为5.56%。2020年，全行实现净利润1.17亿元，较2019年增加3.53亿元，成功实现扭亏为盈，达到开业9年以来最高值，取得历史性突破。

【业务发展】 2020年，河北银行青岛分行业务厚积薄发，超额完成任务。投行业务方面，全年投行及撮合业务落地49笔，实现投行业务发生额110.80亿元，创造投行中收3,198.00万元，中间业务收入完成额及完成率均全辖排名第一；北京金融资产交易所债权融资计划发行95.00亿元，在系统内连续多年遥遥领先，在青岛地区市场占有率排名第一，创造绿色中收3,198.00万元。小微业务方面，超额完成任务，贷款余额突破16.13亿元，较年初增加2.65亿元，增量在全行排名第二；年末小微贷款户数为1,406户，较年初增加314户，户均余额为114.70万元；小微贷款利率水平为5.86%，高于总行要求0.04个百分点。清收工作取得明显进展，全年累计完成现金清收不良673.74万元、债权转让3,115.74万元、以物抵债509.90万元，共计清收存量不良贷款3,686.70万元，存量不良贷款清收完成率为284.87%，全行排名第一，超额完成清收任务。全员业务素质进一步增强。通过分行的违规处理、各条线的培训和检查，全员的业务素质有了较为明显的提高。

【内部管理】 2020年，河北银行青岛分行积极构建合规管理体系，牢固树立合规意识。一是组建专职合规队伍，建立合规管理长效机制。每季度组织全行案件防控培训，以案例分析的形式，引导员工树立合规意识。二是坚持按照“四位一体”的模式开展市场乱象自查，形成一级抓一级、层层抓落实、责任到人的管理体制，从源头上发现问题、整改问题，不留后遗症。三是聚焦监管机构关注的关键领域和突出问题，以抓好合规风险管理为落脚点，加强合规基础建设。同时持续开展重点领域和关键要点的风险排查工作，在制度、流程和系统上加强长效管理。四是坚持开展案例警示培训工作，每月持续开展员工警示教育培训，以案例分析的形式，重点讲解合规相关知识要点，将合规理念融入日常工作中，树立“实事求是、合规发展”的工作原则，不断探索、改进、创新内控合规工作的新思路和新方法，努力提高内控合规工作水平，不断完善分行合规管理体制。同时定期聘请外部机构如律师事务所专业律师对银行从业人员进行刑事风险防控等真实案例培训，真正起到警示作用。五是定期学习最新监管信息，由分行合规人员通过各种媒介收集监管部门处罚案例信息，每月整理合规案例，通过微信、OA文件、大晨会的形式进行宣导学习；为检验学习成果，每季度组织两次内部技能比赛，两次比赛侧重点不同，分别为客户经理和厅堂人员。通过技能比赛，在过程中强化了各项制度及业务操作的学习，起到鼓励先进、鞭策后进机构及个人的作用，形成学、赶、超的氛围。六是每月开展员工账户排查；定期对支行进行飞行检查；设立举报电话和举报邮箱，畅通违规违纪行为举报渠道；通过多种渠道对违规行为进行监督。如在工位醒目位置张贴、在朋友圈转发“除贷款利息外不收取任何其他费用”的警示贴纸、图片，与客户签订不收取任何其他费用的“知悉函”，向客户发放印有举报电话的“廉洁服务卡”，定期对客户进行电话回访等；严格执行违规违纪行为处罚规定。

（孔凡玉、秦梦怡）

附表1

机构概况一览表

行长（或其他称谓的第一负责人）		副行长（或其他称谓的同级领导）	
田振宇		温宏亮、陈志鹏	
地址	山东省青岛市市南区香港中路61号乙远洋大厦A座	邮编	266071
网址	http://www.hebbank.com/	客服电话	0532—66985080

附表2

内设部门及分支机构一览表

年度	内设机构（个）	下设分支机构（个）		员工人数（人）	
		地市级机构数	县区级机构数	员工总数（含非正式员工）	正式员工数
2016	8	6	4	207	162
2017	8	8	4	197	161
2018	8	8	5	192	165
2019	8	8	5	194	178
2020	8	8	5	203	191

附表3

主要统计指标1

单位：亿元

项目	2016年	2017年	2018年	2019年	2020年	2020年同比增幅（%）
本外币资产总额	73.08	78.79	65.33	77.27	75.91	-1.76
本外币存款余额	55.72	25.94	28.88	30.46	37.15	21.96
人民币存款余额	55.68	25.92	28.87	30.41	37.02	21.74
单位存款	48.47	21.18	22.51	19.89	19.92	0.15
储蓄存款	7.21	4.74	6.34	10.52	17.09	62.45
本外币贷款余额	63.01	78.97	64.42	79.98	77.93	-2.56
人民币贷款余额	61.75	77.89	64.14	79.98	77.93	-2.56
短期贷款	23.07	35.85	13.49	16.44	13.30	-19.10
中长期贷款	38.68	42.04	50.65	63.55	64.59	1.64
票据融资	10.98	0.50	0.00	0.00	0.04	—
利润总额	0.28	0.13	-2.08	-2.33	1.23	152.79
不良贷款余额	1.95	1.95	0.41	4.10	4.23	3.17
不良贷款占比（%）	3.09	2.47	0.64	5.13	5.42	5.65

附表4

主要统计指标2

项目	2016年	2017年	2018年	2019年	2020年	2020年同比增幅（%）
单位结算账户（万户）	0.01	0.02	0.02	0.03	0.04	33.33
单位结算金额（亿元）	—	—	—	—	—	—
个人结算账户（万户）	3.69	4.50	6.03	6.09	7.19	18.06
个人结算金额（亿元）	7.21	4.74	6.34	10.51	17.07	62.42
信用卡发卡量（万张）	0.01	0.04	0.06	0.08	0.31	287.50
信用卡消费额（亿元）	0.44	0.48	0.46	0.47	0.87	85.11
企业网银客户（万户）	0.01	0.02	0.01	0.02	0.04	100.00
个人网银客户（万户）	1.50	1.81	1.82	1.85	—	—
手机银行客户（万户）	—	2.57	3.19	4.19	5.84	39.38
现金自助设备（台）	22	26	28	28	28	0.00
营业网点（个）	10	12	13	13	13	0.00
自助网点（个）	10	12	13	13	13	0.00

三、村镇银行

2020年山东省村镇银行概况

2020年，山东银保监局全面贯彻落实党中央和中国银保监会关于金融工作的会议精神和各项部署，坚持党建统领，坚持稳中求进工作总基调，督导辖区村镇银行做好疫情防控，保障金融服务，坚定不移推进风险攻坚、定位提升、治理规范，有效履行监管职责，重点风险有效防控，整体实现平稳发展。

一、总体概况

2020年，山东辖区（不含青岛，下同）村镇银行整体处于发展培育期，在监管督导下，始终坚持“支农支小”市场定位，不断下沉金融服务重心，深耕县域金融市场，服务当地实体经济，切实发挥农村金融服务生力军作用。截至2020年末，辖区共设立村镇银行118家，机构数量居全国首位，覆盖全辖县域；设立分支机构共计440家，其中农村区域网点397个；拥有正式员工8,059人；注册资本合计104.74亿元，主发起行共计38家，涵盖大型银行、股份制银行、城商银行、农商银行、外资银行五大类别，其中省内主发起行仅18家，占比为47.37%，管理模式、管理半径各不相同。辖区村镇银行法人最“多”、发展最“快”，同时体量相对较“小”、个体差异“大”的特征明显。

二、业务发展情况

2020年，辖区村镇银行主要业务规模保持高速增长，增速创近年之最。面对县域金融市场日趋激烈的竞争环境，辖区村镇银行牢固市场定位，及时调整业务结构，积极落实国家政策，致力于履行社会责任，大力服务“三农”、服务小微、服务社区，不断增强自身核心竞争力，整体发展稳中有进。

（一）资产规模高速增长，信贷结构调整明显

截至2020年末，辖区118家村镇银行资产总计1,467.19亿元，较年初增加281.15亿元，增幅为23.70%。其中，各项贷款余额为911.49亿元，较年初增加169.86亿元，增幅为22.90%，高于全辖银行业平均增幅10.13个百分点。从贷款投向看，批发和零售业贷款存量、较年初增量均为各行业最多，存量、增量占各项贷款的比例分别为26.07%、26.03%；农林牧渔业贷款增量位居第二，占比为14.01%，同比提高5.61个百分点，“支农”力度明显；制造业贷款存量位居第二，占比为20.66%，且较年初增幅同比提升1.65个百分点，服务实体经济力度加大；房地产业贷款、个人住房按揭贷款增幅分别同比下降15.41个和28.43个百分点，符合国家行业限控政策导向。

（二）负债结构持续优化，储蓄存款是增长主力

截至2020年末，辖区118家村镇银行负债总额为1,339.85亿元，较年初增加272.12亿元，增幅为25.49%。其中，各项存款余额为1,206.99亿元，较年初增加214.69亿元，增幅21.64%，高于全辖银行业平均增幅8.62个百分点。从存款结构看，储蓄存款余额为869.12亿元，较年初增加204.18亿元，增幅为30.71%，储蓄存款占各项存款的比例为72.01%，较年初上升5个百分点；单位存款余额为337.15亿元，占各项存款的比例为27.93%，较年初下降4.96个百分点；定期存款余额为783.86亿元，占比为64.94%，较年初上升3.82个百分点，负债结构更趋稳定。

（三）主要监管指标保持达标，总体盈利同比下降

截至2020年末，全辖村镇银行统算资本充足率为15.56%，拨备覆盖率为242.77%，流动性比例为88.39%，存贷比为75.52%，主要监管指标符合监管要求。其中，由于年内不良贷款处置力度大、拨备计提同比增多，拨备覆盖率较年初上升50.18个百分点，风险抵补能力显著增强。全年净利润合计1.72亿元，同比减少3.46亿元，但有19家村镇银行扭亏为盈，盈利面同比提升。

（四）坚守支农支小市场定位，支持复工复产普惠金融

2020年，辖区村镇银行服务重心持续下沉，年内新增45个营业网点，其中农村区域网点36个，占比为80%。截至2020年末，户均贷款39.39万元，较年初下降5.15万元；单户500万元以下贷款占比为83.82%，较年初提升2.53个百分点；农户和小微企业贷款合计占比92.02%，保持较高水平，定位提升成效明显。普惠型涉农贷款共537.00亿元，较年初增长23.52%，高于各项贷款平均增幅0.61个百分点。普惠型小微企业贷款余额为574.20亿元，较年初增长24.73%，高于各项贷款平均增幅1.83个百分点，户数为11.77万户，较年初增加3.39万户，不良贷款率有效控制在各项贷款不良率3个百分点以内，年化利率同比下降0.58个百分点，整体完成普惠型小微企业贷款“两增两控”目标，以实际行动服务当地实体经济，助力复工复产。

三、风险控制情况

2020年，山东银保监局积极创新监管手段，强化并表

管理与监管，督促主发起行规范履职，积极探索村镇银行稳健发展与风险管理、防控、处置能力提升路径。同时，注重法人监管工作质效，发挥监管纵横联动的协同作用，推动辖区村镇银行各类风险有效防控，保障村镇银行稳健运行。

（一）信用风险防控成效显著

2020年，辖区村镇银行逾期90天以上贷款与不良贷款比例持续控制在100%以内。不良贷款连续两年“双降”，不良贷款年末余额为11.90亿元，较年初减少2.27亿元；不良贷款率为1.31%，较年初下降0.60个百分点，较辖区银行业平均不良贷款率低0.92个百分点。全年累计处置不良贷款26.1亿元，同比增加7.38亿元，增幅为39.42%，不良贷款处置额与新发生额比例为105%，超额完成“处置额不低于上年”的工作目标。

（二）重点风险有效处置化解

一是高风险机构风险处置有效推进。抓抢金融风险攻坚机遇期，积极发挥村镇银行主发起行制度优势，对高风险行分类施策，精准用力，集中资源、重点攻坚，完成了高风险机构风险处置预期任务。二是流动性风险有效防范。推动全辖村镇银行与主发起行签订流动性支持协议，推广区域性流动性互助平台，提升舆情监测及应急应对管理能力，提高流动性风险管理水平，加强监管联动，有效处置化解流动性风险隐患。

（三）内控合规及公司治理水平进一步提升

2020年，山东银保监局以“行业规范建设深化年”为主线，结合市场乱象整治“回头看”、股东股权专项排查、公司治理及股东股权治理等重点工作，综合施策，严查重处，进一步完善内控合规制度，加大制度执行力度，推动培育合规文化。督导村镇银行提升“三会一层”履职有效性，督导解决问题股权，如期完成股权托管。同时，推动村镇银行强化党的建设，将党建与公司治理有机结合。目前辖区各村镇银行已实现党组织全覆盖。

（李 硕）

附表1

村镇银行主要业务指标

单位：亿元

项目	2016年	2017年	2018年	2019年	2020年	2020年同比增幅（%）
法人村镇银行（家）	—	—	—	—	118	—
村镇银行分支机构（家）	—	—	—	—	440	—
村镇银行正式工作人员（人）	—	—	—	—	8,059	—
合计实收资本	93.08	96.44	99.14	101.68	104.74	3.01
各项贷款余额	432.38	516.07	609.18	741.63	911.49	22.90
其中：涉农贷款余额	382.57	449.57	500.75	599.24	717.56	19.75
农户贷款余额	151.10	209.60	270.87	355.91	480.35	34.96
小微企业贷款余额	345.25	404.40	453.28	536.77	651.79	21.43
各项存款余额	598.58	711.65	824.50	992.30	1,206.99	21.64
其中：个人存款	—	—	—	—	—	—
单位存款	—	—	—	—	—	—
不良贷款占比（%）	—	—	—	—	—	—

附表2

山东省村镇银行名录

序号	单位名称	单位地址	单位电话
1	济南高新北海村镇银行股份有限公司	山东省济南市高新区世纪大道15612号理想嘉园2号楼沿街商铺	0531—66771588
2	济南槐荫沪农商村镇银行股份有限公司	山东省济南市槐荫区张庄路263号	0531—55706870
3	山东历城圆融村镇银行股份有限公司	山东省济南市历城区二环东路3218号	0531—88722929
4	济南长清沪农商村镇银行股份有限公司	山东省济南市长清区灵岩路2098号	0531—55615979

续表1

序号	单位名称	单位地址	单位电话
5	平阴蓝海村镇银行股份有限公司	山东省济南市平阴县翠屏街文翠嘉园3号楼101号商业房1—3层	0531—58719968
6	济阳北海村镇银行股份有限公司	山东省济南市济阳区银河路23—5号	0531—81179990
7	山东商河汇金村镇银行股份有限公司	山东省济南市商河县花园街1号	0531—58717778
8	章丘齐鲁村镇银行股份有限公司	山东省济南市章丘区明水铁道北路1529号2幢	0531—83117111
9	淄博淄川北海村镇银行股份有限公司	山东省淄博市淄川区吉祥路4号	0533—5178789
10	淄博博山北海村镇银行股份有限公司	山东省淄博市博山区水河路7号	0533—4916000
11	山东临淄汇金村镇银行股份有限公司	山东省淄博市临淄区临淄大道759号	0533—7877999
12	山东周村青隆村镇银行股份有限公司	山东省淄博市周村区正阳路财富广场（正阳路与电厂路交汇口西南角）	0533—6238816
13	桓台青隆村镇银行股份有限公司	山东省淄博市桓台县中心大街兰香园29号楼	0533—8228527
14	山东高青汇金村镇银行股份有限公司	山东省淄博市高青县城文化路36号	0533—6991888
15	沂源博商村镇银行股份有限公司	山东省淄博市沂源县南麻镇鲁山路与军民路路口	0533—3227337
16	山东滕州中银富登村镇银行有限责任公司	山东省滕州市善国北路42号	0632—3598150
17	东营融和村镇银行股份有限公司	山东省东营市经济技术开发区辽河路175号2幢107、108室	0546—7905768
18	东营莱商村镇银行	山东省东营市东营区南一路282号	0546—8036788
19	东营河口中成村镇银行股份有限公司	山东省东营市河口区河兴路208号	0546—8879577
20	垦利乐安村镇银行股份有限公司	山东省东营市垦利区景苑路10号	0546—2779766
21	山东利津舜丰村镇银行股份有限公司	山东省东营市利津县津二路中段银座花园小区西门	0546—5028618
22	广饶梁邹村镇银行股份有限公司	山东省东营市广饶县傅家路与正安路交叉口101号	0546—6686789
23	山东芝罘齐丰村镇银行股份有限公司	山东省烟台市芝罘区胜利路372号附1号	0535—3030116
24	烟台福山珠江村镇银行股份有限公司	山东省烟台市福山区福海路133—216号	0535—6319002
25	牟平胶东村镇银行股份有限公司	山东省烟台市牟平区工商大街579—7号	0535—3453388
26	山东莱山齐丰村镇银行股份有限公司	山东省烟台市莱山区迎春大街253号	0535—3025511
27	龙口中银富登南山村镇银行股份有限公司	山东省龙口市南山工业园南山中路3号	0535—8808508—610
28	莱阳胶东村镇银行股份有限公司	山东省莱阳市龙门西路瑞豪都市名家小区2号楼103号临街商铺（1—2层）	0535—7757600
29	莱州珠江村镇银行股份有限公司	山东省莱州市文化东街672号	0535—2750000
30	蓬莱民生村镇银行股份有限公司	山东省烟台市蓬莱市南关路257号S3号楼	0535—5952008
31	山东招远中银富登村镇银行有限责任公司	山东省招远经济开发区文峰投资大厦	0535—2722888—611
32	栖霞中银富登村镇银行有限公司	山东省栖霞市霞光路311号	0535—3148008
33	海阳珠江村镇银行股份有限公司	山东省海阳市海阳路181号	0535—3107730
34	潍坊市潍城区北海村镇银行股份有限公司	山东省潍坊市潍城区月河路月河楼商业街B区1号楼	0536—8300299
35	潍坊市寒亭区蒙银村镇银行股份有限公司	山东省潍坊市寒亭区友谊路与泰祥街交叉口西北角	0536—2201506
36	潍坊市奎文区中成村镇银行股份有限公司	山东省潍坊市奎文区梨园街办樱北花园商业楼15—22号	0536—8051761
37	山东临朐聚丰村镇银行股份有限公司	山东省潍坊市临朐县朐山路5184号新天地商业15幢5196号	0536—3790066
38	昌乐乐安村镇银行股份有限公司	山东省潍坊市昌乐县昌盛街与方山路交叉路口东北角	0536—2186118
39	青州中银富登村镇银行有限公司	山东省青州市范公亭东路泰丰休闲广场A区3201号	0536—2139000—675

续表2

序号	单位名称	单位地址	单位电话
40	山东诸城中银富登村镇银行有限责任公司	山东省诸城市兴华东路39号	0536—2160601
41	寿光张农商村镇银行股份有限公司	山东省寿光市广场街164号	0536—2230369
42	安丘北海村镇银行股份有限公司	山东省潍坊市安丘市市南区金融街西首金融中心3号楼	0536—4393300
43	高密惠民村镇银行有限责任公司	山东省高密市利群路919号	0536—2331806
44	昌邑北海村镇银行股份有限公司	山东省昌邑市天水路恒鼎新都汇8号楼西南角1—3层	0536—7225668
45	济宁儒商村镇银行股份有限公司	山东省济宁市任城区建设北路34号	0537—2290361
46	济宁蓝海村镇银行股份有限公司	山东省济宁市太白湖新区荷花路101号	0537—2030778
47	济宁高新村镇银行股份有限公司	山东省济宁市吴泰闸路105号	0537—3238707
48	微山北海村镇银行股份有限公司	山东省济宁市微山县商业街北首滨湖春天小区西门	0537—3188908
49	鱼台青隆村镇银行股份有限公司	山东省济宁市鱼台县建设路北滨湖孝贤居小区1号楼(102—106)	0537—6588788
50	山东金乡蓝海村镇银行股份有限公司	山东省济宁市金乡县金曼克大道南首路西1巷5号	0537—8973111
51	嘉祥中银富登村镇银行有限公司	山东省济宁市嘉祥县呈祥大道14号	0537—6866299
52	汶上中银富登村镇银行有限公司	山东省济宁市汶上县中都大街商务楼3—006号	0537—7217222
53	山东泗水齐丰村镇银行股份有限公司	山东省济宁市泗水县泉鑫路3号	0537—4160999
54	山东梁山民丰村镇银行有限责任公司	山东省济宁市梁山县水泊西路中段（财政局对面）	0537—5109665
55	曲阜中银富登村镇银行有限公司	山东省曲阜市春秋路24号	0537—4695566
56	兖州中成村镇银行股份有限公司	山东省济宁市兖州区青州路维多利亚花园东门右侧商业楼	0537—5179910
57	山东邹城中银富登村镇银行有限责任公司	山东邹城市太平东路518号	0537—5219179
58	泰安沪农商村镇银行股份有限公司	山东省泰安市长城路中段名仕尚座A8	0538—8067677
59	宁阳沪农商村镇银行股份有限公司	山东省泰安市宁阳县金阳大街501号	0538—5047688
60	东平沪农商村镇银行股份有限公司	山东省泰安市东平县汇河街御景苑9号楼	0538—6066017
61	山东新泰齐丰村镇银行股份有限公司	山东省泰安市新泰市青云街道金斗路6号	0538—5016000
62	山东肥城民丰村镇银行有限责任公司	山东省肥城市泰临路南、桃园西街西	0538—5066887
63	威海富民村镇银行有限责任公司	山东省威海市渔港路38号	0631—5355378
64	山东文登中银富登村镇银行有限责任公司	山东省威海市文登区文山东路29号	0631—8536999—611
65	山东荣成汇丰村镇银行有限责任公司	山东省荣成市成山大道东段198号商业02	0631—7587978
66	乳山天骄村镇银行股份有限公司	山东省乳山市世纪大道100号	0631—6872879
67	日照蓝海村镇银行股份有限公司	山东省日照市东港区海曲东路35号	0633—8091666
68	日照沪农商村镇银行股份有限公司	山东省日照市天津路55—18号	0633—2166677
69	日照九银村镇银行股份有限公司	山东省日照市岚山区岚山西路619号	0633—2687619
70	五莲中银富登村镇银行有限公司	山东省日照市五莲县罗山路28号	0633—2157002—613
71	莒县金谷村镇银行股份有限公司	山东省日照市莒县银杏大道356号	0633—6221813
72	莱芜珠江村镇银行股份有限公司	山东省济南市莱芜区龙潭东大街戴花园19号沿街楼	0531—75662720
73	莱芜中成村镇银行股份有限公司	山东省济南市钢城区艾山街道逯家庄社区府前大街69号	0531—76653355
74	临沂河东齐商村镇银行股份有限公司	山东省临沂市河东区滨河东路与东夷大街交汇处	0539—8088901
75	山东沂南蓝海村镇银行股份有限公司	山东省临沂市沂南县正阳路南段上上城沿街房	0539—2659075
76	山东郯城汉源村镇银行股份有限公司	山东省临沂市郯城县郯东路169号	0539—2659795
77	沂水中银富登村镇银行有限公司	山东省沂水县正阳路西段	0539—2252566

续表3

序号	单位名称	单位地址	单位电话
78	山东兰陵村镇银行股份有限公司	山东省临沂市兰陵县兰陵路与文峰路交汇处克拉国际写字楼	0539—5208826
79	费县梁邹村镇银行股份有限公司	山东省临沂市费县县城中山路与政通路交叉口(东北角)	0539—5227818
80	山东平邑汉源村镇银行股份有限公司	山东省平邑县仲子路53号	0539—4689605
81	山东莒南村镇银行有限公司	山东省临沂市莒南县县城天桥路18号	0539—7393326
82	山东蒙阴齐丰村镇银行股份有限公司	山东省临沂市蒙阴县新城路81号	0539—7951098
83	临沭民丰村镇银行有限责任公司	山东省临沂市临沭县常林大街与苍山路交汇处	0539—7199905
84	德州陵城圆融村镇银行股份有限公司	山东省德州市陵城区南环路加州锦城24号沿街楼	0534—6126629
85	宁津胶东村镇银行股份有限公司	山东省德州市宁津县文昌路领秀城社区南门东侧4号—7号临街商业楼（1—2层）	0534—5222032
86	庆云乐安村镇银行股份有限公司	山东省德州市庆云县迎宾路999号	0534—3787678
87	临邑中银富登村镇银行有限公司	山东省德州市临邑县城区迎曦大街鑫都御景苑A区一号	0534—4226226—611
88	齐河胶东村镇银行股份有限公司	山东省德州市齐河县永乐路187号	0534—5660576
89	平原圆融村镇银行股份有限公司	山东省德州市平原县富民大街琵琶湾商业街3号	0534—2166893
90	夏津胶东村镇银行股份有限公司	山东省德州市夏津县中山南路德兴商业街C4—03号临街商业楼（1—4层）	0534—3262296
91	武城圆融村镇银行股份有限公司	山东省德州市武城县向阳路利城金岸沿街楼101—104号	0534—5070898
92	乐陵圆融村镇银行股份有限公司	山东省乐陵市阜盛东路107号乐福家园西北角沿街楼	0534—2117887
93	禹城胶东村镇银行股份有限公司	山东省禹城市开拓路名仕嘉园小区大门东侧101号—104号临街商业楼（1—3层）	0534—7280927
94	聊城沪农商村镇银行股份有限公司	山东省聊城市东昌府区兴华东路67号	0635—5083338
95	阳谷沪农商村镇银行股份有限公司	山东省聊城市阳谷县谷山路65号	0635—2959288
96	莘县青隆村镇银行股份有限公司	山东省聊城市莘县通运路中段燕塔公园片区C区4号楼16室	0635—7697693
97	茌平沪农商村镇银行股份有限公司	山东省聊城市茌平县枣乡街3000号（茌平县财政局一层东大厅、三层四层办公楼）	0635—2980913
98	东阿青隆村镇银行股份有限公司	山东省聊城市东阿县香江路66号	0635—3288088
99	山东冠县齐丰村镇银行股份有限公司	山东省聊城市冠县振兴路与兴华路交汇处西北角	0635—2917006
100	高唐青隆村镇银行股份有限公司	山东省聊城市高唐县南湖路中段西侧16号	0635—2960000
101	临清沪农商村镇银行股份有限公司	山东省临清市古楼新村2988号中央帝景A区12号	0635—2976707
102	滨州河海村镇银行股份有限公司	山东省滨州市黄河二路369号	0543—5169888
103	山东惠民舜丰村镇银行股份有限公司	山东省滨州市惠民县城南关街157号	0543—5053888
104	阳信河海村镇银行股份有限公司	山东省滨州市阳信县信德路909号	0543—8230888
105	无棣中成村镇银行股份有限公司	山东省滨州市无棣县海丰十四路157号	0543—5076008
106	山东沾化青云村镇银行股份有限公司	山东省滨州市沾化区富国路571号	0543—7310266
107	山东博兴新华村镇银行股份有限公司	山东省滨州市博兴县博城二路78号	0543—2318997
108	邹平浦发村镇银行股份有限公司	山东省邹平市鹤伴一路968号	0543—4338096
109	山东邹平青隆村镇银行股份有限公司	山东省邹平市长山镇范公路302号	0543—4668686
110	菏泽牡丹北海村镇银行股份有限公司	山东省菏泽市牡丹区黄河路匹克花园	0530—5523336
111	曹县中银富登村镇银行有限公司	山东省菏泽市曹县磐石街道办事处田庄社区清江路南侧	0530—3258606—658

续表4

序号	单位名称	单位地址	单位电话
112	单县中银富登村镇银行有限公司	山东省菏泽市单县文化路巴黎城AO1号（单县广播电视台南邻）	0530—4619000
113	山东成武汉源村镇银行股份有限公司	山东省菏泽市成武县吕台路和伯乐路交汇东北角1—6A#	0530—8696366
114	巨野中银富登村镇银行有限公司	山东省菏泽市巨野县麒麟大道与招商街交叉口(西北角)	0530—8200567
115	郓城北海村镇银行股份有限公司	山东省菏泽市郓城县金河路东段路北	0530—6850057
116	鄄城牡丹村镇银行有限责任公司	山东菏泽市鄄城县人民路与鄄五路交叉口东南角（人民路86号）	0530—2350166
117	定陶河海村镇银行股份有限公司	山东省菏泽市定陶区万泰国际商贸城1栋101—105	0530—6271999
118	东明中银富登村镇银行股份有限公司	山东省菏泽市东明县工业路中段（东明新华书店大门南侧1—2楼）	0530—6256099

2020年青岛市村镇银行概况

截至2020年末，青岛市辖区村镇银行资产负债总额分别为147.96亿元和132.23亿元，较年初分别增长18.34%和20.67%。村镇银行各项监管指标总体平稳，拨备覆盖率为220.84%，拨贷比为3.22%，流动性比率为93.68%，资本充足率为18.11%，各项统算指标均符合监管标准。

一、存款增长较快，结构持续优化

截至2020年末，青岛市村镇银行各项存款余额为120.25亿元，比年初增加15.50亿元，增长14.80%。其中，储蓄存款比年初增加15.79亿元。储蓄存款余额占比为60.57%，比年初提高6.10个百分点，5家村镇银行储蓄存款余额占比超过60.00%，存款稳定性进一步增强。

二、贷款保持增长，新增行业较为集中

截至2020年末，青岛市村镇银行各项贷款余额为88.41亿元，比年初增加10.22亿元，增长13.07%；新增行业主要集中在批发和零售业，占各项贷款增量的53.73%。

三、同业业务比重有所上升

截至2020年末，青岛市村镇银行同业业务余额为36.49亿元，比年初增加10.94亿元，增长42.82%；同业业务在总资产中的占比为24.66%，同比提高4.22个百分点。

四、盈利水平降低

2020年，青岛市村镇银行实现净利润同比减少0.43亿元，主要是受存贷利差收窄、拨备计提力度加大等因素影响。

（刘金文）

附表1

村镇银行主要业务指标

单位：亿元

项目	2016年	2017年	2018年	2019年	2020年	2020年同比增幅（%）
法人村镇银行（家）	—	—	—	—	8	—
村镇银行分支机构（家）	—	—	—	—	44	—
村镇银行正式工作人员（人）	—	—	—	—	724	—
合计实收资本	9.85	10.08	10.17	10.27	10.38	1.07
各项贷款余额	49.66	62.29	69.73	78.19	88.41	13.07
其中：涉农贷款余额	41.96	51.47	55.62	63.61	70.63	11.04
农户贷款余额	23.97	29.84	34.17	38.68	44.21	14.30
小微企业贷款余额	45.00	56.23	62.81	71.32	81.03	13.61
各项存款余额	66.16	80.63	84.40	104.75	120.25	14.80
其中：个人存款	36.68	37.58	43.40	57.05	72.84	27.68
单位存款	29.45	42.99	40.93	47.62	46.99	-1.32
不良贷款占比（%）	1.27	0.90	0.85	0.93	1.45	55.91

附表2

青岛市村镇银行名录

序号	单位名称	单位地址	单位电话
1	青岛即墨惠民村镇银行股份有限公司	山东省青岛市即墨区鹤山路878号	0532—66091729
2	青岛西海岸海汇村镇银行股份有限公司	山东省青岛市黄岛区车轮山路88号	0532—85185887
3	青岛莱西元泰村镇银行股份有限公司	山东省莱西市青岛路39号	0532—83961915
4	青岛平度惠民村镇银行股份有限公司	山东省平度市红旗路27号	0532—88337771
5	青岛胶州中成村镇银行股份有限公司	山东省胶州市澳门路457号新城市花园小区网点楼459号网点	0532—83982999
6	青岛城阳珠江村镇银行股份有限公司	山东省青岛市城阳区正阳路160—12	0532—67762856
7	青岛崂山交银村镇银行股份有限公司	山东省青岛市崂山区深圳路156号1号楼	0532—66070831
8	青岛黄岛舜丰村镇银行股份有限公司	山东省青岛市黄岛区珠江路1389号	0532—83138988

四、外资银行

汇丰银行（中国）有限公司济南分行

【第一负责人简介】 薛洁，2011年加入汇丰银行（中国）有限公司济南分行（简称汇丰银行济南分行），就职于工商金融服务部，任工商金融服务部副总监，负责济南及山东省内除青岛、潍坊、日照、威海、烟台以外的11个地市的工商业务工作；2012年9月起，任汇丰银行济南分行副行长；2015年2月经山东银监局批复同意，任汇丰银行济南分行行长。

【综述】 汇丰银行（中国）有限公司（简称汇丰中国）是首批本地注册的外资法人银行，于2007年4月2日正式开业，总行位于上海，由设于香港特别行政区的香港上海汇丰银行有限公司全资拥有。截至2020年末，汇丰中国实体网点总数为163家，覆盖内地57个主要城市。汇丰银行济南分行是进驻济南的首家外资银行，于2009年7月21日正式开业。汇丰银行济南分行业务区域覆盖济南及周边地区，面向中外资企业和个人客户提供全面的本外币银行服务。

【经营管理】 2020年，汇丰银行济南分行各项业务运转良好。作为第一家济南地区的外资银行，汇丰银行济南分行在产品与服务方面丰富和活跃了当地金融市场。对公业务方面，汇丰银行济南分行客户以大型国企、上市公司和世界500强为主，业务种类多样化，银企合作产品逐渐增多，积极推进跨境资金集中运营业务。个人业务方面，汇丰银行济南分行精选和引进海外成熟的金融产品，为客户提供优质的银行金融服务。在发展业务的同时，汇丰银行济南分行注重风险控制，强调合规经营，确保汇丰银行济南分行各项业务健康可持续发展。同时，汇丰银行济南分行力求在人才培养、企业社会责任等方面全面发展。

【风险控制】 汇丰中国拥有全面风险管理架构，董事会及其下属专门委员会积极承担监控银行风险管理有效性的最终责任。汇丰银行济南分行在总行风险管理架构下严格落实各项风险控制操作规范。2020年，汇丰中国进一步提升了风险识别、计量和管理水平。在股东、董事会（及其下设委员会）、监事、高级管理层和内外部审计的领导和积极参与下，采取了积极有效的措施，构筑了有力的风险管理机制和架构，帮助银行应对全球政治经济不确定性及潜在的国内经济形势变化所带来的挑战。在进一步完善风险管理制度的基础上，汇丰中国优化了风险管理架构及人员配置，对风险管理系统进行了升级，相应加强了对于人员的风险管理培训，从而保持了稳健的财务状况。风险管理的持续优化，使汇丰中国进一步履行了对监管的承诺，集团所有分支机构推行统一和稳健的风险文化，不断提升风险意识，助力日常经营管理和决策，确保经营活动与银行可承受的风险水平相适应。

（孙艳秋）

附表1

机构概况一览表

行长（或其他称谓的第一负责人）		副行长（或其他称谓的同级领导）	
薛 洁		王翠达	
地址	山东省济南市市中区经七路88号1—107室	邮编	250001
网址	http://www.hsbc.com.cn	客服电话	0531—55598666

附表2

内设部门及分支机构一览表

年度	内设机构（个）	下设分支机构（个）		员工人数（人）	
		地市级机构数	县区级机构数	员工总数（含非正式员工）	正式员工数
2016	10	0	0	33	33
2017	10	0	0	32	32
2018	10	0	0	28	28
2019	10	0	0	29	29
2020	9	0	0	26	26

汇丰银行（中国）有限公司青岛分行

【第一负责人简介】　张苏宁，女，1979年7月出生，中国人民大学财政金融学院硕士；2006年7月加入汇丰银行“银行家管理培训生计划”，历任汇丰银行大连分行贸易及供应链部门经理、工商业务部经理、工商业务副行长，唐山分行行长。上海自贸区支行行长，北京分行工商金融总监等职；自2018年6月20日起，任汇丰银行（中国）有限公司青岛分行（简称汇丰银行青岛分行）行长。

【综述】　香港上海汇丰银行有限公司于1865年在香港和上海成立，此后从未间断在中国的服务，是汇丰集团的创始成员和集团在亚太地区的旗舰。汇丰银行（中国）有限公司（简称汇丰中国）由香港上海汇丰银行有限公司全资拥有，作为首批本地注册的外资法人银行于2007年4月2日正式开业。汇丰中国已在内地50多个城市设立了约160个服务网点，是内地网点数量最多、地域覆盖范围最广的外资银行。汇丰中国于1992年1月在青岛设立代表处，1993年2月升格为分行。紧随汇丰中国本地注册之后，汇丰银行青岛分行于2007年4月取得了对本地居民提供人民币零售业务的资格，并从此全面开展外汇业务和人民币业务。截至2020年末，汇丰银行青岛分行在青岛拥有1家分行和2家同城支行，是青岛地区占市场份额最大的外资银行之一。

【经营管理】　2020年，汇丰银行青岛分行经营稳健，资产信贷质量良好。依托集团对内地市场的深入了解和丰富的国际金融服务专业经验，汇丰银行青岛分行大力助推本地金融发展，不断提升数字化平台的服务能力，努力为本地客户提供全面优质的金融服务，不断满足客户对国际化金融服务的需求，并积极响应“一带一路”倡议，致力于凭借环球服务网络帮助本地企业探索国际化道路。同时，汇丰银行青岛分行将继续坚持稳健经营原则，切实落实各项监管要求，确保各项业务健康可持续发展。

（安　源）

附表1

机构概况一览表

行长（或其他称谓的第一负责人）		副行长（或其他称谓的同级领导）	
张苏宁		孙翠霞、张　鑫	
地址	山东省青岛市香港中路76号颐中皇冠假日酒店8楼711—714房间、718房间、911房间、918房间及1209房间	邮编	266071
网址	http://www.hsbc.com.cn/	客服电话	0532—80978088

附表2

内设部门及分支机构一览表

年度	内设机构（个）	下设分支机构（个）		员工人数（人）	
		地市级机构数	县区级机构数	员工总数（含非正式员工）	正式员工数
2016	12	1	4	124	124
2017	12	1	4	134	134
2018	12	1	4	140	140
2019	12	1	3	140	140
2020	12	1	2	143	143

渣打银行（中国）有限公司青岛分行

【第一负责人简介】　于涛，男，毕业于大连理工大学，硕士学位；拥有23年丰富的金融从业经验，在业务的拓展、操作和审批等各个环节拥有丰富的实践经验，熟悉商业银行尤其是外资银行的金融产品、服务流程及内控要求，具备较高的业务素质和风控能力；2018年6月19日至今，任渣打银行（中国）有限公司青岛分行（简称渣打银行青岛分行）行长，全面负责分行治理并致力于企业银行和个人银行业务发展。

【综述】　渣打银行早在1993年就已在青岛设立代表处。渣打银行青岛分行自2006年12月开业以来，各项业务发展稳定，经营状况良好。目前，渣打银行青岛分行在青岛拥有1家分行、4家支行，是在青岛网点最多的外资银行。2020年，渣打银行青岛分行坚定执行集团及渣打中国发展目标，将饱满热情的工作态度与自身战略优势充分结合，不断完善各项日常工作，在业务开展和内部管理等各领域均取得显著进展。

【经营管理】　渣打银行在青岛经营多年，市场口碑良好，与政府和监管部门关系稳定，是政府和监管部门充分认可的外资银行之一。青岛是全国唯一以财富管理为主题的金融综合改革试验区。渣打银行青岛分行积极响应青岛市政府提出的“把青岛建成区域性金融中心”的目标，以客户为中心，充分考量市场风险与客户需求，不断丰富产品线和提升自身的产品开发能力，满足客户资产配置需求。渣打银行青岛分行是青岛辖区内最早设立专门团队服务中小企业客户的外资银行，自建行以来不断加强对中小企业服务团队的人员配备和服务网点的拓展。同时，凭借自身的全球化战略分布以及“量身定做”的业务优势，依靠青岛在“一带一路”倡议中的区位优势，充分运用国际资本市场和金融产品，帮助中资企业“走出去”，有力地支持着中国企业的发展。未来五年，渣打银行青岛分行将继续积极推动优化资源配置，引领两大事业部（企业、金融机构及商业银行部和零售银行部）在优先发展的领域中发展客户，不断拓展新的增长点。

【风险控制】　2020年，渣打银行青岛分行以客户为中心，充分考量市场风险与客户需求，不断丰富产品线和提升自身的产品开发能力，致力于满足客户多元化的资产配置需求。大力支持小微企业的特色产品“无抵押贷款”，资产质量优良，不良贷款率一直控制在较低水平。

（宋　柏）

附表1

机构概况一览表

行长（或其他称谓的第一负责人）		副行长（或其他称谓的同级领导）	
于　涛		曲云龙	
地址	山东省青岛市香港中路9号香格里拉中心办公楼27层	邮编	266071
网址	https://www.sc.com/cn/	客服电话	400—888—8083

附表2

内设部门及分支机构一览表

年度	内设机构（个）	下设分支机构（个）		员工人数（人）	
		地市级机构数	县区级机构数	员工总数（含非正式员工）	正式员工数
2016	11	1	4	54	54
2017	11	1	4	50	50
2018	11	1	4	50	50
2019	11	1	4	49	49
2020	10	1	4	48	48

东亚银行（中国）有限公司青岛分行

【第一负责人简介】　张勇，对外经济贸易大学EMBA，在银行业担任高级管理人员达20年之久；担任东亚银行（中国）有限公司青岛分行（简称东亚银行青岛分行）行长前曾担任过北京分行行长1年、哈尔滨分行行长5年，深谙内地银行业经营环境和市场法则，拥有丰富的专业知识和管理经验，所在银行机构为数以百计的国内企业提供了总金额超过百亿元的融资支持；积极参加各项有建设性的社会活动，注重利用自身社会影响力为中国经济与社会建设贡献力量。

【综述】　东亚银行青岛分行于2006年12月正式开业。截至2020年末，东亚银行青岛分行个人银行服务包括各类账户服务、个人网银、本外币理财产品销售、信用卡业务、个人住房按揭贷款、个人房产抵押贷款等业务品种；企业银行业务包括各类账户服务、支付结算业务、结售汇业务及各类对公授信业务品种（包括房地产开发贷款、定期贷款、循环贷款、银团贷款、国际结算及贸易融资、承兑汇票、银行保函以及其他经批准的业务）。

【经营管理】　东亚银行青岛分行自开业以来，各项业务发展稳定，经营状况良好。2020年，东亚银行青岛分行积极利用自身境外集团的平台资源优势，运用境内外联动的跨境产品，更好地服务于企业的跨境投融资需求。同时，针对目前境内外市场利率汇率走势及预期，在原有跨境产品系列基础上推出了结合金融衍生品业务的产品系列，满足客户的外汇避险需求，为企业节约了财务成本，服务客户水平进一步提升。

在落实贸易融资业务方面，东亚银行青岛分行依托便捷的境内外网络优势，结合青岛港口城市区域特点，通过单笔贸融业务可同时带动存款、贷款、中收业务。东亚银行青岛分行针对贸融客户的上下游优质企业，进行联合营销，一方面可以监控资金流，另一方面更好地拓展了有效客户基础。

【风险控制】　2020年，东亚银行青岛分行认真贯彻落实全面风险管理理念的工作部署，积极防范金融风险。东亚银行青岛分行管理层高度重视风险防控工作，指定分行合规部牵头，组织相关业务部门认真学习风险防控文件内容，落实风险防范化解工作，进一步优化内部机制，形成风险防范化解排查工作长效机制。全年各项业务风险管控良好，信用风险、影子银行风险、流动性风险、市场风险、案件与操作风险、房地产风险、声誉风险、贷款集中度风险水平均较低。

在信贷风险防控方面，东亚银行青岛分行不断加大信贷监控力度，积极妥善处理业务发展与防控风险的关系。针对公司贷款，东亚银行青岛分行定期进行客户贷后走访。通过考察客户现场情况、审阅客户财务报表、外部司法查询、贷款卡查询等，综合了解借款人财务情况，及时把控风险。对于零售贷款，考虑到其风险特征，主要采取脱期法，依据贷款逾期时间长短直接划分风险类别。根据不同贷款模式，设置不同的风险防控机制，从而综合加强信贷风险防控。

2020年，东亚银行青岛分行坚持认真贯彻落实监管机构及总行各项案件风险防控工作要求，狠抓案件风险防控工作落实，认真落实案件防控工作责任，不断健全案件管理体系，持续优化案件管理流程。东亚银行青岛分行落实强制休假制度，对强制休假员工工作进行一定程度的检查，以发现员工可能的工作疏漏和风险隐患。东亚银行青岛分行注重强化内部管理和控制，不断提高员工对案件风险防控工作重要性的认识，定期组织开展员工行为管理培训、操作风险管理培训、基础合规与制裁培训，确保了银行的稳健经营及可持续发展。

（张贵康）

附表1

机构概况一览表

行长（或其他称谓的第一负责人）		副行长（或其他称谓的同级领导）	
张 勇		孙善功、隋 青	
地址	山东省青岛市香港西路67号甲	邮编	266071
网址	http：//www.hkbea.com.cn/	客服电话	95382

附表2

内设部门及分支机构一览表

年度	内设机构（个）	下设分支机构（个）		员工人数（人）	
		地市级机构数	县区级机构数	员工总数（含非正式员工）	正式员工数
2016	16	0	1	116	101
2017	17	0	1	99	91
2018	16	0	1	81	78
2019	18	0	1	71	68
2020	17	0	1	67	57

企业银行（中国）有限公司青岛分行

【第一负责人简介】 李承燮，男，1968年2月出生，毕业于韩国西江大学；1994年进入韩国中小企业银行工作，曾就职于韩国中小企业银行钟路分行、营业部、人事部工会、信贷管理部、综合企划部、坡州广滩分行，企业银行（中国）有限公司苏州分行，韩国中小企业银行本部企业金融中心、创业风险支援团等部门和机构；2019年4月起担任企业银行（中国）有限公司青岛分行（简称企业银行青岛分行）行长。

【综述】 企业银行青岛分行前身是韩国中小企业银行青岛分行，成立于2003年7月15日，地址位于青岛市崂山区苗岭路36号国际发展中心一层、二层网点，是中国加入世界贸易组织后第一家落户青岛的外资银行，也是青岛第一家韩国独资银行。2009年6月22日转制为外商独资银行分支机构。2010年1月15日，企业银行（中国）有限公司城阳支行作为企业银行青岛分行辖属的第一家支行正式开始对外营业；2013年12月19日，企业银行（中国）有限公司青岛经济技术开发区支行正式开始对外营业。企业银行青岛分行秉承“审慎经营”的理念开展各类外汇业务及人民币业务。

2020年，企业银行青岛分行及下辖2家支行在总行的领导下，严格遵守监管法律法规，积极配合当地监管机构有效地开展各项工作。

【经营管理】 2020年，企业银行青岛分行在李承燮行长的带领下，继续努力开展业务、拓宽服务领域、提高服务质量。致力于对小微企业的贷款扶持；通过人民币业务、外币业务服务的不断完善，在维护原有客户的基础上不断增加新业绩；不断开发新产品，积极开展个人住房贷款、保单融资、高新技术企业贷款、政府采购贷款、“奥齿泰”个人经营性贷款、种植牙采购贷款等业务，不断加大宣传力度、扩展服务领域。

截至2020年末，企业银行青岛分行资产总额、各项贷款、负债总额及各项存款较年初均实现增长，不良贷款及不良贷款率均降至零，经营状况持续改善。年末资产总额为173,654.88万元，同比增加19,430.57万元，增幅为12.60%；

各项贷款余额为143,862.53万元，同比增加28,551.86万元，增幅为24.76%；全年通过现金收回方式处置完不良贷款，年末不良贷款率为零，同比下降0.07个百分点；年末负债总额为162,177.96万元，同比增加19,953.17万元，增幅为14.03%；年末各项存款余额为160,547万元，同比增加19,940.09万元，增幅为14.18%；2020年利润为1,476.92万元，同比减少522.60万元，减幅为26.14%。

【风险控制】 2020年，企业银行青岛分行秉承韩国母行的优秀经营理念，不断加强合规经营。通过合规审核、合规检查、内部检查等形式，加强业务风险防范，并不断加强内外部监管法规和业务流程的培训，将合规经营理念落实到位。首先，企业银行青岛分行合规部对下辖支行的业务定期开展合规性检查和评估、现场检查及非现场监测，并就发现的问题整理合规检查报告、跟踪整改落实情况。其次，企业银行青岛分行不断加强对贷款业务、账户开立、信用证押汇等业务的合规审核工作。再次，企业银行青岛分行通过每季度业务合规性和内控管理风险排查的方式，对信贷、对账、外汇、重要岗位管理、理财业务、印鉴管理、重空管理等业务进行风险排查，有效防范风险。最后，企业银行青岛分行通过日、月、季度检查、特命检查、突击检查、分行对下辖支行实施季度检查等形式，进一步加强风险防范。

（唐冰华、吴 静）

附表1

机构概况一览表

行长（或其他称谓的第一负责人）		副行长（或其他称谓的同级领导）	
李承燮		刘金迪	
地址	山东省青岛市崂山区苗岭路36号国际发展中心一、二层	邮编	266061
网址	http://www.ibkcn.com/	客服电话	400—606—9000

附表2

内设部门及分支机构一览表

年度	内设机构（个）	下设分支机构（个）		员工人数（人）	
		地市级机构数	县区级机构数	员工总数（含非正式员工）	正式员工数
2016	8	1	2	70	60
2017	8	1	2	72	62
2018	8	1	2	68	58
2019	8	1	2	66	56
2020	8	1	2	68	58

企业银行（中国）有限公司烟台分行

【第一负责人简介】 曹汉承，男，1965年9月22日出生，毕业于韩国弘益大学国际贸易专业；1990年进入韩国中小企业银行工作，2009年任企业银行（中国）有限公司青岛城阳支行行长，2017年10月11日起担任企业银行（中国）有限公司烟台分行（简称企业银行烟台分行）行长。

【综述】 企业银行烟台分行前身为韩国中小企业银行烟台分行，成立于2006年8月16日，于2009年6月1日转制为企业银行（中国）有限公司烟台分行，地址位于山东省烟台市芝罘区北马路75号三水大厦5号楼303室，辖内设烟台经济技术开发区支行1家支行，上级机构为企业银行（中国）有限公司，位于天津。

截至2020年末，企业银行（中国）有限公司已在全国范围内拥有天津、青岛、沈阳、烟台、苏州、深圳、武汉、北京8家一级分行机构，以及部分分行辖属8家支行级机构，机构分布在全国主要经济中心城市及其周边，网点布局注重覆盖实体制造业企业集中和发达地区。

【经营管理】 企业银行烟台分行经营范围涵盖对个人及企业的人民币及外汇业务，包括吸收公众存款、发放贷款，办理票据承兑与贴现；提供信用证服务及担保，办理国内外结算；从事银行卡业务，提供保管箱服务等。服务区域主要为烟台、威海等周边地区，2020年，各类业务继续向内陆地区延伸，包括江苏、重庆在内的异地区域，也是其业务辐射范围。

企业银行烟台分行与本地众多中外资企业建立了良好的、稳固的业务往来关系。2020年，企业银行烟台分行在存贷款均有新业务开展。存款业务方面，企业银行烟台分行、支行营业部开展了大额存单业务及结构性存款业务，进一步完善了存款产品品种，可为不同客户群体提供多样化的存款服务。贷款业务方面，2020年，企业银行烟台分行大力发展个人住房贷款业务，进一步扩大客户范围，拓展贷款种类；疫情期间推出“金融困难窗口商谈”政策，企业银行烟台分行为中小微企业因企施策，制定了延期还本付息政策，为山东省外资外贸企业复工复产贡献了自己的一份力量。

截至2020年末，企业银行烟台分行资产总额为22.10亿元，同比增长14.81%；负债总额为21.00亿元，同比增长14.70%；贷款余额为17.05亿元，同比增长50.38%；存款余额为20.90亿元，同比增长14.76%。全年，企业银行烟台分行实现账面经营利润1,037.98万元，净利润同比增长1,602.62万元，增幅较大。

【风险控制】 2020年，企业银行烟台分行在努力提高自身经营管理水平的同时也非常重视风险控制。内控管理方面，企业银行烟台分行强化合规管理和文化建设，认真梳理规章制度，细化操作流程，提高规范化经营管理水平。信用风险管控方面，严格授信条件，严格落实贷款“三查”，加强业务审查和放贷审核，防范信用风险和操作风险。通过各类合规工作的开展及规范化建设，企业银行烟台分行在合规文化建设、落实监管要求、规范合规操作、科学有效管理等各个方面水平大大提升。

2020年，企业银行烟台分行严格按照山东银保监局、烟台银保监分局和人民银行济南分行、人民银行烟台市中心支行的各项工作要求，结合各类文件指示精神，切实做好了各项工作，将“行业规范建设深化年”“深化巩固治乱象成果”等各项工作贯穿全年。企业银行烟台分行成立了以行长为组长的工作小组，由合规负责人担任副组长，结合企业银行（中国）有限公司各项工作安排，切实做好监管各项工作要求。

2020年，企业银行烟台分行落实监管要求，积极开展各项自查及整改工作，各项工作开展顺利、有序，效果显著。全年开展了存量信贷业务自查、涉赌涉诈及电信诈骗账户管理自查、非现场数据质量全面自查、员工行为专项排查、高管轮岗及履职回避自查、案件风险防控自查、市场乱象治理“回头看”、“清理银行乱收费”、资产分类专项自查等系列自查，全面提升了行内管理水平。

（宋世静）

附表1

机构概况一览表

行长（或其他称谓的第一负责人）		副行长（或其他称谓的同级领导）	
曹汉承		李忠昱、朴亨嬬、朴永镇、宋世静	
地址	山东省烟台市芝罘区北马路75号三水大厦5号楼303室	邮编	264001
网址	http：//www.ibkcn.com/	客服电话	400—606—9000

附表2

内设部门及分支机构一览表

年度	内设机构（个）	下设分支机构（个）		员工人数（人）	
		地市级机构数	县区级机构数	员工总数（含非正式员工）	正式员工数
2016	3	1	1	22	38
2017	3	1	1	23	41
2018	3	1	1	24	47
2019	3	1	1	28	49
2020	3	1	1	26	46

韩亚银行（中国）有限公司青岛分行

【第一负责人简介】　贾葳，女，1966年出生，中共党员，从事银行工作31年；2000年至2005年，历任招商银行青岛分行公司业务部总经理、高科园支行行长；2005年至2015年，历任中国进出口银行总行营业部对外担保处、山东省分行公司业务处、评估审查处和中间业务处处长；2015年6月18日至今，任韩亚银行（中国）有限公司青岛分行（简称韩亚银行青岛分行）行长。

【综述】　韩亚银行青岛分行为韩国独资银行，其前身为青岛国际银行，成立于1996年6月26日。2007年12月，经中国银行业监督管理委员会批准，青岛国际银行改制为韩亚银行青岛分行，营运资金为1亿元等值人民币。韩亚银行青岛分行位于青岛市市南区香港中路12号丰合大厦C区，毗邻青岛市政府，地处青岛金融区域中心；下辖青岛城阳支行、青岛经济技术开发区支行2家支行，有正式员工73人；服务对象是包括中国居民在内的所有客户群体，主要经营业务包括存款、贷款、人民币结算、贸易融资、国际结算业务及理财产品等。

【经营管理】　韩亚银行青岛分行自2015年开始推行本土化改革，聘请优秀中国金融人才担任行长，全面实行本土化。截至2020年末，韩亚银行青岛分行客户结构发生了较大变化，中资客户与韩资客户各占一半，改变了原来以韩资客户为主的单一客户结构，为银行的稳健发展奠定了良好的客户基础。同时，韩亚银行青岛分行对信贷结构进行了逐年优化，授信种类及授信结构更加趋于合理，实现了净利润的持续增长。

截至2020年末，韩亚银行青岛分行资产总额为48.27亿元，同比增加2.95亿元；负债总额为46.56亿元，同比增加3.11亿元；各项存款余额为39.69亿元，同比增加0.73亿元；各项贷款余额为37.32亿元，同比增加2.43亿元；全年利润总额（税前账面利润）为6,682.11万元。2020年，韩亚银行青岛分行整体经营平稳，资产及负债规模稳步提升，盈利能力较为稳定。

【风险控制】　2020年度，韩亚银行青岛分行始终坚持以“保证国家有关法律法规及规章的贯彻执行，保证银行发展战略和经营目标的实现，保证风险管理的有效性，以及业务记录、会计信息、财务信息和其他管理信息的真实、准确、完整和及时性”为内部控制管理目标，在内部控制体系的完善、内部控制职责的履行、内部控制措施的改进、内部控制保障的提升，以及内部控制的评价和监督等方面，均开展了相应的工作并取得较大进展。

（于金平）

附表1

机构概况一览表

行长（或其他称谓的第一负责人）		副行长（或其他称谓的同级领导）	
贾葳		薛佳蕾	
地址	山东省青岛市市南区香港中路12号丰合大厦C区	邮编	266071
网址	http://www.hanabank.cn/	客服电话	400—885—1111

附表2

内设部门及分支机构一览表

年度	内设机构（个）	下设分支机构（个）		员工人数（人）	
		地市级机构数	县区级机构数	员工总数（含非正式员工）	正式员工数
2016	6	1	3	83	83
2017	6	1	3	80	80
2018	6	1	3	80	80
2019	6	1	2	76	76
2020	6	1	2	73	73

韩亚银行（中国）有限公司烟台分行

【第一负责人简介】 杨涛，男，1968年出生，大学本科学历；1995年进入交通银行莱阳支行工作，2001年起历任交通银行莱阳支行信贷科科长、副行长、行长，2012年任交通银行牟平支行行长，2013年任交通银行烟台分行党委委员、行长助理；2015年10月任韩亚银行（中国）有限公司烟台分行（简称韩亚银行烟台分行）行长。

【综述】 韩亚银行烟台分行前身为青岛国际银行烟台分行，于2007年12月24日改制成立，是在烟台设立的首家外资银行，也是山东银保监局辖属范围内成立的首家外资银行。目前，韩亚银行烟台分行设置信贷部、国际结算部、营业部、综合部、风险部、合规部、市场部及韩国部8个部门。截至2020年末，韩亚银行烟台分行共有员工36人，包括1名韩国人和35名中国人。主要经营外汇业务和人民币业务，包括：吸收公众存款；发放短期、中期和长期贷款；办理票据承兑与贴现；买卖政府债券、金融债券，买卖股票以外的其他外币有价证券；提供信用证服务及担保；办理国内外结算；买卖、代理买卖外汇；从事外币兑换；从事同业拆借；从事银行卡业务；提供保管箱服务；提供资信调查和咨询服务；经中国银保监会批准的其他业务。

【经营管理】 2020年，韩亚银行烟台分行强化内部管理，注意防范经营风险。截至2020年末，韩亚银行烟台分行资产总额为21.46亿元，同比增加2.16亿元，增长11.19%。其中贷款总额为12.76亿元，同比增加1.98亿元，增长18.37%；负债总额为20.08亿元，同比增加2.14亿元，增长11.93%；存款总额为19.65亿元，同比增加2.18亿元，增长12.48%；净利润为3，730.66万元，同比增加218.80万元，增长6.23%；不良资产率为零。

作为烟台地区第一家外资银行，韩亚银行烟台分行以本土化战略统领全局，紧紧围绕“服务地方经济、服务当地百姓”的工作中心，努力创新金融服务、大力提升服务水平、鼎力支持地方经济发展、不断提高对当地经济社会发展的贡献度，实现了与地方经济的共同发展。韩亚银行烟台分行积极参与烟台自贸区建设，整合“跨境融资”“韩元清算”和“关税保函”三大产品，形成韩亚特色的自贸区金融服务方案。

近年来，韩亚银行烟台分行采取多种措施，提升金融服务质量和客户体验。持续开展营业环境改善活动，增设了金融知识教育专区，增配了民族风挂饰、摆件，客户服务体验有效提升；定期开展客户服务提升活动，通过现场检验、录像评比和客户体验等多种方式，对前台员工的服务规范性进行检查评比并进行奖惩，促进了客户服务质量的提升。

（段 霄）

附表1

机构概况一览表

行长（或其他称谓的第一负责人）		副行长（或其他称谓的同级领导）	
杨 涛		—	
地址	山东省烟台市开发区长江路161号天马中心1号楼1501号、1502号、1508号、4号楼123号	邮编	264006
网址	http://www.hanabank.cn/	客服电话	400—885—1111

附表2

内设部门及分支机构一览表

年度	内设机构（个）	下设分支机构（个）		员工人数（人）	
		地市级机构数	县区级机构数	员工总数（含非正式员工）	正式员工数
2016	6	1	1	39	39
2017	6	1	1	37	37
2018	8	1	0	34	34
2019	8	1	0	35	35
2020	8	1	0	36	36

瑞穗银行（中国）有限公司青岛分行

【第一负责人简介】　李忠，大学本科学历，拥有26年银行工作经验；先后在第一劝业银行上海分行、瑞穗银行（中国）有限公司营销部门任要职；2015年11月，任瑞穗银行（中国）有限公司青岛分行（简称瑞穗银行青岛分行）副行长；2019年4月，任瑞穗银行青岛分行行长。

【综述】　瑞穗银行（中国）有限公司是日本瑞穗银行股份有限公司的全资子公司，总部位于上海。2007年6月，作为首批外资银行之一和首家日资银行，完成了本地法人注册。截至2020年末，瑞穗银行（中国）有限公司已拥有16个营业网点，注册资本为95.00亿元。

2008年4月，经中国银监会核准，瑞穗银行青岛分行成立，2008年4月28日正式开业，营业地址是青岛市香港中路59号青岛国际金融中心44楼。目前，瑞穗银行青岛分行可为山东地区对公客户提供各种本外币金融服务，包括存款、贷款、票据承兑与贴现、信用证服务及担保，办理国内外结算、提供资信调查和咨询服务等。

【经营管理】　自2008年开业以来，瑞穗银行青岛分行已经与山东地区众多中外资企业建立了银企业务往来关系，作为“支持客户与社会持续发展，协助解决各项课题的最佳合作伙伴”，瑞穗银行青岛分行从客户在中国事业发展所需要的融资和资金运用、资金管理的效率化、公司设立、事业发展计划的探讨、战略合作、企业并购重组、全球化业务发展等各方面，向客户提供全面的综合性金融支持。

2020年，瑞穗银行青岛分行以成为扎根于中国的顶尖的外资金融机构为目标，积极建设“开放、挑战、信赖”的企业文化，在将挑战新业务领域、加强个性化的提案型营销、扩大可持续盈利的资产负债结构作为战略重点的同时，继续加强能确保稳健经营的公司治理体制、构建支撑成长的业务基础、确立稳定的财务和收益基础、提高客户满意度和员工满意度，在扩大业务规模的同时坚持稳健的管理体制，实现审慎合规经营。

2020年，瑞穗银行青岛分行积极参与了“胶东经济圈金融合作联盟”“对话山东·青岛市中日城市合作交流会”“2020青岛·中国财富论坛”“日中都市合作交流会”“山东与世界500强连线对话”等活动，为进一步与日本城市、企业和各有关方面开展新的交流合作及提升金融服务实体经济能力，提高金融一体化水平，加速金融要素市场建设作出贡献。

【风险管理】　2020年，瑞穗银行青岛分行继续坚持业绩考核与风险管理并重的方针，持续强化信用风险、操作风险、案件风险等各项风险管控。信用风险防控方面，在授信业务中遵循公共性、安全性、收益性、分散性和成长性的基本原则，通过对各项交易的贷前调查、贷时审核及贷后检查等各道工作程序的授信管理，有效贯彻和落实授信业务全流程管理。操作风险防控方面，继续加强内部制度建设，不断完善业务操作流程，促使制度覆盖到业务经营和管理的各个环节和层面，进一步堵塞管理漏洞。同时，加强各项内部制度落实情况和后续跟踪、监督工作，确保各项制度的有效落实。案件风险防控方面，落实风险防控主体责任、完善内控管理、强化案防培训、精炼案防排查项目、不断夯实案防基础，提升各层级员工的案防责任意识。

自开业以来，瑞穗银行青岛分行未发生不良贷款或其他风险事件。

（陈雪萍）

附表1

机构概况一览表

行长（或其他称谓的第一负责人）		副行长（或其他称谓的同级领导）	
李　忠		高桥英明	
地址	山东省青岛市香港中路59号青岛国际金融中心44楼	邮编	266071
网址	https：//www.mizuhobank.com/china/cn/index.html	客服电话	0532—80970001

附表2

内设部门及分支机构一览表

年度	内设机构（个）	下设分支机构（个）		员工人数（人）	
		地市级机构数	县区级机构数	员工总数（含非正式员工）	正式员工数
2016	7	0	0	56	51
2017	7	0	0	52	49
2018	7	0	0	50	45
2019	7	0	0	50	46
2020	7	0	0	50	45

南洋商业银行（中国）有限公司青岛分行

【第一负责人简介】 陶伟，男，汉族，1973年5月出生，山东淄博人，大学本科学历，中共党员；1995年9月参加工作，历任中国银行淄博分行开发区支行副行长，中银香港青岛分行企金部组主管，南洋商业银行（中国）有限公司青岛分行（简称南商（中国）青岛分行）客户经理、高级客户经理、主管、副行长（营销），南洋商业银行（中国）有限公司北京分行副行长（营销）；2019年2月至今，任南商（中国）青岛分行行长。

【综述】 南洋商业银行（中国）有限公司起源于香港，是中国信达资产管理股份有限公司全资拥有的外商独资商业银行，是中国信达集团打造跨境综合金融服务的一个重要组成部分。南洋商业银行（中国）有限公司于1949年12月14日由庄世平先生创办于香港。自成立以来，南洋商业银行（中国）有限公司始终秉承“以客为先、以礼待人”的服务宗旨和“信誉第一、服务至上”的服务原则，以立足香港、背靠祖国、面向世界，服务各地客户为己任。经过70余年的发展，南洋商业银行（中国）有限公司已成为一家具有相当经营规模和实力的银行集团，在香港拥有42家分行，在内地拥有37家分行。

南商（中国）青岛分行最初为香港宝生银行青岛分行，于1994年11月18日正式成立并对外营业。中银香港集团重组合并后，原香港宝生银行青岛分行于2002年5月1日更名为中国银行（香港）有限公司青岛分行。自2009年8月1日起，中银香港原内地分支行均改制并入南洋商业银行（中国）有限公司，中国银行（香港）有限公司青岛分行也改制为南洋（中国）青岛分行。2016年5月30日，南洋商业银行（中国）有限公司并入中国信达资产管理股份有限公司，成为其全资附属机构。

多年来，南商（中国）青岛分行坚持以客户为中心，立足改革转型，积极创新发展，在巩固发展传统银行业务的同时，积极打造特色跨境金融业务品牌。通过高效协同，逐渐成长为在内地和香港同时具备深度综合金融服务能力的商业银行。

【党建工作】 自2019年6月9日成立党支部以来，南商（中国）青岛分行积极推进党建工作，取得显著成效。一是不断完善党支部组织架构、健全基层组织；二是加强党建制度建设和规范党员管理；三是持续深入开展主题教育，通过自学、集中研讨、在线学习、调查研究和问题整改，确保主题教育全覆盖、常态化、重创新、有实效。

【风险防控】 2020年，南商（中国）青岛分行坚守合规底线，提升风控能力，加强风险排查，保持案防高压态势，不断完善内控机制。组织开展了“巩固治乱”“屡查屡犯”问题治理等专项排查，并将整治乱象内嵌于日常检查计划中。针对检查中发现的问题，举一反三地落实有效整改，及时完善内部控制、健全制度、强化执行，从而稳固合规经营基础。南商（中国）青岛分行时刻保持案防高压态势，通过组织员工观看案件警示教育片、通报典型案例等形式，以案为鉴、以案明纪，筑牢员工拒腐防变的思想防线。通过开办“业务大讲堂”及“法规天天学”等培训活动，加强对员工的合规培训及业务培训，不断提升员工的专业能力和服务水平。

【经营管理】 2020年，面对经济增长放缓、金融强监管的外部形势，以及资产质量下滑的内部压力，南商（中国）青岛分行按照总行的工作部署，重点围绕2020年度工作会议提出的“战略转型、价值提升、管理赋能、敏捷行动”十六字方针，坚持“获利、止损、降本、增收”的工作思路，取得了一定的经营成效。

2020年，南商（中国）青岛分行响应国家发展战略，积极服务实体经济。通过“普惠宝——支小助农在线融资平台”加大对小微企业和“三农”客户的信贷支持力度，取得了良好的成效。通过挖掘优质授信客户、积极拓展跨境业务，不断拓宽跨境合作渠道；个人业务以外币存款为抓手、以小微企业为支撑、以跨境联动为纽带，深耕跨境联动客户服务，加强企个金联动及信达集团协同，解决客户多方面的融资需求；全年南商（中国）青岛分行公司业务稳步发展、稳质增存。

展望2021年，随着全球主要经济体逐渐复工复产，全球经济下滑程度将逐步收窄；中国经济虽然压力仍大，但有望实现率先复苏；国际经济形势依然复杂，出口方面仍受到较大影响，预计短期内GDP的增长仍然依靠投资拉动；中国银行业经营压力虽然较大，但在“积极的财政政策更加积极有为、稳健的货币政策更加灵活适度”的政策环境下，或将迎来结构性机遇。因此，南商(中国)青岛分行将坚持“顺时应势、突出特色、协同共赢、稳健发展”的基本经营指导思想，在继续推进业务提升、夯实资产质量的同时，积极探索管理提升的有效突破，行稳致远。

（王 蕾）

附表1

机构概况一览表

行长（或其他称谓的第一负责人）		副行长（或其他称谓的同级领导）	
陶 伟		李 飒	
地址	山东省青岛市连云港路17号1层网点、1号楼22层、23层、24层	邮编	266071
网址	http://www.ncbchina.cn/	客服电话	0532—66707676

附表2

内设部门及分支机构一览表

年度	内设机构（个）	下设分支机构（个）		员工人数（人）	
		地市级机构数	县区级机构数	员工总数（含非正式员工）	正式员工数
2016	8	3	0	61	35
2017	11	3	0	70	38
2018	11	3	0	63	34
2019	10	2	0	66	23
2020	9	2	0	60	20

日本山口银行股份有限公司青岛分行

【第一负责人简介】 川田正博，男，1969年出生，1992年3月松山大学法学部毕业；1992年4月进入日本山口银行工作，先后任职于日本山口银行西新川分行、名古屋分行、松山分行，历任松山分行行长助理、益田分行行长助理、青岛分行行长助理、床波分行行长；2017年至今，任日本山口银行股份有限公司青岛分行（简称山口银行青岛分行）行长。

【综述】 日本山口银行股份有限公司（简称山口银行）位于山口县下关市，是一家在日本上市的、经营稳健的地方银行，其母公司为日本山口金融集团，下设银行、证券、信托、资产管理等公司。山口银行除了在青岛、大连和韩国釜山设有分行之外，在香港还设有代表处。山口银行于1985年11月在青岛设立代表处，1992年升格为山口银行青岛分行，目前属于外国银行分行，被中国银保监会指定为在中国境内的管理行。

受益于中国的改革开放和经济迅速发展，山口银行青岛分行的客户除部分中国企业外，多数是从日本来中国投资的日资企业。因此，其经营活动不仅仅局限于当地，还积极地向上海、北京及其周边地域辐射，努力开拓新客户，扩大在中国的业务范围。

山口银行青岛分行定期举办山口县中小企业产品项目推介会，以及以投资贸易为目的的中小企业经济信息交流会。作为履行社会责任、贡献社会的一环，山口银行青岛分行每年举办山口银行杯日语大奖赛，优胜团队的师生由山口银行总行赞助赴日本研修一周。每年组织青岛市上清路小学部分师生到日本交流学习一周；每年资助1～2名中国大学生到日本大学完成学业；每年邀请青岛市金融、商贸、事务管理人士到日本进行商务交流，加强沟通合作。2020年，因疫情上述活动均停办一次。

【经营管理】 山口银行青岛分行经营业务范围主要包括：对各类客户的外汇业务和对除中国境内公民以外客户的人民币业务；吸收公众存款；发放短期、中期和长期贷款；办理票据承兑与贴现；代理发行、代理兑付、承销政府债券；买卖政府债券、金融债券，买卖股票以外的其他外币有价证券；提供信用证服务及担保；办理国内外结算；买卖、代理买卖外汇；代理收付款项及代理保险业务；从事同业拆借；提供资信调查和咨询服务等；经中国银行保险监督管理委员会批准的其他业务。自2011年6月起，山口银行青岛分行开始办理人民币跨境结算业务，为日本和中国的境内外客户提供人民币计价结算的便利性。

山口银行青岛分行注重精细化管理和流程管理，所有事项均按照规定流程办理，分工清晰、职责明确，同时注重细节和痕迹化，在符合制度要求的基础上，加强人性化管理。自成立以来，山口银行青岛分行一贯坚持普惠金融服务，着重支持中国境内的各类中小企业发展，客户行业主要包括机械、化工、汽车配件、电子等制造业，以及农业、物流、服务业等，主要为客户提供人民币存贷款、结算、结售汇、外汇买卖等金融服务。

2020年，山口银行青岛分行不断强化营业力度、推进业务发展，迅速应对客户的需求，保证提供优质的金融服务。秉持与客户共同发展的理念，除合理适当的贷款利率之外，从不提高贷款利率、不收取不合理的费用或者变相收费，有效减轻了企业客户的财务负担，促进中小企业良好发展。

【风险控制】 2020年，山口银行青岛分行持续加强各项制度建设，始终做到有章可依、有规可循；不断确保分行内部控制制度的有效性，操作规章落实到位，内控贯穿于各业务环节和流程；针对外籍员工人数多的状况，积极开展合规培训，加强本地化学习，并定期开展考试，测试评估学习效果；注重科技系统改造升级，优化系统操作和风险控制；突出合规管理，以合规为先，形成了良好的合规文化、合规氛围；定期或不定期开展内部检查，聘用毕马威会计师事务所实施外部审计；实施信用风险和流动性风险等各种风险的全面管理，加强反洗钱管理，设置专职人员、开发反洗钱软件，努力防范洗钱和恐怖融资风险。2020年，山口银行青岛分行重点开展了市场乱象整治“回头看”工作，努力预防、化解风险，积极稳妥地开展各项经营活动。多年来，未有风险案件和不良资产发生。

（姬广伟、金奉爱）

附表1

机构概况一览表

行长（或其他称谓的第一负责人）		副行长（或其他称谓的同级领导）	
川田正博		竹中健二、姬广伟	
地址	山东省青岛市香港中路76号颐中假日皇冠酒店2楼	邮编	266071
网址	ybk2@ymfgqd.com	客服电话	0532—85766222

附表2

内设部门及分支机构一览表

年度	内设机构（个）	下设分支机构（个）		员工人数（人）	
		地市级机构数	县区级机构数	员工总数（含非正式员工）	正式员工数
2016	5	1	0	28	28
2017	5	1	0	26	26
2018	5	1	0	25	25
2019	5	1	0	29	29
2020	5	1	0	30	30

华侨永亨银行（中国）有限公司青岛分行

【第一负责人简介】 邹仁杰，女，1996年毕业于东北财经大学投资经济管理系，至今已有超过30年的银行从业经验；1988年至1998年，先后在建设银行青岛分行及华夏银行青岛分行担任企业发展部客户经理、支行副行长、支行行长、公司业务部总经理等职，从事业务发展和行政管理工作；2010年加入华侨永亨银行（中国）有限公司（原华侨银行（中国）有限公司）；2010年12月至2018年1月任华侨永亨银行（中国）有限公司青岛分行（简称华侨永亨银行青岛分行）行长；2018年1月至2019年10月担任华侨永亨银行（中国）有限公司珠三角地区总部业务总经理；2019年11月28日至今，任华侨永亨银行青岛分行行长。

【综述】 华侨永亨银行青岛分行前身为1997年设立的华侨银行青岛代表处，2011年升格为青岛分行，并于2011年9月18日开业；2016年更名为华侨永亨银行（中国）有限公司青岛分行，并于7月18日正式对外营业。华侨永亨银行青岛分行未开展个人业务，现有员工19人。自开业以来，华侨永亨银行青岛分行无违规事件、无不良记录，顺利通过人民银行系统、银保监部门、公安部门等外部监管机构的各项检查。

【经营管理】 华侨永亨银行青岛分行目前的营销策略是依托青岛及山东半岛地区的港口区位优势及母行在新加坡和中国香港市场的海外优势，结合本机构信贷资源及现有业务产品，推动中资客户“走出去”，在新加坡、马来西亚、泰国等东南亚国家和“一带一路”沿线国家为中资客户提供全面的服务；为中资客户在海外资本市场融资提供便利，如海外发债、IPO、海外并购贷款等；培育一批能与华侨永亨银行建立稳定合作关系的客户群体，为今后的业务发展打下基础；依托华侨银行集团资源，将现有产品与客户需求相结合，全方位营销，围绕客户做深做透，致力于向客户提供更多业务选择，提高客户对华侨永亨银行的认知度，提升华侨永亨银行青岛分行在山东地区的品牌效应。

2020年，华侨永亨银行青岛分行在疫情防控的紧张局势下，全力支持企业复工复产，为疫情防控相关企业提供优质的金融服务，同时积极发展自身业务。截至年末，华侨永亨银行青岛分行资产总额为116,229.79万元，同比增加47,622.49万元，增幅为69.41%；负债总额为93,964.47万元，同比增加46,819.57万元，增幅为99.31%；各项存款余额合计45,530.95万元，同比增加37,789.08万元，增幅为488.11%；各项贷款余额合计114,512.34万元，同比增加44,686.05万元，增幅为64.00%。

【风险控制】 截至2020年末，华侨永亨银行青岛分行各项存贷款均为对公业务，未涉及个人贷款及现金业务。华侨永亨银行青岛分行自开业以来未发生不良贷款或其他风险事件。

（孙 伟）

附表1

机构概况一览表

行长（或其他称谓的第一负责人）		副行长（或其他称谓的同级领导）	
邹仁杰		—	
地址	山东省青岛市市南区香港中路9号香格里拉办公楼24层2402—2407	邮编	266071
网址	http://www.ocbc.com.cn/	客服电话	400—894—0089

附表2

内设部门及分支机构一览表

年度	内设机构（个）	下设分支机构（个）		员工人数（人）	
		地市级机构数	县区级机构数	员工总数（含非正式员工）	正式员工数
2016	5	1	0	26	22
2017	5	1	0	25	21
2018	4	1	0	24	20
2019	4	1	0	23	19
2020	4	1	0	23	19

韩国釜山银行股份有限公司青岛分行

【第一负责人简介】 林男圭，男，1971年出生，韩国籍，大学本科学历，1998年入职韩国釜山银行股份有限公司（简称釜山银行）；1998年至2013年，先后在釜山银行多家分行负责外汇业务；2013年至2019年，在釜山银行多家分行负责贷款业务并晋升为副行长；2019年2月，任韩国釜山银行股份有限公司青岛分行（简称釜山银行青岛分行）检查总负责人；2019年11月至今，任釜山银行青岛分行行长。

【综述】 釜山银行是一家韩国地方性股份制商业银行，1967年10月设立于韩国港口城市釜山。2012年，釜山银行战略性地将自己的第一家海外分行设立在各方面条件均十分优越的青岛。釜山银行青岛分行在总行“内实经营”的发展方针指引下，充分发挥总行与地区紧密结合的优势，通过内部信息共享等方式，深入挖掘客户金融需求，为客户量身打造金融产品，持续为客户提供多样化的国际结算服务、贸易融资产品以及人民币存贷款及结算服务。

【经营管理】 釜山银行成立53年来，专注于为客户提供优质的金融服务。釜山银行一直秉承着“携手地区走向世界，心系顾客创造未来”的经营理念，努力确保新的成长动力和灵活应对金融环境变化的能力。目前釜山银行已突破地方性银行的局限，正成长为以银行为核心的具有国际竞争力的综合性金融集团，并树立了“成为全球超一流的地区金融集团”的经营目标。为此，釜山银行通过加强经营能力、风险管理，推进内部革新，强化社会责任经营，增强应对未来风险的能力，并按照战略计划积极稳妥推进各项工作。

釜山银行青岛分行长期致力于支持中小企业的发展，特别是针对绿色产业、新兴产业以及高科技产业中小而强的企业，不断加大支持力度，逐步探索出一套有效的信用评价和风险管理体系，对各项业务进行风险控制。釜山银行青岛分行目前的客户主要集中在制造业领域的中小企业。根据这一特点，釜山银行青岛分行在现有经营范围内，不断努力开发新的业务品种；在发放常规流动资金贷款之外，积极开拓贸易融资领域。

釜山银行青岛分行可为客户提供信用证项下的各类业务、进出口押汇、托收等结算融资服务。为了给客户提供更方便、快捷的金融服务，釜山银行青岛分行于2015年积极申请并于同年末获准开展人民币业务。2020年，面对新冠肺炎疫情的严重冲击，釜山银行青岛分行积极制定应对政策，支持企业客户渡过难关；全年资产质量继续保持良好水平，内部控制持续完善，全面完成了总行各项既定目标。

（郝璐玭）

附表1

机构概况一览表

行长（或其他称谓的第一负责人）		副行长（或其他称谓的同级领导）	
林男圭		—	
地址	山东省青岛市崂山区香港东路195号8号楼1403/1404室	邮编	266000
网址	http://www.busanbank.co.kr	客服电话	0532—86679021

附表2

内设部门及分支机构一览表

年度	内设机构（个）	下设分支机构（个）		员工人数（人）	
		地市级机构数	县区级机构数	员工总数（含非正式员工）	正式员工数
2016	8	1	0	18	18
2017	8	1	0	17	17
2018	8	1	0	19	19
2019	8	1	0	18	18
2020	8	1	0	20	20

第八部分

非银行类金融机构

一、证券公司

中泰证券股份有限公司

【第一负责人简介】 李峰，男，汉族，1971年12月出生，中共党员，经济学博士；历任潍坊经济开发区管委会副主任，潍坊高新技术产业开发区管委会副主任，潍坊市委组织部副部长，山东省领导干部考试题库管理中心主任，诸城市委副书记、市长、市委书记，潍坊市政府党组成员，日照市副市长，山东省财政厅党组成员、副厅长；现任中泰证券股份有限公司（简称中泰证券）党委书记、董事长。

【综述】 中泰证券是山东省的本土券商。自2001年成立以来，在山东省委省政府的正确领导下，在监管部门的关心厚爱下，在社会各界的大力支持下，中泰证券立足山东、服务全国，逐步发展成为全国大型综合类上市券商和综合性证券控股集团。中泰证券在全国28个省份设有45家分公司、290多家证券营业部，员工近8,000人；旗下子公司涵盖期货、基金、资管等金融业务领域，并在我国香港、新加坡等地设有海外子公司或办事处。

2020年，随着中泰证券受到山东省委管理、新领导班子调整以及成功登陆资本市场，中泰证券站在了新的起点上，迎来了新的发展机遇。中泰证券各部门、各下属单位以坚定落实中央决策部署和省委省政府工作要求的决心、服务实体经济的初心、向券商第一方阵迈进的雄心、市场化改革的恒心，以党建为统领，以客户为中心，深入实施区域突破、人才强企、转型提升和金融科技四大战略，将改革创新、风控合规作为两大支撑，努力推动公司高质量发展再上新台阶。截至年末，中泰证券服务客户600.00多万户，累计为500多家企业提供股债融资服务，管理客户资产和融资服务规模双双超过万亿元。年末中泰证券总资产为1,745.10亿元，净资产为334.00亿元；全年实现营业收入103.52亿元，净利润为25.81亿元；2007年重组以来至2020年末，中泰证券累计实现利润356.00亿元；累计缴纳税金251.00亿元，其中为山东省缴纳税金161.94亿元；累计为股东分红67.73亿元。

中泰证券制定了“深耕山东、南布重兵、做强北京”的区域突破战略，并把深耕山东作为区域突破战略的首选之题、重中之重。新领导班子到任后，带头跑客户、跑市场，深入各地市洽谈业务、签订战略合作协议。目前已与山东省内10个地方政府，青岛、烟台、威海、潍坊、日照5市财政局以及22家企业、银行机构签署了战略合作协议；参股山东省新动能基金公司，共建“投资＋保荐”的大联动机制，抱团开发项目；积极向山东省委组织部申请，向多个地市选派了金融监督管理局副局长，帮助当地普及资本市场知识，提高资本市场意识。近年来，中泰证券累计为山钢集团、辰欣药业等省内140多家企业融资1,900.00多亿元，股权业务和债券业务在山东市场的占比大幅提升，服务山东市场份额稳居全国券商第一；中泰证券累计为近200家省内企业提供新三板挂牌服务，为60多家省内企业提供新三板做市服务；累计推荐近500家企业在齐鲁股权交易中心和青岛蓝海股权交易中心挂牌；为山东高速、山东黄金等39家省内企业提供1,790亿港元的境外融资服务；中泰证券子公司中泰资本凭借优秀的产业整合能力和资本运作能力，与各地政府、大型国企展开合作，累计设立中泰蓝润基金、中泰海控基金、中泰威智项目等22只基金，基金实缴总规模高达35.00亿元。

【财富管理业务】 2020年，中泰证券秉持“以客户为中心”的核心服务理念，依托金融科技实现平台化服务和赋能，努力打造以投资顾问为核心、集“专业交易、资产配置、综合金融服务”于一体的国内一流财富品牌，有效满足客户日益增长的财富管理需求。全年实现代理买卖证券业务净收入26.99亿元，行业排名第13位。

【投行业务】 中泰证券拥有一支600余人的专业团队，其中保荐代表人85名、准保荐代表人42名，能够为企业和机构客户提供覆盖主板、科创板、创业板、新三板等股权融资、债券融资、资产证券化、并购重组、创新融资及市值管理、财务顾问等全业务链的一揽子优质综合金融服务。2020年，中泰证券共完成17单股权主承销项目、378单债券类承销项目，其中债券主承销189单，承销规模合计1,045.38亿元；推荐8家企业在新三板挂牌，承销16家挂牌公司定向发行股票，定向发行融资规模为4.05亿元；持续督导新三板挂牌公司313家，其中创新层公司35家、精选层公司2家。

【投资业务】 2020年，中泰证券在市场震荡调整的形势下，坚持稳健投资，加大市场研判力度，认真做好权益类、债券类、衍生品投资。

【资产管理业务】 中泰证券于2014年底成立了资管子公司，拥有公募基金业务和私募资产管理业务资格，能够为客户提供现金管理类、货币类、债券类、权益类、量化类等多元化金融产品。截至2020年末，中泰证券资产管理业务规模为1,470.00亿元，其中主动管理业务规模为1,187.00亿元。

【期货业务】 中泰证券控股的鲁证期货于2015年在香港联合交易所上市，成为国内期货行业第一家上市公司、香港联合交易所第一家上市的期货公司以及山东省第一家境外上市金融企业。

【国际业务】 中泰证券2013年在香港设立了中泰金融国际公司，目前注册资本为17.91亿港元，具有证券交易、期货、投资咨询、资管、融资等全业务牌照。2020年，中泰国际完成3个IPO项目保荐、1个反向收购项目通过上市聆讯、7个财务顾问项目；完成IPO股票承销项目20个，股票承销规模为282.67亿港元；完成债券承销项目70个，债券承销规模为1,125.74亿港元。

【基金业务】 截至2020年末，中泰证券子公司万家基金共管理公募基金83只，管理规模为1,887.20亿元，在143家公募基金管理公司中排名第31位左右。

【私募投资基金业务】 截至2020年末，中泰证券子公司中泰资本及其子公司管理存量私募基金13只，基金实缴出资金额合计21.12亿元；基金存量投资项目合计24个，投资金额合计13.78亿元；投资领域涉及新能源、新材料、医养康美、高端装备制造、节能环保、文化传媒等多个行业。

【另类投资业务】 2020年，中泰证券子公司中泰创投完成32个投资项目，总金额为24.60亿元，涉及航空航天军工、科技与先进制造、医疗健康等领域。

【风险控制】 中泰证券设立了合规总监、首席风险官，建立了包括合规、风控、法律、审计稽核在内的大风控业务线；组建了近百人的合规风控队伍；在各业务条线、分支机构均设立了合规风控总监，强化对业务的前端控制和过程监控。2020年，中泰证券多次召开合规风控专题会议，从人才队伍、绩效考核等方面进一步优化合规风控体系建设；多次开展合规风控专项整改活动，对各业务条线的合规风控状况进行全面排查；针对产品代销、投行等重点业务领域，组织开展了29次合规检查、15次自查和风险排查；从系统建设、检查督导等方面积极推进反洗钱工作；搭建了集团风险控制指标并表管理系统，将6家子公司的财务、业务等风险数据纳入并表范围；全面加强对子公司风险的垂直管理，有效提升集团化风险管控能力。

（邹永莉）

附表1

机构概况一览表

董事长（或其他称谓的第一负责人）		其他领导（或其他称谓的同级领导）	
李 峰		—	
地址	山东省济南市经七路86号	邮编	250001
网址	https://www.95538.cn/index.html	客服电话	95538

附表2

内设部门及分支机构一览表

年度	内设机构（个）	下设分支机构（个）		员工人数（人）	
		地市级机构数	县区级机构数	员工总数（含非正式员工）	正式员工数
2016	45	210	68	7,323	6,990
2017	44	246	72	7,899	7,566
2018	46	257	68	7,798	7,486
2019	48	257	68	7,718	7,425
2020	48	264	67	7,758	7,457

附表3

主要统计指标

单位：亿元

项目	2016年	2017年	2018年	2019年	2020年	2020年同比增幅(%)
资产总额	1,230.26	1,322.38	1,359.63	1,466.13	1,745.10	19.03
负债总额	902.26	981.00	1,031.99	1,116.07	1,400.80	25.51
营业收入	83.47	81.69	70.25	97.09	103.52	6.62
投资收益	10.67	14.33	22.60	24.78	20.89	-15.70
利润	31.83	23.77	14.08	28.33	32.75	15.60
净利润	25.33	18.96	10.70	22.94	25.81	12.51

中信证券（山东）有限责任公司

【第一负责人简介】 冯恩新，西安工程大学棉纺专业学士、中国人民大学商品学专业硕士、国民经济学专业博士，高级经济师；曾任西安工程大学教师，北京市财政局债务管理处及综合计划处副处长，华夏证券北京东四证券营业部副总经理，光大证券债券业务总部副总经理，中信建投证券机构销售交易部副总经理、经纪业务管理委员会市场营销部行政负责人、经纪业务管理委员会机构管理部行政负责人、湖北分公司筹备组组长、湖北分公司总经理、北京安立路中心营业部总经理；2019年1月任中信证券江苏分公司总经理，现任中信证券（山东）有限责任公司（简称中信证券（山东）公司）董事长兼总经理、法定代表人。

【综述】 中信证券（山东）公司是山东省内两家法人证券公司之一，是国内龙头券商中信证券的全资子公司，注册地为青岛市崂山区，注册资本为24.94亿元。中信证券（山东）公司前身为1988年经中国人民银行总行批准、中国人民银行青岛市分行出资800.00万元设立的青岛证券公司。历经多年、多次增资改制、扩股、更名，至2013年9月公司股东变更为中信证券1家，2014年4月正式更名为“中信证券（山东）有限责任公司”。中信证券（山东）公司立足青岛，辐射山东、河南两省，拥有70家证券分支机构。

除证券经纪、证券投资基金代销、代销金融产品、融资融券等主营业务外，依托中信证券的资源，中信证券（山东）公司可为政府、企业提供债权、股权融资等金融服务，可提供上市企业的股权托管、高端客户的财富管理及资产配置等优质服务与资源。近几年，中信证券（山东）公司在聚合服务资源、拓展营销渠道、客户分级分类服务等方面做了有益探索，财富管理转型取得积极进展。

截至2020年末，中信证券（山东）公司总资产为276.60亿元，净资产为69.26亿元；全年实现营业收入18.06亿元、净利润5.35亿元；目前服务客户200多万户，管理客户资产3,000多亿元。2014年至2020年，中信证券（山东）公司累计纳税29.44亿元；中信证券（山东）公司多次获评“山东省服务业先进单位”“山东省纳税先进单位”“青岛市文明单位”“青岛市金融发展突出贡献单位”等荣誉称号。

【经纪业务】 2020年，中信证券（山东）公司以“促强项，补短板”为指导思想，坚持“以客户为中心”的服务理念，巩固零售业务优势，积聚财富管理客户资源，着力向综合金融服务转型。全年中信证券（山东）公司重点开展了以下工作：持续做好客户开发基础工作，在保证有效户率的基础上新开客户数同比提高近70.00%，激活流失客户数同比提升30.00%；做大财富客户规模，财富客户数同比提升48.00%，财富客户资产同比增长82.00%；继续扩大产品销售优势，借助中信证券平台全谱系的产品体系，以投资者适当性为基础，为客户推介与其风险收益特征相匹配的产品，权益类产品销量和保有量创历史新高，主销产品年度收益显著跑赢市场；融资融券余额增长迅速，资金类业务成为重要的收入增长点；期权经纪业务收入提升明显；注重业务渠道拓展，以销售优势为抓手，充分挖掘公募、私募机构的合作机会，构建起包括产品落地、融资融券等的业务合作生态；年内新增内训师83人，并在各分支机构选配内训师团队负责人，入职一年以上员工投顾考试通过率达98.00%；内训师队伍建设及员工专业性提升明显，为财富管理转型和综合金融服务落地提供了人力资源保障。

【风险控制】　中信证券（山东）公司高度重视合规风控工作，不断完善公司治理、合规风控和制度建设，形成了以董事会、监事、经营管理层、合规总监（兼任首席风险官、首席反洗钱合规官）、合规稽核及法律事务部、各部门和分支机构负责人及各部门和分支机构合规人员为主干的多层级合规风控和全面风险管理体系，各层级各履其责，有效提升了合规风控、全面风险管理、反洗钱业务管理效能。2020年，中信证券（山东）公司修订（或制定）涉及合规风控、全面风险管理、反洗钱管理制度10余项，“发扬制度精神，创建诚信品牌”已成为中信证券（山东）公司风险控制管理及文化建设的总抓手，以客户为中心、合规运营、严格风险控制已成为中信证券（山东）公司所有工作的出发点、落脚点。中信证券（山东）公司通过定期集中组织线上、线下合规风控培训，持续提升员工主动合规意识；全年对分支机构合规检查、内部稽核64家次，组织分支机构开展合规及反洗钱自查9次，并对整改情况进行严格督查。

（张兰辉）

附表1

机构概况一览表

董事长（或其他称谓的第一负责人）		其他领导（或其他称谓的同级领导）	
冯恩新		—	
地址	山东省青岛市市南区东海西路28号龙翔广场1号楼东5层 山东省济南市市中区经七路156号国际财富中心15层	邮编	266071 250001
网址	http://sd.citics.com	客服电话	95548

附表2

内设部门及分支机构一览表

年度	内设机构（个）	下设分支机构（个）		员工人数（人）	
		地市级机构数	县区级机构数	员工总数（含非正式员工）	正式员工数
2016	10	57	11	2,551	2,371
2017	10	58	11	2,308	2,205
2018	10	59	11	2,407	2,368
2019	9	59	11	2,571	2,564
2020	9	59	11	2,602	2,595

附表3

主要统计指标

单位：亿元

项目	2016年	2017年	2018年	2019年	2020年	2020年同比增幅（%）
资产总额	218.01	168.27	169.01	197.74	276.60	39.88
负债总额	165.12	111.13	108.60	133.41	207.34	55.42
营业收入	15.69	13.97	11.88	13.19	18.06	36.92
投资收益	0.84	1.59	0.06	3.03	1.33	-56.11
利润	6.64	6.01	4.50	5.24	7.15	36.45
净利润	5.04	4.60	3.29	3.92	5.35	36.48

二、保险公司

中国人民财产保险股份有限公司山东省分公司

【第一负责人简介】 胡伟，男，汉族，1968年10月出生，中共党员，大学本科学历，高级经济师；1990年7月参加工作，历任中国人民财产保险股份有限公司济宁市分公司办事处业务员，支公司副科长、科长、经理助理、副经理、经理，分公司副总经理；2008年2月任中国人民财产保险股份有限公司济宁市分公司党委书记、总经理，2010年12月任中国人民财产保险股份有限公司济南市分公司党委书记、总经理；2011年2月任中国人民财产保险股份有限公司山东省分公司（简称人保财险山东分公司）党委委员、副总经理（2011年2月至2014年12月兼任中国人民财产保险股份有限公司济南市分公司党委书记、总经理）；2018年10月至今任人保财险山东分公司主要负责人。

【综述】 中国人民财产保险股份有限公司是中央组织部直管的中央企业，成立于1949年，人保财险山东分公司是其设立在山东的一级分公司，在山东省15个市（不含青岛）设有260余家县区级经营机构、三农营销服务部400余个、三农保险服务站近千个、三农保险服务点2.30万余个。2020年，人保财险山东分公司紧跟党中央、山东省委省政府重大决策部署，把不断满足人民日益增长的美好生活需要作为初心和使命，积极落实省政府与中国人民保险集团战略合作协议，紧紧围绕保险行业风险管理的核心职能，做实疫情防控、服务实体经济、维护金融安全、严守风险底线，为助力复工复产、促进经济发展、保障服务民生、创新社会治理贡献自身力量，先后荣获“山东省优秀企业”“社会责任企业”“知名品牌”等称号。

【经营管理】 2020年，人保财险山东分公司积极履行金融国企的政治责任和社会责任，业务范围和服务对象涉及国计民生各个方面，大力拓展从农业生产、交通运输、对外贸易到百姓“菜篮子”“米袋子”等经济社会各领域的保险业务，先后独家或首席承保了高铁高速、电力核电、交通航空等国家重大工程项目，有力保障了新旧动能转换重点项目有序推进。全年，人保财险山东分公司为480.00万辆机动车、4.00万多家企事业单位、4,900.00万城乡居民和职工提供风险保障60.00万亿元，处理赔案497.00万件，支付赔款超过146.00亿元，上缴税收22.00亿元。

【业务拓展】 2020年，人保财险山东分公司扎实推进“温暖工程”，统筹抓好疫情防控和助力复工复产工作，深入推进转型发展，努力实现企业商业价值与社会责任的高度统一。

一是坚持党建引领，实现发展转型新合力。以习近平新时代中国特色社会主义思想为指导，不断增强“四个意识”，坚定“四个自信”，做到“两个维护”，深化党建一体化建设，将传承中国人民保险红色血脉与弘扬“沂蒙精神”红色基因紧密结合，全面加强和改进基层党的建设，推动以客户为中心的转型，经营管理持续优化，实现了党建引领。

二是积极投身疫情防控。第一时间向山东赴鄂医疗队员、抗疫一线医护人员及其家属赠送人均50.00万元的专项保险保障，率先向因疫情防控而殉职的10位一线人员支付253.00万元应急救助赔偿金。

三是始终致力于保障改善社会民生。大病保险参保人群达到4,836.00万人，累计赔付近百万人次；扶贫特惠保为建档立卡贫困人口提供医疗风险保障2,300.00亿元；率先实施民生综合保险试点工作，保障内容涵盖洪涝、台风、雪灾等13种自然灾害及居民人身伤亡和房屋救助损失责任。2020年，为各级政府提供105.00亿元风险保障。

四是持续加大保险创新力度。为120余家高端装备、新材料、创新型科技型企业提供80.00亿元风险保障；出口信用保险服务3,000多家出口企业；积极参与工程保险和担保制度改革试点，通过投标保证保险、履约保证保险等产品，为中铁、中建、中核等3,000多家企业释放保证金超过14.00亿元。

五是深度参与社会治理。为9,300多家企业免费提供双重预防体系建设服务；为全省2.60万所学校提供7,500.00亿元校园安全保障；积极研发智慧综治服务系统，推动产品服务升级，赋予综治保险新的活力。

六是全面助力乡村振兴。为广大农户提供超过18.00亿元风险保障；开办全省首款地方财政补贴型玉米收入保险，加快推进传统种植险向保收入、保价格转变；创新专属扶贫保险产品，为100.00多万临贫、易贫人群提供风险保障2,300.00亿元。

【员工培训】 2020年，人保财险山东分公司以“激活、赋能、育才、培优”为导向，以能力建设为主线，突出政治素质培养和关键能力培育，有针对性地提升干部员工综合素质和履职能力。在培训管理制度完善、重点人群培训项目开展、全员网络培训等方面开展了工作，取得良好成效。

【客户服务】 2020年，人保财险山东分公司持续提升客户服务品质。大力开展警保联动，投入警保联动项目服务人员1,300多人；“车驾管”实现地市全覆盖，建成车驾管站点、“两站两员”服务站点近600个。创新推进“科技赋能”，实施“线上化工程”，以“保险+科技+服务”引领保险发展新业态、开创新领域；打造高效便民的“山东人保财险”微信公众号，开通了保单下载、预约审车、视频报案、一键救援、在线理赔等多种线上便捷实用的服务。

（陈 勐、张 磊、王 波）

附表1

机构概况一览表

总经理（或其他称谓的第一负责人）		副总经理（或其他称谓的同级领导）	
胡 伟		翟瑞贞、崔建生、李普廷、李志恒、黄 海、于 航	
地址	山东省济南市经十路8000号龙奥金座2号楼	邮编	250011
网址	http://www.epicc.com.cn/	客服电话	95518

附表2

内设部门及分支机构一览表

年度	内设机构（个）	下设分支机构（个）		员工人数（人）	
		地市级机构数	县区级机构数	员工总数（含非正式员工）	正式员工数
2016	23	16	272	9,255	8,569
2017	23	16	262	9,426	8,883
2018	25	16	267	9,478	8,975
2019	22	16	262	9,540	9,107
2020	22	16	262	8,927	8,654

附表3

主要统计指标

项目	2016年	2017年	2018年	2019年	2020年	2020年同比增幅（%）
总资产（亿元）	31.55	34.77	39.15	43.49	48.78	12.16
签单数量（万件）	721.39	844.19	1,030.92	1,159.37	1,378.94	18.94
保费收入（亿元）	171.26	189.55	192.48	208.87	223.04	6.78
处理赔案（万件）	200.19	263.31	338.91	398.94	497.56	24.72
赔付支出（亿元）	110.01	119.84	138.41	134.69	146.87	9.04

中国人寿保险股份有限公司山东省分公司

【第一负责人简介】 魏成和，男，汉族，1962年11月出生，中共党员，高级经济师，山东大学经济学院保险专业研究生合作导师，1980年11月参加工作；2002年至2009年，先后担任中国人寿保险股份有限公司张家口分公司、保定分公司、大连分公司总经理；2010年至2014年，担任中国人寿保险股份有限公司河北省分公司副总经理；2014年至2018年，担任中国人寿保险股份有限公司吉林省分公司总经理；2018年至今，任中国人寿保险股份有限公司业务总监，中国人寿保险股份有限公司山东省分公司（简称中国人寿山东省分公司）党委书记、总经理。

【综述】 2020年，面对“极不平凡”的外部环境，中国人寿山东省分公司积极贯彻落实总公司“三抓三强三稳”部署要求，立足“一年筑基、两年复兴、三年超越”三年三步走战略目标，贯彻“坚持解放思想、强化履职尽责、促进成长成熟、实现全面超越”的指导思想，统筹疫情防控和经营发展，取得了较好的发展成绩。

【经营管理】 2020年，中国人寿山东省分公司各项业务发展平稳向好。一是关键指标保持稳定。全省系统首年标保、首年期交、十年期、保障型、大短险分别达成总部预算的98.78%、103.95%、101.55%、101.77%、112.68%。二是一体多元协同并进。大个险坚持价值引领，标保、首年期交、十年期、保障型全部实现正增长，其中保障型同比提升17.80%；银保统筹规模与效益，各主要指标实现顶额考核得分，其中代理期交和五年期分别实现倍数增长；团短险实现同比增长17.20%；健康险方面，积极稳定大病保险市场、拓展长期护理保险；推进政策性业务超额达成总部预算，规模居全国第2位。三是市场竞争积极主动。全年总保费实现454.00亿元（含大病），同比增长6.60%，市场份额为20.76%，居市场主导地位；个险折标期交、个险人力与主要竞争对手的比值分别为2.43、1.58；全省10家分公司达成个险“双领先”，济南“双领先”比值分别提升40.00%和9.00%，省会城市竞争优势持续巩固。四是成本管理不断加强。在业务保持稳定的同时，成本消耗稳步下降，费用支出同比下降20.10%；销售费用效率提高，销售费用同比下降28.60%；支出结构不断优化，降本增效成果明显。

【运营服务】 2020年，中国人寿山东省分公司扎实推进运营服务。立足服务销售、创造价值、创新驱动，推进线上线下融合、销售服务融合，特别是在疫情防控阻击战中，积极推进各项服务“线上办、不见面”。上线开通了电子保单和“国寿视通远程理赔探访系统”并推广到全国，积极提升智能化新型通知服务能力。全年寿险APP完成认证数量152.00万人，达成计划的120.00%，客户覆盖率为80.00%；核保智能审核通过率、理赔智能替代率分别达到94.57%、90.01%，分别同比提升7.09%、1.55%，有效释放人工作业产能；打造“获客+养客”增值服务新生态，通过线上线下系列活动，新增准客户36.16万人；开辟“柜面+销售”双进入新型模式，实现销售精英驻场柜面100.00%覆盖，全年1,118名服务推广专员进职场授课3,389场。

【党建工作】 2020年，中国人寿山东省分公司持续加强党建工作。制定下发了全面从严治党工作方案、党建考核办法等制度，优化完善了各级公司党委工作制度、“三重一大”决策制度、中心组学习制度、督导督办制度；不断规范支部管理，督导97个党支部按期完成换届；深入落实扶贫政治要求，提前完成定点扶贫、消费扶贫、保险扶贫各项任务，全省16个帮扶点如期脱贫；坚持“对内严防严控、对外驰援战疫”的指导思想，累计捐款捐物179.50万元，向奋战在抗疫一线的76,189人免费赠送保额达306.20亿元的保险保障，全省76家单位（集体）获得总公司“四零”争创活动表彰；持续加强作风建设，建立了“促强帮弱”联系点工作机制并纳入年度考核，集中治理了会议多、文件多、培训多、报表多“四多”现象。

【员工教育】 2020年，中国人寿山东省分公司多措并举，促进员工素质全面提升。推动各级公司积极“走出去、请进来”，向先进看齐、与强者对标，累计外出交流学习50余次，在内学外比中解放了思想、提升了学识见识胆识、开阔了眼界胸怀格局；深入开展了“成长成熟”大讨论活动，推动各级干部员工写体会、上讲台，省公司本部、市公司班子100余人次手写心得体会，80余人次上台演讲，大家在大讨论活动中得到了历练成长；建立了“大教培”体系和各条线荣誉表彰体系，举办各类培训300期，培训5万人次，各级干部员工工作的效率质量标准、综合素质和专业能力都有了极大提高。

（王婷婷）

附表1

机构概况一览表

总经理（或其他称谓的第一负责人）		副总经理（或其他称谓的同级领导）	
魏成和		侯清英、胡　斌、张　明、徐明光、王清涛、王晓晨	
地址	山东省济南市历下区经十路11001号中国人寿大厦	邮编	250012
网址	http://www.e-chinalife.com/sd/index.html	客服电话	95519

附表2

内设部门及分支机构一览表

年度	内设机构（个）	下设分支机构（个）		员工人数（人）	
		地市级机构数	县区级机构数	员工总数（含非正式员工）	正式员工数
2016	15	16	131	6,351	5,561
2017	16	16	131	6,522	5,701
2018	16	16	131	6,535	5,763
2019	17	16	131	6,594	5,842
2020	17	16	131	6,545	5,862

附表3

主要统计指标

项目	2016年	2017年	2018年	2019年	2020年	2020年同比增幅（%）
总资产（亿元）	1,257.01	1,375.01	1,530.25	1,756.97	1,975.50	12.44
签单数量（万件）	663.42	645.09	683.70	590.10	668.83	13.34
保费收入（亿元）	317.25	376.67	408.38	426.54	457.04	7.15
处理赔案（万件）	44.78	61.46	80.03	123.44	120.49	-2.39
赔付支出（亿元）	149.47	131.22	144.76	94.79	106.64	12.50

泰山财产保险股份有限公司

【第一负责人简介】　朱华建，男，汉族，研究生学历，管理学博士学位，正高级会计师；历任山东省商业综合公司财务科办事员、副科长、科长，山东银座鞋业财务总监，渤海集团财务部副部长，银座奥森热电财务总监，山东世界贸易中心财务部部长，北京银座合智房地产开发公司财务总监，山东省商业集团总公司驻北京办事处主任、财务管理中心主任助理、财务管理中心副主任，山东省国资委财务监督处处长，国泰租赁党委副书记、总经理等职；现任泰山财产保险股份有限公司（简称泰山保险）党委书记、董事长。

【综述】　泰山保险是经中国保险监督管理委员会批准成立的首家注册地在山东的全国性保险法人机构，由山东高速集团等16家省管企业发起设立，注册资本为20.30亿元。泰山保险于2010年12月29日获准开业，2010年12月31日注册成立，2011年1月18日揭牌开业。主要经营范围：财产损失保险；责任保险；法定责任保险；信用保险和保证保险；短期健康保险和意外伤害保险；上述业务的再保险业务；国家法律、法规允许的保险资金运用业务；经中国银保监会批准的其他业务。

2020年，泰山保险坚定不移贯彻落实山东省委省政府和省国资委的决策部署，忠实履行国企职责，按照稳中求进、进中求好、好中求快的经营策略，创新保险产品和服务，全力服务全省新旧动能转换工程、乡村振兴战略、民生建设。积极应对车险综改和“巴威”台风等重大自然灾害的严峻挑战，全年实现利润总额2,065.75万元，同比增长25.07%；资产总额达到46.16亿元，偿付能力充足率为363.67%；荣获“2020山东社会责任企业”和“2020年度山东知名品牌”称号。

【经营管理】　2020年，泰山保险实现保险业务收入23.75亿元，同比增长4.58%；实现利润总额2,065.75万元，连续5年实现盈利；总资产达到46.16亿元，资产负债率为57.58%；偿付能力充足率为363.67%；国际著名信用评级机构惠誉对泰山保险的评级为“BBB+”，评级展望为“稳定”，在国内同类型保险机构中居于前列。2020年，泰山保险坚持依法合规经营，坚决守住风险底线，持续加强内部控制，不断完善风险防范体系，公司治理能力和风险防范能力得到不断加强；在中国银保监会公司治理现场评估中，获得80分的良好成绩，分类监管风险评级为A类。

【业务拓展】　2020年，泰山保险险种结构得到了新优化。财意险同比增长51.00%，信用保证保险同比增长125.00%，农险同比增长38.70%；车险与非车险业务占比分别优化，创新升级取得了新成效，“泰山护身福”累计保费收入是泰山保险意健险同类业务总保费收入的近三倍；“税保贷”荣获2020年山东省新旧动能转换优秀金融产品称号；自主设计的“车险缓存平台V1.0”荣获国家版权局颁发的《计算机软件著作权登记证书》，成为泰山保险首项完全知识产权的软件。服务民生展现了新作为。泰山保险为12批共1,775名援鄂医疗队员提供了26.05亿元风险保障；连续两年为巨野县1,086个扶贫大棚免费提供1.41亿元风险保障；信用保证保险业务累计为中小微企业提供了28.00亿元贷款增信支持。

【员工培训】　2020年，泰山保险紧紧围绕“人才兴司”的总体要求，本着利用内外资源、采取多种手段、注重实用技能、逐步提高素质的原则，科学制订培训计划，落实培训内容，提高培训的系统性和有效性。建立起包括全员培训、条线培训、新员工培训、干部培训、线上培训在内的多层次、多维度培训体系。同时，积极开展各种荣誉奖项评选，创新培训方式方法，激发各级机构、培训管理人员、兼职讲师的工作热情。各业务部门认真梳理监管部门的新政策、新规定、新办法，持续加大培训考试力度，逐步夯实培训管理基础，不断提升培训管理水平。

【客户服务】　2020年，泰山保险践行拼搏奉献、承责担当、思变图强的精神，坚决贯彻“客户留得住，关键靠服务”的工作要求，加强防灾防损的应急预案和预警提醒，最大限度降低承保风险；严格履行理赔风险管控职责，加强理赔过程管控；坚持“以客户为中心”的服务理念，创新客户服务手段，细分客户资源，实施差异化的增值服务，提升客户黏性，提升公司品牌形象与市场竞争力。全年，泰山保险实现报案电话畅通率99.14%、客户满意度99.62%、异议信息处理率100.00%，服务水平稳步提升。

（王文君、朱广瑜、姜　敏）

附表1

机构概况一览表

总经理（或其他称谓的第一负责人）		副总经理（或其他称谓的同级领导）	
朱华建		安中涛（主持经营）	
地址	山东省济南市高新区舜华路1173号	邮编	250101
网址	http：//www.taishanpic.com.cn/	客服电话	400—607—7777

附表2

内设部门及分支机构一览表

年度	内设机构（个）	下设分支机构（个）		员工人数（人）	
		地市级机构数	县区级机构数	员工总数（含非正式员工）	正式员工数
2016	15	36	81	1,419	1,407
2017	16	38	91	1,499	1,485
2018	14	40	104	1,949	1,924
2019	19	42	118	2,290	2,259
2020	20	45	119	2,430	2,391

附表3

主要统计指标

项目	2016年	2017年	2018年	2019年	2020年	2020年同比增幅（%）
总资产（亿元）	36.09	38.42	39.24	44.81	46.16	3.01
签单数量（万件）	85.25	112.78	131.53	232.94	242.95	4.30
保费收入（亿元）	13.84	15.52	17.39	22.71	23.75	4.58
处理赔案（万件）	9.64	10.91	14.74	20.15	26.45	31.27
赔付支出（亿元）	6.79	8.13	8.81	11.38	12.86	13.01

中国平安财产保险股份有限公司山东分公司

【第一负责人简介】 郭强，男，汉族，1971年10月出生，中共党员，毕业于河北工学院，大学本科学历；1993年8月参加工作，1996年加入中国平安财产保险股份有限公司河北分公司；先后担任中国平安财产保险股份有限公司河北分公司车险部核保经理，天津分公司车险部经理，内蒙古分公司总经理助理，深圳分公司副总经理，山西分公司总经理，河南分公司党委书记、总经理；2020年8月任中国平安财产保险股份有限公司山东分公司（简称平安产险山东分公司）党委书记、总经理，全面主持山东分公司各项工作；2009年荣获深圳市政府“金融创新奖”，2010年荣获平安产险“超越丰碑奖”，2011年荣获平安产险“三级平安勋章”，2012年荣获“中国年度十大保险经理人”称号。

【综述】 平安产险山东分公司成立于1993年，下辖140家分支机构。2020年，平安产险山东分公司始终坚持合规经营，积极保障民生、服务社会，全力支持山东疫情防控和复工复产复商复市，助力地方脱贫攻坚，积极为山东省新旧动能转换及海洋强省战略实施提供风险保障，以实际行动诠释保险企业“社会稳定器”和“经济减震器”的巨大作用。

【经营管理】 2020年，在公司党委的坚强领导下，平安产险山东分公司各项经营稳步提升，对经济和社会的保障全面升级。全年实现保费收入116.92亿元，同比增长53.14%；累计赔付67.79亿元，累计承保1,249.74万件；为385.37万辆车辆提供保险服务，为313万客户提供17.44万亿元风险保障；全年纳税15.09亿元。

2020年，面对突发疫情，平安产险山东分公司秉承行业担当，快速响应和支持复工复产，一手服务疫情防控，一手支持复工复产。为山东省80余万医护人员无偿提供专属保险，为近百万一线工作者送上防疫物资；公司员工自发捐款达12.20万元，公司累计捐赠物资金额达109.00万元；为山东省83,162家企业无偿提供47,334.00亿元的专属风险保障，推出乐业福、复业保等小微企业专属产品；无偿为山东省符合条件的32,803家企业赠送了“平安乐业福”。

2020年是决胜全面小康、决战脱贫攻坚的收官之年。平安产险山东分公司用实际行动践行社会责任，精准扶贫，为决战决胜脱贫攻坚贡献力量。利用“益行关爱”“三村晖”等线上公益平台，构建“线上+线下”公益模式；走进11所贫困小学，为近万名留守儿童送去爱心物资；为建档立卡贫困户提供扶贫资金22.00万余元，惠及26,000人口，解决扶贫农产品230.00万元，真正解决部分贫困地区农产品从“滞销”到“脱销”的难题。

【业务拓展】 2020年，平安产险山东分公司在“金融+科技”发展战略的指引下，科技赋能、创新产品，为政府关护民生、支持实体经济发展保驾护航。助力社会治理，推进“安责险+双重预防体系建设”，全年累计为4,500余家企业提供超过1,200.00亿元的风险保障。积极开展灾害民生综合保险及宣传培训、大灾救援等工作，推进“四位一体”的自然灾害救助机制。支持企业创新和科技成果转化，为山东省首台套/新材料企业提供超过30.00亿元的经济保障，提升企业国际竞争力，服务全省新旧动能转换重大战略。帮助企业减负，通过“保证金一纸化”，降低企业资金占用成本，全方面保障当事人的权利、利益，为全省3,000余家企业提供超过30.00亿元的风险保障。助力山东进出口业务的恢复，采取延长保险期限、扩展中转仓责任等方式，有效支持企业的进出口业务，全年累计为进出口客户提供了超过300.00亿元的风险保障。支持物流行业发展，全年累计为国内物流行业提供了超过1,000.00亿元的风险保障。积极参与海洋强省建设，全年共提供100多亿元的船舶保险风险保障和60多亿元海洋领域的风险保障。

【员工培训】 2020年，平安产险山东分公司积极搭建人才梯队，强化以人为本的管理理念，通过多元化、多维度的培训方式，全方位搭建员工培养体系。线上培训借助知鸟APP，利用远程直播、必修课推送、线上考试和智能陪练等功能，配合线下各类培训项目实施。全年推送307期知鸟考试，覆盖47,309人次；推送75期必修课，覆盖13,267人次；开展195期远程直播培训。针对不同人群搭建相应的闭环式培训体系，确保人课匹配，形成学习经验、复制优秀的良性循环，为公司人才培养奠定了坚实的基础。

【客户服务】 2020年，平安产险山东分公司数据化转型全面升级。实现了科技赋能队伍、赋能销售、赋能管理，在金融科技探索、产品模式创新、优质的理赔服务提升等方面取得显著成绩，实现公司承保理赔、客户服务线上化。依托科技创新，多个线上渠道综合提升客户服务能力。山东平安好车主APP可为车主用户提供“一站式”车服务，全年平台注册用户突破442.00万户，月活跃用户超过260.00万户，累计绑定车辆用户突破420.00万户；与全省6,000家车生态网点深度连接，打造车主生态圈，为用户提供洗车、加油、保养、买车险、查违章、办理赔、年检代办、道路救援等70余种便捷高效的服务，大大减少客户的出行时间。

（徐春杰）

附表1

机构概况一览表

总经理（或其他称谓的第一负责人）		副总经理（或其他称谓的同级领导）	
郭 强		王国全、余为政、邱 杨	
地址	山东省济南市历下区经十路省博物馆东侧华润中心写字楼49—52层	邮编	250014
网址	http://www.pingan.com/	客服电话	95511

附表2

内设部门及分支机构一览表

年度	内设机构（个）	下设分支机构（个）		员工人数（人）	
		地市级机构数	县区级机构数	员工总数（含非正式员工）	正式员工数
2016	20	11	66	2,041	1,907
2017	20	11	66	2,588	2,465
2018	23	11	67	2,546	2,412
2019	24	11	67	2,433	2,316
2020	24	17	123	3,931	3,769

附表3

主要统计指标

项目	2016年	2017年	2018年	2019年	2020年	2020年同比增幅（%）
总资产（亿元）	46.59	57.66	75.17	154.06	154.58	0.34
签单数量（万件）	331.01	431.12	518.92	661.67	1,249.74	88.88
保费收入（亿元）	40.18	51.87	64.05	76.35	116.92	53.14
处理赔案（万件）	29.91	35.27	44.73	61.10	89.65	46.73
赔付支出（亿元）	17.89	19.23	23.77	32.32	67.79	109.75

中国平安人寿保险股份有限公司山东分公司

【第一负责人简介】 黄炳杰，中国人民大学会计学专业，1996年11月加入中国平安人寿保险股份有限公司（简称平安人寿），历任平安人寿厦门分公司组训、营业区经理、客户服务部副经理、区域拓展部副经理；2004年8月任平安人寿泉州中心支公司营销培训部经理；2006年1月任平安人寿三明中心支公司总经理，2007年5月任平安人寿福建分公司副总经理，2011年9月任平安人寿浙江分公司副总经理兼温州中心支公司总经理，2015年3月任中国平安人寿保险股份有限公司山东分公司（简称平安人寿山东分公司）临时负责人，2015年6月任平安人寿济南分公司副总经理（主持工作），2019年4月任平安人寿济南分公司总经理；1999年、2003—2005年多次获得平安人寿总公司优秀员工奖，2012年荣获中国平安保险（集团）“15年长期服务奖”，2017年荣获中国平安保险（集团）“20年长期服务奖”，2019年荣获国际保险节暨保险名家联盟授予的“2018年度保险名家经理人奖”及中国保险报业股份有限公司授予的“2019年中国保险年度经理人”。

【综述】 平安人寿山东分公司是中国平安人寿保险股份有限公司在山东省境内设立的省级分支机构，致力于为客户提供简单、便捷、高效的金融服务体验。个险业务范围覆盖济南、烟台、济宁、泰安、德州、聊城、菏泽、枣庄、莱芜；银保业务范围覆盖除青岛之外的山东省各地市。自成立以来，平安人寿山东分公司秉承“金融+科技”的战略指引，根植齐鲁大地精心耕耘。在保持公司平稳可持续发展的基础上，有效增强社会风险抵御能力，彰显企业和行业价值，为助力山东省经济社会高质量发展作出积极贡献。

【经营管理】 2020年，平安人寿山东分公司依托集团“金融+科技”双驱动战略，在合规经营、防范风险的前提下，开启平台经营新时代，持续提升产品、科技两大核心竞争力，推动内含价值及规模持续、健康、稳定增长。全年共实现保费收入109.93亿元，同比下降1.43%；赔付支出16.56亿元；个险代理人规模达到31,833人。

【业务拓展】 2020年，平安人寿山东分公司紧跟总公司步伐，创新升级业务模式，深入推进“金融+科技”“金融+生态”战略转型。通过“渠道+产品”双轮驱动和科技赋能，积极向线上化、数字化转型，探索代理人数字化经营、数字化管理和数字化营销的创新营销模式。

秉承“保险姓保”理念，聚焦保障、丰富产品种类，不断对主力保障型产品进行优化升级，构建多元化保障供给体系。推动产品策略顺应疫情环境调整，加大易于销售但价值率相对较低的线上简单产品推广力度，为客户提供“诊断—治疗—康复”全流程解决方案和服务支持。

升级队伍管理模式。结合“线上+线下”方式开展增员活动，推进创新队伍培养的“远程培训+线上学习”模式，帮助队伍提升专业技能。

【员工培训】 最好的培训在平安，培养最优秀的人才。平安人寿山东分公司始终将人才培养当作员工管理的第一要务，重视内外勤的成长。2020年，平安人寿山东分公司搭建内勤各级人才梯队库，分别针对新人、骨干员工、基层管理干部、高层领导开设不同的特色课程，确保人才梯队库的充足性、稳定性和持续性，使其不断提升自我。

按照总部远程培训模式操作，借助科技力量实现外勤代理人培训全流程线上化。持续优化入司前培训操作，优化“线上报名”“人脸考勤”流程，严格把控参训学员真实性，提升培训效率。

【客户服务】 2020年，在理赔服务方面，平安人寿山东分公司一直倾力为客户打造“简单便捷、友善安心”的服务体验，提出七项服务承诺，包括“信守合约、为客户寻找理赔理由”“异地受理、全国通赔”“重特事故、绿色通道”“标准案件、资料齐全、两日赔付”“服务多渠道，简单便捷真安心”等。创新服务领先于行业，直击客户就医难的痛点。2020年9月重磅推出“智能预赔”服务，为正在住院治疗的客户，提前赔付部分理赔款用于疾病治疗。2020年，平安人寿山东分公司“智能预赔”金额达37.80万元，共有193位客户享受到预赔服务。

2020年，在基础服务方面，一是对续期客户服务时效进行了重新强调。平安人寿山东分公司结合客户需求及日常客户满意度情况反馈，对续期客户服务时效进行了重新强调。明确要求续期服务人员在接到客户特急需求时，必须即时响应、在一个工作日内完成客户服务需求；在接到客户加急需求时，必须在四个小时内响应、在两个工作日内完成客户服务需求；在接到客户普通需求时，必须在一个工作日内响应、在三个工作日内完成客户服务需求。通过对续期服务人员进行全面的服务技能培训，提高续期服务水平。二是大力推动“智慧客服”项目。运用生物认证、大数据、远程视频等AI技术，构建起100.00%全域覆盖、全流程智能办理、动态精准风控的智慧服务体系，持续提升服务能力、优化办理流程，为客户提供依托平安金管家APP的“不跑腿”指尖业务办理平台，7×24小时在线服务，真正让平安人寿的保险客户享受到“随心随地、安全可靠、高效便捷”的极致服务体验。

2020年，在平安人寿客服节活动期间，平安人寿山东分公司48位守护者接受培训并完成认证后，联合200个优秀千城万区社区服务小组，进社区、学校开展了96场平安行动系列活动。平安人寿山东分公司客服节以“陪伴与成长”为核心理念，将客户家庭与少儿作为核心服务群体，为客户家庭提供涵盖学习、欢乐、呵护、回馈等主题的上百场线上线下活动。

（唐 敏）

附表1

机构概况一览表

总经理（或其他称谓的第一负责人）		副总经理（或其他称谓的同级领导）	
黄炳杰		逯星火、智 勇、任志华、胡月明、董大旺	
地址	山东省济南市市中区胜利大街56号	邮编	250002
网址	http://www.pingan.com/	客服电话	95511

附表2

内设部门及分支机构一览表

年度	内设机构（个）	下设分支机构（个）		员工人数（人）	
		地市级机构数	县区级机构数	员工总数（含非正式员工）	正式员工数
2016	16	8	97	1,396	1,390
2017	17	8	97	1,599	1,577
2018	17	8	97	1,649	1,624
2019	17	8	97	1,681	1,670
2020	17	8	97	1,689	1,683

附表3

主要统计指标

项目	2016年	2017年	2018年	2019年	2020年	2020年同比增幅（%）
总资产（亿元）	343.19	395.57	459.08	532.26	606.34	13.92
签单数量（万件）	38.46	48.45	51.96	53.83	184.20	242.19
保费收入（亿元）	64.96	86.16	101.65	111.52	109.93	-1.43
处理赔案（万件）	10.45	12.94	15.75	18.33	16.20	-11.62
赔付支出（亿元）	12.03	14.64	17.15	16.66	16.56	-0.60

中国平安财产保险股份有限公司青岛分公司

【第一负责人简介】 刘浩，男，1968年9月出生，中共党员，研究生学历；先后担任中国平安财产保险股份有限公司山东分公司副总经理、新疆分公司总经理、江西分公司总经理；2020年9月，获得“经济抗风浪，金融显担当”保险领军人物称号；2021年1月，获评青岛市崂山区杰出成就奖；现任中国平安财产保险股份有限公司青岛分公司（简称平安产险青岛分公司）总经理。

【综述】 平安产险青岛分公司是中国平安财产保险股份有限公司设在山东半岛地区的省级分公司。成立28年来，平安产险青岛分公司业务发展突飞猛进，经营管理水平稳步提升，大项目承保能力持续加强。2020年，平安产险青岛分公司实现保费收入37.00亿元，为岛城122.00万个人客户和2.60万企业客户提供风险保障2.97万亿元，与中国兵器工业集团、中国船舶集团、山东核电、山东电建、青岛地铁、青岛国信集团、海尔集团、青岛特钢、中集来福士、中玻集团、鲁丽集团、南山集团、中联水泥等行业翘楚均保持良好的业务合作关系。

截至2020年末，平安产险青岛分公司经营的主险已超过1,000种，经营业务范围涵盖车险、企财险、工程险、责任险、货运险、农业保险、短期健康险与意外险等一切法定产险业务及国际再保险业务，在建设社会风险管理和保障体系、推动实体经济发展、完善新技术、支持创新战略方面切实发挥“保险姓保”职能，充分发挥了保险的“社会稳定器”作用。

近几年，平安产险青岛分公司在青岛市委市政府、青岛银保监局的正确领导下，在广大客户的信任与支持下，先后获得“青岛市纳税50强”“青岛市最佳车险理赔服务产险公司”“山东省消费者满意单位”“全国优质服务公众满意单位”等多项殊荣。

【经营管理】 2020年，面对复杂局面，平安产险青岛分公司针对市场环境和自身经营情况，高度重视可持续、高质量发展，统一思想，坚决贯彻落实中国银保监会相关工作要求。一是进一步提高政治站位。要求各地“一把手”和中高级管理人员主动适应监管新形势新要求，自觉把深化行业规范建设工作放在公司发展大局中去思考和谋划。二是进一步强化机制落实。强化制度的持续执行力和刚性约束力，建立“常规+专项”自查自纠机制，全面排查16个重点风险、260余项细化风险。加大违规惩戒力度，将合规经营和客户投诉指标与所有中高级管理人员的绩效考核和奖惩任用直接挂钩，查实一件、处罚一件，重大违规事件“零容忍”，从根本上树立高质量发展理念。三是进一步推进文化建设。树立“追求卓越、勇于革新、立规守矩”的企业文化，围绕“优化创新、健康发展”核心理念，做好行业表率、践行社会责任。严格执行“报行合一”理念，推动行业合规有序竞争；坚持服务大局，创新产品服务，改善客户体验，提升社会满意度。

【业务拓展】 2020年，平安产险青岛分公司持续深化“金融+科技”“金融+生态”经营模式，不断提升内生动力和竞争优势，全年实现纳税总额4.38亿元、保费收入37.00亿元。

一是全力支持社会企业复工复产。为全市身处抗击新冠肺炎疫情一线的医务和疾控人员及其家属无偿捐赠保险，每人最高保障额度50.00万元。强化对防控物资制造业、小微企业等重点领域的金融服务，为青岛地区5,786家企业无偿提供员工专项保险保障，单个企业保额100.00万元。

二是着力畅通双循环新发展格局。其一，参与承保“一带一路”多个工程项目，保险金额合计约2.70亿美元。其二，围绕胶东一体化发展新战略，设立科技创新行业、航运保险行业、金融行业、团金等专业化团队。其三，助推外贸企业快速通关，推出关税保证保险，企业可凭保险单办理进口税款类担保手续。其四，专注于研究现代海洋、航运物流、跨境电商、高端制造业等相关保险解决方案；2020年，平安产险青岛分公司船舶保险、货运保险、特殊风险分别实现保费收入631.00万元、3,386.00万元、1,118.00万元。其五，发挥平安集团综合金融优势，推动险资服务实体经济。

三是打开参与社会管理新局面。其一，产品开发向“保特色”“保收入”转变。积极落实“以奖代补”政策，创新具有青岛特色的渔业保险产品。其二，利用平安集团风险管理优势，积极参与青岛生产安全、食品安全、校园安全、环境污染、民生保障、治安防治、诉讼保全等社会治理领域。其三，通过“科技+服务+保险”智慧风险防控模式，建设具有风险分析、险情预警、出险检测、理赔情况等功能的智慧管理平台或系统，为政府、投保民众、农户、企业主实时提供多元化、合理的风险管理建议；2020年，平安产险青岛分公司政策性保险实现保费收入2,478.00万元，农业保险实现保费收入1,547.00万元。

四是科技赋能，高效便捷服务经济社会。其一，丰富线上非接触式服务渠道。优化聚合平安好车主、平安好生活、平安赔你行、平安企业宝等线上通道，持续改造在线承保、业务流程、自助理赔、远程查勘、智能闪赔等。2020年，车险客户全流程线上自助化占比达75.80%，可实现5分钟赔款到账；非车险客户全环节线上化率为65.40%，最快一笔赔款到账仅用时10分钟。其二，加强队伍线上化建设。通过线上化平台“好帮手”赋能前线销售队伍，为客户提供高效的咨询、承保、理赔等服务；2020年，平安产险青岛分公司为1,200家大中型企业、1,300家小微企业提供了在线保险云服务。

【员工培训】 平安产险青岛分公司持续注重提升员工的专业技能及行业竞争力，通过“线上+线下”多种方式的培训促进员工综合技能提升。2020年，平安产险青岛分公司立足自身培训平台优势，采取多维度方式对员工进行多梯度、多层次培训。进一步加强对潜才骨干、管理培训生、新入职员工的培养。在着力强化预备干部梯队能力提升的同时，确保新人的茁壮成长、迅速融入。在利用线上平台进行远程直播、必修课推送、在线考试、话术通关、知识竞答、话题讨论等多种方式的同时，还利用传统培训手段进行线下面授培养，保证员工的学习、成长，满足公司在“线上化、数据化、平台化、智能化、生态化”支撑下的“精、新、强、快”转型需求。

【客户服务】 2020年，新冠肺炎疫情席卷全球。为应对疫情，平安产险青岛分公司全面升级好车主、好生活“双好”服务平台体系，大力提高保单单证、承保流程、业务办理全闭环服务电子化自助化程度。实现了99.00%单证电子化、99.00%承保业务线上化、95.00%业务办理自助化；为全线改善线上便捷服务体验，升级了保单服务、一键理赔、年检代办、优惠加油、道路救援等核心服务功能；持续创新理赔模式，推出“一键理赔”，行业内首创车险理赔语音报案、IM互动报案模式，车主互动4次即可完成报案，创新智能便捷新体验，理赔服务客户好评率达97.70%；推出健康体检、闪电送药、免费问诊等好生活便民服务；全面搭建客户优惠自购体系，上线综合修理厂、4S店、洗美店、生活类服务网点共计1,600多家，平均覆盖青岛地区1.50千米的服务半径；保单服务行业内率先标准化，涵盖了车生活及非车生活各类场景，涉及用车养车、保险服务、便民生活等多个方面，获得广大用户的好评。

（王 超）

附表1

机构概况一览表

总经理（或其他称谓的第一负责人）		副总经理（或其他称谓的同级领导）	
刘 浩		霍逢光、王 淳	
地址	山东省青岛市崂山区苗岭路28号平安银行大厦	邮编	266071
网址	http://www.pingan.com/	客服电话	95511

附表2

内设部门及分支机构一览表

年度	内设机构（个）	下设分支机构（个）		员工人数（人）	
		地市级机构数	县区级机构数	员工总数（含非正式员工）	正式员工数
2016	16	7	56	2,135	1,927
2017	17	7	59	2,244	2,026
2018	17	7	59	2,345	2,140
2019	13	7	59	2,106	1,992
2020（青岛地区）	17	1	8	813	768

附表3

主要统计指标

项目	2016年	2017年	2018年	2019年	2020年	2020年同比增幅（%）
总资产（亿元）	67.44	76.19	88.07	94.25	47.61	-49.49
签单数量（万件）	432.07	504.18	606.25	858.26	442.70	-48.42
保费收入（亿元）	50.72	59.70	67.23	67.30	37.00	-45.02
处理赔案（万件）	45.61	53.66	76.03	97.03	62.08	-36.02
赔付支出（亿元）	24.37	26.37	32.70	35.84	16.42	-54.19

中国平安人寿保险股份有限公司青岛分公司

【第一负责人简介】　李旭，男，1966年出生，籍贯浙江，中共党员，贵州财经学院贸易经济专业本科毕业，经济学学士；1996年12月加入中国平安人寿保险股份有限公司，历任贵州分公司人事行政部负责人、贵州分公司总经理助理、四川分公司副总经理、贵州分公司总经理、重庆分公司总经理等职；2019年1月起，任中国平安人寿保险股份有限公司青岛分公司（简称平安人寿青岛分公司）总经理；先后荣获2004年度集团“优秀经理”、2012年度集团“十五年长期服务纪念章”“三级平安勋章”、2015年度“全国保险系统劳动模范”、2017年度集团“20年长期服务贡献奖”等荣誉或称号。

【综述】　平安人寿青岛分公司是中国平安人寿保险股份有限公司在山东省设立的第一家二级机构，目前管辖山东省内青岛、淄博、潍坊、临沂、日照、威海、东营、滨州8地市的业务。2020年，平安人寿青岛分公司通过46,000余名寿险代理人和119个营销服务网点为超过480.00万名客户提供了保险保障服务；全年实现总保费收入173.19亿元，同比下降3.85%，其中新业务规模保费收入为41.30亿元；期末保户储金及投资款共311.78亿元，年度净增22.72亿元。

【经营管理】　2020年，在新型冠状病毒肆虐和经济增长放缓的环境下，平安人寿青岛分公司坚持与时俱进，深入贯彻“金融+科技”“金融+生态”战略，深化价值转型，坚持正确的经营价值观和管理理念。产品方面，积极响应政府及监管部门号召，不断优化产品和服务等各个经营流程，主动进行产品策略调整，积极推动保障型产品开发，着力加强保障型产品经营。针对新冠肺炎疫情，积极践行保险企业的社会责任，持续为抗击新冠肺炎疫情提供保险保障，对长期疾病保险进行责任扩展。合规方面，严格落实各项监管法规，积极构建长效风险管控机制，发现问题及时处理，避免重大违规隐患产生。

2020年，平安人寿青岛分公司积极搭建线上线下融合的客户经营平台和全流程数字化管控体系，赋能队伍客户经营和发展。全年，保障型产品的保费收入实现快速增长，其中普通型寿险新单保费收入为15.60亿元，健康险新单保费收入为22.25亿元，意外险新单保费收入为1.93亿元，此三类纯保障型产品新单保费收入合计39.78亿元。全年个险渠道实现保费收入151.68亿元，银保渠道实现保费收入4.91亿元，电销渠道实现保费收入16.59亿元，同比增长3.05%。

【员工培训】　2020年，平安人寿青岛分公司持续完善分层级员工培训体系。对普通员工、基层主管、中高级经理等各层级人员进行细分，总计提供11大类培训，充分满足不同类型员工职业发展阶段的职业素养提升需求。人才培养方面，采取“双动力”培养模式，即HR培养与直线部门自培养相结合；HR负责通用技能培训，直线部门负责专业技能培训。人力资源管理方面，跟进“共好晋升”，结合“优才政策”，优化培训体系，力争在增员环境中实现人力管理新突破。顺应时代及科技进步，借助线上学习平台，通过课程配送、在线考试、直播培训等方式，有力提升员工培训课程的及时性、丰富性和全面性，为员工自主学习提供优质资源及便利条件。

【客户服务】　平安人寿自主研发了“智慧客服”线上平台，随着平台的持续升级完善，目前支持包括保单贷款、生存金领取、受益人变更、理赔等所有保险业务的在线办理。以“平安金管家”APP为线上平台入口，2020年，平安人寿青岛分公司共有137.23万笔保全业务实现了客户自主操作，占比为93.00%。“智慧客服”中的“空中门店”是另一个线上平台入口，目前通过远程视频连线方式已为客户服务了三年多，客户平均等待时长为50秒，件均受理时长为5.20分钟，极大地节约了时间成本；2020年，“空中门店”累计受理11.80万件赔案，接待客户9.00万人次。在2020年初新冠肺炎疫情暴发期间，“空中门店”在“经济抗风浪，金融显担当”中显示了强大的服务能力，远程高效地完成了客户服务，切实保障了客户合法权益；在服务好山东地区客户的同时，借助“智慧客服”平台还为湖北地区客户提供远程服务631次，支持系统内其他机构客户服务6,225件；线上咨询更加高效快捷，辖内累计覆盖客户93.00万户。

理赔工作是客户直观感受保险服务的重要窗口，平安人寿青岛分公司持续提升销售队伍的理赔服务意识，全面引导业务队伍深入学习相关专业知识，熟练掌握理赔业务技能，以服务促进销售。为解决客户看病的“难点、痛点”，2020年8月，平安人寿青岛分公司重磅推出“智能预赔”服务，通过构建理赔客户画像及大数据模型，综合分析客户疾病、保单等情况，预测赔付金额，将理赔环节前置到住院治疗中，实现理赔金的提前给付。持续以客户利益为先，推出“重大疾病理赔择优方案”，秉承“保险为民、以客为尊”的服务理念，切实保护和提升客户保障权益，真正实现客户利益最大化。继续推动线上“极速闪赔”“重疾先赔”特色优质理赔服务，做到“想客户所想，急客户所急”。今后，平安人寿青岛分公司将持续推动线上理赔平台各版块和流程智能化升级，并在此基础上不断创新理赔服务方式，始终如一地专注于理赔服务体验的提升，坚持“保险姓保”。

（周 琪）

附表1

机构概况一览表

总经理（或其他称谓的第一负责人）		副总经理（或其他称谓的同级领导）	
李 旭		薛 军、李邦海、马 健、张 胜、毕英杰、胡海梅、王 孟、宛兵亚	
地址	山东省青岛市香港中路61号甲远洋大厦B座5—6层	邮编	266071
网址	http://www.pingan.com/	客服电话	95511

附表2

内设部门及分支机构一览表

年度	内设机构（个）	下设分支机构（个）		员工人数（人）	
		地市级机构数	县区级机构数	员工总数（含非正式员工）	正式员工数
2016	15	7	67	1,384	1,373
2017	16	7	73	1,683	1,676
2018	16	7	92	1,705	1,702
2019	16	7	92	1,690	1,688
2020	18	7	92	1,648	1,642

附表3

主要统计指标

项目	2016年	2017年	2018年	2019年	2020年	2020年同比增幅（%）
总资产（亿元）	576.63	645.83	779.08	910.30	1,032.51	13.43
签单数量（万件）	51.83	64.74	87.64	78.52	189.98	141.95
保费收入（亿元）	37.68	53.81	54.36	47.93	41.30	-13.83
处理赔案（万件）	13.09	16.17	20.45	24.67	21.83	-11.51
赔付支出（亿元）	15.99	20.23	27.41	28.06	27.29	-2.74

中国太平洋财产保险股份有限公司山东分公司

【第一负责人简介】 赵林增，男，汉族，1964年9月出生，河北廊坊人，经济师、政工师，亚洲（澳门）国际公开大学工商管理硕士学位，1985年8月加入中国共产党，1984年7月参加工作；1996年10月起，历任中国太平洋保险公司廊坊分公司党委书记、副总经理，党委书记、总经理；2003年3月起，历任中国太平洋财产保险股份有限公司石家庄分公司党委委员、总经理助理，党委委员、副总经理、首席核赔人；2007年1月，任中国太平洋财产保险股份有限公司河北分公司党委书记、总经理；2014年3月，任中国太平洋财产保险股份有限公司山西分公司党委书记、总经理；2020年4月任中国太平洋财产保险股份有限公司山东分公司（简称太平洋产险山东分公司）党委书记、总经理。

【综述】 太平洋产险山东分公司是中国太平洋财产保险股份有限公司在山东省的管辖公司，承保以人民币和外币计价的各种财产保险、短期健康保险和意外伤害保险业务，承保业务涉及电力、汽车、农业、机械、化工、电子、水利、建筑、桥梁、公路、航天航空、船舶以及高科技产业等各行各业、各个领域。太平洋产险山东分公司下辖150家支公司、11家营销服务部，分支机构遍布山东省。2020年，太平洋产险山东分公司实现保费收入66.91亿元，累计提供风险补偿37.80亿元。

【经营管理】 2020年，太平洋产险山东分公司加快推进转型发展，积极应对新冠肺炎疫情不利影响，有效克服经济下行不利因素。坚持问题导向，强化结果检验，不断优化经营管理模式，提升客户经营能力；加强基础管理建设，提高运营管理效率，营造干事创业氛围，着力破解制约公司高质量发展的一些基础性和根本性矛盾，公司经营发展取得初步成效。

一是抓好疫情防控，支持复工复产。2020年，太平洋产险山东分公司严格按照总公司疫情防控部署要求，坚持“一手抓疫情防控、一手抓复工复产”，做到“经营目标不变、工作任务不变、政策举措不变”。其一，做好职场疫情常态化防控。第一时间成立疫情防控领导小组和工作小组，统一指挥协调全辖疫情防控工作；在防疫物资紧缺的情况下，经过多方筹措完成防疫物资筹备和有序发放；严把入口关、严把职场关、严把消毒关，完成所有重大人群复工审批，做到联防联控不留死角。全年全辖员工未发生疫情感染，各办公职场运转正常有序。其二，开展线上承保理赔服务。疫情期间开发“晶算师”“码上保”等线上投保工具，应用“太贴心”“太畅通”“互信赔”等线上理赔工具，做到“防疫不打烊，服务常在线”。其三，助力复工复产。制订的专项支持复工复产方案，2020年2月19日、26日两次获得刘强副省长书面批示和肯定支持。向重点人群、重点企业开展赠险活动，对55家单位累计6.50万名疫情防控一线人员赠险，对全省15个地市、3.40万名驻村扶贫干部提供赠险。发挥保险主业优势，为客户延长保障期限、降低费率、延期缴纳、拓展责任、创新模式、增加供给，其中上线推广“健康保”“商户保”“复业保”“地摊保”等产品，迎合了小微企业疫情防控与复工复产的迫切需求。太平洋产险山东分公司支持复工复产举措，赢得了政府、企业和社会的良好赞誉。

二是强化客户经营，打造服务品牌。2020年，太平洋产险山东分公司不断提升客户经营能力，积极应对车险综改带来的存量市场竞争态势，持续打造“责任、智慧、温度”的“太保服务”品牌。进一步优化微信公众平台，加快保险业务线上化迁徙步伐。线上化率从上半年的不到20.00%，提升至下半年的54.00%，其中官微粉丝量为61.30万人，同比增长46.50%，官微会员数量为45.40万人，同比增长34.40%。成功举办“非凡同行·如你所愿”第四届客户节活动，近80位高端客户代表出席，统一组织客户观影活动，后续签约保费达921.00万元，客户节活动拉近了客户距离、提升了“太保服务”品牌的影响力。

三是实施创新驱动，逐步扩面增效。2020年，太平洋产险山东分公司坚持创新驱动，持续推动产品、模式、工具、平台创新，新型项目逐步开花结果，赋能一线效果不断显现。其一，回归保险本源，做风险“减量”、市场“增量”。创新项目有“智慧防护保平台”“精防保智慧管理平台”“智慧安环保平台”“智慧公路养护平台”和“高速ETC护航平台”等。其二，打造农险品牌，引领行业发展。上线农险产品42个，增加15个险种，同比增长56.00%；山东农险市场“以奖代补”项目共118个，覆盖84个县域，其中太平洋产险山东分公司入围项目48个，覆盖37个县域，覆盖县域数量和项目数量全省领先；“保险+期货”快速发展，全年保费规模为4，190.00万元，项目数量达到10个。其三，聚焦疫情期间市场需求，增加保险产品供给。“地摊保”为450个摊位提供416.20万元风险保障；“商户保”为460家商户提供约3.00亿元风险保障。其四，加快平台工具推广，助力管理效率提升。车险客户经营管理系统、车险高风险案件管控平台、线上化数智平台等工具为线上化办公、赋能业务一线和团队管理提供了极大的支持。

四是依法合规经营，筑牢风险屏障。合规经营是实现公司稳健发展的“安全带”，也是实现公司高质量发展的内在要求。太平洋产险山东分公司一直把合规经营工作摆在突出位置抓紧抓实。2020年10月，专门召开“加强管理·强基固本”专项治理行动部署会议；积极响应监管工作要求，按照山东银保监局要求，深入开展“行业规范建设深化年”、财产险市场乱象大排查、市场乱象整治“回头看”等活动，修订完善管理制度流程17个；开展基础领域专项治理，围绕印章、机构、高管资质等领域，对不合规问题开展专项整改。2020年，太平洋产险山东分公司获人民银行济南分行综合评级A级，下属分支机构中反洗钱综合评级达A类的有7家，较上年增加2家。

【业务拓展】 2020年，太平洋产险山东分公司在严控业务风险的前提下，积极履行社会责任，服务民生、服务实体经济，积极试点扶贫、防贫业务，助力脱贫攻坚工作，积极拓展各类重大项目。参与承保济宁市扶贫特惠保险项目，累计保额2,123.00亿元；承保中国华电集团一揽子业务，累计保额860.00亿元；承保晨鸣集团财产险、货运险等一揽子业务，累计保额850.00亿元；承保山东省供电公司一揽子业务，累计保额190.00亿元； 承保金光集团一揽子业务，累计保额160.00亿元；承保中化弘润一揽子业务，累计保额150.00亿元。

【员工培训】 2020年，太平洋产险山东分公司聚焦公司经营发展目标，持续加强人才队伍培养，开展线上、线下培训，着力提高干部员工业务能力和素质，助力公司加快发展。全年开展全省高管培训班2期、“蓝海特训营”初级管理者培训班2期以及各条线专业培训班等；积极贯彻落实集团、总公司培训工作要求，组织落地培训项目，根据不同参训对象的特点，量身定制培训课程，强化培训工作的针对性、有效性。

【客户服务】 2020年，太平洋产险山东分公司积极践行“太保服务”战略要求，落实监管部门关于消费者权益保护及服务评价的工作部署，在疫情期间，积极响应政府、监管部门号召，对业务流程进行线上化迁移、改造，出台配套措施，简化手续、保障效率。并根据《银行业保险业消费投诉处理管理办法》要求，进一步明确和细化投诉管理职能，规范监管投诉处理流程，不断优化服务流程，加强自身基础服务，弥补自身服务短板，以提升客户体验为核心，积极开展消费者权益保护工作，不断提升自身服务能力，最终太平洋产险山东分公司服务评价连续三年获得了司内最高的AAA评级。

2020年，在防疫抗疫的特殊时期，太平洋产险山东分公司紧抓线上宣传，利用科技手段，创新宣传方法，采用视频直播、发布原创短视频、制作H5微传单、官微组织有奖问答等方式，持续通过非接触式宣传渠道，发布“以案说险”原创消费风险提示19条，向超过60万消费者精准投放保险金融知识。线下紧密围绕脱贫攻坚目标任务，深入200多个乡镇，32次走进大、中、小学校园，拜访100余家企业，多次走进社区，向重点人群累计发放宣传手册4.2万余份，增进群众对保险产品和服务的了解，顺利完成2020年山东银行业保险业“3·15消费者权益保护教育宣传周”及“金融知识普及月”活动，获得监管认可，获评山东银保监局2020年度联合宣教活动优秀组织单位。

2020年，太平洋产险山东分公司继续秉持安全、便捷、高效的服务理念，持续深化推广车险电子保单及投保单覆盖，为客户提供更加全面的保险服务和更加标准有序的合同保障。截至2020年末，太平洋产险山东分公司全辖车险全险种电子保单覆盖率达到99.55%，个人客户电子保单覆盖率达到97.72%。经测算，2020年节省车险保单印刷用纸约600万张，进一步实现了低碳环保、节能增效的绿色服务理念。

2020年，面对新冠肺炎疫情，太平洋产险山东分公司第一时间推出《线上服务指南》，并在官微推送《致客户的一封信》，组织全员转发朋友圈广泛宣传线上服务、普及防疫知识；制定门店防控实施细则，加强门店防护，积极引导线上服务；组建16支共231人的志愿服务团队，开展公益救援活动，上线特别医诊；各门店服务窗口张贴抗疫海报，电子屏滚动宣传疫情防控公益广告标语口号，充分利用电视、网媒宣传优势，着力营造疫情防控的良好舆论环境，增强民众防护意识和社会信心，让“太保服务”品牌深入人心。

（赵 荣）

附表1

机构概况一览表

<table>
<tr><td colspan="2">总经理（或其他称谓的第一负责人）</td><td colspan="2">副总经理（或其他称谓的同级领导）</td></tr>
<tr><td colspan="2">赵林增</td><td colspan="2">李 宁、韦 慧、徐 冰、李昆明、李宏宇、徐文锋、邹 雷</td></tr>
<tr><td>地址</td><td>山东省济南市历下区经十路13777号中润世纪广场15栋</td><td>邮编</td><td>250014</td></tr>
<tr><td>网址</td><td>http://www.property.cpic.com.cn/xccbx/</td><td>客服电话</td><td>95500</td></tr>
</table>

附表2

内设部门及分支机构一览表

年度	内设机构（个）	下设分支机构（个）		员工人数（人）	
		地市级机构数	县区级机构数	员工总数（含非正式员工）	正式员工数
2016	19	16	153	3,403	3,080
2017	27	16	153	2,885	2,611
2018	27	16	152	2,988	2,704
2019	28	16	150	2,976	2,698
2020	28	16	150	2,918	2,627

附表3

主要统计指标

项目	2016年	2017年	2018年	2019年	2020年	2020年同比增幅（%）
总资产（亿元）	8.98	12.98	13.25	15.31	20.06	31.03
签单数量（万件）	2,358.65	2,107.93	2,515.92	3,466.61	4,554.00	31.37
保费收入（亿元）	43.22	47.38	52.70	59.98	66.91	11.55
处理赔案（万件）	36.42	34.36	38.15	45.90	59.49	29.61
赔付支出（亿元）	25.76	23.05	25.86	27.29	37.84	38.66

中国太平洋人寿保险股份有限公司山东分公司

【第一负责人简介】 邓刚，男，1973年11月出生，汉族，厦门大学工程硕士；1993年3月参加工作，1993年3月加入中国共产党；2007年至今，历任中国太平洋人寿保险股份有限公司巴音郭楞中心支公司总经理，乌鲁木齐中心支公司党委书记、总经理，新疆分公司党委书记、总经理，2020年5月起，任中国太平洋人寿保险股份有限公司山东分公司（简称太平洋寿险山东分公司）党委书记、总经理。

【综述】 太平洋寿险山东分公司是中国太平洋人寿保险股份有限公司在山东地区的分支机构。2020年，太平洋寿险山东分公司在政府和监管部门的正确领导下，紧紧围绕集团、总公司“客户体验最佳，业务质量最优，风控能力最强，成为行业健康稳定发展的引领者”转型2.0工作要求，坚持“价值可持续增长”的经营理念，积极应对外部环境挑战。公司上下通过不懈努力，业务发展整体稳定，队伍建设质量并举，客户经营能力有所提升，标保贡献稳中有进，各项业务取得良好成效。全年公司保费收入为161.00亿元，同比增长1.30%，系统内排名第一，市场排名第三；队伍结构不断优化，月均总人力为70,493人，同比增长2.10%。

2020年，太平洋寿险山东分公司以“做一家负责任的保险公司”为使命，积极开展精准扶贫和社会公益工作。通过大病保险扶贫模式，为25.16万建档立卡人口提供1,257.84亿元医疗风险保障，赔付8,073.01万元；参与扶贫特惠保险项目，为近2.00万建档立卡贫困人口提供近60.00亿元风险保障，累计赔付776.00万元；与枣庄市扶贫办展开合作，为全市9.42万建档立卡贫困人口提供66.00亿元风险保障，赔付312.33万元；联合山东省文明办、团省委、济南市城市管理局和大众网，开展了“垃圾分类靓社区”活动，成立专项服务队，走进10个社区进行专项宣传，以线带面，助推构建垃圾分类新局面。

【经营管理】 2020年，太平洋寿险山东分公司遵循“队伍为基、客户为本、产品为体、体验为魂”的经营理念，深入实施“三个聚焦”，加快打造“三大新动能”，着力建设“三支关键队伍”，积极应对疫情和行业逆周期的影响，凝心聚力、迎难而上、主动作为，发挥“压舱石”的作用，实现队伍、业务健康稳定发展。

2020年，太平洋寿险山东分公司个险业务在高质量价值增长的前提下，进一步推进转型工作落地见效，推动业务健康稳定发展。通过“队伍分级推动、客户分层经营、活动分时推进、产品分类对接”，实现队伍结构改善、客户经营升级；积极推进基层改造，着力提升机构管理效能，释放队伍自主生产力；明确基层管理重点，四级机构重管理、业务部重经营、业务室重训练；继续夯实基础管理，遵循规律、回归基础、明确流程、强化标准、赋能技术、固本强基，实现差勤管理制度化、客户经营常态化、基础能力体系化；借力基本法“核心发动机”动能，转变队伍思维，培育连健连优习惯，推动高质量架构扩充，实现结构优化；强化培训赋能，通过师资队伍建设、培训体系完善、培训模式创新，持续提升培新效能；通过队伍专业化能力提升，实现公司业务品质及服务水平的提升和发展。

2020年，太平洋寿险山东分公司团体业务中心牢牢把握“走实走稳”的发展原则，紧密围绕“守土有责、开拓有绩、创新有为、经营有利”的经营方针，政保业务不断提升项目精细化损益管控水平优存量，积极推进新项目突破扩布局，充分发挥医个协同示范作用固本拓新，持续强化科技赋能放大管理式医疗成效；团险业务积极转向业务拓展新思路、明确转型发展新路径、探索价值增长新模式，持续探索团险业务高质量发展之路；金融业务聚焦长险价值增长和短险利润贡献，打造队伍、提升技能、经营沙龙、协同联动，探索期缴新模式。

【员工培训】 2020年，太平洋寿险山东分公司立足现实、尊重规律，加强和完善员工内外勤培训体系建设，进一步提升全辖干部员工的综合素质和专业技能，为员工职业生涯发展提供帮助与支持。

围绕公司人才建设体系革新三年行动规划，着眼增强和提高公司的核心竞争力，把关键人才、高潜人才、青年优才、新进人才的培训作为工作中心，开展多层级、多学科，有重点、全覆盖，有衔接、有提升的培训活动；持续做好新员工线上及线下培训、T-MBA泰山学堂人才培养计划、青年员工轮岗计划、管培生人才引进计划、见习总监跟岗计划等；把全员培训、专业培训，提高全员素质作为工作重点，借助培训平台每月开展全员线上培训，提高员工的综合实力。紧紧围绕“结合实战，强化训练”，积极落地“四项赋能”——新人留存赋能、主管技术赋能、产品推动赋能、绩优培育赋能，聚焦“三支支撑队伍”培育——讲师组训、“80”“90”训练师、黄埔助理，用技术支撑业务发展，用专业引领团队进步；切实将培训作为人才发展的助推器，为实现公司经营目标和转型目标提供人才支撑和组织保障。

【客户服务】 2020年，面对疫情大考，太平洋寿险山东分公司持续提升客户服务专业能力，做细服务评价，做优客户体验，用实际行动书写“责任、智慧、温度”的“太保服务”。

一是抗疫担当有为。其一，险种拓展新冠责任。自2020年2月3日起，太平洋寿险陆续对“个人人身意外伤害保险（99）”等5款意外险产品及“附加金福人生提前给付重大疾病保险”等16款长期疾病保险产品，在保费不变的情况下进行新冠责任的扩展。其二，提供非接触式服务。大力推进新技术应用，拓展线上、移动、视频、电话等非接触式服务方式，主动开展全天候线上服务，提升消费者服务的便捷性和非接触可得性。其三，开通“理赔绿色通道”。快速响应，公布新冠6项理赔服务承诺，在推出多渠道智能理赔的基础上，主动联系医院，协助提供理赔病历邮寄服务，简化快赔手续。

二是改善客户体验。其一，实现客户服务闭环。2020年，通过“客户之声”闭环管理，建全流程、全触点、全方位的客户体验问题协同解决机制，推动客户体验不断提升。其二，实现服务模式突破。2020年，从客户的视角出发，全面布局线上服务，通过持续优化承保、理赔、保全等自主决策、自助智能新技术加持，提升业务流程与服务界面的适用性和流畅度，提升服务效能，客户体验改善明显。其三，实现服务门店升级。2020年，创新门店服务供给模式，以智能、交互、融合为主基调，聚焦客户服务需求，提升柜面服务效能，改善客户服务体验。

（潘志勇）

附表1

机构概况一览表

<table>
<tr><td colspan="2">总经理（或其他称谓的第一负责人）</td><td colspan="2">副总经理（或其他称谓的同级领导）</td></tr>
<tr><td colspan="2">邓　刚</td><td colspan="2">唐德亮、李　哲、庄　岩、张　剑、马希梅、王　凯</td></tr>
<tr><td>地址</td><td>山东省济南市经十路13777号中润世纪广场14栋</td><td>邮编</td><td>250014</td></tr>
<tr><td>网址</td><td>http://www.cpic.com.cn</td><td>客服电话</td><td>95500</td></tr>
</table>

附表2

内设部门及分支机构一览表

年度	内设机构（个）	下设分支机构（个）		员工人数（人）	
		地市级机构数	县区级机构数	员工总数（含非正式员工）	正式员工数
2016	19	16	130	2,852	2,844
2017	18	16	129	2,940	2,927
2018	21	16	129	3,069	3,057
2019	17	16	129	3,076	3,063
2020	17	16	129	3,012	2,995

附表3

主要统计指标

项目	2016年	2017年	2018年	2019年	2020年	2020年同比增幅（%）
总资产（亿元）	28.54	35.34	42.05	48.01	50.09	4.33
签单数量（万件）	346.69	619.61	586.70	584.42	538.49	-7.86
保费收入（亿元）	109.87	134.15	150.78	158.93	161.00	1.30
处理赔案（万件）	6.10	8.32	12.20	14.83	15.06	1.55
赔付支出（亿元）	12.71	12.40	14.80	16.25	19.01	16.98

华泰人寿保险股份有限公司山东分公司

【第一负责人简介】 刘永谋，男，1972年出生，中共党员，山东大学EMBA；曾任吉林通用机械集团副总经理、团委书记，吉林经贸委处长助理等职，2001年加入平安保险公司；2015年任华泰人寿保险股份有限公司山东分公司（简称华泰人寿山东分公司）总经理，现任华泰人寿保险股份有限公司总经理助理兼山东分公司党委书记、总经理；曾荣获山东省企业家协会、山东省企业联合会等六部门授予的“山东省优秀企业家”，中国保险行业协会评定的“2018年度营销管理（人身保险）核心人才”，《中国保险报》和中保网授予的“2019年中国保险年度经理人”等荣誉称号。

【综述】 华泰人寿保险股份有限公司是一家总部设在北京的全国性寿险公司，2005年正式开业，迄今已开设20家省级分公司及400余家分支机构和营业网点。其主要股东华泰保险集团股份有限公司，在坚持业务稳步发展的同时，依靠内生式资本积累，逐步发展为集财险、寿险、资产管理于一体的金融保险集团；另一主要股东美国安达集团，曾被《福布斯》杂志评为130家全球业绩最佳企业之一。

华泰人寿山东分公司秉承“专业品质、恒久保障”的经营理念，坚持合规经营，在山东省内14个地市设立了分支机构，内外勤综合人力已达6,900余人。

2020年，华泰人寿山东分公司认真落实监管部门指导意见和要求，狠抓落实，圆满完成年度各项工作目标。2020年上半年，在中国人民银行济南分行《关于2019年度山东省金融机构综合评价情况的通报》中，被评为A类机构，并连续三年获评山东银保监局监管评级A类机构。

【经营管理】 2020年，华泰人寿山东分公司以个险业务为主营渠道，收展、团银、综拓为辅助渠道，各项业务齐头并进，有序发展。一是个险营销渠道围绕团队、绩优和平衡三个指标进行绩效考核。形成人有指标、做有路径、奖有标准、学有典范的管理环境，该渠道在2020年的各项指标中皆名列华泰系统前茅。二是收展渠道紧紧围绕“队伍建设、基础管理、客户挖掘”三大核心，紧盯K2继续率，2020年全年K2、K3继续率均在90%以上，新单开拓718.40

万元。三是团银渠道围绕“渠道开拓、团单增长、项目突破”三大重点，立足交叉、渠道和直销多轮齐转，2020年该渠道呈现了思路有新意、发展有新奇、业务有新绩的良好局面。四是综拓渠道为华泰集团新开的产寿协同业务渠道，2020年该渠道综合保费收入为2,644.54万元。

2020年，华泰人寿山东分公司规模保费收入为7.56亿元，同比下降1.31%；万张保单投诉量为0.60件/万张，亿元保费投诉量为5.95件/亿元。

【员工培训】 2020年，华泰人寿山东分公司围绕“组织发展”的主线，不断完善培训体系化建设，大力推广智能化微课的应用，积极支持中支机构的培训自主化。全年，按照业务序列在分公司层面共计举办各类培训班18期，培训1,220人次；对内勤、中高层及红专人才等员工进行了针对性的培训，共计138人次、24课时。这些培训的成功举办，为华泰人寿山东分公司发展奠定了坚实的基础。

【客户服务】 2020年，华泰人寿山东分公司致力于“专业服务、客户至上”的客户服务理念，严格履行反洗钱法定职责，积极进行反欺诈、非法集资宣传，切实保护消费者权益。通过设立公司微信公众号、定期组织客户服务节及优质客户健康体检活动、移动投保创新服务项目等方式，不断优化公司服务流程，提升客户服务体验；积极履行社会法人职责，努力回馈社会；积极开展“小小铅笔”爱心公益活动，关注留守儿童；积极响应国家精准扶贫号召，帮扶贫困群众；配合交警部门宣传交通安全知识，为小学生捐赠荧光衣；通过开展多种形式的社会公益活动，做一名称职的社会公益法人。

（徐星文、王建群）

附表1

机构概况一览表

总经理（或其他称谓的第一负责人）		副总经理（或其他称谓的同级领导）	
刘永谋		—	
地址	山东省济南市高新区经十东路8000号龙奥金座3号楼17层	邮编	250011
网址	http://www.life.ehuatai.com/	客服电话	95509

附表2

内设部门及分支机构一览表

年度	内设机构（个）	下设分支机构（个）		员工人数（人）	
		地市级机构数	县区级机构数	员工总数（含非正式员工）	正式员工数
2016	11	12	39	304	304
2017	13	13	46	350	350
2018	13	13	52	411	411
2019	13	14	55	403	403
2020	13	14	55	375	371

附表3

主要统计指标

项目	2016年	2017年	2018年	2019年	2020年	2020年同比增幅（%）
总资产（亿元）	0.69	0.94	1.18	1.49	1.67	12.08
签单数量（万件）	4.58	5.66	6.00	7.16	4.10	-42.74
保费收入（亿元）	1.33	1.95	2.04	2.05	1.05	-48.78
处理赔案（万件）	0.36	0.44	0.55	0.75	0.67	-10.67
赔付支出（亿元）	0.19	0.26	0.32	0.36	0.41	13.89

太平财产保险有限公司山东分公司

【第一负责人简介】 刘其森，男，汉族，1968年12月出生，中共党员，大学本科学历；从事保险工作20余年，历任中国平安财产保险股份有限公司亳州中心支公司总经理，合肥中心支公司总经理，安徽分公司党委委员、副总经理，浙江分公司副总经理兼浙江信保总经理等职；2015年5月起，任太平财产保险有限公司安徽分公司党委书记、总经理；2020年7月起，任太平财产保险有限公司山东分公司（简称太平财险山东分公司）党委书记、总经理。

【综述】 太平财险山东分公司隶属于保险央企中国太平保险集团，设立于2003年7月，下设威海、潍坊、淄博、滨州、济宁、烟台、济南、临沂、德州、日照、东营、聊城、菏泽、枣庄、泰安、莱芜16家中心支公司和56家支公司，服务网络遍布山东省，主要经营车险、财产险、农险等业务。2020年，面对新冠肺炎疫情，太平财险山东分公司始终把员工生命健康放在第一位，认真贯彻落实各项工作要求，一手抓防控，一手抓经营，助力打赢疫情防控阻击战。坚持“转型发展、结构调整、品质第一”的转型升级战略，推动公司整体业务稳中有进。公司在继往开来中实现了经营业绩的继续提升，全年实现保费收入26.28亿元；非车占比提升明显，全年新单边贡大幅提升；各项重点工作有序落实，疫情防控扎实有效，作风面貌焕然一新。

【经营管理】 2020年，太平财险山东分公司积极开展“行业规范建设深化年”，持续深化“四大规范”建设。为贯彻落实防控金融风险的工作部署，努力打造山东平安金融、健康金融、和谐金融的金融环境，构建“不敢违规、不想违规、不愿违规”的合规文化长效机制，太平财险山东分公司高度重视“行业规范建设深化年”活动，成立专项工作领导小组，实行“一把手”负责制，坚持以“行业规范建设深化年”活动开展为主线，明确工作目标、严明部门职责、严格落实责任，统筹推进全年各项重点工作。

2020年，太平财险山东分公司努力打造山东市场经营最优的财险公司。在业务稳步增长的同时，太平财险山东分公司以《推动财产保险业高质量发展三年行动方案（2020—2022年）》为指引，主动作为、因地制宜、有效发展。从2020年下半年开始，公司上下统一思想、坚定转型、深挖潜力，精细化提升明显，市场和效益潜力得到有效挖掘。车险新单边贡大幅提升，非车占比为21.43%，同比提升超过6个百分点。

一是在车险业务中，以绣花的功夫向每一张保单要效益，提升经营质效。在车险业务开展上，太平财险山东分公司严格按照山东银保监局、山东保险行业协会的各项规定来开展业务。在坚守合规经营的同时，坚决践行提升车险经营质效要求，积极调整经营战略、优化业务结构，明确效益第一的发展导向；明确精细化管理思路，将“五率一比”等效益指标纳入流程管理；逐渐实现由以产品为中心向以客户为中心的转变，实现价值驱动，创造新的发展机会。二是加快非车转型，做好风险管理。2020年，太平财险山东分公司传统非车业务实现收入4.35亿元，同比增长47.95%，非车业务占传统业务的21.43%，同比提升超过6个百分点，非车险实现快速发展。在业务高度发展的同时，强化风险管理、审慎选择，坚持有所为有所不为，坚守品质底线；充分发挥央企优势，积极投入服务国家战略当中，持续推进农险、责任险、医保类项目的发展。全年，实现服务国家战略保费收入1.19亿元，同比增长26.72%。

【业务拓展】 2020年，太平财险山东分公司深耕“蓝色土地”，为海洋经济保驾护航。为响应国家“海洋强国”和山东“海洋强省”战略要求。助力海洋产业发展，太平财险山东分公司积极开展海洋牧场保险创新，全年新增承保国内首座坐底式深远海智能化海珍品养殖网箱——“国鲍一号”，提供风险保障3,500.00万元；积极开展农业保险，助力乡村振兴战略。进一步优化保险实施方案，新增春玉米最低收入保险品种，积极推动向文登全区全面推广，承保规模扩大到8.79万亩，为广大农户提供风险保障2,830.66万元。

2020年，太平财险山东分公司积极进行产品创新，为企业复工复产提供保障。疫情期间，太平财险山东分公司针对新老客户分别推出防疫产品和风险保障，缓解客户经济负担，为企业复工复产、学校复课提供风险保障。针对中小微企业疫情期间复工复产，推出雇主责任险优惠产品和“商无忧”财产综合险产品，累计为656家企业提供14亿元风险保障；推出“畅无忧”健康险，累计为省内13.86万人次提供457亿元风险保障。针对百万医疗产品和学平险个人客户，开辟“绿色通道”，受惠客户达4,200余人；针对建筑施工企业和贷款类客户延长贷款期限的企业及个人客户，免费办理保单延期手续；累计为700家企业免费扩展82.60亿元新冠风险保障，累计为319个客户提供因感染新冠肺炎病毒出院后的居家康复指导保障；为烟台、威海等6个地市683家医院的所有医护人员免费扩展“感染法定传染病责任”保障。

【员工培训】 2020年，太平财险山东分公司全方面开展各条线、多层次的培训。公司建立了岗前培训制度，为新进约40名员工提供岗前培训。全年成功举办各类专业培训263期，覆盖23,458人次；举办内外勤新人培训7期，覆盖480人次；举办新进干部培训2期，覆盖4人次；举办岗位专业技能提升培训235期、覆盖19,506人次；举办管理技能类培训11期，覆盖790人次；举办赋能分享类培训12期，覆盖1,320人次。

【客户服务】 2020年，太平财险山东分公司以提升时效、降赔减损为主要工作方向，经营模式逐步向以客户为中心转型，稳步提升整体客户服务水平。车损案件坚持“小案快处、快赔，大案快到、快定”，人伤案件坚持“快、免、暖”；积极推行全流程客户自助、微信自助理赔、视频定损、DPR模式；实行小额人伤线上快赔、人伤免单证、人伤住院无忧、人伤伤残免鉴定；积极打造线上理赔队伍，通过实现“一站式”在线理赔，万元以下小额案件结案时效下降1.59天。

2020年，太平财险山东分公司充分发挥央企社会担当，不断提高政治站位，大力开展社会公益活动。疫情期间，太平财险山东分公司积极响应号召，第一时间组织学习，为支持抗击疫情一线，积极奉献爱心，太平财险山东分公司党委第一时间向全辖发出了“抗击新冠肺炎疫情”募捐活动的倡议，党员领导干部积极带头，员工踊跃捐款，共计捐款50余万元，购置防疫物资支援当地的交警、农业局、医院、记者、环卫等疫情防控工作一线人员；免费为工作在一线的医护人员、派出所民警、街道办事处人员和志愿者共计474人提供1.45亿元风险保障。

2020年，太平财险山东分公司积极服务“一带一路”经济发展。承保了孟中印缅（BCIM）经济走廊和国家“一带一路”建设的重要项目——孟加拉国艾萨拉姆2×660兆瓦燃煤电站的建设及运营期一揽子保险项目，提供超过1亿美元的风险保障。该项目可极大地缓解孟加拉国第二大城市——吉大港的用电压力，对推动当地经济社会发展、打造“中国装备名片”具有重要战略意义；连续四年承保萨希瓦尔电站，累计提供风险保障19.42亿美元。萨希瓦尔电站是中巴经济走廊优先实施项目，是中巴经济走廊能源项目实施协议框架下第一个竣工投产项目，获得了巴基斯坦总理颁发的“杰出成就奖”，也是“一带一路”倡议的重点工程之一。该电站的建设，对有效缓解巴基斯坦电力短缺现状、改善民生、促进其经济社会发展、巩固中巴友谊和两国关系，均具有十分重要的意义。

（王 君、辛全艳）

附表1

机构概况一览表

总经理（或其他称谓的第一负责人）		副总经理（或其他称谓的同级领导）	
刘其森		李 健	
地址	山东省济南市市中区英雄山路129号 祥泰广场1号楼19层	邮编	250002
网址	http://www.etaiping.com/	客服电话	95589

附表2

内设部门及分支机构一览表

年度	内设机构（个）	下设分支机构（个）		员工人数（人）	
		地市级机构数	县区级机构数	员工总数（含非正式员工）	正式员工数
2016	12	16	42	3,035	1,583
2017	14	16	46	4,030	1,788
2018	16	16	51	4,595	1,983
2019	16	16	55	4,837	2,130
2020	17	16	56	5,546	1,978

附表3

主要统计指标

项目	2016年	2017年	2018年	2019年	2020年	2020年同比增幅（%）
总资产（亿元）	1.04	2.65	4.89	5.43	8.68	59.85
签单数量（万件）	96.47	128.64	171.36	245.40	540.51	120.26
保费收入（亿元）	15.31	18.96	21.38	22.02	26.28	19.35
处理赔案（万件）	16.40	19.45	24.46	24.27	25.02	3.09
赔付支出（亿元）	5.99	7.31	9.52	9.68	11.42	17.98

太平人寿保险有限公司山东分公司

【第一负责人简介】 彭献民，男，汉族，中共党员，1967年6月出生，1989年7月毕业于南开大学，大学本科学历；1989年7月至2001年11月，曾在中国人民保险公司江西分公司、平安保险任职；2001年11月至2016年4月，历任太平人寿保险有限公司部门负责人，太平人寿保险有限公司大连分公司总经理、苏州分公司总经理等职；2016年5月起，任太平人寿保险有限公司山东分公司（简称太平人寿山东分公司）党委书记、总经理。

【综述】 太平人寿山东分公司于2003年7月28日在济南正式开业，服务网络覆盖全省（不含青岛市）。截至2020年末，辖内共设有16家中心支公司、62家支公司、16家营销服务部；期末有效承保人次为647.97万，期末有效保险金额为61,183.69亿元。2020年，太平人寿山东分公司坚持以习近平新时代中国特色社会主义思想为指引，紧跟太平集团“国家所需、太平所向”的战略导向，坚持“共享太平”的发展理念，全力践行“为您分担风险、与您共享太平”的社会责任，围绕分公司“客户信赖、员工爱戴、市场前三、系统领先”的三年发展目标，在激烈的竞争环境中，业务发展始终保持着健康稳定的发展态势。

【经营管理】 2020年，在太平集团和太平人寿总公司的正确领导下，太平人寿山东分公司立足高质量发展目标，持之以恒做好疫情防控，精准施策促进复工复产，全面有序恢复经营秩序，确保了各项工作的稳步推进和正常开展。一是业务发展稳中有进。在新会计准则下，2020年，太平人寿山东分公司实现原保险保费收入140.23亿元，同比增长3.52%，其中新单保费收入为34.19亿元，续期保费收入为106.04亿元；原保险保费收入市场排名第五，与2019年持平。二是合规基础不断夯实。明确工作标准，进一步完善合规体制；严抓排查问责，深化日常监督；深入开展了“低级错误”整治，贯彻落实“行业规范建设深化年”工作要求；前置风险防控，创新培训模式，全年未发生重大舆情事件；对苗头性问题及时进行诫勉谈话，进一步强化制约监督。

【业务拓展】 2020年，太平人寿山东分公司坚持用服务打动客户，用服务赢得市场，推动业务高质量发展。一是快速转换经营模式，恢复生产力，最大限度降低疫情对业务发展的影响。各业务条线开发“微享会”“微企会”“微课堂”“微服会”等线上增员、培训、客户服务等活动。二是线上支持和服务的深度及广度进一步扩展。微信端“运营在线”已成为代理人展业的移动支持工具，在销售节点更是发挥了展业工具、作业引导、精准解答的作用。

【员工培训】 2020年，太平人寿山东分公司面对疫情，不等不靠，迅速调整培训思路，改变培训方式。推动全员参与“提升效能·全面复工”线上课堂，助力复工复产；推出“职工大讲堂”直播培训，提升员工技能；推动新员工参加“太平新星”培训；实施管培生“新锐百日”计划，将培训、轮岗、基层锻炼相结合，推动人才队伍建设；此外，还举办了“管理及领导力”系列培训，推动基层管理干部持续提升岗位技能；全年累计培训5,800人次，覆盖全体干部员工。

【客户服务】 2020年，太平人寿山东分公司始终坚持“以客户为中心”“价值驱动成长”的发展思路，不断甄选优质服务资源，拓展线上线下多样化服务项目，推动服务持续优化升级，为各层级客户创造卓越的服务体验。客服活动线上线下深入融合，增值服务更切合经营节奏和客户需求。全年累计开展线上线下相结合的客服主题活动110场，线上累计服务客户27,989人次，线下累计服务3,808组家庭；其中，北清状元大讲堂系列、“遇见幸福”家庭讲堂系列等线上直播10场，“状元巅峰论坛”等线下教育讲座11场。全年推出“大咖说服务”“客户服务一点通”等多种形式的短视频15期。

（李炳宪）

附表1

机构概况一览表

总经理（或其他称谓的第一负责人）		副总经理（或其他称谓的同级领导）	
彭献民		曾青、柳涛、赵琳、刘敬	
地址	山东省济南市历下区经十路11616号奥体金融中心C栋济南太平金融大厦	邮编	250000
网址	http://www.cntaiping.com/	客服电话	95589

附表2

内设部门及分支机构一览表

年度	内设机构（个）	下设分支机构（个）		员工人数（人）	
		地市级机构数	县区级机构数	员工总数（含非正式员工）	正式员工数
2016	16	16	78	2,600	2,600
2017	17	16	78	3,041	3,041
2018	19	16	78	2,835	2,834
2019	19	16	78	2,526	2,525
2020	15	16	78	2,046	2,045

附表3

主要统计指标

项目	2016年	2017年	2018年	2019年	2020年	2020年同比增幅（%）
总资产（亿元）	28.41	36.32	52.54	65.54	69.72	6.38
签单数量（万件）	44.06	63.67	101.06	124.48	106.31	-14.60
保费收入（亿元）	84.03	103.77	117.48	135.46	140.23	3.52
处理赔案（万件）	3.74	5.07	8.73	12.91	11.35	-12.08
赔付支出（亿元）	1.57	2.77	5.05	8.23	9.10	10.57

三、信托公司

山东省国际信托股份有限公司

【第一负责人简介】　万众，男，1973年9月15日生，江苏六合人，1996年7月毕业于山东经济学院国际贸易系，2002年毕业于天津财经学院，管理学硕士，高级经济师；1996年参加工作，历任山东省国际信托股份有限公司（简称山东国信）基金贷款管理部项目经理、基金投资部经理、信托业务二部经理、公司副总经理，鲁信实业集团有限公司（简称鲁信集团）总经理、董事长，山东国信党委副书记、总经理；现任鲁信集团党委委员、副总经理，山东国信党委书记、董事长。

【综述】　山东国信初创于1987年3月，是经中国人民银行和山东省人民政府批准设立的非银行金融机构。2007年6月，获中国银监会批复同意换发新的金融许可证，名称变更为“山东省国际信托有限公司”。2015年7月，完成股份制改造工作，正式更名为“山东省国际信托股份有限公司”。公司现为中国信托业协会理事单位。

山东国信立足于打造“一流的资产管理专业服务商+卓越的综合金融服务提供商”，现已发展成为以资金信托、财产信托、投资银行、资产管理和证券投资基金等业务为主，投资方式涵盖贷款、股权投资、资产证券化、收益权证券化、融资租赁等多种形式的综合性金融服务机构，拥有一大批优质的企业合作伙伴和忠诚的高净值客户资源，形成了规范的公司治理体系，综合实力不断增强，盈利手段日益丰富，具有很好的社会信誉和品牌影响力。

【信托业务】　2020年，山东国信坚持聚焦主业强基提质，坚决回归信托本源，加快推动转型创新，有效提升服务实体经济质效，整体保持了稳健运行态势。

一是提质增效，信托业务结构持续优化。2020年，山东国信积极应对疫情冲击、国内经济形势及监管政策环境变化。面对强监管背景下的信托规模收缩压力，持续优化信托业务结构，坚定回归信托本源，加快布局标品业务，大力推动转型创新，积极培育新的业务增长点。截至2020年末，山东国信信托业务规模为2,486.97亿元，全年实现信托业务收入11.55亿元，同比增长11.10%；主动管理型信托业务收入为8.98亿元，占全部信托业务收入中的手续费及佣金收入的78.00%，同比增长1.20%。

二是加大标品业务拓展力度，打造转型业务“新航标”。截至2020年末，山东国信债券、家族信托、消费金融、现金管理和ABS五类创新业务规模合计712.53亿元，较年初增加330.42亿元。顺利推出鼎萨旭日升1号、汇信1号等多单证券投资集合信托，投资类资本市场业务实现新突破；以ABS资产证券化业务为重点推进目标，与多家券商探索开展资产证券化业务合作；中泰资管、国信证券于2020年12月分别向上海证券交易所和深圳证券交易所递交资产证券化项目申报材料，申报金额均为100.00亿元，其中尊岳第1至第15期资产支持专项计划已在深圳证券交易所获批。

三是深化同业机构战略合作，“朋友圈”范围不断扩大。加强与证券公司、私募基金管理公司等优质机构的对接，集聚标品业务展业资源；深化金融同业渠道战略合作，不断提升服务质效，债券业务规模取得突破性增长；家族信托业务开辟多家商业银行渠道资源，进一步稳固长期可持续、稳健发展的坚实基础。

四是多元化募资渠道有序拓展，财富管理转型扎实推进。新设1个机构理财团队和2个营销网点，初步构建形成“521”销售体系；山东国信研发推出的首笔“安心”系列个人财富管理业务顺利落地，财富管理转型迈出实质性步伐；山东国信APP正式上线，电子签约率达到100.00%；新增多家商业银行代销机构，多元化募资渠道不断扩展。

五是深入实施智慧信托战略，以信息科技助推山东国信转型发展。加快新系统、新模块上线，支撑业务转型创新。逐步完善山东国信财富管理平台功能，实现销售移动化支持；建设家族信托电子签约模块，完成资产管理系统重构升级，启动智能风控系统建设，推进标品业务的自动化估值，进一步提升信息系统支撑能力。

【内部管理】　2020年，山东国信扎实开展信托文化建设，内控合规体系更加完善。制定信托文化建设规划和方案，定期共享法律简报，积极组织员工参加线上课堂、公益讲座、案防知识考试、信托知识竞赛等活动，推动信托文化建设向纵深开展；强化审计督察监督机制，加强对重点领域的风险排查和专项审计，进一步完善内控合规体系。筑牢全面风险管理防线，加快不良资产处置。结合监管政策、业务和风险的新变化、新特征，着力构建多维度、多层次的风险管理体系，持续完善风控制度，优化风控模型，严格项目管理，全力加快不良资产处置。

（陈 磊）

附表1

机构概况一览表

董事长（或其他称谓的负责人）		副总经理（或其他称谓的同级领导）	
万 众（党委书记、董事长） 岳增光（党委副书记、总经理）		周建藁、贺创业、王 平、付吉广、牛序成、穆 彤	
地址	山东省济南市解放路166号	邮编	250013
网址	http://www.sitic.com.cn/	客服电话	0531—86566888

附表2

内设部门及分支机构一览表

年度	内设机构（个）	下设分支机构（个）		员工人数（人）	
		地市级机构数	县区级机构数	员工总数（含非正式员工）	正式员工数
2016	13	0	0	192	192
2017	13	0	0	199	199
2018	14	0	0	221	221
2019	12	0	0	229	229
2020	12	0	0	235	235

附表3

主要统计指标

单位：亿元

项目	2016年	2017年	2018年	2019年	2020年	2020年同比增幅（%）
本外币资产总额	86.48	129.02	136.12	145.72	206.84	41.94
本外币负债总额	23.07	37.54	40.71	47.62	105.09	120.68
营业收入	13.48	16.34	16.95	18.87	23.06	22.20
投资收益	1.38	1.68	1.07	1.38	1.46	5.80
利润	10.77	11.19	11.27	8.78	7.33	-16.51
净利润	8.33	8.95	8.72	6.64	6.28	-5.42

四、资产管理公司

中国华融资产管理股份有限公司山东省分公司

【第一负责人简介】　邰明，男，汉族，1970年10月出生，天津人，中共党员，工商管理硕士学历，高级经济师；1992年7月参加工作，1992年7月至2006年6月，历任中国工商银行天津分行国际业务部信贷科信贷员、国际业务部市场部副科长、国际业务部信贷管理部科长、国际业务部市场部科长，中国工商银行天津分行北辰支行副行长、新化支行副行长，2003年3月至10月任中国工商银行天津分行信贷管理部副总经理、总经理；2006年6月至11月任中国光大银行天津分行党委委员，党委委员、副行长；2017年5月至2019年1月，历任中国华融资产管理股份有限公司天津市分公司党委委员、副总经理，党委副书记、副总经理；2019年6月任中国华融资产管理股份有限公司山东省分公司（简称华融山东省分公司）党委副书记（主持工作），2019年11月任华融山东省分公司党委副书记、副总经理（主持工作），2020年11月任华融山东省分公司党委书记、总经理。

【综述】　中国华融资产管理股份有限公司（简称中国华融）前身为中国华融资产管理公司，成立于1999年11月1日；2012年9月28日，经国务院批准，公司整体改制为股份有限公司；2015年10月30日，中国华融在香港联合交易所主板上市。

2020年，华融山东省分公司坚决落实党中央、国务院和中国银保监会及公司党委要求，一手抓疫情防控，一手抓复工复产，全面履行管党治党责任，积极推进党建、回归主业、防化风险、严格管理等工作。全年实现营业收入13.19亿元，实现净利润5.65亿元。在2020年山东省地方金融监督管理局对省内资产管理公司的综合评价中，华融山东省分公司排名第一。

【不良资产收购与处置】　2020年，华融山东省分公司克服疫情影响等不利因素，加强与各家银行的联系，加大考核奖励力度、做实资产尽调、完善定价机制，全年累计收购不良资产包31个，收购债权240.74亿元。

2020年，华融山东省分公司积极开展不良资产的推介营销，依托华融交易中心、山东金融资产交易中心等平台，积极推介资产，加强与机构投资者的联系，探索批量资产转让，积极与地方政府接洽沟通债权回购事宜，加大诉讼执行力度，全年累计处置回收现金40.10亿元。

【债转股股权管理】　2012年初，中国华融与财政部签订了原有的政策性股权资产买断协议。为做好股权资产的管理和处置工作，2020年，华融山东省分公司主要做好两方面工作：一是加强股权资产的日常管理工作；二是认真执行公司《对股权企业重大事项的内部决策程序》，对股权企业股东会、董事会、监事会会议议题严格按权限履行审批程序，依据授权进行表决，维护了股权权益。

【资产管理业务】　2020年，华融山东省分公司认真落实监管要求，积极落实“回归本源、突出主业”工作要求。充分发挥金融救助功能，创新业务开展模式，发挥专业优势，积极介入重点企业纾困、地产企业收并购、国企主辅剥离等项目，大力开展问题企业重组等资产管理业务；积极响应国家号召以及银保监会的要求，强化对疫情防控和实体经济恢复发展的金融服务和支持。全年实施重组类项目9个，投放抗疫项目2个，投放规模达24.58亿元。

【内部管理】　2020年，华融山东省分公司进一步加强内部管理和员工队伍建设，增强风险意识，完善合规管理，促进了内部管理水平的提高。一是认真抓好抓实党建工作。制订全年党建活动计划，加强党员队伍思想和作风建设，为各项工作的开展提供坚实保障。二是加强廉政建设，为业务健康发展保驾护航。领导班子发挥带头作用，严格执行中央八项规定，厉行勤俭节约，反对铺张浪费。三是全力加强整章建制工作。根据华融山东省分公司有关规定及业务发展的实际需要，积极开展后评价工作，加强对文件制度的学习和解读，全面提升内部管理水平。四是加强内部管理和队伍建设，优化内设部门设置，加强业务培训和案例指导，完善选人用人机制，全面提升内部管理水平和员工素质。

（黄　昇）

附表1

机构概况一览表

<table>
<tr><td colspan="2">总经理（或其他称谓的第一负责人）</td><td colspan="2">副总经理（或其他称谓的同级领导）</td></tr>
<tr><td colspan="2">郜 明</td><td colspan="2">徐翀旻、王丙亮（总经理级）、
崔建魁（风险总监、总经理助理）</td></tr>
<tr><td>地址</td><td>山东省济南市经三路89号</td><td>邮编</td><td>250001</td></tr>
<tr><td>网址</td><td>http://www.chamc.com.cn/</td><td>客服电话</td><td>—</td></tr>
</table>

附表2

内设部门及分支机构一览表

年度	内设机构（个）	下设分支机构（个）		员工人数（人）	
		地市级机构数	县区级机构数	员工总数（含非正式员工）	正式员工数
2016	12	0	0	60	60
2017	12	0	0	65	65
2018	12	0	0	72	72
2019	12	0	0	66	66
2020	12	0	0	66	66

中国长城资产管理股份有限公司山东省分公司

【第一负责人简介】 郭小霞，女，1963年出生，中共党员，高级会计师；1979年11月参加银行工作，1999年1月任中国农业银行山东省分行财务会计处副处长，2000年4月至2011年11月历任中国长城资产管理公司济南办事处资金财务部副处长（主持工作）、处长、高级经理，2011年11月至2017年1月历任中国长城资产管理公司济南办事处党委委员、总经理助理、副总经理、工会主席；2017年1月至2019年4月，任中国长城资产管理股份有限公司山东省分公司（简称长城山东省分公司）党委委员、副总经理、工会主席，2019年4月至2020年12月任长城山东省分公司党委副书记、副总经理（主持工作），2020年12月至今任长城山东省分公司党委书记、总经理。

【综述】 中国长城资产管理股份有限公司（简称长城公司）成立于2016年12月11日，由财政部、全国社会保障基金理事会和中国人寿保险（集团）公司共同发起设立。公司前身是国务院1999年批准设立的中国长城资产管理公司，长城山东省分公司是长城公司在山东省设立的分支机构。

2020年，长城山东省分公司深入贯彻党的十九大和十九届二中、三中、四中、五中全会精神，以“稳中求进、突出主业、防化风险、服务实体”为主基调，以“抓业务、提质量、控风险、调结构、强管理、增效益”为经营方针，坚持主业拓展与风险化解并举、创新发展与规范发展并重，落实“六稳”“六保”，有效防控疫情，不断推动自身实现内涵式高质量可持续发展。截至2020年末，长城山东省分公司资产总额为163.00亿元；全年实现营业收入5.50亿元。

【不良资产收购与处置】 2020年，在资产收购方面，长城山东省分公司按照“以处定收”原则，持续做强做优金融不良资产主业。同时，围绕核心企业开展定制化组包和收购反委托业务，特别是对具有价值提升空间、具备开展实质性重组条件的债务企业加大反向收购力度。全年收购资产包及单项债权56个，涉及债权本金161.30亿元；在资产处置方面，灵活做好存量资产的拆分、组合和处置，加快滚动循环，提升资本效率。按照所属地区、资产属性、所处行业等维度对存量资产进行精准分类，积极对外推介资产。全年处置资产462户，处置本金为125.27亿元，回收现金49.43亿元。

【资产管理】 2020年，长城山东省分公司坚持以习近平新时代中国特色社会主义思想为指导，在坚决贯彻落实“回归本源、聚焦主业”要求的同时，全面贯彻新时代党的建设总要求，努力实现党建工作与分公司改革发展的深度融合。长城山东省分公司不断创新发展思路、调整业务发展模式，以资产管理为切入点，结合新旧动能转换等省情，主动对接地方政府与问题企业，在收购非银行金融机构债权、进行资产整合上下功夫。截至2020年末，收购重组类业务规模达到26.00亿元，在积极参与化解区域金融风险的同时，较好地支持了地方经济建设。

【内控管理】 2020年，长城山东省分公司认真落实全面风险管理规范的各项要求，不断提高全业务、全产品、全流程的风险意识，厘清前中后台的风险管理责任；强化“三道防线”，重点加强政策风险、操作风险、法律风险、道德风险等关键领域和关键环节的风险控制，保障各项业务合规高效运营。持续强化政治监督、深化日常监督、加强反腐宣传教育，促进管业务与管作风、管干部与管廉政同向发力，切实落实好党风廉政“一岗双责”；扎实推进“行业规范建设深化年”活动，组织案防合规知识测试，提高员工的风险合规意识。

（陈 娟）

附表1

机构概况一览表

总经理（或其他称谓的第一负责人）		副总经理（或其他称谓的同级领导）	
郭小霞		崔福成、李西方、王 斌	
地址	山东省济南市经七路168号	邮编	250001
网址	http://www.gwamcc.com/	客服电话	0531—82079792

附表2

内设部门及分支机构一览表

年度	内设机构（个）	下设分支机构（个）		员工人数（人）	
		地市级机构数	县区级机构数	员工总数（含非正式员工）	正式员工数
2016	7	0	0	69	69
2017	7	0	0	69	69
2018	7	0	0	74	74
2019	7	0	0	72	72
2020	7	0	0	70	70

中国信达资产管理股份有限公司山东省分公司

【第一负责人简介】 邓立新，男，中共党员，四川成都人，1968年1月出生，1989年7月毕业于南开大学金融学专业；1989年8月至1999年8月，历任中国建设银行四川省分行科长、办公室副主任、铁道支行副行长、资金计划处副处长（主持工作）、党委办公室和办公室主任等职（1994年9月至1997年7月在西南财经大学学习，获经济学硕士学位）；1999年8月至2010年7月任中国信达资产管理公司成都办事处党委委员、副主任，党委书记、主任（2008年11月至2011年7月兼幸福人寿重庆市分公司党委书记、总经理）；2010年7月至2011年7月任中国信达资产管理股份有限公司（简称中国信达）重庆市分公司党委书记、总经理；2011年3月至2011年7月主持中国信达四川省分公司全面工作，2011年7月至2019年4月任中国信达四川省分公司党委书记、总经理；2019年4月至9月主持中国信达资产管理股份有限公司山东省分公司（简称信达山东省分公司）全面工作，2019年9月至今任信达山东省分公司党委书记、总经理。

【综述】 信达山东省分公司自1999年9月成立以来，秉承“化解金融风险、支持国企改革”的使命，始终致力于不良资产经营主业，综合运用债转股、债务重组、资产收购等多种手段，在支持地方经济建设和企业发展的同时，逐步确立了在不良资产行业的优势地位。尤其是2010年改制以来，信达山东省分公司以不良资产经营为核心，不断提高经营效益和内控管理水平。同时，依托中国信达各项业务平台，积极为地方经济建设和广大客户提供优质的金融服务。目前，信达山东省分公司已与山东省、各市政府及多家金融机构和大中型企业建立了战略合作关系。

2020年，信达山东省分公司深入学习贯彻落实党的十九大精神和全国金融工作会议以及金融监管的要求，重点在“化解金融风险、服务实体经济、支持供给侧结构性改革”等方面做好主业发展工作。截至2020年末，信达山东省分公司资产总额为372.47亿元，负债总额为214.56亿元，资产负债率为57.60%；全年实现营业收入23.19亿元，营业支出为4.52亿元，实现税前利润18.67亿元。

【不良资产收购与处置】 信达山东省分公司自1999年成立以来，累计接收建设银行、国家开发银行等政策类不良资产246.00亿元，商业化收购各类银行不良债权1,440.00亿元，累计处置864.00亿元，有力支持了山东省实体经济的发展。2020年，信达山东省分公司积极加快不良资产收购和处置，全年累计实现不良资产收购投放40.48亿元，收购债权资产原值为132.67亿元；全年处置不良资产40.89亿元，处置债权原值为80.25亿元，实现处置回收51.77亿元。

【债转股股权管理】 截至2020年末，信达山东省分公司债转股股权为30.10亿元，其中政策性债转股28.20亿元、商业化债转股1.90亿元。

【资产管理】 截至2020年末，信达山东省分公司资产结构进一步优化：传统类业务规模为191.70亿元，占比为53.50%；附重组条件类为53.60亿元，占比为14.90%；其他投资及资管类为76.50亿元，占比为21.20%；股权类资产为37.60亿元（含政策性股权），占比为10.45%。从资产结构来看，信达山东省分公司回归主业的态势进一步突出。

【内控管理】 2020年，信达山东省分公司进一步加强风险防控。通过实施“行业规范建设深化年”活动、开展自我梳理排查，不断增强员工的合规意识及案件防控能力；致力于打造以“令行禁止”为核心内涵的合规文化，严格规范分公司经营行为，严格员工的行为管理；持续提升金融服务水平，提高服务实体经济、发挥不良资产经营优势化解区域金融风险的能力，确保依法合规经营和案件风险防控。

（姚星名）

附表1

机构概况一览表

总经理（或其他称谓的第一负责人）		副总经理（或其他称谓的同级领导）	
邓立新		赵 波、苏爱珍、吴新明、张 卿、张福明	
地址	山东省济南市历下区经十路11001号 中国人寿大厦南楼29、30层	邮编	250021
网址	http://www.cinda.com.cn/	客服电话	0531—87080335

附表2

内设部门及分支机构一览表

年度	内设机构（个）	下设分支机构（个）		正式员工数（人）	
		地市级机构数	县区级机构数	本部正式员工	分支机构正式员工
2016	9	0	0	55	49
2017	10	0	0	63	57
2018	11	0	0	68	62
2019	11	0	0	65	59
2020	11	0	0	74	68

中国东方资产管理股份有限公司山东省分公司

【第一负责人简介】 李明波，男，山东胶州人，1968年4月出生，中共党员，大学本科学历，毕业于东北财经大学法学专业，经济师，从事金融工作29年；1990年7月至2000年3月，先后任中国银行青岛市分行信贷管理处资产保全科副科长（主持工作）、即墨市支行行长助理、香港路支行业务发展部负责人等职；2000年3月至2008年7月，先后任中国东方资产管理公司青岛办事处资产经营一部助理经理、副经理，业务四部副经理（主持工作），资产处置审查办公室经理，资产经营一部经理、高级经理；2008年7月至2010年12月，挂职中国东方资产管理公司市场开发部助理总经理；2010年12月至2017年11月，任中国东方资产管理公司青岛办事处党委委员、副总经理；2017年11月，任中国东方资产管理股份有限公司山东省分公司（简称东方山东省分公司）主要负责人。

【综述】 中国东方资产管理股份有限公司（简称中国东方）是由财政部、全国社会保障基金理事会共同发起设立的国有大型非银行金融机构。公司前身为中国东方资产管理公司，成立于1999年10月，是国务院及中国人民银行批准成立的四大国有资产管理公司之一。自成立以来，公司始终以保全国有资产、化解金融风险、促进国企改革为使命，将依法合规经营作为生命线，累计管理处置各类不良资产超过万亿元，为国家金融系统的稳定作出了积极贡献。东方山东省分公司前身为中国东方资产管理公司青岛办事处，成立于2000年4月22日，是中国东方在山东省设立的省级派驻机构。2020年，东方山东省分公司坚持以习近平新时代中国特色社会主义思想为指导，深入贯彻党的十九大及其全会精神，坚决执行公司决策部署，提高政治站位，积极应对疫情影响；聚焦主责主业，扎实做好“六稳”“六保”工作；主动担当作为，充分发挥公司职能优势；加大不良投放管理处置力度，不断推动主业实现高质量发展。

【不良资产收购与处置】 2020年，新冠肺炎疫情突如其来，外部环境发生较大变化。在极其严峻的经营条件下，东方山东省分公司聚焦主责主业，持续优化业务结构，不断提升处置质效，积极发挥资产管理公司独特的功能优势，最大限度地支持复工复产和助力脱贫攻坚工作，努力为经济社会发展和金融风险化解贡献力量。2020年，东方山东省分公司新增金融不良资产项目共计15个，投资金额共计23.13亿元，其中新增金融不良投资金额为15.49亿元，收购债权本金为34.55亿元；新增非金融不良投资金额为7.64亿元；处置各类不良资产90.18亿元，累计回收现金32.71亿元。

【债转股股权管理】 截至2020年末，东方山东省分公司政策性债转股企业共计7家，累计转股债权本金为15.89亿元。东方山东省分公司按照政策性债转股的管理要求，通过“三会”方式对转股企业进行管理，共向债转股企业委派董监事38名，参与2020年转股企业“三会”会议9次，有效维护股东权益并支持转股企业发展。目前，东方山东省分公司正在按照党中央、国务院、中国银保监会和中国东方总部的部署和要求，积极投入市场化债转股的研究和实践。

【资产管理】 自2000年成立以来，东方山东省分公司累计接收中国银行、建设银行等的政策类、可疑类、损失类等各类不良资产共计447.00亿元，累计处置420.00亿元，回收现金超过60.00亿元；在努力完成政策性三类资产管理处置的同时，东方山东省分公司充分发挥资产管理公司的专业优势，以不良资产业务为主线，积极参与地方金融不良和非金融不良风险化解工作，支持地方经济社会发展。自2010年以来，东方山东省分公司累计投资融资项目41个，投放总额为131.50亿元；累计收购金融不良债权425.98亿元，投资155.14亿元；收购非金融不良资产并重组累计投资35.04亿元。

东方山东省分公司在积极支持省内外企业发展的同时，实现了较好的经济效益和社会效益。截至2020年末，东方山东省分公司业务管理规模为122.97亿元，资产包对应债权本金为294.41亿元，主业规模占比超过91.34%；处置类和生息类业务结构由年初的6：4提升至5：5，业务结构持续优化，发展基础不断夯实；累计实现利润超过13.00亿元。

【内控管理】 2020年，东方山东省分公司坚持合规底线，持续增强风险管控力量，不断优化中介机构使用流程和在尽调、管理和处置中的辅助作用；进一步规范业务发展，建立前置审批制度，风险部门参与前期尽调，前中后台实现良性互动，不断提高风险管控效果；建立业务月度统计制度，完善不良资产台账体系，不断提高管理能力；初步建立财务数据月度统计报送制度，业财联动数据质量不断提高，财务数据分析能力逐步提升；持续开展案件防控、扫黑除恶、非法集资、反洗钱等专项活动；持续加强内部管理，强化道德风险防范，不断构建多层级决策授权机制。截至2020年末，东方山东省分公司未有内生不良项目，经营发展稳步推进。

（窦桂斌、李泉林）

附表1

机构概况一览表

总经理（或其他称谓的第一负责人）		副总经理（或其他称谓的同级领导）	
李明波		李淑荣、王 斌、马 群、王建英（副督导员）	
地址	山东省青岛市市南区香港中路6号B座三楼	邮编	266071
网址	http://www.coamc.com.cn/	客服电话	0532—58760797

附表2

内设部门及分支机构一览表

年度	内设机构（个）	下设分支机构（个）		员工人数（人）	
		地市级机构数	县区级机构数	员工总数（含非正式员工）	正式员工数
2016	6	0	0	51	49
2017	6	0	0	54	52
2018	6	0	0	51	49
2019	6	0	0	51	49
2020	6	0	0	54	52

五、银联公司

中国银联股份有限公司山东分公司

【第一负责人简介】 刁云涛，男，山东菏泽人，大学本科学历，高级经济师；历任中国人民银行济南分行跨境办处长、营业管理部副主任、调查统计处处长、货币信贷处处长；2017年11月任中国银联股份有限公司山东分公司（简称中国银联山东分公司）副总经理（总经理级），2019年2月至今，任中国银联山东分公司总经理。

【综述】 2020年，中国银联山东分公司在人民银行济南分行的指导支持下，立足山东实际，联合各成员机构认真贯彻“支付为民”理念，加快产业生态建设标准化、规范化进程，推动经营业绩总体实现平稳增长，多项指标位居全国前列。

一是传统业务规模在新冠肺炎疫情冲击下保持稳中有增。全年实现银行卡清算交易11.59亿笔，居全国第三，排名提升两位；实现银行卡清算交易金额3.74万亿元，居全国第四，同比增长1.90%；信用卡消费月活卡为1,335.90万张，居全国第三。截至2020年末，辖内POS月活跃商户数为32.78万户，居全国第二。

二是移动支付业务规模快速增长。全年辖区实现移动支付交易笔数2.31亿笔，居全国第五，同比增长6.00%；移动月均活卡量为421.10万张，居全国第二，同比大幅增长146.00%；移动月均活跃商户数为8.08万户，居全国第二，同比增长9.80%；云闪付APP新增绑卡用户数为467.70万户，居全国第五，同比增长11.90%；云闪付APP支付月均活动用户数为173.30万户，居全国第四，同比增长30.00%。

三是推动移动支付便民工程深入开展。全年完成零售场景拓展品牌447个、门店15,559个，完成23个零售品牌、1,400余个门店的单品营销改造；改造TOP餐饮商户品牌76个、门店2,042个，完成受理银联移动支付的景区改造52家、酒店2,826家，累计入网自助售货机40,083台，累计改造企业园区食堂99个；新拓展菏泽单县、聊城临清等9个公交场景；完成辖内高校基础改造120所、高校终端改造88所、高校一体化建设22所；新增缴费还款场景接入内容数为41项，信用卡还款上线完成11家；完成爱山东APP、烟台市一手通APP政务服务内容输出云闪付APP，实现社保缴纳、非税缴纳和交通罚款功能落地云闪付APP，与山东省卫健委紧密合作，快速上线了云闪付APP申领山东省电子健康通行码的功能；拓展线下医院221家、连锁药店68家；完成包括遥墙国际机场在内的67个停车场的银联无感支付的开通，累计开通267个停车场。

【业务拓展】 2020年，中国银联山东分公司在新冠肺炎疫情的严重冲击下，一方面继续巩固提升传统业务规模与质量，另一方面坚持向移动端迁移，加快二级地市及以下市场拓展，各项业务稳步发展。

一是强化人民银行主导的、各收单机构及产业各方参与的协调联动机制建设。根据人民银行对移动支付便民工程的部署要求，中国银联山东分公司按照总公司统一规划，始终把满足民生需求作为一切工作的出发点和落脚点，推动移动支付便民工程建设取得新进展，重点便民场景建设更深透更实。零售、餐饮、医疗、校园、公交等优势场景不断巩固，零售品牌拓展数、线下医院与连锁药店拓展数均居全国第一，零售、餐饮门店拓展数、校园场景基础拓展数均居全国前三。文旅、政务、缴费还款等场景实现了新突破，酒店拓展数、账单查询与还款数均居全国第一，新增缴费接入内容数、一网通办、社保征缴月活数等均有大幅提升。

二是紧紧围绕“协同发展”的主题主线，凝聚产业各方力量，进一步夯实政府引导与市场主导相结合的移动支付发展模式。一年来，既持续畅通与地方政府、人民银行的沟通协调机制，又联合成员机构打造营销机制与共建机制，全力抓牢“利益共享”的关键重点，形成了“助商惠民、银联先行”的良好宣传态势，合力推进移动支付发展的机制建设取得新进展。

三是不断提升产业生态可持续发展能力。一方面，继续夯实传统业务发展基础，构建符合山东实际的发卡、绑卡、用卡一体化机制，加大业务、资源向移动端迁移的力度和向二级地市及以下市场拓展的深度，释放地市县乡拓展活力，推动支付产品与服务进一步下沉。另一方面，严格规范银行卡产业运作流程，认真贯彻落实监管要求，切实增强区域风险防控能力，不断提升产业发展规范化程度，大幅加快生态建设标准化步伐，辖内支付发展新业态初步形成。

【规范市场】 中国银联山东分公司始终坚持发展与规范并重，不断提升产业发展规范化程度。一是不断提高业务开展合规性。严格执行业务风险管理和反洗钱管理的要求，建立完整的辖区机构联系体系，加大催办及调查力度，确保系统内案例全部按时完成结案，风险事件结案率达到100.00%。二是不断提高受理市场规范力度。严格约束市场违规行为，加强对入网机构、入网商户的日常规范管理，进一步加强属地真实商户的管理工作，有效保障市场健康有序发展。

【内控管理】 中国银联山东分公司将制度建设放在突出位置，不断提升内部管理规范化，向精细化管理要效益。一是结合实际，持续推动制度建设“废改立”工作，“补短板”初见成效，涉及议事规则、营销管理、财务授权、绩效考核、采购管理、安全保卫、信息系统、风险管理等多个方面，有力提升了内部管理规范化程度。二是坚持安全生产第一位要求，保障生产系统安全稳定运行。严格贯彻安全生产、科技运营理念，认真做好网络安全防护和攻防演练实施工作，确保系统可用率100.00%、网络可用率100.00%，无安全责任事故发生。

（杨 猛、刘泽宁、解大伟）

附表1

机构概况一览表

总经理（或其他称谓的第一负责人）		副总经理（或其他称谓的同级领导）	
刁云涛		孟光勇、李 洁	
地址	山东省济南市历下区草山岭南路801号	邮编	250101
网址	http://cn.unionpay.com/shandong/	客服电话	95516

附表2

内设部门及分支机构一览表

年度	内设机构（个）	下设分支机构（个）		员工人数（人）	
		地市级机构数	县区级机构数	员工总数（含非正式员工）	正式员工数
2016	6	—	—	43	39
2017	6	—	—	45	41
2018	6	1	—	46	42
2019	6	3	—	50	46
2020	6	3	—	50	47

附表3

主要统计指标

项目	2016年	2017年	2018年	2019年	2020年	2020年同比增幅（%）
入网特约商户（万家）	136.70	147.20	133.70	154.19	158.31	2.67
POS终端（万台）	169.80	186.30	175.70	213.66	224.65	5.14
POS机交易笔数（亿笔）	10.16	10.44	10.42	9.89	9.09	-8.09
POS机交易金额（亿元）	27,100	29,300	34,200	29,953	33,161	10.71
ATM交易笔数（亿笔）	1.69	1.29	1.03	0.64	0.46	-28.13
ATM交易金额（亿元）	3,207	2,331	2,603	1,590	1,304	-17.99
借记卡发行（万张）	2,951	2,091	3,830	5,069	5,874	15.88
信用卡发行（万张）	479	723	1,172	1,059	997	-5.85

注：1.表中POS机交易笔数为清算交易笔数。

2.表中借记卡/信用卡发卡量为银联卡品牌发卡量，不含VISA、万事达等国际卡品牌双币卡。

中国银联股份有限公司青岛分公司

【第一负责人简介】 李春欢，男，上海人，1977年3月出生，中共党员，工程硕士；1999年参加工作，历任北京方正奥德计算机系统有限公司高级程序员，中国银联股份有限公司IC卡应用部主管、产品部高级主管、金融与民生事业部副总经理；目前任中国银联股份有限公司青岛分公司（简称中国银联青岛分公司）副总经理（主持工作）。

【综述】 2020年，中国银联青岛分公司积极联合青岛市银行卡产业相关单位创新发展、合作共赢，致力于拓展辖区银行卡受理市场，积极推广云闪付支付应用，不断提高对商户和持卡人的服务水平。

一是以消费券业务为突破口，全面建立政府业务合作。为了拉动消费、促进经济，青岛市政府组织开展了“2020青岛百日万店消费季”“2020青岛八八购物节”等消费惠民活动，将云闪付APP作为发放消费券的唯一渠道，发放各类惠民消费券420.00万张。该活动得到青岛各大媒体的广泛宣传，云闪付用户拓展和受理环境建设均取得了较好成效，活动期间新增注册用户48.40万户，环比增长104.70%，占全年新增注册用户的51.10%；支付月活用户为59.93万户，环比增长55.70%；主要商超、餐饮、百货商户共计15,309个品牌门店加入“惠民券”活动，活动商户交易金额环比增长103.00%。

二是深化推进受理市场环境建设，细化商户拓展运营工作。其一，推进辖内MIS商户门店移动支付受理改造，实现支持银联二维码、非接双免、金额推送的最佳实践方案。其二，推进银联自助收银通道、“刷脸付”终端和综合支付解决方案建设。其三，建立网格化运营机制，组建网格化运营团队，整合商户培训、营销宣传、示范店建设、真实性检查、场景改造巡检等多项工作，全面提高商户运营精细化水平。其四，持续推进线上业务和新业态合作，探索创新业务发展方向。接入了海尔智家、快电、爱云动、丽达优选、海信信我家、城阳万象汇、利群采购平台、尚美生活、聚e场等全国或本地头部APP，实现海信、TCL、东芝、乐华等品牌电视全面上线云闪付APP跨屏扫码电视支付业务，完成“小电”“速绿”无感支付上线。其五，开展创新业务合作试点，与能链集团团油APP合作，将加油服务能力输入银联智慧加油平台；与海尔集团联合探索基于智慧家居的物联网支付应用。

三是统筹营销资源，以云闪付内容运营为基础开展整合营销传播。其一，将政府合作营销活动与持续进行的“周六二重惠”、交通出行活动、铺底营销活动有机结合，满足政府消费季营销合作需求。其二，在自主营销活动中积极推广应用总公司云闪付票券、数字礼券、单品营销等新上线的营销工具，开展形式多样的营销活动。其三，深入开展云闪付内容运营，将首页资源位打造成为中国银联青岛分公司营销传播的重要窗口，配合政府消费季、公司“62”“双12联欢惠”活动，将城市服务初步打造成为涵盖饭票、旅游、加油、洗车等本地服务聚集地，为引入商户资源、银行资金开展线上线下交叉营销奠定了基础。

【业务拓展】 2020年，中国银联青岛分公司全面推进移动支付便民工程建设，重点场景取得关键突破。一是交通场景方面，2020年5月在青岛15家公交公司1万余辆公交车上线乘车码业务，9月在青岛地铁APP和地铁TVM上线云闪付APP支付方式，推出公交“复工票”“绿色出行票”、乘地铁送商超券等营销活动。二是医疗场景方面，云闪付APP接入山东省电子健康通行码，配合医保局改造医保个账系统，完成全省异地医保电子凭证受理，支持青岛市和全省其他地市的医保电子凭证。三是缴费场景方面，推动青岛农商银行信用卡还款业务接入云闪付APP，与青岛水务集团合作上线云闪付APP水费查缴和预交费功能，与青岛泰能集团合作接入云闪付APP缴燃气功能。四是政务场景方面，与市大数据局合作，实现青岛政务通“青e办”接入云闪付；与税务局合作，在税税通APP上线云闪付支付方式，联动青岛银行接入社保费征缴服务，开通云闪付扫码缴费功能；与财政局国库处开展非税业务合作。五是积极尝试创新应用及特色场景建设。建设了馨大众农贸市场、中防商街、万象YEAH市等堡垒特色场景，与青啤达成基于“支付+大数据”应用的合作，共同打造省内首家“云闪付智慧便利店”场景，为后续智慧零售布局、开展品牌联动打下坚实基础。

【风险防控】 2020年，中国银联青岛分公司以建设统一运营平台为抓手，防控业务风险，规范市场管理。一是正式上线统一运营平台，通过设置监控规则，配置数据字典，实现各场景运营情况的自动监控和数据跟踪，系统根据监控规则发起预警。二是根据反洗钱等风险防控要求，排查了分公司、收单机构的线上、代付等各项存量、新增业务的潜在风险隐患。针对疫情对交易的影响，制定了《青岛分公司非金融机构业务数据监测办法》《青岛分公司非金融机构交易监测工作流程》，强化监测分析工作。三是持续整治32域违规行为，维护收单市场稳定。四是开展成员机构常规检查和年度评价工作，开展银联卡业务常规检查，针对部分机构银联卡业务发展较慢、商户管理不严等问题，及时出具稽核报告督促其整改。对辖内30家非金融机构和2家预付卡机构进行了年度评级，为实施分类管理、加强风险控制打下了基础。五是大力打击“黄牛”，定期执行商户名单更新机制，严控黄牛行为，剔除不良商户，不断吸收有意愿、有资源、有风控的优质商户参与活动。

（林耀圣）

附表1

机构概况一览表

总经理（或其他称谓的第一负责人）		副总经理（或其他称谓的同级领导）	
李春欢		吴 坚、傅 蔚	
地址	山东省青岛市市南区香港中路6号B座5层	邮编	266071
网址	http://cn.unionpay.com/qingdao/	客服电话	0532—85919288

附表2

内设部门及分支机构一览表

年度	内设机构（个）	下设分支机构（个）		员工人数（人）	
		地市级机构数	县区级机构数	员工总数（含非正式员工）	正式员工数
2016	4	0	0	38	35
2017	5	0	0	39	36
2018	5	0	0	40	38
2019	5	0	0	42	41
2020	5	0	0	42	40

附表3

主要统计指标

项目	2016年	2017年	2018年	2019年	2020年	2020年同比增幅（%）
入网特约商户（万家）	92.66	122.56	125.01	128.00	93.90	-26.64
POS终端（万台）	138.62	254.79	258.53	264.21	97.36	-63.15
POS机交易笔数（亿笔）	2.18	3.30	3.21	3.15	2.55	-19.05
POS机交易金额（亿元）	6,728.00	18,235.88	16,924.35	15,614.20	11,375.64	-27.15
ATM交易笔数（亿笔）	0.33	0.24	0.19	0.18	0.21	16.67
ATM交易金额（亿元）	556.00	442.00	387.00	366.00	243.30	-33.52
借记卡发行（万张）	3,940.00	5,610.00	6,060.00	6,321.00	6,093.00	-3.61
信用卡发行（万张）	950.00	1,025.00	1,233.00	1,301.00	1,289.00	-0.92

六、财务公司

中国重汽财务有限公司

【第一负责人简介】 黄震，男，1975年7月出生，江西赣州人，中共党员，上海铁道大学会计专业毕业，硕士研究生学历，高级会计师、高级经济师、国际注册高级财务总监、高级国际财务管理师；1997年7月参加工作，历任山东潍柴进出口有限公司副总经理、财务总监，山东重工集团有限公司财务管理部副部长，山东重工集团财务有限公司委派财务总监、副总经理，山东重工集团财务有限公司党支部副书记、职工董事、总经理；曾荣获2013年度“山东省青年金融领军人物百强”称号；现任中国重汽财务有限公司（简称重汽财务公司）党支部副书记、董事、总经理，兼任中国财务公司协会理事、山东省金融学会理事、山东省银行业协会财务公司委员会主任。

【经营概况】 2020年，重汽财务公司以服务集团主业为目标，以提升金融服务质效为主线，各项监管指标均符合要求。截至年末，重汽财务公司资产总额为540.43亿元，较年初增长43.33%；全年实现收入14.56亿元，同比增长14.29%，实现利润总额5.81亿元，同比增长8.40%；经营效益稳中有升，主要经营指标位居山东省辖内财务公司首位。

【信贷业务】 2020年，重汽财务公司坚持信贷政策投向，积极满足集团整车制造、发动机、新能源汽车和装备先进、技术领先的制造企业信贷资金需求，产融结合效果显著。通过开辟成员单位“贷款绿色通道”、简化审批手续、执行差异化利率等方式，有效提高审批效率、降低融资成本，有力支持了集团公司经营发展。截至年末，向成员单位累计发放贷款209.00亿元，首次突破200.00亿元大关，占集团贷款总量的90.00%，集团融资主渠道和金融中枢职能效果显著。

【产业链金融】 2020年，重汽财务公司通过创新业务模式、优化业务流程、拓展线上服务渠道，加大对重点领域、重点行业的供应商支持力度，全年累计办理供应商保理业务211笔、金额23.70亿元，实现了与上下游产业链协同发展；积极推动传统信贷业务向创新型、集成化业务模式转变，通过信息化手段逐步搭建以集团为核心、财务公司为载体、产业链为传导的全链条金融服务平台。

【资金业务】 2020年，重汽财务公司实现资金业务收入6.24亿元，同比增长47.17%，实现了资金业务零风险的目标；结合金融市场净值化转型趋势，开展资管新规改革后资金业务转型迭代产品的研究；完成银行间市场购买与转让的多场景测试，搭建多渠道、多维度的金融合作网络与资金管理体系，打造全方位资金管理平台。

【票据业务】 2020年，重汽财务公司以客户需求为导向，全年签发银行承兑汇票6.01万张，同比增长40.42%，金额为506.51亿元；解付票据5.26万张，同比增长7.35%，金额为326.81亿元；贴现票据0.82万张，同比增长14.90%，金额为64.20亿元。重汽财务公司积极推广电子合同管理平台，电子合同管理平台经销客户达到1,093户，实现经销商80.00%的覆盖率，为促进集团公司销售回款、支持产业链企业发展发挥了重要作用。

【外汇业务】 2020年，重汽财务公司运用本外币、境内外资金池、结售汇工具，积极拓展国际业务，配合集团国际化战略，创建了多币种、全方位、广覆盖的全球资金管理体系；及时为集团及各成员单位提供外汇信息服务，不断完善金融机构信息共享平台。全年累计办理代客结售汇3.44亿美元，较2019年提高2倍，为成员单位节约汇兑成本400余万元；外币结算量达25.20亿美元，跨境人民币结算量达24.65亿元，跨境双向人民币资金池发放跨境贷款3.00亿元。

【资金集中】 2020年，重汽财务公司充分发挥资金归集平台作用，通过银财直联、财务共享中心将资金纳入公司统一结算平台，为集团提供高质量、高效率的结算服务，有效防范集团资金风险。全年人民币资金结算3,493.80万笔、金额14,299.11亿元，创历史最高水平，美元资金结算1.03万笔、金额25.20亿美元。截至年末，重汽财务公司各项存款为481.39亿元，较年初增长48.78%；全口径资金集中度为83.62%，较年初增加2.79个百分点。

【业务创新】 2020年，重汽财务公司充分发挥公司金融支持主业的功能，助力集团国际化发展；创新发展山东自贸区

（济南片区）的金融模式，积极拓展海关保函业务。作为济南市首批获海关总署批复的财务公司，为成员单位开出首笔2.00亿元汇总征税保函，这是济南海关收到的由财务公司开立的首笔、金额最大的关税保函；全年集团累计使用保函项下缴纳税款4,983.60万元，为成员单位大幅减少通关手续、节约通关时间、提高通关效率、减少资金占用。

【内部控制】 2020年，重汽财务公司不断加强内控体系建设，努力向合规要效益、向风险要质量。不断优化完善制度流程，全年修订制度51项，完成制度测试15项，合规经营基础更加牢固；持续完善风险监测预警体系，针对关键环节风险点进行风险提示39项；强化内部审计监督及整改，建立审计问题库，完成内部审计31项，整改问题116个，问题整改率达97.06%，公司第二、第三道防线作用有效发挥；加强全面风险管理建设，提升专业委员会履职能力。

【人力资源管理】 2020年，重汽财务公司不断完善绩效考核体系，不断优化员工结构，促进员工队伍年轻化、专业化发展。重汽财务公司员工平均年龄下降至31岁，本科及以上学历占比为97.00%；全年组织培训21次，人均培训50学时；首次开展全员脱产培训，进一步提升了员工队伍整体素质；引进培养高端专业人才，提高管理水平和专业素质。截至2020年末，重汽财务公司拥有省金融高端人才1人、“齐鲁金融之星”2人、济南市会计领军人才2人、高级职称4人。

【信息化建设】 2020年，重汽财务公司在保证信息科技安全平稳运行的基础上，围绕核心业务系统优化提升、网络安全加固、应用系统发展与机房管理等方面开展工作。全年完成核心业务40项的系统优化提升，不断提高业务效率；开展核心业务系统网络安全等级保护测评，加强核心业务系统防护；制定公司“十四五”信息化规划，从系统基础架构规划、信息科技治理等方面加快公司信息系统发展。

【企业文化建设】 2020年，重汽财务公司先后组织了“品味经典 分享感悟”“金融英语知识竞赛”等10场特色文化活动，大力树立先进典型、宣传金融文化品牌，2人获评“集团企业文化之星”；公司员工荣获济南市总工会劳动竞赛二等奖；“财务公司本外币资金池运营模式探讨”等三个课题被列入山东省银行业协会2020年度重点研究课题，30余篇稿件被中国财务公司协会和山东省银行业协会录用。

（黄 震、张宇昕）

附表1

机构概况一览表

总经理（或其他称谓的第一负责人）		副总经理（或其他称谓的同级领导）	
黄 震		田玉伟、金 艳、戴国林、王永涛	
地址	山东省济南市高新区华奥路777号中国重汽科技大厦	邮编	250101
网址	http://www.cnhtc.com.cn	客服电话	0531—58062526

附表2

内设部门及分支机构一览表

年度	内设机构（个）	下设分支机构（个）		员工人数（人）	
		地市级机构数	县区级机构数	员工总数（含非正式员工）	正式员工数
2016	7	0	0	47	47
2017	7	0	0	57	57
2018	8	0	0	66	66
2019	7	0	0	62	62
2020	7	0	0	60	60

附表3

主要统计指标

单位：亿元

项目	2016年	2017年	2018年	2019年	2020年	2020年同比增幅（%）
本外币资产总额	206.74	316.58	303.54	377.05	540.43	43.33
本外币负债总额	179.60	273.18	257.11	327.61	486.62	48.54
营业收入	5.31	10.29	10.99	12.74	14.56	14.29
利润	2.36	4.00	5.12	5.36	5.81	8.40
净利润	1.66	3.01	3.90	4.02	4.36	8.46
上交税金	0.86	1.32	1.53	2.60	1.59	-38.85

山东钢铁集团财务有限公司

【第一负责人简介】 刘德华，男，中共党员，天津大学工商管理硕士，注册会计师，正高级会计师；目前任山东钢铁集团有限公司外部董事、财务总监，山东钢铁集团财务有限公司（简称山钢财务公司）董事长。

【综述】 山钢财务公司成立于2012年2月10日，目前股东单位为山东钢铁集团有限公司（简称山钢集团）、山东钢铁股份有限公司、山东金岭矿业股份有限公司、济钢集团有限公司。2020年，山钢财务公司秉承“依托山钢，服务企业”的宗旨，坚持以融助产。全年累计实现收入5.20亿元，实现利润3.67亿元、净利润2.79亿元，净资产收益率为7.27%；年末资产总额为156.01亿元，负债总额为117.73亿元，所有者权益为38.28亿元；不良资产率和不良贷款率均为零，各项指标均符合监管规定。

【业务拓展】 2020年，山钢财务公司密切关注成员企业业务需求，按照差别化信贷政策，积极为成员企业提供更多全方位、定制化的金融服务产品，助推集团公司实现高质量发展。

一是持续创新金融产品，全力满足成员企业融资需求。充分发挥财务公司金融服务平台作用，助力集团实现高质量发展；积极开展自营贷款、委托贷款、银团贷款、贴现、承兑、担保和代开信用证等信贷业务，全年累计为成员企业提供表内外信贷业务190.99亿元。

二是发挥集团规模优势，有效转移经营风险。全年累计为成员企业代理投保资产648.47亿元，保额为970.15亿元，实缴保费2,610.95万元；累计赔付到账673.79万元，赔付率为26.00%；累计获得代理费收入433.63万元，净收入为260.18万元。

三是积极协调外部资金、有效利用自有资金。助力集团及成员企业成功发行债券，有效降低债券发行利率及融资成本；有效支持集团资金链安全稳定，在二级市场累计卖出集团债券4.95亿元，累计为集团及成员企业节约财务费用497.00万元，为集团及成员企业后期以较低的成本融资奠定了基础。

四是加强同业合作与授信，积极探索建立投融联动机制。全年累计办理电子商业汇票承兑770张、金额41.31亿元，承兑余额为40.62亿元；办理电子商业汇票贴现31笔、金额43.97亿元，贴现余额为33.05亿元；办理电子商业汇票转贴现3笔、金额10.34亿元，转贴现余额为10.34亿元；办理电子商业汇票再贴现1.10亿元。

五是以预算管理为抓手，有效提升资金归集度和归集量。加强审批管理，保障集团管理意志落地；下发管理规定，防范资金风险；规范开展融资融信业务，促进降成本、减负债；开展账户摸排，加强银行账户管理；强化内部借款管理，除搭桥和专项借款外，不新增借款，促使成员企业自我约束、自我发展；优化完善资金预算系统和融资融信系统，根据需要，将成员企业的银行账户管理纳入资金预算系统。

六是积极争取政策支持，创新业务发展。取得关税保函资质，为成员企业出具首笔关税保函；开展银团贷款业务，全年累计办理银团贷款业务4笔、金额9.00亿元，其中公司承贷金额为1.10亿元；开展跨境双向人民币资金池业务，全年累计为集团及成员企业完成境内外人民币资金划拨10.90亿元。

【内控管理】 2020年，山钢财务公司以习近平新时代中国特色社会主义思想为指导，深入贯彻党的十九大精神，树牢“一心一意抓党建、专心专意谋发展、诚心诚意促服务、全心全意控风险、满心满意创和谐”的“五心”理念，依托集团“共赢文化”品牌，深化公司“合规文化”建设，积极推进“合规试点单位”工作。公司继续保持省属企业文明单位称号，并荣获集团“幸福和谐企业”“文明单位”称号。

一是认真落实集团决策部署，按照“上下联动”原则实行公司经理层契约化管理。通过市场化选聘招聘专业化人才，实现人岗相适；优化薪酬管理体系，按照工资总额决定机制构建差异化薪酬分配体系，实现按岗定薪、薪随岗变，上下联动、利险共担的刚性化管理；加强员工技能培训，为公司持续健康发展注入活力。

二是制订实施信息科技年度建设计划，有序推进公司信息系统项目建设。在确保公司各系统安全稳定运行的基础上，积极推动二代征信系统建设、反洗钱系统建设、核心业务系统优化等工作。

三是大力开展合规管理和风险防范工作。积极开展“行业规范建设深化年”、防范非法集资、“金融知识万里行”、民法典宣传、反洗钱及扫黑除恶活动；认真执行风险预警会议制度，建立风险应急预案；严格把控信贷审批关键环节，全年组织召开信贷审查委员会会议7次，完成信贷产品审批119笔；全面开展合同法律审查工作，进一步梳理法律审核流程，全年审查各类合同、协议27项；不断加强内控管理审计、扩展审计增值功能和审计服务职能，充分发挥风险防范和内控合规的第三道防线作用，确保各项风险监管指标符合监管要求。

（邵　蔚）

附表1

机构概况一览表

董事长（或其他称谓的第一负责人）		总经理（或其他称谓的同级领导）	
刘德华		王　勇	
地址	山东省济南市高新区舜华路2000号 舜泰广场4号楼2层、20层	邮编	250101
网址	—	客服电话	0531—67606532

附表2

内设部门及分支机构一览表

年度	内设机构（个）	下设分支机构（个）		员工人数（人）	
		地市级机构数	县区级机构数	员工总数（含非正式员工）	正式员工数
2016	7	0	0	40	34
2017	9	0	0	45	39
2018	9	0	0	42	36
2019	10	0	0	46	41
2020	10	0	0	54	50

附表3

主要统计指标

单位：亿元

项目	2016年	2017年	2018年	2019年	2020年	2020年同比增幅（%）
本外币资产总额	166.36	144.70	156.45	163.40	156.01	-4.52
本外币负债总额	132.38	109.55	119.17	124.93	117.73	-5.76
营业收入	2.90	4.07	3.80	3.83	5.20	35.77
利润	1.60	3.08	3.53	3.57	3.67	2.80
净利润	1.02	2.09	2.64	2.64	2.79	5.68
上交税金	0.89	1.69	1.62	1.56	1.21	-22.44

山东省商业集团财务有限公司

【第一负责人简介】 徐峰，男，1974年12月出生，山东泰安人，汉族，中共党员，硕士学位，高级会计师；1994年9月参加工作，历任山东银座汽车有限公司财务总监、衍生事业部总经理、党委委员；现任山东省商业集团财务有限公司（简称鲁商财务公司）董事、总经理。

【综述】 鲁商财务公司是由鲁商集团100%出资成立、山东省内第8家获批设立的财务公司，注册资本为20.00亿元，于2012年4月28日正式开业。2020年，鲁商财务公司紧紧围绕“建设一流财务公司”的目标，严格遵循国家的金融方针、政策及有关法律法规，依托集团，以优化资源配置、提高资金使用效率为目的，稳健经营、合规运作、风险可控、健康发展，为鲁商集团及各成员单位提供专业、优质、高效、集约化的金融服务，实现协作共赢，为促进鲁商集团高质量发展发挥了积极作用。

【公司经营】 2020年，鲁商财务公司紧紧围绕“依托集团、服务集团”的根本宗旨，以集团“创新年”战略为指引，以“行业规范建设深化年”活动为抓手，严细管理抓落实、严控风险保质量，勠力同心、攻坚克难，各项工作稳中有进。截至2020年末，鲁商财务公司资产总额为71.94亿元，负债总额48.16亿元，所有者权益总额为23.78亿元；全年累计实现营业收入2.21亿元，同比减少21.63%；累计让利成员单位1.31亿元；累计实现利润总额1.96亿元，同比增长10.11%；累计实现净利润1.31亿元，同比持平；全年上交税金0.91亿元，同比增长75.00%。

【业务拓展】 2020年，鲁商财务公司以创新为抓手，积极为成员单位提供各项优质服务。

一是响应银保监局金融惠企政策倡导，大力实行减费让利。借助人民银行LPR改革契机全面下调成员单位贷款利率，2020年让利成员单位1.39亿元，其中贷款让利10,196.00万元、存款让利3,420.00万元、手续费让利301.00万元；针对关乎防疫物资和民生物资的4家中小微供应商帮扶让利，利率定价方面较同期降低120个基点，确保金融“暖风”直达实体经济。

二是抓住政策机遇，有效撬动多渠道资金注入。适时开展并成功落地交易所债券质押式协议回购和债券借贷业务，融入资金3.14亿元，标志着鲁商财务公司在探索金融负债工具、丰富融资管理途径上迈出新的步伐。

三是成功搭建外币和人民币双向资金池并实现资金归集，对强化集团对成员单位资金的集中管理、节约集团融资成本，起到了非常重要的作用。利用外汇资金池开展外债业务，全年跨境归集资金1.60亿美元，成功搭建人民币资金池并累计归集3.40亿元。

四是深入成员单位了解融资需求，大力开展公司业务宣传。积极向成员单位宣传鲁商财务公司的存款政策、服务范围、利息收益以及手续费减免等优惠条件；践行首问负责制，规范业务办理流程；采用上门收取资料，QQ、微信在线咨询等方式，最大限度提高结算效率、降低成员单位时间成本。

【内控管理】 2020年，鲁商财务公司严格按照监管部门要求，坚持合规经营，筑牢安全底线。

一是注重风险全流程和重点领域管理。对电票、保理、投资及同业存款等业务开展专项审计检查，及时查漏补缺，加强信用风险与操作风险的有效识别、管理和控制，确保公司资产安全。

二是强化审计职能，充分发挥监督作用。全年完成了10个内部审计项目，其中开展全面审计2个，绩效考核及薪酬内部审计、重大事项专项审计、离任离岗审计等专项审计8个；审计发现各类问题共18个，提出审计建议17条。

（庞　磊）

附表1

机构概况一览表

总经理（或其他称谓的第一负责人）		副总经理（或其他称谓的同级领导）	
徐　峰		马玉义、周卫民	
地址	山东省济南市历下区鲁商国奥城2号楼308室	邮编	250000
网址	—	客服电话	0531—66690225

附表2

内设部门及分支机构一览表

年度	内设机构（个）	下设分支机构（个）		员工人数（人）	
		地市级机构数	县区级机构数	员工总数（含非正式员工）	正式员工数
2016	8	0	0	35	35
2017	9	0	0	39	39
2018	9	0	0	41	41
2019	9	0	0	48	48
2020	9	0	0	49	49

附表3

主要统计指标

单位：亿元

项目	2016年	2017年	2018年	2019年	2020年	2020年同比增幅（%）
本外币资产总额	64.59	52.30	75.42	85.00	71.94	-15.36
本外币负债总额	54.98	43.73	61.78	61.46	48.16	-21.64
营业收入	1.52	1.57	1.85	2.82	2.21	-21.63
利润	1.26	1.40	1.36	1.78	1.96	10.11
净利润	0.93	1.03	1.06	1.29	1.31	1.55
上交税金	0.35	0.38	0.37	0.52	0.91	75.00

山东重工集团财务有限公司

【第一负责人简介】 吴汝江，1960年出生，中南财经政法大学毕业，高级经济师；历任工商银行潍坊市分行科长、办公室主任、副行长、行长、党委书记，工商银行山东省营业部（原济南市分行）总经理、党委书记，民生保险经纪公司董事长，民生典当有限公司董事长，山东重工集团财务有限公司（简称山重工财务公司）筹备组副组长、总经理；现任山东重工集团有限公司金融总监，山重工财务公司董事长、党支部书记，山推工程机械股份有限公司董事。

【综述】 山重工财务公司成立于2012年6月11日，是经中国银监会批准设立的非银行金融机构，注册资本为16亿元，股东包括山东重工集团有限公司、潍柴动力股份有限公司、潍柴重机股份有限公司、山推工程机械股份有限公司、陕西法士特齿轮有限责任公司，地址位于山东省济南市历下区燕子山西路40—1号，现有员工56人。山重工财务公司的主要宗旨是“依托集团、服务集团，为集团战略发展提供金融支持”，致力于成为一家综合性、专业化、行业领先的金融服务商。

【公司运营】 2020年，山重工财务公司战略业务实现持续增长。全年完成结算业务量3.05万亿元，同比增长19.34%；结售汇业务量为8.11亿美元，同比增长25.58%。截至年末，山重工财务公司存款余额为340.00亿元，同比增长16.17%，贷款余额为197.22亿元，同比增长24.73%，其中产业链贷款余额为33.38亿元，同比增长118.18%；实现营业收入6.11亿元，同比持平；利润总额为4.26亿元，同比增长3.40%。

近年来，山重工财务公司各项业务和管理发展成果丰硕，连续两年荣获“中国金融机构金牌榜·金龙奖”—“年度最佳财务公司”称号，连续两年获得中国银保监会“1级”评价，连续三年获得山东省财政厅“金融企业绩效考核AA级”评价。2020年，山重工财务公司首次荣获山东省国资委授予的“过硬党支部”荣誉称号，以及共青团山东省委、山东省国资委等全省24家厅局和行业系统联合发布的“山东省青年文明号”荣誉称号。

2020年，山重工财务公司围绕“业务市场化、管理精细化”两条主线，深入推进高质量发展，各项业务和管理工作呈现出诸多亮点。通过发挥集团资金池效能，不断提升资金管理水平，积极支持集团成员企业融资需求和产业链安全；充分利用跨境资金管理，支持集团国际业务发展，各项业务的市场化水平得到了长足进步；连续五年开展“风险合规管理年”活动，不断完善风险管理六大体系；夯实党建基础，履行社会责任；加强经营管理精细化，各项管理工作精细化程度显著提高。

【业务拓展】 2020年，山重工财务公司积极拓展各项业务，加大服务集团和成员单位的力度。

一是抢抓市场机遇，满足成员单位贷款融资需求。山重工财务公司按照“一事一议”的策略，开辟了疫情期间“融资绿色通道”，对符合条件的申请，实现当日申请，快速审查、快速审批，当日融资款到账。

二是打造票据服务平台，满足票据融资服务需求。山重工财务公司利用票据池，提供“票据质押—票据承兑—票据托收”一揽子票据服务。

三是打造全产业链服务模式，提高信贷资产收益水平。在供应端，山重工财务公司通过发挥产业链融合机制、名单制管理机制的作用，同集团核心成员企业的采购、质量、财务部门深度融合，创新开发产业链信贷产品，有效保证了集团生产所需的物资供应和产品质量。在销售端，山重工财务公司在原有保兑仓业务的基础上，开办了买方信贷业务，大力支持重卡、客车、乘用车等主要产品的销售。

四是实现外汇集中收付，开展全链条服务。2020年，山重工财务公司实现了财务公司跨境资金集中管理“一个账户、集中收付”的功能。结售汇业务由“账户授权+汇率反向锁定”的被动营销阶段，进入了“全周期增值服务+集中收付”的综合外汇管理阶段。

五是响应集团出口战略，加大出口企业融资支持力度。2020年，山重工财务公司广泛对接集团各进出口企业，积极研究和推出系统性融资方案。

【内控管理】 2020年，山重工财务公司持续加强内控管理和风险防范工作。一是完善全面风险管理体系，深化六大风险管理体系运行。通过推进法人治理风险、流动性风险、信用风险、市场风险、操作风险、信息科技风险管理体系与日常经营管理紧密结合，保障全面风险管理政策、程序得以贯彻执行。二是提升制度管理水平，夯实风险合规管理基础。积极推进标准化建设及流程梳理工作，大力提升制度规范标准的适用性和有效性。三是继续开展“风险合规管理年”活动，固化风险合规管理机制。连续第五年开展“风险合规管理年”活动，以“自检、自查、自奖、自罚、自纠”为主线，强化风险合规管理第一责任和主体责任，实现了公司风险合规文化的有效落地。

（宋晓阳）

附表1

机构概况一览表

<table>
<tr><td colspan="2">董事长（或其他称谓的第一负责人）</td><td colspan="2">总经理（或其他称谓的同级领导）</td></tr>
<tr><td colspan="2">吴汝江</td><td colspan="2">单 忠、魏 然、董 辉</td></tr>
<tr><td>地址</td><td>山东省济南市历下区燕子山西路40—1号</td><td>邮编</td><td>250014</td></tr>
<tr><td>网址</td><td>http://www.shigfc.com.cn</td><td>客服电话</td><td>0531—82623870</td></tr>
</table>

附表2

内设部门及分支机构一览表

年度	内设机构（个）	下设分支机构（个）		员工人数（人）	
		地市级机构数	县区级机构数	员工总数（含非正式员工）	正式员工数
2016	9	0	0	48	48
2017	10	0	0	56	56
2018	10	0	0	58	58
2019	10	0	0	57	57
2020	10	0	0	56	56

附表3

主要统计指标

单位：亿元

项目	2016年	2017年	2018年	2019年	2020年	2020年同比增幅（%）
本外币资产总额	162.48	238.64	264.32	321.51	370.40	15.21
本外币负债总额	149.09	213.60	239.39	293.83	340.95	16.04
营业收入	3.07	4.51	6.55	6.11	6.11	0.00
利润	2.02	2.57	3.26	4.12	4.26	3.40
净利润	1.51	1.92	2.44	3.09	3.20	3.56
上交税金	0.85	0.99	1.24	2.31	1.83	-20.78

山东黄金集团财务有限公司

【第一负责人简介】　吴晨，男，1975年3月出生，江苏灌云人，汉族，中共党员，硕士研究生学历，毕业于山东大学经济学院政治经济学专业；2000年7月参加工作，先后在人民银行济南分行、山东银监局任职；2013年起任山东黄金集团财务有限公司（简称山东黄金财务公司）总经理。

【综述】　山东黄金财务公司于2012年11月经中国银监会批准筹建，2013年7月31日正式开业，是山东省黄金行业第一家获中国银监会批准建立的、为集团成员单位提供金融服务的非银行金融机构，也是集团首家持牌金融机构。公司注册资本为30.00亿元：2013年4月19日由山东黄金集团有限公司和山东黄金矿业股份有限公司一次性足额实缴货币出资10.00亿元，其中山东黄金集团出资7.00亿元，占出资额的70.00%，山东黄金矿业股份有限公司出资3.00亿元，占出资额的30.00%；2018年9月7日由原股东一次性足额实缴货币出资20.00亿元（含500.00万美元），各股东持股比例不变。

山东黄金财务公司建立了以股东会、董事会、监事会、经营层为主体的现代金融企业法人治理结构。股东会为最高权力机构；董事会统筹公司的决策运作，下设战略发展委员会、风险管理委员会和审计（稽核）委员会；监事会是股东会领导下的常设监察机构，执行监督职能。“三会”依照议事规则和决策程序定期召开会议履行职责。经营层通过办公会形式集体研究、决策，履行各项管理职能，形成了权责明确、相互制约、科学决策、协调运转的体制和机制。根据经营管理需要，设立综合管理部、计划财务部、营业管理部、信贷管理部、投资银行部、信息技术部、风险管理部、审计稽核部、票据部9个职能部门。公司现有职工42人，其中本科学历23人、硕士及以上研究生学历18人，中高级技术职称25人。

【业务拓展】　2020年，山东黄金财务公司坚持疫情防控和生产经营工作两手抓，围绕集团主业加大专业金融供给，持续发挥综合金融服务平台功能。一是充分运用疫情期间各项金融政策，通过为成员单位办理临时周转性贷款延期还本业务，减轻一线矿山资金压力，支持成员单位迅速复工达产；积极走访成员单位，营销落实新金融服务协议增量方案，全力做大股东关联交易信贷额度；二是在贴现市场价格低迷的环境下，加快产品创新，加强与银行等金融机构的合作，拓宽符合监管规定的贴现业务来源；三是重点推进账户集中管理工作，完成账户信息登记，初步构建企业银行账户管理信息库，在此基础上进一步开展企业账户联网工作，以账户集中管控助推资金集中管理；四是为集团员工投保抗疫专项险，加班加点完成了全集团2.50万名在职员工抗疫专项险投保工作，确保了抗疫专项险的及时生效，通过“快、全、暖”的保险服务，增强了集团员工战胜疫情的信心，也为成员单位的复工达产提供了保障。

【内控管理】　2020年，根据集团公司内控管理工作方案，山东黄金财务公司及时组织梳理、增补完善内控制度，全年共制定及修订制度36项，其中修订制度28项、新制定制度8项，涉及公司治理、财务管理、风险管理、信贷管理、会计结算、内部审计和综合管理类，形成了10大类共计169项管理制度，进一步丰富完善了公司制度体系，为有效执行内控管理夯实基础。

（孟庆娟）

附表1

机构概况一览表

总经理（或其他称谓的第一负责人）		副总经理（或其他称谓的同级领导）	
吴 晨		王德英、李玉星	
地址	山东省济南市高新区舜华路2000号舜泰广场3号楼	邮编	250100
网址	—	客服电话	—

附表2

内设部门及分支机构一览表

年度	内设机构（个）	下设分支机构（个）		员工人数（人）	
		地市级机构数	县区级机构数	员工总数（含非正式员工）	正式员工数
2016	9	0	0	36	36
2017	9	0	0	36	36
2018	9	0	0	35	35
2019	9	0	0	45	45
2020	9	0	0	42	42

附表3

主要统计指标

单位：亿元

项目	2016年	2017年	2018年	2019年	2020年	2020年同比增幅（%）
本外币资产总额	52.72	58.25	87.57	69.99	70.77	1.11
本外币负债总额	40.34	44.94	53.00	35.35	36.64	3.65
营业收入	1.77	1.95	2.70	2.32	2.15	-7.33
利润	1.23	1.51	1.68	0.10	0.47	370.00
净利润	0.92	1.13	1.27	0.07	0.35	400.00
上交税金	0.49	0.51	0.48	0.90	0.30	-66.67

山东能源集团财务有限公司

【第一负责人简介】　王立春，48岁，中共党员，高级经济师，长期从事金融和金融机构监管工作，曾在中国人民银行、山东银监局任职，具有较高的金融知识理论素养和丰富的金融机构管理经验；2018年被推荐入选“山东省省属企业企业家后备人才库入库人才”，2019年获“济南市金融高端人才”称号；现任山东能源集团财务有限公司（简称山东能源财务公司）副董事长、总经理。

【综述】　山东能源财务公司于2013年12月24日经中国银行业监督管理委员会（银监复〔2013〕664号）批准成立，是一家由山东能源集团有限公司控股的非银行金融机构，注册资本为30.00亿元，注册地为济南。公司现设立综合管理部、营业部、计划财务部、信贷管理部、风险管理部、审计稽核部6个职能部门。

2020年，山东能源财务公司紧密围绕集团新的战略目标，充分发挥金融专业优势、挖掘金融资源潜力，推进产融结合不断深化、服务实体能力不断提升，全力助推集团实现高质量发展。截至年末，山东能源财务公司资产总额为195.84亿元，负债总额为150.25亿元，资本充足率为30.91%，流动性比例为59.21%；全年实现利润总额4.03亿元；各项指标均符合监管要求，各类风险指标均处于安全可控范围内。

【业务拓展】 2020年，山东能源财务公司在保障集团支付和资金链安全的基础上，充分发挥集团资金“归集、结算、监控和服务”四个平台作用，聚焦“服务好集团和成员单位的个性化融资难题和资金需求”，打通对内、对外两条路径，助力集团公司和成员单位发展。

一是对内降成本、求创新，连续推出多款“通系列”新产品，为成员单位量身定制服务方案。其一，针对集团融资需求多样、手续烦琐问题，搭建了超短期贷款资金池，推出“速贷通”业务。“速贷通”可以满足成员单位3个月以内资金需求，授信客户当天申请、当天放款，期限灵活、随用随贷、用完即还，利率远低于外部银行。其二，针对外部保函、开票业务费用高、手续多、耗时长等问题，推出“保易通”“票易通”业务。“保易通”是为成员单位开展外部融资、租赁、投标、履约等业务时开立保函的业务，免收保证金及手续费。“票易通”可为成员单位办理各类票据的极速贴现，具有远低于市场价格的成本优势和远高于银行效率的服务优势。其三，针对委托贷款余额过高、未能充分享受税收优惠政策等问题，推出“借利通”业务。对于资金来源符合要求的统借统还资金，继续以委托贷款形式放款，有效规避合规风险；对于不符合要求的资金，通过内转方式划转，最大限度地利用免税政策。其四，针对集团票据存量大、公司票据认可度低的问题，推出“票聚通”业务。成员单位在财务公司开票后，通过票据池质押，可将公司电票转为市场认可度更高的股份制银行的电票，可为成员单位降低至少1.50个百分点的贴现利率。其五，围绕集团“5G+智慧矿山”的战略重点，推出“智改通”业务。通过研究行业政策、信贷政策及审慎监管政策，以资金优势和利率优势引导成员单位聚焦集团战略重点，为集团智慧矿山及智能装备制造板块的发展提供大力支持。

二是对外谋合作、扩渠道，通过自身优质信用吸引外部金融资源，多措并举提高资金综合收益。其一，针对成员单位融资渠道窄、融资价格高、资金需求大的特点，牵头组成银团，以少量内部资金撬动外部银行低息贷款。截至2020年末，已发放银团贷款4笔，累计使用自身12.30亿元资金撬动外部银行67.00亿元贷款。其二，针对存量资金波动大、收益低的问题，提前研判市场形势，积极利用内外部多重手段，全方位保障成员单位资金支付，提高资金综合收益。通过提前制订应急预案、合理安排信贷投放、与同业机构密切沟通，确保拆借、转贴、银行直贴等投融资渠道畅通，实现了开业以来外部创利的最好水平；成功办理了首笔与商业银行的同业拆入业务，搭建起资金管理的“蓄水池”，确保集团资金链平稳安全。

【内控管理】 2020年，山东能源财务公司着力加强内部控制和风险管理的顶层设计和监督落实，以内审检查为抓手，通过组织自查整改、开展压力测试、进行预警监控、发送风险提示等一系列风控手段，不断规范业务流程。其一，切实把握“实质重于形式”的风控原则。在全面服务集团各项业务需求的同时，及时对有价证券投资、技改贷款、信用证等新业务、新产品进行风险研判及预防，确保风控前置；其二，结合“行业规范建设深化年”“市场乱象整治‘回头看’”等一系列自查活动，对面临的重要风险，尤其是操作风险进行全面排查、逐一整改，不断提升业务开展和经营管理的精细化水平；山东能源财务公司连续多年在人民银行济南分行评级、考核中取得较好成绩。

（刘璐洋、万洪娜）

附表1

机构概况一览表

董事长（或其他称谓的第一负责人）		副总经理（或其他称谓的同级领导）	
王立春		—	
地址	山东省济南市历下区经十路10777号能源大厦10层	邮编	250014
网址	http://sncwgs.snjt.com	客服电话	0531—62355562

附表2

内设部门及分支机构一览表

年度	内设机构（个）	下设分支机构（个）		员工人数（人）	
		地市级机构数	县区级机构数	员工总数（含非正式员工）	正式员工数
2016	6	0	0	28	21
2017	6	0	0	27	21

续表

年度	内设机构（个）	下设分支机构（个）		员工人数（人）	
		地市级机构数	县区级机构数	员工总数（含非正式员工）	正式员工数
2018	6	0	0	43	37
2019	6	0	0	41	35
2020	6	0	0	37	35

附表3

主要统计指标

单位：亿元

项目	2016年	2017年	2018年	2019年	2020年	2020年同比增幅（%）
本外币资产总额	90.56	178.24	178.72	180.94	195.84	8.23
本外币负债总额	67.04	152.79	151.02	136.54	150.25	10.04
营业收入	2.46	4.02	5.52	6.39	6.94	8.61
利润	1.71	2.50	3.51	4.31	4.03	-6.50
净利润	1.28	1.93	2.60	3.28	3.21	-2.13
上交税金	0.54	0.76	1.16	1.41	1.39	-1.42

海尔集团财务有限责任公司

【第一负责人简介】　秦琰，中共党员，拥有16年经济及财务、资金管理相关从业经验；历任海尔集团物流推进本部财务主管，海尔集团全球采购中心财务经理、审计经理、财务总监，海尔智能健康控股有限公司CFO，海尔集团金融控股有限公司CFO，海尔集团财务有限责任公司（简称海尔财务公司）副总经理（主持工作）；2018年11月起，任海尔财务公司总经理。

【综述】　海尔财务公司自成立以来，始终秉承“立足集团、服务集团”的理念，以支持集团实体经济发展为己任，以集团市场可持续发展为宗旨，承接集团生态品牌战略，以“聚焦物联网金融战略，建立数字金融新生态”为战略目标，立足首要职能，有效控制风险，不断创新金融产品，实现稳健运营目标。

2020年，海尔财务公司立足集团产业链，为集团产业提供专业化金融服务，提升集团内部资金、资源使用效率，全年累计实现营业收入22.26亿元，利润总额为20.71亿元；截至年末，公司资产规模达756.57亿元。

【信贷业务】　2020年，海尔财务公司在集团成员单位信贷业务开展方面，以支持实体产业发展为重点，以加强信贷管理为导向，以各项信贷业务制度的落实为基础，全面满足集团成员单位资金需求。全年共为89家集团成员单位提供金融服务；截至年末，本外币流动资金贷款余额为291.41亿元，比2019年末减少26.92亿元；根据集团战略及产业发展实际需求，全年本外币流动资金贷款业务新增投放182.61亿元，无不良贷款。

【产品销售信贷业务】　2020年，海尔财务公司不断提高金融服务水平，为集团经销商提供优质的买方信贷服务，在防范金融风险的同时，创新业务模式，累计为390家经销商提供了超过12.00亿元的信贷服务，有效助推集团产业发展。同时，海尔财务公司积极调整产品结构，输出适合中小微企业的“短、频、快”融资产品。例如，为应对新冠肺炎疫情、帮助经销商企业渡过难关，推出了创新产品——无还本续贷及延期还本业务。该产品极大地解决了疫情期间经销商现金流周转困难以致还款能力不足的问题，稳定了客户的经营状况，从而扩大业务规模。

【资金业务】　2020年，海尔财务公司深入了解集团企业资金需求，合理安排资金头寸，实现了集团企业资金需求的有效满足和资金运营效率最大化“双赢”。一方面，在资金短缺的情况下，通过银行间市场债券正回购、拆借及票据融资等方式，及时低成本融入资金，全年累计融资 7,120.00亿元，充分保证集团和公司各项业务顺利进行；另一方面，在资金盈余的情况下，通过银行间市场逆回购、债券投资、同业存款、理财等业务，累计投放1,823.00亿元。在确保集团流动性充足的同时，有效提高资金运营效率。

【票据业务】 2020年，海尔财务公司持续创新推进集团票据全流程精细化集中管理。在票据流入方面，海尔财务公司提供了集团应收票据全生命周期的签收及托管服务，严把准入关。全年签收票据451.58亿元，其中电票流入451.09亿元、纸票流入0.49亿元，票据电子化率达到99.89%，全年所有到期票据及时安全收到解付款项。在票据支付方面，海尔财务公司积极融入集团新资金系统建设，打通了集团新资金系统与海尔财务公司行内电票系统的时时交互及信息共享，票据在内部成员单位之间的背书状态实时更新。在对供应商支付票据方面， 全年共开立海尔财务公司承兑的电子银行承兑票据450.56亿元，产业承兑的电子商业承兑汇票59.82亿元；全年海尔财务公司承兑的电子银行承兑汇票以及集团成员单位承兑的电子商业承兑汇票，均到期及时解付，无逾期付款。

【外汇业务】 2020年，海尔财务公司共为集团产业链上下游约120家公司提供全流程的创新金融解决方案，累计交易金额达125.00亿元；客户交易笔数合计614笔，交易币种包括USD、EUR、JPY、GBP、HKD等主要货币，交易产品包括即期、远期和掉期。为规避自身自有资产、负债的风险，海尔财务公司开展了套期保值业务，全年累计交易金额约19.00亿元。

【内控管理】 2020年，海尔财务公司持续推进建立健全风险管理体系，不断加强对风险的识别、计量、监测和控制，切实防范和化解各类风险，保障海尔财务公司持续稳健发展。聚焦数字化风控，持续推进标准化风险管理体系建设；强化与集团的经销商数据对接工作，依托集团内丰富的业务数据优势，拓展数据采集渠道，强化信息管理，通过对内部数据、外部数据及集团数据进行分析、清洗，对业务的信用风险管理形式进行改造升级的探索；持续推进模型实验室建设工作，通过对现有的评级模型进行梳理，确定评级模型设计、优化方案，实现了模型线上可视化验证及监测；持续加强事前、事中、事后各个环节的数字化管理工作，将数字化贯穿资产业务全生命周期。2020年，海尔财务公司根据监管要求、业务实际和内部管理的需要，结合公司整体运营，持续完善内部管理制度及实施细则，通过制度梳理及体系完善，确立规范、清晰的流程；全年累计修订内部规章制度和业务操作规程75项，新增7项、废止8项，进一步完善了合规内控体系。

（马玉华）

附表1

机构概况一览表

总经理（或其他称谓的第一负责人）		副总经理（或其他称谓的同级领导）	
秦 琰		温淑惠、赵晓燕	
地址	山东省青岛市崂山区海尔路178—2号裕龙国际中心	邮编	266061
网址	http://www.haierfin.com/	客服电话	0532—88932211

附表2

内设部门及分支机构一览表

年度	内设机构（个）	下设分支机构（个）		员工人数（人）	
		地市级机构数	县区级机构数	员工总数（含非正式员工）	正式员工数
2016	13	0	0	144	144
2017	13	0	0	156	156
2018	13	0	0	157	157
2019	13	0	0	151	151
2020	13	0	0	150	150

附表3

主要统计指标

单位：亿元

项目	2016年	2017年	2018年	2019年	2020年	2020年同比增幅(%)
本外币资产总额	720.67	763.52	662.97	674.76	756.57	12.12
本外币负债总额	622.84	652.02	534.26	531.65	601.19	13.08
营业收入	23.33	26.53	25.64	25.41	22.26	-12.40
利润	16.96	18.96	21.75	22.65	20.71	-8.57
净利润	12.74	14.27	16.44	17.20	15.51	-9.83
上交税金	5.52	6.28	6.71	7.37	6.72	-8.82

海信集团财务有限公司

【第一负责人简介】 王纪铭，女，汉族，中共党员；历任交通银行青岛市南第一支行行长，青岛分行党委委员、副行长；先后获得青岛市金融系统先进工作者、金融系统省级“青年岗位能手”、全国金融系统优秀思想政治工作者、全国金融系统先进女职工、全国金融五一劳动奖章等荣誉称号；现任海信集团财务有限公司（简称海信财务公司）总经理。

【综述】 2020年，海信财务公司继续秉承“立足于集团，服务于集团”的基本宗旨，克服疫情影响、在逆境中寻找机遇，持续优化业务结构，不断强化全面风险管理，坚持服务品质提升，加强金融科技创新，公司总体发展态势良好，核心竞争力稳步提升。截至年末，公司资产总额为290.11亿元，比年初增加51.53亿元，增幅为21.60%；资本充足率为19.76%，流动性比例为68.38%，各项指标均符合监管要求；全年累计实现利润总额3.90亿元，净利润为2.93亿元。

2020年，突如其来的新冠肺炎疫情对实体经济发展和金融行业整体造成了严重影响。海信财务公司在开展疫情防控工作的同时，充分发挥金融服务集团产业作用，立足服务实体经济，坚持业务发展和风险管理并重的原则，扎实推进各项工作。认真分析金融市场和汇率市场动态，强化创新思维能力，积极为集团成员单位提供高效的金融服务，支持集团成员单位复工复产和市场竞争力提升。

【信贷业务】 2020年，海信财务公司紧紧围绕集团战略，积极推动集团产业转型升级。根据成员单位多样化需求，充分发挥金融服务平台作用，积极提供自营贷款、票据贴现、贸易融资、保函、商票保贴等综合融资服务，助力成员单位持续健康发展。截至年末，海信财务公司各项贷款余额为142.43亿元，比年初增加36.29亿元、增幅为34.19%。

【产业链金融业务】 2020年7月，海信财务公司获得了开展延伸产业链金融服务业务的试点资格；8月，海信财务公司“一头在外”票据贴现业务实现首笔投放；9月，海信财务公司设立了产业链金融业务部，将成员单位与产业链客户划分部门管理，以便更好地服务产业链实体经济；12月，海信财务公司“一头在外”应收账款保理业务实现首笔投放。截至2020年末，海信财务公司累计为466户供应商完成备案，为432户供应商发放贴现及应收账款保理贷款共计48.48亿元，业务余额为38.59亿元，有效推动了集团产业链的发展。

【票据业务】 2020年，海信财务公司联合集团成员单位持续推广电票付款方式，积极推动成员单位加入商业承兑汇票推广自律机制。全年累计签发电票509.50亿元，累计为成员单位办理贴现业务41.29亿元，有效缓解了成员单位经营资金周转压力、降低了短期融资成本、提高了资金周转效率。

【同业业务】 2020年，海信财务公司持续对同业业务制度及业务流程进行自查和完善；不断改进投研体系的搭建和宏观经济及政策数据的跟踪、整理；强化员工自身业务能力，组织员工参加交易员资格培训，推动投资业务合规开展；积极拓展交易对手，将快捷授信金融机构拓展至包含银行、银行理财子公司、基金公司、证券公司及信托公司等，为提升公司投资效率打下了良好的基础。

【外汇业务】 2020年，汇率受新冠肺炎疫情影响波动较大。为了降低集团整体汇率风险，海信财务公司采取按人按户明确分工的方式，对成员单位外汇敞口及保值策略提供专业对口服务。全年共组织6次集团内汇率培训，推送121份专业机构汇率研报以及9次汇率风险预判，有效地提高了成员单位汇率风险防范意识及汇率管理能力。业务方面，全年办理成员单位即期结售汇业务2.44亿美元，并与多家银行建立交易对手关系，增加公司可拆入外币资金规模约1.55亿美元。

【资金管理】 2020年，海信财务公司致力于保障集团资金安全。一是以公司头寸户所在银行为依托，集中成员单位开户银行及账户数目，提高资金管理效率；二是实行成员单位账户收支分离，协调成员单位与银行签约相应归集功能，确保资金应收尽收；三是定期排查成员单位外部银行账户状态，对使用频率低且应当注销的账户进行督促和跟踪，减少外存资金，强化账户管理。截至年末，海信财务公司实现全口径资金集中度78.88%。

【内控管理】 2020年，海信财务公司大力加强内部管理和风险防范工作。一是健全制度体系，优化内控流程，根据经营发展实际及时新增、修订公司管理制度，规范授信类业务流程；二是加强内审工作，对各部门开展专项审计，并跟踪审计整改情况，持续推动公司合规经营；三是开展内控合规培训，通过解读法规政策、揭示业务合规风险点以及分析监管处罚案例等培训强化员工的风险合规意识，促进公司各项业务合规经营和稳健发展。

（高 静、孙兆宁）

附表1

机构概况一览表

总经理（或其他称谓的第一负责人）		副总经理（或其他称谓的同级领导）	
王纪铭		舒 鹏、吴大鹏、杜 翔	
地址	山东省青岛市东海西路17号海信大厦15楼	邮编	266071
网址	http://www.hisense.cn/	客服电话	0532—80878426

附表2

内设部门及分支机构一览表

年度	内设机构（个）	下设分支机构（个）		员工人数（人）	
		地市级机构数	县区级机构数	员工总数（含非正式员工）	正式员工数
2016	8	0	0	34	34
2017	8	0	0	42	42
2018	8	0	0	56	56
2019	8	0	0	62	62
2020	9	0	0	76	76

附表3

主要统计指标

单位：亿元

项目	2016年	2017年	2018年	2019年	2020年	2020年同比增幅（%）
本外币资产总额	152.85	183.58	198.53	238.58	290.11	21.60
本外币负债总额	134.05	162.01	165.24	203.03	252.75	24.49
营业收入	3.16	4.36	5.74	5.50	5.03	-8.55
利润	2.80	3.50	4.74	4.80	3.90	-18.75
净利润	2.10	2.77	3.58	3.63	2.93	-19.28
上交税金	0.76	0.97	1.62	1.53	1.29	-15.69

南山集团财务有限公司

【第一负责人简介】 侯云辉，男，山东海阳人，1970年4月出生，中共党员，中级经济师；1995年8月参加工作，历任中信银行烟台分行公司业务部副总经理，华夏银行烟台分行营业部副总经理，招商银行烟台分行营业部总经理、潍坊分行副行长、烟台分行副行长、战略客户部总经理等职；现任南山集团财务有限公司（简称南山财务公司）副董事长兼总经理。

【综述】 2020年，南山财务公司在董事会的决策部署下，积极应对内外部形势的变化，不断提升经营管理水平、强化内部管理和团队建设，圆满完成了各项工作任务。截至2020年末，公司总资产为136.59亿元，负债为116.91亿元；资本充足率为15.59%，流动性比例为36.54%，贷款损失准备充足率为291.56%，不良贷款率为零，各项指标均符合监管要求；全年实现净利润2.36亿元。

【公司经营】 2020年，南山财务公司紧密围绕集团金融需求，不断提升服务能力，资金融通作用得到进一步发挥。一是加大资金调节力度，精准支持企业复工复产。截至年末，贷款时点余额及日均余额分别为114.53亿元与94.26亿元，分别同比增长38.53%和33.53%。二是提高结算效率，保证资金汇划高效畅通。全年办理结算业务14.55万笔，安全运营无差错。三是发挥外汇专业优势，引导企业合理进行结售汇，提供优惠结售汇利率，为集团节省汇兑成本。通过每周发布一周汇市简评、定期安排专业培训等方式，指导企业做好汇率风险防控。四是统筹做好集团保险业务，致力于创新代理模式、降低保费成本，对重点企业实施风险查勘，提高企业安全生产意识。五是以提升流动性管理能力、资产配置能力、金融市场运作能力和财税管理能力为抓手，增收节支，全年资产收益率、净资产收益率分别达到1.71%和12.70%。

【内控及风险管理】 2020年，南山财务公司以“行业规范建设深化年”活动为契机，全面加强内控及全面风险管理，继续保持了开业12年“零”案件的案防工作成果。一是修订、完善22项制度，各项规章制度达到300余项，实现管理的全覆盖。二是对操作风险、信用风险、流动性风险防控措施的落实情况进行评估，查找存在的薄弱环节；有针对性地改进提升，进一步完善全面风险管理体系。三是加大监督检查力度，开展专项检查30余次，覆盖面达100%，及时消除风险隐患。四是按监管部门部署，精心开展“市场乱象整治‘回头看’”“票据业务专项自查”“监管数据质量专项治理”等活动，深入开展自查自纠，确保合规经营。五是倡导合规文化，定期开展案例警示教育活动，使合规意识深入人心，筑牢案防的思想长堤。

（温家东）

附表1

机构概况一览表

总经理（或其他称谓的第一负责人）		副总经理（或其他称谓的同级领导）	
侯云辉		郭 芸	
地址	山东省龙口市南山工业园南山南路4号	邮编	265706
网址	http://www.nanshan.com.cn/	客服电话	0535—8807722

附表2

内设部门及分支机构一览表

年度	内设机构（个）	下设分支机构（个）		员工人数（人）	
		地市级机构数	县区级机构数	员工总数（含非正式员工）	正式员工数
2016	8	0	0	36	36
2017	8	0	0	37	37
2018	8	0	0	37	37
2019	8	0	0	36	36
2020	8	0	0	40	40

附表3

主要统计指标

单位：亿元

项目	2016年	2017年	2018年	2019年	2020年	2020年同比增幅（%）
本外币资产总额	83.30	84.33	95.15	139.04	136.59	-1.76
本外币负债总额	70.09	70.48	79.95	121.51	116.91	-3.79
营业收入	2.58	2.52	3.13	3.72	4.30	15.59
利润	2.32	2.46	2.72	3.01	3.07	1.99
净利润	1.84	1.91	2.08	2.31	2.36	2.16
上交税金	0.62	0.69	0.87	0.95	1.11	16.84

山东招金集团财务有限公司

【第一负责人简介】 曲丽华，女，汉族，大学本科学历，中共党员，经济师；1991年7月从清华大学本科毕业参加工作，在中国银行工作16年，历任中国银行烟台分行公司业务部和国际结算部负责人、招远支行行长等职；从事财务公司工作12年，其中在南山集团财务有限公司工作7年多，历任董事兼副总经理、副董事长兼总经理等职；现任山东招金集团财务有限公司（简称招金财务公司）董事兼总经理。

【综述】 2020年，招金财务公司以“立足集团、服务集团”为宗旨，贯彻集团“大战、大考、机遇”总基调，围绕提高“服务速度、业务广度、基础厚度、合作温度”精准发力，在做好疫情常态化防控的同时，圆满完成全年任务目标，实现“业绩优异、管理优胜、创新优势、团队优化、环境优美”。

目前，招金财务公司拥有32名有专业能力、有敬业精神、有职业素养的员工，人人持证上岗、人人训练有素、人人积极主动，长远发展有后劲。截至2020年末，招金财务公司总资产为53.74亿元，总负债为37.32亿元，所有者权益为16.42亿元；实现拨备前利润7,191.00万元；全年通过减免手续费和利率优惠为成员单位增收节支5,885.32万元；无不良贷款，各项指标均符合监管要求，不存在违法违规行为，未受到任何行政处罚。

【业务拓展】 2020年，招金财务公司致力于服务集团公司，各项业务工作均取得长足进步。

一是优化业务流程，努力提高资金调剂能力，大力支持企业复工复产。全年向成员企业累计投放资金240.50亿元，同比增长68.35%；全年信贷资金周转次数达到8次，又好又快地满足企业复工复产的资金需求。

二是强化同业合作，丰富合作品种、扩大交易量。2020年，招金财务公司的银行间市场交易量达到1,300.00多亿元，交易品种涵盖人民币信用拆入、拆出，外币信用拆入、拆出，债券质押正回购等；全年转贴现业务办理12.59亿元，涵盖卖断式、买断式、质押回购式等业务品种。

三是不断拓展业务资质，提升服务能力。2020年，招金财务公司顺利取得延伸产业链金融服务资格，服务对象延伸到产业链上游；顺利取得有价证券投资（除股票投资外）业务资质，资产配置渠道进一步丰富。

四是提供组合服务，搭建完整的外汇业务服务平台。2020年，招金财务公司大力开办外币拆入业务，为外汇资金调剂做好准备；通过跨境资金池完成1.20亿美元外债借入和6,470.00万美元外币借出，实现了境内、境外成员单位资金互联互通；完成首笔境外资金境内保值，为成员单位创造新的盈利点；配合即期结售汇业务，为成员单位建成完整的外汇业务服务平台。

五是搭建电子商品业务完整服务平台。2020年，招金财务公司成为首批上线电票线上清算的财务公司之一。配合延伸产业链金融服务资格和票据池业务，招金财务公司为集团电子商业承兑汇票服务搭建了更加完整的平台。

六是“四化建设”再上新台阶。2020年，面对疫情挑战，招金财务公司自主搭建了“云上办公环境”，结合远程办公系统，使得特殊情况员工居家办公变为可能；自行编写自动化脚本优化容灾网络结构，提高了本地容灾RTO、

RPO指标；异地灾备中心建成投产，形成“本地生产中心—本地灾备中心—异地灾备中心”三重保障，业务连续能力不断提高。

【内控管理】 2020年，招金财务公司时刻保持风险意识，积极做好内部管理和风险防范工作。

一是完善组织架构体系，满足公司发展需要。2020年，招金财务公司发布了《“三重一大”管理办法》，党的领导地位在公司得到进一步加强；配套出台《对集团的重大事项报告管理暂行办法》，强化股东对公司的领导；完成对章程、组织架构与职责的修订，组织架构与职责更加科学、清晰；依法成立工会，党、政、工、团、妇各组织制度完整、各司其职、互相制衡，能够围绕公司经营目标，齐心合力共同发展。

二是将质量和效率管理落实到日常工作。实行岗位工作清单管理、月度工作计划审批、周例会调度、日晨会点评，配合督办平台跟踪、周红绿灯通报和月绩效考核点评等制度，每项工作任务有时间表、有责任人，事前有标准、事后有评价，遗漏、延迟、错误均能及时纠正，工作效率不断提高。

三是建立严格的主动纠错机制。制度的制定、修改、执行体系严格落地，确保制度体系完整、与时俱进且落地有痕；年复一年开展部门自查和对账，风险部适时开展风险评估、压力测试、应急演练，审计部开展传票审核、延伸检查、专项检查、定期查库和对账，全员“火眼金睛”问题提报，配合每月责任认定和追究等制度，使得各种问题能够及时得到发现和纠正。

四是保持高度风险意识，将应急演练做真做实。坚持“预防与应急并重、常态与非常态结合”，每年制定应急预案，开展应急演练。2020年，招金财务公司共组织火灾、流动性风险、系统被非法入侵、核心系统问题、异地灾备、网络故障、舆情风险7次应急演练，提高了全员风险意识和应急反应能力。

五是注重学习型组织建设，不断提高员工履职能力。每月开展“匠人精神”团建展示、“樊登听书”、“敬业、专业、职业”标兵评选、“火眼金睛”奖励、“小改小革”创新等活动，不断提高全员职业素养，努力打造有利于提升内控管理水平和推崇合规文化的工作氛围。

（步雪源）

附表1

机构概况一览表

总经理（或其他称谓的第一负责人）		副总经理（或其他称谓的同级领导）	
曲丽华		吴国权	
地址	山东省烟台市芝罘区胜利路139号 万达金融中心A座22楼	邮编	264000
网址	—	客服电话	0535—5528936

附表2

内设部门及分支机构一览表

年度	内设机构（个）	下设分支机构（个）		员工人数（人）	
		地市级机构数	县区级机构数	员工总数（含非正式员工）	正式员工数
2016	7	0	0	28	28
2017	7	0	0	28	28
2018	8	0	0	32	32
2019	8	0	0	32	32
2020	8	0	0	32	32

附表3

主要统计指标

单位：亿元

项目	2016年	2017年	2018年	2019年	2020年	2020年同比增幅（%）
本外币资产总额	25.63	31.15	39.42	58.99	53.74	-8.90
本外币负债总额	20.42	15.69	23.55	42.90	37.32	-13.01
营业收入	0.40	0.59	0.82	0.81	0.85	4.94
利润	0.22	0.33	0.53	0.57	0.60	5.26
净利润	0.17	0.25	0.42	0.44	0.47	6.82
上交税金	0.09	0.15	0.19	0.22	0.23	4.55

兖矿集团财务有限公司

【第一负责人简介】 张宝才，从事财务及相关管理工作31年，历经财务管理、资本运作等多个工作岗位的锻炼，熟悉国家有关法规政策，组织协调、把握大局能力强；在公司治理、资本运作、风险控制方面积累了丰富的理论知识和管理经验；现任兖矿集团财务有限公司（简称兖矿财务公司）董事长。

【经营概况】 2020年，兖矿财务公司不断优化资源配置、提高资金使用效率，积极防范金融风险。2020年11月，公司资产规模首次突破300.00亿元。截至2020年末，公司资产总额为255.13亿元，同比增加8.19亿元，负债总额为221.60亿元，同比增加6.15亿元；全年实现净利润2.04亿元，同比增加0.32亿元。

【信贷业务】 2020年，兖矿财务公司积极开辟信贷供给“绿色通道”、简化审批流程，通过网络传送、邮寄等方式传送信贷申请资料，实现“无接触”办理业务；及时向成员单位提供低息贷款，支持成员企业发展。全年累计发放贷款178.94亿元，贷款综合利率为3.60%；年末贷款余额为140.26亿元，同比增加30.20亿元，实现利息收入4.23亿元。

【产业链金融】 2020年，兖矿财务公司围绕核心主业企业，大力开展“一头在外”票据贴现业务，将服务范围延伸至上游供应商，积极推动产业链深度融合。全年累计办理延伸产业链金融业务22笔、金额3,690.00万元，综合利率为3.50%。

【资金业务】 2020年，兖矿财务公司根据中期、短期资金计划与金融机构利率，优化资金配置，提高与金融机构议价的能力；通过开展“活期稳存”“同业约期”“定期存款”等业务，提升存量资金在金融机构存款的收益；成立流动性管理小组，优化流动性管理措施，动态预测资金头寸与流动性监管指标；在严控风险的前提下，建立资金拆借工作长效机制，提高资金在货币市场的收益；全年实现同业资金收益1.90亿元。

【投资业务】 2020年，兖矿财务公司致力于开展固定收益类有价证券投资业务，全年投资公募货币市场基金1.33亿元，实现投资收益35.50万元；积极筹备银行间债券市场业务，完成全国银行间债券市场准入备案及银行间债券市场机构联网申请。

【票据业务】 2020年，兖矿财务公司进一步加大电票业务推进力度，不断提升票据结算比例、降低成员单位交易成本。全年累计承兑52.00亿元，同比增长100.00%，减少保证金占用11.00亿元，节约财务费用2,400.00万元。

【外汇业务】 2020年，兖矿财务公司本外币跨境双向资金池成员增至25家，合作银行增至16家，入池币种新增港元。全年累计入池7.97亿美元、2.60亿港元，分别较上年增加3.20亿美元、2.60亿港元。

【资金集中】 2020年，兖矿财务公司通过账户清理、加大资金集中考核力度等措施，提升成员单位存款主动性；通过开展代开承兑汇票、代签信用证等业务，减少成员单位外部融资支出，避免保证金沉淀至外部金融机构。全年日均存款余额为181.02亿元，比上年日均存款余额增加28.42亿元；年末全口径资金集中度为52.24%。

【业务创新】 2020年，兖矿财务公司首开银团贷款业务，与北京银行组建银团，发放21.00亿元银团贷款，贷款利率为3.60%，撬动外部金融资源；首开电子商票再贴现业务，融入低成本资金3.47亿元；首开转贴现转入业务，累计贴入3,000.00万元，实现票据转出、转入双向模式，打通票据融入融出渠道；首开代开国内信用证业务，全年累计4.10亿元，节约财务费用430.00万元；首开见索即付保函，全年减少保证金占用500.00万元；首开买方付息票据贴现业务，满足成员单位个性化金融需求。

【风险管理和内部控制】 2020年，兖矿财务公司积极开展监管数据质量专项治理，不断提高监管统计数据质量；系统梳理风险管理制度，修订《案件防范管理办法》，制定《防范外部欺诈管理办法》；做好信贷业务审查、法律合规审查、信息科技风险检查等业务检查，有效防范各类业务风险；对重点业务、重点环节、重要岗位存在的风险隐患及时进行风险提示，确保整改合规，保证公司稳健运营。

【信息化建设】 2020年，兖矿财务公司自主研发的RPA项目通过验收并上线运行；完成账户监控、票据兑付、贷前审查3大类13个机器人流程的开发，成为全国首家自主研发上线RPA应用平台的财务公司，每年可代替人工作业5,000小时，节省人工及其他各类费用130.00万元。

【企业文化建设】 2020年，兖矿财务公司认真开展廉政警示教育、学习金融风险案例、观看警示教育片，强化员工的廉洁意识、风险意识，推动廉洁从业理念内化于心、外化于行。积极宣传先进人物的先进事迹，学习援鄂医疗队员抗击新冠肺炎疫情的英勇事迹，以榜样力量激发员工勇于担当、甘于奉献、主动作为，推动公司各项事业不断前进。全年，公司有1人获得“山东省金融高端人才”称号、1人获得“齐鲁金融之星”称号。

（单光辉、韩 伟、孙海峰）

附表1

机构概况一览表

董事长（或其他称谓的第一负责人）		副董事长（或其他称谓的同级领导）	
张宝才		单光辉	
地址	山东省邹城市凫山南路329号	邮编	273500
网址	http://cwgs.ykjt.cn/	客服电话	0537—5386804

附表2

内设部门及分支机构一览表

年度	内设机构（个）	下设分支机构（个）		员工人数（人）	
		地市级机构数	县区级机构数	员工总数（含非正式员工）	正式员工数
2016	6	—	—	31	31
2017	6	—	—	29	29
2018	8	—	—	35	35
2019	8	—	—	35	35
2020	8	—	—	35	35

附表3

主要统计指标

单位：亿元

项目	2016年	2017年	2018年	2019年	2020年	2020年同比增幅（%）
本外币资产总额	88.74	126.72	231.46	246.94	255.13	3.32
本外币负债总额	72.95	109.44	216.59	215.45	221.60	2.85
营业收入	2.34	2.29	3.39	3.38	3.90	15.38
利润	2.00	2.00	2.62	2.30	2.73	18.70
净利润	1.50	1.48	1.98	1.72	2.04	18.60
上交税金	0.71	0.66	0.78	0.91	1.08	18.68

日照港集团财务有限公司

【第一负责人简介】 马先骅，中共党员，研究生学历，高级会计师；1992年7月参加工作，历任日照港务局轮驳公司计财科科长，日照港股份公司财务部副部长，日照港集团有限公司财务预算部副部长；现任日照港集团财务有限公司（简称日照港财务公司）总经理。

【综述】 日照港财务公司于2015年12月31日经中国银行业监督管理委员会批准筹建，并于2016年5月20日正式揭牌开业，是日照市首家企业集团财务公司。公司注册资本为10.00亿元，由日照港集团有限公司和日照港股份有限公司共同出资组建；公司现有员工32人，下设综合管理部、计划财务部、资金结算部、信贷业务部、风险管理部、稽核审计部、信息技术部7个部门。

【业务拓展】 2020年，日照港财务公司以“创新深化年”活动为抓手，不断拓宽经营领域、增强金融服务功能，以创新突破促进公司高质量发展。全年累计实现营业收入1.73亿元、利润1.51亿元；不良贷款率、不良资产率继续保持为零；其他监管指标均符合监管要求。

一是加强资金归集，扩大金融服务之源。在做好日常营运资金、大额专项资金归集的基础上，积极开拓新归集资金，年内新增2家新设单位、3家合资公司、2项平台类资金归集共计1.00亿元。截至2020年末，公司存款余额为26.14亿元；年均资金集中度为74.36%。

二是创新业务产品，全面完成信贷投放。首次开展了无还本续贷、保理、票据再贴现三项新业务，有序推进买方信贷业务；作为副牵头单位开展了日照市单笔金额最大的银团贷款业务。2020年累计发放贷款23.55亿元，开立银行承兑汇票2.16亿元，提供各类担保1.36亿元，办理委托贷款5.27亿元。

三是疫情关键时期，全力满足客户所需。开辟“双路径支付”模式，仅在春节假期期间就为成员单位办理了185笔、合计超过1.50亿元的紧急资金支付业务；设立“信贷绿色服务通道”，简化材料、压缩审批时间，及时投放资金3笔、合计6,000.00万元，全力支持企业经营周转和复工复产。

四是加强沟通合作，提升金融服务质效。举办金融服务座谈会，积极推介公司重点业务，进一步提升服务质效；同业合作方面，新增5家单位、合计12.00亿元的同业授信，同业“朋友圈”持续拓展。

【内控管理】 2020年，日照港财务公司以开展“行业规范建设深化年”“金融统计质量年”活动为契机，持续提升合规展业水平。坚持依法治企，推进公司股权和关联交易专项整治，不断优化公司治理体系；加强对重点领域工作流程的调研和监管，在物防的基础上强化人防措施；细化资金预算管理，前瞻性测评关键时点资金备付需要，积极防范流动性风险；强化运维管理，做好信息设备的维护和预防性保养，保障公司业务连续性；制定《信息系统密码管理操作规程》，强化资金安全管控，提高信息系统安全性。

（王 浩）

附表1

机构概况一览表

总经理（或其他称谓的第一负责人）		总经理助理、运营总监（或其他称谓的同级领导）	
马先骅		辛玉霞、赵禄亮	
地址	山东省日照市上海路东首日照港国贸中心E座14楼、15楼	邮编	276800
网址	—	客服电话	—

附表2

内设部门及分支机构一览表

年度	内设机构（个）	下设分支机构（个）		员工人数（人）	
		地市级机构数	县区级机构数	员工总数（含非正式员工）	正式员工数
2016	6	—	—	28	28
2017	6	—	—	28	28
2018	6	—	—	33	33
2019	7	—	—	35	35
2020	7	—	—	32	32

附表3

主要统计指标

单位：亿元

项目	2016年	2017年	2018年	2019年	2020年	2020年同比增幅（%）
本外币资产总额	43.34	37.47	45.59	47.46	41.87	-11.78
本外币负债总额	33.28	26.65	33.99	34.98	28.26	-19.21
营业收入	0.38	1.42	1.62	1.59	1.73	8.81
利润	0.08	1.02	1.05	1.16	1.51	30.17
净利润	0.06	0.76	0.79	0.87	1.14	31.03
上交税金	0.01	0.27	0.39	0.42	0.47	11.90

中国石化财务有限责任公司山东分公司

【第一负责人简介】　宫琳，女，1969年出生，中共党员，文学硕士，教授级高级会计师；曾任中国石化青岛石油化工有限责任公司副总会计师兼财务管理部主任、党支部书记；2013年7月，任中国石化财务有限责任公司山东分公司（简称中石化财务山东分公司）经理、党支部书记。

【综述】　中石化财务山东分公司是经中国银行业监督管理委员会批准，于2007年7月成立、2007年9月1日正式营业的非银行类金融机构；公司位于山东省青岛市，受中国银行保险监督管理委员会青岛监管局监管。公司营运资金为1亿元，下设综合部、内控稽核部、财会部、信贷部、结算部5个部门，现有从业人员30人。

长期以来，中石化财务山东分公司秉承“立足石化、服务主业、争创一流”的经营宗旨，重点为山东辖区的胜利油田、齐鲁石化、青岛炼化和青岛石化等120多家成员企业及其600多家产业链上下游客户提供优质、高效的金融服务。

【业务拓展】　2020年，中石化财务山东分公司严格按照

《企业集团财务公司管理办法》和《关于稳步开展企业集团财务公司延伸产业链金融服务试点工作有关事项的通知》的要求在授权范围内经营，具体业务范围：吸收成员单位的存款；办理成员单位之间的内部结算、委托贷款；对成员单位办理贷款、票据承兑、票据贴现、融资租赁；办理票据转贴现业务；协助成员单位实现交易款项的收付；为产业链客户提供票据贴现、应收账款保理等融资服务；经公司批准的属于财务公司经营范围内的其他业务。

2020年，中石化财务山东分公司资金进出总笔数为318.36万笔，金额为1.68万亿元；日均向成员企业发放贷款57.31亿元；全年累计办理产业链票据贴现31.80亿元；新增开户企业14家，新开立结算账户26个，新启用银行分账户14个，新签订财企申请书、网络服务申请书20份，服务范围进一步扩大，资金集中管理平台作用得到有效发挥。

【内控管理】 2020年，中石化财务山东分公司注重风险防控和稽核管理工作，始终把风险防范和业务安全作为一切工作的重中之重，加强内控制度落实和业务合规自查，实现内控管理的全流程和常态化运行。一是严格执行内控制度。加强贷款、票据等业务的日常审查，强化贷前调查、综合授信、业务签报、合同签订和贷后跟踪等过程控制，严把业务风险关口。二是创新稽核检查方式方法。制订每季度稽核工作方案，持续加大稽核力度，推进稽核工作真正落到实处，收到良好的稽核检查效果。

（岳增强）

附表1

机构概况一览表

总经理（或其他称谓的第一负责人）		副总经理（或其他称谓的同级领导）	
宫 琳		王继磊、赵 博、张明华	
地址	山东省青岛市市南区山东路2号甲华仁国际大厦26层	邮编	266071
网址	http://www.sfc.sinopec.com	客服电话	0532—81976225

附表2

内设部门及分支机构一览表

年度	内设机构（个）	下设分支机构（个）		员工人数（人）	
		地市级机构数	县区级机构数	员工总数（含非正式员工）	正式员工数
2016	5	0	0	32	29
2017	5	0	0	32	29
2018	5	0	0	31	28
2019	5	0	0	31	27
2020	5	0	0	34	30

附表3

主要统计指标

单位：亿元

项目	2016年	2017年	2018年	2019年	2020年	2020年同比增幅（%）
本外币资产总额	18.42	24.62	69.21	49.00	65.30	33.27
本外币负债总额	17.75	24.34	69.72	47.78	63.64	33.19
营业收入	1.27	0.88	1.67	3.68	2.75	-25.27
利润	0.89	0.38	0.17	2.36	2.03	-13.89
净利润	0.67	0.28	0.13	1.77	1.52	-14.12
上交税金	0.31	0.19	0.20	0.40	0.39	-2.50

第九部分

地方性金融机构

山东省小额贷款公司概况

2020年，山东省认真贯彻国家金融监管工作精神，按照“强服务促发展、严监管防风险”的工作思路，积极引导小额贷款公司服务“三农”和小微企业等普惠金融重点领域，不断提升监管质效，坚决守住不发生区域性、系统性风险的底线，全省小额贷款行业总体保持平稳运行态势。

一、基本情况

截至2020年末，全省共有小额贷款公司418家。其中43家因严重违规、被吊销营业执照等原因被列为不予发证小额贷款公司，47家虽已发证但目前仍处于内部整改期间而未正常营业，这90家小额贷款公司未列入统计范畴，正常经营的328家小额贷款公司共有小额贷款从业人数3,606人。

全省纳入统计范畴的328家小额贷款公司的注册资本合计489.12亿元，平均注册资本为1.49亿元。其中，注册资本5.00亿元（含）以上的有15家，占4.57%，2.00亿（含）~5.00亿元的有57家，占17.38%，1.00亿（含）~2.00亿元的有216家，占65.85%，5,000.00万（含）~1.00亿元的有40家，占12.20%。

二、业务情况

2020年，山东省小额贷款公司坚守“支农、支小、支微”的市场定位，着力支持实体经济发展，在缓解小微企业和“三农”融资难融资贵问题方面发挥了积极作用。

全省328家小额贷款公司全年累计为40,504户发放贷款507.25亿元。按贷款期限划分，0~6个月、7~12个月、12个月以上的贷款分别为299.81亿元、171.94亿元、35.50亿元，分别占贷款总额的59.10%、33.90%、7.00%；按贷款资金投向划分，共发放涉农贷款10,529户、合计124.32亿元，小微企业贷款9,391户、合计333.21亿元，个人贷款26,683户、合计111.88亿元，其金额分别占贷款总额的42.84%、65.69%、22.06%。年末328家小额贷款公司贷款余额合计520.38亿元，其中涉农贷款余额为206.65亿元，小微企业贷款余额为294.18亿元；投向“三农”和小微企业的贷款占比为90.20%，充分彰显小额贷款公司的普惠特色。

三、行业监管与发展情况

一是着力完善制度。坚持发展与监管并重，制定出台了《山东省小额贷款公司分类评级办法》《关于贯彻落实〈中国银保监会办公厅关于加强小额贷款公司监督管理的通知〉的通知》，及时完善了管机构、管合规、管风险的监管制度，并对经营良好、分类评级较高的小额贷款公司在业务范围和经营区域上予以适当放宽，鼓励优质小额贷款公司不断做强做优，更好地发挥小额贷款公司的融资渠道作用。

二是着力促进发展。2020年，山东省各级地方金融监督管理部门切实抓好政策落实，积极培育引进优质股东发起设立小额贷款公司，先后新设了济宁城投、中和农信和山东鲁花3家小额贷款公司。同时，鼓励引导小额贷款民资公司坚守服务“三农”、小微的市场定位，积极服务实体经济发展。其中，青岛海信小额贷款有限公司充分发挥产业链优势，累计发放贷款14.27亿元，有效服务中小微企业；济南金控小额贷款有限公司将平均贷款利率控制在11%以内，实现7天内放贷，累计放款8.86亿元，上缴税收1,853万元，有效解决了济南市中小微企业的融资需求；山东鲁信小额贷款股份有限公司研究推出的“牛信宝”产品已为阳信县198户肉牛养殖户提供资金支持8,243.00万元，在人民日报全国党媒信息公共平台牵头举办的第三届中国普惠金融创新发展峰会上荣获“中国普惠金融典型案例”。

三是着力强化监管。扎实做好非现场监管，每月调度分析各机构运营情况，及时关注机构风险。加大现场检查力度，组织开展了“双随机、一公开”检查，委托第三方中介机构，对全省97家小额贷款公司开展了分类评级，深入排查风险隐患，摸清风险底数，并加大对违法行为的惩处力度，增强了机构的合规经营意识。

四是抓好人员素质能力提升。组织召开了全省小额贷款公司监管工作培训会议，邀请中国银保监会普惠金融部负责同志就相关政策进行现场讲解，市县监管部门负责同志和相关人员共362人参加会议。通过培训，进一步明确了监管工作的方向和重点，提升了监管人员的业务素质和工作能力。依托行业协会组织开展了高管和从业人员培训，围绕风险防控、财务管理、不良资产处置等方面举办培训18期，先后培训5,874人，进一步提升了从业人员的素质能力。

五是积极引导小额贷款公司助力疫情防控。出台了《关于有效发挥地方金融组织作用 助力打赢疫情防控阻击战的通知》，积极引导小额贷款公司加大对疫情防控企业和受疫情影响较大企业的资金支持力度。据不完全统计，全省小额贷款公司累计为小微企业减免利（罚）息2.13亿元、提供贷款展期23.26亿元、提供到期续贷57.48亿元。

四、下一步工作打算

下一步，山东省金融监管部门将以促进小额贷款公司服务实体经济为主线，坚持扶优限劣原则，加强政策引领、强化日常监管、做好风险防控，积极引导小额贷款民资行业回归本源，推动行业高质量发展，重点做好以下工作。

一是对标学习借鉴外省行业发展先进做法，总结推广山东省优质小额贷款公司的成功经营模式，推动小额贷款行业实现高质量发展。

二是做好小额贷款公司非现场监管、现场检查，摸清小额贷款公司经营管理与风险状况，及时跟踪、预警和处置风险，不断提升监管质效，避免发生区域性金融风险。

三是组织开展全省小额贷款公司“失联”“空壳”公司排查工作，对“失联”“空壳”公司名单实行动态管理。并根据银保监会统一要求，将“失联”或“空壳”公司名单推送给市场监管部门，督促各市积极协调市场监管部门将其列入经营异常名录、依法吊销其营业执照，并劝导其通过“双变更”、自愿注销等方式退出小额贷款行业。

四是依托行业协会举办高管和从业人员培训，切实提升从业人员素质能力。适时组织召开监管人员会议，以会代训，及时讲解有关监管政策，提升市县监管人员的监管能力。

（刘　鹏）

附表1

山东省小额贷款公司主要业务指标

单位：亿元

项目	2016年	2017年	2018年	2019年	2020年	2020年同比增幅（%）
公司数量（家）	427	419	416	339	328	-3.24
合计注册资本	572.43	569.38	580.96	480.94	489.12	1.70
全年新增贷款总额	743.54	663.54	555.32	520.75	507.25	-2.59
年末贷款余额	575.61	567.88	572.86	512.91	520.38	1.46
涉农贷款余额	291.98	274.80	262.93	215.86	206.65	-4.27
小微企业贷款余额	291.75	291.19	299.03	287.90	294.18	2.18

附表2

山东省小额贷款公司名录

序号	单位名称	单位地址	联系电话
1	山东龙信小额贷款有限公司	山东省济南市高新区经十东路7000号汉峪金谷金融商务中心A2—5号楼11—12层	0531—82663022
2	山东省鲁信小额贷款股份有限公司	山东省济南市历下区经十路9999号黄金时代广场D座11层1112室	0531—86566506
3	济南市齐汇小额贷款有限公司	山东省济南市天桥区堤口路41号3楼	0531—58062916
4	济南市槐荫区信合小额贷款有限公司	山东省济南市槐荫区西沙北路26号	0531—85552777
5	济南市槐荫区大友小额贷款有限责任公司	山东省济南市槐荫区经十西路368号	0531—69901166
6	章丘市恒通小额贷款股份有限公司	山东省章丘市汇泉路50号	0531—83278229
7	章丘市大业小额贷款股份有限公司	山东省济南市章丘区明水街道为民服务中心301号	0531—83560006
8	济南市高新区天业小额贷款股份有限公司	山东省济南市高新区康虹路766号盛世花苑西侧商业1—113	0531—88809858
9	济南市高新区汇中小额贷款股份有限公司	山东省济南市高新区孙村街道办事处407号	0531—88767157
10	济南市高新区东方小额贷款股份有限公司	山东省济南市高新区舜风路322号7号楼二层东侧	0531—66951188
11	济南市高新区华泽小额贷款有限公司	山东省济南市高新区汉峪金谷A2地块3栋13层1301—14室	0531—88808691
12	济南市莱芜区国信小额贷款股份有限公司	山东省济南市莱芜经济开发区鹿鸣路69号	0634—6311177
13	济南市莱芜区固德小额贷款有限公司	山东省济南市莱芜区鲁中东大街57号	0634—8832288
14	济南市莱芜区万兴小额贷款有限公司	山东省济南市莱芜区龙潭东大街77号	0634—6777088
15	济南市莱芜区创兴小额贷款有限公司	山东省济南市莱芜区凤城东大街78号	0634—6068999
16	济南市莱芜区泰东小额贷款有限公司	山东省济南市莱芜雪野旅游区生态软件园6号楼301	0634—6195328
17	济南市长清区宏达小额贷款有限公司	山东省济南市长清区文昌街道办事处湄湖街199号A101	0531—58910008

续表1

序号	单位名称	单位地址	联系电话
18	济南市长清区北辰小额贷款有限公司	山东省济南市长清区大学路恒大绿洲21号楼1楼101室	0531—66586999
19	济南市市中区汇金小额贷款有限公司	山东省济南市市中区二环南路6663号	0531—82732345
20	济南市市中区鲁银小额贷款有限责任公司	山东省济南市市中区经十路20518号鲁银大厦7楼	0531—82099092
21	济南市市中区海融小额贷款有限公司	山东省济南市市中区经十一路银座八一店B座塔楼10层	18953161130
22	济南市市中区汉华小额贷款有限公司	山东省济南市市中区经十一路银座八一店B座塔楼10层西侧	0531—86069911
23	济南邦信小额贷款有限责任公司	山东省济南市市中区经四路万达广场D座25层	0531—86995386
24	济南市钢城区汇锋小额贷款有限公司	山东省济南市钢城区九龙大街东首	0634—6996676
25	济南市钢城区顺诚小额贷款有限公司	山东省济南市钢城区颜庄镇潘西煤矿潘西大街41号	0634—6466088
26	济南市钢城区鲁中小额贷款有限公司	山东省济南市钢城区钢都大街197号	0634—6826107
27	济南市历城区鲁商小额贷款股份有限公司	山东省济南市历城区花园路107号鑫都大厦15层	0531—66569999
28	济南市钢城小额贷款股份有限公司	山东省济南市历城区工业北路21号（济钢装备部办公楼）6层A区020室	0531—67606505
29	济南市历城区润晟小额贷款有限公司	山东省济南市历城区洪楼南路2、4、6号慧都大厦606室	0531—88379111
30	济南市历下区舜融小额贷款股份有限公司	山东省济南市历下区历山路157号山东行业协会大楼二楼204—209室	0531—82789993
31	山东富源小额贷款有限公司	山东省济南市历下区经十路9777号鲁商国奥城2号楼三层	0531—83175760
32	济南市历下区汇鑫小额贷款股份有限公司	山东省济南市历下区趵突泉北路12号三联商厦18楼	0531—67981999
33	济南金控小额贷款有限公司	山东省济南市历下区经十路12111号中润世纪中心2号楼14层	0531—82158910
34	山东国惠小额贷款有限公司	山东省济南市历下区文化东路59号山东盐业大厦9楼918室	0531—58691958
35	济南亚联财小额贷款有限公司	山东省济南市历下区山大路157号济南华强广场1号楼1801—1810室	0531—58529818
36	济南市长清区山水小额贷款有限公司	山东省济南市长清区104国道西侧山水集团工业园内	0531—58688210
37	商河县宏业小额贷款有限公司	山东省济南市商河县新城街188号	0531—55797888
38	青岛城乡建设小额贷款有限公司	山东省青岛市李沧区四流中路46号A2—丙	0532—66567188
39	青岛市南区中元籴焜小额贷款有限公司	山东省青岛市市南区香港中路12号	0532—88037000
40	青岛市市北区利群小额贷款股份有限公司	山东省青岛市市北区重庆南路6号1号楼甲单元—3	0532—83088186
41	青岛市市北区海鼎小额贷款有限公司	山东省青岛市市北区堂邑路11号	0532—80992159
42	青岛市市北区银丰融金小额贷款股份有限公司	山东省青岛市市北区人民路83号甲网点	0532—58828106
43	青岛邦信小额贷款有限责任公司	山东省青岛市市北区辽源路257号9号楼	0532—5556757
44	青岛绿地数科小额贷款有限公司	山东省青岛市市北区凤城路16号卓越大厦19楼1901—1902、1909—1912	0532—81637295
45	山东港口小额贷款有限公司	山东省青岛市市北区港华路7号2101室	0532—82985390
46	青岛市崂山区华通小额贷款有限公司	山东省青岛市崂山区海口路66号2楼	0532—55729083
47	山东鲁花小额贷款有限公司	山东省青岛市崂山区香港东路195号上实中心T3号楼1306室	0532—80995669
48	青岛国信创业小额贷款有限公司	山东省青岛市崂山区苗岭路9号	0532—58820199
49	青岛金鼎信小额贷款股份有限公司	山东省青岛市崂山区深圳路222号1号楼1901	0532—68722621
50	青岛市黄岛区仁亨利小额贷款有限公司	山东省青岛市黄岛区灵山湾路1771号	0532—87171771

续表2

序号	单位名称	单位地址	联系电话
51	青岛市黄岛区民泽小额贷款有限责任公司	山东省青岛经济技术开发区黄浦江路57号建设大厦一层	0532—86898811
52	青岛市黄岛区福瀛小额贷款有限公司	山东省青岛经济技术开发区长江东路443号1栋311室	0532—86751851
53	青岛市黄岛区天一小额贷款股份有限公司	山东省青岛市黄岛区东岳中路1227号	0532—87192211
54	青岛黄发小额贷款有限公司	山东省青岛市黄岛区海青镇茶乡路北茶商行	0532—85165016
55	青岛市黄岛区瑞丰小额贷款有限公司	山东省青岛市黄岛区香江路177号701室	0532—67799999
56	青岛市城阳区鑫泰小额贷款股份有限公司	山东省青岛市城阳区重庆北路205号	0532—80792166
57	青岛市城阳区超新小额贷款有限公司	山东省青岛市城阳区城阳街道正阳路285号1008	0532—80966789
58	青岛亚联财小额贷款有限公司	山东省青岛市城阳区正阳路160号6号楼301	0532—55696977
59	青岛市城阳区北洲小额贷款股份有限公司	山东省青岛市城阳区正阳路196号国际商务港211室	0532—89083578
60	青岛市即墨区海立达小额贷款有限公司	山东省青岛市即墨区惠欣路188号	15192606680
61	青岛市即墨区盛诚小额贷款有限公司	山东省青岛市即墨区鹤山路59号B区四层	0532—82608888
62	青岛海信小额贷款有限公司	山东省青岛市即墨区宁东路168号（即墨经济开发区鑫诚恒业大楼五层）	0532—80877882
63	胶州市金晟源小额贷款有限公司	山东省青岛市胶州市胶莱镇北王珠驻地	0532—82207782
64	平度市金翔小额贷款有限公司	山东省青岛市平度市青岛路233号	0532—88311788
65	平度市天祥小额贷款有限公司	山东省青岛市平度市人民路95—13号	0532—88397999
66	平度市诚信小额贷款有限公司	山东省青岛市平度市同和街道办事处同和路北侧荣华路东侧	15269266988
67	莱西市宏远小额贷款有限公司	山东省青岛市莱西市重庆路17号31栋1单元18、19	0532—66038666
68	青岛市高新区高创科技小额贷款有限公司	山东省青岛市高新区智力岛路1号青岛蓝色人才港B座1609	13589201611
69	青岛西海岸小额贷款有限公司	山东省青岛市黄岛区滨海大道1777号	0532—66011903
70	青岛经济技术开发区恒信城市发展小额贷款有限公司	山东省青岛市黄岛区江山南路458号城发大厦1009	0532—86702758
71	青岛市黄岛区阳光新天地小额贷款有限公司	山东省青岛市黄岛区天目山路52号	0532—86107220
72	青岛即墨诚和小额贷款股份有限公司	山东省青岛市即墨区鹤山路878号附2号	0532—88521336
73	青岛市即墨区卓瑞小额贷款有限公司	山东省青岛市即墨区蓝鳌路788号德馨大厦15层1501室	0532—89946076
74	青岛市即墨区捷泰小额贷款有限公司	山东省青岛市即墨区文峰路578号丙	0532—88592166
75	胶州市海丰小额贷款有限公司	山东省青岛市胶州市时代国际中心二号楼16号	15092423495
76	胶州市永信小额贷款股份有限公司	山东省青岛市胶州市宁波路以西澳门路以南	0532—82208998
77	胶州市和生小额贷款有限公司	山东省青岛市胶州市澳门路333号天泰金融广场1号楼1109室	0532—86626612
78	胶州市丰盛小额贷款有限公司	山东省青岛市胶州市庄里头小区35号网点	0532—86236868
79	青岛经济技术开发区千帆港小额贷款股份有限公司	山东省青岛市经济技术开发区长江中路519号建国大厦	0532—86992799
80	淄博市淄川区新兴小额贷款有限公司	山东省淄博市淄川区淄城路341号	0533—5189222
81	淄博市张店区邦民小额贷款有限公司	山东省淄博市张店区共青团西路3号	0533—2181730
82	淄博市博山区德信小额贷款有限公司	山东省淄博市博山区中心路万顺御花园7号楼703号	0533—4122258
83	淄博市周村区宏信小额贷款股份有限公司	山东省淄博市周村区正阳路2777号联启大厦5层	0533—6039088
84	淄博市周村区中租小额贷款有限公司	山东省淄博市周村区丝绸路83甲—2号翡翠园营业房三层	0533—6157767
85	淄博市临淄区广汇小额贷款有限公司	山东省淄博市临淄区临淄大道697号院内东侧	0533—7151577
86	淄博市临淄区汇洋小额贷款有限公司	山东省淄博市临淄区金岭镇西首清源商务中心一楼西厅	13964373077
87	桓台县汇鑫小额贷款有限公司	山东省桓台县东岳路南首	0533—8219636

续表3

序号	单位名称	单位地址	联系电话
88	淄博高新区瑞丰小额贷款有限公司	山东省淄博市高新区柳泉路348号金信银都花园沿街商业房甲1号1—2层、5层	0533—3786111
89	淄博高新区永丰小额贷款有限公司	山东省淄博市高新区柳泉路121号	0533—3125777
90	淄博高新区中和小额贷款有限公司	山东省淄博市高新区北西六路206号	0533—3109979
91	高青县民福小额贷款有限公司	山东省淄博市高青县田镇街道芦湖路211号A座1—701室	0533—6987598
92	沂源县华联小额贷款股份有限公司	山东省沂源县鲁山路齐商银行5楼	0533—3226219
93	淄博市临淄区宏润小额贷款有限公司	山东省淄博市临淄区临淄大道818号101铺东边第一间	13805331966
94	枣庄市山亭区兆丰小额贷款有限责任公司	山东省枣庄市山亭区新城府前中路路南	0632—8816268
95	枣庄市薛城区万方小额贷款股份有限公司	山东省枣庄市薛城区黄河路295号	13506216229
96	枣庄市台儿庄区恒信嘉小额贷款有限公司	山东省枣庄市台儿庄区台北路北广进路东侧	13869456578
97	枣庄市峄城区大河小额贷款有限责任公司	山东省枣庄市峄城中兴大道539号	15318076111
98	枣庄市市中区万科小额贷款股份有限公司	山东省枣庄市市中区文化西路南侧文化广场超市2号	18763299999
99	东营市东营港开发区元丰小额贷款股份有限公司	山东省东营市东营港经济开发区港城路99号	0546—7159608
100	东营市东营区汇通小额贷款股份有限公司	山东省东营市东营区西二路498号	15505468753
101	东营市东营区金鼎小额贷款股份有限公司	山东省东营市东营区嘉祥路2号中国石油慧谷15—5号	18505466279
102	东营市东营区浩华小额贷款股份有限公司	山东省东营市东营区南一路282号20幢1501室	13518669399
103	广饶县金丰源小额贷款股份有限公司	山东省东营市广饶县大王镇迎春路花园别墅26—27号	0546—6855888
104	广饶县华泰小额贷款股份有限公司	山东省东营市广饶县大王镇	0546—7723899
105	广饶县金岭小额贷款股份有限公司	山东省东营市广饶县大王镇青垦路161号	0546—6882756
106	广饶县勇鑫小额贷款股份有限公司	山东省东营市广饶县湖东花园小区二期2号楼1—9号房	0546—6503899
107	东营市垦利区明珠小额贷款股份有限公司	山东省东营市垦利区利兴路6号5号楼5—2	0546—7735176
108	东营市垦利区万得福小额贷款股份有限公司	山东省东营市胜利路以东、胜兴路以北	0546—6378822
109	利津县利华益恒信小额贷款股份有限公司	山东省东营市利津县大桥路86号	0546—5611588
110	利津县金坤小额贷款股份有限公司	山东省东营市利津县陈庄镇韩南二村	0546—5653666
111	利津县金昊小额贷款股份有限公司	山东省东营市利津县盐窝镇政府驻地	0546—5328766
112	东营市河口区和润小额贷款股份有限公司	山东省东营市河口区黄河路37号	0546—6083669
113	东营市东营经济开发区恒通小额贷款股份有限公司	山东省东营市东营区新孵化大厦B楼631房间	18654666819
114	东营市东营高新技术产业园区金正小额贷款股份有限公司	山东省东营市府前大街52号金融大厦16楼	13563390566
115	东营市东营经济技术开发区财金小额贷款股份有限公司	山东省东营市南一路337号财金大厦1707室	15666891791
116	东营市东营经济技术开发区广发小额贷款股份有限公司	山东省东营市东营区南一路280号	13685466888
117	东营市东营经济技术开发区广源小额贷款股份有限公司	山东省东营市东营区北一路132号8幢403室	13356641999
118	广饶县金桥小额贷款股份有限公司	山东省东营市广饶县东王路大王段西侧	0546—7725903
119	广饶县鲁商小额贷款股份有限公司	山东省东营市广饶县乐安大街790号	0546—6913666
120	东营市东营区黄蓝小额贷款有限公司	山东省东营市东营区庐山路1188号	0546—6211509
121	东营市河口区联丰小额贷款股份有限公司	山东省东营市河口区黄河路6号	0546—6456726
122	垦利县和丰小额贷款股份有限公司	山东省东营市垦利经济开发区广兴路以北、经一路以西	0546—2881303
123	东营市广饶县丰泰小额贷款股份有限公司	山东省东营市广饶县开发区八号路北侧	0546—6456726

续表4

序号	单位名称	单位地址	联系电话
124	广饶县鲁宁小额贷款股份有限公司	山东省东营市广饶县稻庄镇湖东花城二期2号楼	0546—6492999
125	龙口市博商小额贷款股份有限公司	山东省烟台市龙口市东莱街258号博商购物广场十楼	0535—8573777
126	烟台市芝罘区城发小额贷款有限公司	山东省烟台市芝罘区毓璜顶西路17—7号	0535—6659729
127	烟台市芝罘区富泉小额贷款有限公司	山东省烟台市芝罘区世回尧路129号	0535—6011929
128	烟台市莱山区万光小额贷款有限公司	山东省烟台市莱山区金滩东路1831号	0535—6713916
129	烟台市福山区中赫小额贷款有限责任公司	山东省烟台市福山区鸿福街66号	0535—6365777
130	烟台开发区金桥银通小额贷款有限公司	山东省烟台市开发区衡山路1号101号	0535—6108707
131	龙口市道恩盛融小额贷款股份有限公司	山东省烟台市龙口市振兴路商业街1—A—4号	0535—3460139
132	龙口市南山小额贷款股份有限公司	山东省烟台市龙口市东江镇南山村	0535—8802818
133	龙口市宇鑫小额贷款股份有限公司	山东省烟台市龙口市黄城西大街58号	0535—8881328
134	蓬莱市德丰小额贷款有限公司	山东省烟台市蓬莱市富民路98号	0535—5615688
135	海阳市联谊达小额贷款有限公司	山东省烟台市海阳市海阳路46号	0535—3200988
136	栖霞市华商小额贷款有限公司	山东省烟台市栖霞市经济开发区C区五台山路	13780957808
137	招远玲珑小额贷款有限责任公司	山东省烟台市招远市金晖路西汽校南路北（金晖路与青云路交叉路口西）	0535—8243377
138	招远市金都小额贷款有限责任公司	山东省烟台市招远市西宋路3号	0535—8070677
139	莱州市华峰小额贷款有限公司	山东省烟台市莱州市文昌路街道南阳河南街2551号	15098613444
140	烟台市芝罘区庄禾小额贷款有限公司	山东省烟台市芝罘区机场路208号	13954588233
141	龙口市丛林小额贷款股份有限公司	山东省龙口市花木兰街388号	18766558321
142	莱阳市万尚小额贷款有限公司	山东省莱阳市龙门东路31号	0535—3365517
143	莱州市岩沣小额贷款有限公司	山东省烟台市莱州市文昌路街道云峰北路6348号新华书店办公楼	0535—2208999
144	莱州市诚源小额贷款有限公司	山东省烟台市莱州市文昌路街道万豪商务大厦B区338号	18953578812
145	蓬莱市鑫源小额贷款有限公司	山东省烟台市蓬莱市经济开发区上海路1号	0535—3359755
146	潍坊市奎文区民兴小额贷款有限公司	山东省潍坊市奎文区宝通街13288号宝通陆号小区2号综合楼9楼	0536—7528879
147	潍坊市奎文区汇通小额贷款股份有限公司	山东省潍坊市奎文区东风东街360号泰华商务大厦A座6层608号	0536—8065166
148	潍坊滨海经济开发区裕祥小额贷款有限责任公司	山东省潍坊市滨海经济开发区央子街道观海路00399号裕源大厦507号	0536—5816118
149	高密市交运小额贷款股份有限公司	山东省潍坊市高密市石庵路中段	0536—2210107
150	高密市聚源通小额贷款股份有限公司	山东省潍坊市高密市醴泉街道人民大街北、健康路西侧（新视界2#楼A102、103号房）	0536—2339166
151	高密市豪迈小额贷款股份有限公司	山东省潍坊市高密市经济开发区南曲路555号1幢1号一楼	0536—2899168
152	高密市金孚隆小额贷款股份有限公司	山东省潍坊市高密市朝阳街道月潭路2888号	0536—2826789
153	高密市汇元小额贷款股份有限公司	山东省潍坊市高密市康成大街东段2166号	15966190911
154	高密市孚日小额贷款有限公司	山东省潍坊市高密市朝阳街道孚日街（东）1号	0536—5828911
155	寿光金浩小额贷款股份有限公司	山东省潍坊市寿光市金海路与健康街交汇处水木清华沿街楼01号	13953691897
156	寿光市金宇小额贷款股份有限公司	山东省潍坊市寿光市正阳路8号	18365603873

续表5

序号	单位名称	单位地址	联系电话
157	安丘市恒安小额贷款有限公司	山东省潍坊市安丘市经济开发区莲花山西路	0536—4818888
158	临朐县恒丰小额贷款股份有限公司	山东省潍坊市临朐县新华路18号8号楼（1—9、1—25、1—26、1—27号商铺）、9号楼（1—7号商铺）	18753658999
159	临朐县荣丰源小额贷款股份有限公司	山东省潍坊市临朐县民主路16栋4123号	0536—3096987
160	诸城瑞信小额贷款股份有限公司	山东省潍坊市诸城市人民东路33号	0536—6568505
161	诸城市恒生小额贷款股份有限公司	山东省潍坊市诸城市兴华东路114号基泰小区1号楼101号	0536—6172219
162	诸城市得利斯小额贷款股份有限公司	山东省潍坊市诸城市昌城镇西老庄	0536—6335677
163	诸城市义和小额贷款股份有限公司	山东省潍坊市诸城市东关大街21号	15163630958
164	诸城市创发小额贷款股份有限公司	山东省潍坊市诸城市舜王街170号	0536—6011366
165	青州市锦业小额贷款有限公司	山东省潍坊市青州市海岱路与范公亭路交叉口东北角	18953631558
166	青州市博发小额贷款股份有限公司	山东省潍坊市青州市海岱中路2469号	13806477025
167	青州市民丰小额贷款有限公司	山东省潍坊市青州市银座佳悦1楼	13791622150
168	青州中晨小额贷款有限公司	山东省潍坊市青州市凤凰山东路与仙客来南路交叉口东南侧画廊城1区517室	13606470188
169	昌乐县裕丰小额贷款有限公司	山东省潍坊市昌乐县城方山路6129号	0536—6288088
170	潍坊市坊子区万宝小额贷款股份有限公司	山东省潍坊市坊子新区凤凰街77号	13356728832
171	潍坊市奎文区金宝小额贷款有限公司	山东省潍坊市奎文区潍州路519号	0536—2608788
172	潍坊市奎文区华鑫小额贷款有限公司	山东省潍坊市奎文区宝通街13288宝通陆号小区2号综合楼701	0536—8231796
173	寿光市鑫润小额贷款股份有限公司	山东省潍坊市寿光市金海路西侧，农圣街北，美林花园商务大厦1201室	13792656538
174	昌邑市汇德小额贷款股份有限公司	山东省潍坊市昌邑市昌柳路东	13953699096
175	潍坊滨海经济开发区金利小额贷款股份有限公司	山东省潍坊市滨海经济开发区海林路以西、香江西二街02799号	0536—8891058
176	潍坊滨海经济开发区银泰小额贷款股份有限公司	山东省潍坊市央子街道汉江西街	0536—7288066
177	潍坊经济开发区鲁信小额贷款股份有限公司	山东省潍坊市经济开发区月河路3177号1号综合楼1层	0536—5078036
178	济宁英特力小额贷款有限公司	山东省济宁市高新区崇文大道431号	0537—5868866
179	曲阜市金鲁城小额贷款有限责任公司	山东省济宁市曲阜市静轩东路103号	0537—4716999
180	曲阜市东宏小额贷款有限公司	山东省济宁市曲阜市经济开发区纺织北路1号	0537—4405788
181	梁山东岳小额贷款有限公司	山东省济宁市梁山县拳铺镇工业园区（拳铺中段路北）	0537—7764288
182	济宁市任城区融通小额贷款有限公司	山东省济宁市环城西路23号	0537—2322399
183	济宁市任城区融鑫小额贷款有限公司	山东省济宁市任城区任城大道99号	0537—2599333
184	济宁市任城区蓝德小额贷款有限责任公司	山东省济宁市吴泰闸路43号	0537—2650396
185	济宁市财信金科小额贷款股份有限公司	山东省济宁市任城区环城北路19号关帝庙金融街	0537—2602886
186	济宁市任城区惠鑫小额贷款有限责任公司	山东省济宁市任城区金宇路80号403—413房间	0537—2077599
187	济宁市任城区金宇小额贷款有限公司	山东省济宁市金宇路9号	0537—2588508
188	济宁市任城区世通小额贷款股份有限公司	山东省济宁市任城区洸河路123号兴唐金茂大厦607—608室	0537—2252899
189	济宁市兖州区圣德小额贷款有限责任公司	山东省济宁市兖州区建设西路路北	0537—3480209
190	嘉祥县辰祥小额贷款有限公司	山东省济宁市嘉祥县兖兰中街27号	0537—6987777
191	嘉祥县诚祥小额贷款有限公司	山东省济宁市嘉祥县冠亚上城H区5号楼4单元4—102、4—103号（建设北路路东）	0537—3379810

续表6

序号	单位名称	单位地址	联系电话
192	济宁高新区经科发展小额贷款有限责任公司	山东省济宁市高新区海川路9号A座401	0537—6568588
193	济宁高新区如意金服小额贷款有限责任公司	山东省济宁市高新区327国道如意工业园	0537—2935619
194	邹城市融发小额贷款有限公司	山东省济宁市邹城市峄山路中段659号	0537—3264667
195	济宁城投汇金小额贷款有限公司	山东省济宁市北湖省级旅游度假区济宁大道35号城市规划展示馆	18953720111
196	泰安市泰山区泰通小额贷款有限公司	山东省泰安市东岳大街310号华通大厦十一楼	0538—8687775
197	泰安市岱岳区天颐小额贷款有限公司	山东省泰安市长城路华易青年城广场沿街商业楼	13953827578
198	新泰市阳光小额贷款有限公司	山东省泰安市新泰市重兴路26号大溪地现代城商铺8—1—6、8—1—7	15550889617
199	新泰恒丰小额贷款有限公司	山东省泰安市新泰市重兴路东侧玉兰花园商铺S1—28、S1—29	0538—7057997
200	肥城鑫旺小额贷款有限公司	山东省泰安市肥城市新城办事处驻地	0538—6337977
201	肥城市宽宏小额贷款有限公司	山东省泰安市肥城市新城桃园街010号	0538—3233969
202	宁阳县信通小额贷款有限公司	山东省泰安市宁阳县信合苑西门头14号楼三单元102室	18653800265
203	宁阳县华信小额贷款有限公司	山东省泰安市宁阳县信合苑小区14#楼二单元102、202室	13853867798
204	宁阳县金阳小额贷款有限公司	山东省泰安市宁阳县城区金阳大街府东小区27幢	13853855161
205	泰安高新区银华小额贷款有限责任公司	山东省泰安市龙潭路7999号（泰安市高新区交运汽车园院内）	0538—6319988
206	泰安高新区融智鑫成小额贷款有限公司	山东省泰安市高新区南天门大街1110号泰山科技城	0538—8930006
207	泰安高新区信合小额贷款有限公司	山东省泰安市高新区海普凤凰城小区B1#楼前9号商业用房	0538—8780062
208	东平县润银小额贷款有限公司	山东省泰安市东平县彭集街道（瑞星工业园）	18653850129
209	威海信悦小额贷款有限公司	山东省威海市昆明路45号	0631—5323696
210	威海市环翠区宏源小额贷款有限公司	山东省威海市环翠区张村镇环翠路—88号	0631—5550099
211	威海市环翠区银通小额贷款有限公司	山东省威海市环翠区海滨中路28号（外运大厦二楼）	0631—5883777
212	威海市环翠区信元小额贷款有限公司	山东省威海市环翠区海滨北路—106B—2号三层	0631—5282809
213	威海邦信小额贷款有限公司	山东省威海市环翠区纪念路40号	0631—3668788
214	威海齐东小额贷款有限公司	山东省威海市环翠区海滨北路53—19号	0631—5351032
215	威海市文登区和信小额贷款有限公司	山东省威海市文登区龙山办龙山路丙108—10号	0631—8350588
216	荣成市赤山小额贷款有限公司	山东省威海市荣成市石岛斥山西路3号	0631—7317999
217	荣成市汇金小额贷款有限公司	山东省威海市荣成市成山大道东段100号	0631—7658899
218	荣成市成山小额贷款有限公司	山东省威海市荣成市文化西路9号	0631—7521988
219	荣成市好当家小额贷款有限公司	山东省威海市荣成市青山东路230号楼	0631—7575699
220	荣成市华东小额贷款有限公司	山东省威海市荣成市石岛黄海南路139号	0631—7371777
221	乳山市益兴小额贷款有限公司	山东省威海市乳山市浦东路51号	0631—6836988
222	威海市高区融亿通小额贷款有限公司	山东省威海市文化中路80号	13034564089 0631—5896299
223	威海市高区金猴小额贷款有限公司	山东省威海市古寨东路108—5号	0631—5289859
224	威海市高区金泰小额贷款有限公司	山东省威海市火炬创新创业基地A座0701—0721	0631—5662918
225	威海经区钱源小额贷款有限责任公司	山东省威海市经济技术开发区黄海路21—5号—805	0631—3560909
226	威海市经区兴企小额贷款有限公司	山东省威海市经济技术开发区西苑街道青岛中路96号A1103—1104室	0631—5976530

续表7

序号	单位名称	单位地址	联系电话
227	威海蓝创小额贷款有限公司	山东省威海市南海新区现代路北、畅海路东蓝创大厦	0631—8963702
228	山东易发小额贷款股份有限公司	山东省日照市莒县故城中路184—2号	0633—6212121
229	日照市东港区洁鑫小额贷款有限公司	山东省日照市山东路北侧	0633—8616988
230	日照高新区东汇小额贷款有限公司	山东省日照市高新区山东路与烟台路交汇处安泰国际广场1—203	0633—8592999
231	日照市岚山区永铸小额贷款有限公司	山东省日照市岚山区圣岚西路（创胜建材家居广场服务中心北临）	0633—3677388
232	日照市岚山区正昊小额贷款有限公司	山东省日照市岚山区虎山镇222省道西、钢城大道南山东鲁圣电力器材有限公司	0633—2236610
233	日照市岚山区金源小额贷款有限公司	山东省日照市岚山区疏港大道南侧孙家官庄村	15806338511
234	日照市岚山区华通小额贷款有限公司	山东省日照市岚山区安东卫圣岚东路	18663380859
235	五莲县融通小额贷款有限公司	山东省日照市五莲县户部乡兰陵路	0633—8567788
236	五莲县宝增小额贷款有限公司	山东省日照市五莲县富强路99—3号	0633—2158886
237	莒县中海小额贷款股份有限公司	山东省日照市莒县经济开发区山东路与岳石路交汇处莒县创业大学沿街楼	0633—6899988
238	日照经济开发区宝丰小额贷款有限公司	山东省日照市大连路538号	0633—8718056
239	日照山海天旅游度假区长信小额贷款有限公司	山东省日照市山海天旅游度假区太公一路董家滩社区商业沿街	0633—3015555
240	日照市东港区宝瑞小额贷款有限公司	山东省日照市辉煌国际海港城一区003幢01单元117号	0633—8372888
241	五莲县金宝小额贷款有限公司	山东省日照市五莲县城富强路99—5号	0633—5695096
242	临沂市财金小额贷款有限公司	山东省临沂市兰山区北京路37号临商大厦32楼	0539—8116268
243	临沂市兰山区金升小额贷款股份有限公司	山东省临沂市武汉路与马陵山路交汇	13792993530
244	临沂市兰山区新港小额贷款股份有限公司	山东省临沂市兰山区北园路与沂蒙路交汇冠蒙六合御庭9号楼一层南侧（沿沂蒙路）商业房1#	0539—7751006
245	临沂市兰山区银凤小额贷款股份有限公司	山东省临沂市兰山区金雀山路58号	0539—8059028
246	临沂市兰山区天元小额贷款有限公司	山东省临沂市兰山区银雀山路61号	0539—8127027
247	临沂市兰山区盛银小额贷款有限公司	山东省临沂市兰山区解放路183号9楼	0539—8961778
248	临沂市罗庄区江泉小额贷款股份有限公司	山东省临沂市罗庄区双月园路护台东巷72号	0539—7100057
249	临沂市罗庄区阳光小额贷款股份有限公司	山东省临沂市罗庄区宝丽一号18号商品房	0539—7102277
250	临沂市罗庄区宇光小额贷款股份有限公司	山东省临沂市沂州路与沂河路交汇华创金桂园38号商业楼	0539—7101077
251	山东供销小额贷款有限公司	山东省临沂市河东区九曲办事处驻地	0539—8380692
252	临沂市河东区东昊小额贷款股份有限公司	山东省临沂市河东区中昇大街与滨河东路交汇处环球阳光城5楼	0539—7706666
253	临沂市河东区信生小额贷款股份有限公司	山东省临沂市河东区九曲街道办事处东立物流基地	0539—7676888
254	临沂市河东区华泰小额贷款有限公司	山东省临沂市河东区汤头街道227省道与汶泗路交汇处东北	0539—8710999
255	临沂市河东区奥蒙小额贷款股份有限公司	山东省临沂市河东区北京东路与智圣路交汇奥德国际商务中心	0539—7201088
256	费县金源小额贷款股份有限公司	山东省临沂市费县钟山路与站北路交汇处	0539—5815666
257	平邑县融信小额贷款股份有限公司	山东省临沂市平邑县地方镇驻地	0539—4397766
258	平邑县冠鲁小额贷款有限公司	山东省临沂市平邑县浚河路北蒙山大道西	0539—4333567
259	沂南县东方小额贷款有限责任公司	山东省临沂市沂南县城历山路79号	0539—3220806

续表8

序号	单位名称	单位地址	联系电话
260	沂南县建龙小额贷款股份有限公司	山东省临沂市沂南县振兴西路振兴家园西100米路北	13053982161
261	郯城县奥德小额贷款股份有限公司	山东省临沂市郯城县建设路77号	0539—6616057
262	莒南县民丰小额贷款股份有限公司	山东省临沂市莒南县城隆山路北段阜丰时代城1号沿街	0539—7230599
263	莒南县鑫海小额贷款股份有限公司	山东省临沂市莒南县隆山北路347号	0539—7268888
264	临沂翔宇小额贷款股份有限公司	山东省临沂经济技术开发区沂河东路101号	15905391279
265	沂水县福裕达小额贷款股份有限公司	山东省临沂市沂水县红城路7号河东岸东门南侧	0539—2226116
266	兰陵县兰陵小额贷款股份有限公司	山东省临沂市兰陵县兰陵镇南	0539—5216718
267	兰陵县荣庆小额贷款股份有限公司	山东省临沂市兰陵县县城中兴路与会宝路交汇处（西南角）	0539—5159989
268	沂水县盛荣小额贷款股份有限公司	山东省临沂市沂水县长安中路70—5号	0539—2205606
269	临沂市兰山区华强小额贷款有限公司	山东省临沂市兰山区解放路与蒙山大道交汇处临沂装饰城506号	0539—7333338
270	蒙阴县瀚邦小额贷款股份有限公司	山东省临沂市蒙阴县蒙山路143号	0539—4801889
271	临沂市兰山区运昊小额贷款有限公司	山东省临沂市兰山区北京路商会大厦五楼	13869979552
272	临沭县常林小额贷款有限责任公司	山东省临沂市临沭县城常林西大街112号	0539—7193678
273	庆云县汇海小额贷款有限公司	山东省德州市庆云县金融机具工贸园2栋1—3号	0534—3666999
274	乐陵市鑫众小额贷款有限公司	山东省德州市乐陵市兴隆南大街西侧118号	0534—6227927
275	德州市陵城区谷神小额贷款有限公司	山东省德州市陵城区经济开发区财源路	0534—8820588
276	临邑县和信小额贷款有限公司	山东省德州市临邑县开元大街临邑县资本市场办公楼一楼	0534—4223779
277	武城县古贝春小额贷款有限责任公司	山东省德州市武城县城区振华东街西段南侧199号	0534—2173766
278	德州市经济开发区金光小额贷款股份有限公司	山东省德州市经济技术开发区东方红东路668号	0534—2319099
279	德州市运河经济开发区黑马小额贷款有限公司	山东省德州市运河经济开发区新港前街56号	13953431261
280	齐河县汇金小额贷款有限公司	山东省德州市齐河县城齐安大街与迎宾路交叉口西侧	0534—5696567
281	平原县恒信小额贷款有限公司	山东省德州市平原县共青团北路595号	0534—4211599
282	武城县中威小额贷款有限公司	山东省德州市武城县鲁权屯镇开发区	13791342294
283	聊城经济开发区昌润小额贷款股份有限公司	山东省聊城市东昌东路1号莲湖大厦22层	0635—2119002
284	聊城市东昌府区天元小额贷款股份有限公司	山东省聊城市东昌西路37号	0635—2948989
285	聊城市东昌府区百诺鑫合小额贷款股份有限公司	山东省聊城市聊阳路以东湖南路以北湖滨路以南摩天轮地上南区7层	13406369888
286	聊城市东昌府区鼎诚小额贷款有限公司	山东省聊城市东昌府区东昌东路莲湖大厦10层	0635—6970000
287	聊城中和农信小额贷款有限公司	山东省聊城市东昌府区古楼办事处昌润路与双力路交叉口锦绣香江小区A号楼3号	19963525522
288	临清市鸿基小额贷款有限公司	山东省聊城市临清市新华办事处杨八里	18264560808
289	冠县恒通小额贷款有限公司	山东省聊城市冠县冠宜春盛世华府小区2号公建楼（清泉）	18663028123
290	莘县恒通小额贷款有限公司	山东省聊城市莘县莘州办事处武阳街中段路北	0635—7320888
291	东阿县中夏小额贷款有限公司	山东省聊城市东阿县青年路108号十字路口处	13906359341
292	茌平县鑫路通小额贷款有限公司	山东省聊城市茌平县工交路中段路北	13706354599
293	茌平县嘉丰小额贷款有限公司	山东省聊城市茌平县枣乡街与建设路交汇处2908号	0635—4239999
294	高唐县和信小额贷款有限公司	山东省聊城市高唐县经济开展区鼓楼西路南侧6号	0635—3961001
295	聊城经济技术开发区汇通小额贷款股份有限公司	山东省聊城市经济技术开发区黑龙江路1号	0635—8870577

续表9

序号	单位名称	单位地址	联系电话
296	聊城市高新区鲁西小额贷款有限公司	山东省聊城市高新技术产业开发区黄河路32号	13563518265
297	临清市中瑞小额贷款股份有限公司	山东省聊城市临清市新华路中段龙华街（中国银行南500米路西）	0635—2429988
298	阳谷丰源小额贷款有限公司	山东省聊城市阳谷县侨润办事处澳林电子商务产业园46号	—
299	冠县亚星小额贷款有限责任公司	山东省聊城市冠县北四路北侧	0635—8378966
300	滨州市滨城区天成小额贷款股份有限公司	山东省滨州市滨城区黄河六路524号	0543—3151358
301	滨州市滨城区银泰小额贷款有限公司	山东省滨州市滨城区渤海七路771号	0543—3460768
302	滨州经济技术开发区东方融信小额贷款股份有限公司	山东省滨州市渤海十九路587号	0543—3226608
303	滨州市北海新区正德小额贷款有限公司	山东省滨州市北海新区（马山子镇驻地农行院内）	0543—6858018
304	滨州市博兴县永丰小额贷款有限公司	山东省滨州市博兴县博城四路212号	0543—2260017
305	博兴县汇诚小额贷款有限公司	山东省滨州市博兴县胜利一路（中小企业局沿街房）	0543—2166888
306	无棣县海城小额贷款有限公司	山东省滨州市无棣县海丰十四路玫瑰苑会所	0543—8193985
307	惠民县鑫诚小额贷款有限公司	山东省滨州市惠民县武定府路296号	0543—5373888
308	惠民县翔盛小额贷款有限公司	山东省滨州市惠民县环城东路89号	0543—5561666
309	惠民县瑞诚小额贷款有限公司	山东省滨州市惠民县城新永莘路南侧	0543—5370301
310	阳信县惠农小额贷款有限公司	山东省滨州市阳信县阳城五路767号	0543—2207556
311	滨州市滨城区金桥小额贷款有限公司	山东省滨州市滨城区彭李街道黄河五路487号	0543—3512399
312	阳信县汇通小额贷款有限公司	山东省滨州市阳信县河流镇驻地滨阳路西侧	0543—8691108
313	滨州经济开发区博海小额贷款有限公司	山东省滨州市经济技术开发区黄河二路渤海十九路领域尚城34号楼110室、111室	0543—5182777
314	博兴县融汇小额贷款有限公司	山东省滨州市博兴县兴福镇（澳博厨具商城有限公司4号楼）	15615271922
315	博兴县惠丰小额贷款有限公司	山东省滨州市博兴县博昌街道乐安大街653号	0543—2266080
316	滨州市邹平县梁邹小额贷款有限公司	山东省滨州市邹平县城黄山三路43号	0543—4660888
317	滨州市无棣县汇泰小额贷款有限公司	山东省滨州市无棣县金羚华府东侧	0543—5071588
318	东明县汇通小额贷款有限公司	山东省菏泽市东明县五四路中段北侧	0530—6255205
319	菏泽开发区天华小额贷款有限公司	山东省菏泽市丹阳路555号	0530—3962973
320	菏泽开发区惠和小额贷款有限公司	山东省菏泽市中华路916号	0530—5508321
321	郓城县水浒小额贷款有限公司	山东省菏泽市郓城县西门街中段159号	0530—6308777
322	郓城县华灵汇商小额贷款有限公司	山东省菏泽市郓城县星河国际1号楼2—108	0530—6579999
323	单县四君子小额贷款有限公司	山东省菏泽市单县经济开发区四君子工业园	0530—4369966
324	成武县伯乐小额贷款有限公司	山东省菏泽市成武县先农坛街东段路北民营经济管理局院内	0530—2306777
325	巨野县金山小额贷款有限责任公司	山东省菏泽市巨野县光明路北段路西（消防队对过）	0530—8169985
326	鄄城县汇兴小额贷款有限责任公司	山东省菏泽市鄄城县人民路北孙膑路东（鄄城县工行北邻）	0530—2407088
327	曹县银信小额贷款有限责任公司	山东省菏泽市曹县湘江东路路北1栋1—2层	0530—2069889
328	定陶县融源小额贷款有限公司	山东省菏泽市定陶县兴华路中段（兴华路南、青年路东）	0530—2669755

山东省融资担保公司概况

2020年，在山东省委省政府的坚强领导下，山东省地方金融监督管理局深入学习贯彻国务院《融资担保公司监督管理条例》和四项配套制度，引导各融资担保公司坚守服务小微企业和“三农”的本源主业，着力构建政府性融资担保体系，不断加强行业规范管理，全省融资担保行业呈现平稳健康发展态势。截至2020年末，全省共有融资担保机构319家，其中公司制机构315家、非公司制机构4家；全年全省新增融资担保金额为1,486.40亿元，同比增长35.21%，在保责任余额为1,722.65亿元，同比增长35.15%，其中融资担保在保责任余额为1,569.42亿元，同比增长35.15%，担保放大倍数为2.02倍，较上年末增长28.66%。

一、行业总体情况

（一）新增融资担保金额和在保责任余额均大幅增长

这主要得益于政府性融资担保体系建设顺利推进和农业发展信贷担保体系建设取得重大突破。2020年，山东省投融资担保集团牵头组建了政府性融资担保体系，年末再担保业务合作余额为327.37亿元；山东省农业发展信贷担保有限责任公司年度新增融资担保金额259.33亿元，年末在保责任余额为277亿元，同比分别增长418.60%和399.00%。

（二）融资担保费率持续降低

为有效应对新冠肺炎疫情影响，加大对小微企业和“三农”的支持力度，2020年以来，督促和引导政府性融资担保公司持续降低担保费收取标准。自疫情暴发以来至2020年末，山东省73家融资担保机构为疫情防控重点保障企业及受疫情影响较大的小微企业、“三农”主体新增融资担保业务402.72亿元，新增担保户数51,810户，年末在保责任余额为347.79亿元，在保户数为51,816户。上述73家融资担保机构面向小微企业和“三农”主体新增融资担保业务的年化平均融资担保费率为0.60%，与非疫情期间2.00%的市场化平均融资担保费率相比，降幅达70.00%，可为相关市场主体减负4.00亿元。

（三）政府性融资担保体系建设初见成效

截至2020年末，山东省投融资担保集团吸收体系成员36家，累计业务备案80,219笔，备案金额为340.25亿元，在保业务共77,514笔、金额327.37亿元。

二、行业风险情况

（一）资本与拨备的充足性

截至2020年末，山东省融资担保机构注册资本总额为817.79亿元，资产总额为986.82亿元。其中，货币资金、存出保证金和债权投资三项合计490.99亿元，占总资产的49.75%；其他应收款、委托贷款和其他资产合计391.64亿元，占总资产的39.69%；全省融资担保机构负债总额为132.36亿元，净资产为854.46亿元，资产负债率为13.41%；全省融资担保公司均按照《融资性担保公司管理暂行办法》的规定，提取未到期责任准备金和担保赔偿准备金，部分企业还提取了一般风险准备金。2020年，全省融资担保机构共提取未到期责任准备金15.43亿元、担保赔偿准备金47.35亿元、一般风险准备金4.89亿元，三者合计67.67亿元；全省融资担保机构行业拨备覆盖率为66.00%，较上年末提高14.27个百分点，但仍低于100%的风险临界线。

（二）信用风险

2020年，山东省融资担保行业累计发生担保代偿26.76亿元，较上年同期下降8.19%，担保代偿率为2.66%，较上年同期下降0.21个百分点，融资性担保代偿率为3%，较上年同期下降0.76个百分点，担保代偿回收额为15.38亿元，较上年同期增长38.43%。从统计数据来看，尽管2020年全省融资担保行业代偿率有所下降，代偿回收率有所提升，但代偿率仍保持高位运行，融资担保行业面临的整体信用风险仍然较大。为此，要积极引导各机构牢固树立审慎经营理念，控制单一客户、关联客户的担保金额，降低风险集中度，实施更加严格的保前审查和保后管理，加强反担保措施的落实，确保将担保风险降到最低。目前，各担保机构均采取抵押、质押、第三方信用保证、债权转让、应收账款质押、存货质押、股权质押、管理层个人无限连带责任反担保等措施来提高反担保程度，严防信用风险发生。

（三）操作风险

2020年，山东省融资担保公司均按要求不断完善内部制度、程序和方法，明确规定了融资性担保的对象、范围、方式、条件、程序、担保限额以及禁止担保等事项，机构各部门之间协调配合比较顺畅，对风险的事前防范、事中控制、事后监督措施比较严密，职责清晰、相互监督制约，激励约束机制科学、有效，从业人员遵纪、守规、审慎履行职责的环境和氛围基本形成。对于额度较大的担保或投资项目，多数担保机构基本上都能从定性、定量方面作出缜密的分析判断，通过严谨的审核程序及最终集体决策机制，将担保项目的预期风险降到最低。

三、主要监管政策

目前，对于融资担保公司的监管政策，涉及国家和省级两个层面。

（一）国家层面

国家层面对融资担保公司的监管主要由融资性担保业务监管部际联席会议负责，其办公室设在中国银保监会普惠金融部，主要负责融资担保行业监管制度的制定和全国行业监管协调工作。目前执行的主要是2017年10月1日起正式实施的《融资担保公司监督管理条例》（简称《条例》），以及2018年4月颁布实施的《融资担保业务经营许可证管理办法》《融资担保责任余额计量办法》《融资担保公司资产比例管理办法》和《银行业金融机构与融资担保公司业务合作指引》四项配套制度。此外，2010年，中国银监会等七部委联合印发《融资性担保公司监督管理暂行办法》（银监会等七部委令2010年3号）后，也陆续出台了一批配套文件。

《条例》及配套制度颁布实施以后，融资性担保业务监管部际联席会议办公室下发通知，明确规定：凡是《条例》及配套制度有明确规定的，按照《条例》及配套制度执行；《条例》及配套制度没有明确规定的，按照原有《融资性担保公司监督管理暂行办法》等监管规定执行。因此，目前国家层面的监管政策是新老并行，以《条例》为主。2019年10月，中国银保监会、国家发展改革委、工业和信息化部等九部委联合印发《关于印发融资担保公司监督管理补充规定的通知》（银保监发〔2019〕37号），对从严规范融资担保业务牌照管理、规范融资担保公司名称和住房置业担保业务在保责任余额权重等提出明确规定。2020年7月，中国银保监会印发《关于印发融资担保公司非现场监管规程的通知》（银保监发〔2020〕37号），对融资担保公司经营数据统计、风险监测评估和信息报送与使用等非现场监管工作提出明确要求。

（二）省级层面

为进一步贯彻落实《融资担保公司监督管理条例》、四项配套制度及《关于印发融资担保公司监督管理补充规定的通知》（银保监发〔2019〕37号）等法规文件要求，推动山东省融资担保行业规范健康发展，2020年11月，经省政府同意，山东省地方金融监督管理局印发《关于印发〈山东省融资担保公司监督管理办法〉的通知》（鲁金监发〔2020〕11号），对辖内融资担保公司的监督管理工作作出明确和具体的规定。

四、下一步工作打算

2021年，山东省地方金融监督管理局将严格按照融资性担保业务监管部际联席会议有关要求，深入学习贯彻《融资担保公司监督管理条例》、四项配套制度及有关补充规定，一手促发展、一手防风险，积极配合有关部门推进政府性融资担保体系建设，引导政府性融资担保公司回归服务小微企业和“三农”本源主业，充分发挥融资担保行业服务实体经济发展的积极作用。严格按照《山东省融资担保公司监督管理办法》有关要求，强化非现场监管和现场检查，促进全省融资担保行业规范健康发展。

（孙远胜）

附表1

山东省融资担保公司主要业务指标

单位：亿元

项目	2016年	2017年	2018年	2019年	2020年	2020年同比增幅（%）
公司数量（家）	405	414	416	350	319	-8.86
合计注册资本	619.56	761.37	801.06	792.18	817.79	3.23
全年新增融资担保总额	866.59	883.15	900.13	1,099.33	1,486.40	35.21
在保责任余额	1,145.21	1,095.51	1,243.22	1,274.63	1,722.65	35.15
小微企业融资担保总额	396.11	388.85	411.23	385.68	609.66	58.07
涉农企业及农户融资担保总额	121.26	210.01	171.36	290.67	322.59	10.98

附表2

山东省融资担保公司名录

序号	单位名称	单位地址	单位电话
1	山东省投融资担保集团有限公司	山东省济南市市中区英雄山路127号	0531—82673767
2	山东省企业融资担保有限公司	山东省济南市经十路9999号黄金时代广场C座8层	0531—82663509
3	山东省融资担保有限公司	山东省济南市历城区山大路街道二环东路3449号三楼301室	0531—81663717
4	山东省再担保集团股份有限公司	山东省济南市历下区经十路9999号黄金时代广场C座9层	0531—82663603
5	山东省经济融资担保股份有限公司	山东省济南市千佛山南路9号	0531—68608667
6	山东省促进就业创业贷款担保中心	山东省济南市市中区经七路223号东方大厦（济南市历下区解放路26—6号仁和商务中心307）	0531—86021616
7	山东省科技融资担保有限公司	山东省济南市高新区草山岭南路975号金域万科中心2304、2404室	0531—88879288
8	山东省农业发展信贷担保有限责任公司	山东省济南市市中区英雄山路127号	0531—82673767
9	山东润康融资担保有限公司	山东省济南市高新区海信龙奥九号2号楼2801室	0531—67805351
10	山东荣威融资担保有限公司	山东省济南市历下区龙奥北路8号玉兰广场2号楼407室	15069186199
11	平安普惠融资担保有限公司山东分公司	山东省济南市历下区解放路30号东源大厦7楼703室	15065316308
12	瀚华融资担保股份有限公司山东分公司	山东省济南市市中区魏家庄万达广场华景苑2号楼103	15615777377
13	普惠农牧融资担保有限公司	山东省济南市市中区经四路11号万达广场C座907室	0531—67888680
14	山东瑞信融资性担保有限公司	山东省济南市市中区二环南路2666号鲁能国际中心综合体1—1701室	0531—88230177
15	济南市融资担保有限公司	山东省济南市历下区经十路12111号中润世纪中心2号楼12层	0531—86127783
16	山东银瑞融资担保有限公司	山东省济南市市中区纬二路大观园东门35号二楼	0531—85906868
17	山东朝阳融资担保有限公司	山东省济南市槐荫区阳光新路19号阳光100国际新城T3—1—405	0531—87500557
18	山东建德融资担保有限公司	山东省济南市经十路425号	13953116088
19	山东九泰融资担保有限公司	山东省济南市槐荫区经七路843号	15953139555
20	科信融资担保有限公司	山东省济南市高新区舜风路322号7号楼	0531—88871919
21	山东众通融资担保有限公司	山东省济南市高新区世纪大道2116号海信创智谷2—304	15165188567
22	山东龙融融资性担保有限公司	山东省济南市高新区港兴三路北段济南药谷研发平台1号B座21楼—2122号	18678859953
23	山东沃尔德融资担保有限公司	山东省济南市二环东路3966号东环国际广场C座26层	0531—83532601
24	山东鑫海融资担保有限公司	山东省济南市历城区工业北路355号	0531—85582966
25	山东同晟融资担保有限公司	山东省济南市章丘区明水开发区府前街经贸局办公七楼	0531—83310522
26	济南启新融资担保有限公司	山东省济南市长清区经济开发区通发路东段路北	0531—87216276
27	济阳县金鑫中小企业融资担保中心	山东省济南市济阳县经二路26号	13506406828
28	山东省农业融资担保有限公司	山东省济南市历下区经十东路10567号成城大厦B座二层	15306418877
29	山东供销融资担保股份有限公司	山东省济南市历下区历山路157号天鹅大厦1206室	13854191777
30	鲁商融资担保有限公司	山东省济南市历城区唐冶新区围子山路1号	0531—88727505
31	山东西进融资担保有限公司	山东省济南市历城区华山街道渔洋路286号2号楼1623室	13605319377
32	济南财金农业科技融资担保有限公司	中国（山东）自由贸易试验区济南片区新泺大街1299号鑫盛大厦1号楼3层EF区	13075308073

续表1

序号	单位名称	单位地址	单位电话
33	山东省嬴信融资担保有限公司	山东省济南市高新区新泺大街888号山东易通发展集团8楼801室	0531—68608667
34	莱芜市金桥融资担保有限公司	山东省济南市莱芜市莱城区文化北路18号	15606348668
35	山东中信融资担保有限公司	山东省济南市莱芜市莱城区文化北路15号	0634—6219901
36	济南融资担保集团有限公司	山东省济南市高新区经十路7000号汉峪金融商务中心七区3号楼1001室	0531—88078585
37	青岛中元籴焜融资担保有限公司	山东省青岛市市南区香港中路12号	0532—85026377
38	青岛半岛港湾融资担保有限公司	山东省青岛市市南区香港中路7号甲亚麦国际中心4层西户	0532—68895819
39	青岛高创科技融资担保有限公司	山东省青岛市宁夏路288号市南软件园5号楼1层E区	13708985001
40	青岛青房融资担保集团有限公司	山东省青岛市经济技术开发区井冈山路578号609	0532—55552105
41	青岛华商汇通融资担保有限公司	山东省青岛市四方区郑州路7号	0532—84012060
42	青岛融资担保中心有限公司	山东省青岛市崂山区深圳路222号天泰金融广场A座15楼	0532—68722815
43	青岛友利世纪融资担保有限公司	山东省青岛市崂山区秦岭路18号1号楼404室	0532—88970276
44	亚太中慧融资担保有限公司	山东省青岛市崂山区秦岭路15号1707号	0532—80821150
45	青岛国信融资担保有限公司	山东省青岛市崂山区苗岭路9号	0532—58827819
46	青岛海鼎融资性担保有限公司	山东省青岛市崂山区沙子口街道坡前沟社区	0532—88255900
47	青岛市融资担保信息园区有限公司	山东省青岛市经济技术开发区井冈山路578号楼509室	0532—55552068
48	青岛恒信融资担保有限公司	山东省青岛市经济技术开发区长江中路519号建国大厦504室	0532—68972207
49	青岛东华澳融资担保有限公司	山东省青岛市经济技术开发区黄河西路706号228室	0532—67781278
50	青岛旭瑞融资担保有限公司	山东省青岛市城阳区正阳路196号国际商务港210—211	0532—89080899
51	青岛超新融资担保有限公司	山东省青岛市城阳区正阳路西端天一广场西座东单元601室	0532—68955858
52	青岛即墨政策融资担保有限公司	山东省青岛市即墨区通济街道办事处通济街128号万丽国际5楼502	0532—86651761
53	青岛正大融资担保有限公司	山东省青岛市即墨区龙泉镇张家小庄村南一级路东侧	0532—84713876
54	青岛元裕投资担保有限公司	山东省青岛市胶州市澳门路333号海湾天泰金融广场1号楼9层	0532—87253377
55	青岛胶州市盛宇融资担保有限公司	山东省青岛市胶州市郑州东路39号七层	0532—87215158
56	青岛佰盈融资担保有限公司	山东省青岛市胶州市张应镇政府院内	0532—82225891
57	青岛圆融融资担保有限公司	山东省青岛市胶州市行政大厅319房间	0532—82208890
58	青岛海鲲融资担保有限公司	山东省青岛市胶州市澳门路333号海湾天泰金融广场小区1号楼办公1001	0532—87268888
59	青岛府鼎融资担保有限公司	山东省青岛市平度市东阁街道办事处红旗路27号瑞平中心1号楼5层	0532—88337896
60	青岛平和融资担保有限公司	山东省青岛市平度市红旗路23号瑞平金融中心8楼807户	0532—87363018
61	青岛昌阳融资担保有限公司	山东省青岛市莱西市水集街道办事处天津路11号	0532—81876690
62	青岛城乡社区建设融资担保有限公司	山东省青岛市红岛经济区红岛街道岙东南路西侧	0532—67781278
63	瀚华融资担保股份有限公司青岛分公司	山东省青岛市市北区龙城路31号卓越世纪中心3号楼36层361	13883960781

续表2

序号	单位名称	单位地址	单位电话
64	青岛西海岸融资担保有限公司	山东省青岛市黄岛区滨海大道2567号	0532—66011905
65	青岛鼎泰融资担保有限公司	山东省青岛市平度市经济开发区长江路17号上品广场23层	17560056651
66	青岛万众新业融资担保有限公司	山东省青岛市即墨市岙兰路768号十四层	0532—89063609
67	莱西市易通达创业人员融资担保有限公司	山东省青岛市莱西市烟台路79号	0532—88486089
68	青岛市农业融资担保有限责任公司	山东省青岛市市北区华阳路1—18号	18661991678
69	青岛金水融资担保有限公司	山东省青岛市李沧区文昌路158号甲	0532—55692257
70	青岛港融资担保有限公司	山东省青岛市市北区港华路7号2002室	18562556839
71	青岛金岭晟泰融资担保有限公司	山东省青岛市崂山区苗岭路15号金融中心大厦18层	13793268157
72	山东顺通融资担保有限公司	山东省淄博市张店山泉路68号	0533—2715739
73	淄博国华融资担保有限公司	山东省淄博市张店区马尚镇环东路西首创业大厦13层1305	0533—3183339
74	山东千百度融资担保有限公司	山东省淄博市张店区太平路11号	0533—2710627
75	山东豪特融资担保有限公司	山东省淄博市张店区柳泉路13号6层B2号	0533—2180052
76	山东鸿运融资性担保有限公司	山东省淄博市张店区华光路188号玉龙大厦B座1307号	0533—2306777
77	淄博润祥融资担保有限公司	山东省淄博市张店区联通路26号东方之珠2号楼2单元30层东户	0533—2989819
78	山东齐元融资担保有限公司	山东省淄博市张店区华光路88号远通大厦1613室	0533—5355930
79	山东汇合融资担保有限公司	山东省淄博市张店区华光路28号云龙国际A座3层	0533—2180052
80	淄博昌晟融资担保有限公司	山东省淄博市张店区柳泉路北首西二巷1号	0533—2280009
81	淄博同益融资担保有限公司	山东省淄博市临淄区金山镇政府办公楼一楼	0533—7507606
82	山东天烁融资担保有限公司	山东省淄博市临淄区创业孵化基地东二楼223房间	0533—3598233
83	淄博信威融资担保有限公司	山东省淄博市临淄区晏婴路197号	0533—7169966
84	山东美盛银邦担保有限公司	山东省淄博市周村区正阳路2675号	0533—8617069
85	淄博众诺融资担保有限公司	山东省淄博市桓台县索镇鲁中建筑商城15号楼1幢1—20号房	0533—3598718
86	淄博力丰融资担保有限公司	山东省淄博市桓台县索镇鲁中建筑商城13号楼1幢1—3号房	0533—8562667
87	桓台县金泰融资担保有限公司	山东省淄博市桓台县渔洋街2088号	0533—8221776
88	沂源鲁山融资担保有限公司	山东省淄博市沂源县城荆山路24号	0533—3408888
89	沂源县成业融资担保有限公司	山东省淄博市沂源县城健康路北侧4号	0533—3221258
90	淄博联盛融资性担保有限公司	山东省淄博市沂源县城胜利路12号	18560406784
91	淄博安信融资担保有限公司	山东省淄博市沂源县城螳螂河东路88号海泰名郡小区营业楼	0533—3257188
92	淄博华夏融资担保有限公司	山东省淄博市高新区中润大道69号2号公建楼5号238室	0533—3581689
93	淄博鑫融源融资担保有限公司	山东省淄博市高新区万杰路108号博士商务楼一楼	0533—3585455
94	淄博市鑫润融资担保有限公司	山东省淄博市高新区柳泉路125号先进陶瓷产业创新园B座710室	0533—3585956
95	山东盖伦蒂融资担保有限公司	山东省淄博市高新区柳泉路246号（世纪商务中心）201室	0533—3585810
96	山东博盛融资担保有限公司	山东省淄博市高新区南营路89号	0533—3595195
97	淄博鹏达融资担保有限公司	山东省淄博市高新区万杰路79号天府名城3号楼甲21号	0533—3810787

续表3

序号	单位名称	单位地址	单位电话
98	山东银桥融资担保有限公司	山东省淄博市高新区柳泉路103号3—19室	0533—3167809
99	淄博融信融资担保有限公司	山东省淄博市高新区鲁泰大道51号（A座5层、6层）	0533—2168878
100	淄博旺佰汇融资性担保有限公司	山东省淄博市张店区金晶大道275号	0533—3593808
101	淄博盛融融资担保有限公司	山东省淄博市高新区政通路145号新时代商务中心1号楼2层C202	0533—6076507
102	山东海鑫融资担保有限公司	山东省淄博市高新区鲁泰大道65号	0533—3581689
103	淄博新星融资担保有限公司	山东省淄博市博山区颜北路456号	13905336238
104	高青同信融资担保有限公司	山东省淄博市高青县芦湖街道高苑东路9号	18678222333
105	山东中泰融资担保有限公司	山东省枣庄市市中区文化西路166号	0632—3580266
106	山东至能融资担保有限公司	山东省枣庄市滕州市善国北路818号	0632—5979976
107	枣庄市融资担保有限公司	山东省枣庄市新城黄山路财政大厦一楼	0632—8163666
108	山东明建融资性担保有限公司	山东省枣庄市滕州市善国北路77号	0632—5855366
109	山东方盈融资担保有限公司	山东省枣庄市滕州市中央城B区B4—B5沿街营业房4楼	0632—5085155
110	枣庄市企业信用融资担保有限公司	山东省枣庄市市中区青檀路197号	15665262926
111	山东金太阳农业融资性担保有限公司	山东省东营市黄河三角洲农业高新技术产业示范区智慧路8号	0546—7926133
112	山东华信融资担保有限公司	山东省东营市东营区南一路280号	0546—8309386
113	东营市金鼎融资担保有限公司	山东省东营市东营区府前大街57—1号金辰大厦1609室	0546—7865686
114	山东乾盛融资担保有限公司	山东省东营市东营区辉煌大厦4楼	0546—8310977
115	东营市金阳融资担保有限公司	山东省东营市东营区府前大街52号金融大厦602室	0546—8051868
116	东营千乘融资担保有限公司	山东省东营市广饶县亿丰茶博城B5—2号	13396473518
117	垦利县中信融资担保有限公司	山东省东营市垦利县中兴路197号	0546—2895686
118	东营津源融资性担保有限责任公司	山东省东营市利津县城区利一路111号金凤凰大厦六楼	0546—5627289
119	东营瑞银融资担保有限公司	山东省东营市利津县经济开发区	13906471671
120	广饶县经济发展融资担保有限公司	山东省东营市广饶县广饶街道乐安大街790号经纬大厦四层	0546—6689199
121	山东恒瑞融资担保有限公司	山东省东营市广饶县渤海经典小区1#楼商业1—6号房	0546—6926497
122	东营区融资担保有限公司	山东省东营市东营区庐山路1188号1幢20层	13954655678
123	东营市融资担保有限公司	山东省东营市东营区南一路337号财金大厦11层	18654677657
124	烟台市融资担保有限责任公司	山东省烟台市莱山区迎春大街141号	0535—6611116
125	烟台市隆飞融资担保有限公司	山东省烟台市芝罘区青年路16号万方大厦13楼	0535—6285022
126	烟台环宇融资担保有限公司	山东省烟台市机场路208号	13356992208
127	烟台中恒信融资担保有限公司	山东省烟台市芝罘区上夼西路78号	0535—2121727
128	烟台市莱山融资担保有限公司	山东省烟台市莱山区迎春大街133号附1号	0535—2100035
129	烟台市鑫鼎融资担保有限公司	山东省烟台市牟平区通海路308号财政大厦十五层	0535—4282807
130	烟台银桥融资担保有限公司	山东省烟台市开发区金沙江路89号1201号	0535—6392879
131	山东光大融资担保有限公司	山东省烟台市福山区盐场街2号东尚蓝湾1号楼东尚国际大厦	0535—6656081
132	烟台润福融资担保有限责任公司	山东省烟台市福山区城里街23号	0535—6326286
133	烟台创新融资担保有限公司	山东省烟台市福山区民阜路58号	0535—6766097
134	海阳市盛海融资担保有限公司	山东省烟台市海阳市海政路44号	0535—3223518
135	龙口市南山融资担保有限公司	山东省烟台市龙口市东江镇南山村	0535—8802233
136	龙口市德嘉融资担保有限公司	山东省烟台市龙口市东莱街道花木兰街388号	0535—8560370

续表4

序号	单位名称	单位地址	单位电话
137	龙口市裕丰融资担保有限公司	山东省烟台市龙口市港城大道（东城区）626号	0535—8506850
138	山东天健融资担保集团有限公司	山东省烟台市招远市西宋路3号	0535—8210777
139	招远市企业融资担保有限公司	山东省烟台市招远市温泉路298号农行大厦10楼	0535—8073355
140	蓬莱金信融资担保有限公司	山东省烟台市蓬莱区紫荆山街道钟楼西路路南	0535—5643231
141	山东汇洋融资担保有限公司	山东省烟台市蓬莱区北沟镇栾家口村东	0535—5729998
142	烟台市鑫达融资担保有限公司	山东省烟台市栖霞市金岭路3号	18663828765
143	长岛县中小企业融资担保有限公司	山东省烟台市长岛县县府街78号	0535—3216742
144	山东鼎铉融资担保有限公司	山东省烟台市莱阳市马山路58号鞋业城0004—108号	13361347333
145	山东盛业融资担保有限公司	山东省烟台市蓬莱区蓬莱阁街道北关路133号	18663892105
146	烟台市再担保有限公司	山东省烟台市莱山区迎春大街141号	13708905999
147	招远市财金融资担保有限公司	山东省烟台市招远市温泉路128号14楼	0535—8060518
148	莱州市金惠融资担保有限公司	山东省烟台市莱州市永安路街道府前西街766号	0535—2170027
149	山东和信融资担保有限公司	山东省潍坊市经济开发区顺通街11号	0536—5078029
150	山东黑石融资担保发展有限公司	山东省潍坊市奎文区东风东街7830号金宝大厦101	0536—8205858
151	山东金润融资担保有限公司	山东省潍坊市寿光市文庙东街东环路西（山东东方誉源农资有限公司院内）	0536—8232881
152	山东恒磐融资性担保股份有限公司	山东省潍坊市奎文区福寿街以北、北海路以西	0536—6998285
153	潍坊晨阳信息咨询有限公司（潍坊恒泰融资担保有限公司）	山东省潍坊市综合保税区规划路一号商务办公室楼B区310房间	0536—8213055
154	潍坊鑫汇融资担保有限公司	山东省潍坊市坊子区凤凰街168号	0536—7636168
155	山东亿邦融资担保有限公司	山东省潍坊市奎文区四平路1201号潍坊中鲁联通大厦805室	0536—8328859
156	山东行联融资担保有限公司	山东省潍坊市奎文区文化路465号新都大厦12F	0536—8500058
157	诸城市泰润融资担保有限公司	山东省潍坊市诸城市昌城镇西行寺村360号	0536—6217877
158	山东聚和融资担保股份有限公司	山东省潍坊市峡山经济开发区怡峡街197号5号楼2楼201、203室	0536—8269777
159	潍坊诚信融资担保有限公司	山东省潍坊市滨海经济技术开发区观海路00266号滨海资本管理中心1号楼4单元西4楼	0536—5311698
160	高密市鑫融融资担保有限公司	山东省潍坊市高密市立新街西306号	0536—5608725
161	潍坊昭德融资担保有限公司	山东省潍坊市寿光市圣城街259号	0536—8535899
162	临朐县中小企业融资担保有限公司	山东省潍坊市临朐县骈邑路国泰大厦十楼	0536—3213879
163	诸城市舜邦融资担保有限公司	山东省潍坊市诸城市密州西路12号	0536—6075708
164	潍坊市信用融资担保有限责任公司	山东省潍坊市奎文区东风东街299号	0536—8101025
165	山东普田融资担保有限公司	山东省潍坊市青州市新亚财富广场B座20楼	18753615971
166	潍坊润金融资性担保有限公司	山东省潍坊市临朐县城民主路南段龙韵文化城A2区6号	0536—3399888
167	诸城市舜域融资担保有限公司	山东省潍坊市诸城市密州西路12号	0536—6075086
168	汇银金通融资担保有限公司	山东省潍坊市坊子区北海路中段路西	0536—7511116
169	安丘市华安融资担保有限公司	山东省潍坊市安丘市市北区拥翠街东首市财政局办公楼501室	0536—5127807
170	潍坊金宝融资担保有限公司	山东省潍坊市奎文区潍州路519号	0536—2608788
171	山东省安业融资担保有限公司	山东省潍坊市高密市密水街道凤凰大街（西）2222号营业房	18678059600

续表5

序号	单位名称	单位地址	单位电话
172	潍坊市再担保集团股份有限公司	山东省潍坊市高新技术开发区东风东街4899号金融广场商务中心一期2号办公综合楼9楼	0536—2117551
173	潍坊昌和融资担保有限公司	山东省潍坊市昌邑市宋庄镇	0536—7850618
174	寿光市金政融资担保有限公司	山东省潍坊市寿光市金融科技服务中心1806室	15153637285
175	临朐县金财融资担保有限公司	山东省潍坊市临朐县城关街道朐山路西段南侧	15265366618
176	潍坊市汇金融资担保有限公司	山东省潍坊市高新区东风东街4899号金融广场商务中心一期2号办公综合楼607室	0536—2117551
177	潍坊十方特色文化产业融资担保有限公司	山东省潍坊市潍城区春鸢路107号城建顺通花园4—704	18205361717
178	安丘市金鑫融资担保有限公司	山东省潍坊市安丘经济开发区拥翠街57号	0536—5127807
179	潍坊公利融资担保有限公司	山东省潍坊市坊子区凤凰大街70号	0536—3315599
180	寿光市金泉融资担保有限公司	山东省潍坊市寿光市洛城街道潍高路23721号	18363600607
181	青州市国控融资担保有限责任公司	山东省潍坊市青州市范公亭东路3258号	0536—3886907
182	昌乐县汇金融资担保有限公司	山东省潍坊市昌乐县利民街68号	0536—6239306
183	昌邑市北海融资担保有限公司	山东省潍坊市昌邑市奎聚路368号1幢801	0536—7110028
184	潍坊潍州融资担保有限公司	山东省潍坊市潍城区东风西街408号	0536—2092219
185	潍坊国科融资担保有限公司	山东省潍坊市寒亭区通亭街3259号正金大厦综合楼1号楼301、302、309室	0536—7268016
186	山东兴业融资担保有限公司	山东省济宁市洸河路48号银河大厦7楼	17662216611
187	山东益铭融资担保有限公司	山东省济宁市曲阜市裕隆路258号	0537—4436555
188	邹城市宏兴融资担保有限公司	山东省济宁市邹城市峄山北路66号1号楼1单元13楼	13953719075
189	曲阜市恒信融资担保有限公司	山东省济宁市曲阜市大成路66号601室	0537—3198366
190	山东东运融资担保有限公司	山东省济宁市金乡县鱼山镇国际商贸城内	0537—8817777
191	济宁融泰融资担保有限公司	山东省济宁市金宇汽配城南400米路东	13563766777
192	济宁华宝融资担保有限公司	山东省济宁市鱼台县经济开发区内（山东美晶米业有限公司办公楼二楼）	13792364888
193	山东银达融资担保有限公司	山东省济宁市太白路阜桥辖区鲁兴欣苑2号楼	13805375195
194	山东财信融资担保股份有限公司	山东省济宁市吴泰闸路英萃国际中心1号楼	0537—2600326
195	济宁嘉信融资担保有限公司	山东省济宁市嘉祥县建设路嘉祥城市建设集团有限公司办公大楼3楼	18653722266
196	梁山县财金融资担保有限公司	山东省济宁市梁山县新城区金线岭路西侧文化中心西门对过（济宁银行4楼）	13153786686
197	济宁市兖州区惠金融资性担保有限公司	山东省济宁市兖州区建设中路133号	13287287856
198	泰安弘泽融资担保有限公司	山东省泰安市温泉路566号	0538—6239281
199	山东华通融资担保有限公司	山东省泰安市高新区中天门大街星火科技园	0538—6219199
200	山东信泰融资担保有限公司	山东省泰安市新泰市金斗路南段	0538—6376079
201	山东盛鼎融资担保有限公司	山东省泰安市普照寺路5号院内3号楼4层	0538—8780015
202	泰安市国泰民安融资性担保有限公司	山东省泰安市普照小区81号综合楼	0538—8978798
203	泰安市融资担保有限公司	山东省泰安市高新区中天门大街1366号	0538—5361963
204	山东迪润融资担保有限公司	山东省泰安市宁阳县县城东关路34号	0538—5627486
205	山东平安昌顺融资性担保有限公司	山东省泰安市东平县平湖路南首西侧财政局办公楼二楼	0538—2820178
206	新泰市金控融资担保有限公司	山东省泰安市新泰市青云街道东周路以东，青龙路以北1幢	17664402710
207	山东仁合融资担保有限公司	山东省威海市高山街72号	0631—5282819

续表6

序号	单位名称	单位地址	单位电话
208	威海银通融资担保有限公司	山东省威海市海曈路41号	0631—5308858
209	山东东泰融资担保有限公司	山东省威海市经区乐天世纪城—1—B819	0631—5332547
210	威海市百盛融资担保有限公司	山东省威海市新威附路86号401室	0631—5337733
211	山东阿甘融资担保股份有限公司	山东省威海市乳山市青山路57号	0631—5160000
212	荣成鼎诚融资担保有限公司	山东省威海市荣成市文化东路20号	0631—7568779
213	山东文通融资性担保有限公司	山东省威海市文登区天福办圣经山路91号	0631—8800938
214	威海市勇泰融资担保有限公司	山东省威海市文登经济技术开发区珠海路152号	0631—8355789
215	威海市蓝泰融资担保有限公司	山东省威海市南海新区现代路北畅海路东	13963195777
216	威海齐东融资担保有限公司	山东省威海市环翠区海滨北路53—19号一层106、107、108室	0631—5351037
217	山东金民融资性担保有限公司	山东省威海市荣成市石岛管理区朝阳西路39号	13637966111
218	荣成市安信融资担保有限公司	山东省威海市荣成市建业街39号	15606315557
219	日照中远融资担保有限公司	山东省日照市北京路277号万基国际001号楼1单元803室	18806330658
220	五莲县国信融资担保有限公司	山东省日照市五莲县城富强路99—6号	18663321166
221	山东华和融资担保有限公司	山东省日照市东港区黄海二路53号	15606335181
222	山东国信资产管理融资担保有限公司	山东省日照市山东路511号（山东路北高科技工业园）	13806338317
223	日照市融资担保股份有限公司	山东省日照市东港区石臼街道海曲东路396号日照国际财富中心第57层	13706335369
224	日照富华融资担保有限公司	山东省日照市昭阳路瑞园名城001号00单元306号	13863368808
225	山东万和融资担保有限公司	山东省日照市经济技术开发区天津路北，郑州路东20—101号	18300318888
226	日照同胜融资担保有限公司	山东省日照市海曲东路海鲜城二期7号	18706330088
227	日照胜天融资担保有限公司	山东省日照市东港区绿舟南路68号辉煌国际海港城二区1幢16单元226号	18663326100
228	莒县长诚融资担保有限公司	山东省日照市莒县青年北路12号	0633—6688666
229	山东日金融资担保有限公司	山东省日照市太原路69号	0633—8078078
230	日照宇翔融资担保有限公司	山东省日照市兖州路与滨州路交汇处（枫舍局沿街）	18663387777
231	日照信达融资担保有限公司	山东省日照市东港区临沂路279号日照人力资源服务产业园7楼	13906335312
232	日照市投融资担保集团有限公司	山东省日照市东港区海曲东路396号日照国际财富中心	0633—2677077
233	日照高晟融资担保有限公司	山东省日照市高新区高新六路177号1号楼	13606333832
234	天元天诚融资担保有限公司	山东省临沂市兰山区银雀山路63号	15269956098
235	临沂市中小企业融资担保有限公司	山东省临沂市兰山区北城新区北京路临沂商会大厦1号楼2501	13953905366
236	山东亿盛融资担保股份有限公司	山东省临沂市高新区新华路创业大厦B316室	13053976999
237	山东鑫源融资担保有限公司	山东省临沂市沂蒙路209—16号	13562980666
238	兰陵县财金融资担保有限公司	山东省临沂市兰陵县县城新华路7号	0539—5316678
239	临沂市兰田融资担保有限公司	山东省临沂市解放路68号	13854960026
240	临沂全鑫融资担保有限公司	山东省临沂市兰山区临沂综合商贸园A3—1—B	13969952219
241	临沂市天信融资担保有限公司	山东省临沂市经济技术开发区沂河路125号	0539—8321186
242	平邑县财源融资担保有限公司	山东省临沂市平邑县财政局办公楼四楼	0539—2092937
243	山东金玉融资担保有限公司	山东省临沂市临西一路188号	15206495678

续表7

序号	单位名称	单位地址	单位电话
244	费县中小企业融资担保中心	山东省临沂市费县建设路东段商会大厦十楼	0539—5806809
245	临沂市中联融资担保有限公司	山东省临沂市兰山区通达路与聚财路交汇后十社区2号楼712室	13325099499
246	山东双赢融资担保有限公司	山东省临沂市费县建设路158号	15315391899
247	山东铭达融资担保有限公司	山东省临沂市兰山区开元上城1号楼802室	13210655599
248	山东智信融资担保有限公司	山东省临沂市兰山区北城新区府东大厦6楼	18669913769
249	临沂沂和融资担保有限公司	山东省临沂市沂水县东外环路北首	0539—2225016
250	山东新天融资担保有限公司	山东省临沂市临沭县中山北路2011092901号	18953931229
251	山东龙成融资担保有限公司	山东省临沂市兰山区枣沟头镇永安路与俄黄路交汇处东	13176080999
252	山东远通融资担保有限公司	山东省临沂市高新区沂河路与湖西路交汇处	13655395366
253	山东同济融资担保股份有限公司	山东省临沂市兰山区沂蒙路336号	13953930787
254	临沂供销融资担保有限公司	山东省临沂市罗庄区金七路与新206国道交汇处路西	13853978866
255	山东国诚融资担保有限公司	山东省临沂市兰陵经济开发区迎宾路西段南侧	18653992327
256	山东元盛融资担保有限公司	山东省临沂市沂南县澳柯玛大道与朝阳路交汇处东岳国际大厦1101室	18653927969
257	莒南鑫盛融资担保有限公司	山东省临沂市莒南县隆山路279号	13686399177
258	郯城惠众融资担保有限公司	山东省临沂市郯城县人民路29号	18669652585
259	山东德宇融资担保有限公司	山东省临沂市兰山区北城新区北京路中段环球丹桂园14号楼17A	15376050999
260	临沂临港经济开发区兴港融资担保有限公司	山东省临沂市临港经济开发区坪上镇厉家寨村0001号1号楼中兴商务企业发展中心	15253908556
261	沂南县智圣融资担保有限公司	山东省临沂市沂南县城振兴路中段路北	0539—7323975
262	沂水县力源融资担保有限公司	山东省临沂市沂水县东一环路与南一环路交汇处	0539—2226006
263	临沂市融资担保集团有限公司	山东省临沂市兰山区北京路37号临商大厦35楼	18053900011
264	临沂星火融资担保有限公司	山东省临沂市高新区双月园路276号龙湖软件园C座	13869967776
265	德州市华融融资担保有限公司	山东省德州市德城区湖滨中大道129号	0534—2672166
266	山东国力融资担保有限公司	山东省德州市德城区东方红路70号	0534—2103223
267	德州市宏名融资担保有限公司	山东省德州市德城区湖滨中路14号	0534—2746789
268	山东融达融资性担保有限公司	山东省德州市（禹城）国家高新技术产业开发区富华街北侧（山东禹城禹王生态食业有限公司办公楼）	0534—7420131
269	禹城市诚达融资担保有限公司	山东省德州市禹城市建设路南首	0534—7283828
270	乐陵市永信盛业融资担保有限公司	山东省德州市乐陵市乐庆公路南侧（贾家）	0534—6900688
271	德州市企业信用融资担保有限责任公司	山东省德州市经济开发区康博大道368号	0534—2698793
272	山东群力兴邦融资担保有限公司	山东省德州市齐河经济开发区纬四路北	18653477555
273	山东君力融资担保有限公司	山东省德州市乐陵市玉皇堂商贸街西侧	13853466111
274	临邑城泰融资担保有限公司	山东省德州市临邑县永兴大街48号	13793481667
275	山东平原融资担保有限公司	山东省德州市平原县富民大街紫金巷9—5号	18853422977
276	德州经济技术开发区一诺融资担保有限公司	山东省德州市经济技术开发区晶华路587号高创服务中心C座411号	0534—8315098
277	武城县信诺融资担保有限公司	山东省德州市武城县振华西街北侧	13573475088
278	德州市融资担保有限公司	山东省德州市经济技术开发区三八东路1266路鑫源国际第10层	0534—2770288
279	德州市陵城区安德融资担保有限公司	山东省德州市陵城区唐城路中段	0534—8286915

续表8

序号	单位名称	单位地址	单位电话
280	德州市德城区财信融资担保有限公司	山东省德州市湖滨中大道780号	18266189390
281	聊城市财信融资担保有限公司	山东省聊城市北关街（凤凰台南300米路东）	0635—8900679
282	山东鼎泰融资性担保有限公司	山东省聊城市花园南路1015号	0635—5055001
283	聊城鲁信融资性担保有限公司	山东省聊城市花园南路119号	0635—2998029
284	临清市盛祥融资担保有限公司	山东省聊城市临清市新华街道办事处温泉路28号	0635—6023009
285	冠县鑫融融资性担保有限公司	山东省聊城市冠县崇文街道办事处扬子路南侧和平路东侧（商贸城）2幢G—B室	13706355007
286	东阿县鑫诺融资担保有限公司	山东省聊城市东阿县阿胶街103号	0635—6027169
287	茌平县宏信融资担保有限公司	山东省聊城市茌平区振兴街道建设路1396号	0635—7109585
288	高唐县国信融资性担保有限公司	山东省聊城市高唐县官道街北路635号	0635—3901629
289	聊城兴业融资担保有限公司	山东省聊城市经济技术开发区物流园区京通路1号兴业大厦6楼601室	0635—5089003
290	聊城市财金扶贫融资性担保有限公司	山东省聊城市东昌西路119号	0635—8285608
291	聊城市东安广融资担保有限责任公司	山东省聊城市东昌府区兴华西路210号5层	18663589819
292	山东莘州融资担保有限公司	山东省聊城市莘县政府街东首行政服务中心四楼	18663017699
293	聊城市天弘融资担保有限公司	山东省聊城市高新技术产业开发区长江路111号东岳大厦3楼301	0635—2185508
294	聊城昌信融资性担保有限公司	山东省聊城市东昌府区东昌东路1号莲湖大厦20层	0635—2120800
295	山东蓝色经济融资担保有限公司	山东省滨州市黄河五路与渤海十六路（国际大厦）	0543—3805995
296	滨州市众成融资担保有限公司	山东省滨州市黄河六路524号	0543—2213966
297	惠民县惠诚融资担保有限公司	山东省滨州市惠民县孙武街道办事处开源街12号	13385431600
298	无棣县鑫达融资担保有限公司	山东省滨州市无棣县棣新七路八路之间山水润福苑	0543—6782261
299	山东恒发融资担保有限公司	山东省滨州市无棣县经济开发区科技孵化园	0543—5077698
300	山东阳信鑫诺融资担保有限公司	山东省滨州市阳信县阳城四路679号	0543—3265063
301	博兴县中小企业融资担保中心	山东省滨州市博兴县博城三路185号	0543—2308310
302	邹平市财信融资担保有限公司	山东省滨州市邹平市鹤伴二路268号财税劳动大厦	18506493588
303	山东翔盛融资担保有限公司	山东省滨州市滨城区黄河四路以南，渤海十八路以东中银大厦第四层	0543—5168815
304	滨州市财昌融资担保有限责任公司	山东省滨州市渤海十八路667号中海大厦17楼	0543—3336525
305	滨州市恒信融资担保有限责任公司	山东省滨州市经济开发区渤海十八路667号中海大厦15楼	13188918007
306	无棣县兴棣融资担保有限公司	山东省滨州市无棣县城棣州大街西首无棣县兴棣土地开发有限公司写字楼一楼	13954363433
307	滨州市再担保股份有限公司	山东省滨州市渤海十六路736号	0543—3181079
308	博兴县鑫达融资担保有限公司	山东省滨州市博兴县博昌街道博城三路185号	0543—2302177
309	滨州市滨城区瑞信融资担保有限公司	山东省滨州市滨城区黄河十六路997号（惠众大厦1号楼210）	15266733606
310	滨州市沾化区远恒融资担保有限公司	山东省滨州市沾化区富桥路198号	0543—7325781
311	滨州市滨发融资担保有限公司	山东省滨州市经济技术开发区渤海十八路667号	18678321666
312	菏泽市中小企业融资担保有限公司	山东省菏泽市华英路288号	0530—65201818
313	银联融资担保（菏泽）有限公司	山东省菏泽市牡丹区长江路999号	0530—5588222
314	单县个体民营经济发展融资担保中心	山东省菏泽市单县白云路中段路西	13563891698
315	山东商都融资性担保有限公司	山东省菏泽市曹县珠江西路中段	13356201555

续表9

序号	单位名称	单位地址	单位电话
316	菏泽银泰融资担保有限公司	山东省菏泽市高新区杨营路与东方红大街交叉口	0530—6228885
317	菏泽天翔融资性担保有限公司	山东省菏泽市牡丹区昆明路1000号	18953008057
318	菏泽市金和融资担保有限公司	山东省菏泽市中华路2626号	13515307686
319	山东亚银融资性担保有限公司	山东省菏泽市巨野县青年路1688号	15315306829

山东省区域性股权市场概况

目前，山东省有两家区域性股权市场，分别是齐鲁股权交易中心有限公司、青岛蓝海股权交易中心有限责任公司。两家区域性股权市场均已按照国家政策规定，由山东省政府公告并向中国证监会进行了备案。截至2020年末，两家区域性股权市场挂牌的企业合计6,787家，累计实现各类融资778.98亿元。

一、齐鲁股权交易中心有限公司

（一）基本情况

齐鲁股权交易中心有限公司（简称齐鲁股权）成立于2010年12月，2015年7月正式被纳入山东省属企业行列；注册资本为2.25亿元，注册地在淄博市；共有股东15名，控股股东为中泰证券（持股36.00%），其他重要股东有鲁信集团、山东省财金投资集团、深圳证券信息公司等。2020年，齐鲁股权缩减内设机构层级，将原来的9个部门缩减为7个部门，分别为开发服务总部、融资服务部、运营管理总部、内审风控部、计划财务部、综合管理部、党委组织部/人力资源部。公司下设4家子公司，分别为山东齐惠投资管理有限公司、山东齐鲁资本市场发展服务有限公司、山东齐盛股权投资基金管理有限公司、鲁信科技股份有限公司。

（二）业务开展情况

2020年，齐鲁股权全面完成年初制定的各项目标任务，市场规模持续扩大，服务经济社会发展功能日益完善。

一是优质企业占比稳步提高。2020年，齐鲁股权新增挂牌企业814家，其中股份公司445家，占比达到54.67%。精选板、科技板、人才板等优质企业新增213家，占比从2019年的13.91%增长到26.17%，挂牌企业质量进一步提升。累计挂牌企业数量达到4,859家，企业市值为2,287.90亿元，其中挂牌股份公司数量为2,531家；托管企业5,113家，展示企业10,421家。推动58家挂牌企业转至新三板，2家企业分别在深圳证券交易所、香港交易所上市。

二是实施“双轮驱动”，拓展融资服务渠道。2020年，齐鲁股权依托“县域资本市场工程”“百家企业成长计划”等项目，帮助128家挂牌企业实现私募股权融资2.45亿元，主要投向制造业、软件与信息技术服务业、批发和零售业、科技推广和应用服务业；帮助济宁银行、寿光农商银行等4家托管企业实现私募股权融资19.48亿元；为17家挂牌企业实现股权质押融资2.13亿元，为36家托管企业实现股权质押融资105.74亿元。积极助力全省新旧动能转换重大工程，2019年推出“新动能可转债”，截至2020年末，累计备案6单，备案金额为14.62亿元。全年对接20余家省属国企和80余家地方企业，落地可转债业务7单，实际发行4.42亿元。中国证监会清整办函〔2020〕30号文出台后，及时调整业务思路和方向，成功落地5笔财务顾问业务、金额26.8亿元。2020年，组织20余家融资服务合作商，推出10余项“齐鲁股权抗疫融”普惠融资产品，编制《“抗疫融”普惠融资产品汇编》，累计对接服务挂牌企业1,000余家次，为82家企业介绍贷款6.45亿元。

二、青岛蓝海股权交易中心有限责任公司

（一）基本情况

青岛蓝海股权交易中心有限责任公司（简称蓝海股权）成立于2014年2月，注册资本由5,000.00万元增加到1.00亿元，注册地在青岛市；共有股东5名，控股股东为中信证券股份有限公司（持股40%），其他重要股东有国信证券股份有限公司、中信证券（山东）有限责任公司、青岛融资担保中心有限公司、青岛全球财富中心开发建设有限公司等。内设12个部门，分别是济南运营中心、市场服务一部、市场服务二部、会员机构部（资本学院）、风控部（审核组）、企业融资部、金融产品部、交易清算部、财务部、登记托管部、综合管理部（政策与战略研究中心）、信息技术部。设有全资子公司蓝海基金工场（青岛）有限责任公司，并参股青岛明莱蓝海资产管理有限公司。公司法人治理结构合法合规、健全规范，由股东会、董事会、监事会和经理层组成。“三会一层”人员严格遵守《公司法》及公司章程的相关规定，信用记录良好，未发生违法违规情况。

（二）业务开展情况

坚持“券商主导、政府监管、市场化运作”模式，全力

构建以中小企业股权交易为核心，财富管理产品交易、基金服务和互联网融资服务为载体的“1+N”平台服务体系，打造适合民营中小微企业成长的生态圈。2020年新增挂牌企业249家，摘牌56家，挂牌企业总数达1,928家，托管展示企业达1,406家，累计帮助挂牌企业实现各类融资157.42亿元。

一是挂牌企业提质增量。以聚拢优质企业为核心目标，严把入口关，筛选优质企业挂牌，强化对挂牌企业的动态管理，保障市场进退有序、健康发展。2020年新增挂牌企业249家，摘牌56家，挂牌企业总数达1,928家，托管展示企业达1,406家。通过规范、培育，海容冷链、青岛农商银行实现A股上市，12家民营企业登陆新三板，2家企业启动海外上市，50多家企业启动“新三板”，5家企业实现并购。

二是多元化服务企业融资。与合作银行联合打造“特色化”产品，推进北京银行“永续贷”、青岛银行“人才贷”、青岛农商银行“人才贷”、平安银行“税贷”等产品，推进青岛市“投保贷”“投贷”贴息政策贷款，落地5家。全年新增可转债备案项目11个，产品备案规模为14.89亿元。加强风险排查，存续期产品均正常付息。即墨区中小微企业创新创业扶持计划完成项目尽调30余个，新增筛选过会4家、投放4家，新增放款1,700.00万元；累计投放项目6个，放款2,300.00万元。累计托管省内商业银行112家，托管总股本为1,482.78亿元，确权股东6万余户。做好托管后续服务，累计办理银行质押、解押业务882笔，质押21.36亿股；办理司法冻结类业务1,043笔；办理股权非交易过户1,292笔、金额23.01亿元。“基金板”新增展示基金10只，总数达到110只，总规模超过600.00亿元。基金工场新增入驻基金35只，现有各类基金共计156只，规模突破200.00亿元。参股设立“青岛明莱蓝海基金管理有限公司”，获得私募股权基金管理人牌照。

三、相关监管政策

山东省地方金融监督管理局承担对区域性股权市场的日常监督管理职责，依法查处违法违规行为，组织开展风险防范、处置工作。

中国证券监督管理委员会（简称中国证监会）及其派出机构对地方金融监督管理部门的区域性股权市场监督管理工作进行指导、协调和监督，对市场规范运作情况进行监督检查，对市场风险进行预警提示和处置督导。

2017年1月，国务院办公厅出台的《关于规范发展区域性股权市场的通知》（简称《通知》）明确区域性股权市场的定位是主要服务于所在省级行政区域内中小微企业的私募股权市场，是多层次资本市场体系的重要组成部分，是地方人民政府扶持中小微企业政策措施的综合运用平台。《通知》正式明确了区域性股权市场的功能和定位。2017年5月，中国证监会发布《区域性股权市场监督管理试行办法》（简称《办法》），统一了区域性股权市场的业务和监管规则。《通知》和《办法》是对区域性股权市场长期健康发展的纲领性、指导性文件。2020年3月实施的新《证券法》第九十八条明确规定，“按照国务院规定设立的区域性股权市场为非公开发行证券的发行、转让提供场所和设施，具体管理办法由国务院规定”。新《证券法》首次在法律层面赋予区域性股权市场法定的地位和功能，即区域性股权市场是非公开发行转让证券的资本市场，是我国多层次资本市场的重要组成部分。中国证监会2020年4月发布《关于进一步明确区域性股权市场可转债业务有关事项的函》（清整办函〔2020〕30号），对可转债发行主体、发行条件等提出严格要求，并强调增加现场检查的频率及覆盖面。清理整顿各类交易场所部际联席会议办公室2020年下半年发布《关于进一步做好金融资产类交易场所清理整顿和风险处置工作的通知》，要求金融资产类交易场所严守业务边界，不得违规开展业务。

2020年11月，山东省地方金融监督管理局会同山东证监局完成了对齐鲁股权交易中心的年度现场检查，及时分析现场检查中发现的风险和隐患，督促企业加强整改。不断强化区域性股权市场信息报送，提高非现场监管能力。细化信息报送要求，加强对报送信息的风险分析，不断完善区域股权市场信息共享机制，积极搭建全省统一的金融运行分析平台。

四、下一步工作打算

区域性股权市场将持续发挥作为多层次资本市场“塔基”的作用，进一步提升挂牌企业质量，齐鲁股权下一步通过做深做优“县域资本市场工程”“百家企业成长计划”“挂牌工作大回访”等项目，为企业提供精准、系统的服务；蓝海股权计划设立上市培育板，两家区域性股权市场做优上市培育板块，在多层次资本市场互联互通方面实现突破。充分利用可转债、私募基金等融资工具，不断创新融资产品，拓宽企业融资渠道。进一步加强托管展示基础服务，针对托管企业和商业银行，做好股权规范管理及股权质押融资、增资扩股等后续服务。不断加强合规风控和风险管理能力，增强防范化解重大风险的意识和能力，进一步完善风控体系，做好风险防控工作，更好地服务山东省实体经济发展。

（何　元）

附表1

山东省区域性股权市场主要统计指标

项目	2016年	2017年	2018年	2019年	2020年	2020年同比增幅（%）
挂牌企业数量（家）	2,381	3,394	4,690	5,780	6,787	17.42
其中：挂牌民营企业数量（家）	2,381	3,394	4,690	5,767	6,772	17.43
齐鲁股权交易中心挂牌企业数量（家）	1,811	2,270	3,161	4,045	4,859	20.12
融资总额（亿元）	337.00	410.00	486.00	621.00	778.98	25.44
其中：直接融资总额（亿元）	148.00	200.00	220.00	278.00	305.28	9.81
间接融资总额（亿元）	189.00	210.00	266.00	343.00	473.70	38.10

附表2

山东省区域性股权市场名录

序号	单位名称	单位地址	单位电话
1	齐鲁股权交易中心有限公司	山东省淄博市张店区人民西路228号金融大厦3、4、20、21、22层	0533—2773233
2	青岛蓝海股权交易中心有限责任公司	山东省青岛市崂山区松岭路169号国际创新园B座17层B1、B2	0532—66729039

山东省典当行概况

一、基本情况

截至2020年末，山东省共有取得经营许可证的典当行法人机构303家、分支机构25家，注册资本合计76.62亿元。2020年全省共开展业务1.30万笔，实现典当总额137.55亿元，其中房地产典当业务67.69亿元、动产45.51亿元、财产权利24.87亿元。全年全省典当行累计上交税金2,500.07万元，年末典当余额为59.87亿元。

二、行业监管情况

目前，典当行业实行“省级地方金融监督管理部门行政许可、先照后证、后置审批”的管理方式，注册资本采用实缴制，主要监管依据是《典当管理办法》（商务部、公安部2005年第8号令）、《商务部关于印发〈典当行业监管规定〉的通知》（商流通发〔2012〕423号）、《关于加强典当行监督管理的通知》（银保监办发〔2020〕38号）等。监管方式为每年开展年审和抽查。行业监管工作按照分级管理、分级负责的原则，强化属地管理责任。按照《典当行业监管规定》，省、市、县主管部门均有监管职责。

2020年，根据中国银保监会的要求，为减轻典当行年审负担，山东省地方金融监督管理局从268家换发许可证的典当行中随机选取89家参加年审，年审检查比例占典当行总数的近1/3。按照年审工作要求，选聘两家会计师事务所依据资料审查情况和现场检查情况对每家典当行出具专项审计报告，指出存在的问题，提出整改意见和年审结果建议。经现场检查，通过年审的典当行有62家，并通过官网将年审结果进行公示；对于运营过程中存在违规行为的27家典当行，由各市地方金融监督管理部门继续督促其整改，整改不合格的，不予通过年审。

在本次检查中被列为整改的典当行，主要存在信息填报不准确、现金存入个人账户、擅自变更公司登记事项、超范围经营、超比例放款、发放信用贷款等问题。但从整体来看，与2019年的年审情况相比，参加2020年年审的89家典当行业务规范化程度有了明显提高，大部分典当行能够依法合规经营。

三、行业发展情况

2020年，山东省地方金融监督管理局大力支持社会信誉良好、经营管理规范、资本实力雄厚、财务状况稳健、具备持续盈利能力的市场主体在省内设立典当行、开展典当业务；鼓励已设立的典当行增加注册资本，增强抵御风险和服务实体经济的能力。全年共审批设立10家典当行，为62家典当行做了事项变更并换发许可证。将典当行设立审批和年审事项下放到山东自贸区济南片区和烟台片区，对两片区受托部门进行业务培训。通过行政权力委托下放，在山东自贸区济南片区和烟台片区有设立需求的企业，可在当地直接申请办理有关事项，提高了行政审批效率，激发了市场活力。

为进一步规范山东省典当行行为，促进典当行业健康发展，山东省地方金融监督管理局引导和支持济南循善诚典当有限责任公司牵头组建协会筹委会，并于2020年6月正式成立了山东省典当行业协会。协会成立后，组织开展了一系列培训学习活动，通过组织会员单位学习《民法典》，开展民品鉴定技能培训，赴北京、天津、上海等地学习交流，到北京华夏典当行等全国行业龙头企业进行现场学习，引导典当行提升从业人员素质，提高经营管理能力，不断拓展业务领域。

下一步，山东省地方金融监督管理局将在继续做好典当行日常监督管理工作的基础上继续加大培育市场主体的力度，增强典当行业服务实体经济的能力。同时，根据银保监会要求继续开展典当行年审工作，通过年审掌握各典当行的经营管理情况，推动行业健康有序发展。

（臧家钦）

附表1

山东省典当行主要业务指标

单位:亿元

项目	2016年	2017年	2018年	2019年	2020年	2020年同比增幅(%)
典当行法人机构数量（家）	470	501	512	248	303	22.18
合计注册资本	121.13	124.86	124.44	78.27	76.62	-2.11
典当总额	184.86	155.06	155.45	120.33	137.55	14.31
其中：典当总额—动产	69.26	54.73	44.48	32.45	45.51	40.25
典当总额—房地产	84.99	73.57	90.41	72.56	67.69	-6.71
典当总额—财产权利	30.41	26.66	20.56	15.32	24.87	62.34
典当余额	78.79	76.25	81.72	61.43	59.87	-2.54

附表2

山东省典当行名录

序号	单位名称	单位地址	单位电话
1	济南邦联典当有限责任公司	山东省济南市市中区经十路21700号	13969078558
2	济南必达典当有限责任公司	山东省济南市市中区普利门三角绿地普利中心6号楼2102	18660138888
3	济南汇鑫源典当有限公司	山东省济南市长清区经十西路7888号	0531—87453886
4	济南金控典当有限公司	山东省济南市历下区经十路12111号中润世纪中心3期2号楼F1	0531—82158877
5	济南九鼎典当有限公司	山东省济南市平阴县锦东大街东段南侧	13356659866
6	济南九龙典当有限责任公司	山东省济南市市中区郎茂山路丽景苑第1号铺位114号	18678880117
7	济南君和典当有限公司	山东省济南市高新区龙奥北路1577号龙奥天街主办公楼2907	13905316799
8	济南鲁信银丰典当有限公司	山东省济南市长清区大学路7988号银丰公馆小区9号楼2—102，2—103	0531—87257778
9	济南市将军典当有限责任公司	山东省济南市历下区龙奥西路1号银丰财富广场3号楼2204—2	0531—81956658
10	济南市龙祥典当有限公司	山东省济南市天桥区和信花园6号楼101室	0531—87060777
11	济南市普丰典当有限责任公司	山东省济南市泺源大街29号	0531—83142999
12	济南市天元典当有限责任公司	山东省济南市解放东路34—1号鲍德现代逸城2#楼104号	0531—82599769
13	济南市万永典当有限责任公司	山东省济南市历下区山大路47号数码港大厦C1—13号	0531—6047859

续表1

序号	单位名称	单位地址	单位电话
14	济南市新融典当有限责任公司	山东省济南市经十一路36号	0531—87932286
15	济南循善诚典当有限责任公司	山东省济南市历下区浆水泉路黄金99景城商业街9—1—102号	13853282566
16	济南银特典当有限责任公司	山东省济南市市中区阳光舜城二区N6号楼1单元101	0531—87909566
17	济南中财典当有限公司	山东省济南市历城区二环东路2828号三箭孔子文化大厦14层东厅14—6号	13816267303
18	山东铭盛典当有限公司 (曾用名：莱芜市铭盛典当有限公司)	山东省济南市莱芜区吕花园社区新建商业街50号	18663468880
19	山东英大典当有限公司	山东省济南市历下区千佛山西路3号	0531—85198183
20	济南国信典当有限公司	山东省济南市市中区大纬二路151—2号	0531—85065776
21	山东金元典当有限公司	山东省济南市市中区玉函路228号	15905311377
22	山东省鲁信典当有限责任公司	山东省济南市高新区万达广场C区北侧商业街101号、102号	0531—86566501
23	莱芜市舜发典当有限公司	山东省济南市莱芜区鹏泉西大街75号	0531—6232917
24	济南隆礼德典当有限责任公司	山东省济南市章丘区明堂街1986号泉山逸品29幢106号	0531—83220396
25	济南市银通典当有限公司	山东省济南市历下区奥体中路西燕山新居沿街房	0531—82665668
26	济南华夏鼎诚典当有限公司	山东省济南市天桥区明湖西路和信花园10号楼105	0531—55850007
27	莱芜赢诺典当有限公司	山东省济南市莱芜区万福路戴花园沿街楼	13563456160
28	山东盛瑞典当有限公司	山东省济南市莱芜区胜利南路8号	13561718026
29	青岛市公利典当行有限责任公司	山东省青岛市市南区湖北路29号	13906390698
30	山东中泰创展典当有限公司	山东省青岛市市南区山东路9号一层	13792823222
31	青岛市融信典当有限责任公司	山东省青岛市市南区燕儿岛路7号珠海路7—8号	13605324575
32	青岛融通典当有限公司	山东省青岛市市南区东海西路26号四号楼A座	18563993645
33	青岛中元汆焜典当有限责任公司	山东省青岛市市南区香港中路10号105户	13963965239
34	青岛金鼎典当有限公司	山东省青岛市市南区闽江路66号乙1—2层网点	18669838317
35	青岛银海典当有限公司	山东省青岛市市南区东海中路30号	18661717533
36	青岛景福典当有限公司	山东省青岛市市南区南京路118—3号	13006526666
37	青岛市宇泰典当有限公司	山东省青岛市市南区澄海路28—21号	13589283113
38	青岛信达荣昌典当行有限公司	山东省青岛市市北区热河路57号	18653217039
39	青岛市金达典当行有限责任公司	山东省青岛市市北区辽宁路49号	0532—83843287
40	青岛齐鲁瑞丰典当有限公司	山东省青岛市市北区鞍山一路127号	13001666666
41	青岛丰泽典当有限责任公司	山东省青岛市市北区南京路236—1号	13061355055
42	青岛利群典当有限公司	山东省青岛市市北区徐州北路170号宇恒大厦1层D户	0532—82669907
43	青岛信邦典当有限公司	山东省青岛市市北区敦化路120号中锦大厦2层202户	0532—85650989
44	青岛广丰典当有限公司	山东省青岛市市北区台柳路280号甲16号	13687628006
45	青岛万策典当有限公司	山东省青岛市市北区辽宁路73号	18661778980
46	青岛银丰泰典当有限公司	山东省青岛市市北区同德路75号	13606345879
47	青岛锦泽典当有限责任公司	山东省青岛市市北区北仲路51—53号	15318731227
48	青岛恒信典当有限公司	山东省青岛市市北区延安路26号	18660222296
49	青岛德易顺典当行有限公司	山东省青岛市市北区敦化路128号	13553056030
50	青岛鑫都典当有限公司	山东省青岛市李沧区黑龙江路850号—28	13518627929
51	青岛同泰典当有限责任公司	山东省青岛市李沧区通真宫路103号	18366244444
52	青岛居正典当行有限公司	山东省青岛市李沧区九水东路37—41号	18653257157

续表2

序号	单位名称	单位地址	单位电话
53	青岛海融典当有限公司	山东省青岛市崂山区中韩街道金岭花园A区17号楼1号网点	13006537696
54	青岛兴业典当有限责任公司	山东省青岛市崂山区香港东路297—3号	13793200875
55	青岛瑞益典当有限公司	山东省青岛市崂山区香港东路458号	13181400828
56	青岛联德典当有限公司	山东省青岛市崂山区苗岭路17号金岭花园17号楼6号	15692322299
57	青岛万里江典当有限公司	山东省青岛市崂山区深圳路230号檀香湾2号网点	13006524888
58	青岛富海典当有限公司	山东省青岛市崂山区香港东路295号4号楼7号	13176607756
59	青岛泽润典当有限责任公司	山东省青岛市经济技术开发区长江东路317号	0532—80987333
60	青岛顺泰典当有限公司	山东省青岛市黄岛区武夷山路186号	18562827068
61	青岛盛客隆典当有限公司	山东省青岛市黄岛区灵山湾路（原人民路411号）	13905429181
62	青岛金昶典当行有限公司（曾用名：青岛金乐盟典当行有限公司）	山东省青岛市黄岛区滨海大道路2059—42号户	13730967776
63	青岛兴一典当行有限公司	山东省青岛市黄岛区富春江路金融广场277—1、2、3号网点	18561575867
64	青岛宏运顺通典当有限公司	山东省青岛市黄岛区太行山路67号	13506426031
65	青岛合兴利典当有限公司	山东省青岛市黄岛区太行山路21号网点	18561611859
66	青岛凤凰岛典当有限公司	山东省青岛市黄岛区江山南路480号光谷研创中心6栋101室	18660249296
67	青岛信立德典当有限公司	山东省青岛市黄岛区珠山南路658号	0532—86610887
68	青岛港源典当有限公司	山东省青岛市黄岛区太行山路547—1号	13375556911
69	青岛海智典当有限公司	山东省青岛市黄岛区香江路155号东方国际金融中心1层165号网点	0532—68971031
70	青岛银盛泰典当有限公司	山东省青岛市城阳区文阳路600号泰馨苑项目600—2136、2137、2138号	18661926065
71	青岛舜耕典当有限公司	山东省青岛市城阳区春阳路280—19号1—3层	15275233192
72	青岛市实益典当有限公司	山东省青岛市城阳区棘洪滩街道正阳西路北洪江河东	15610573220
73	青岛瑞金典当行有限公司	山东省青岛市即墨区通济街106号	18353271672
74	青岛市兴华典当有限责任公司	山东省青岛市即墨区烟青路551号	0532—88531864
75	青岛劝业典当有限公司	山东省青岛市即墨区文峰路592号	13791841975
76	青岛惠生典当有限公司	山东省青岛市即墨区潮海街道天井山一路577号	13780619132
77	青岛友邦典当行有限公司	山东省青岛市胶州市厦门路北首	0532—83223333
78	青岛银通典当有限公司	山东省青岛市胶州市福州南路99号3—1—101	0532—86230666
79	青岛恒润典当行有限公司	山东省青岛市胶州市三里河办事处高家台子村澳门路网点	0532—88279877
80	青岛日升昌典当有限公司	山东省青岛市胶州市北京东路177号40号楼商业1142号网点	13626425072
81	山东三利源典当有限公司	山东省青岛市平度开发区海尔路43号	18953202211
82	青岛德弘典当有限公司	山东省青岛市莱西市烟台路98号丁—2	18953260007
83	沂源县紫成典当有限责任公司	山东省淄博市沂源县城健康路4号	0533—3243387
84	淄博德惠典当有限公司	山东省淄博市周村区周隆路7226号	18678234319
85	淄博富隆典当有限公司	山东省淄博市张店区联通路世纪花园I3组团I20号商业办公楼1单元010103号	13754797376
86	淄博鸿开典当有限公司	山东省淄博市沂源县健康路北首	13475335588
87	淄博齐鑫典当有限公司	山东省淄博市临淄区齐都花园甲9号楼8号营业房	13335238108

续表3

序号	单位名称	单位地址	单位电话
88	淄博荣宝典当有限公司	山东省淄博市张店区共青团西路62号	13601111336
89	淄博瑞丰典当有限公司	山东省淄博市高新区柳泉路348号金信银都花园沿街商业房甲1号	13705334688
90	淄博市银河典当有限责任公司	山东省淄博市张店区新世界商业街北段38号	0533—3174533
91	淄博泰和典当有限公司	山东省淄博市博山区沿河西路45号	13605428788
92	淄博新星典当有限公司	山东省淄博市淄川区淄城路341号	13905333666
93	淄博业兴典当有限公司	山东省淄博市张店区柳泉路93甲5	0533—3125777
94	淄博亿嘉典当有限公司	山东省淄博市张店区联通路20—7号	15053342567
95	淄博裕丰典当有限公司	山东省淄博市临淄区牛山路332号	13805337661
96	淄博远方典当有限公司	山东省淄博市张店区共青团西路26号	0533—2182790—8607
97	淄博志远典当有限公司	山东省淄博市张店区共青团西路86号	13153391698
98	淄博民泰典当有限公司	山东省淄博市张店区联通路288号	0533—3118888
99	山东德成典当有限公司	山东省淄博市高新区鲁泰大道99号汇金大厦1号楼402室	13070691991
100	山东信华典当有限公司	山东省枣庄市滕州市解放中路中央城B区B4—B5沿街营业房	13906320775
101	山东兄弟典当有限公司	山东省枣庄市市中区人民路2号（和谐家园门东）	13969445899
102	滕州市华夏典当有限责任公司	山东省枣庄市滕州市步行街府前6号（北区）	0632—5519220
103	滕州市商业典当有限责任公司	山东省枣庄市滕州市府前中路49号	0632—5516394
104	山东顺成典当有限公司	山东省枣庄市市中区人民西路9号	0632—3771688
105	东营诚信典当有限责任公司	山东省东营市东营区大渡河路415号办公楼108室	13396477766
106	东营海丰典当有限责任公司	山东省东营市曹州路282号水城庄园文景城商铺39—112号商铺	15166271532
107	东营聚宝龙典当有限公司	山东省东营市东营区南一路280号	15306473386
108	东营荣盛典当有限责任公司	山东省东营市东营区汾河路365号	13646478789
109	东营市黄河口典当有限责任公司	山东省东营市东营区沂河路619号	0546—8258896
110	东营市乐安典当有限责任公司	山东省东营市东营区沂河路7号	15315468017
111	东营市众泰典当有限责任公司	山东省东营市东营区南一路333号1	15154606777
112	东营鑫浩典当有限公司	山东省东营市东营区辽河路101号	18678683033
113	东营银丰典当有限公司	山东省东营市经济开发区南一路237号	0546—7765116
114	山东鼎盛典当有限公司	山东省东营市广饶亿丰国际时代广场B1—7、8	13780782277
115	山东富通典当有限公司	山东省东营市东营区南一路257号	0546—8198566
116	山东万泰典当有限公司	山东省东营市东营区北一路747号	18678622118
117	东营市金都典当有限公司	山东省东营市东营区黄河路686号	0546—8777776
118	东营市鑫泰典当有限公司	山东省东营市东营区府前大街55号5号楼1楼	0546—8315678
119	东营市阳光典当有限责任公司	山东省东营市东营区淄博路40号	13854633464
120	山东瑞祥典当有限公司	山东省东营市东营区千佛山路万海金地大厦A座1507室	18865978723
121	山东尚鑫典当有限公司	山东省东营市东营区北二路999号	13655469111
122	山东恒隆典当有限公司	山东省东营市东营区南一路280号	13685466888
123	东营汇金典当有限公司	山东省东营市垦利区景苑路10号	15288888666
124	东营市鑫元典当有限公司	山东省东营市东营区南一路261号	0546—7760059
125	东营市仁和典当有限责任公司	山东省东营市东营区庐山路1188号	0546—7361868

续表4

序号	单位名称	单位地址	单位电话
126	蓬莱市融鑫典当有限责任公司	山东省烟台市蓬莱市市府路1号2号楼附3号	13806457058
127	山东融汇典当有限公司	山东省烟台市经济技术开发区黄山路14号丽马网点5号	13806383128
128	烟台诚盈典当有限公司	山东省烟台市芝罘区南大街99号	13805350786
129	烟台城发典当有限责任公司	山东省烟台市高新区科技大道59号海科大厦1506号	18765355106
130	烟台德信典当有限责任公司	山东省烟台市福山区福新路190号	13806382678
131	烟台富邦典当有限公司	山东省烟台市芝罘区环山路52号	0535—6200699
132	烟台高信典当有限公司	山东省烟台市芝罘区化工路118号	0535—6512601
133	烟台广源典当有限公司	山东省烟台市芝罘区东太平街29号	0535—6200699
134	烟台华和典当有限公司	山东省烟台市芝罘区南大街267号一楼	18663887703
135	烟台市协群裕泰典当有限公司	山东省烟台市芝罘区青年南路1108号社区服务中心	15906388105
136	烟台元亨典当有限公司	山东省烟台市芝罘区大海阳路71号—010、011、012号	13396387666
137	烟台正海典当有限公司	山东省烟台市经济技术开发区衡山路6号	0535—6932963
138	烟台智库典当有限公司	山东省烟台市芝罘区只楚路19号13号楼附2	0535—6657660
139	山东中金典当有限公司	山东省烟台市芝罘区北大街53号	13905352088
140	烟台富泉典当有限公司	山东省烟台市芝罘区机场路125号	0535—6023000
141	烟台广信典当有限公司	山东省烟台市芝罘区南大街15—16号	0535—6860551
142	烟台恒丰典当有限责任公司	山东省烟台市芝罘区环山路附199号	13808908128
143	烟台市中援典当有限责任公司	山东省烟台市莱山区观海路75号附3号	0535—6888565
144	烟台中一典当有限公司	山东省烟台市芝罘区奇山环山96号第一国际写字楼31层3101—3102室	0535—6095338
145	海阳市方圆典当有限公司	山东省烟台市海阳市海阳路243号	0535—3299378
146	山东华盈典当有限责任公司	山东省烟台市莱山区龙珠路10号	13854561728
147	烟台大册典当有限公司	山东省烟台市栖霞市金苹果绿苑商业街北区A座117.217铺	0535—5563456
148	烟台海川典当有限公司	山东省烟台市龙口市龙口环海路东央格庄商住楼116铺	0535—8835678
149	招远市金城典当有限责任公司	山东省烟台市招远市温泉路338号	0535—8213935
150	烟台市川汇典当有限责任公司	山东省烟台市福山区河滨路109号	0535—6351088
151	莱阳市瑞祥典当有限责任公司	山东省烟台市莱阳市大寺街11号	0535—7229859
152	烟台市晟成典当有限责任公司	山东省烟台市牟平区通海路186号	0535—4742023
153	山东三义典当有限公司	山东省潍坊市临朐县民主路3858号	0536—3688888
154	潍坊鸿德典当有限公司	山东省潍坊市滨海经济开发区海源街与大海路交叉口	0536—5331186
155	潍坊市滨海裕丰典当有限责任公司	山东省潍坊市滨海区海源街中段	0536—5816179
156	潍坊市恒昌典当有限责任公司	山东省潍坊市高新区东方路龙居苑1号商03	0536—8881909
157	潍坊天合典当有限责任公司	山东省潍坊市潍城区东风西街277号1号楼098	0536—8258111
158	安丘天瑞典当有限责任公司	山东省潍坊市安丘市兴安路171号	13854407888
159	青州市中和典当有限责任公司	山东省潍坊市青州市范公亭东路3333号	0536—3283398
160	山东广垠典当有限公司	山东省潍坊市奎文区胜利街4619号南湖社区2号楼7单元102室	13665366768
161	山东黑石国际典当有限公司	山东省潍坊市潍城区月河路8936号1号楼	0536—8205858
162	潍坊荣诚典当有限公司	山东省潍坊市临朐县城新华路66号	13573680331
163	潍坊市融通典当有限责任公司	山东省潍坊市潍城区东丰西街2288号31号楼	13562686039
164	潍坊友利典当有限公司	山东省潍坊市奎文区东风东街245号	13606362796

续表5

序号	单位名称	单位地址	单位电话
165	潍坊运气堂典当有限公司	山东省潍坊市高新区桐荫街以北金马路以东银枫家园3号楼106号商铺	15335361695
166	诸城裕豐隆典当有限公司	山东省潍坊市诸城市繁荣东路111号繁荣苑4号商铺	0536—6339059
167	潍坊大有典当有限公司	山东省潍坊市高新区福寿东街4988号	0536—6107777
168	潍坊陆洋典当有限公司	山东省潍坊市坊子区龙泉街陆洋小区1号楼东9	0536—2102108
169	济宁市鹏达典当有限公司	山东省济宁市任城区翠都国际商务酒店商业裙房一层0102号，二层0202号房	18053777780
170	济宁市永大典当有限责任公司	山东省济宁市济安桥路东中区法院西	0537—2786799
171	济宁鑫泰典当有限责任公司	山东省济宁市市中区运河路东虹桥装饰材料城9号楼	13805379386
172	曲阜市东泰典当行有限公司	山东省济宁市曲阜市时庄327国道北	15054704321
173	山东恒祥典当行有限公司	山东省济宁市泗水县泉源大道	13705371918
174	邹城市矿区典当有限责任公司	山东省济宁市邹城市凫山路中段	13963793960
175	济宁融翔典当有限责任公司	山东省济宁市共青团路都市花园西门第21幢01单元1层0103号	18605373195
176	山东省森海典当有限责任公司	山东省济宁市邹城市西外环路1888号	15725933456
177	山东万通典当有限公司	山东省济宁市曲阜市大成路路东	15315372772
178	济宁金典典当有限责任公司	山东省济宁市高新区万丽富德广场第0001栋01单元8层817室	13792337168
179	济宁市惠诚典当有限公司	山东省济宁市任城区环城北路19号关帝庙金融街8号楼一楼南第一间商铺	0537—2176577
180	济宁北汇典当有限责任公司	山东省济宁市汶上县圣泽大街路北	13806394605
181	山东润银典当有限责任公司	山东省泰安市泰山区长城路78号时代明珠商务大厦15层B6号	0538—2418058
182	山东盛鼎典当有限公司	山东省泰安市岱宗大街46号 华府天地B座201	13793836666
183	泰安九通典当有限公司	山东省泰安市东平县工业园区	0538—2666017
184	泰安市恒丰典当有限公司	山东省泰安市长城路北段世纪大厦	13954897279
185	泰安市宏兴典当有限公司	山东省泰安市泰山区天龙国际大厦A座107号	15296988888
186	泰安市库丰典当有限公司	山东省泰安市泰山区天龙国际大厦B座1604号	18653146210
187	泰安市瑞丰典当有限责任公司	山东省泰安市泰山大街以北长城立交桥以西沿街商业楼5号	0538—8417166
188	泰安市盛泰典当有限公司	山东省泰安市泰山区高科技产业园起步区B9—2号	13583847777
189	泰安市泰信典当有限责任公司	山东省泰安市东岳大街34号	13665381188
190	泰安市银丰典当有限责任公司	山东省泰安市红门路58号	0538—6306888
191	泰安市正大典当有限公司	山东省泰安市五环小区一期26#楼一楼西	0538—6615053
192	泰安众信典当有限公司	山东省泰安市长城路东侧泰山家园高层公寓B座13层02号	0538—6989898
193	泰安盛宝胜典当有限公司	山东省泰安市泰山大街2905号	15345380567
194	泰安市汇丰典当有限公司	山东省泰安市灵山大街268号（巨菱枫景园1号楼）	0538—8568249
195	泰安市泰山乾通典当有限公司	山东省泰安市宝龙东社区沿街营业房B101号	13615381777
196	新泰市信和典当有限公司	山东省泰安市新泰市新汶大街中段	0538—7839336
197	荣成市好当家典当有限公司	山东省威海市荣成市青山东路230号	0631—7439999
198	山东润丰典当有限公司	山东省威海市环翠区戚谷疃小区北区61号—2	13356308506
199	威海佰川典当有限公司	山东省威海市世昌大道148—3号—6	0631—5255789
200	威海宝丰典当有限责任公司	山东省威海市经济技术开发区齐鲁大道65—1号	0631—5867888

续表6

序号	单位名称	单位地址	单位电话
201	威海恒德典当有限公司	山东省威海市世昌大道150—5号	0631—5672018
202	威海汇钰典当有限公司	山东省威海市环翠区海滨南路6号一楼东	15266116565
203	威海金玖典当有限公司	山东省威海市西城路24号恒升大厦3号网点24—3号	0631—5187773
204	威海盛宝典当有限公司	山东省威海市环翠区昆明路82号309—310室	0631—5225858
205	威海市百源典当有限责任公司	山东省威海市文登区世纪大道80—15	0631—8828999
206	荣成成山典当有限公司	山东省威海市荣成市南山北路98号	0631—7523999
207	威海富强典当有限责任公司	山东省威海市文登区山川文苑文欣园1—2号	15606317359
208	荣成市赤山典当有限公司	山东省威海市荣成市石岛斥山西路3号	0631—7321102
209	威海上利典当行有限公司	山东省威海市环翠区山海顺沁园—3号—5	13386305555
210	威海市融亿通典当有限公司	山东省威海市文化中路80号	0631—5896299
211	威海瑞通典当有限公司	山东省威海市文化东路45—9号—6—7	15163171777
212	日照瑞通典当有限责任公司	山东省日照市文登路288号望海商务办公楼一楼沿街	18953300127
213	日照尚益典当有限责任公司	山东省日照市东港区济南路与威海路交汇处（新城花园20号楼沿街）	0633—8265376
214	日照市宝汇典当有限公司	山东省日照市北京南路海纳现代城001幢13单元123号	13706332991
215	日照市鼎丰典当有限责任公司	山东省日照市山东路599号（日百依河园小区沿街）	0633—8587716
216	日照兴业典当有限公司	山东省日照市泰安路兴业世纪城16号楼203号	0633—8718768
217	日照晟丰典当有限公司	山东省日照市莒县城阳街道青岛路万和城北区沿街楼36号	0633—6208686
218	莒县金鑫典当有限责任公司	山东省日照市莒县银杏大道南侧，沭景嘉园沿街楼	18606331036
219	日照大华典当有限公司	山东省日照市东港区山东路615—2号	0633—2288117
220	日照共生典当有限责任公司	山东省日照市绿舟南路68号辉煌国际海港城二区001幢16单元16—191号	13706335957
221	日照市诚信典当有限责任公司	山东省日照市泰安路南侧，文登路东	0633—8221283
222	日照市鑫磊典当有限公司	山东省日照市济南路257号兴业银河华府002幢1单元106号	0633—3987008
223	山东恒业典当有限公司	山东省日照市海曲东路南文登路西太阳海岸007幢11单元	0633—8351769
224	五莲汇丰典当有限责任公司	山东省日照市五莲县富强路日照银行北沿街房	0633—8338868
225	临沂市金源典当有限责任公司	山东省临沂市兰山区柳青街道沂蒙路与天津路交汇处杏坛文化家园沿街E号楼106室	0539—7756900
226	临沂市胜盈典当有限公司	山东省临沂市兰陵县迎宾路与文化路交汇处南100米路西	15966766678
227	临沂文轩典当有限公司	山东省临沂市河东区东兴路与育英街交汇处沂河文化城一楼	13562916836
228	山东宝舜典当有限公司	山东省临沂市河东区凤凰大街颐东大厦7楼	13581088760
229	山东裕鑫典当有限公司	山东省临沂市兰陵县城区滨河西路北段西侧家天下沿街1幢商铺03	15106494444
230	莒南县玉丰典当有限公司	山东省临沂市莒南县新建路16号	15376051009
231	临沂金波源典当有限公司	山东省临沂市兰山区祝丘路与海关路交汇处以东埠东家园	0539—8122222
232	临沂聚丰典当股份有限公司	山东省临沂市莒南县城隆山路北段阜丰时代城1号楼	0539—7212299
233	临沂市隆盛典当有限责任公司	山东省临沂市兰山区北园路327号	0539—8020110
234	临沂市沂州典当有限责任公司	山东省临沂市兰山区北京路37号临商大厦25楼	0539—8151129
235	临沂万隆典当有限公司	山东省临沂市罗庄区盛庄街道办事处欧洲街72号	0539—7100286
236	临沂鑫久隆典当行有限公司	山东省临沂市兰山区解放路与八腊庙街交汇南侧	0539—7116666

续表7

序号	单位名称	单位地址	单位电话
237	山东保力典当有限公司	山东省临沂市兰山区蒙山大道与涑河南街交汇处龙腾华景大厦2C号楼一层138号	13905396539
238	山东国玺典当有限公司	山东省临沂市兰山区柳青街道武汉路与沭河路交汇西休格兰沿街103号	15376242555
239	山东凯麟典当有限公司	山东省临沂市兰山区涑河北街257号涑堤春晓	15020398111
240	山东蒙山典当有限公司	山东省临沂市兰山区柳青街道文峰山路与济南路交汇爱琴海沿街109号	18305391234
241	山东省国安典当有限公司	山东省临沂市兰山区沂州路南段（407号）	13583916618
242	山东玉皇典当有限公司	山东省临沂市莒南县天桥路273号（玉皇家园小区）	0539—7910363
243	临沂市源丰典当有限公司	山东省临沂市兰山区琅琊王路北段	0539—3593088
244	临沂汇金典当有限公司	山东省临沂市兰山区北园路221号	0539—2871111
245	山东天元典当有限公司	山东省临沂市银雀山路63号	13705390878
246	山东中福典当有限责任公司	山东省临沂市蒙阴县恒昌路中段	15163932877
247	山东阿凡提典当有限公司	山东省临沂市沂南县祥和路东段南侧（贵和源小区沿街）	18354456808
248	临沂市新世纪典当有限公司	山东省临沂市兰山区通达路367号	0539—8366861
249	山东乾掌柜典当有限公司	山东省临沂市兰山区通达路与涑河北街交汇处左岸2012小区2号楼107	15153903155
250	临沂市万福典当有限责任公司	山东省临沂市兰山区银雀山路169号	13953900369
251	临沂龙飞典当有限公司	山东省临沂市兰山区通达路与涑河北街交汇路东左岸2012小区	15053996789
252	乐陵市天信典当有限责任公司	山东省德州市乐陵市兴隆街118号	0534—6227927
253	庆云县融兴典当有限公司	山东省德州市庆云县中心北街508号附1号	0534—3322416
254	山东德鑫泉典当有限公司	山东省德州市禹城市汉槐街北侧	0534—7282799
255	山东泰和典当有限公司	山东省德州市禹城市商城丽江街东首路北168号沿街楼三楼301室至306室	13969255666
256	德州恒泰典当有限公司	山东省德州市经济开发区东方红路南侧中茂家园10号楼38号商业房	0534—2428969
257	山东鲁海典当有限公司	山东省德州市东风东路世纪花城小区9号楼2单元3号门市	13905343868
258	德州市银海典当有限责任公司	山东省德州市德城区共青团路992号	0534—2668777
259	聊城市昌润典当有限责任公司	山东省聊城市东昌西路西首	0635—8389126
260	聊城正泰典当有限公司	山东省聊城市茌平县建设路与枣乡街交汇处	0635—2989899
261	山东东元典当有限公司	山东省聊城市经济开发区东昌东路177号当代国际广场核心商务区财智大厦24楼	13969569390
262	聊城市鲁信典当有限责任公司	山东省聊城市经济开发区黄山南路1号	13906351128
263	聊城市盛融典当有限公司	山东省聊城市经济开发区东昌东路62号宝龙花园8号办公楼6楼	15965751566
264	山东鑫元典当有限责任公司	山东省聊城市经济开发区黄河路66号	13356350666
265	冠县瑞祥典当有限公司	山东省聊城市冠县崇文街道办事处建安商贸城1期电子商务产业园6层26号	18206355878
266	聊城元茂典当有限公司	山东省聊城市高新区长江路111号华建壹街区5号办公楼2楼5—2—12，5—2—13，5—2—14	18663567999
267	滨州北海汇泰典当行有限公司	山东省滨州市北海经济开发区富民路中段	0543—5071509

续表8

序号	单位名称	单位地址	单位电话
268	滨州诚帮典当有限公司	山东省滨州市渤海三路509号	0543—3288388
269	滨州银成典当有限公司	山东省滨州市黄河六路524号众成大厦	0543—3151369
270	滨州永泰典当有限公司	山东省滨州市滨城区渤海八路520号	13563089386
271	惠民县汇丰典当有限公司	山东省滨州市惠民县武定府路296号	13805437888
272	山东财昌典当有限公司	山东省滨州市经济技术开发区长江一路277号信达国际花园城二期12号楼103号商铺	15065228007
273	山东方舟典当有限公司	山东省滨州市黄河五路543—6号	15854660958
274	山东聚福典当有限公司	山东省滨州市黄河五路497号	13906494210
275	山东银泰典当有限公司	山东省滨州市博兴县博城四路215号	15854388777
276	无棣县丰泽典当有限责任公司	山东省滨州市无棣县商业街西首	0543—6335818
277	滨州市得瑞典当有限责任公司	山东省滨州市阳信县阳城5路917号	13905430030
278	滨州市鑫桥典当有限责任公司	山东省滨州市经济开发区黄河二路317号	0543—3801196
279	山东汇丰典当有限公司	山东省滨州市博兴县乐安大街375号	15866667777
280	山东亿融典当有限公司	山东省滨州市博兴县新城一路南首	13754677777
281	山东中通典当行有限公司	山东省滨州市至尊门第新城广场花园44幢104号	18601056666
282	山东省博兴县济民典当有限责任公司	山东省滨州市博兴县博城三路109号	0543—2300076
283	无棣县润丰典当有限责任公司	山东省滨州市无棣县腾达大街北侧棣新四路以东	15254359555
284	山东金鼎典当有限公司	山东省菏泽市高新区中华西路九为产业园E6—19	13396415957
285	山东省鸿福典当有限责任公司	山东省菏泽市曹县清江路康地君佳17号楼	15990951666
286	菏泽市牡丹典当有限责任公司	山东省菏泽市黄河东路1566号	0530—3968285
287	山东德嘉典当有限责任公司	山东省菏泽市曹县清江路锦绣江南1001楼一单元203、204室	15335305222
288	山东华银典当有限公司	山东省菏泽市郓城县万象世纪小区3—106	18853000535
289	山东润海典当有限公司	山东省菏泽市牡丹区中华西路2007号	17864053333
290	郓城聚源典当有限公司	山东省菏泽市郓城县金河路东段路南	13675409999
291	郓城县鹏搏典当有限公司	山东省菏泽市郓城县城东门街南段	0530—6933888
292	东明三利典当有限公司	山东省菏泽市东明县五四路东段580号东方世纪城10号楼	0530—7258338
293	菏泽中润达典当有限公司	山东省菏泽市开发区怡景蓝湾3#楼01单元01室	0530—7075299
294	鄄城县鸿运典当有限责任公司	山东省菏泽市鄄城县鄄五路南段姜口村	0530—2992969
295	单县杜邦典当有限责任公司	山东省菏泽市单县湖西路南段绿洲花园32号楼	0530—4660101
296	德州市恒融典当有限公司	山东省德州市德城区新湖北路23号	13869272299
297	山东泽澎典当行有限公司	山东省临沂市罗庄区宝丽未来城A区A16号楼104室	18854933969
298	亿信华辰典当（济南）有限公司	山东省济南市长清区文昌街道办事处文昌路银东商城1—3号	17362180888
299	济南天亿典当有限公司	山东省济南市长清区中川街中段路北142号3—101室	18678839166
300	青岛建惠典当有限公司	山东省青岛市黄岛区源江路1楼6—2号	0532—86759666
301	青岛汇海源典当有限公司	山东省青岛市黄岛区银沙滩路79号13#—08户	13954285568
302	青岛景明典当有限公司	山东省青岛市黄岛区井冈山路566号	13573299215
303	青岛一分钱典当行有限公司	中国（山东）自由贸易试验区青岛片区前湾保税港区莫斯科路52号天智国际商品展示交易中心一层A202（B）	13573212929

山东省融资租赁公司概况

一、基本情况

截至2020年末，山东省辖内在市场监督管理部门登记注册的名称中含有“融资租赁”字样的法人机构共有1,119家（含商务部、国家税务总局批准设立的内资融资租赁公司18家），较上年减少65家；其中已纳入监管名单的有29家，注册资本合计169.82亿元，实缴资本合计138.93亿元，资产总额为274.54亿元，租赁资产总额为200.27亿元。

二、行业监管情况

山东省融资租赁公司业务经营单一、同质化严重，以直接租赁、售后回租为主，经营性租赁业务开展较少。国有融资租赁公司整体资产规模高于民营融资租赁公司资产规模。行业风险主要表现在：一是个别实际开展业务的企业中，存在偏离主业、超范围或违规经营等问题，或实际从事非法金融活动。二是行业整体管理水平较低，风控意识不强，识别与化解风险的能力弱。三是大量“僵尸”“失联”“空壳”机构长期处于“休眠”状态或者零业务，给行业带来一定的不良影响。

2020年6月2日，中国银保监会出台了《关于印发融资租赁公司监督管理暂行办法的通知》（银保监发〔2020〕22号），对融资租赁企业的经营规则、监管指标、监督管理、法律责任等方面作出新的规定和要求，并设置三年过渡期，通过分类处置推动融资租赁行业“减量增质”。

为及时发现并妥善处置存在的风险隐患，促进行业持续健康发展，山东省地方金融监督管理局对在全省市场监督管理部门登记注册的名称中含有“融资租赁”字样的法人企业开展了摸底排查工作。各市地方金融监督管理局通过调取企业登记注册信息、纳税信息、社保记录、月度经营报表以及电话联系等方式，对辖内企业进行初步摸排，并通过实地核查、高管约谈等方式进行详细排查。经查，目前有正常经营企业100家、“失联”企业135家、“空壳”企业125家、“僵尸”企业13家、其他非正常企业22家、注销企业26家。在各市摸排的基础上，山东省地方金融监督管理局选聘两家会计师事务所对经过市级初审的100家企业进行了现场检查。经过现场检查，将29家融资租赁公司列为正常经营类，山东省地方金融监督管理局在公示后将其纳入正常监管名单，并报中国银保监会备案；对未通过市级初审及经审计检查定为非正常经营、违法违规经营的公司，由各市地方金融监督管理局继续抓好整改落实，合格一批纳入正常监管一批。

在做好监管工作的同时，山东省地方金融监督管理局积极做好服务，培育发展市场主体，针对目前融资租赁公司审批缺少上位法的情况，商讨提出设立、变更基本条件，对有设立、变更需求的机构进行辅导，经辅导后符合监管要求的，会商市场监督管理部门帮助企业完成登记注册、变更，从而进一步优化省内营商环境，不断促进山东省融资租赁公司更好地服务当地实体经济。2020年，山东省地方金融监督管理局共辅导设立3家融资租赁公司。

下一步，山东省地方金融监督管理局将按照“补短板、严监管、防风险、促规范”的原则，认真贯彻落实中国银保监会有关监管要求，研究制定山东省融资租赁公司监管实施细则，根据融资租赁公司的经营状况、风险状况、内部管理等方面进行准确分类，持续加强和完善融资租赁公司分类监管，引导行业规范有序发展，将过渡期内符合监管要求的融资租赁公司及时纳入监管名单，推动行业实现高质量发展。

（朱 萍）

附表

山东省融资租赁公司名录

序号	单位名称	单位地址	单位电话
1	长城融资租赁有限责任公司	山东省济南市经七路88号	0531—82097799 13608921788
2	国融（国际）融资租赁有限责任公司	山东省济南市市中区纬二路51号山东商会大厦A座29层	13969055662
3	济南金控国际融资租赁有限公司	山东省济南市历下区经十路9999号黄金时代广场D座19层1902室	15153109800
4	山东国智民生融资租赁有限公司	山东省济南市历下区二环东路5079号和瑞广场B座707	13806356860
5	山东乾泰融资租赁有限公司	山东省济南市槐荫区经十路22799号和谐广场银座中心2号楼23层2312室	18615631616
6	山东惠金融资租赁有限公司	中国（山东）自由贸易试验区济南片区经十路汉峪金谷A2区3栋6楼605室	13854795002

续表

序号	单位名称	单位地址	单位电话
7	汇鼎租赁有限公司	山东省济南市高新区舜华路2000号舜泰广场1号楼A区11层1102室	13287010013
8	山东鸿华融资租赁有限公司	山东省济南市高新区经十路7000号汉峪金融商务中心A4—（4）办公楼30层3004室	13864054582
9	山东祥达融资租赁有限公司	山东省济南市高新区经十东路以南济南出口加工区海关卡口办公楼东楼一层1—106室	13678615566
10	山东顺骋融资租赁有限公司	山东省济南市高新区凤凰路与世纪大道东北角海信创智谷裙房第一层101房间	18653378360
11	融世华融资租赁有限公司	山东省济南市高新技术产业开发区舜华路109号	0531—81217366
12	山东晨鸣融资租赁有限公司	山东省济南市高新区舜华路2000号舜泰广场2号楼35层	18605363000
13	丰源鑫汇融资租赁有限公司	山东省济南市高新技术开发区新泺大街1166号奥盛大厦2号楼18层东南室	15163251799
14	水发国际融资租赁有限公司	山东省济南市高新技术产业开发区舜华路2000号舜泰广场1号楼A区8层803室	18605311949
15	山东舜世融资租赁有限公司	山东省济南市高新技术产业开发区经十东路5777奥体天泰广场金域国际B座16楼	18668993309
16	山东能源重装集团恒信融资租赁有限公司	山东省泰安市泰山科技城B区6号楼	0538—7825829
17	山东泰山财金融资租赁有限公司	山东省泰安市岱岳区天平办事处旅游经济开发区大陡山村环湖路以东商业楼	18553803666
18	泰山隆元（泰安）融资租赁有限公司	山东省泰安市高新区南天门大街与长城路交汇处高新区政务服务中心大楼	18660822599
19	宁阳慧岭融资租赁有限公司	山东省泰安市宁阳县文庙街道城区建设路1269号	13562833502
20	临沂广惠融资租赁有限公司	山东省临沂市兰陵县经济开发区金美尔大厦3楼	0539—5381666
21	临沂市国安融资租赁有限公司	山东省临沂市经济技术开发区金科财税大厦3楼C307室	0631—8322597
22	山东东海融资租赁股份有限公司	山东省东营市东营区蒙山路38号	13505463867
23	山东恒丰融资租赁有限公司	山东省东营市广饶县大王镇刁孟路西北外环北侧1号	13705463288
24	东方圣城租赁有限公司	山东省济宁市高新区产学研基地A2栋	0537—5665589
25	邹鲁融资租赁有限公司	山东省济宁市邹城市金山大道666号	0537—5290377
26	汇银融资租赁有限公司	山东省潍坊市坊子区北海路中段路西	0536—7602065
27	国维瑞盈（潍坊）融资租赁有限公司	山东省潍坊市保税区高二路318号2号楼商务楼401室	0536—8101025
28	烟台蓝天宏创融资租赁有限公司	山东省烟台市经济技术开发区长江路59号	0535—6107296
29	山东宏桥融资租赁有限公司	山东省滨州市邹平县会仙一路12号	0543—4161178

山东省商业保理公司概况

一、基本情况

商业保理公司主要经营商业保理业务，同时还可经营客户资信调查与评估以及与商业保理相关的咨询服务。商业保理业务是供应商将其基于真实交易的应收账款转让给商业保理公司，由商业保理公司向其提供保理融资、销售分户（分类）账管理、应收账款催收、非商业性坏账担保等服务。

截至2020年末，山东省辖内在市场监督管理部门注册的名称中含有“商业保理”字样的法人机构共有649家，较上年减少109家，注册资本达461亿元。其中，已纳入监管名单的机构有59家，注册资本合计97.03亿元，实缴资本合计76.84亿元，年末资产总额为271.76亿元，全年实现保理业务总额372.32亿元。

二、行业监管情况

山东省商业保理公司目前主要存在公司治理不完善、内部控制制度和风险管理体系不健全、业务开展不规范、防范化解各类风险能力差等风险隐患。2019年10月22日，中国银保监会办公厅印发《关于加强商业保理企业监督管理的通知》（银保监办发〔2019〕205号），对商业保理企业提出了明确的监管要求：（1）受让同一债务人的应收账款，不得超过风险资产总额的50%；（2）受让以其关联企业为债务人的应收账款，不得超过风险资产总额的40%；（3）将逾期90天未收回或未实现的保理融资款纳入不良资产管理；（4）计提的风险准备金，不得低于融资保理业务期末余额的1%；（5）风险资产不得超过净资产的10倍。

根据这些监管要求，2020年，山东省地方金融监督管理局会同市、县（市、区）地方金融监督管理局，通过信息交叉比对、实地走访、接受信访投诉、聘请第三方中介机构现场检查等方式，对全省商业保理公司进行了摸底排查和分类处置，并按照《商业保理企业名单制管理工作方案》（银保监普惠金融函〔2020〕273号）的要求，将合规经营的59家商业保理公司纳入监管名单，并报中国银保监会备案。

在做好监管工作的同时，山东省地方金融监督管理局积极做好服务，培育发展市场主体，针对目前商业保理公司审批缺少上位法的情况，商讨提出设立、变更基本条件，对有设立、变更需求的机构进行辅导，经辅导后符合监管要求的，会商市场监督管理部门帮助企业完成登记注册、变更，从而进一步优化省内营商环境，促进商业保理公司更好地服务实体经济发展。2020年，山东省地方金融监督管理局共辅导设立2家商业保理公司。

下一步，山东省地方金融监督管理局将继续按照中国银保监会统一要求，做好辖内商业保理公司的分类处置工作，对符合监管要求的商业保理公司，分批次进行公示，纳入监管名单；对不符合监管要求的，做好督促整改和协调退出工作，加强公司的分类监管。

（赵海霞）

附表

山东省商业保理公司名录

序号	单位名称	单位地址	单位电话
1	山东乾泰商业保理有限公司	山东省济南市槐荫区经十路22799号银座中心2号楼23层2314室	13953132015
2	山东历金海融商业保理有限公司	山东省济南市历城区华信路3号鑫苑鑫中心7号楼鑫苑金融大厦1511—1室	18560751733
3	济南穆和商业保理有限公司	山东省济南市天桥区交通厅街南侧沿街商业用房D区203—204户	18844182692
4	济南元盛商业保理有限公司	山东省济南市天桥区交通厅街南侧沿街商业用房D区205—206户	18201677122
5	聚创国际商业保理有限公司	中国（山东）自由贸易试验区济南片区经十路汉峪金融中心四区4号楼20层2001—3室	13791089649
6	济南纬普英蓝商业保理有限公司	中国（山东）自由贸易试验区济南片区新宇路以西世纪财富中心D座906	13552698439
7	齐鲁汇诚商业保理有限公司	中国（山东）自由贸易试验区济南片区舜华路2000号舜泰广场6号楼31层3107房间	0531—88233705

续表1

序号	单位名称	单位地址	单位电话
8	山东鲁晟商业保理有限公司	中国（山东）自由贸易试验区济南片区舜华路2000号舜泰广场2号楼1201—1	18865750936
9	坤尚商业保理有限公司	中国（山东）自由贸易试验区济南片区舜华路2000号舜泰广场6号楼27层CD区C11房间	13853144199 0531—88686952
10	济南亿佰商业保理有限公司	中国（山东）自由贸易试验区济南片区新宇路以西世纪财富中心D座911	15773036567
11	山东运金商业保理有限公司	山东省济南市济阳区济北开发区黄河大街17号总部经济中心办公楼648—1室	0531—85865801
12	济南兆泓商业保理有限公司	山东省济南市市中区经四路5、7、9号7—1010、1011—1	16621156893
13	济南君睐商业保理有限公司	山东省济南市市中区经四路5、7、9号7—1010、1011—2	18916300929
14	济南恒鑫商业保理有限公司	山东省济南市市中区经四路5、7、9号7—1010、1011—8	15201890463
15	济南滕展商业保理有限公司	山东省济南市市中区经四路5、7、9号7—1010、1011—7	15051807587
16	济南傲信商业保理有限公司	山东省济南市市中区经四路5、7、9号7—1010、1011—3	13621747135
17	济南傲视商业保理有限公司	山东省济南市市中区经四路5、7、9号7—1010、1011—4	13761602189
18	济南恒荣商业保理有限公司	山东省济南市市中区经四路5、7、9号7—1010、1011—6	13761144012
19	济南傲辉商业保理有限公司	山东省济南市市中区经四路5、7、9号7—1010、1011—5	13817344734
20	济南国信天亿商业保理有限公司	山东省济南市市中区土屋路	13001728466
21	中霏商业保理有限公司	山东省济南市市中区银座晶都国际二楼商铺212号	13328069269
22	中璨商业保理有限公司	山东省济南市历下区经十路9777号鲁商国奥城2号楼22层2211室	13625418186
23	济南金控商业保理有限公司	山东省济南市历下区经十路12111号中润世纪中心2号楼11层	17866951717
24	山东菏铁商业保理有限公司	中国（山东）自由贸易试验区济南片区经十路7000号汉峪金融商务中心A6—4号楼1702—1	18963080332
25	山东磐石启恒商业保理有限公司	山东省济南市高新区龙奥北路909号龙奥国际广场2号楼1705	18600560024
26	青岛华商汇通商业保理有限公司	山东省青岛市市南区香港中路59号36层2号	0532—85660800 18561953215
27	青岛地铁商业保理有限公司	山东省青岛市市北区常宁路6号1508室	0532—58627038
28	青岛邦基汇融商业保理有限公司	山东省青岛市市北区山东路168号时代国际广场207室	18253294513
29	青岛建信商业保理有限公司	山东省青岛市市北区山东路168号时代国际广场11楼	0532—55695997
30	青岛宝利来商业保理有限公司	山东省青岛市市北区通榆路46号—886室	0532—86995990
31	山东港口商业保理有限公司	山东省青岛市市北区港华路7号2102室	13046015112
32	青岛融金商业保理有限公司	山东省青岛市李沧区宾川路90号2号楼—10	15092185100
33	青岛海信商业保理有限公司	山东省青岛市崂山区松岭路399号	0532—80878229
34	青岛澳柯玛信诚商业保理有限公司	山东省青岛市崂山区株洲路183号2号楼302室	0532—85919028
35	青岛桂信达商业保理有限公司	山东省青岛市崂山区苗岭路15号青岛金融中心大厦1802室	0532—83950790
36	青岛歌尔商业保理有限公司	山东省青岛市崂山区松岭路396号107室	0532—58569616
37	青岛海融汇商业保理有限公司	山东省青岛市崂山区海尔路178—2号楼裕龙国际中心1207	15762555668
38	青岛城投金控商业保理有限公司	山东省青岛市崂山区香港东路195号9号楼13层1301室	0532—66567175、66567185

续表2

序号	单位名称	单位地址	单位电话
39	山东鲁花商业保理有限公司	山东省青岛市崂山区香港东路195号上实中心T3号楼1305—1室	0532—55795627
40	青岛裕兴昌商业保理有限公司	山东省青岛市崂山区海尔路83号金鼎大厦34层	0532—58570088
41	金惠华企（山东）商业保理有限公司	山东省青岛市城阳区棘洪滩街道锦盛二路金岭区社区中心312号	13964222550 15684164575
42	青岛诚源商业保理有限公司	山东省青岛市西海岸新区黄浦江路57号706室	0532—86972256
43	青岛西海岸民联商业保理有限公司	山东省青岛市西海岸新区庐山路6号	0532—68977779
44	青岛鸿越商业保理有限公司	山东省青岛市西海岸新区滨海街道办事处技术交易大厦	18561977377
45	青岛西发商业保理有限公司	中国（山东）自由贸易试验区青岛片区长白山路888号九鼎峰大厦203—12室	0532—66011911
46	青岛海控商业保理有限公司	中国（山东）自由贸易试验区青岛片区长白山路888号九鼎峰大厦309—2室	0532—82198770
47	城发集团（青岛）商业保理有限公司	山东省青岛市西海岸新区江山南路458号	0532—86702758
48	交融启辰商业保理（青岛）有限公司	中国（山东）自由贸易试验区青岛片区长白山路888号九鼎峰大厦309—1室	18053206181
49	青岛睿融商业保理有限公司	山东省青岛市即墨区潮海街道办事处黄河三路6号	18561952809
50	青岛中金卓越商业保理有限公司	山东省青岛市即墨区青威路1626号办公楼4楼西侧办公室	15710064288
51	北银红金（山东）商业保理有限公司	中国（山东）自由贸易试验区青岛片区前湾保税港区北京路56号恒通写字楼306室（B）	15863872999
52	山东安澜商业保理有限公司	山东省淄博市高新区汇金大厦一号楼4023	18553359997
53	山东昭德商业保理有限公司	山东省潍坊市寒亭区北海路2998号潍坊总部基地一期工程东区8号楼1—308	13655364055
54	潍坊黑石商业保理有限公司	山东省潍坊市潍城区健康街与青年路交叉口西北角润阳新城1号楼301	18553687288
55	东方圣城商业保理有限公司	山东省济宁市高新区崇文大道2299号	0537—5665587
56	山东经达商业保理有限公司	山东省济宁市高新区海川路9号产学研基地C1楼201室	15069730789
57	邹鲁商业保理有限公司	山东省济宁市邹城市金山大道666号	15964764574
58	日照市财金商业保理有限公司	山东省日照市东港区海曲东路396号日照国际财富中心	0633—2956085
59	山东融盛天华商业保理有限公司	山东省临沂市罗庄区沂河路与蒙山大道交汇	18654988850

山东省地方资产管理公司概况

经中国银保监会公布，目前山东省共有3家地方资产管理公司具备金融企业不良资产批量收购处置业务资质，分别为山东省金融资产管理股份有限公司、泰合资产管理有限公司和青岛市资产管理有限责任公司。

一、地方资产管理公司基本情况

（一）山东省金融资产管理股份有限公司

山东省金融资产管理股份有限公司（简称山东金融资产）于2014年12月经山东省人民政府批准设立，2015年7月经中国银监会公布，具备山东省范围内金融企业不良资产批量收购与处置业务经营资质，注册地在山东省济南市。

截至2020年末，山东金融资产注册资本为366.39亿元，总股本为366.39亿股，主要股东情况如下：山东省鲁信投资控股集团有限公司持股301.49亿股，占82.29%；山东省财政厅和济南财金投资有限公司各持股10亿股，各占2.73%；山东省国际信托股份有限公司持股5亿股，占1.36%；中油资产管理有限公司和烟台信贞添盈股权投资中心（有限合伙）各持股4亿股，各占1.09%；幸福人寿保险股份有限公司、青岛城市建设投资（集团）有限责任公司和山东国泰实业有限公司各持股3.2亿股，各占0.87%。公司设有资产经营一部、资产经营二部、资产经营三部、资产经营四部、资产经营五部、股权投资部、上海业务中心、党委纪委办公室、综合管理部、财务管理部、法律合规部、风险审核部、资金运作部、战略发展部、投资银行部等多个部门，并于山东省境内设有多家分支机构，现有员工145人。

（二）泰合资产管理有限公司

泰合资产管理有限公司（简称泰合资产）于2017年1月经山东省人民政府批准设立，2017年4月经中国银监会公布，具备山东省范围内金融企业不良资产批量收购与处置业务经营资质，注册地在山东省济南市。

截至2020年末，泰合资产注册资本为100.00亿元，主要股东情况如下：中国民生投资股份有限公司出资46.00亿元，占46%；山东省国有资产投资控股有限公司出资25.00亿元，占25%；山东发展投资控股集团有限公司出资15.00亿元，占15%；山东东岳高分子材料有限公司出资6.00亿元，占6%；万通海欣控股集团股份有限公司出资4.00亿元，占4%；华鑫通国际招商集团股份有限公司出资4.00亿元，占4%。公司设有风险管理部、综合财务部、资产管理部业务一部、资产管理部业务二部、资产管理部业务三部、资产管理部业务四部6个部门，现有员工21人。

（三）青岛市资产管理有限责任公司

青岛市资产管理有限责任公司（简称青岛资产）于2015年9月经青岛市政府批准设立，2016年2月经中国银监会公布，具备青岛市范围内金融企业不良资产批量收购与处置业务经营资质，注册地在山东省青岛市。

截至2020年末，青岛资产注册资本为30.00亿元，主要股东情况如下：青岛国际投资有限公司出资10.00亿元，占33.33%；招商证券投资有限公司出资9.00亿元，占30%；青岛港（集团）有限公司出资6.00亿元，占20%；青岛地铁金融控股有限公司出资5.00亿元，占16.67%。公司设有资产经营部、资本运营部、投资银行部、保理业务部、法律合规部、风险管理部、内部审计部、财务管理部、综合管理部等多个部门，现有员工41人。

二、主要业务情况

地方资产管理公司的主要业务为收购、受托经营金融机构和非金融机构不良资产，对不良资产进行管理、投资和处置。聚焦不良资产主业，化解地方金融风险，各地方资产管理公司在处置不良资产、盘活存量资产、防范和化解金融风险、支持实体经济发展等方面发挥了积极作用。截至2020年末，山东省3家地方资产管理公司不良资产账面余额为1,669.55亿元，不良资产投资余额为751.32亿元。其中，2020年累计收购不良资产账面值为267.85亿元，不良资产投资额为60.06亿元；当年累计处置不良资产账面值为555.85亿元，同比上升23.43%，处置回收资金244.79亿元。

三、风险状况

根据相关规定，中国银保监会负责制定地方资产管理公司的监管规则，各省（自治区、直辖市）人民政府履行地方资产管理公司监管责任，各地方金融监督管理部门具体负责对本地区地方资产管理公司的日常监管，并督促地方资产管理公司严格遵守相关法律法规和监管规则。地方资产管理公司应坚持依法合规、稳健经营，以市场化方式、法治化原则、专业化手段开展不良资产收购处置业务，以防范和化解区域金融风险、维护经济金融秩序、支持实体经济发展为主要经营目标，专注主责主业，避免脱实向虚。

四、主要监管政策

目前，针对地方资产管理公司出台的监管政策主要有以下几个。

一是《山东省金融工作办公室关于印发〈山东省地方资产管理公司监管暂行办法〉的通知》（鲁金办字〔2016〕152号）。

二是《中国银保监会办公厅关于加强地方资产管理公司监督管理工作的通知》（银保监办发〔2019〕153号）。

三是《山东省地方金融监督管理局关于转发〈中国银保监会办公厅关于加强地方资产管理公司监督管理工作的通知〉的通知》（鲁金监字〔2019〕206号）。

四是《山东省地方金融监管局 中国银行保险监督管理委员会山东监管局 中国银行保险监督管理委员会青岛监管局关于印发〈资产管理公司金融不良资产收购情况综合评价办法〉的通知》（鲁金监字〔2020〕273号）。

五、下一步工作打算

2021年，山东省地方金融监督管理局将深入贯彻落实中央经济工作会议精神和山东省委省政府对金融工作的决策部署，对地方资产管理公司坚持严守风险的底线思维，坚持服务实体经济的根本目标，坚持稳妥审慎的监管思路，坚持问题导向、有的放矢，不断深化金融供给侧结构性改革。重点做好以下几方面工作：一是继续引导地方资产管理公司专注主责主业，加大不良资产收购处置力度。二是开展现场检查，分析、评价地方资产管理公司风险状况，落实各项监管措施，压实监管责任，防范地方资产管理公司经营风险。三是强化日常监管，进一步完善业务统计和信息报送制度，提高非现场监管工作标准化水平。

（卜 旻）

附表1

山东省地方资产管理公司主要业务指标

单位:亿元

项目	2016年	2017年	2018年	2019年	2020年	2020年同比增幅（%）
合计注册资本	131.10	231.10	231.10	496.39	496.39	0.00
资产总额	301.80	426.89	519.05	1,733.93	1,524.58	-12.07
营业收入总额	7.90	17.75	30.43	30.88	31.39	1.65
投放资金总额	78.79	123.23	120.22	922.64	60.06	-93.49
收购不良资产账面债权总额	225.94	363.53	305.74	1,799.06	267.85	-85.11
年末不良资产账面债权余额	473.45	504.98	543.83	1,931.66	1,669.55	-13.57

附表2

山东省地方资产管理公司名录

序号	单位名称	单位地址	单位电话
1	山东省金融资产管理股份有限公司	山东省济南市高新区颖秀路1237号	0531—67776280
2	泰合资产管理有限公司	山东省济南市历下区龙奥西路1号银丰财富广场B座1403	0532—81281239
3	青岛市资产管理有限责任公司	山东省青岛市海尔路65号招商银行财富大厦22—23层	0532—83260797

第十部分

区域性金融运行报告

济南市

【经济金融概况】 2020年，济南市构筑省会经济发展新优势，统筹推进疫情防控和经济社会发展，扎实做好“六稳”工作，全面落实“六保”任务，经济运行呈现全面恢复、稳步回升、逐渐向好态势。全年实现地区生产总值10,140.91亿元，同比增长4.90%。其中，第一产业增加值为361.66亿元，增长2.20%，第二产业增加值为3,530.67亿元，增长7.00%，第三产业增加值为6,248.58亿元，增长3.70%；金融业实现增加值968.52亿元，增长8.70%；金融存贷款规模持续扩大，年末金融机构本外币各项存款余额为21,064.98亿元，增长12.97%，金融机构本外币各项贷款余额为20,720.24亿元，增长10.40%。

【货币政策】 2020年，金融监管部门进一步畅通稳健货币政策传导机制，“精准滴灌”政策、“直达性”货币政策工具效果逐步显现，重点领域和薄弱环节融资状况持续改善，金融服务实体经济的质量和效益得到明显提升。一是强化货币政策工具的引导作用，积极用好3,000.00亿元专项再贷款政策、5,000.00亿元和1.00万亿元再贷款再贴现专用额度政策，加大对外贸、制造业、住宿餐饮等行业的支持力度。全年累计为辖内中小法人机构办理支小支农再贷款、再贴现197.70亿元。2020年先后落实4次下调存款准备金率政策，释放可用信贷资金74.90亿元。着力推动两项直达实体经济的货币政策工具落实落细，全年为2,072家普惠小微企业办理贷款延期46.20亿元，为8,834家企业发放普惠小微信用贷款36.10亿元。二是深化民营和小微企业金融服务，扎实做好“金融诊疗”助企行动和金融支持稳企业保就业工作。创新“金融诊疗”助企行动方式，将单一银企推介演进为“推介+辅导+诊疗+顾问”“四位一体”走访对接机制。全市金融机构通过“金融诊疗”助企行动对接融资33.70亿元。深入开展民营和小微企业“首贷培植行动”，督促各金融机构加强对有首次贷款需求企业的培植和授信。全年累计培植企业4,781家，实现首贷企业3,488家、贷款58.45亿元。三是强化利率监督指导。指导督促法人金融机构加快LPR改革落地实施，降低实体经济融资成本。四是创新增加乡村振兴金融供给，巩固金融精准扶贫成果。发挥“央行资金产业扶贫贷”的引导作用，支持各类生产经营主体带动建档立卡贫困户稳定脱贫。截至2020年末，引导撬动全市金融机构对扶贫主体累计发放贷款24.40亿元，带动1.20万人稳定脱贫。

【金融市场】 2020年，济南市人民银行分支机构引导融资多元化发展，在全面做好风险防控的同时助力实体经济发展。推动开展债券发行“双百攻坚行动”，全年推动辖内符合条件的重点企业通过银行间市场发行债券1,846.50亿元，同比增加285.40亿元，涵盖能源、交通、制造和商贸等行业；济南市法人金融机构实现60.00亿元无固定期限资本债券、40.00亿元小型微型企业贷款专项金融债券和20.00亿元金融债的发行，法人机构的服务实体经济能力和损失吸收能力进一步提升。

【金融稳定】 2020年，济南市人民银行分支机构多方联控，预防与化解并重，以健全风险攻坚体系为重点，确保辖区金融体系安全稳健运行。一是综合运用存款保险核查、央行评级等方式，密切跟踪监测重点机构和重点领域风险。加强与地方政府的工作联动，加大对企业金融风险、金融机构不良资产处置力度。二是多点推动，深入推进存款保险制度实施，实现存款保险标识在辖区49家银行顺利启用。落实存款保险主监管员制度，实现辖区法人金融机构全覆盖。借力“12345”政府公共服务平台发送公益宣传短信，开展以“存款保险，闪亮济南”为主题的大型灯光秀公益宣传。编写存保知识ABC手册和金融从业人员“明白纸”，有效发挥存款保险稳预期稳信心作用。

【金融监管】 2020年，济南市人民银行分支机构依法加强金融管理。一是切实保护金融消费者权益。认真受理投诉咨询，全年受理投诉1,515件，办结率为100.00%。加强金融纠纷非诉解决机制建设，成功调解纠纷5件，为消费者挽回损失近80.00万元。创新金融知识教育形式，推进纳入中小学国民教育体系，在市、县、乡三级145所中小学开展线上直播课，受众近5.00万人。二是增强反洗钱监管合力。深入推进差别分类监管，实现法人机构反洗钱现场监管全覆盖。与市公安、税务、检察院等部门建立合作机制，形成打击防范洗钱犯罪合力。推动洗钱入罪判决取得突破，协助市扫黑办侦查涉黑案件5次，向公安机关移交重点可疑交易报告14份，立案5起。三是加大违法违规金融广告监测力度，组织开展“金融广告随手拍”，对监测发现的10条线索进行处置。

【外汇管理】 2020年，济南市外汇管理部门以便利化和试点政策改革为关键点，增强外汇管理和服务能力，开展“精准帮扶百户行，跨境服务便利化”专项行动，实地走访企业100家，为24家企业解决实际困难。大力推进便利化改革，推行外汇业务网上办理，原20个工作日办理的行政审批事项缩短至0.50个工作日办结；推动莱商银行上线“跨境速汇达”产品，资金汇划平均提速20分钟。简化登记审批，将符合条件的内保外贷和境外放款注销登记下放至相关银行办理，取消非投资性外商投资企业资本金境内股权投资限制，放宽出口背景下国内外汇贷款购汇偿还限制。扩大人民币跨境使用，推动跨境双向人民币资金池业务规范发展。截至2020年末，济南市跨境人民币收付额为662.30亿元，同比增长34.20%，覆盖境外88个国家和地区。

【金融服务】 2020年，济南市人民银行分支机构以提升金融管理服务效能为支撑点，优化金融营商环境。一是纵深推进金融“放管服”和“一次办好”。创新推动济南市“泉城链”平台在全国率先实现金融领域试点应用，提高公众贷款办理效率。联合市自然资源与规划局实现不动产抵押登记“不见面服务”，被山东自贸区济南片区纳入试点推广范围。指导济南市24家银行335个网点成为企业注册全流程服务点，进一步提升企业开户效率。二是强化支付结算管理服务。严厉打击电信网络诈骗、跨境赌博违法犯罪，与公安、税务等部门建立线索推送机制，协助市反诈中心止付账户5.40万个。组织济南市26家银行接入省市农民工工资支付监管平台。推广“手机号码支付”功能，签约数与业务量均居全省首位。扎实开展“农村支付服务环境优化提升年”活动，推出2个“一市一品”项目。正式上线济南市金融与卫生系统互联互通项目。建成2个人脸识别线下支付示范商圈，共布放刷脸付终端3,023台。三是提高征信为民服务水平。顺利实现二代征信系统切换上线。对46家商业银行征信自助查询网点开展巡查和优化调整，改善公众征信查询体验。全年分别累计提供个人和企业信用报告查询服务39.50万人次和1.80万户次。开展贫困人口信用评定，对有信贷需求的贫困户实现信用档案和信用评定全覆盖。推动应收账款融资服务平台规模做大，全年累计融资成交704笔、金额228.60亿元。“征信服务助力普惠金融”连续三年入选“济南市文明城市建设百件实事”。四是有效履行经理国库职能。实现资金快速直达基层，推动市级国库集中支付电子化系统上线，实现济南市国库集中支付跨入电子化时代。五是优化人民币管理服务。联合公安部门开展为期4个月的打击整治假币违法犯罪专项行动，实行小面额人民币“主办网点制”，畅通硬币流通渠道。整治拒收现金行为，受理群众投诉152起，满意率为100%。六是准确规范开展金融统计服务。完善城镇储户问卷线上调查模式，试行单位贷款基础数据逐笔统计采集工作，高质量开展全口径房地产融资统计制度试点。

（高晓改、吕 华）

附表1

济南市主要金融指标1

单位：亿元

地区		银行类							
		本外币存款余额	住户存款	非金融企业存款	本外币贷款余额	第一产业贷款	第二产业贷款	第三产业贷款	个人贷款及透支
平阴县	2020年	276.63	186.57	53.99	182.92	1.81	33.16	67.72	64.82
	同比增幅（%）	14.07	20.68	-0.75	10.53	72.38	8.12	24.01	14.71
商河县	2020年	251.68	193.98	31.44	165.63	0.82	13.65	37.99	103.94
	同比增幅（%）	11.36	16.09	8.41	21.34	24.24	19.32	43.09	18.01
济南市	2020年	21,064.98	7,647.54	8,723.89	20,720.24	87.66	4,216.99	9,170.22	5,468.24
	同比增幅（%）	12.97	17.71	13.20	10.40	113.86	3.27	14.42	16.24

附表2

济南市主要金融指标2

单位：亿元

地区		保险类		证券类		
		保险公司保费收入	保险公司赔款和给付支出	证券市场成交总额	投资者保证金余额	投资者开户数（万户）
平阴县	2020年	2.88	0.65	69.89	0.19	0.04
	同比增幅（%）	9.50	-13.33	36.00	35.71	33.33

续表

地区		保险类		证券类		
		保险公司保费收入	保险公司赔款和给付支出	证券市场成交总额	投资者保证金余额	投资者开户数（万户）
商河县	2020年	4.97	4.57	—	—	—
	同比增幅（%）	9.50	8.00	—	—	—
济南市	2020年	628.04	160.31	47,752.73	—	289.16
	同比增幅（%）	17.99	31.48	31.00	—	2.86

附表3

济南市主要金融机构概况

单位名称	行长（或其他称谓的第一负责人）	副行长（或其他称谓的同级领导）	正式员工（人）	营业网点（个）
人民银行济南分行营业管理部	王延伟	张海清、王　刚、董　昕、周登宪、窦重田、孙国强	222	4
人民银行莱芜市中心支行	刘大勇	李念国、刘登振、毕文靖、杨金河、王秀芸	96	1
莱芜银保监分局	刘长霞	孟兆杰、吕　娟、陈福锋	27	1
国家开发银行山东省分行	况　澜	池　勇、刘思嘉、王　强、曹文江	240	1
农业发展银行山东省分行营业部	许　静	何　爽、张为民、邵玉娟、翟玉金	204	7
农业发展银行莱芜市分行	李广军	张更涛、韩玉东	38	1
工商银行济南分行	张冠军	吕建军、王孔林、杨小宁、题兴建、张　鹏、刘　静、顾正勇、董　梅、刘孝忠	3,370	141
工商银行莱芜分行	汤　凯	亓立刚、亓明晨、刘瑛钢、王焕华、李　莹、亓建国、王文力	419	16
农业银行济南分行	耿曙明	季光辉、李兖平、牟国媛、孙　伟、张兴军、王洪梅、王旭光、许孝忠	2,848	137
农业银行莱芜分行	姚风东	王秀斌、王书科、张永生	337	19
中国银行济南分行	景在伦	孙志伟、杨　峻、王建卫、王伟东、齐立亮、任发平、周　鲁、汪文泰、张　树、陈宗山	1,709	74
中国银行莱芜分行	马　波	李萍萍、陈　霄、张　琳、赵忠祥	295	12
建设银行济南分行	刘春龙	刘建伟、逄显辉、张　钢、邢业久、郑立华、傅　薇	2,814	130
建设银行莱芜分行	王腾江	张爱忠	261	12
交通银行山东省分行济南营管部	桑　剑	田　晖、刘　勇、刘　峰、焦自钦	454	26
交通银行莱芜分行	韩　永	马　洪、白　凌	66	4
中信银行济南分行	杜晓峰	柳永生、张海鹰、毕新宇、宋有华、康　超	868	18
光大银行济南分行	朱　军	王正明、杨　林、辛　锋、黄　秦	831	28
华夏银行济南分行	张志刚	刘增文、张沛儒、李延伟、李艳霞、王　毅、杨晓丽、景　涛、宁金龙	557	20
广发银行济南分行	赵殿斌	张社教、刘玉娟、张　峰、迟珊珊、郑中华	289	6
平安银行济南分行	曾　勇	孙丰娟、蒋　鑫、郑　涛	4	20
招商银行济南分行	辛　亮	綦　琨、于　冬、伊晓棠、廖国忠、娄文杰、陈　伟、齐君承、郑　玲	999	30
浦发银行济南分行	葛宇飞	钟玉明、张　志、李广富、管瑞宁	546	22

续表1

单位名称	行长（或其他称谓的第一负责人）	副行长（或其他称谓的同级领导）	正式员工（人）	营业网点（个）
兴业银行济南分行	任 波	李延屾、陈安琦、姜 敏	431	34
民生银行济南分行	徐文华	彭曙光、韩咏军、陈 红、马 涛	867	21
恒丰银行济南分行	梁科杰	于国强	391	9
浙商银行济南分行	张 强	吴宝国、迟英明、金红子、杜长峰、鹿悦军	349	5
渤海银行济南分行	陈任武	徐庆吉、季惠芳、刘 楠	288	5
北京银行济南分行	房 旭	蔡向阳、田 宏、王树民、廖 瑾、张兆福	484	16
天津银行济南分行	李国红	陈文毅、刘亚军、张维东、张慧侠、程晓琴	299	14
青岛银行济南分行	姜 兵	张甲富、张渤林、耿 宾	321	11
青岛银行莱芜分行	王 磊	李正山、李朴山	54	2
齐鲁银行（法人）	王晓春、黄家栋、赵学金	张常平、张 华、崔 香、李九旭、葛 萍、陶文喆	3,526	160
齐商银行济南分行	高 军	张振焱、王建平	109	7
东营银行济南分行	崔永明	高宗岚、张广宇、石雪莲、刘 佳	157	9
威海市商业银行济南分行	姜 毅	谢 磊、邹 鹏	234	11
威海市商业银行莱芜分行	韩纪宏	刁新忠	47	2
日照银行济南分行	潘 青	焦 磊、赵一锦、毕恒元、李文涛	240	9
莱商银行（法人）	岳隆杰、朱 鸣	李学斌	2,087	97
泰安银行济南分行	李永学	张会新	64	3
邮政储蓄银行济南市分行	张 文	潘红梅、刘 萍、祝晓东、王雁昌	880	191
邮政储蓄银行莱芜分行	祝晓东	王 健、吕宁宁	235	10
汇丰银行济南分行	薛 洁	王翠达	26	1
渣打银行济南分行	常文明	—	23	1
东亚银行济南分行	邝万成	赵 云	12	1
恒生银行济南分行	张振国	李鹏飞	12	1
中德住房储蓄银行	张凌波	薛为国、张 海	28	1
山东省农信社联合社济南办事处	张洪堂	张 焰、王少军、周 力	31	1
济南农村商业银行	董兴磊、贾复锋、王永升	王锡兵、朱大伟、赵 涛、刘瑞英、马 峰、于德庆	2,505	202
莱芜农村商业银行	何继军	张兆虎	957	71
章丘农村商业银行	王绍峰	张 玲、杜业忠、程志远	688	61
平阴农村商业银行	李 鹏、董晓明	李 栋、李朋朋	281	17
济阳农村商业银行	刘 军、李 哲	展召锋、杜仁银、张 全、董德勇、贺连锋	417	29
商河农村商业银行	王 阔	高远军、于 勇、李伍艳、王 峰、信 涛	371	29
济南槐荫沪农商村镇银行	李军昌、曹宏忠	—	56	1
济南长清沪农商村镇银行	张晋学	李 健	45	2
济南历城区圆融村镇银行	刘海涛	吴英杰	90	5
济南高新区北海村镇银行	贾文涛	李 伟	39	1
济南市章丘齐鲁村镇银行	辛 波	王 芳	91	9
商河汇金村镇银行	韩明华	张传民、戴述昌、谭 超、袁晓蒙	63	6

续表2

单位名称	行长（或其他称谓的第一负责人）	副行长（或其他称谓的同级领导）	正式员工（人）	营业网点（个）
济阳北海村镇银行	张卫军	孔国强、刘 立	23	2
平阴蓝海村镇银行	成 瑾	赵崇宾、丁士杰	34	4
莱芜珠江村镇银行	张健敏	王凤玲	94	8
莱芜中成村镇银行	蔺立岩	尚怀杰	28	2
中泰证券股份有限公司	李 峰	毕玉国	6,416	289
泰山财产保险股份有限公司	朱华建	张庆旭、杨 睿、迟家明、朱 峰	2,391	12
德华安顾人寿保险股份有限公司	史峰磊、殷晓松	郭会杰、夏 寒、赵传名、钱建军、梁平伟、肖 萍、张咏梅、王艳玲	1,210	126
和泰人寿保险股份有限公司	刘 鑫	—	252	7

附表4

济南市主要金融机构业务概况

（2020年末）　　　　单位：亿元

单位名称	本外币存款余额	本外币单位存款	本外币储蓄存款	本外币贷款余额	本外币短期贷款	本外币中长期贷款
国家开发银行山东省分行	298.70	190.84	0.00	4,078.60	149.72	2,966.29
农业发展银行山东省分行营业部	23.59	23.59	0.00	184.38	32.59	151.80
农业发展银行莱芜市分行	3.67	3.67	0.00	12.12	1.63	10.49
工商银行济南分行	2,335.56	1,252.51	912.20	2,021.53	142.22	1,871.94
工商银行莱芜分行	161.78	47.07	113.97	125.95	44.87	79.03
农业银行济南分行	2,197.75	1,125.89	964.70	1,577.98	192.80	1,352.76
农业银行莱芜分行	98.94	26.34	71.81	99.89	51.57	45.28
中国银行济南分行	1,088.16	693.01	313.30	828.27	219.49	573.95
中国银行莱芜分行	70.33	21.32	48.90	97.17	62.18	29.62
建设银行济南分行	2,178.13	1,194.01	882.48	1,290.27	246.78	1,037.86
建设银行莱芜分行	93.58	43.36	50.21	76.79	42.23	26.74
交通银行山东省分行营业部	661.11	340.71	128.53	336.07	76.02	246.49
交通银行莱芜分行	29.94	21.93	8.01	20.42	10.67	7.50
中信银行济南分行	739.04	553.96	174.15	559.93	100.91	395.51
光大银行济南分行	323.17	230.30	80.81	244.73	71.10	156.54
华夏银行济南分行	215.49	147.77	65.25	145.83	56.64	85.23
广发银行济南分行	118.18	100.97	16.78	223.99	102.47	119.07
平安银行济南分行	149.73	95.60	52.33	215.01	50.83	139.17
招商银行济南分行	656.63	368.71	247.75	544.70	23.19	428.51
浦发银行济南分行	250.24	173.25	71.09	264.94	81.30	172.47
兴业银行济南分行	467.85	356.30	93.38	306.44	42.17	241.75
民生银行济南分行	478.79	344.81	126.99	590.48	181.21	375.32
恒丰银行济南分行	257.96	210.85	26.54	169.51	56.16	100.34
浙商银行济南分行	262.73	212.10	29.72	147.67	88.33	51.17
渤海银行济南分行	216.91	198.09	18.79	230.20	83.74	135.26
北京银行济南分行	443.68	378.90	56.58	742.67	228.65	420.47

续表

单位名称	本外币存款余额	本外币单位存款	本外币储蓄存款	本外币贷款余额	本外币短期贷款	本外币中长期贷款
天津银行济南分行	85.25	66.02	19.23	104.66	54.79	47.45
青岛银行济南分行	173.00	136.64	36.32	112.51	33.11	76.63
青岛银行莱芜分行	12.19	6.94	5.24	9.94	1.97	5.90
齐鲁银行（法人）	2,514.84	1,383.74	984.12	1,662.98	598.27	972.20
齐商银行济南分行	109.67	96.90	8.76	18.84	6.16	9.72
东营银行济南分行	51.12	28.11	23.01	18.06	11.01	6.49
威海市商业银行济南分行	190.63	157.62	32.00	123.92	36.60	83.31
威海市商业银行莱芜分行	27.96	20.05	7.91	14.92	4.89	6.46
日照银行济南分行	150.05	91.87	58.15	74.57	29.15	45.42
莱商银行（法人）	1,117.40	704.20	395.20	877.05	546.48	322.49
泰安市商业银行济南分行	34.05	30.18	3.87	20.75	14.02	6.74
济南市农村商业银行（合计）	1,287.25	1,026.72	260.48	974.64	390.98	426.43
莱芜市农村商业银行	285.68	36.05	249.63	205.43	92.29	60.22
邮政储蓄银行济南市分行	569.59	109.07	449.08	676.25	112.37	542.64
邮政储蓄银行莱芜市分行	119.96	2.62	117.34	27.23	9.13	16.56
村镇银行（合计）	100.07	30.86	69.21	71.70	45.80	52.63
外资银行（合计）	24.24	16.05	6.13	49.71	27.20	21.38
中德住房储蓄银行	19.47	8.77	10.70	6.91	0.00	6.91
中资财务公司（合计）	1,534.24	1,529.83	0.00	1,356.13	839.68	396.97
金融租赁公司（合计）	9.85	0.00	9.85	347.26	0.00	0.00
汽车金融服务公司	80.02	0.00	80.02	181.09	2.13	166.95
山东国际信托公司	0.00	0.00	0.00	9.94	0.00	9.94

附表5

济南市金融机构统计指标

单位：家、人、只

指标		2016年	2017年	2018年	2019年	2020年	2020年同比增幅（%）
银行类	银行类机构家数	65	65	67	67	69	2.99
	法人机构	30	30	31	33	34	3.03
	一级分行	27	27	27	27	27	0.00
	二级分行	22	23	23	23	23	0.00
	县区支行	634	654	686	691	720	4.20
	正式从业人数	35,853	35,329	35,459	35,532	35,740	0.59
保险类	保险公司家数	342	375	390	436	412	-5.50
	财险公司家数	144	158	163	182	190	4.40
	省级分公司	17	16	14	16	16	0.00
	地市分公司	43	52	52	53	55	3.77
	县区支公司	107	113	120	112	118	5.36
	寿险公司家数	198	217	227	254	222	-12.60

续表

指标		2016年	2017年	2018年	2019年	2020年	2020年同比增幅（%）
保险类	省级分公司	41	43	45	60	44	-26.67
	地市分公司	47	52	44	56	45	-19.64
	县区支公司	123	135	123	136	131	-3.68
	正式从业人数	76,730	89,262	73,677	93,925	90,683	-3.45
	财险人员	12,006	15,305	12,088	14,864	16,079	8.17
	寿险人员	64,724	73,957	61,589	79,061	74,604	-5.64
证券类	证券公司家数	121	138	52	56	57	1.79
	证券营业部	86	95	87	92	91	-1.09
	正式从业人数	2,256	2,376	2,272	2,454	2,570	4.73
	境内上市股票只数	25	26	25	28	36	28.57
	境外上市股票只数	8	9	11	11	11	0.00
	辖区上市公司总数	32	34	34	37	45	21.62

青岛市

【经济金融概况】 2020年，青岛市经济继续平稳增长。全年实现地区生产总值12,400.56亿元，同比增长3.70%；人均地区生产总值为13.05万元；全市居民人均可支配收入为47,156.00元，增长3.70%；本外币各项存款余额为20,507.12亿元，同比增长14.72%；本外币各项贷款余额为21,064.81亿元，同比增长15.68%。

【货币政策实施】 2020年，人民银行青岛市中心支行结合疫情形势发展变化，及时出台金融支持疫情防控和复工复产20条措施，引导金融机构为疫情防控、复工复产、实体经济发展提供更加精准高效的金融服务。坚决有效落实好3,000.00亿元专项再贷款、5,000.00亿元和1.00万亿元再贷款再贴现政策以及两项直达政策工具，累计发放专项再贷款2.80亿元，27家全国重点保障企业信贷需求全额满足；累计发放再贷款再贴现261.40亿元；支持法人银行为1.36万家普惠小微企业发放信用贷款65.90亿元，为4,783家普惠小微企业办理贷款延期59.70亿元。针对餐饮企业复工复产需求，创新运用再贷款政策推动法人银行机构开展“食宜贷”业务，累计为982家餐饮业市场主体发放贷款5.30亿元，利率低至3.8%，带动全市银行机构为1,153家餐饮企业发放贷款14.00亿元，稳岗2.50万个，帮助餐饮行业抗疫脱困。出台《关于推广应用电子商业承兑汇票的意见》，运用再贴现政策支持金融机构对商业承兑汇票进行保贴，支持供应链产业链发展。

【金融稳定】 2020年，人民银行青岛市中心支行密切关注疫情冲击带来的银行资产质量变化，持续加强重点领域风险监测评估，切实做到早识别、早预警、早发现、早处置，维护辖区金融安全。一是加强法人机构风险监测预警。建立法人机构专管员制度，专管员列席法人机构股东会、董事会和风险管理委员会会议，按季度开展法人机构经营分析和风险研判。扎实开展央行金融机构评级和资产质量专项核查，创新“三库两单”工作法，对法人机构真实风险状况做到心中有数。二是重点做好存款保险工作。创新开展存款保险制度宣传，扩大存款保险制度知晓度，提升储户信心。成立中国存款保险业务中心青岛市分中心，平稳顺利做好存款保险标识启用工作，全市54家银行机构2,000余个网点全部启用存款保险标识。三是稳妥做好重点领域金融风险化解处置。加强重点风险应急管理，压实各方责任，分类施策有效应对潜在风险。督导推进1家金融机构妥善做好风险处置，做好异地贷款风险提示和化解，有序推进存量资管业务整改。联合市中级人民法院等部门创新开展“法拍贷”业务，引导信贷资金合法进入抵债房屋拍卖环节，推动解决风险处置过程中抵押物执行难的问题。

【金融服务】 2020年，人民银行青岛市中心支行坚持以人民为中心，疫情期间第一时间开通各类金融服务“绿色通道”，保障基础金融服务的连续性和稳定性。坚持以安全规范为前提，以优化服务为目标，以金融科技为保障，全面优化提升金融管理与服务水平。一是高水平征信供给不断增加。深化信用信息共享应用，联合市有关部门建立企业信用综合服务平台，已采集60余类政府部门和公共事业单位企业信用信息，已有11家商业银行与平台签约。全市自助查询网点达51个，推动9家银行个人信用报告和8家银行企业信用报告实现网银或手机查询，征信查询便捷性持续提高。完成应收账款融资357.20亿元，居计划单列市之首。二是账户管理和支付结算持续优化。全力保障支付清算系统安全稳定运行，组织开展全国首个金融机构支付优惠活动。推动移动支付便民工程继续向纵深发展，印发《青岛市2020年移动支付便民工程工作要点》，通过打造“党群e家”农村普惠金融服务站推动农村支付服务进一步转型升级。压实账户管理主体责任，加强可疑账户排查和管控，与市场监督管理部门联合推广电子营业执照企业账户应用，筑牢防范新型网络诈骗安全防线。三是货币金银业务转型升级。基本建成集清分、押运、存储、自助设备托管、横向调剂、消毒等服务于一体的现金“一站式”集成服务中心。全面启动硬币自循环和小面额货币服务，为居民提供自助兑换服务13.70万笔，兑换硬币281.40万枚、纸币10.50万张。联合市场监督管理部门对拒收人民币等违法行为开展专项整治。四是坚持国库服务与监督两手抓。不断优化国库服务，开通疫情防控资金“绿色通道”，全市各级国库共拨付疫情防控资金600余笔、金额4.30亿元。优化退税流程，累计办理企业退税67.00亿元、个税退库4.00亿元。认真做好财政资金“点对点”直接拨付，确保新增财政资金精准直达，惠民利民政策红利落到实处。五是科技支持和保障作用不断强化。推进辖区9个金融科技应用试点项目顺利达到预期目标，在信贷审批、民生应用、风险防范等领域实现科技与金融深度融合。推动全市开通刷脸付的银行卡突破8.00万张，交易量在全国城市领先。完成金融消费者投诉数据统计监测分析系统建设任务，支持全国所有商业银行完成上线对接，得到总行领导的充分肯定。完成业务网DMZ区应用系统虚拟化建设。持续推进互联网协议第六版（IPv6）规模部署工作，积极推广金融机构编码和全球法人识别编码（LEI），助推辖区金融业信息科技工作健康发展。六是反洗钱监管成效明显。反洗钱监测分析质量持续提升，与公检法、海关等部门密切合作，移交可疑线索22条，涉案金额440.00亿元。洗钱入罪工作取得新突破，推动7起洗钱行为立案，4起洗钱罪入罪判决，1起案件入选总行《全国13起洗钱罪典型案例汇编》。持续推进ARROWS洗钱风险管理试点，设计洗钱风险评估指标体系并已在全省执行。七是金融消费权益保护力度进一步加大。深化诉调对接机制建设，完成与中级法院和10家区（市）级法院的“人民法院调解平台”认证，实现全市两级法院全覆盖，会同有关部门建立常态化金融知识宣传机制，开展形式多样的金融知识普及活动，受众消费者达36.00万人，辖内2家银行的宣传视频获全国宣传视频最具创意奖。

【外汇管理】　2020年，国家外汇管理局青岛市分局面对更加复杂多变的国际环境，立足贸易投资便利化，积极推进各项外汇改革政策落实，支持全市涉外经济平稳发展。一是全力稳住外贸外资基本盘。建立外汇业务疫情防控“绿色通道”，强化“一企一策”服务，指导银行机构先后为700余家企业解决跨境结算、融资、上市、汇兑损失等实际困难。启动“信保护航 青汇助企”专项活动，加强出口信用保险政策宣传，推动企业投保金额同比增长12.10%，新增保单融资同比增长7.00%。围绕便利化政策落实情况进行暗访，推动贸易外汇便利化措施和外贸新业态发展支持措施更有效地落实。二是外汇改革创新政策落地生效。支持上合示范区和山东自贸区青岛片区建设，推动20余项外汇改革试点政策落地生效，累计发生各类试点业务1,700余笔、金额65.00亿美元，节约汇兑、资金、交通等成本3,000.00余万元。积极争取并获批开展跨境金融区块链服务平台试点，实现了四个场景全应用。在全国率先开展外籍人才薪酬购付汇便利化试点，已为4名外籍人才办理128万元薪酬购付汇便利化业务。积极争取贸易收支便利化试点。三是跨境人民币使用进一步扩大。加强企业实地走访和政策宣讲，发挥好“跨境融”系统的作用，规范人民币资金池业务，更好地满足企业便利贸易投资、规避汇率风险等多元需求。探索拓展货币互换项下外币融资业务，成功推动青岛银行获批坚戈区域交易报价行资格，落地省内首笔与哈萨克斯坦之间的坚戈跨境收款业务。四是严防严控跨境资金流动风险。创建法人银行外汇业务风险评估指标模型，进一步推动银行机构流程再造。加强高风险领域监测，及时发现苗头性风险，立案查处外汇违规行为11起，积极推动并配合公安机关破获“5·15”和“9·25”地下钱庄案，涉案金额达123亿元。

（杨培和、张乐元）

附表1

青岛市主要金融指标1

单位：亿元

地区		银行类							
		本外币存款余额	住户存款	非金融企业存款	本外币贷款余额	第一产业贷款	第二产业贷款	第三产业贷款	个人贷款及透支
西海岸新区	2020年	2,476.77	1,118.16	912.01	2,310.40	9.78	391.37	853.39	1,010.75
	同比增幅（%）	16.17	20.07	13.31	17.78	-31.56	11.45	21.75	13.97
即墨区	2020年	1,445.04	777.13	356.35	1,169.90	2.43	192.07	571.04	398.41
	同比增幅（%）	15.44	17.26	7.67	16.97	-7.60	5.91	23.35	13.36
平度市	2020年	922.75	664.86	174.88	546.10	4.94	82.70	244.55	212.31
	同比增幅（%）	21.08	20.30	41.50	17.98	-22.78	12.20	29.15	10.24
莱西市	2020年	608.28	392.21	162.79	545.77	5.53	132.50	258.23	157.48
	同比增幅（%）	24.83	19.10	52.35	31.43	14.49	46.34	48.91	8.59
胶州市	2020年	1,126.93	613.66	361.92	1,046.16	0.35	200.40	463.28	387.87
	同比增幅（%）	13.54	20.70	30.70	23.75	-85.29	15.71	42.60	10.20
青岛市	2020年	20,507.12	8,158.35	8,085.17	21,064.81	72.35	3,996.73	9,233.13	6,645.00
	同比增幅（%）	14.72	18.64	14.81	15.68	6.76	6.51	20.82	16.74

附表2

青岛市主要金融指标2

单位：亿元

地区		保险类		证券类		
		保险公司保费收入	保险公司赔款和给付支出	证券市场成交总额	投资者保证金余额	投资者开户数（万户）
黄岛区	2020年	46.90	12.40	3,094.21	11.36	25.06
	同比增幅（%）	7.98	5.52	36.55	36.24	7.37
即墨区	2020年	32.49	7.90	1,158.97	2.79	8.62
	同比增幅（%）	1.87	2.46	32.74	11.60	8.29
平度市	2020年	27.63	7.59	769.84	2.05	8.82
	同比增幅（%）	8.56	4.74	19.59	24.24	7.56
莱西市	2020年	16.57	4.80	604.70	1.64	5.66
	同比增幅（%）	4.74	19.33	29.01	8.61	8.02
胶州市	2020年	25.38	8.78	1,090.81	3.25	10.86
	同比增幅（%）	3.97	1.00	44.73	23.57	5.53
青岛市	2020年	510.90	157.10	58,732.24	155.82	326.36
	同比增幅（%）	4.94	9.38	50.20	43.02	9.28

附表 3

青岛市主要金融机构概况

单位名称	行长（或其他称谓的第一负责人）	副行长（或其他称谓的同级领导）	正式员工（人）	营业网点（个）
人民银行青岛市中心支行	张文武	顾延善、王富全、管发进、陈海青、张朝晖、肖建勋	440	5
青岛银保监局	阚 超	王永存、李继明、宋朝晖、林洁、徐一臻、罗 中	179	1
国家开发银行青岛市分行	石太峰	李国颂、李 杨、穆 岚、李相君	148	1
农业发展银行青岛市分行	陈鲁宁	—	186	6
进出口银行山东省分行	白华峰	王宇辉、关海英、贾中园、杨海亮	82	1
工商银行青岛市分行	蔡 谦	程 青、赵晓滨、孙 伟、李 霞、邵冬霞、李 昆	3,298	124
农业银行青岛市分行	王延磊	于 东、兰卫东、范久顺、吴显明、郭宝林	3,718	157
中国银行青岛市分行	俞 群	隋春玲、郑文礼、刘 钝、郝连才、曾钰恒、付连晔、吴维彬	3,277	108
建设银行青岛市分行	郝子建	郭中华、刘从正、徐 海、管恩新、杜光宇	3,120	123
交通银行青岛分行	董 莹	贺 飚、徐芝清、程熙忠、华勐慧	1,307	47
中信银行青岛分行	刘泽云	陈秋实、吴从勇、娄 勇	925	25
光大银行青岛分行	朱小庆	纪新仕、王 侃、樊效峰、任海、李 鹏、段成立	747	24
华夏银行青岛分行	王 勇	赵 劼、崔 巍、顾新静、刘佳来、邵作钢、张卫华、由明君	737	38
招商银行青岛分行	沈世强	綦 琨、马 龙、郭志强	35	1,185
平安银行青岛分行	王 珺	庄复兴、谷 辉、纪小倩、赵学军、李伟杰、卢玉君	547	22
浦发银行青岛分行	张 湧	丛威娜、孙保进、姜辉胜	761	32
兴业银行青岛分行	彭光辉	步延进、丁武民、刘方勃	492	24
中国民生银行青岛分行	李 真	高建绪、李加岭、林 青、李少波、徐 峰	599	20
恒丰银行青岛分行	刘 军	徐澜涌、张 超、魏 国、郑 山	16	392
青岛银行	郭少泉	王 麟	4,342	147
青岛农商银行	刘仲生、刘宗波	刘承林、柳兴刚、贾成刚、丁明来、王建华、李春雷、蔡晓鸣	4,828	355
邮储银行青岛市分行	李 楠	江守湖、孙 皓、邵福生、李云涛	1,146	47
汇丰银行（中国）有限公司青岛分行	张苏宁	孙翠霞、张 鑫	134	3
日本山口银行股份有限公司青岛分行	川田正博	大野浩嗣、姬广伟	30	1
南洋商业银行（中国）有限公司青岛分行	陶 伟	彭 革、林相发	80	2
韩亚银行青岛分行	贾 葳	薛佳蕾		
企业银行青岛分行	李承燮	刘金迪	58	3
新韩银行(中国)有限公司青岛分行	金元基	—	52	2
渣打银行(中国)有限公司青岛分行	于 涛	曲云龙	48	5
东亚银行(中国)有限公司青岛分行	张 勇	孙善功、隋 青	56	1

续表1

单位名称	行长（或其他称谓的第一负责人）	副行长（或其他称谓的同级领导）	正式员工（人）	营业网点（个）
瑞穗银行(中国)有限公司青岛分行	李 忠	高桥英明	45	1
青岛西海岸海汇村镇银行	崔家祥、柴方强	张文树、张德伟、徐继学	153	11
青岛即墨惠民村镇银行	马 义、刘 海	唐晓东、崔 军	52	4
日照银行青岛分行	安佰刚	尹一安	261	8
张家港农村商业银行青岛即墨支行	孙卓苗	孙黎明	49	2
潍坊银行青岛分行	李宪义	陈 勇、徐正伟、张雪松	221	11
青岛莱西元泰村镇银行	崔 凯	李兴鑫	56	5
威海市商业银行青岛分行	赵晓博	许 强、艾明华	169	9
齐鲁银行青岛分行	崔旭东	阴钊生	151	8
青岛平度惠民村镇银行	王培旭、张 超	陈美儒、徐艳龙	112	9
河北银行青岛分行	田振宇	温宏亮、陈志鹏	191	13
三菱日联银行（中国）有限公司青岛分行	原义信	曾 岚	54	1
华侨永亨银行（中国）有限公司青岛分行	邹仁杰	—	19	1
青岛胶州中成村镇银行	喻小松	罗 成、曾国强	1	29
青岛崂山交银村镇银行	盛 亮	姜 锋	85	5
青岛城阳珠江村镇银行	杨志雄	初晓丽	73	5
韩国釜山银行股份有限公司青岛分行	林男圭	—	20	1
德意志银行（中国）有限公司青岛分行	曹丹青	—	7	1
国泰世华银行（中国）有限公司青岛分行	李子明	杨 晨	24	1
青岛黄岛舜丰村镇银行	曹明月、孙 涛、孙光荣	陈宽业、姜静静	160	9
星展银行(中国)有限公司青岛分行	仇吉媛	刘 华、方 琳	16	1
澳大利亚和新西兰银行（中国）有限公司青岛分行	姜 鲁	—	7	1
莱州农商银行	任云坤	—	1	17
韩国产业银行青岛分行	都琮熙	—	27	1
张店农商银行青岛西海岸支行	张 亮	—	22	1
北京银行青岛分行	孔海涛	崔建伟	156	4
渤海银行青岛分行	苗秋实	郭晋波、张照凌、曹玉华、王钦安	80	2
浙商银行青岛分行	黄千文	刘方滨、张 翼、关咏惠	103	1
东营银行青岛分行	孟凡城	金 珂、李新鹏	80	1
中国人民财产保险股份有限公司青岛市分公司	武长奎	王 兵、曹 璐、黄 强	2,060	116
中国太平洋财产保险股份有限公司青岛市分公司	张加学	侯传和、赵志军、徐 莉	544	10
平安产险青岛分公司	刘 浩	霍逢光、王 淳	745	11

续表2

单位名称	行长（或其他称谓的第一负责人）	副行长（或其他称谓的同级领导）	正式员工（人）	营业网点（个）
中国出口信用保险公司山东分公司	常 川	—	157	7
华泰财产保险有限公司青岛分公司	贾斐超	张晓惠	102	3
天安财险青岛分公司	宁方生	韩建章	164	10
中国大地财产保险股份有限公司青岛市分公司	王玉亮	徐登峰	314	15
太平财产保险公司青岛分公司	黄忠升	李晓东、李 伟	332	9
中华联合财产保险股份有限公司青岛分公司	宋传龙	袁欣珂	205	11
阳光财险	黄为宽	—	406	11
华安保险公司青岛分公司	孙家明	钱 冰、徐 震	170	9
中国人寿财产保险股份有限公司青岛市分公司	刘 伟	齐洪昌、李 玫、王 浩	265	11
中路财产保险股份有限公司	杨 敏、郑 青	宫英博、祝亚非	126	12
华海财产保险股份有限公司青岛分公司	曹景健	赵 瑜	122	7
史带财产保险公司青岛分公司	宋 超	—	7	1
永安财产保险股份有限公司青岛分公司	周开林	隋云丽、李 力	103	8
都邦财险	杨金泽	周建松	91	7
渤海财产保险股份有限公司青岛分公司	陈汉强	刘 坪	44	4
安诚财险	赵传忠	尹 平	154	8
永诚保险青岛分公司	高 滨	—	72	7
安华农业保险股份有限公司青岛分公司	张新业	安百琨	64	6
三星财险	陈晓涛	刘 磊	18	1
长安责任保险股份有限公司青岛市分公司	肖 梅	刘升升	116	6
浙商保险公司青岛分公司	李长坤	曹仁增	74	6
安盛天平财产保险公司青岛市分公司	龚喆	—	35	1
泰山财险	赵钦刚	张珈铭	91	1
现代财产保险（中国）有限公司青岛分公司	郑元植	孙 恺	16	1
英大泰和财产保险股份有限公司青岛分公司	丁 松	薛维致	26	5
紫金保险青岛分公司	宁泽林	—	73	6
国任财产保险股份有限公司青岛分公司	张学国	—	88	4
日本兴亚财产保险（中国）有限责任公司山东分公司	小林祐介	—	18	1
国泰财产保险有限责任公司青岛中心支公司	杜际平	—	8	1

续表3

单位名称	行长（或其他称谓的第一负责人）	副行长（或其他称谓的同级领导）	正式员工（人）	营业网点（个）
鑫安汽车保险股份有限公司青岛分公司	石琢	—	8	1
东海航运保险股份有限公司青岛分公司	李希文	杨晓辰	15	1
中国人寿保险股份有限公司青岛市分公司	王者元	杨铭山、王兴业、潘军辉	592	13
中国太平洋人寿保险股份有限公司青岛分公司	王剑峰	李晓薇、王崇、史泽耀	266	15
中国平安人寿保险股份有限公司青岛分公司	李旭	薛军、李邦海、马健、张胜、毕英杰、胡海梅、王孟、宛兵亚	1,642	128
泰康人寿保险有限责任公司青岛分公司	梁英	何鹏	425	51
新华人寿保险股份有限公司青岛分公司	韩伟娜	—	318	11
太平人寿保险有限公司青岛分公司	荀红军	朱庆国、王琳、董圣奇、王鹏	450	13
华夏人寿保险股份有限公司青岛分公司	刘伟	邱延伟、李德勇、李轶、唐荇荇	260	12
北大方正人寿青岛分公司	胡洁	李杰	60	6
中国人民健康保险股份有限公司青岛分公司	刘美岑	刘希枫、曹宇	110	5
平安养老保险股份有限公司青岛分公司	宋涛	李星	136	1
人保寿险青岛市分公司	王廷波	汤伟	158	8
国华人寿保险股份有限公司青岛分公司	张静	—	29	1
富德生命人寿保险股份有限公司青岛分公司	陈长国	贺敏、林文欢	136	8
建信人寿保险股份有限公司青岛分公司	马振明	—	71	2
天安人寿保险股份有限公司青岛分公司	李迎	王吉冰、张丽君	175	7
阳光人寿保险公司青岛分公司	马海涛	张雁飞	87	10
中银三星人寿保险有限公司青岛分公司	魏友太	代佳佳	68	5
恒安标准人寿保险有限公司青岛分公司	刘鹏	—	77	6
长城人寿保险股份有限公司青岛分公司	韩秀丽	沈子明、姚伊东	121	10
中荷人寿保险有限公司山东省分公司青岛中心支公司	王日浩	—	41	1
合众人寿保险股份有限公司青岛分公司	乔文学	徐金伟	45	7

续表4

单位名称	行长（或其他称谓的第一负责人）	副行长（或其他称谓的同级领导）	正式员工（人）	营业网点（个）
中信保诚人寿保险有限公司青岛中心支公司	程家光	—	66	3
中宏人寿保险有限公司青岛中心支公司	王 霞（总经理）	—	8	1
中英人寿保险有限公司青岛中心支公司	曲利文	—	11	2
同方全球人寿保险有限公司青岛市分公司	张华涛	袁业琨	34	1
幸福人寿	辛 飞	梅小波、陈允可	39	3
太平养老保险股份有限公司青岛分公司	李淑兰	夏 莹	85	1
招商信诺人寿保险有限公司青岛中心支公司	李秋红	—	29	1
信泰人寿青岛分公司	韩 狄	辛 宁、张德振	41	1
中德安联人寿保险有限公司青岛分公司	董 伟	—	19	3
德华安顾人寿保险有限公司青岛分公司	张 旺	—	75	8
泰康养老保险公司青岛分公司	刘克波	宋时波	132	1

附表4

青岛市主要金融机构业务概况

（2020年末）

单位：亿元

单位名称	本外币存款余额	本外币单位存款	本外币储蓄存款	本外币贷款余额	本外币短期贷款	本外币中长期贷款
国家开发银行青岛市分行	156.36	156.36	0.00	1,960.94	39.42	1,718.88
进出口银行青岛分行	39.81	39.33	0.00	1,177.92	433.11	687.99
农业发展银行青岛市分行	81.94	81.94	0.00	333.01	34.25	298.75
工商银行青岛市分行	1,938.34	841.23	977.43	2,127.13	304.26	1,786.41
农业银行青岛市分行	2,007.04	783.03	1,175.46	17,073.08	371.78	1,282.82
中国银行山东省分行	1,535.80	741.07	739.22	1,328.36	386.38	900.14
建设银行青岛市分行	1,731.24	912.40	783.13	1,996.49	409.75	1,573.95
交通银行青岛分行	1,197.98	729.27	437.05	800.81	230.07	544.11
中信银行青岛分行	575.86	372.23	188.22	619.13	121.90	461.02
光大银行青岛分行	495.97	276.62	193.23	341.21	129.53	188.27
华夏银行青岛分行	409.19	266.52	139.65	415.94	138.09	266.37
平安银行青岛分行	360.27	254.36	104.53	405.89	130.72	233.91
招商银行青岛分行	685.73	361.68	254.40	389.51	53.24	302.42
浦发银行青岛分行	442.43	342.07	84.25	462.57	164.28	237.73
兴业银行青岛分行	645.19	403.13	74.56	472.00	248.29	176.51
民生银行青岛分行	414.39	342.60	67.53	359.19	144.44	193.18

续表

单位名称	本外币存款余额	本外币单位存款	本外币储蓄存款	本外币贷款余额	本外币短期贷款	本外币中长期贷款
恒丰银行青岛分行	202.47	145.89	25.59	222.89	88.08	130.27
渤海银行青岛分行	49.44	47.83	1.61	48.75	17.61	27.45
青岛市浙商银行	93.44	78.56	14.87	93.78	40.58	24.70
青岛银行	1,927.23	957.00	689.34	1,117.21	273.23	807.74
齐鲁银行青岛分行	101.56	84.84	16.57	98.06	38.87	56.73
潍坊银行青岛分行	82.48	56.22	26.24	40.98	17.09	23.09
威海市商业银行青岛分行	75.52	55.89	19.61	71.80	24.95	45.34
日照银行青岛分行	153.67	102.57	51.00	98.82	61.22	37.60
河北银行青岛分行	37.15	20.06	17.08	77.93	14.15	63.74
北京银行青岛分行	176.16	165.94	10.03	413.76	218.90	168.65
青岛市东营银行	20.38	16.50	3.87	14.75	6.20	8.55
青岛农村商业银行	2,600.14	963.19	1,407.02	2,141.70	639.09	1,424.49
苏州张家港农村商业银行	10.69	7.91	2.74	23.65	12.24	11.41
青岛市山东莱州农村商业银行	0.63	0.02	0.61	6.61	1.32	5.29
青岛市山东淄博张店农村商业银行	6.56	5.72	0.84	11.96	2.10	9.86
邮储银行青岛市分行	603.67	46.20	556.58	448.75	109.48	274.87
青岛市村镇银行	120.26	47.41	72.84	88.41	66.76	21.65
汇丰银行青岛分行	57.03	27.32	15.42	94.34	45.80	45.92
东亚银行青岛分行	17.11	14.05	1.67	11.23	6.17	4.36
渣打银行青岛分行	12.26	4.78	3.70	18.39	15.97	2.06
山口银行青岛分行	2.49	2.48	0.00	6.68	6.20	0.49
瑞穗银行青岛分行	18.03	17.99	0.00	11.76	11.03	0.32
新韩银行青岛分行	26.35	20.40	1.59	22.38	5.55	13.94
企业银行青岛分行	16.05	13.77	0.43	14.39	6.78	3.02
韩亚银行青岛分行	39.69	35.30	1.75	37.32	8.65	24.65
南商银行青岛分行	66.16	61.56	2.87	49.67	28.67	13.90
青岛市新加坡华侨银行	4.55	3.06	0.00	11.45	7.53	2.09
三菱东京青岛分行	12.57	12.56	0.00	21.93	15.64	4.88
釜山银行青岛分行	1.25	1.16	0.00	6.58	3.28	3.30
德意志银行青岛分行	0.24	0.22	0.00	0.29	0.29	0.00
国泰世华青岛分行	4.25	4.22	0.00	5.44	2.31	1.12
星展银行青岛分行	3.24	2.78	0.00	6.04	4.21	1.82
澳新银行青岛分行	2.18	1.68	0.00	1.00	1.00	0.00
产业银行青岛分行	0.30	0.30	0.00	24.30	11.23	12.48
海尔财务公司	493.01	458.14	0.00	453.98	61.12	286.77
海信财务公司	244.23	244.23	0.00	142.43	60.70	0.00
青啤财务公司	147.25	147.25	0.00	5.80	4.46	0.00
青岛港财务公司	162.78	162.78	0.00	82.35	22.25	36.34
青岛市青建财务公司	24.49	24.49	0.00	28.32	1.59	21.53
中石化财务公司	4.92	4.92	0.00	66.09	31.27	25.09

附表5

青岛市金融机构统计指标

单位：家、人、只

	指标	2016年	2017年	2018年	2019年	2020年	2020年同比增幅（%）
银行类	银行类机构家数	817	849	872	891	901	1.12
	法人机构	10	10	10	10	10	0.00
	一级分行	39	39	41	44	44	0.00
	二级分行	16	16	16	16	21	31.25
	县区支行	752	784	805	821	826	0.61
	正式从业人数	34,835	34,763	34,555	34,840	35,198	1.03
保险类	保险公司家数	315	331	354	363	389	7.16
	财险公司家数	170	182	190	201	224	11.44
	省级分公司	29	30	31	33	34	3.03
	地市分公司	5	9	7	1	6	500.00
	县区支公司	136	143	152	167	184	10.18
	寿险公司家数	145	149	164	162	165	1.85
	省级分公司	25	25	26	26	27	3.85
	地市分公司	11	11	19	9	9	0.00
	县区支公司	109	113	119	127	129	1.57
	正式从业人数	12,200	12,538	13,266	12,397	11,766	-5.09
	财险人员	6,722	6,845	7,288	6,853	6,802	-0.74
	寿险人员	5,478	5,693	5,978	5,544	4,964	-10.46
证券类	证券公司家数	1	1	1	1	1	0.00
	证券营业部	120	135	144	149	155	4.03
	正式从业人数	3,637	3,615	3,378	3,512	3,468	-1.25
	境内上市股票只数	25	29	30	39	44	12.82
	境外上市股票只数	—	—	—	—	—	—
	辖区上市公司总数	—	—	—	—	—	—

淄博市

【经济金融概况】 2020年，淄博市经济运行稳定向好，规模以上工业增加值增速稳步提高，固定资产投资稳定增长，内贸消费降幅持续收窄，居民消费价格指数涨幅回落，居民收入持续提升。2020年，淄博市实现地区生产总值3,673.50亿元，按可比价格计算同比增长2.50%，规模以上工业增加值同比增长3.60%；固定资产投资同比增长7.50%，社会消费品零售总额同比下降1.80%；实现进出口总额887.70亿元，增长0.10%，实现一般公共预算收入321.50亿元，同比下降12.80%。截至2020年末，淄博市人民币各项存款余额为5,559.10亿元，同比增长11.80%，贷款余额为3,861.60亿元，同比增长8.00%。

【货币政策实施】 人民银行淄博市中心支行深刻把握稳健货币政策精准、直达要求，围绕供给侧结构性改革主线，不断优化资源配置，真正让资金有效直达企业，确保总量稳定、结构优化、成本降低。全面落实总分行全面及定向降准政策，法人金融机构法定存款准备金率累计下调0.50～2.00个百分点，释放资金20.50亿元。认真落实利率市场化改革各项措施，存量贷款LPR转换提前一个月完成转换目标。通过召开新闻发布会、组织金融机构第一时间到企业现场走访对接等方式，向社会公众广泛宣传解读3,000.00亿元专项再贷款政策，为21家企业发放专项再贷款支持的优惠利率贷款5.60亿元，规模居全省第4位，财政贴息后实际贷款利率仅为1.39%。快速落实5,000.00亿元、1.00万亿元再贷款再贴现政策，法人金融机构发放符合要求的贷款50.00亿元，累计支持6,375家涉农、普惠小微及民营主体。将两项货币政策工具纳入全市“六稳”“六保”纾难解困政策体系，通过督导、测评、解读、宣传等方式，引导法人机构办理延期普惠小微贷款41.00亿元，发放普惠小微信用贷款10.40亿元。

【金融市场】 2020年，淄博市社会融资规模增加758.21亿元，创历史新高，同比多增134.10亿元。全市融资方式更加多元化，全年本外币贷款增加285.98亿元，表外融资增加48.23亿元。直接融资实现跨越式发展，全年直接融资181.40亿元，其他融资98.83亿元，全年有4家企业通过首发或增发实现股票融资30.58亿元，其中1家企业实现IPO。债券融资常态化发展，全年12个月中有10个月都有债券发行；全年共有12家企业累计发债20只，净融资150.82亿元，同比多增88.31亿元。

【金融稳定】 人民银行淄博市中心支行加强监测全覆盖，有效提高风险监测前瞻性和科学性。开展资产质量真实性核查、重大事项现场核查，对天安财险等3家保险公司分支机构经营情况和风险情况开展动态监测，摸清风险底数。建立协同联动机制和信息共享机制，组织召开金融监管协作联席会，明确高风险机构处置思路和工作措施。对主监管员制度建设落实情况进行督导，完成投保机构费率核定、保费归集。对金融机构存款保险标识启用进行拉网式排查。不良贷款处置力度大，资产质量显著向好。截至2020年末，淄博市不良贷款余额为130.52亿元，比年初下降36.48亿元，不良贷款率为3.36%，比年初下降1.29个百分点；全年各银行共通过核销、打包转让和置换方式处置不良贷款101.54亿元。

【金融服务】 2020年，人民银行淄博市中心支行制订移动支付便民工程建设方案，推动市政府山东省首家予以批转；不断丰富“智付”服务品牌，优化支付服务场景建设，推进刷脸支付线下应用，终端布放、绑卡数量居山东省前列，相关工作经验在全省推广；开发移动互联网办公平台，在山东省率先实现非涉密事务在移动互联网上审批。开展“人民币知识宣传进社区”和“反假宣讲 普惠乡村”主题活动，持续推进现金服务示范区创建，加大“互联网+零币自循环”工作力度，做好新版人民币、纪念币发行、残损人民币全额清分工作，加强信用信息归集，完成建档立卡贫困户“两个全覆盖”目标。二代征信系统顺利上线运行。召开普惠金融综合示范区推进会，与沂源县人民政府签订山东省首个普惠金融合作协议；受理金融消费投诉、咨询300件，推进非诉第三方调解机制建设，成功调解纠纷4起。

【金融监管】 2020年，人民银行淄博市中心支行加强支付服务市场监管力度，完成6.00万个存量账户的清理核查，有效防范银行账户风险；持续优化企业银行账户服务，实现95%企业开户0.50个工作日办结。推动国密算法改造、移动金融客户端备案、金融业网络安全态势感知与信息共享平台接入，完成金融行业IPv6规模部署，3项工作经验在全省推广。持续开展拒收人民币现金和非法使用人民币图样行为专项整治活动，做好反假货币工作。加强征信市场和中小机构接入管理，组织1,500名征信从业人员进行征信合规知识测试。与纪委监委、公检法等部门建立反腐败反洗钱、打击金融领域洗钱犯罪等4项合作机制，强化“大反洗钱”协调机制合力，推动淄博市首起洗钱犯罪案件判决，实现洗钱入罪工作零的突破，在全省率先指导引入第三方国际评估机构对齐商银行开展洗钱风险自评估。对济宁银行淄博分行、山东周村农村商业银行开展综合执法检查。

【外汇管理和服务】 2020年，淄博市加大对取消货物贸易特殊退汇登记、推行电子税务备案、便利企业电子单证审核、优化银行跨境电商结算、支持外贸新业态发展等政策的宣传力度，推动落实外汇收支便利化试点工作，进一步扩大试点业务和主体范围，累计办理便利化试点收付汇780笔、金额8,406.00万美元。深化“智汇”品牌建设。制订“深化‘外汇服务进万企’活动 提升‘智汇’服务品牌效应”方案，为24家重点企业现场解决政策疑问及银行业务问题40余项。创新推出“出口订单池子贸易融资”等服务方案，为市场主体提供精准服务，相关工作获得多方赞誉，山东超越轻工制品有限公司等3家企业送来锦旗或感谢信。

【保险业务】 截至2020年末，淄博市保险市场共有71家市级机构。其中，财产险公司31家、人身险公司38家、养老公司2家，区县支公司及营销服务部287个，保险网点遍布全市城乡。全市共有保险从业人员44,265人，全市保险公司全年实现保费收入208.82亿元，同比增长8.77%。保险服务社会能力逐步增强，保险业全年为淄博市单位和个人提供风险保障66,937.72亿元；2020年，淄博市保险密度为4,442.89元，保险深度为5.68%。

【证券市场】 截至2020年末，淄博市共有26家上市公司，共有28只股票在沪深港交易所交易，全年累计实现融资804

亿元。2020年，淄博市共有9家企业报山东证监局辅导，有6家企业向证监会递交了IPO材料。2020年，淄博市有1家企业在新三板挂牌，累计挂牌数量达60家。区域性股权交易市场方面，2020年，淄博市共有107家企业在齐鲁股权交易中心实现挂牌，挂牌企业数量累计达779家。

（杨 钊、杨文静）

附表1

淄博市主要金融指标1

单位：亿元

地区		银行类							
		本外币存款余额	住户存款	非金融企业存款	本外币贷款余额	第一产业贷款	第二产业贷款	第三产业贷款	个人贷款及透支
桓台县	2020年	505.37	283.01	171.24	445.53	0.77	169.31	100.52	167.56
	同比增幅（%）	15.15	15.96	5.72	2.68	-4.09	-7.89	13.15	14.89
高青县	2020年	213.06	163.00	27.40	160.96	2.26	36.46	46.34	73.89
	同比增幅（%）	16.86	17.48	11.85	13.89	35.99	7.21	17.89	11.37
沂源县	2020年	347.19	246.19	74.86	236.29	3.38	48.79	61.07	121.03
	同比增幅（%）	18.29	19.37	22.76	13.22	13.11	8.93	5.59	17.81
淄博市	2020年	5,612.56	3,546.65	1,493.89	3,879.91	16.89	829.66	1,197.99	1,519.83
	同比增幅（%）	11.73	13.98	11.55	7.96	-8.19	-6.03	16.35	14.77

附表2

淄博市主要金融指标2

单位：亿元

地区		保险类		证券类		
		保险公司保费收入	保险公司赔款和给付支出	证券市场成交总额	投资者保证金余额	投资者开户数（万户）
桓台县	2020年	14.48	—	—	—	—
	同比增幅（%）	4.65	—	—	—	—
高青县	2020年	8.59	—	—	—	—
	同比增幅（%）	3.63	—	—	—	—
沂源县	2020年	8.49	—	—	—	—
	同比增幅（%）	6.76	—	—	—	—
淄博市	2020年	208.82	—	—	—	—
	同比增幅（%）	8.77	—	—	—	—

附表3

淄博市主要金融机构概况

单位名称	行长（或其他称谓的第一负责人）	副行长（或其他称谓的同级领导）	正式员工（人）	营业网点（个）
人民银行淄博市中心支行	林 飞	张光森、徐 宁、刘 洁、张维建、王 剑、高文博、葛大江	346	6
淄博银保监分局	朱 锋	陈保君、宋海澎、李东升、冉广旭、刘明明、房爱国、杨鲁燕	71	6
农业发展银行淄博市分行	姜绍华	孙振亭、马玉强、王 颖	173	8
工商银行淄博分行	金 滨	李新武、李长清、石海滔、任德福、王立亭、段 军、苗纪宏、肖芳俊、王建方	1,456	77

续表1

单位名称	行长（或其他称谓的第一负责人）	副行长（或其他称谓的同级领导）	正式员工（人）	营业网点（个）
农业银行淄博分行	方高鸣	郑建春、徐兴岭、徐 超、李瑞正、张 勇	1,711	100
中国银行淄博分行	范延明	慕永仕、马 勇、梁文华、刘大勇、王艳芹	926	38
建设银行淄博分行	白彤文	张 剑、王德仲、杨江水、王 斌、程红祥	1,314	62
交通银行淄博分行	王子敬	齐文江、苏先锋、陈丰慧、崔佃友	452	20
中信银行淄博分行	于 生	王善民、李双杰、韩学斌、张 磊	192	8
光大银行淄博分行	范海燕	翟洪涛、杨海伟	92	5
平安银行淄博分行	丁 伟	刘晓宁、牟 辉、张 欣	50	2
招商银行淄博分行	刘 钧	王 浩、孙永刚、王 鹏	167	7
浦发银行淄博分行	任继军	郑拥军、王光华、田 凯	96	7
兴业银行淄博分行	陈连合	邹 峰、陆 强、李 焱	104	7
民生银行淄博分行	吴 林	王 锐、贾洪伟、杜淑红	51	2
恒丰银行淄博分行	魏会敏	王丽华、李 翔	80	3
渤海银行淄博分行	郭兆浩	张荣博、李朝阳	39	1
青岛银行淄博分行	曹立胜	巩向忠、刘丽丽	131	4
齐商银行	李大鹏、赵晓东、侯全明	王 强、王 涛、曹志坚、孙高荣、马慧玲、邹 倩、薛 云、汪 波	2,802	124
东营银行淄博分行	郭 华	张行辉、朱玉平	117	6
威海市商业银行淄博分行	李慕南	戚鹏杰、曹忠正	57	2
济宁银行淄博分行	赵刚毅	李 生、陈 静	73	6
邮政储蓄银行淄博市分行	种 钢	关风光、牛 犇、殷 刚、东庆凯	601	28
山东省农村信用社联合社淄博审计中心	马春成	王兆新、吴志新、于光辉	23	1
淄川农商银行	张庆春	张 莉、杜 娟、王洪涛、王玉华、杨逢深、张永国、张晓鹏	497	52
博山农商银行	孙希荣	邢长远、祝仁燕、杨立军、景 郑、张 杰、杜岩清	412	41
临淄农商银行	玄俊峰	崔 涛、王廷军、刘 磊、张术博、隋 佳、李 城、方永俊	658	54
张店农商银行	刘荣君	王 震、张 强、毕玉梅、尹 鹏、杨晓静、李永丽	686	71
周村农商银行	范英健	马海波、马卫国、郑 军、邵承信、高臻博、李小梅	371	28
桓台农商银行	李岩松	薛 宁、白 卫、荆 春、陈 磊、韩 斐、李亚男	543	49
高青农商银行	张爱娟	崔现学、陈 静、马 雷、石学鹏、孙 静、毕振宇	292	24
沂源农商银行	刘际中	杨 军、司 玲、曹海滨、李铨斌、丁 晓	385	34
淄川北海村镇银行	谭圣宝	李峻玲	42	3
博山北海村镇银行	段书雷	孙 彤、卜范凯	40	2
临淄汇金村镇银行	林 海	姜言波	59	5
周村青隆村镇银行	李柏万	张 勇	58	5

续表2

单位名称	行长（或其他称谓的第一负责人）	副行长（或其他称谓的同级领导）	正式员工（人）	营业网点（个）
桓台青隆村镇银行	王有学、陈 保	徐金民	57	5
高青汇金村镇银行	卢进才	孙瑞文、刘云昌、王占信	52	4
沂源博商村镇银行	马兆峰、王成伟	房师成、鹿 灏、白宪伟、翟佩剑	196	20
中泰证券公司淄博分公司	张 诚	翟淑琦	169	9
中信证券公司淄博分公司	郑家文	—	164	5
兴业证券公司淄博分公司	程洪涛	—	23	1
中国人寿保险股份有限公司淄博分公司	黄 斌	—	5,746	61
中国太平洋人寿保险股份有限公司淄博中心支公司	薄永伟	—	5,662	12
中国平安人寿保险股份有限公司淄博中心支公司	张校铭	—	6,196	19
中国人民财产保险股份有限公司淄博市分公司	段玉宏	—	937	58
中国太平洋财产保险股份有限公司淄博中心支公司	国先建	—	187	10
中国平安财产保险股份有限公司淄博中心支公司	巩选伟	—	197	8

附表4

淄博市主要金融机构业务概况

（2020年末）

单位：亿元

单位名称	本外币存款余额	本外币单位存款	本外币储蓄存款	本外币贷款余额	本外币短期贷款	本外币中长期贷款
农业发展银行淄博分行	41.06	41.06	—	178.35	10.71	167.64
工商银行淄博分行	639.88	208.24	431.64	412.59	118.02	294.57
农业银行淄博分行	757.17	205.54	551.64	390.47	129.03	261.44
中国银行淄博分行	380.12	154.97	225.15	237.12	89.61	140.00
建设银行淄博分行	566.28	192.75	373.53	274.80	78.03	196.77
交通银行淄博分行	255.61	134.19	121.42	172.53	73.81	95.88
中信银行淄博分行	82.77	39.34	43.43	102.73	23.18	79.55
光大银行淄博分行	53.44	37.14	16.28	40.11	6.59	32.15
平安银行淄博分行	5.90	0.27	5.63	25.06	0.58	24.48
招商银行淄博分行	77.58	42.78	34.80	51.79	17.44	23.31
浦发银行淄博分行	37.46	19.24	18.22	45.08	10.86	32.33
兴业银行淄博分行	116.39	94.03	22.35	89.01	35.89	53.12
民生银行淄博分行	64.41	58.97	5.44	53.66	22.11	28.35
恒丰银行淄博分行	59.11	55.19	3.92	42.02	19.80	19.87
渤海银行淄博分行	26.95	17.92	9.03	30.16	7.25	22.73
青岛银行淄博分行	67.57	51.29	16.28	95.12	14.93	80.19
齐商银行（法人口径）	1,100.53	676.46	424.07	887.55	374.71	512.84

续表

单位名称	本外币存款余额	本外币单位存款	本外币储蓄存款	本外币贷款余额	本外币短期贷款	本外币中长期贷款
东营银行淄博分行	52.97	30.96	22.01	28.71	12.64	16.07
济宁银行淄博分行	26.71	16.17	10.54	23.11	7.18	15.93
威海市商业银行淄博分行	47.12	32.35	14.77	21.01	8.91	12.10
邮政储蓄银行淄博分行	318.50	28.36	290.14	157.42	46.45	83.75
淄川农商银行	152.09	19.17	132.91	90.22	48.96	28.11
博山农商银行	110.15	8.12	102.02	62.61	35.18	23.05
临淄农商银行	224.24	39.34	184.89	142.89	80.25	55.32
张店农商银行	195.25	38.00	157.19	143.24	60.43	78.38
周村农商银行	93.21	10.43	82.78	55.19	29.00	22.19
桓台农商银行	127.44	28.38	99.02	112.21	69.73	41.26
高青农商银行	75.32	6.07	69.25	50.05	32.87	17.18
沂源农商银行	90.86	20.33	70.53	56.26	33.05	21.59
淄川北海村镇银行	3.10	0.94	2.16	2.73	2.19	0.54
博山北海村镇银行	4.27	0.71	3.56	3.40	2.64	0.76
临淄汇金村镇银行	12.20	1.87	10.33	11.18	9.18	2.00
周村青隆村镇银行	5.89	0.91	4.98	5.60	2.06	3.54
桓台青隆村镇银行	4.07	0.73	3.34	5.11	2.50	2.61
高青汇金村镇银行	5.69	0.95	4.74	6.11	4.65	1.45
沂源博商村镇银行	67.54	53.89	13.65	51.47	34.62	16.85

附表5

淄博市金融机构统计指标

单位：家、人、只

指标		2016年	2017年	2018年	2019年	2020年	2020年同比增幅（%）
银行类	银行类机构家数	22	23	23	23	23	0.00
	法人机构	13	16	16	16	16	0.00
	一级分行	0	0	0	0	0	—
	二级分行	19	20	20	20	20	0.00
	县区支行	1,006	1,007	991	991	981	-1.01
	正式从业人数	15,187	14,925	14,671	14,459	14,077	-2.64
保险类	保险公司家数	63	65	70	71	71	0.00
	财险公司家数	29	29	31	31	31	0.00
	省级分公司	0	0	0	0	0	—
	地市分公司	29	29	31	31	31	0.00
	县区支公司	114	144	171	152	208	36.84
	寿险公司家数	34	37	39	40	40	0.00
	省级分公司	0	0	0	0	0	—
	地市分公司	34	37	39	40	40	0.00
	县区支公司	170	139	148	146	160	9.59

续表

指标		2016年	2017年	2018年	2019年	2020年	2020年同比增幅（%）
保险类	正式从业人数	33,414	47,519	52,400	46,304	44,265	-4.40
	财险人员	575	4,000	3,800	3,321	2,971	-10.54
	寿险人员	32,839	43,519	48,600	42,983	41,294	-3.93
证券类	证券公司家数	2	2	2	3	3	0.00
	证券营业部	35	40	40	41	40	-2.44
	正式从业人数	—	—	—	—	—	—
	境内上市股票只数	29	24	24	23	24	4.35
	境外上市股票只数	5	4	4	4	4	0.00
	辖区上市公司总数	27	26	26	25	28	12.00

枣庄市

【经济金融概况】　2020年，枣庄市上下认真贯彻落实市委市政府各项决策部署，牢牢聚焦“先把枣庄经济搞上去”的目标定位，统筹做好稳增长、促改革、调结构、惠民生、防风险、保稳定各项工作，实现了统筹疫情防控和经济社会发展的“双胜利”，全年金融运行健康平稳。全市地区生产总值实现1,733.25亿元，增长3.00%；规模以上工业增加值增长1.40%；固定资产投资增长3.20%；一般公共预算收入完成140.76亿元，全口径税收收入（不含海关代征）为191.29亿元；进出口总额为263.80亿元，增长80.20%，其中出口总额为249.82亿元，增长79.60%；全年居民消费价格指数上涨2.20%，处于温和上涨区间；全年居民人均可支配收入为27,379.00元，增长4.10%。年末，枣庄市各项贷款余额为1,730.24亿元，较年初增加172.46亿元，增长11.07%；各项存款余额为2,409.88亿元，较年初增加212.30亿元，增长9.66%。

【货币政策实施】　2020年，人民银行枣庄市中心支行认真落实稳健货币政策，持续提升货币政策实效，大力支持实体经济发展。

一是强化信贷政策引导。印发推动全市实体经济稳中向好发展领域多个信贷专项文件，强化信贷政策与财政政策、产业政策的协调配合，引导金融机构加大对疫情防控、复工复产等重点领域和关键环节的支持力度，力促“稳企业保就业”目标实现。

二是扎实做好金融支持疫情防控和企业复工复产。抓好3,000.00亿元、5,000.00亿元和1.00万亿元再贷款各项政策落地，组织带领各金融机构对15家重点防疫企业“一对一”现场对接，组织各银行灵活授信放贷。放宽利用再贷款专用额度资金支持小微企业利率上限，将再贷款专用额度资金支持范围由普惠口径小微企业和涉农企业扩大到小微、民营企业和涉农企业。

三是落实两项直达政策工具。与政府相关部门举办“金融诊疗走进民营企业家”等活动，向各类企业和公众宣传人民银行两项政策工具。对法人金融机构开展“一对一”辅导，强化“一把手工程”，压紧压实地方法人金融机构主体责任，全年累计办理延期还本付息贷款841.00笔、金额34.20亿元，新发放普惠小微信用贷款5,151.00笔、金额21.46亿元。

四是深化利率市场化改革。组织召开存量浮动利率贷款转换工作政策培训会，加快转换工作推进进度。新发放贷款LPR应用率基本实现100.00%，存量浮动利率贷款定价基准转换率提前一个月实现100.00%。督促金融机构严格执行有关利率政策及管理规定，指导辖内法人金融机构利率自律管理，引导金融机构稳妥清理规范定期存款靠档计息产品。

五是提升新旧动能服务质效。引导银行主要负责人与企业“面对面”洽谈，各支行与辖区银行实行联访联动，现场走访实现全域全覆盖。对走访活动进行现场督导、随机抽查和电话回访，督促项目现场对接率达到100.00%。

六是推动绿色金融纵深发展。创新建立绿色企业项目库企业融资月度统计制度，引导各银行机构健全绿色金融发展机制。优先接受符合标准的绿色贷款作为再贷款担保品，推动“绿色票据直通车”业务实现突破。开展绿色贷款“线上辅导”，举办绿色项目融资对接会，联合市工信、环保等部门确定绿色企业或项目5条标准，建立全市绿色企业和项目库。

【金融稳定】 2020年，人民银行枣庄市中心支行以守住不发生系统性金融风险的底线为根本目标，积极完善风险应对和处置机制，金融稳定各项工作稳步推进。

一是健全“大稳定”工作机制。组织召开“大稳定”工作机制暨打好防控化解区域金融风险攻坚战工作专班会议，制定《防控化解区域金融风险攻坚行动2020年目标任务项目清单》，召开专题会议梳理辖区各类风险隐患，有针对性地制定和落实管控措施。

二是强化金融监测预警。出台《枣庄市金融风险监测预警工作意见》，健全完善金融风险“网格化”监测预警机制，建立法人金融机构流动性状况监测日报制度，构建“三位一体”金融风险监测预警长效机制。强化对辖区小额贷款公司、证券、保险、资管业务等机构和领域经营状况的监测，深入开展监测分析工作。

三是开展央行金融机构评级工作，确保评级结果与法人金融机构的风险状况相匹配，定期向市政府汇报央行评级情况，推动地方政府采取有效措施化解机构风险。

四是健全应急处置机制。牵头制定《枣庄市处置集中取款事件应急预案》，组织市地方金融监督管理局等6部门开展“枣庄市处置集中取款事件应急预案演练”。联合薛城区政府、市地方金融监督管理局、枣庄银保监分局签订了《维护区域金融稳定共促地方经济发展合作备忘录》，探索构建“地方政府、人民银行、监管部门”维稳合作框架。

【金融服务】 2020年，人民银行枣庄市中心支行积极改善金融服务，着力服务民生，赢得社会各界的广泛好评。

一是不断改善民营和小微企业融资环境。联合成立金融顾问团，为1,130家企业提供定向辅导服务，累计帮扶辅导企业获得贷款27.21亿元。深入推进“首贷培植行动”。推送涵盖65,000户正式登记的小微企业名单以及3,000户“个转企”名单，引导银行应用大数据增信，开发普惠金融新产品和新服务；截至2020年末，枣庄市小微企业贷款余额为258.20亿元，较年初增加18.61亿元，小微企业融资需求得到较好满足。

二是不断提升支付结算服务水平。强力推进移动支付引领县建设。积极开展支付系统建设30周年宣传活动，大力宣传辖区支付系统30年变化和成果。进一步简化审批流程，高效开展账户核准和备案工作，全辖共开立各类单位结算账户22,471户。完善助农取款服务点，促进助农服务点优化升级、分类管理，共设立助农取款服务点2,285个。保障农民工工资支付，推动在全省率先实现银行对接农民工工资支付监管平台建设100.00%。

三是不断优化社会信用体系建设。组织完成二代征信系统正式上线，推进枣庄市住房公积金中心顺利接入征信系统，指导枣庄银行完成一代征信报数系统升级改造，构建完善“四位一体”征信信息安全防控体系。新增3个商业银行自助查询点，组织开展辖区人民银行征信查询网点视频监控升级改造并接入人民银行济南分行征信查询监控中心，推广网银、手机银行、互联网查询方式。开展“信用示范县”“信用示范镇”“信用示范村”创建活动，建立了市、县、镇、村“四级三创”创建体系，为县域经济发展提供信用支撑。

四是不断改进现金管理服务。扎实推进“不忘初心服好务，牢记使命管好钱”活动，持续开展“过新年，换新钱”便民服务。坚持疫情防控与现金服务“两手抓，两手硬”，引导全市银行保障疫情期间现金需求。开展净化人民币流通环境专项整治活动，探索现金流通管理模式，构建多种支付方式和谐并存的货币流通环境。

五是不断提升经理国库水平。全面完成个税汇算清缴退税，积极推进个税退税电子化，全力做好城乡居民社保费、非税收入入库和划转，组织开展人民银行经理国库35周年系列宣传活动。开通财政防疫专项资金拨付“绿色通道”，确保全市疫情防控资金及时拨付到位，累计拨付专项资金161.00笔、金额1.28亿元。

【金融监管】 2020年，人民银行枣庄市中心支行积极强化金融管理，努力打造管理服务型人民银行基层行。

一是依法依规开展行政执法检查。制作《行政执法工作指引》范本，进一步规范执法检查工作程序。按期完成2020年度行政执法检查计划安排，共开展综合执法检查2项，实现了执法专业全覆盖。对部分机构的违法行为进行了行政处罚，促进依法行政工作的开展。

二是不断拓展金融消费权益保护的深度和广度。组织开展“金融消费者权益日”“普及金融知识，守住‘钱袋子’”等宣传活动，充分利用线上渠道，探索非接触式宣传方式，提高金融消费者的自我保护意识和风险防范能力，受众消费者达50.00余万人次。扎实开展金融消保年度评估，及时向金融机构反馈金融消保工作的薄弱环节，促进辖区金融消保工作水平提升。

【外汇管理】 2020年，国家外汇管理局枣庄市中心支局不断提升自由便利，大力推动涉外经济发展。持续开展跨境业务数据质量“零差错年”活动，完善跨境人民币业务柔性管理制度，建立重点涉外企业“一对一”主办银行、驻企专员等制度，开展“一对一走国企”专项行动，推动实现全市跨境人民币业务量、在国际收支中的占比“双升”。支持境内企业充分利用境外资金，全面推广资本项目收入支付便利化改革，积极推动贸易外汇收支便利化、跨境金融区块链服务平台试点，放宽出口收入待核查账户开立，推动外汇行政许可业务网上办理，支持跨境电子商务等贸易新业态发展。继续开展“外汇服务进万企”活动，完成110家重点企业走访对接工作，开展政策宣传和外汇产品推介活动44次，专项定制化服务11次，为企业解决具体困难和问题33个。

（王 磊）

附表1

枣庄市主要金融指标1

单位：亿元

地区		银行类							
		本外币存款余额	住户存款	非金融企业存款	本外币贷款余额	第一产业贷款	第二产业贷款	第三产业贷款	个人贷款及透支
市中区	2020年	526.57	368.18	96.34	393.42	0.50	64.85	138.82	216.42
	同比增幅（%）	10.20	13.28	-7.05	8.18	-50.44	-13.99	24.46	23.92
薛城区	2020年	481.38	286.69	94.39	411.47	0.55	66.64	104.57	127.92
	同比增幅（%）	9.77	14.17	5.41	11.35	32.96	-3.19	17.85	33.51
峄城区	2020年	146.08	108.96	22.74	96.16	0.19	15.10	37.06	42.04
	同比增幅（%）	4.41	14.46	29.05	1.60	34.51	-7.19	-13.49	20.51
台儿庄区	2020年	138.48	101.19	26.42	98.44	0.09	14.96	37.02	45.02
	同比增幅（%）	10.20	11.86	43.68	20.75	56.84	24.87	23.52	19.14
山亭区	2020年	149.10	107.07	19.06	79.39	0.46	25.83	25.91	26.40
	同比增幅（%）	6.61	13.56	-16.15	13.17	-5.98	1.14	15.69	26.09
滕州市	2020年	877.92	651.92	151.13	599.61	0.62	140.91	116.25	294.78
	同比增幅（%）	11.84	13.94	13.24	11.40	69.98	0.66	4.05	22.70
高新区	2020年	67.02	35.95	22.41	51.75	0.04	15.69	10.01	17.98
	同比增幅（%）	4.84	10.61	-4.98	29.35	41.67	25.85	-10.85	13.51
枣庄市	2020年	2,409.88	1,663.95	435.49	1,730.24	2.44	343.97	475.15	771.85
	同比增幅（%）	9.66	13.63	5.91	11.07	-2.13	-1.89	13.55	24.45

附表2

枣庄市主要金融指标2

单位：亿元

地区		保险类		证券类		
		保险公司保费收入	保险公司赔款和给付支出	证券市场成交总额	投资者保证金余额	投资者开户数（万户）
市中区	2020年	—	—	1,458.60	4.80	15.12
	同比增幅（%）	—	—	41.67	16.79	-27.62
薛城区	2020年	—	—	356.34	1.30	6.35
	同比增幅（%）	—	—	35.60	10.17	-31.05
峄城区	2020年	—	—	54.57	0.14	0.84
	同比增幅（%）	—	—	61.07	40.00	-40.85
台儿庄区	2020年	—	—	285.26	0.24	1.31
	同比增幅（%）	—	—	233.68	-4.00	-47.18
山亭区	2020年	—	—	161.18	0.29	0.81
	同比增幅（%）	—	—	333.28	190.00	-37.69

续表

地区		保险类		证券类		
		保险公司保费收入	保险公司赔款和给付支出	证券市场成交总额	投资者保证金余额	投资者开户数（万户）
滕州市	2020年	—	—	826.82	2.21	9.19
	同比增幅（%）	—	—	21.74	12.34	-41.75
高新区	2020年	—	—	122.53	0.21	1.45
	同比增幅（%）	—	—	58.83	250.00	14.42
枣庄市	2020年	90.72	28.94	3,265.30	9.19	35.07
	同比增幅（%）	9.01	25.81	48.07	18.31	-33.00

附表3

枣庄市主要金融机构概况

单位名称	行长（或其他称谓的第一负责人）	副行长（或其他称谓的同级领导）	正式员工（人）	营业网点（个）
人民银行枣庄市中心支行	罗亮森	王 伟、孙 斌、朱传辰、吴 静、王 森、胡 杰、颜道盛	302	4
枣庄银保监分局	陆冰	周保舰、倪 辉、王 芳、刘太海	55	1
农业发展银行枣庄市分行	段玉华	李元华、张瑞冬、刘 洋	140	6
工商银行枣庄分行	李沧海	张义辉、张 永、杨功新、张 超、胡吉平	761	36
农业银行枣庄分行	赵相东（党委副书记、副行长，主持工作）	马洪涛、韩照东、王业群	936	50
中国银行枣庄分行	王炳华	王昀柏、姜立民、匡华强、刘义涛	529	21
建设银行枣庄分行	崔 震	孙中会、张守义、刘向群、王 磊、陈 勇、丛方忠	861	36
交通银行枣庄分行	张新宇	苏 健、毕崇华、孙曰友	63	3
枣庄银行	陈大章	陈 峰、沙学斌、陈东光、王文彪、张德安、王广振、王 岩、刘 磊、颜海龙	759	30
济宁银行枣庄分行	彭 涛	张 营、黄 辉	104	7
青岛银行枣庄分行	甄彦忠	彭德成、刘 星	113	6
日照银行枣庄分行	王 伟	王海峰、赵 舵、秦 成、马世华	108	3
威海市商业银行枣庄分行	陈新波	郑 涛、褚秀芳	53	2
枣庄农村商业银行	王 伟	刘 艳、李 明、张友银、张 彬、马士宏、孙法超、周茂生	1,655	91
滕州农村商业银行	刘志强	王 豹、苏亚峰、徐 明、徐长春	690	51
邮储银行枣庄市分行	仇洪建	杨 佳、路 阳、张 强	761	105
山东滕州中银富登村镇银行	李海东	傅 萍、时亮亮	45	1
中国人寿保险股份有限公司枣庄分公司	卞建忠	何召理	224	6
中国太平洋人寿保险股份有限公司枣庄中心支公司	郭承刚	李永军、崔红梅、徐东兵	146	7
泰康人寿保险有限责任公司山东枣庄中心支公司	尹 雪	袁 木、倪志刚	88	28
中国平安人寿保险股份有限公司枣庄中心支公司	宋 雷	王高亮	66	6

续表1

单位名称	行长（或其他称谓的第一负责人）	副行长（或其他称谓的同级领导）	正式员工（人）	营业网点（个）
新华人寿保险股份有限公司枣庄中心支公司	陈 强	曹永昌、华允飞	74	5
民生人寿保险股份有限公司枣庄中心支公司	李志峰	—	38	7
太平人寿保险有限公司枣庄中心支公司	赵洪顺	迟国峰	58	5
合众人寿保险股份有限公司枣庄中心支公司	葛瑞宝	—	13	3
中国人民人寿保险股份有限公司枣庄中心支公司	史光霞	亓 永	41	6
富德生命人寿保险股份有限公司枣庄中心支公司	贾腾飞	—	53	3
阳光人寿保险股份有限公司枣庄中心支公司	张 超	—	58	5
华泰人寿保险股份有限公司枣庄中心支公司	张建永	胡乐侠	24	5
信泰人寿保险股份有限公司枣庄中心支公司	杨世西	—	20	3
天安人寿保险股份有限公司枣庄中心支公司	张云飞	张典辰、王玉庆	56	4
华夏人寿保险股份有限公司枣庄中心支公司	盖希伟	—	33	5
恒安标准人寿保险股份有限公司枣庄中心支公司	张 磊	—	7	1
百年人寿保险股份有限公司枣庄中心支公司	韩建国	—	9	2
农银人寿保险股份有限公司枣庄中心支公司	万春生	—	26	3
建信人寿保险股份有限公司枣庄中心支公司	陈立海	朱会华	24	2
德华安顾人寿保险有限公司枣庄中心支公司	王守宇	—	34	5
利安人寿保险股份有限公司枣庄中心支公司	周广营	—	27	3
陆家嘴国泰人寿保险有限责任公司枣庄中心支公司	顾金美	—	5	1
平安养老保险股份有限公司枣庄中心支公司	王 浩	—	12	1
中国人民财产保险股份有限公司枣庄市分公司	王 涛	卫 斌、张同存	271	13
中国太平洋财产保险股份有限公司枣庄中心支公司	徐 勇	张东旭、李兴珍	133	11

续表2

单位名称	行长（或其他称谓的第一负责人）	副行长（或其他称谓的同级领导）	正式员工（人）	营业网点（个）
天安财产保险股份有限公司枣庄中心支公司	王 坤	赵丙国、赵 超	63	6
中国平安财产保险股份有限公司枣庄中心支公司	王 冲	刘 浩	109	6
中华联合财产保险股份有限公司枣庄中心支公司	张贵东	吴开鹏、金 鑫	118	9
中国大地财产保险股份有限公司枣庄中心支公司	王 猛	李 芹、张玉垒	96	5
永安财产保险股份有限公司枣庄中心支公司	程海云	—	70	4
大家人寿保险股份有限公司枣庄中心支公司	石文建	—	5	1
安华农业保险股份有限公司枣庄中心支公司	房 伟	—	39	5
阳光财产保险股份有限公司枣庄中心支公司	代广珍	宋 静、李修建	154	7
中国人寿财产保险股份有限公司枣庄市中心支公司	邵 兵	刘 亮	132	6
安盛天平财产保险股份有限公司枣庄中心支公司	李动山	—	10	1
华安财产保险股份有限公司枣庄中心支公司	贾砚英	—	15	3
泰山财产保险股份有限公司枣庄中心支公司	王九志	—	24	3
华海财产保险股份有限公司枣庄中心支公司	郭卫星	—	48	2
浙商财产保险股份有限公司枣庄中心支公司	刘 彬	—	18	2
都邦财产保险股份有限公司枣庄中心支公司	徐志亮	—	9	1
太平财产保险有限公司枣庄中心支公司	薄振山	—	19	2
亚太财产保险有限公司枣庄中心支公司	万海涛	—	13	1
国任财产保险股份有限公司枣庄中心支公司	刘国亮	—	22	0
安诚财产保险股份有限公司枣庄中心支公司	谭树鹏	王晓江	43	0
紫金财产保险股份有限公司枣庄中心支公司	吴成东	—	10	1
大家财产保险有限责任公司枣庄中心支公司	樊 盟	—	19	7

续表3

单位名称	行长（或其他称谓的第一负责人）	副行长（或其他称谓的同级领导）	正式员工（人）	营业网点（个）
安信证券公司山东分公司枣庄青檀中路营业部	王 伟	—	10	1
长江证券公司枣庄青檀中路证券营业部	杜金林	—	5	1
国泰君安证券公司枣庄市光明西路证券营业部	李明洋	—	9	1
海通证券股份有限公司枣庄燕山路证券营业部	李 开	戚 潇、种文龙	6	1
招商证券股份有限公司滕州解放中路证券营业部	宋志强	—	12	1
中泰证券股份有限公司枣庄分公司	陈志伟	张 辉	79	7
中信证券（山东）有限责任公司枣庄文化中路证券营业部	刘宇飞	闫寅贵、吴敬帅	33	1
中信证券（山东）有限责任公司滕州新兴北路证券营业部	赵俊锟	荆中利	24	1
华林证券股份有限公司枣庄光明大道证券营业部	杨咏盛	—	5	1

附表4

枣庄市主要金融机构业务概况

（2020年末）

单位：亿元

单位名称	本外币存款余额	本外币单位存款	本外币储蓄存款	本外币贷款余额	本外币短期贷款	本外币中长期贷款
农业发展银行枣庄分行	47.61	47.61	—	161.45	24.47	136.98
工商银行枣庄分行	351.09	118.87	232.05	247.78	37.62	208.51
农业银行枣庄分行	317.17	73.08	243.93	203.82	62.41	126.53
中国银行枣庄分行	196.38	87.14	100.93	192.39	69.81	119.46
建设银行枣庄分行	376.67	113.18	263.42	227.76	59.23	165.36
交通银行枣庄分行	30.80	19.20	11.60	26.36	13.63	12.68
枣庄银行	165.33	73.61	91.72	122.78	71.28	49.73
济宁银行枣庄分行	54.03	25.23	28.79	28.10	4.83	19.08
青岛银行枣庄分行	40.78	23.73	17.05	25.70	2.59	22.49
日照银行枣庄分行	34.39	18.73	15.66	21.18	7.16	14.02
威海市商业银行枣庄分行	23.77	17.88	5.89	24.34	4.79	18.68
枣庄农村商业银行	277.70	43.12	234.58	204.10	62.82	79.29
滕州农村商业银行	208.71	27.48	181.23	137.58	60.38	44.37
邮储银行枣庄分行	256.67	21.77	234.79	101.88	25.23	64.81
滕州中银富登村镇银行	5.46	3.25	2.22	5.01	2.38	2.63

附表5

枣庄市金融机构统计指标

单位：家、人、只

	指标	2016年	2017年	2018年	2019年	2020年	2020年同比增幅（%）
银行类	银行类机构家数	11	11	11	11	11	0.00
	法人机构	4	4	4	4	4	0.00
	一级分行	7	7	7	7	7	0.00
	二级分行	155	205	202	201	177	-11.94
	县区支行	7,492	7,871	7,687	7,582	7,403	-2.36
	正式从业人数	43	44	45	46	46	0.00
保险类	保险公司家数	19	20	21	22	22	0.00
	财险公司家数	—	—	—	—	—	—
	省级分公司	19	20	21	22	22	0.00
	地市分公司	—	—	70	76	50	-34.21
	县区支公司	24	24	24	24	24	0.00
	寿险公司家数	—	—	—	—	0	—
	省级分公司	24	24	24	24	24	0.00
	地市分公司	—	—	75	78	67	-14.10
	县区支公司	—	—	—	—	2,862	—
	正式从业人数	—	—	—	—	1,503	—
	财险人员	—	—	—	—	1,359	—
	寿险人员	—	—	—	—	—	—
证券类	证券公司家数	3	4	4	4	4	0.00
	证券营业部	14	13	13	14	15	7.14
	正式从业人数	168	178	193	184	206	11.96
	境内上市股票只数	—	—	1	2	4	100.00
	境外上市股票只数	—	—	—	—	—	—
	辖区上市公司总数	—	—	1	2	4	100.00

东营市

【经济金融概况】 2020年，受复杂严峻的外部环境和突如其来的新冠肺炎疫情影响，东营市面临的风险挑战持续增多，主要经济指标增速放缓。对此，全市银行业金融机构认真贯彻稳健货币政策，紧紧围绕支持东营高质量发展主线，持续加大信贷投放，加快不良贷款处置工作，积极防控金融风险，努力保持金融运行稳中向好局面，大力促进全市经济逐步回升。

【货币政策】 2020年，人民银行东营市中心支行积极贯彻落实稳健货币政策，大力疏通货币政策传导渠道，切实做好金融支持稳企业保就业工作。一是进一步畅通货币政策传导渠道。充分发挥央行资金引导撬动作用，认真落实3,000.00亿元专项再贷款、5,000.00亿元再贷款再贴现专用额度和1.00万亿元再贷款再贴现政策，全年累计办理再贴现37.18亿元，惠及34家企业；加大金融支持稳企业保就业工作力度，全年累计发放企业贷款103笔（共6.84亿元）、个人贷款1,178笔（共3.43亿元）；7月末实现全市法人金融机构存量浮动利率贷款定价基准转换率100.00%，进度居全省前列；深入开展“金融诊疗”助企行动，全年累计帮扶企业239家，给予资金支持107.80亿元。二是扎实做好金融支持新旧动能转换工作。探索实施“3+3”工作机制，推进省级重大项目融资对接，截至2020年末，9个项目成功获得授信133.97亿元，发放贷款46.19亿元；开展“银行行长走进百家企业”活动，全年累计为82家企业发放贷款34.10亿元；开展“民营和小微企业首贷培植行动”，全年培植首贷客户3,824家，累计发放贷款28.26亿元；推动科技成果转化贷款、知识产权质押融资业务开展，全年累计为55家科技型企业办理科技成果转化贷款3.24亿元，办理知识产权质押融资业务59笔、质押金额5.35亿元。三是做好金融服务乡村振兴工作。实施乡村振兴“金融护航”行动，开展金融服务乡村振兴“样板村”创建和“一县一品”创建；开展利津县乡村振兴服务队“金融赋能”专项行动；推广“央行资金产业振兴贷”，引导银行机构使用再贷款，全年累计发放“央行资金产业振兴贷”4.87亿元；开展农村产权“优势项目”突破工作，推动农村承包土地经营权抵押贷款增量扩面。四是着力做好绿色金融发展工作。开展绿色金融发展服务年活动，征集、筛选绿色项目39个，引导金融机构100.00%对接。推广重点票据和绿色票据“直通车”再贴现操作模式，全年办理再贴现业务6,690.00万元。

【金融市场】 2020年，东营市金融业实现增加值158.94亿元，占服务业增加值的13.90%，占全市地区生产总值的5.30%；实现税收16.84亿元，较上年度增长1.50%，占全市财政收入的6.75%。

银行业方面，截至2020年末，东营市银行机构各项存款余额为4,122.79亿元，较年初增加257.07亿元；各项贷款余额为3,333.72亿元，较年初增加81.57亿元；银行表外业务余额为1,339.59亿元，较年初减少126.83亿元。

保险业方面，2020年，东营市保险业实现保费收入111.56亿元，同比增长2.61%，其中，产险保费收入为30.62亿元，同比增长2.90%；人身险保费收入为80.94亿元，同比增长2.50%。

资本市场方面，2020年，东营市新增境外上市公司1家，累计达到6家；新增报山东证监局辅导备案企业6家，累计达到10家，居全省第4位；新增新三板挂牌企业3家，累计达到22家；新增区域股权交易市场挂牌企业42家，累计达到215家。全年全市证券交易额为6,662.69亿元，年末客户交易结算资金余额为19.95亿元，托管股份总市值为348.70亿元。

【金融稳定】 2020年，人民银行东营市中心支行坚持稳中求进工作总基调，以金融风险监测为基础，以存款保险制度、主监管员制度和央行金融机构评级为切入点，以风险化解和处置为重点，金融维稳各项工作取得了新进展，有力维护了辖区经济金融的健康运行。一是坚决打赢防范化解重大金融风险攻坚战。增强上下联动，进一步明确风险攻坚重点目标、任务、工作措施；强化横向联合，增强对全局金融风险的把控；高度重视法人银行、大企业担保圈、高风险县市区风险状况及处置进展，摸清风险底数。二是多管齐下，切实加强辖区金融风险防范化解。形成银行监测、大企业监测、证券监测“三位一体”的监测体系，形成集中取款事件应急联动工作机制；积极参与企业债务处置工作专班。三是全力做好高风险法人银行风险化解工作。压实地方政府属地责任，推动地市政府将中小法人银行风险化解和稳健经营纳入政府工作规划和考核范围；积极开展早期纠正，压实金融机构风险化解主体责任；建立东营银行主监管员制度。四是存款保险制度顺利推进，各项工作有序开展。扎实开展央行金融机构评级和费率核定工作，审慎对金融机构进行级别评定；加大存款保险核查工作力度，进一步摸清风险底数；多渠道、多形式做好存款保险宣传工作，开展存款保险集中宣传月活动。

【金融监管】 2020年，东营市金融监督管理部门围绕金融服务实体经济、防范化解企业债务风险、优化金融生态环境三项重点任务，扎实推进金融动能转换，全市重点企业债务风险已基本见底，不良贷款余额、不良贷款率实现“双降”，各项工作取得阶段性成效。一是多措并举，银行机构信贷投放实现正增长。营造政策激励环境，开展综合考核评价；深化政银企对接合作，全年向银行机构推介重点建设项目和企业融资需求255笔、金额647.78亿元，达成意向合作213笔、金额329.82亿元，分别同比增加71笔、金额128.12亿元；建立金融支持企业复工复产和项目建设协调机制，银行机构为疫情防控重点保障企业发放贷款1.30亿元。二是强力推进，企业上市工作实现重大突破。强化政策支持，提高企业境内上市奖励标准，建立执法报备机制；动态培育上市挂牌后备企业；实施“周调度、月报告”，加快推动重点后备企业上市；开展规模企业规范化改制“回头看”专项行动。三是严守底线，防范化解企业债务风险有力有效。完善企业债务风险监测预警机制，探索建立企业债务风险监测预警“1+3+N”会商机制；加快银行机构不良贷款处置，不良贷款余额、不良贷款率实现“双降”；严密防范企业债券兑付风险。

【外汇管理】 2020年，国家外汇管理局东营市中心支局严格按照总分局工作部署，加强监测分析与宣传引导，防范跨境资本流动风险，强化真实性合规性审核要求，严厉打击外汇领域违法违规活动，维护外汇市场秩序，促进涉外经济平稳健康发展。一是创新服务理念和方式，助推经济复苏。开展“涉外金融顾问团”活动，“一企一策”地解决企业问题；创新开展诚信兴商宣传月活动；扎实做好跨境金融区块链平台试点。二是深入开展“放管服”改革，提升贸易便利化水平。积极配合省分局推广贸易外汇收支便利化试点政策，努力培植辖区试点银行和企业；重点做好服务贸易付汇税务备案网上核验功能正式上线运行指导和上线运行后问题评估、总结、汇总整理工作。三是努力防范跨境资金流动风险。建立辖区银行外汇及跨境人民币业务自律机制；开展东营市特定银行外汇业务专项检查工作；建立重点企业集团监测制度框架。全年非现场核查企业99家，核查省分局下发的异常线索2条，核实3家企业198笔结售汇业务；处置辖区网络炒汇举报案件，协助网信办关闭非法炒汇平台；完成资本项目系统120余条滞留数据、异常数据、合规数据的非现场核查工作。

【金融服务】 2020年，人民银行东营市中心支行秉持“改进服务中强化管理，强化管理中改进服务”的理念，以为民务实、规范管理为着力点，不断提升金融服务和管理水平。一是深入推进社会信用体系建设。完成建档立卡贫困户“两个全覆盖”任务；积极做好二代征信系统上线切换及管理工作；加快推进“信用县”创建活动，截至2020年末，全市累计建设信用村1,218个、信用户131,559户，累计20,004户获得信用贷款。二是加强国库服务和管理工作。开辟“绿色通道”，拨付防疫资金，2020年前8个月通过实拨或集中支付方式，累计拨付防疫资金180笔、金额4,864.68万元。三是做好现金服务保障工作。开展净化人民币流通环境专项整治；开展发行库安全风险大排查工作；安全顺利完成2020年纪念币集中销毁工作；顺利完成第五套人民币5元券发行组织工作。四是提升支付结算管理服务水平。为大额疫情防控资金划拨提供7×24小时不间断运行的“绿色通道”，全年汇划防疫资金4,476笔、金额22,004.68万元；推广应用网上支付跨行清算系统手机号码支付功能；开展“农村支付服务环境优化提升年”活动，建成的Ⅰ类服务点占行政村的比例为25.39%。

（栾 坤）

附表1

东营市主要金融指标1

单位：亿元

地区		银行类							
		本外币存款余额	住户存款	非金融企业存款	本外币贷款余额	第一产业贷款	第二产业贷款	第三产业贷款	个人贷款及透支
利津县	2020年	230.11	140.50	67.23	183.46	1.56	90.98	34.37	53.40
	同比增幅（%）	31.77	21.27	142.26	20.79	0.60	21.70	17.06	25.58
广饶县	2020年	678.04	389.79	223.38	600.57	10.04	331.96	74.25	171.24
	同比增幅（%）	9.70	15.33	8.57	-10.73	-16.61	-25.43	32.31	19.28
东营市	2020年	4,122.79	2,155.62	1,516.19	3,333.72	32.65	1,429.15	719.95	955.16
	同比增幅（%）	6.65	17.03	4.16	2.51	6.01	-13.61	-11.29	15.92

附表2

东营市主要金融指标2

单位：亿元

地区		保险类		证券类		
		保险公司保费收入	保险公司赔款和给付支出	证券市场成交总额	投资者保证金余额	投资者开户数（万户）
广饶县	2020年	—	—	—	—	—
	同比增幅（%）	—	—	—	—	—
利津县	2020年	—	—	—	—	—
	同比增幅（%）	—	—	—	—	—
东营市	2020年	111.56	21.18	6,662.69	—	—
	同比增幅（%）	2.54	-0.80	73.50	—	—

附表3

东营市主要金融机构概况

单位名称	行长（或其他称谓的第一负责人）	副行长（或其他称谓的同级领导）	正式员工（人）	营业网点（个）
人民银行东营市中心支行	李国栋	李　刚、岳　弘、李永清、段作强、张　民	223	4
农业发展银行东营市分行	宫　波	刘志玉、李好贞	123	4
工商银行东营分行	张东海	李　琰、伦九亮、佟建方、杨　凯、李建新、王英利、牛明贤、张为忠	1,018	49
农业银行东营分行	刘明鹤	许文波、孙培伟、刘　涛、司　杰	1,029	57
中国银行东营分行	刘　健	郭忠慧	620	25
建设银行东营分行	任　健	张国昌、胡　军、韩红梅、王凌云、贾玉萍、毕玉军、益　慧	960	39
交通银行东营分行	张　炜	米振欣、刘成同	84	3
东营银行	高传星	高树松	1,781	102
邮储银行东营分行	谢　强	宋道峰、张立民、韩兴火、倪亚军	427	77
山东省农村信用社联合社东营审计中心	范晓明	魏　民	23	191
恒丰银行东营分行	杨　勇	万秀美、苟宾国	144	7
华夏银行东营分行	李　磊	庆国振、周正霞、李　冲	75	4
中信银行东营分行	孔　剑	黄涛、薄纯阳、曲总柱、乔宏晨	154	6
招商银行东营分行	张海龙	贾学英、赵　伟、司德臻	128	6
民生银行东营分行	朱国庆	魏凡超	119	6
浦发银行东营分行	倪明军	鲍智勇、郭海珑、彭　宁	79	4
青岛银行东营分行	王　波	冯勋斌	164	7
光大银行东营分行	李明昕	吕景峰、冯亮亮	79	5
齐商银行东营分行	陈永顺	张　澎	119	5
兴业银行东营分行	王树青	肖宏杰 刘宝营	74	3
天津银行东营分行	张　健	高华明、贾　燕	62	2
威海市商业银行东营分行	于胜勇	王文良、李　勇	58	1
广发银行东营分行	黄哲元	张岩磊、冯翠娥、王新国	49	1
平安银行东营分行	许立桥	李先艳	43	2
齐鲁银行东营分行	李　栋	任向阳	46	2
浙商银行东营分行	宫怀兵	宋　伟	40	1
烟台银行东营分行	李俊伟	郭延光、万海涛、王清源	40	1
莱商村镇银行	李翠芳	吴术华、丁　娜、张常胜	346	37
乐安村镇银行	张锡柱	赵金光、张　龙、胥志辉	109	7
梁邹村镇银行	张增强	徐奇志	45	5
融和村镇银行	张　睿	张树茂	44	4
舜丰村镇银行	周庆国	庄向波、申玉刚、张浩楠	94	6
中成村镇银行	林吉友	韩晓冬	28	2
人保财险东营市分公司	徐金强	康新忠、李东防、李卫东	2,212	9
平安财险东营中心支公司	燕淑和	周　滨、赵　伟、宋海波、刘玉宁	326	8
太平洋财险东营中心支公司	李东升	邵　海	231	2
天安财险东营中心支公司	张修亮	—	57	5

续表1

单位名称	行长（或其他称谓的第一负责人）	副行长（或其他称谓的同级领导）	正式员工（人）	营业网点（个）
大地财险东营中心支公司	刘登胜	孙建治、于东良	367	2
永安财险东营中心支公司	付菊英	—	30	5
中华联合东营中心支公司	王升华	王丽君、李东涛	392	12
阳光财险东营中心支公司	顾征海	倪华荣、李 永	481	1
安邦财险东营中心支公司	姜淑英	—	16	9
渤海财险东营中心支公司	李安东	—	37	1
都邦财险东营中心支公司	辛信燕	张 洁	19	4
亚太财险东营中心支公司	李建利	—	91	1
国寿财险东营中心支公司	郭永浩	郭 栋、成海英	119	2
浙商财险东营中心支公司	杨海江	—	132	3
安盛天平东营中心支公司	赵之波	燕保连	36	2
泰山财险东营中心支公司	田 栋	—	30	1
太平财险东营中心支公司	李凤英	王仙胜	280	1
中银保险东营中心支公司	魏 红	付新永	9	1
安华农险东营中心支公司	李艳生	—	108	4
华海财险东营中心支公司	姜 凯	—	75	3
长安责任东营中心支公司	宋 扬	—	11	1
华安财险东营中心支公司	袁海昱	—	22	1
国任财险东营中心支公司	孙方雷	—	13	1
安诚财险东营中心支公司	娄富强	—	54	1
渤海财险东营中心支公司	李安东	—	37	1
中国人寿东营分公司	袁任远	陈秀利、张秋云、纪 文	5,201	5
平安人寿东营中心支公司	韩秀华	丁丽丽、迟玉明	2,686	3
太平洋人寿东营中心支公司	张荣云	张明亮、林立强、宁 萌	1,915	1
泰康人寿东营中心支公司	崔成启	—	2,283	2
新华人寿东营中心支公司	周 旭	—	1,813	1
太平人寿东营中心支公司	姜俊杰	赵振刚	2,133	2
合众人寿东营中心支公司	张为涵	张翠萍、张 琦	169	1
农银人寿东营中心支公司	胡相刚	卢建红	431	4
人民人寿东营中心支公司	许延涛	颜 伟、沐文河	33	1
阳光人寿东营中心支公司	王 鹏	周承青	247	2
国华人寿东营中心支公司	林世波	崔如波	25	1
华泰人寿东营中心支公司	张新村	—	199	2
富德生命人寿东营中心支公司	刘 强	—	312	1
建信人寿东营中心支公司	王 冰	—	181	1
天安人寿东营中心支公司	张向阳	许 博	880	1
华夏人寿东营中心支公司	秦宝义	常 伟	1,595	2
工银安盛人寿东营中心支公司	冷振兴	—	13	1
德华安顾人寿东营中心支公司	从文刚	—	588	6
平安养老东营中心支公司	于 阳	—	7	1
信泰人寿东营中心支公司	赵 君	—	26	1
和泰人寿东营中心支公司	路光谦	—	15	1

续表2

单位名称	行长（或其他称谓的第一负责人）	副行长（或其他称谓的同级领导）	正式员工（人）	营业网点（个）
中泰证券有限公司东营分公司	董典波	—	153	6
中信证券东营北一路营业部	岳建军	—	13	1
广发证券股份有限公司东营济南路证券营业部	徐超平	—	15	1
东方财富证券股份有限公司东营东三路证券营业部	李德亮	—	14	1
长江证券东营北一路证券营业部	李仁业	—	8	1
中信建投证券公司东营东三路营业部	许明磊	—	9	1
银河证券股份有限公司东营府前大街营业部	车晓宇	—	8	1
国泰君安证券东营黄河路营业部	高 博	—	15	1
海通证券东营东三路营业部	许永健	—	18	1
国盛证券有限责任公司东营天目山路证券营业部	初 雨	—	9	1
安信证券股份有限公司东营东三路证券营业部	庄会江	—	11	1
光大证券股份有限公司东营府前大街证券营业部	刘收田	—	10	1
广州证券股份有限公司东营济南路证券营业部	马增华	—	16	1
山西大同证券有限责任公司东营黄河路证券营业部	商志诚	—	12	1
鲁证期货股份有限公司东营营业部	方 正	—	7	1
烟台中洲期货有限公司东营营业部	韩明延	—	10	1
上海东证期货有限公司东营营业部	马洪广	—	9	1

附表4

东营市主要金融机构业务概况

（2020年末）

单位：亿元

单位名称	本外币存款余额	本外币单位存款	本外币储蓄存款	本外币贷款余额	本外币短期贷款	本外币中长期贷款
农业发展银行东营市分行	21.28	21.28	—	128.42	12.96	111.86
工商银行东营分行	568.17	217.54	350.63	396.40	194.53	201.87
农业银行东营分行	395.44	167.13	228.31	330.57	192.52	138.05
中国银行东营分行	227.09	90.05	137.02	201.33	100.89	84.49
建设银行东营分行	392.25	156.99	235.20	233.23	67.86	164.17
交通银行东营分行	73.94	63.32	10.61	83.98	41.20	27.05
东营银行	996.30	527.70	468.60	648.05	362.62	273.72
邮储银行东营市分行	193.75	28.17	165.58	166.01	80.25	85.76
农商银行（合计）	520.93	125.34	375.90	425.74	265.09	147.29
恒丰银行东营分行	60.06	47.00	13.06	50.08	32.62	7.30

续表

单位名称	本外币存款余额	本外币单位存款	本外币储蓄存款	本外币贷款余额	本外币短期贷款	本外币中长期贷款
华夏银行东营分行	20.47	11.03	9.44	36.03	15.17	20.86
中信银行东营分行	87.51	47.29	33.40	67.28	25.14	21.57
招商银行东营分行	72.69	44.76	27.93	70.77	6.92	40.82
民生银行东营分行	44.96	32.81	10.43	55.53	19.51	35.50
浦发银行东营分行	22.72	15.46	7.26	36.59	22.42	14.17
青岛银行东营分行	77.45	63.86	13.59	82.29	24.89	47.03
光大银行东营分行	53.47	43.86	9.61	44.14	33.75	10.39
齐商银行东营分行	30.20	22.93	7.27	43.35	13.75	29.60
兴业银行东营分行	136.42	127.96	8.46	94.23	59.32	34.91
天津银行东营分行	18.22	15.20	3.02	39.39	26.64	12.75
威海市商业银行东营分行	41.62	34.71	6.90	38.52	19.20	19.32
广发银行东营分行	28.73	23.68	5.04	20.03	8.81	5.30
平安银行东营分行	58.84	55.70	3.14	40.62	13.93	19.29
齐鲁银行东营分行	31.49	26.83	4.66	37.97	7.35	29.87
浙商银行东营分行	51.78	39.87	10.42	11.09	5.51	1.34
烟台银行东营分行	15.89	11.65	3.75	11.67	4.65	7.02
莱商村镇银行	111.70	22.38	89.31	67.56	13.70	53.86
乐安村镇银行	7.93	3.46	4.47	9.53	5.23	4.31
梁邹村镇银行	4.22	0.65	3.57	6.03	4.67	1.36
融和村镇银行	2.20	0.67	1.55	1.62	0.98	0.94
舜丰村镇银行	5.94	0.57	5.37	6.70	6.17	0.53
中成村镇银行	0.41	0.19	0.22	0.99	0.35	0.64

附表5

东营市金融机构统计指标

单位：家、人、只

	指标	2016年	2017年	2018年	2019年	2020年	2020年同比增幅（%）
银行类	银行类机构家数	33	34	35	35	35	0.00
	法人机构	10	10	10	10	10	0.00
	一级分行	0	0	0	0	0	—
	二级分行	21	23	24	24	24	0.00
	县区支行	586	631	639	636	638	0.31
	正式从业人数	9,711	9,838	9,768	9,820	9,937	1.19
保险类	保险公司家数	42	42	45	45	46	2.22
	财险公司家数	23	23	24	24	25	4.17
	省级分公司	0	0	0	0	0	—
	地市分公司	23	23	24	24	24	0.00
	县区支公司	0	0	0	0	0	—
	寿险公司家数	19	19	21	21	21	0.00
	省级分公司	0	0	0	0	0	—

续表

指标		2016年	2017年	2018年	2019年	2020年	2020年同比增幅（%）
保险类	地市分公司	19	19	21	21	21	0.00
	县区支公司	0	0	0	0	0	—
	正式从业人数	—	—	2,864	2,864	25,937	805.62
	财险人员	—	—	1,798	1,798	5,185	188.38
	寿险人员	—	—	1,066	1,066	20,752	1,846.72
证券类	证券公司家数	17	17	17	17	17	0.00
	证券营业部	17	17	17	17	17	0.00
	正式从业人数	—	312	332	337	337	0.00
	境内上市股票只数	4	4	4	4	4	0.00
	境外上市股票只数	3	3	3	5	6	20.00
	辖区上市公司总数	7	7	7	9	10	11.11

烟台市

【经济金融概况】 2020年，烟台市在以习近平同志为核心的党中央坚强领导下，统筹疫情防控和经济社会发展，实现全市经济运行总体平稳、稳中向好。全年完成地区生产总值7,816.40亿元，增长3.60%；一般公共预算收入为610.10亿元，增长2.50%；外贸进出口增长11.60%；城镇和农村居民人均可支配收入分别增长3.00%和5.10%；主要经济指标增速好于预期、好于全国全省平均水平。

2020年，烟台市金融机构积极作为，认真贯彻实施国家货币政策，本外币存贷款实现快速增长。截至年末，全市本外币贷款余额为6,661.95亿元，比年初增加848.69亿元，增量创历史新高，同比多增599.86亿元；本外币各项存款余额为9,997.80亿元，比年初增加881.96亿元，增量创历史第二高位。

【货币政策】 2020年，人民银行烟台市中心支行综合运用多种货币政策工具和宏观审慎工具，强化对高质量发展重点领域的结构性支持。

一是加大对疫情防控和复工复产的支持力度。认真落实全面降准、普惠定向降准、中小银行定向降准政策，累计释放可贷资金49.76亿元。坚持“快、准、严、实”落实3,000.00亿元专项再贷款政策，支持银行为14家防疫重点保障企业发放贷款5.71亿元。用好1.50万亿元再贷款再贴现额度，累计为烟台市地方法人机构争取71.50亿元央行资金。

二是全面做好金融支持稳企业保就业工作。推动两项直达实体经济的政策工具在烟台市落地生效，支持地方法人机构为2,559户普惠小微企业办理延期还本付息55.10亿元，为3,342户普惠小微企业发放信用贷款11.60亿元。深化“首贷培植行动”，累计培植首贷企业4,386户，贷款60.37亿元；开展“金融诊疗”助企行动，精准识别帮扶企业124家，支持资金超过10.00亿元。

三是强化对全市重大发展战略的支持。实现新旧动能转换重大项目银企对接全覆盖，为裕龙岛炼化一体化项目争取到20.00亿元贷款专用额度。扎实开展金融精准扶贫，累计发放富民生产贷3.28亿元、央行资金产业扶贫贷8,170.00万元、扶贫小额信贷24.50万元。继续大力支持企业直接融资，支持企业累计发行短期融资券、中期票据等各类债务融资工具34单、金额312.00亿元，同比多增108.00亿元。

四是引导降低实体经济融资成本。加快推进LPR改革落地，提前1个月完成地方法人金融机构存量浮动利率贷款转换任务。12月，全市新发放企业贷款和小型企业贷款利率分别为4.51%和4.88%，分别同比下降0.82个和0.96个百分点。

【金融市场】 2020年，烟台市证券机构按照“法治、监管、自律、规范”的经营方针，不断提高服务质量和水平，在加快烟台资本市场发展步伐、推动产业结构调整升级、促进经济增长方式转变等方面发挥积极作用。

全年全市新增股民开户11.20万户，累计达144.97万户，托管客户资产3,912.93亿元，同比提高97.40%，投资者保证金余额为55.30亿元，同比增长17.47%。截至年末，全市共有证券分公司8家、证券营业部57家，总数居全省第3位。随着证券市场的持续回暖，证券交易额同比大幅增长。全市全年实现证券交易额1.66万亿元，同比增长34.99%。受益于证券交易量的快速增长，全市证券机构经营业绩也出现大幅提升，全年累计实现营业收入5.30亿元、净利润1.13亿元，分别同比增长33.37%和152.17%。

【金融稳定】 2020年，人民银行烟台市中心支行坚持在完善金融稳定工作机制与监管协调机制上下功夫，着力提升风险监测效率，加快风险处置进度，守住不发生系统性金融风险的底线。

一是强化金融风险监测分析全覆盖。依托金融风险监测系统、金融机构重大事项报告系统和存款保险信息系统，全力打造金融风险监测分析体系，覆盖全市51家银行机构、2家财务公司的253项经营指标。同时，探索拓展风险监测范围，将保险法人机构、“7+4”类机构纳入监测范围。

二是健全金融监管协调机制。会同市地方金融监督管理局、银保监分局签订《烟台市金融管理与金融稳定合作备忘录》。对央行金融机构评级为7级的5家重点关注法人机构，向属地政府发送风险报告或提示函，推动地方政府切实落实属地责任。

三是加强风险约束和早期纠正。强化存款保险风险识别和早期纠正功能，对1家机构进行保费费率记录，按季度对23家法人金融机构开展机构评级。对4家机构进行流动性和偿付能力压力测试，约见两家村镇银行及其主发起行主要负责人，推动相关机构退出重点关注机构名单。

四是做好存款保险宣传及标识启用工作。通过制作MG动画短视频、组织有奖竞赛等活动宣传普及存款保险知识。同时，认真组织做好存款保险标识启用工作，推动全辖1,656个银行业机构网点全部顺利启用存款保险标识。

【金融监管】 2020年，烟台市金融监督管理部门积极应对复杂严峻的经济金融形势，全面加强金融监管。

一是深化行业规范建设，提升金融机构防范化解金融风险的能力。烟台市金融监督管理部门以“行业规范建设深化年”活动为主线，持续高压整治市场乱象，全年累计处罚银行保险机构29家次，处罚责任人37人次，罚款金额为1,091.60万元。聚焦辖区信用风险防控，督促各银行机构加大不良处置力度。截至2020年末，全市银行业不良贷款余额为137.32亿元，不良贷款率为2.06%，分别较年初下降18.39亿元和0.62个百分点，连续两年实现“双降”。

二是注重标本兼治，推动保险业规范发展。突出核心要素，强化机构监管。全年对77家保险公司开展3轮次高管排查，对4家机构开展飞行检查，督导机构自查发现问题853个，已整改661个，处理相关人员1,049人。加大压力传导，紧盯风险机构督导，对3家被接管保险公司驻点监管，确保辖内未发生次生风险。严抓“指标测评”，规范市场秩序，全年累计对25家次产险公司进行监管约谈、监管提示，督导19家次超阈值机构自行停业。

【外汇管理】 2020年，国家外汇管理局烟台市中心支局将担当作为和履职尽责作为工作的出发点和落脚点，着力做好抗疫情、稳外贸各项工作。

一是及时落实各项便利化措施。在全省率先制定《疫情防控期间外汇业务便民指引》，引导市场主体合理选择办理业务的渠道。将跨境金融区块链平台融资作为支持抗疫的重要举措，办理业务231笔、放款31.40亿美元，业务规模居全省首位。采取“现场宣讲+网络直播”的方式，主办大型政策宣讲活动6次，现场培训企业和银行人员400多人次，网络参训企业、银行达5,000多家次，观看人数达10,000多人次。

二是深入推进外汇管理改革。先后发布和向上级部门争取了35条自贸区外汇政策，支持烟台片区创下了山东自贸区发展的多个第一。率先在省内实现服务贸易对外支付税务备案电子化，已累计办理业务806笔、金额6.70亿美元。跨国公司跨境资金集中运营业务备案企业达10家，办理跨境收支10.59亿美元，境内资金归集和下拨19.19亿美元，企业家数及业务量均位居全省前列。

【金融服务】 2020年，烟台市金融部门深入落实“放管服”和“一次办好”改革要求，不断提高金融服务效率。

一是开通疫情防控金融服务“绿色通道”。高效办理账户开立、资金汇划、预算拨付等业务，为疫情防控提供有效保障。辖区国库部门累计办理疫情防控资金3.95亿元；外汇管理部门简化单证等，办理防疫物资进口付汇约300.00万美元，办理外债提款6.38亿美元。

二是深化金融“放管服”改革。推进综合服务大厅标准化建设，实现企业和群众到人民银行办事“最多跑一次”“一次办好”。探索实施企业银行账户全生命周期管理，扎实推进本外币合一银行账户管理改革。优化征信查询服务，建成主城区“3公里”查询圈和第一批乡镇查询网点。

三是改进基础金融服务。优化支付结算环境，基础支付服务实现行政村全覆盖，省内率先实现公交车银联二维码全覆盖，打造了“一部手机游长岛”的特色智慧支付体系。加快国库信息化建设，省内率先实现国库集中支付电子化管理全覆盖。提升金融科技支撑能力，布放刷脸付终端243台，完成银行卡支持国密改造任务。强化金融消费权益保护，完善金融纠纷多元化解机制，组建金融消费纠纷调解中心调解专家库。

（张 众、姜 全）

附表1

烟台市主要金融指标1

单位：亿元

地区		银行类							
		本外币存款余额	住户存款	非金融企业存款	本外币贷款余额	第一产业贷款	第二产业贷款	第三产业贷款	个人贷款及透支
牟平区	2020年	480.28	348.12	91.07	254.63	2.94	66.21	57.74	127.61
	同比增幅（%）	7.43	13.34	-9.49	8.45	89.68	-5.33	21.79	11.15
蓬莱市	2020年	518.41	380.60	101.74	358.15	14.00	143.56	118.42	73.70
	同比增幅（%）	11.95	13.88	17.58	8.96	30.84	9.43	1.74	13.75
龙口市	2020年	1,101.11	693.95	354.91	727.66	4.29	346.18	227.18	127.08
	同比增幅（%）	12.77	13.84	13.90	22.34	6.45	32.92	13.78	15.31
招远市	2020年	664.79	463.56	152.73	312.86	4.13	143.31	88.79	66.85
	同比增幅（%）	7.20	12.81	-6.45	8.82	17.00	6.53	22.13	8.15
莱州市	2020年	873.69	715.58	90.52	331.94	1.58	108.88	52.49	116.30
	同比增幅（%）	12.54	16.29	-2.36	14.45	0.90	0.06	23.30	10.72
莱阳市	2020年	543.94	418.62	82.02	290.96	2.08	131.21	60.01	97.67
	同比增幅（%）	8.59	14.28	-8.78	23.87	63.78	68.33	9.05	11.38
栖霞市	2020年	321.80	279.40	15.59	135.83	6.85	24.97	51.77	41.19
	同比增幅（%）	10.54	13.18	-1.89	9.09	3.95	-5.77	11.17	10.99
海阳市	2020年	468.11	385.61	56.41	301.86	4.53	152.26	60.73	72.97
	同比增幅（%）	11.39	13.45	10.78	-0.60	-1.31	3.66	-20.01	8.52
长岛县	2020年	49.46	36.64	6.26	14.76	3.08	0.89	4.29	5.40
	同比增幅（%）	2.36	12.67	-17.63	12.41	8.07	14.10	20.17	12.03
烟台市	2020年	9,997.80	5,833.93	3,025.84	6,661.95	66.46	2,088.21	1,897.68	2,257.34
	同比增幅（%）	9.68	14.40	8.11	14.60	28.28	9.46	11.15	19.54

附表2

烟台市主要金融指标2

单位：亿元

地区		保险类		证券类		
		保险公司保费收入	保险公司赔款和给付支出	证券市场成交总额	投资者保证金余额	投资者开户数（万户）
牟平区	2020年	12.69	3.79	432.90	1.55	3.79
	同比增幅（%）	0.99	-2.53	22.08	10.92	2.71
蓬莱市	2020年	12.53	3.62	456.68	1.68	5.99
	同比增幅（%）	7.11	15.83	65.19	15.07	13.23
龙口市	2020年	18.97	6.16	1,177.66	6.26	9.67
	同比增幅（%）	-0.17	5.95	42.56	69.65	6.97
招远市	2020年	14.90	3.55	749.28	2.66	5.36
	同比增幅（%）	2.66	-14.53	51.28	38.54	4.48
莱州市	2020年	21.22	5.89	430.42	1.80	6.99
	同比增幅（%）	1.58	1.86	19.26	20.81	82.98

续表

地区		保险类		证券类		
		保险公司保费收入	保险公司赔款和给付支出	证券市场成交总额	投资者保证金余额	投资者开户数（万户）
莱阳市	2020年	15.20	4.38	632.88	1.40	5.52
	同比增幅（%）	0.47	-15.90	86.11	70.73	39.39
栖霞市	2020年	10.24	3.29	50.04	0.22	0.72
	同比增幅（%）	1.61	16.47	45.09	266.67	20.00
海阳市	2020年	12.41	3.17	198.45	0.79	1.94
	同比增幅（%）	1.73	-0.34	-8.30	54.90	3.19
长岛县	2020年	1.03	0.34	—	—	—
	同比增幅（%）	-10.34	-6.05	—	—	—
烟台市	2020年	275.49	80.18	16,600.00	55.30	144.97
	同比增幅（%）	2.16	8.21	34..99	17.47	8.38

附表3

烟台市主要金融机构概况

单位名称	行长（或其他称谓的第一负责人）	副行长（或其他称谓的同级领导）	正式员工（人）	营业网点（个）
人民银行烟台市中心支行	赵　杰	王新军、王卫东、宫志成、宫云美、董国胜、林　琳、徐忠波、张春生	431	10
烟台银保监分局	侯庆华	于　海、田世波、李伟明、程乐明	101	9
农业发展银行烟台市分行	徐文君	陈　建、刘其祥、王　倩	211	10
工商银行烟台分行	滕云静	邱义闽、姜克才、林丽涛、李　冬、贾青峰	1,635	79
农业银行烟台市分行	宋光涛	朱永平、韩　强、周伟伟、廖志刚、林茂茂、丁晓军	2,459	149
中国银行烟台分行	付廷泉	李爱东、王晓东、闫志钢、赵昌利、宫岩海	1,636	51
建设银行烟台分行	王谦明	隋学海、王　睿、郝星奎、王　健、于同会、王　勋、于万军、王茂盛	1,487	72
交通银行烟台分行	苏兴越	孙鲁宁、张　斌、崔明华	397	17
邮储银行烟台分行	孙　成	车宗洪、周艳艳、戴　京、燕欣春	806	271
山东省农村信用社联合社烟台审计中心	孙益平	王海滨	5,152	438
恒丰银行烟台分行	郑现中	冷山述、耿文龙、徐以军、谌西梦、王晓鹏	1,537	68
光大银行烟台分行	谢正玉	唐　宁、刘雨梦、林　燕、张清艳、陈　雄、刘燕波	477	11
招商银行烟台分行	王智华	于泽增、阳华生、王　胜	537	10
中信银行烟台分行	吴从勇	郭校磊	221	10
华夏银行烟台分行	李艳霞	王立宏、秦永波、王志范、孙　磊	270	10
浦发银行烟台分行	隋岳峰	于　震、宋　杰	144	7
渤海银行烟台分行	孙晓旭	毕志军、马　成	63	2
兴业银行烟台分行	高　军	柯文强、宋洪山、张秀锋	176	11
民生银行烟台分行	马国栋	马峰云	137	9
平安银行烟台分行	徐　通	李骁力、周鸿瑜	93	7
广发银行烟台分行	刘宝新	秦建伟、孙建宇、党　琪	73	4
浙商银行烟台分行	鹿悦军	邢新波、蔡新源、孙建波	67	1

续表1

单位名称	行长（或其他称谓的第一负责人）	副行长（或其他称谓的同级领导）	正式员工（人）	营业网点（个）
烟台银行	吴明理	王建光	1,820	83
威海市商业银行烟台分行	徐文杰	马 坤	137	6
青岛银行烟台分行	苏 展	王 亮、张润鹤、宋振玺、黄树军、邢会星	138	5
德州银行烟台分行	潘春芳	路 川	119	7
潍坊银行烟台分行	徐 峰	苏 浩、宫晓辉、于海峰	91	4
天津银行烟台分行	李 杨	吕学彬、李 蓁	43	1
日照银行烟台分行	封 妍	李国庆	55	1
齐鲁银行烟台分行	晏 军	李 岩、娄景祥、王迎杰	45	2
企业银行烟台分行	曹汉承	—	46	2
韩亚银行烟台分行	杨 涛	—	36	1
青岛农商银行烟台分行	鞠 伟	辛树梅、孙秀升	47	2
威海农商银行烟台分行	温 魁	于志萍、王雪飞	11	1
福山村镇银行	檀又俊	甘忠新	58	4
芝罘齐丰村镇银行	齐建岗	郭兴海、韩笑天、吕 宁、谭善威	85	5
莱山齐丰村镇银行	于 矗	于 淼、王红亮、吴 迪	86	6
牟平胶东村镇银行	杜 起（董事长） 董朝霞（行长）	马德良、曲志超	70	6
蓬莱民生村镇银行	王立奎（董事长）	秦 峰（行长）	77	3
龙口中银富登南山村镇银行	杭东升	董 庆、王世斌	64	3
山东招远中银富登村镇银行	鞠耀东	崔忠健	34	1
莱州珠江村镇银行	梁 明（董事长）	裴 炜、吕 敏、高俊彦	69	6
莱阳胶东村镇银行	陈淑光	田晓宇、吕洪波、迟 皓	82	5
栖霞中银富登村镇银行	翟常超	邹小巍、卢 卫	48	2
海阳珠江村镇银行	任同征	田书东	60	6
南山集团财务有限公司	侯云辉	郭 芸	40	1
山东招金集团财务有限公司	曲丽华	吴国权	32	1
中泰证券烟台分公司	陈庆之	马绍好、马魁东	230	12
中信证券烟威分公司	朱宏超	任海燕	114	3
银河证券山东分公司	张华胜	王 飞	39	13
国信证券烟台分公司	冯 杨	—	66	1
国都证券烟台分公司	齐 涛	—	7	1
民生证券山东第二分公司	纪永强	—	11	1
兴业证券烟台分公司	曹士敏	—	30	1
东北证券烟台分公司	毛 琨	—	8	1
中国人民财产保险股份有限公司烟台市分公司	陈同富	王志平、袁宏玮、刘春伟、刘 波	768	53
华海财产保险股份有限公司烟台中心支公司	胡国栋	马迅风、马鹏程	121	5
中国平安财产保险股份有限公司烟台中心支公司	刘 刚	徐贵军、赵臻博、崔建顺	243	13
中国太平洋财产保险股份有限公司烟台中心支公司	朱继冬	耿 墉、李建政、张兴军	250	14

续表2

单位名称	行长（或其他称谓的第一负责人）	副行长（或其他称谓的同级领导）	正式员工（人）	营业网点（个）
中国大地财产保险股份有限公司烟台中心支公司	曹雪梅	李　征、王永幸	55	14
中国人寿财产保险股份有限公司烟台中心支公司	管瑞岩	冯玉鹏、刘　健、姜志栋	216	10
阳光财产保险股份有限公司烟台中心支公司	王冬青	王　浩、肖昌斌	91	13
中华联合财产保险股份有限公司烟台中心支公司	刘　翔	杨爱民、陈绍锋、刘承宽	187	22
太平财产保险有限公司烟台中心支公司	王永进	原　彬、于文青	40	10
安华农业保险股份有限公司烟台中心支公司	冯立艳	满晓晨	55	13
中国人寿保险股份有限公司烟台分公司	谷庆雨	吕　明、孙宗徽、王廷花	477	116
中国太平洋人寿保险股份有限公司烟台中心支公司	张洪滨	楚丽云、李　成、杨清森、孙育红、郗海韦	154	22
中国平安人寿保险股份有限公司烟台中心支公司	黄智勇	孙志兴、慕永航、陈明星	384	24
新华人寿保险股份有限公司烟台中心支公司	徐忠涛	周俊梅、姜　朋、王世娜、曲大鹏	227	14
泰康人寿保险股份有限公司烟台中心支公司	东野生明	李少江	117	15
太平人寿保险有限公司烟台中心支公司	李　青	汤振宇、周　江	159	10
华夏人寿保险股份有限公司烟台中心支公司	田玉龙	柳　姜、于　洁	91	10
天安人寿保险股份有限公司烟台中心支公司	吕广玉	高　磊	46	3
工银安盛人寿保险有限公司烟台中心支公司	张道奎	—	7	1
农银人寿保险股份有限公司烟台中心支公司	王　涛	毕海红、韩志强	37	5

附表4

烟台市主要金融机构业务概况

（2020年末）

单位：亿元

单位名称	本外币存款余额	本外币单位存款	本外币储蓄存款	本外币贷款余额	本外币短期贷款	本外币中长期贷款
农业发展银行烟台市分行	37.90	37.90	0.00	156.38	22.03	134.36
工商银行烟台分行	808.84	343.76	360.78	732.30	210.63	514.19
农业银行烟台市分行	1,178.74	315.71	712.78	587.14	190.32	385.03
中国银行烟台分行	640.87	274.66	262.16	535.43	205.54	317.59
建设银行烟台分行	874.02	415.13	306.23	550.46	226.26	324.17
交通银行烟台分行	183.20	88.79	47.75	144.50	58.64	81.84
邮储银行烟台分行	547.98	60.98	115.87	231.23	77.90	144.51
山东省农村信用社联合社烟台审计中心	1,651.44	240.47	1,332.04	1,009.10	647.85	232.08
恒丰银行烟台分行	914.50	174.06	485.52	352.13	210.50	135.43
光大银行烟台分行	343.69	240.75	47.56	255.02	126.67	115.33
招商银行烟台分行	209.45	139.48	51.32	132.20	30.40	88.46
中信银行烟台分行	116.37	76.31	17.72	95.99	43.46	41.37
华夏银行烟台分行	114.18	84.85	15.75	124.60	58.72	61.66
浦发银行烟台分行	191.90	165.80	13.75	141.38	65.47	41.18
渤海银行烟台分行	47.77	40.05	4.56	60.69	44.24	16.08
兴业银行烟台分行	180.38	148.07	14.10	137.30	46.17	75.23
民生银行烟台分行	170.50	147.98	9.09	92.14	31.47	46.49
平安银行烟台分行	78.26	60.75	7.57	123.87	101.01	22.86
广发银行烟台分行	38.26	33.80	2.92	45.17	13.96	13.64
浙商银行烟台分行	100.05	88.93	6.89	54.17	47.56	4.54
烟台银行	797.14	301.05	392.64	444.24	194.25	215.44
威海市商业银行烟台分行	64.12	42.49	16.61	43.85	17.21	25.06
青岛银行烟台分行	165.65	149.94	7.42	174.19	89.00	80.61
德州银行烟台分行	21.92	13.26	7.34	20.16	6.54	12.73
潍坊银行烟台分行	60.55	35.41	17.82	40.05	17.23	22.82
天津银行烟台分行	39.11	37.19	0.67	43.78	29.86	13.92
日照银行烟台分行	36.09	32.47	2.38	18.52	9.62	8.64
齐鲁银行烟台分行	34.74	31.60	0.95	35.89	13.98	21.41
青岛农商银行烟台分行	26.10	24.06	1.64	26.84	9.10	16.64
威海农商银行烟台分行	4.67	3.65	0.73	2.12	0.36	1.75
企业银行烟台分行	20.90	19.83	0.32	17.05	10.17	2.84
韩亚银行烟台分行	19.65	17.64	0.38	12.76	1.65	9.95
福山村镇银行	8.25	1.65	6.60	5.55	1.56	3.99
芝罘齐丰村镇银行	14.25	0.21	14.03	10.55	2.41	8.14
莱山齐丰村镇银行	10.12	0.10	10.00	6.97	2.55	4.42
牟平胶东村镇银行	7.20	1.89	5.24	6.06	3.34	2.71
蓬莱民生村镇银行	16.62	2.88	13.64	11.03	5.69	5.34
龙口中银富登南山村镇银行	7.33	0.90	6.43	8.24	6.32	1.92

续表

单位名称	本外币存款余额	本外币单位存款	本外币储蓄存款	本外币贷款余额	本外币短期贷款	本外币中长期贷款
招远中银富登村镇银行	3.57	2.32	1.25	2.67	1.92	0.75
莱州珠江村镇银行	11.57	1.16	10.36	7.21	5.75	1.45
莱阳胶东村镇银行	6.98	0.72	6.16	6.39	4.98	1.39
栖霞中银富登村镇银行	4.74	1.12	3.54	2.76	0.97	1.80
海阳珠江村镇银行	7.08	0.49	6.56	4.90	2.85	2.05
南山集团财务公司	104.89	104.89	0.00	114.73	100.98	0.00
招金集团财务公司	30.64	28.32	0.00	34.24	20.71	1.50

附表5

烟台市金融机构统计指标

单位：家、人、只

指标		2016年	2017年	2018年	2019年	2020年	2020年同比增幅（%）
银行类	银行类机构家数	52	54	55	55	55	0.00
	法人机构	24	24	24	23	23	0.00
	一级分行	3	3	3	4	5	25.00
	二级分行	25	27	28	28	27	-3.57
	县区支行	283	293	294	291	255	-12.37
	正式从业人数	20,620	20,862	20,825	20,308	20,971	3.26
保险类	保险公司家数	72	73	74	77	77	0.00
	财险公司家数	31	31	31	33	33	0.00
	省级分公司	0	0	0	0	0	—
	地市分公司	31	31	31	33	33	0.00
	县区支公司	233	246	251	261	260	-0.38
	寿险公司家数	41	42	43	44	44	0.00
	省级分公司	0	0	0	0	0	—
	地市分公司	41	42	43	44	44	0.00
	县区支公司	267	274	292	291	291	0.00
	正式从业人数	7,755	7,785	7,269	7,216	5,208	-27.83
	财险人员	4,336	4,301	3,859	4,311	2,755	-36.09
	寿险人员	3,419	3,484	3,410	2,905	2,453	-15.56
证券类	证券公司家数	5	5	6	7	8	14.29
	证券营业部	45	50	58	58	57	-1.72
	正式从业人数	902	1,036	1,007	1,130	1,085	-3.98
	境内上市股票只数	34	39	39	40	43	7.50
	境外上市股票只数	7	9	9	9	10	11.11
	辖区上市公司总数	40	47	47	48	51	6.25

潍坊市

【经济金融概况】 2020年，潍坊市坚持稳中求进工作总基调，认真贯彻落实新发展理念，狠抓“六稳”工作落实，稳企业保就业取得积极成效，产业结构调整加快，全市经济金融运行总体平稳。全年实现地区生产总值5,872.20亿元，按可比价格计算增长3.60%。其中，第一产业增加值为535.60亿元，增长2.40%，第二产业增加值为2,308.10亿元，增长3.90%，第三产业增加值为3,028.40亿元，增长3.50%。

2020年，人民银行潍坊市中心支行认真贯彻执行更加灵活适度和精准导向的稳健货币政策，货币信贷和社会融资规模合理增长，信贷结构继续优化，金融服务实体经济的质量和效率明显提升，稳企业保就业工作取得积极成效，为全市经济稳定和快速发展创造了良好的金融环境。一是各项存贷款稳健增长。截至2020年末，全市本外币各项贷款余额为7,574.15亿元，居全省第3位；本外币各项存款余额为10,076.49亿元，居全省第3位。二是涉外收支呈现“双升”态势。全年全市涉外收支总量为341.84亿美元，同比增长9.95%。其中涉外收入为214.51亿美元，同比增长15.56%，涉外支出为127.33亿美元，同比增长1.63%。

【货币政策】 2020年，人民银行潍坊市中心支行坚持金融服务实体经济的根本要求，坚持稳健的货币政策灵活精准、合理适度，保持货币信贷合理增长，推动信贷结构持续优化，用好用活各种货币政策工具，充分发挥货币政策工具引导作用和金融机构主渠道作用，深入推进利率市场化改革，引导银行机构加大让利力度，切实降低企业融资成本，为实现辖区“六稳”“六保”和经济高质量发展营造良好的货币金融环境。

一是用足用活各项货币政策工具。针对不同阶段，有效运用各种货币政策工具向3.30万户市场主体提供低成本资金201.80亿元，金额居全省第2位。其中，3,000.00亿元防疫再贷款、5,000.00亿元复工复产专用额度资金运用居全省第一，1.00万亿元普惠性专用额度资金运用居全省第二。

二是两项直达实体经济的政策工具快速精准落地。全年累计发放激励资金10.34亿元，带动法人机构办理延期还本付息106.10亿元，发放信用贷款90.50亿元。截至2020年末，全市普惠小微贷款延期率达到92.60%，新发放普惠小微贷款占比达到44.60%。

三是加快推进贷款市场报价利率（LPR）改革，提前1个月完成法人机构存量浮动利率贷款定价基准转换，新发放贷款LPR运用占比实现全覆盖。2020年12月，全市新发放企业贷款和普惠小微企业贷款利率分别为4.88%、5.59%，分别较年初下降0.81个和0.82个百分点。

【金融稳定】 2020年，人民银行潍坊市中心支行坚持以打好防范化解区域金融风险攻坚战为核心，继续遵循监测、监管和处置三条工作主线，切实发挥“存款保险+央行评级”组合拳优势，注重提升监测分析的前瞻性、评估核查的针对性和风险处置的有效性，守住不发生区域性、系统性金融风险的底线。

一是切实做好监测分析、早期纠正与风险处置工作。通过约见谈话、风险提醒等措施，指导和督促投保机构改善经营和管控风险。针对疫情防控特殊时期下不良贷款增加的情况，对4家机构的高管人员进行约谈；针对寿光张农商村镇银行监管指标不达标、盈利能力持续弱化的问题下发风险警示函，协助其成功补充资本化解经营风险。

二是有效开展央行金融机构评级、费率管理、保费核定归集工作。核实并完成辖区21家投保机构保费归集工作，顺利完成辖区21家金融机构央行金融机构评级专业评价，积极探索央行金融机构评级结果在履行职能中的运用，加强对法人银行的差别化管理。全省率先建立“央行金融机构评级结果反馈工作机制”，共口头反馈30余次、书面反馈42次，对5家6级机构进行“一对一”约见谈话。

三是规范标识启用，提升存款保险制度宣传效果。对全市银行机构存款保险标识多次审核，全部网点统一布放，并在辖区建立“厅堂+四进+助农取款点”组合宣传模式，重点针对偏远农村、老年群体开展宣传，借助媒体平台，高频次推送，提升宣传影响力。

【金融服务】 2020年，人民银行潍坊市中心支行牢固树立金融为民、金融便民理念，以普惠为导向，以安全为前提，着力改进金融管理与服务，提升金融服务实体经济能力和金融市场运行效率。

一是金融支持稳企业保就业工作成效明显。以“金融诊疗”助企行动为契机，健全线上线下双线推进、市县两级联动的银企对接机制，4,634家受疫情影响市场主体获得信贷支持474.20亿元。持续实施“首贷培植行动”，6,193家民营小微企业首次获得贷款78.20亿元；创设“首贷票据直通车”，累计办理5.34亿元。10月下旬，“山东省金融支持稳企业保就业”新闻采访团对潍坊工作开展情况进行了专题宣传采访。

二是信贷结构优化，制造业企业、普惠小微企业贷款持续发力，对实体经济重点领域的精准支持力度加大。年末全市制造业中长期贷款余额增长25.60%，同比提高33.40个百分点；全年普惠小微企业贷款增长32.02%，同比提高17.81个百分点；房地产调控政策效果逐步释放，年末房地产贷款余额增速同比下降3.91个百分点。

三是做好金融精准扶贫收官工作。圆满完成省市脱贫攻坚评估验收工作，辖区临朐县支行获评全市脱贫攻坚先进集体。

四是推动青州市、寿光市创建成为全国移动支付便民工程引领县。聚焦落实“支付为民”工作理念，以移动支付便民工程为抓手，充分利用银联“云闪付”无接触、安全便利、可得性强的优势，着力推进全国移动支付便民工程引领县建设，在服务实体经济、改善社会民生、激活居民消费方面取得较好成效。两地累计拓展云闪付用户超过40.00万户，覆盖78条线路、952辆公交车、12个街区、180多家超市便利店、12个乡村旅游场景、7个综合商圈。

五是推动诸城市普惠金融发展取得良好成效，被人民银行济南分行确定为“山东省普惠金融综合示范区”。人民银行诸城市支行不断优化农村社区金融服务，改善农村社区支付结算和信用环境；加大对新型农业经营主体的信贷支持，推进人民银行优惠政策落地；推动特色扶贫信贷产品支持乡村产业振兴，积极拓展农村地区线上银行业务。同时，人民银行诸城市支行积极争取地方政府的支持，构建“四力并进”机制推进财政金融融合支持乡村振兴见成效。

【金融监管】 2020年，人民银行潍坊市中心支行正确处理监管与服务的关系，积极履行监督管理职能。开展反洗钱业务专项执法检查1次，开展综合执法检查1次，对发现的反洗钱、人民币管理等领域违法违规行为实施处罚9笔、罚款153.40万元，维护了良好的金融秩序。

【外汇管理】 2020年，国家外汇管理局潍坊市中心支局坚持党建统领、坚持问题导向、坚持统筹疫情防控和经济社会发展，突出“服务实体、落实新政、深化改革”三大重点任务，进一步提升跨境贸易投资便利化水平，防范跨境资本流动风险，支持畅通国内国际“双循环”，有力支持地方涉外经济高质量发展。

一是推动改革落地，提高外汇服务水平。开辟外汇“绿色通道”，助力疫情防控和复工复产。组建外汇及跨境人民币专家顾问团，为提升外汇精准化服务水平提供智力支持。开展“外汇服务创新案例”竞赛，促进外汇创新，推进新政落实，激发外汇市场活力。

二是防范金融风险，提升外汇管理质效。构建以企业为主体的全口径监测核查机制，对银行开展外汇业务检查，严厉打击地下钱庄和网络炒汇平台等非法金融活动，“2·17”地下钱庄案件实现零投诉、零复议、零诉讼。

三是加强内部管理，夯实外汇业务基础。创新开展“贸易投资便利化政策落实情况”专项审计及“内控制度提升年”活动，梳理修订内控制度，举办“学系统、用系统”指标设计竞赛，加强外汇业务系统运用，提升全辖事中事后监管能力。

（李晓彤、王景涵）

附表1

潍坊市主要金融指标1

单位：亿元

地区		银行类							
		本外币存款余额	住户存款	非金融企业存款	本外币贷款余额	第一产业贷款	第二产业贷款	第三产业贷款	个人贷款及透支
临朐县	2020年	577.39	427.52	104.20	364.28	3.18	81.56	88.25	181.47
	同比增幅（%）	13.70	16.08	30.29	18.62	74.21	16.80	22.75	16.59
昌乐县	2020年	456.66	328.03	93.79	397.67	1.79	95.86	128.18	140.47
	同比增幅（%）	13.11	16.01	8.83	20.14	-14.00	17.02	28.27	14.57
青州市	2020年	934.23	738.75	135.82	611.83	2.86	138.75	222.62	235.37
	同比增幅（%）	18.37	15.40	49.06	14.13	18.79	-6.48	27.12	20.52
诸城市	2020年	930.53	667.94	218.45	675.42	12.19	206.01	171.55	267.62
	同比增幅（%）	21.24	18.26	36.16	16.64	70.42	16.68	10.99	16.20
寿光市	2020年	1,288.92	785.75	407.54	929.94	36.31	303.00	287.09	262.52
	同比增幅（%）	21.10	14.82	31.87	11.16	64.07	-3.78	12.96	27.05
安丘市	2020年	582.65	448.23	98.02	473.02	5.61	146.85	89.11	215.79
	同比增幅（%）	17.22	17.51	42.24	12.86	12.60	11.37	10.91	12.98

续表

地区		银行类							
		本外币存款余额	住户存款	非金融企业存款	本外币贷款余额	第一产业贷款	第二产业贷款	第三产业贷款	个人贷款及透支
高密市	2020年	678.23	513.55	139.54	576.78	3.34	210.79	158.99	192.76
	同比增幅（%）	12.16	17.57	-4.29	11.06	52.42	1.74	16.26	14.32
昌邑市	2020年	526.47	421.72	71.93	340.18	9.97	110.43	104.99	106.26
	同比增幅（%）	17.38	17.20	31.59	16.56	18.72	5.64	32.81	18.46
潍坊市	2020年	10,076.49	6,181.26	2,927.68	7,574.15	122.39	1,898.19	2,416.20	2,780.85
	同比增幅（%）	15.15	16.18	19.18	15.83	30.51	4.96	20.18	17.88

附表2

潍坊市主要金融指标2

单位：亿元

地区		保险类		证券类		
		保险公司保费收入	保险公司赔款和给付支出	证券市场成交总额	投资者保证金余额	投资者开户数（万户）
临朐县	2020年	12.34	3.60	256.40	0.68	2.04
	同比增幅（%）	7.75	8.43	56.61	23.98	9.68
昌乐县	2020年	9.91	2.55	154.66	0.51	1.28
	同比增幅（%）	1.13	6.68	32.03	32.24	6.53
青州市	2020年	18.15	5.12	448.56	0.00	4.90
	同比增幅（%）	5.89	8.47	37.25	—	6.52
诸城市	2020年	17.77	5.74	577.15	1.89	6.47
	同比增幅（%）	3.20	3.00	39.79	25.17	10.01
寿光市	2020年	28.95	8.41	805.95	3.21	11.74
	同比增幅（%）	8.25	-2.00	44.81	47.25	16.35
安丘市	2020年	16.53	4.92	160.14	0.51	1.85
	同比增幅（%）	1.97	11.06	54.56	25.25	6.73
高密市	2020年	16.14	5.00	369.81	1.50	3.25
	同比增幅（%）	2.46	19.05	77.28	26.51	4.26
昌邑市	2020年	10.78	3.57	165.97	0.37	1.33
	同比增幅（%）	5.64	17.00	49.66	15.18	8.52
潍坊市	2020年	269.96	75.28	10,032.60	34.75	107.81
	同比增幅（%）	7.70	11.00	59.23	32.84	31.96

附表3

潍坊市主要金融机构概况

单位名称	行长（或其他称谓的第一负责人）	副行长（或其他称谓的同级领导）	正式员工（人）	营业网点（个）
人民银行潍坊市中心支行	吴金忠	梁久科、张 鲁、李东亮、王曙平、姜 森、王继松	439	9
潍坊银保监分局	李明强	刘世明、张志荣、刘文正、桑少敏、璩新民	77	1
农业发展银行潍坊市分行	曲天军	李 涛、李 飞、陈岸立	270	11
工商银行潍坊分行	任乔宇	娄 波、宋朝阳、王海平、王中平、张敬一	1,747	87
农业银行潍坊分行	罗秉环	袁荣春、张文刚、孙建伟、岳佐军、李成国	2,614	167
中国银行潍坊分行	邵 军	侯曰君、郑 毓、毕晓鹏、侯雪峰、张小梅	1,056	43
建设银行潍坊分行	张 健	刘光辉、牟全义、程 刚、李炳坤、孙欣伟	1,604	70
交通银行潍坊分行	杨 毅	秦海花、柴 广、李光飞、苏 红、谭 政	460	19
邮政储蓄银行潍坊市分行	李长立	薛 梅、徐华锋、谭卫东、郎旭娟	1,006	262
潍坊银行	郭虎英	马 杰、王 丙、朱毅达、李子刚、冯怀春	2,615	108
招商银行潍坊分行	侯海滨	董绍东、张龙飞、刘玉海、刘 彪	215	7
兴业银行潍坊分行	陈志红	马金旭、刘 冰、潘 峰	240	12
浦发银行潍坊分行	李春波	王志军、魏 伟、王志宁	109	7
华夏银行潍坊分行	王 毅	秦国栋	99	4
中信银行潍坊分行	王晓娟、刁世波	滕莉莉、刘玉梅、李清涛	166	6
民生银行潍坊分行	郭采松	井 昌、毕丛喜	182	10
光大银行潍坊分行	王 郑	曾 强、高梦南、刘晟哲	86	3
恒丰银行潍坊分行	郑 山	于乃里、朱保忠	127	5
平安银行潍坊分行	刘名江	王海峰、张昌盛	82	4
浙商银行潍坊分行	李 炘	陈相远、黄建光、李宝平、于海静	81	2
广发银行潍坊分行	武明国	张振华、汤鹏、徐 昊	78	3
齐商银行潍坊分行	李 庆	王 文、李 涛	126	5
东营银行潍坊分行	赵新中	刘永国、谭福强、王 锐	146	6
威海银行潍坊分行	杨小冬	孙常军	67	2
日照银行潍坊分行	王志刚	时培金、李金宝	131	5
潍坊市农村信用社联合社	颜廷军	曹洪启、赵宝修、刘 峰、马元富	67	1
北京银行潍坊分行	张卫弘	刘耀军	83	4
青岛银行潍坊分行	袁 菲	陈少磊	128	5
临商银行潍坊分行	郑友坤	孙苏东	47	1
齐鲁银行潍坊分行	冯 锟	—	36	1
潍坊市农商银行	张友彪	李全富、李宗丰、李建卫、刘瑞彬、李相林、高建强	1,719	118
青州市农商银行	高 杰	陈仁鹏、刘玉良、李伟波、范向东、叶永臻	771	51
安丘市农商银行	闫永政	吕永祥、马国保、尹兆法、田立建、王学生、王淑军	565	48
寿光市农商银行	韩奎成	孙洛春、冯长海、王晓剑、王茂友	852	64
临朐县农商银行	徐伟民	郭 诚、邵 恒、曹跃义、张志鹏、张连维	602	44
昌乐县农商银行	王家厚	耿增健、单既春、王珍国、王冠华	466	33

续表1

单位名称	行长（或其他称谓的第一负责人）	副行长（或其他称谓的同级领导）	正式员工（人）	营业网点（个）
昌邑市农商银行	李英博	孙山明、赵建军、邢国华、马兴涛、钟晓明、马彩虹	545	48
高密市农商银行	韩奎成	杨成东、孙石亮、管吉文、晋志鹏、李焕炜	650	49
诸城市农商银行	于云智	刘振华、李　亮、林　强、姜建辉、李增金、赵丰国、祝小丽	593	38
寒亭蒙银村镇银行	姚国臣	于彩丽、刘　俊、王晓丹	83	6
奎文中成村镇银行	冯婉丽	战　健、邓道刚	21	1
潍城北海村镇银行	刘　明	冯琳琳	53	4
诸城建信村镇银行	李世明	吴兆德	33	1
寿光张农商村镇银行	王景林	孙清水	104	5
青州中银富登村镇银行	邢立平	张文江、于学军	60	3
昌乐乐安村镇银行	丁黎明	张晓君	64	6
安丘北海村镇银行	周　滨	杨　雪	71	3
昌邑北海村镇银行	杨宏磊	孙正正、张佩钰	44	2
临朐聚丰村镇银行	陈　辉	范丙磊	92	7
高密惠民村镇银行	王国栋	兰发福、董连吉	104	8
中泰证券股份有限公司潍坊分公司	刘华琦	孙豪志、姜亦豪	234	17
中国人民财产保险股份有限公司潍坊市分公司	李茂富	董延兴、蔡元春、张红兵、蔡元春	741	80
中国太平洋财产保险股份有限公司潍坊中心支公司	邹　超	王林勇	189	16
中国平安财产保险股份有限公司潍坊中心支公司	王琛松	王　勇	292	13
天安财产保险股份有限公司潍坊中心支公司	常　欣	张华伟	100	14
中国大地财产保险股份有限公司潍坊中心支公司	邱　强	桑华强、王爱华	184	12
太平财产保险有限公司潍坊中心支公司	王维国	—	142	1
永安财产保险股份有限公司潍坊中心支公司	金　菊	—	80	10
中华联合财产保险股份有限公司潍坊中心支公司	王保景	李继永、王　栋、李　明	333	18
阳光财产保险股份有限公司潍坊中心支公司	国　光	刘命建、刘维周	107	12
华安财产保险股份有限公司山东分公司潍坊中心支公司	赵　蓓	—	41	7
大家财产保险有限责任公司潍坊中心支公司	滕启超	—	25	11
安华农业保险股份有限公司潍坊中心支公司	潘保华	张明霞	73	13
永诚财产保险股份有限公司潍坊中心支公司	李　彬	—	35	5

续表2

单位名称	行长（或其他称谓的第一负责人）	副行长（或其他称谓的同级领导）	正式员工（人）	营业网点（个）
都邦财产保险股份有限公司潍坊中心支公司	杜风云	—	21	3
渤海财产保险股份有限公司潍坊中心支公司	张德林	—	10	7
亚太财产保险有限公司潍坊中心支公司	杨长青	杜小红、呼江宁	60	8
安盛天平财产保险股份有限公司潍坊中心支公司	宗全民	—	47	8
中银保险有限公司潍坊中心支公司	郭　伟	付新永	12	1
长安责任保险股份有限公司潍坊中心支公司	石福海	—	56	11
中国人寿财产保险股份有限公司潍坊市中心支公司	梁宝龙	刘云洲、孙在亮、夏效群	243	9
浙商财产保险股份有限公司潍坊中心支公司	李　明	杜方伟	138	9
英大泰和财产保险股份有限公司潍坊中心支公司	杨俊鹏	—	33	0
华泰财产保险有限公司潍坊中心支公司	崔振华	—	10	1
泰山财产保险股份有限公司潍坊中心支公司	周廷泽	李玉倩	163	10
国任财产保险股份有限公司潍坊中心支公司	田　波	—	13	5
安诚财产保险股份有限公司潍坊中心支公司	张　谦	张　倩	180	5
紫金财产保险股份有限公司潍坊中心支公司	董秀平	—	31	5
华海财产保险股份有限公司潍坊中心支公司	曹景健	王树波、董有海	48	6
国泰财产保险有限责任公司潍坊中心支公司	李储杰	—	7	2
利宝保险有限公司潍坊中心支公司	杨崇立	—	27	1
长江财产保险股份有限公司潍坊中心支公司	胡振海	—	18	5
中煤财产保险股份有限公司潍坊中心支公司	杨家启	—	9	1
中路保险潍坊中心支公司	刘新芬	孟凡智	45	3
鼎和财产保险股份有限公司潍坊中心支公司	王　飞	杨颜平	27	1
中国人寿保险股份有限公司潍坊分公司	李培礼	燕　伟、杨建兵、张德欣	401	86
中国太平洋人寿保险股份有限公司潍坊中心支公司	徐振军	杜健民	223	32

续表3

单位名称	行长（或其他称谓的第一负责人）	副行长（或其他称谓的同级领导）	正式员工（人）	营业网点（个）
中国平安人寿保险股份有限公司潍坊中心支公司	刘桂俊	徐 强	260	20
泰康人寿保险有限责任公司潍坊中心支公司	李 彦	—	116	21
新华人寿保险股份有限公司潍坊中心支公司	刘学谦	岳光波、张同保、丁智勇、佟素美	196	13
太平人寿保险有限公司潍坊中心支公司	李 波	—	114	8
民生人寿保险股份有限公司潍坊中心支公司	刘磊南	—	29	9
合众人寿保险股份有限公司潍坊中心支公司	崔贵涛	—	14	6
中英人寿保险有限公司潍坊中心支公司	颜 凯	—	13	1
平安养老保险股份有限公司潍坊中心支公司	侯小飞	—	22	0
中宏人寿保险有限公司潍坊中心支公司	邹 华	—	14	1
同方全球人寿保险有限公司山东分公司潍坊营销服务部	牛元斌	季顺华	8	1
北大方正人寿保险有限公司潍坊中心支公司	张 伟	—	10	1
中国人民人寿保险股份有限公司潍坊中心支公司	王 锋	张 波、郭孝强	69	10
中国人民健康保险股份有限公司潍坊中心支公司	杨宝坤	常 虹	16	2
富德生命人寿保险股份有限公司潍坊中心支公司	历春辉	—	60	7
农银人寿保险股份有限公司潍坊中心支公司	王爱虹	连建媛	73	4
华泰人寿保险股份有限公司潍坊中心支公司	刘佳林	—	37	7
陆家嘴国泰人寿保险有限责任公司山东分公司潍坊营销服务部	丁业超	—	19	2
恒安标准人寿保险有限公司潍坊中心支公司	高 鑫	—	6	1
国华人寿保险股份有限公司潍坊中心支公司	张树富	—	15	3
阳光人寿保险股份有限公司潍坊中心支公司	徐海泉	张 强、徐英杰	111	9
中德安联人寿保险有限公司山东分公司潍坊营销服务部	方 伟	—	6	1

续表4

单位名称	行长（或其他称谓的第一负责人）	副行长（或其他称谓的同级领导）	正式员工（人）	营业网点（个）
长城人寿保险股份有限公司潍坊中心支公司	高洪亮	—	17	2
百年人寿保险股份有限公司潍坊中心支公司	李梅霞	—	16	3
华夏人寿保险股份有限公司潍坊中心支公司	栾书铮	—	60	8
中意人寿保险有限公司潍坊中心支公司	朱中乐	—	29	1
幸福人寿保险股份有限公司潍坊中心支公司	王志国	房冲	20	1
信泰人寿保险股份有限公司潍坊中心支公司	张永健	于涛兮	18	4
英大泰和人寿保险股份有限公司潍坊中心支公司	王丰庆	—	21	5
建信人寿保险股份有限公司潍坊中心支公司	阎洪茂	卞馥玉、齐红娟	14	2
工银安盛人寿保险有限公司潍坊中心支公司	邢文恒	—	23	1
天安人寿保险股份有限公司潍坊中心支公司	张向阳	刘金龙、张永刚	34	1
德华安顾人寿保险有限公司潍坊中心支公司	王海霞	崔安亭	47	11
大家人寿保险股份有限公司潍坊中心支公司	王伟	—	61	1
中银三星人寿潍坊中心支公司	刘钊	—	11	0
阳光人寿保险股份有限公司潍坊电话销售中心	鲁颂	张超	37	1
和谐健康保险股份有限公司潍坊中心支公司	肖鲁	—	25	1
交银康联人寿保险有限公司潍坊中心支公司	苏宁	—	15	1
和泰人寿保险股份有限公司潍坊中心支公司	滕金市	孙健	15	1
长生人寿保险有限公司潍坊中心支公司	王景梅	—	8	1

附表4

潍坊市主要金融机构业务概况

（2020年末）

单位：亿元

单位名称	本外币存款余额	本外币单位存款	本外币储蓄存款	本外币贷款余额	本外币短期贷款	本外币中长期贷款
农业发展银行潍坊市分行	114.28	114.28	0.00	612.11	43.00	569.11
工商银行潍坊分行	886.92	351.64	535.28	692.05	195.66	496.39
农业银行潍坊分行	1,286.70	293.34	993.36	668.28	267.42	400.86
中国银行潍坊分行	423.48	153.41	244.96	442.44	188.00	231.16
建设银行潍坊分行	1,014.63	382.21	631.67	600.67	165.44	429.76
交通银行潍坊分行	267.97	159.49	108.48	192.74	60.10	118.04
邮储银行潍坊市分行	620.44	61.38	559.06	284.49	65.06	201.55
华夏银行潍坊分行	56.52	41.92	14.60	84.15	27.13	57.02
招商银行潍坊分行	122.89	64.50	50.06	84.01	13.00	60.49
浦发银行潍坊分行	58.98	38.88	20.07	59.34	32.06	27.28
兴业银行潍坊分行	284.26	239.54	44.72	214.19	75.14	139.05
民生银行潍坊分行	138.47	116.78	21.53	123.43	65.93	50.98
中信银行潍坊分行	118.00	96.31	21.49	150.70	26.89	113.16
恒丰银行潍坊分行	123.77	113.53	10.23	145.04	43.15	97.65
光大银行潍坊分行	134.11	120.84	13.26	129.95	45.17	82.50
浙商银行潍坊分行	104.06	89.16	14.90	60.21	33.62	26.59
广发银行潍坊分行	57.37	50.18	7.19	100.89	53.62	47.27
平安银行潍坊分行	46.31	32.47	13.83	43.63	19.67	23.96
潍坊银行	1,318.01	712.28	600.04	812.62	351.94	457.89
潍坊市农村信用社联合社	0.00	0.00	0.00	0.00	0.00	0.00
齐商银行潍坊分行	37.29	26.21	11.08	44.99	19.50	25.49
日照银行潍坊分行	73.42	51.92	21.45	47.96	20.21	27.38
东营银行潍坊分行	61.28	44.19	17.09	36.15	23.56	12.59
威海银行潍坊分行	74.59	65.98	8.61	86.71	16.45	70.26
北京银行潍坊分行	33.93	30.27	3.66	62.40	45.72	16.68
青岛银行潍坊分行	115.24	102.56	12.68	96.37	13.56	79.15
临商银行潍坊分行	26.89	21.22	5.67	22.85	18.47	4.38
齐鲁银行潍坊分行	42.47	41.25	1.22	84.33	26.47	57.86
潍坊市农商银行	527.84	131.45	395.96	354.22	168.28	157.42
青州市农商银行	314.64	19.86	294.72	210.93	110.31	93.36
安丘市农商银行	229.75	22.27	207.44	163.61	112.74	39.36
昌乐县农商银行	173.07	17.66	155.39	124.69	49.56	62.29
昌邑市农商银行	200.53	19.42	181.02	121.23	69.78	45.95
寿光市农商银行	375.71	57.46	318.15	252.44	140.42	106.65
临朐县农商银行	222.17	24.55	197.56	139.00	92.74	39.42
高密市农商银行	218.60	16.73	201.83	157.98	97.56	52.93
诸城市农商银行	283.31	21.32	261.89	171.75	87.56	68.96
奎文中成村镇银行	0.47	0.06	0.41	0.88	0.18	0.70

续表

单位名称	本外币存款余额	本外币单位存款	本外币储蓄存款	本外币贷款余额	本外币短期贷款	本外币中长期贷款
寒亭蒙银村镇银行	12.20	4.94	7.26	8.06	7.02	1.04
潍城北海村镇银行	5.00	1.76	3.24	2.68	1.76	0.92
高密惠民村镇银行	19.18	3.90	15.08	14.76	13.39	1.37
临朐聚丰村镇银行	19.28	4.64	14.62	13.00	11.83	1.16
昌邑北海村镇银行	2.90	0.23	2.56	2.09	1.11	0.98
安丘北海村镇银行	8.42	0.51	7.91	5.88	3.71	2.17
昌乐乐安村镇银行	10.07	0.92	9.15	8.41	7.96	0.45
青州中银富登村镇银行	4.51	0.22	4.29	6.74	4.03	2.71
寿光张农商村镇银行	22.00	8.12	13.13	16.82	10.35	6.47
诸城建信村镇银行	2.46	0.34	2.12	3.76	2.00	1.76

附表5

潍坊市金融机构统计指标

单位：家、人、只

类别	指标	2016年	2017年	2018年	2019年	2020年	2020年同比增幅（%）
银行类	银行类机构家数	45	48	48	49	51	4.08
	法人机构	23	23	23	23	25	8.70
	一级分行	0	0	0	0	0	—
	二级分行	22	25	25	26	26	0.00
	县区支行	875	822	830	809	846	4.57
	正式从业人数	21,006	21,109	20,459	20,562	20,225	-1.64
保险类	保险公司家数	503	665	699	701	726	3.57
	财险公司家数	304	346	349	355	369	3.94
	省级分公司	0	0	0	0	0	—
	地市分公司	30	33	34	34	34	0.00
	县区支公司	283	313	315	321	335	4.36
	寿险公司家数	199	319	350	346	357	3.18
	省级分公司	0	0	0	0	0	—
	地市分公司	35	38	41	41	41	0.00
	县区支公司	173	281	309	305	316	3.61
	正式从业人数	34,136	68,652	76,669	81,501	73,118	-10.29
	财险人员	8,738	15,063	8,436	8,070	10,331	28.02
	寿险人员	25,398	53,589	68,233	73,431	62,787	-14.50
证券类	证券公司家数	9	9	9	27	28	3.70
	证券营业部	24	25	25	47	49	4.26
	正式从业人数	506	467	366	410	487	18.78
	境内上市股票只数	20	23	23	25	26	4.00
	境外上市股票只数	20	13	13	13	13	0.00
	辖区上市公司总数	36	36	36	36	36	0.00

济宁市

【经济金融概况】 2020年，面对新冠肺炎疫情影响和复杂严峻的经济形势，济宁市坚持疫情防控和经济社会发展“两手抓、两手硬”，全面落实“六稳”“六保”工作，经济运行持续复苏向好，主要指标加快回升，高质量发展势头持续增强。

一是全年实现地区生产总值4,494.31亿元，增长3.60%。其中，第一产业增加值为525.61亿元，增长2.40%，第二产业增加值为1,761.69亿元，下降3.60%，第三产业增加值为2,207.01亿元，增长3.80%，三次产业结构调整为11.70∶39.20∶49.10。

二是工业生产持续加快。全市规模以上工业增加值增长5.90%，同比提高4.50个百分点；全市38个大类行业中，21个行业实现增长；全市规模以上工业实现营业收入3,545.92亿元，同比下降2.69%。

三是投资结构持续优化。全市固定资产投资增长3.20%，同比提高6.80个百分点。其中，工业技术改造投资增长27.50%，基础设施投资增长16.30%，房地产投资增长10.60%。

四是财政金融运行稳健。全市一般公共预算收入完成411.80亿元，增长1.70%，一般公共预算支出为695.90亿元，增长4.30%；金融机构本外币存款余额为6,568.10亿元、增长10.81%，贷款余额为4,783.02亿元，增长17.21%。

五是城乡居民收入差距持续缩小。全体居民人均可支配收入为29,261.00元，增长4.30%，其中城镇居民为38,368.00元，增长3.30%，农村居民为18,653.00元，增长5.70%，城乡居民收入差距持续缩小，收入比值收窄至2.06，同比收窄0.04个百分点。

【货币政策实施】 2020年，人民银行济宁市中心支行坚持服务疫情防控与保障经济运行两手抓，强化金融支持实体经济，为助推企业复工复产、做好“六稳”“六保”工作奠定了良好的金融基础。

一是强化政策落实，为辖区复工复产、稳企业保就业提供精准金融支持。其一，用好用足再贷款再贴现政策，快速推进低息贷款精准发放。运用1.80万亿元再贷款再贴现政策，发放低利率贷款26.28亿元，办理再贴现57.90亿元，惠及企业3,629家。其二，落实好延期还本付息和普惠小微信用贷款投放政策。累计办理普惠小微贷款延期还本36.00亿元，累计延期率达55.00%，惠及企业3,146户。全市符合政策激励条件的法人银行机构累计发放普惠小微信用贷款76.00亿元，占普惠小微贷款累放额的33.00%，惠及普惠小微企业30.40万家。

二是深入推进政银企对接，提高有效信贷供给。其一，召开各类政银企对接活动61次、推介企业7,133家，成功对接企业3,182家、发放贷款212.70亿元。其二，印发《首贷培植工作指导性计划》，强化未获贷企业信用培植，全市金融机构累计培植民营和小微企业达6,903家，获得首贷企业达6,780家，首贷企业数量居全省第四。其三，精准推进“金融诊疗”助企行动，全市576家名单内企业问诊率达到100.00%。其四，加强应收账款融资服务平台应用推广，全市新开通用户85户，累计促成融资交易213笔、金额99.68亿元。

【金融市场】 2020年，济宁市金融业实现增加值238.51亿元，增长7.80%，银证保金融机构分别达到51家、21家、68家，各类地方金融组织达到68家，逐步形成了以银行、证券、保险为主体，其他新型金融业态协调发展的金融组织框架。

一是支持企业扩大直接融资。全市新增公司信用类债券融资688.50亿元，截至2020年末，全市境内外上市企业、新三板和区域性股权交易市场挂牌企业分别达到12家、34家、452家。

二是保险业稳健发展。全年全市68家保险市场主体实现保费收入220.97亿元，同比增长6.62%；承担各类风险保障12.00万亿元，支付各类赔款与给付保险金65.40亿元，同比增长10.05%。

三是地方金融组织作用有效发挥。全年全市小额贷款公司累计发放贷款26.55亿元，其中95.21%投向“三农”和小微企业；年末融资担保公司融资担保金额达17.86亿元，其中小微企业融资担保金额为11.42亿元，占比为63.94%；新型农村合作金融试点工作保持全省领先水平，互助金累计额、当年发生额均居全省第2位。

【金融稳定】 2020年，济宁市金融监督管理部门多措并举，推动地方政府统筹主导，凝聚风险化解合力，牢牢守住金融风险底线，维护辖区金融稳定。

一是多措并举，扎实推进不良贷款压降。全年全市银行业累计处置不良贷款149.71亿元；年末不良贷款余额为69.51亿元，较年初下降43.17亿元；不良贷款率为1.45%，较年初下降1.31个百分点。

二是凝聚合力，提高风险防控水平。按月召开金融风险防控工作专题会，压实金融风险防控县市区属地责任、金融机构和企业主体责任、金融监督管理部门监管责任，加强组织领导和统筹协调，建立健全金融风险防控长效机制。

三是精准施策，推动加快风险企业处置。坚持“市县联动、条块结合”，持续开展金融风险隐患排查，动态调整工作台账，做到底数清、情况明。年内有1家省定风险企业退出省风险台账、2家省定风险地方法人银行机构实现风险降级、3家风险企业退出市风险企业名单。

四是推动防控关口前移，积极推进非法集资陈案积案处置化解，开展打击恶意逃废金融债务专项行动，营造良好的金融生态环境。

【金融监管】 2020年，济宁市金融监督管理部门落实“严组织、细部署，抓重点、强执行，谋长远、求长效”的工作要求，持续深化行业规范建设。

一是聚焦银行乱象，筑牢银行合规根基。围绕宏观政策执行、公司治理、信贷管理、影子银行和案件防控等领域的突出问题，扎实开展乱象整治“回头看”工作，压实机构主体责任。针对股份制银行问题多发的票据领域，开展票据业务专项整治行动，重拳整治票据业务屡查屡犯问题。

二是聚焦保险乱象，持续净化保险市场。组织保险行业“问题大反思、乱象大起底、行业大规范”活动，督促机构修订相关制度12项，问责相关责任人员81人，补齐制度短板。开展辖区劣质保险专业中介机构清理整顿工作，建立保险专业中介机构监管档案，全年清理注销120家劣质中介机构。

【外汇管理】 2020年，国家外汇管理局济宁市中心支局落实重点领域改革开放措施，有效防范跨境资金流动风险，较好地促进了辖区涉外经济发展。

一是推进资本项目收入支付便利化改革等30余项外汇便利化措施在辖区落地，推进辖区4家银行和5家企业获批试点资格，累计指导试点银行开展试点业务650笔、金额8,778.00万美元。

二是畅通疫情期间外汇服务“绿色通道”。为7家企业办理进口防疫物资资金汇出、免于开立捐赠账户等疫情防控业务8笔、金额37.00万美元。转变外汇服务方式，提升服务水平。全辖为涉外主体办理业务671笔，业务办理时间由1个工作日压缩至2个小时。

三是深化“汇力惠企”活动。通过建立防疫外汇“绿色通道”、加强政策宣传、扩大贸易融资、便利资金收付等多种形式，助力企业复工复产，营造良好的涉外金融服务环境。

【金融服务】 2020年，济宁市各金融部门规范与创新并重，金融管理服务水平不断提升。

一是不断优化金融服务。疫情期间开通金融服务“绿色通道”，高效办理账户开立、资金汇划等业务，保证资金及时到位。全年全市银行累计办理疫情资金汇划3,267笔、金额9.72亿元；财政局、商务局等政府部门联合26家银行机构启动“2020济宁消费季”消费券发放活动，刺激经济复苏回暖。

二是增加金融服务有效供给。稳步推进“农村支付服务环境优化提升年”，全市7,950个助农取款点全部达到III类以上标准；完成二代征信系统上线，在全辖新增12个自主查询网点，实现全市县域全覆盖。

三是持续推进普惠金融服务。加快推进金融消费权益保护工作，建成农村金融综合服务站、城市社区维权联络点、普惠金融综合服务站121个；扎实开展普惠金融知识宣传，联合公安机关开展了“打击跨境赌博和电信网络诈骗，守好您的钱袋子”宣传活动。

（田 艳、田艳丽）

附表1

济宁市主要金融指标1

单位：亿元

地区		银行类							
		本外币存款余额	住户存款	非金融企业存款	本外币贷款余额	第一产业贷款	第二产业贷款	第三产业贷款	个人贷款及透支
曲阜市	2020年	425.40	319.64	69.20	247.32	0.37	37.10	62.12	129.97
	同比增幅（%）	10.82	14.07	6.47	19.14	-10.83	6.29	21.11	22.65
泗水县	2020年	259.88	211.26	24.39	135.45	0.29	12.84	21.92	89.48
	同比增幅（%）	16.13	14.67	12.72	15.75	53.93	-3.04	21.40	17.54
邹城市	2020年	937.35	526.33	360.23	807.67	4.51	522.80	82.17	165.25
	同比增幅（%）	5.17	13.87	-2.45	17.96	118.10	12.34	31.47	23.59
微山县	2020年	287.69	227.72	32.09	152.17	0.19	35.06	29.47	63.87
	同比增幅（%）	12.58	15.16	-4.32	18.13	-6.93	33.73	31.51	22.82

续表

地区		银行类							
		本外币存款余额	住户存款	非金融企业存款	本外币贷款余额	第一产业贷款	第二产业贷款	第三产业贷款	个人贷款及透支
鱼台县	2020年	214.65	166.48	26.38	153.11	0.79	8.93	54.41	82.85
	同比增幅（%）	10.79	12.48	5.79	37.75	23.91	28.27	40.23	50.30
金乡县	2020年	327.25	273.42	25.72	201.25	0.58	28.79	37.68	118.21
	同比增幅（%）	11.34	13.21	8.76	16.71	-18.63	-2.62	0.25	24.54
嘉祥县	2020年	469.26	380.65	49.72	236.15	2.80	54.46	29.13	126.05
	同比增幅（%）	12.83	14.71	10.13	21.04	48.12	18.76	9.30	31.00
汶上县	2020年	367.92	285.49	33.49	203.10	0.52	26.02	38.92	110.46
	同比增幅（%）	13.13	12.85	32.03	21.28	40.28	18.96	11.10	27.07
梁山县	2020年	471.43	404.56	38.14	212.05	0.84	23.63	43.67	124.12
	同比增幅（%）	14.24	16.27	8.29	21.17	-3.60	7.14	26.84	22.48
济宁市	2020年	6,568.10	4,343.13	1,558.54	4,783.02	16.56	1,362.33	1,111.82	1,971.58
	同比增幅（%）	10.81	14.15	7.82	17.21	62.21	6.24	21.02	24.60

附表2

济宁市主要金融指标2

单位：亿元

地区		保险类		证券类		
		保险公司保费收入	保险公司赔款和给付支出	证券市场成交总额	投资者保证金余额	投资者开户数（万户）
曲阜市	2020年	10.79	—	188.38	0.71	2.51
	同比增幅（%）	7.04	—	49.92	12.70	2.87
泗水县	2020年	6.86	—	—	—	—
	同比增幅（%）	3.31	—	—	—	—
邹城市	2020年	17.36	—	1,222.69	3.08	9.30
	同比增幅（%）	12.36	—	34.35	7.69	8.64
微山县	2020年	9.20	—	75.97	0.25	0.81
	同比增幅（%）	4.19	—	65.15	19.05	6.58
鱼台县	2020年	8.24	—	—	—	—
	同比增幅（%）	-4.29	—	—	—	—
金乡县	2020年	11.95	—	119.05	0.30	1.02
	同比增幅（%）	3.91	—	51.60	30.43	8.51
嘉祥县	2020年	12.18	—	—	—	—
	同比增幅（%）	7.69	—	—	—	—
汶上县	2020年	9.76	—	—	—	—
	同比增幅（%）	8.68	—	—	—	—
梁山县	2020年	11.23	—	—	—	—
	同比增幅（%）	1.44	—	—	—	—
济宁市	2020年	220.97	65.40	5,459.28	20.42	71.30
	同比增幅（%）	6.62	10.05	17.08	-4.55	10.10

附表3

济宁市主要金融机构概况

单位名称	行长（或其他称谓的第一负责人）	副行长（或其他称谓的同级领导）	正式员工（人）	营业网点（个）
人民银行济宁市中心支行	尹峰世	杨家杰、孙义昌、李玉祥、薛昭顺、廉 龙、李节平	445	11
济宁银保监分局	柳 林	盛作安、赵令军、宗 超、苏玉多	79	11
农业发展银行济宁市分行	单民生	刘凤彬、郭茂海、冯钧章	244	11
工商银行济宁分行	鞠立坤	朱 筠、梁化新、夏春秋、王洪伟、刘 刚	1,382	75
农业银行济宁分行	李增义	刘 炜、范学坤、张文秀、毕 伟	1,993	111
中国银行济宁分行	尹卫东	宫 明、于 萍、王学军、唐海卫、张宗民	862	36
建设银行济宁分行	袁雪峰	李 涛、刘伯乐、李广志、鲍洪镇、张建房、袁中立	1,383	64
交通银行济宁分行	董经庆	蔡 丕、刘 刚、于志红	286	11
邮储银行济宁市分行	刘 欣	范建国、周宏声、邹学珍、杨冠东	957	42
中信银行济宁分行	张 文	宋 杨、王 雷、高艳梅、吕 飚	181	7
兴业银行济宁分行	许家兴	邱海涛、侯亚东、王 矛	134	8
恒丰银行济宁分行	孙耀明	李志春、郭剑锋	141	7
浦发银行济宁分行	张玉军	蔡胜利、祝东闽、马腾飞	78	5
招商银行济宁分行	丁 锐	杨金波、杨卫国、商广磊	149	7
民生银行济宁分行	张 勇	杨艺军、刘 威、朱亚林	124	5
广发银行济宁分行	赵劲勇	朱崇强、赵继昌、张媛媛	72	3
华夏银行济宁分行	张春艳	吴 凯、李兆宏、王 伟、郑 岩	61	3
渤海银行济宁分行	邵 军	于 勇、张明进	35	1
光大银行济宁分行	朱广峰	张雨东、赵文刚	42	1
平安银行济宁分行	杜启民	谢 丹	41	1
浙商银行济宁分行	刘 赟	李世俊、林华松	41	1
莱商银行济宁分行	蒋 波	单士旗、池振波、王建超	107	6
齐商银行济宁分行	刘锦程	郭元博、尹振峰	99	5
威海市商业银行济宁分行	许占忠	孔 亮	146	7
日照银行济宁分行	杨 靖	曾凡成、赵玉庆、董海涛	128	5
枣庄银行济宁分行	张德安	罗志方	64	4
青岛银行济宁分行	张 魁	王儒刚、张 旭	64	3
济宁银行	杜 强	陈振勇、梁汝亮、张衍珍、刘志刚、贾广东、焦春华、宫 振	1,104	50
兖矿财务公司	单光辉	翟玉峰、万里涛、李 峰	35	1
济宁高新村镇银行	赵丙岭	郑绪宝、倪孝军、宋文宁	115	6
济宁儒商村镇银行	陈 亮	张 国	21	16
济宁蓝海村镇银行	王正恩	李孟辉	31	2
兖州中成村镇银行	高久勇	辜易君、赵 杰	19	1
嘉祥中银富登村镇银行	孔 文	—	66	4
曲阜中银富登村镇银行	朱 勇	张晓东	85	5
汶上中银富登村镇银行	王 强	张 忱、孔德军、姬广路	61	3
梁山民丰村镇银行	董德锋	闫克银	71	6

续表1

单位名称	行长（或其他称谓的第一负责人）	副行长（或其他称谓的同级领导）	正式员工（人）	营业网点（个）
微山北海村镇银行	李先东	孙云梯、叶 成	38	4
鱼台青隆村镇银行	王聚滨	宋淑东、陈盛恕、王先友	58	4
金乡蓝海村镇银行	毕金辉	张亚男	48	4
泗水齐丰村镇银行	王法良	辛 宇、郑 伟、苏英合、张金多	81	5
邹城中银富登村镇银行	荆聿明	孙联合、张体鹏	57	2
济宁农商银行	路 伟	孙登利、宋旭东、党万辉、段仰兰	818	55
兖州农商银行	马劲驰	王 欣、许文胜、刘 辉、付亚平	348	28
曲阜农商银行	王成峰	黄海迁、崔 勇、周卫海、孔凡娣、张 红	373	28
泗水农商银行	徐清华	孟 彬、田 兵、岳 奎、陈恩焕	290	22
邹城农商银行	胡爱东	杨新庆、江宪义、郑海军、王东芹	535	38
微山农商银行	李 力	赵 鹏、陈 涛、彭 超、刘 然、马广东、李 超	406	32
鱼台农商银行	李本志	王 洁、孙尚宇、刘永清、马 斌、张福军	275	22
金乡农商银行	胡 峰	曹天亚、胡建峰、王庆良、刘坤华、徐 敏、李 静	365	26
嘉祥农商银行	苏 强	颜世川、邵主全、宋甲新	414	28
汶上农商银行	赵 峰	屈小东、张志同、闫龙因、刘 谦、楚 昊	360	23
梁山农商银行	王盛炜	王允才、秦绍亮、姚行印	328	25
中泰证券济宁分公司	张 雷	姜新春、梁 军	146	8
兴业证券济宁分公司	尚继军	崔曙光	22	1
安信证券济宁建设北路营业部	李 博	—	5	1
东北证券济宁洸河路营业部	王 衡	邵 宾	8	1
东方财富证券济宁吴泰闸路营业部	刘 梅	—	4	1
光大证券济宁古槐路营业部	崔宇轩	—	4	1
国泰君安证券济宁吴泰闸路营业部	张荣荣	孙路阳	14	1
华福证券济宁红星中路营业部	许 琮	—	8	1
联储证券济宁吴泰闸路营业部	肖 方	—	6	1
天风证券济宁洸河路营业部	朱 文	—	5	1
中国银河证券济宁洸河路营业部	屠凡刚	—	6	1
长江证券济宁金宇路营业部	乔 阳	—	5	1
招商证券济宁红星东路营业部	任 伟	—	9	1
中金财富证券济宁环城西路营业部	赵 伟	—	15	1
中信建投证券济宁吴泰闸路营业部	裴本科	—	13	1
中信证券（山东）济宁吴泰闸路营业部	韩国发	毕 琳	54	1
华林证券济宁太白楼中路营业部	杨传伟	—	4	1
鲁证期货济宁营业部	李相民	—	6	1
天富期货济宁营业部	王玉娜	—	3	1
上海中期期货邹城营业部	刘德涛	—	5	1
国海证券济宁邹城兴石街营业部	何 力	—	8	1
中国人民财产保险济宁市分公司	李立辉	李成华、臧春海、张 文、贺树君	745	87
紫金财产保险济宁中心支公司	梁 明	—	25	1

续表2

单位名称	行长（或其他称谓的第一负责人）	副行长（或其他称谓的同级领导）	正式员工（人）	营业网点（个）
中国人寿财产保险济宁市中心支公司	王玉森	韩晓顺	412	12
渤海财产保险济宁中心支公司	李锡静	—	23	2
中煤财产保险济宁中心支公司	张桂玉	—	6	1
中银保险济宁中心支公司	王 强	殷 松	8	1
泰山财产保险济宁中心支公司	侯文明	—	78	9
天安财险济宁中心支公司	刘 浩	—	76	9
中路财产保险济宁中心支公司	姜树新	—	20	1
永安财产保险济宁中心支公司	郑 飞	—	80	10
安诚财产保险济宁中心支公司	刘文平	—	45	1
永诚财产保险济宁中心支公司	谭好凯	—	17	1
中国大地财产保险济宁中心支公司	杨勇正	金曙光、马敬考	194	12
大家财产保险济宁中心支公司	赵文军	—	25	8
太平财产保险济宁中心支公司	赵 磊	—	131	4
华安财产保险济宁中心支公司	别庆红	—	48	4
亚太财产保险济宁中心支公司	唐秀波	—	29	3
平安财产保险济宁中心支公司	刘敬国	于玉娟、吴亚杰、何顺利	234	14
华海财产保险济宁中心支公司	李加营	—	51	4
阳光财产保险济宁中心支公司	马士柱	乔海燕、王 鑫、郭 锋	261	14
安盛天平财产保险济宁中心支公司	闫仁军	张凡荣	22	4
太平洋财产保险济宁中心支公司	徐 涛	王云飞、于景春	181	13
浙商财产保险济宁中心支公司	顾沂蒙	常 雯	80	4
都邦财产保险济宁中心支公司	杨宝文	赵善为	16	6
中华联合财产保险济宁中心支公司	齐 强	张云中	287	17
长安责任保险济宁中心支公司	率 坤	—	57	4
华泰财产保险济宁中心支公司	高中海	—	3	1
英大泰和财产保险济宁中心支公司	李 磊	—	9	1
国任财产保险济宁中心支公司	陈 浩	—	54	3
安华农业保险济宁中心支公司	吕培立	王 恒	42	7
利宝保险济宁中心支公司	张 旋	—	12	1
长江财产保险济宁中心支公司	乔 兵	—	7	1
建信人寿保险济宁中心支公司	李 勇	王 灿	15	2
国华人寿保险济宁中心支公司	刘新瑜	—	14	2
恒安标准人寿保险济宁中心支公司	杨 凯	刘小利	28	1
平安养老保险济宁中心支公司	李蒙延	—	5	1
阳光人寿保险济宁中心支公司	尹 军	—	46	6
英大泰和人寿保险济宁中心支公司	王海峰	—	28	7
中英人寿保险济宁营销服务部	王 涛	—	7	1
长城人寿保险济宁中心支公司	刘国栋	郝庆红	17	2
北大方正人寿保险济宁中心支公司	成 亮	—	12	1
大家人寿保险济宁中心支公司	李星华	—	3	1
合众人寿保险济宁中心支公司	李 振	—	16	4

续表3

单位名称	行长（或其他称谓的第一负责人）	副行长（或其他称谓的同级领导）	正式员工（人）	营业网点（个）
幸福人寿保险济宁中心支公司	陈凤伟	杭 敏	23	4
利安人寿保险济宁中心支公司	王 俊	朱文娟	33	4
和泰人寿保险济宁中心支公司	马 强	—	13	1
华夏人寿保险济宁中心支公司	孙 梅	刘瑞芳	77	9
平安人寿保险济宁中心支公司	游 进	李守辰、李 志、李鹏飞	246	19
农银人寿保险济宁中心支公司	甘孟良	李 婷	65	3
中国太平洋人寿保险济宁中心支公司	王健彬	李 杰、李红各、于化龙	190	25
中意人寿保险济宁中心支公司	杨敬磊	—	9	1
信泰人寿保险济宁中心支公司	张有刚	刘守峰	19	5
人民人寿保险济宁中心支公司	张伟军	张 明	61	11
民生人寿保险济宁中心支公司	王 健	—	36	10
中国人寿保险济宁分公司	李 勇	王新忠、侯 强、张 庆	443	17
中信保诚人寿保险济宁中心支公司	王增宝	—	13	1
富德生命人寿保险济宁中心支公司	华干昌	王 旭、李秀丽	116	8
百年人寿保险济宁中心支公司	张 珂	吕秋华	14	2
陆家嘴国泰人寿保险济宁中心支公司	王 鹏	—	18	4
泰康人寿保险济宁中心支公司	闫 燕	赵利苹、刘立静	118	29
天安人寿保险济宁中心支公司	王新宏	郭 宾、巩立双	48	6
太平人寿保险济宁中心支公司	王 永	董学军	88	5
工银安盛人寿保险济宁中心支公司	马 红	—	10	1
新华人寿保险济宁中心支公司	李林民	侯颂霞	114	9
德华安顾人寿保险济宁中心支公司	李 壮	任现磊	32	5
华泰人寿保险济宁中心支公司	李保盼	—	18	6
和谐健康保险济宁中心支公司	徐宗水	—	6	1
中国人民健康保险济宁中心支公司	孙延鹏	伊兆涛	15	1

附表4

济宁市主要金融机构业务概况

（2020年末）

单位：亿元

单位名称	本外币存款余额	本外币单位存款	本外币储蓄存款	本外币贷款余额	本外币短期贷款	本外币中长期贷款
农业发展银行济宁市分行	24.57	24.57	0.00	185.94	36.26	149.67
工商银行济宁分行	687.89	209.38	379.54	460.78	109.14	343.85
农业银行济宁分行	849.60	240.04	537.82	467.00	145.19	315.89
中国银行济宁分行	366.80	141.53	178.43	295.93	103.24	183.43
建设银行济宁分行	601.65	205.75	288.06	370.10	118.84	242.80
交通银行济宁分行	99.46	48.67	28.91	137.75	88.32	46.08
邮储银行济宁市分行	751.64	96.79	193.12	209.71	56.68	150.43
中信银行济宁分行	50.59	20.32	12.47	93.56	46.18	43.53
招商银行济宁分行	53.39	30.18	16.27	49.36	3.73	24.77
浦发银行济宁分行	37.07	22.24	7.38	61.09	39.62	20.29

续表

单位名称	本外币存款余额	本外币单位存款	本外币储蓄存款	本外币贷款余额	本外币短期贷款	本外币中长期贷款
兴业银行济宁分行	101.91	81.90	12.03	150.83	14.75	132.96
民生银行济宁分行	60.88	48.58	5.87	82.85	34.16	33.02
恒丰银行济宁分行	44.43	34.32	6.28	79.68	47.75	27.99
广发银行济宁分行	29.13	21.95	4.76	68.07	18.90	47.38
华夏银行济宁分行	42.30	35.45	3.85	56.80	9.61	45.59
渤海银行济宁分行	32.04	27.79	2.73	27.19	11.08	15.52
光大银行济宁分行	11.78	9.48	1.21	23.41	12.49	10.57
平安银行济宁分行	6.58	0.79	3.27	20.05	0.66	19.38
浙商银行济宁分行	32.50	28.86	3.58	21.73	5.10	16.35
莱商银行济宁分行	58.63	41.84	13.10	58.63	20.60	37.62
齐商银行济宁分行	25.10	16.34	6.87	36.46	9.46	26.40
威海市商业银行济宁分行	69.96	50.79	15.52	58.97	15.44	42.32
枣庄银行济宁分行	28.60	19.60	6.34	21.10	12.80	5.64
日照银行济宁分行	74.82	54.88	12.85	40.81	17.51	23.30
青岛银行济宁分行	49.05	44.50	2.17	50.22	20.07	30.15
济宁银行	658.04	218.86	375.28	488.31	301.41	148.92
兖矿财务公司	212.73	210.54	0.00	140.26	132.32	0.00
济宁农村商业银行	179.24	21.26	153.59	147.74	55.96	73.07
邹城农村商业银行	175.00	24.69	137.91	121.22	45.10	54.98
鱼台农村商业银行	62.72	5.49	53.04	43.54	19.19	18.74
梁山农村商业银行	128.43	5.98	112.00	75.01	25.72	29.68
金乡农村商业银行	110.67	6.61	90.56	75.17	39.91	22.29
兖州农村商业银行	101.17	13.33	77.91	60.07	14.34	35.03
泗水农村商业银行	73.39	6.19	65.21	46.41	16.47	19.05
汶上农村商业银行	132.21	16.32	107.29	95.39	33.71	37.08
曲阜农村商业银行	106.80	14.05	82.50	73.61	18.18	39.29
微山农村商业银行	80.68	5.58	67.93	63.72	36.68	14.02
嘉祥农村商业银行	154.55	12.03	138.45	88.28	30.95	35.31
济宁高新村镇银行	18.19	9.31	8.77	13.95	8.99	4.96
济宁儒商村镇银行	92.94	29.56	63.10	62.97	38.04	18.93
济宁蓝海村镇银行	5.98	2.11	3.79	4.78	3.23	1.55
兖州中成村镇银行	1.01	0.44	0.57	1.05	0.44	0.60
嘉祥中银富登村镇银行	3.70	1.35	2.09	5.17	3.84	1.33
梁山民丰村镇银行	8.31	1.03	7.03	9.93	6.79	3.13
邹城中银富登村镇银行	3.80	2.45	1.34	6.06	4.19	1.87
曲阜中银富登村镇银行	7.63	3.47	4.09	7.38	3.95	3.43
汶上中银富登村镇银行	4.20	1.98	2.22	5.05	3.31	1.74
鱼台青隆村镇银行	3.63	1.09	2.46	4.75	2.54	2.21
泗水齐丰村镇银行	5.31	0.27	4.89	4.25	1.77	2.48
金乡蓝海村镇银行	11.16	3.11	6.94	7.88	7.39	0.49
微山北海村镇银行	2.88	0.35	2.15	3.06	2.19	0.87

附表5

济宁市金融机构统计指标

单位：家、人、只

	指标	2016年	2017年	2018年	2019年	2020年	2020年同比增幅（%）
银行类	银行类机构家数	47	49	51	51	51	0.00
	法人机构	26	26	26	26	26	0.00
	一级分行	0	0	0	0	0	—
	二级分行	21	23	25	25	25	0.00
	县区支行	155	157	161	163	162	-0.61
	正式从业人数	16,256	16,117	16,146	15,841	16,170	2.08
保险类	保险公司家数	58	63	66	68	68	0.00
	财险公司家数	26	29	30	32	32	0.00
	省级分公司	0	0	0	0	0	—
	地市分公司	26	29	30	32	32	0.00
	县区支公司	151	161	119	123	120	-2.44
	寿险公司家数	32	34	36	36	36	0.00
	省级分公司	0	0	0	0	0	—
	地市分公司	32	34	36	36	36	0.00
	县区支公司	159	168	134	130	137	5.38
	正式从业人数	5,642	5,801	6,068	6,066	5,905	-2.65
	财险人员	2,980	3,022	3,408	3,549	3,603	1.52
	寿险人员	2,662	2,779	2,660	2,517	2,302	-8.54
证券类	证券公司家数	15	18	20	21	21	0.00
	证券营业部	23	26	28	28	28	0.00
	正式从业人数	359	375	395	389	399	2.57
	境内上市股票只数	6	9	9	9	9	0.00
	境外上市股票只数	3	4	6	6	5	-16.67
	辖区上市公司总数	6	9	9	9	9	0.00

泰安市

【经济金融概况】 2020年，面对突如其来的严重疫情，泰安市坚决贯彻统筹疫情防控和经济社会发展重大决策部署，通过一系列精准措施有序有力推动经济社会发展稳定转好，若干领域的积极变化支撑全市经济快速修复、走实走稳，经济运行呈现稳中有进态势。全年泰安市实现地区生产总值2,766.50亿元，按可比价格计算同比增长3.50%。其中，第一产业增加值为299.70亿元，同比增长2.30%，第二产业增加值为1,080.40亿元，同比增长3.50%，第三产业增加值为1,386.40亿元，同比增长3.60%，三次产业结构调整为10.8：39.1：50.1；泰安市规模以上工业增加值同比增长5.40%，固定资产投资同比增长2.90%；实现社会消费品零售总额1,022.40亿元，同比下降3.00%；一般公共预算收入完成229.20亿元，同比增长2.00%。截至年末，全市金融机构人民币各项存款余额为4,559.64亿元，比年初增长11.38%，人民币各项贷款余额为3,136.32亿元，比年初增长16.31%。

【货币政策】 2020年，人民银行泰安市中心支行紧紧围绕“六稳”“六保”任务，主动作为，通过降低存款准备金率、再贷款再贴现、创新直达实体经济货币政策工具等方式，着力发挥央行资金的引领和撬动作用，为泰安市疫情防控和经济恢复增长提供了有力支持。低成本央行资金使用规模翻番，为市场主体合理减负。高效使用1.80万亿元央行再贷款再贴现额度，为全市疫情防控、复工复产和经济平稳运行提供强有力的支持。全年人民银行泰安市中心支行累计投放低成本再贷款再贴现资金53.14亿元，引导金融机构累计发放优惠利率贷款101.53亿元，资金规模创历史新高；再贷款平均利率为4.38%，低于同类机构普惠小微贷款平均利率2.61个百分点，直接让利企业2.53亿元。用足用好央行“两项工具”，“真金白银”解决2,700余家企业燃眉之急。全力推进“两项工具”快速增量扩面，有效保护市场主体。全年引导金融机构累计为1,360家企业办理延期还本付息业务136.21亿元；累计向符合条件的金融机构提供1.26亿元“零利率、零成本”的央行资金，引导金融机构加大信用贷款发放力度，直接带动解决1,359家小微企业担保难问题。

【金融稳定】 2020年，人民银行泰安市中心支行全力打好化解金融风险收官之战，打造“稳金融”生态环境。全力落实泰安银行风险化解专班成员职责，帮助泰安银行成功发行15亿元永续债，提高资本充足率，有效增强抗风险能力。在央行资金使用上，重点向泰安银行倾斜，已向其发放再贷款再贴现资金近17.54亿元。加快推进重点机构风险化解，推动肥城农商银行、东平农商银行风险处置取得突破性进展，辖区5家问题机构全部退出总行问题机构名单。

【金融服务】 2020年，人民银行泰安市中心支行坚持金融为民，全面提升金融服务质效。一是基础金融服务“绿色通道”畅行无阻。春节期间畅通紧急防疫资金拨付，无一差错、无一延缓。做好新增2万亿元财政直达资金拨付，增设市旅游经济开发区和徂汶景区两个国家金库支库。严格人民币消毒管理，有效保障“放心钱”“干净钱”市场供应。持续做好货币发行工作，《5元纸币换新颜》宣传片被国务院反假办采用，并在央视网、中国人民银行官网、全国高铁循环播放。聚焦黄河滩区基础支付服务，打造“五位一体”综合服务点，行政村覆盖率达100%。二是金融科技“智融泰安”。2020年8月31日，人民银行泰安市中心支行联合泰安银行开发的“央行资金引导的金融支持中小微企业智慧融资服务平台”（全国金融科技应用试点项目）成功上线，该平台具备全流程资金使用监测、优惠政策匹配和“首贷培植”三大功能，试运行以来，已累计办理55笔、金额25.93亿元的再贷款再贴现业务。与线下相比，办理时间由1～2天缩短至半天以内，有效增强了小微企业融资的便利性。三是多措并举为企业纾困解难。牵头开展“金融诊疗”新泰行和宁阳行助企行动，累计解决52家困难企业的融资问题，相关企业获得贷款12.29亿元。联合市文化和旅游局推出“泰安文旅六保贷”，涵盖20家金融机构的34款产品。截至2020年末，全市文旅行业贷款余额为126亿元，同比增长50.33%。持续推进民营和小微企业“首贷培植”行动，全年推动全市金融机构累计成功培植“首贷”经营主体4,524户，发放贷款37亿元。以农业龙头企业为突破口，开展乡村振兴“金融护航”行动。全年引导金融机构累计为26家农业龙头企业提供融资8.47亿元，年末全市农村基础设施建设贷款余额为161.23亿元，同比增长31.91%。开展重点项目金融对接，全年“双50强”企业在市内金融机构的贷款余额为222.38亿元，其中58家省级重点工业企业在市内金融机构的贷款余额达266.69亿元。

【金融监管】 2020年，泰安银保监分局认真贯彻市委市政府、山东银保监局决策部署，引领全市银行保险业稳健发展。一是支持实体经济高质量发展。强化对重点项目、“双50强”企业等的信贷支持，深化普惠金融。2020年末，银行业存贷比在剔除不良贷款核销因素后达70.53%，较年初提高4.84个百分点；普惠型小微贷款阶段性完成“两增两控”目标，普惠型涉农贷款余额较年初增加50.69亿元。积极做好“百行进万企”“金融辅导员”“便捷获得信贷”工作，银行业平均办贷环节、时间、申贷材料分别为3.93个、6.3个小时、6.64件，优于全省目标。疫情发生后，全市银行业通过展期、无还本续贷等方式缓释企业资金风险，涉及贷款147.52亿元。保险业将新冠肺炎纳入保险范围，全年累计提供保障金额856.62亿元。洪涝灾情后，保险业累计向受灾单位和居民赔付1,870.94万元。二是打好防范化解金融风险攻坚战。督促银行业加快风险处置，全年累计处置不良贷款82.59亿元，不良贷款余额和不良贷款率实现“双降”。强化泰安银行、农商银行等法人银行监管，加强存量不良资产处置，优化法人治理结构；推动3家村镇银行移出省级风险银行名单或降低风险等级，实现健康发展。三是深化行业规范建设。开展“行业规范建设深化年”和乱象整治“回头看”工作，推动银行保险业合规经营。加大行政处罚力度，处罚银行保险机构11家、个人11人次，累计处罚金额达270万元，持续保持从严监管的政策导向。

【外汇管理】 2020年，国家外汇管理局泰安市中心支局强化外汇管理服务，有效支持稳外贸稳外资。深化外汇便利化改革，全面简化涉及疫情防控的进出口、资本项目收入及跨境融资等外汇业务流程。开展贸易外汇收支便利化试点，全年累计办理便利化收支业务1,312笔、金额1.24亿美元。推广应用跨境金融区块链服务平台，为小微企业办理贸易融资1,096万美元。推行服务贸易付汇税务备案电子化改革，全年线上付汇1.82亿美元；国际收支总额为44亿美元，同比增长31.50%，居全省第2位；跨境人民币结算额为46亿元，同比增长83.70%，居全省第1位。

（贾泰峰、冯 科）

附表1

泰安市主要金融指标1

单位：亿元

地区		银行类							
		本外币存款余额	住户存款	非金融企业存款	本外币贷款余额	第一产业贷款	第二产业贷款	第三产业贷款	个人贷款及透支
新泰市	2020年	835.40	643.64	124.79	506.23	1.83	221.14	80.51	185.77
	同比增幅（%）	11.77	14.16	0.39	18.26	22.32	8.22	24.14	30.74
肥城市	2020年	742.23	539.19	142.72	359.32	1.38	128.07	31.94	164.87
	同比增幅（%）	12.71	15.11	10.68	7.40	45.50	-4.79	-5.83	13.00
东平县	2020年	375.56	303.00	43.19	275.78	0.46	104.55	18.02	140.02
	同比增幅（%）	13.74	15.88	24.17	5.92	-8.74	11.92	45.94	0.88
宁阳县	2020年	371.92	294.19	49.98	207.36	2.47	39.59	61.37	82.56
	同比增幅（%）	11.98	15.87	1.86	19.64	74.74	-11.21	42.18	20.85
泰安市	2020年	4,603.68	3,071.34	984.16	3,137.44	12.91	835.72	716.80	1,355.60
	同比增幅（%）	11.40	14.77	4.11	16.26	54.98	0.13	20.88	17.09

附表2

泰安市主要金融指标2

单位：亿元

地区		保险类		证券类		
		保险公司保费收入	保险公司赔款和给付支出	证券市场成交总额	投资者保证金余额	投资者开户数（万户）
宁阳市	2020年	10.56	—	113.77	0.29	1.15
	同比增幅（%）	1.93	—	43.75	11.07	6.75
新泰市	2020年	23.34	—	519.17	1.69	5.43
	同比增幅（%）	-1.60	—	51.82	22.32	3.23
肥城市	2020年	19.68	—	431.00	1.22	6.28
	同比增幅（%）	2.44	—	25.67	1.67	8.46
东平县	2020年	10.00	—	50.05	0.17	0.89
	同比增幅（%）	-1.48	—	48.78	-0.14	0.04
泰安市	2020年	141.93	50.27	3,217.05	17.88	46.67
	同比增幅（%）	9.13	-0.04	43.15	-37.20	5.09

附表3

泰安市主要金融机构概况

单位名称	行长（或其他称谓的第一负责人）	副行长（或其他称谓的同级领导）	正式员工（人）	营业网点（个）
人民银行泰安市中心支行	杨化军	庞建敏、刘慧英、孙世超、高露蒙、郑玉坤、康 琴、张 俊、张浩三	274	5
泰安银保监分局	赵文和	刘 健、尹 程、李 亚	58	1
农业发展银行泰安市分行	辛俊峰	刘建民、张效会、董 征	155	5
工商银行泰安分行	马庆东	赵书骞、杨万鲁、孙殿军、亓建忠、陈福五、田海建、顾 滨	926	47

续表1

单位名称	行长（或其他称谓的第一负责人）	副行长（或其他称谓的同级领导）	正式员工（人）	营业网点（个）
农业银行泰安分行	孟宪军	刘学德、祁奕奕、李强、王超、孙辉	1,450	73
中国银行泰安分行	薛涛	冯德厚、张桂浩、曹国民、孙克祥、张培真	663	27
建设银行泰安分行	宋旭东	刘海潇、朱坤礼、李军、孙良、王万里、刘峰、刘松	1,090	44
交通银行泰安分行	姜鲁荣	孙正、于军伟、刘书伟、高蕊	204	9
邮储银行泰安市分行	许同博	许兴常、李兴红、周鲁、陈琳琳	515	139
山东省农村信用社联合社泰安审计中心	辛士勇	杜晋生	20	—
兴业银行泰安分行	张建霞	孙林	118	10
民生银行泰安分行	权志超	苏磊、张莹、辛欣	54	4
浦发银行泰安分行	刘炜	孙璐、刘贤武	43	2
光大银行泰安分行	燕东勇	赵洪岫、王全宇、景华钧	56	2
平安银行泰安分行	林垂士	丁瑞、李萌萌	38	1
泰安银行	王希娟	李成山、张波	1,049	77
莱商银行泰安分行	赵鹏	—	132	7
济宁银行泰安分行	何瑞东	张爱民	73	5
齐鲁银行泰安分行	马新华	李人国	101	5
天津银行泰安分行	张强	孙兆木、田霄、王鹏	49	1
威海市商业银行泰安分行	王大龙	柳晓军、李颖	40	1
青岛银行泰安分行	王崭先	赵立谦	50	1
泰山农商银行	赵庆功	汪振	586	44
岱岳农商银行	孙法学	曹乃国	660	54
新泰农商银行	张凌峰	亚民	748	47
肥城农商银行	李斌	王延防	588	41
宁阳农商银行	张长林	王学军	464	33
东平农商银行	刘峰	杨华	471	32
泰安沪农商村镇银行	方建莨	赵咏莉、魏超	28	1
新泰齐丰村镇银行	刘闯	穆炳东	100	6
肥城民丰村镇银行	徐小强	张辉	76	7
宁阳沪农商村镇银行	施萍花	魏强	29	2
东平沪农商村镇银行	王强	陈爱香	40	2
中国人民财产保险股份有限公司泰安市分公司	吴中云	唐军、马兵建、郑恒峰、张志刚	444	53
中国人寿保险股份有限公司泰安分公司	王洪涛	段崇申、赵洪臣、董军建	265	9
中国人寿财产保险股份有限公司泰安市中心支公司	吴红艳	戴峰、王少飞	130	6
中国太平洋人寿保险股份有限公司泰安中心支公司	郭红霞	陆继虎、李程、刘自国、王爱国	151	25
中泰证券股份有限公司泰安分公司	于波	赵杰	99	9
海通证券股份有限公司泰安岱宗大街证券营业部	项颖	王琳琳	15	1

续表2

单位名称	行长（或其他称谓的第一负责人）	副行长（或其他称谓的同级领导）	正式员工（人）	营业网点（个）
太平洋证券股份有限公司泰安虎山东路证券营业部	焦圣岐	闫立新	19	1
中信证券（山东）有限责任公司泰安长城路证券营业部	亓阳阳	李岳明	30	1

附表4

泰安市主要金融机构业务概况

（2020年末）

单位：亿元

单位名称	本外币存款余额	本外币单位存款	本外币储蓄存款	本外币贷款余额	本外币短期贷款	本外币中长期贷款
农业发展银行泰安市分行	25.29	25.29	0.00	121.71	21.73	99.98
工商银行泰安分行	503.65	169.54	258.62	330.26	56.69	268.11
农业银行泰安分行	665.42	227.25	370.30	464.63	142.06	311.90
中国银行泰安分行	310.08	149.35	118.98	225.03	67.45	147.54
建设银行泰安分行	367.91	123.67	181.30	259.07	71.64	185.08
交通银行泰安分行	81.19	52.62	19.05	81.62	47.16	34.38
邮储银行泰安市分行	410.03	22.63	80.25	120.56	33.13	67.90
兴业银行泰安分行	95.23	68.76	12.61	105.99	11.84	88.20
民生银行泰安分行	57.25	49.03	4.64	39.32	17.11	19.92
浦发银行泰安分行	22.40	16.71	3.13	29.42	10.81	13.91
光大银行泰安分行	65.10	26.48	2.85	18.11	1.43	15.15
平安银行泰安分行	2.43	0.01	1.09	9.74	0.15	9.59
泰安银行	580.40	200.59	260.34	389.41	176.37	182.54
莱商银行泰安分行	58.87	38.50	14.38	40.93	23.57	17.19
济宁银行泰安分行	34.67	20.56	11.35	34.88	13.40	17.42
齐鲁银行泰安分行	68.89	50.88	8.01	62.92	20.93	40.60
天津银行泰安分行	19.02	15.41	1.47	34.55	11.19	23.36
威海市商业银行泰安分行	28.76	25.14	2.37	19.15	5.79	12.27
青岛银行泰安分行	21.45	18.95	0.94	38.69	2.64	35.51
泰山农商银行	140.42	27.99	102.03	102.39	34.88	54.15
岱岳农商银行	268.74	26.43	237.23	168.76	62.02	92.49
新泰农商银行	225.78	19.52	191.12	137.16	64.44	58.70
肥城农商银行	210.15	12.71	194.64	124.54	40.96	58.44
东平农商银行	145.95	6.32	137.61	79.46	32.85	29.74
宁阳农商银行	133.84	10.98	111.33	74.12	28.69	25.08
泰安沪农商村镇银行	2.13	1.27	0.83	1.91	0.37	1.54
肥城民丰村镇银行	10.03	2.24	7.71	9.02	8.03	0.81
新泰齐丰村镇银行	7.77	1.36	6.29	6.96	1.73	5.23
东平沪农商村镇银行	6.01	1.68	4.32	4.30	1.15	3.15
宁阳沪农商村镇银行	2.98	1.15	1.82	2.83	0.26	2.57

附表5

泰安市金融机构统计指标

单位：家、人、只

	指标	2016年	2017年	2018年	2019年	2020年	2020年同比增幅（%）
银行类	银行类机构家数	24	24	26	27	27	0.00
	法人机构	12	12	12	12	12	0.00
	一级分行	0	0	0	0	0	—
	二级分行	12	12	14	15	15	0.00
	县区支行	116	104	105	121	129	6.61
	正式从业人数	10,885	10,956	10,688	11,975	10,549	-11.91
保险类	保险公司家数	—	—	—	—	—	—
	财险公司家数	24	24	24	26	27	3.85
	省级分公司	0	0	0	0	0	—
	地市分公司	24	24	24	26	27	3.85
	县区支公司	125	122	82	87	95	9.20
	寿险公司家数	29	26	28	31	32	3.23
	省级分公司	0	0	0	0	0	—
	地市分公司	29	26	28	31	32	3.23
	县区支公司	156	173	171	179	83	-53.63
	正式从业人数	40,184	42,935	53,462	56,136	46,308	-17.51
	财险人员	7,019	7,169	7,147	5,422	5,485	1.16
	寿险人员	33,165	35,766	46,315	50,675	40,823	19.44
证券类	证券公司家数	—	—	—	—	—	—
	证券营业部	14	28	30	21	15	-28.57
	正式从业人数	179	329	351	224	223	-0.45
	境内上市股票只数	4	4	5	4	4	0.00
	境外上市股票只数	2	2	2	4	4	0.00
	辖区上市公司总数	6	6	7	8	8	0.00

威海市

【经济金融概况】 2020年，威海市以习近平新时代中国特色社会主义思想为指导，深入贯彻党的十九大和十九届二中、三中、四中、五中全会精神，把习近平总书记提出的“威海要向精致化城市方向发展”作为总目标总方向总遵循，统筹疫情防控和经济社会发展，着力“六稳”“六保”任务，全市经济健康发展，金融服务实体经济能力不断增强，经济金融总体平稳运行。全年实现生产总值3,017.79亿元，增长3.00%；规模以上工业增加值增长4.60%；服务业增加值增长3.70%；固定资产投资增长2.90%；外贸进出口总额完成1,614.57亿元，增长15.10%，其中出口总额为1,165.82亿元，增长26.60%；实际使用外资13.58亿美元，增长11.10%；截至2020年末，社会融资规模余额为4,346.77亿元，较年初增加690.48亿元；本外币贷款余额为3,396.61亿元，较年初增加512.61亿元，本外币存款余额为4,732.78亿元，较年初增加481.83亿元。

【货币政策】 2020年，人民银行威海市中心支行以稳定金融供给为支撑，贯彻落实“双支柱”金融调控政策，全力支持实体经济，不折不扣完成“六保”“六稳”任务。

一是用好再贷款再贴现政策。紧抓3,000.00亿元、5,000.00亿元、1.00万亿元再贷款再贴现政策窗口期，积极引导金融机构为企业提供融资支持。2020年，三项政策在威海落地合计117.16亿元，其中，发放再贴现42.12亿元。

二是用好两项直达实体经济的货币政策工具。将推进两项政策工具落地作为“一把手工程”，确保“应延尽延”“应贷尽贷”。2020年，全市金融机构累计办理贷款延期还本付息105.11亿元，惠及6,038家小微企业；发放信用贷款306.68亿元，较年初增长43.72%，高于全部贷款增速25.95个百分点。

三是推动贷款市场报价利率（LPR）改革工作。引导贷款利率下行，确保金融让利实体经济，12月全市贷款加权平均利率为5.09%，较年初下降0.40个百分点，同比下降0.63个百分点。

【金融市场】 2020年，威海市金融业实现增加值128.60亿元，占地区生产总值的比重为4.26%，同比提高0.16个百分点。截至2020年末，全市共有银行业金融机构31家，总资产为6,282.48亿元，总负债为5,945.83亿元，分别同比增长13.11%、12.86%；共有证券、期货分支机构32家，地方金融组织85家；共有保险机构54家，累计实现保费收入119.25亿元。

一是信贷结构优化调整，金融资源配置效率提升。12月末，制造业贷款余额为445.10亿元，全年增加38.34亿元，同比多增50.31亿元；12月末，普惠小微贷款余额为330.26亿元，全年增加89.93亿元，同比多增32.38亿元；12月末，企业信用贷款余额为277.78亿元，全年增加72.14亿元，同比多增81.10亿元。其中，单户授信1,000万元以下小微企业信用贷款余额为22.12亿元，全年增加13.64亿元，同比多增7.74亿元，增幅为131.19%，分别高出大型企业和中型企业127.26个和128.38个百分点。

二是加速对接多层次资本市场，企业融资渠道不断拓宽。2020年，实现股票、债券等直接融资228.17亿元，同比增长34.76%，全年证券期货交易额为8,022.94亿元，同比增长70.70%。年内新增1家新三板、75家区域性股权交易市场挂牌企业，总数分别达到36家和361家，威海市商业银行成功在H股上市，成为全市首家、全省第三家上市的地方法人银行，募集资金32.66亿港元。全年发行非金融企业债券26只，金额198.20亿元，同比增长17.63%。其中，发行国内首单以海域使用权权益作为基础资产的资产证券化产品，规模为13.55亿元；成功完成国内H股全流通公司境外发债创新尝试，发行1.50亿美元可交换债券。

三是保险服务功能持续增强，保费收入稳步增长。2020年，全市实现保费收入119.25亿元，增长5.39%；赔款及给付支出为35.18亿元，同比增长12.40%。保险业提供各类社会风险保障共5.71万亿元，同比增长35.62%。保险业共承担各类风险责任28,642.90亿元，同比增长37.30%，上缴各类税金4.89亿元，提供就业岗位3.30万个，经济“助推器”和社会“稳定器”作用有效发挥。

【金融稳定】 2020年，威海市金融机构抵御风险的能力进一步增强，金融稳定安全防线不断筑牢。

一是不良贷款处置超额完成任务，金融风险有效化解。2020年，累计处置不良贷款（含威海市商业银行域外数）66.32亿元，较全年处置目标超出2.09亿元。随着不良资产规模下降，银行机构抵御风险的能力进一步增强。12月末，银行机构不良贷款拨备覆盖率为262.41%，较年初提升83.81个百分点。

二是扎实做好央行评级，存款保险工作有序推进。按照央行金融机构评级工作要求，扎实组织评级工作，辖内连续4个季度没有评级结果为8级以下的高风险机构；落实《中国人民银行办公厅关于存款保险标识启用时间及有关工作的通知》要求，有条不紊推进完成存款保险标识启用工作；加强数据审核，顺利完成保费基数核定和保费归集工作，全年共归集2019年下半年和2020年上半年保费6,351.59万元。

三是金融风险监测预警能力持续提升，金融生态环境不断优化。依托“金安工程”大数据监测平台，加强对企业资金链、存续债券、上市公司等各类风险的监测研判，按照高、中、低三级预警推送风险线索23条，均得到有效处置。

【金融监管】 2020年，威海市金融监督管理部门依法认真履行监管职责，不断提高金融监管效能。

一是完善顶层设计，落实属地责任。成立由分管副市长、副秘书长、金融监督管理部门主要负责人组成“5人协调小组”，按季度召开例会，共享信息、研判风险、联合处置；制作《威海市金融风险图谱》，将风险化解工作列入各区市综合考核项目，以风险提示落实属地政府风险处置责任，加快化解进度。

二是部门联动，提升金融监管合力。联合市公安局构建警银协作机制和涉赌涉诈风险排查与整治机制，联动开展风险账户处置。2020年累计堵截冒名开卡13起、虚假开立对公账户53起；充分发挥反洗钱联席会议机制作用，逐一对比全市900余家类金融企业及其负责人，研判存在非法集资嫌疑的企业，防范非法金融活动。

【外汇管理】 2020年，国家外汇管理局威海市中心支局以科技支撑优化管理服务，持续提升外汇业务便利化程度。

一是推动区块链平台资本项目真实性审核试点落地。积极争取成为全国首批5家试点地区之一，参与国家外汇管理局“资本项目收入支付便利化真实性审核”应用场景试点工作。全年共向区块链平台系统导入税务数据8,865条，办理业务1,385笔、金额8.61亿美元。

二是支持企业出口应收账款融资业务高效办理。将应收账款融资区块链服务平台试点作为年度重点工作积极推进，有效提升企业参与试点的积极性与配合度，促进试点业务量快速提升。全年依托平台办理融资业务1,437笔，金额合计2.55亿美元，业务办理笔数居全省首位，平台融资月平均利率低至2.43%。

三是推进外汇便利举措。稳步推进贸易收支便利化试点工作，引导银行通过贸易收支便利化试点办理业务810笔、金额4,653.12万美元，办理服务贸易付汇电子税务备案206笔、金额1.18亿美元，有效提升优质外贸企业跨境资金收付效率。2020年，外商直接投资跨境流入12.19亿美元、境外直接投资流出2.62亿美元，涉外企业跨境融入资金5.22亿美元。

【金融服务】 2020年，威海市金融机构以普惠小微、服务实体经济为导向，金融服务水平进一步提升。

一是深化民营小微金融服务。着力开展“首贷培植行动”，重点关注受疫情影响较大的未获贷民营和小微企业，全年成功培植首贷企业3,823户、金额47.83亿元。

二是银行服务进驻政务大厅。与市行政审批服务局联合下发文件，对大厅进驻银行机构实施动态管理，丰富金融服务功能，累计为1,660户企业、991名个人提供开户咨询服务，办理企业开户541笔，提供信贷、理财、信用卡等其他金融咨询服务786次。

三是推动农村支付服务环境建设提档升级。设立和规范助农取款服务点2,926个，综合支付服务点占行政村总数的比例达到67.60%，在新冠肺炎疫情高峰期，农村居民足不出村就可方便办理取款、转账、缴费等金融服务；打造农村地区社保、医保缴费“3公里”服务圈，建成“助农取款+社保、医保缴费”综合支付服务点1,471个，为23.97万名农村居民提供了“不出村”的社保、医保缴费服务。

（于帅军）

附表1

威海市主要金融指标1

单位：亿元

地区		银行类							
		本外币存款余额	住户存款	非金融企业存款	本外币贷款余额	第一产业贷款	第二产业贷款	第三产业贷款	个人贷款及透支
荣成市	2020年	981.56	660.22	244.06	701.30	66.61	231.71	219.74	156.24
	同比增幅（%）	9.61	16.41	15.38	11.38	-6.73	18.72	15.82	2.02
乳山市	2020年	471.68	384.46	52.06	248.39	41.54	34.65	75.69	110.43
	同比增幅（%）	11.57	14.09	10.95	20.27	12.47	27.77	38.48	10.00
威海市	2020年	4,732.78	2,907.25	1,319.93	3,396.61	89.55	726.69	1,068.90	1,355.73
	同比增幅（%）	11.33	15.82	16.48	17.77	-6.18	18.28	22.22	16.98

附表2

威海市主要金融指标2

单位：亿元

地区		保险类		证券类		
		保险公司保费收入	保险公司赔款和给付支出	证券市场成交总额	投资者保证金余额	投资者开户数（万户）
荣成市	2020年	15.89	5.11	1,206.58	2.80	8.90
	同比增幅（%）	1.40	-3.95	75.66	47.12	15.03
乳山市	2020年	7.52	2.65	369.21	1.22	2.01
	同比增幅（%）	-6.00	0.38	61.75	10.91	-9.87
威海市	2020年	119.25	35.18	6,479.44	117.15	50.05
	同比增幅（%）	5.39	12.40	37.86	434.93	9.73

附表3

威海市主要金融机构概况

单位名称	行长（或其他称谓的第一负责人）	副行长（或其他称谓的同级领导）	正式员工（人）	营业网点（个）
人民银行威海市中心支行	关志勇	李　瑞、曲吉光、李少伟、车宗山、吴志家	221	4
威海银保监分局	刘兰设	孙宝刚、王广军、隋　民、王洪贤	50	4
农业发展银行威海市分行	万鲁峰	范红梅、谷伟超、柳华顺	103	4
工商银行威海分行	鞠　雷	常乃海、唐学政、张明军、李晓明、马　波	789	35
农业银行威海分行	孔令军	王君兰、赵　玮、朱战红、邵明刚	985	55
中国银行威海分行	王国庆	王　剑、刘增海、张新全、王冠成、刘剑波	721	26
建设银行威海分行	李海建	宋文鲁、吴明凯、蒋文洲、张学松、刘　辉、徐志新、王风英	816	33
交通银行威海分行	苏小龙	丛　林、宋肃静、于　杰、李洪军	304	13
邮储银行威海市分行	赵　林	车延宁、丁永生、王　萍、李巧玉	426	108
中信银行威海分行	王秀川	王文达、邹玉刚、孔凡木、林向进	294	10
招商银行威海分行	于　蓉	刘　伟、于好勇	114	7
浦发银行威海分行	刘进杰	赵凌云、王　刚、晋　雯	97	5
威海市商业银行	谭先国（董事长）、孟东晓（行　长）、邓　卫（监事长）	刘　河、张仁钊、刘昌杰、毕秋波、陶遵建、邢志强、张晓东	1,318	51
青岛银行威海分行	于忠强	张永胜、姚霄丽、吕海超、李雪飞	204	9
威海农商银行	刘韶伟	宋　海、许福涛、丛剑锋、徐　波、张存明、杨伟岐、刘新威	583	48
友利银行威海分行	金荣眺（韩）	朴真永（韩）	32	1
威海富民村镇银行	林峰山	李　镇	70	5
威海蓝海银行	陈　彦（董事长）、宋学峰（行　长）、宋修广（监事长）	王业芳、王卫东、李进跃、田涵勇、章文蓉	239	1
中泰证券公司威海市分公司	段少波	迟法泉、赵锦敏	132	8
中国人民财产保险公司威海市分公司	顾恩谭	于志勇	378	24

附表4

威海市主要金融机构业务概况

（2020年末）

单位：亿元

单位名称	本外币存款余额	本外币单位存款	本外币储蓄存款	本外币贷款余额	本外币短期贷款	本外币中长期贷款
农业发展银行威海市分行	42.00	42.00	—	246.04	10.04	236.01
工商银行威海分行	363.17	141.34	214.73	282.22	50.11	230.23
农业银行威海分行	372.94	93.79	273.53	252.44	79.77	161.33
中国银行威海分行	283.81	120.48	160.67	217.31	56.85	157.86
建设银行威海分行	308.87	115.19	192.24	259.49	70.56	188.85
交通银行威海分行	157.63	88.83	68.29	119.25	49.21	68.84
邮储银行威海市分行	364.82	27.13	337.57	125.96	34.69	82.35
中信银行威海分行	139.16	87.22	51.38	66.63	29.52	34.76

续表

单位名称	本外币存款余额	本外币单位存款	本外币储蓄存款	本外币贷款余额	本外币短期贷款	本外币中长期贷款
招商银行威海分行	85.76	52.62	32.83	71.89	24.91	42.46
浦发银行威海分行	87.79	68.96	13.51	103.77	45.37	45.87
兴业银行威海分行	67.58	55.00	12.50	83.01	19.97	61.06
民生银行威海分行	87.45	67.40	19.78	64.26	17.70	41.47
恒丰银行威海分行	54.36	44.81	9.54	79.85	41.67	38.18
光大银行威海分行	43.75	37.57	6.17	65.47	39.49	25.14
威海市商业银行（法人口径）	1,774.81	1,043.28	731.53	1,202.93	371.61	754.87
青岛银行威海分行	193.09	149.31	43.74	125.89	58.73	63.86
威海蓝海银行	285.01	48.11	232.62	223.64	85.59	138.05
韩国友利银行威海分行	7.04	5.43	0.36	8.39	5.23	2.62
威海市农商银行（合计）	793.73	118.62	674.84	501.67	197.04	217.56
威海村镇银行（合计）	29.66	7.68	21.98	18.41	9.90	8.51

附表5

威海市金融机构统计指标

单位：家、人、只

	指标	2016年	2017年	2018年	2019年	2020年	2020年同比增幅（%）
银行类	银行类机构家数	26	29	30	31	31	0.00
	法人机构	9	10	10	10	10	0.00
	一级分行	0	0	1	1	1	0.00
	二级分行	17	19	20	20	20	0.00
	县区支行	117	120	124	138	141	2.17
	正式从业人数	9,790	9,920	9,845	9,466	9,595	1.36
保险类	保险公司家数	48	52	53	54	54	0.00
	财险公司家数	25	27	28	29	29	0.00
	省级分公司	0	0	0	0	0	—
	地市分公司	25	27	28	29	29	0.00
	县区支公司	59	60	60	60	60	0.00
	寿险公司家数	23	25	25	25	25	0.00
	省级分公司	0	0	0	0	0	—
	地市分公司	23	25	25	25	25	0.00
	县区支公司	45	46	46	46	46	0.00
	正式从业人数	24,891	29,203	33,999	33,612	33,072	-1.61
	财险人员	2,985	4,305	7,711	7,665	7,355	-4.04
	寿险人员	21,906	24,898	26,288	25,947	25,717	-0.89
证券类	证券公司家数	17	17	19	22	21	-4.55
	证券营业部	17	22	28	31	30	-3.23
	正式从业人数	307	361	338	393	396	0.76
	境内上市股票只数	10	11	11	11	11	0.00
	境外上市股票只数	1	1	2	2	3	50.00
	辖区上市公司总数	11	12	13	13	14	7.69

日照市

【经济金融概况】 2020年，面对突如其来的新冠肺炎疫情和严峻的经济形势，日照市突出政策引导，加强工作协调，扎实落实疫情防控和稳企业保就业各项政策措施，推动新旧动能转换，促进经济高质量发展。全年实现地区生产总值2,006.43亿元，同比增长3.80%；规模以上工业增加值增长9.90%，固定资产投资增长3.20%，社会消费品零售总额下降3.30%；全年完成货物进出口总额1,023.86亿元，同比下降2.80%，完成一般公共预算收入176.31亿元，增长3.50%。年末，全市金融机构本外币存款余额为3,127.12亿元，比年初增加399.91亿元，增长14.66%；全市本外币贷款余额为2,974.29亿元，比年初增加429.20亿元，增长16.86%。

【货币政策】 2020年，人民银行日照市中心支行围绕“增量、提质、扩面、降价”四个关键词，全力推进金融支持稳企业保就业工作。

一是全面落实金融支持疫情防控政策措施。印发《关于加大对防疫企业和受疫情影响暂遇困难企业信贷支持的通知》等文件，扎实落实3,000.00亿元专项再贷款、5,000.00亿元再贷款再贴现专用额度、1万亿元再贷款再贴现额度等政策；向全国疫情防控重点保障企业提供优惠利率贷款授信6.32亿元，加权平均利率为2.47%；用好5,000.00亿元再贷款再贴现专用额度，发放山东省首笔专用额度支农再贷款3,500.00万元；指导银行机构累计向455家企业发放优惠利率贷款18.00亿元，加权平均利率为4.52%；累计办理再贷款再贴现73.56亿元，同比增长241.27%。与市工商联、发展改革委等部门签订合作备忘录，并通过召开金融服务民营企业恳谈会、“抗疫助企 协力共赢”重点项目融资推介会，开展“春融同心战疫助企”活动，精准对接实体经济。推动“两项直达政策工具”落实见效。全年全市符合条件的法人银行机构累计延期普惠小微企业贷款37.69亿元，延期率为60.70%；发放普惠小微信用贷款45.51亿元。

二是创新银企对接体制机制。联合13个部门开展“金融绿舟”中小微企业守护培植行动，2,391家企业得到精准支持。深化民营和小微企业“首贷培植行动”，培植首贷企业2,019户。全面推广中小微企业主办银行制度，25家银行与721家企业签约。成功申报“深化民营和小微企业金融服务综合改革试点城市”。创新金融服务专员制度，选派9名业务骨干派驻市经济综合部门促进产融对接。创办《金融日照》栏目，创设“金融顾问云讲堂”，设立“金融产品超市”，全面打造线上金融服务阵地。

三是加大对“三农”和绿色产业的金融支持。充分发挥金融扶贫牵头作用，推动金融扶贫政策落地见效。扎实推进金融服务乡村振兴“一县一品”创建活动，加大对茶叶等特色农业的信贷扶持，助力打造乡村振兴“日照样板”。年末全市涉农贷款余额为870.10亿元，比年初增加58.70亿元。制定《绿色金融发展攻坚行动2020年目标任务项目清单》，完善绿色金融发展框架体系，改善绿色金融服务。年末全市绿色贷款余额为108.40亿元，同比增长107.03%。

【金融稳定】 2020年，人民银行日照市中心支行突出“监测、监管、处置”工作主线，全力维护辖区金融稳定。银行业不良贷款实现“双降”，年末不良贷款率较近年最高点下降8.1个百分点。

一是不断健全强化“大稳定”工作体系。推动地方政府发挥企业风险处置主导作用，完成12家风险企业风险化解。加强与市地方金融监督管理局、网信办的沟通协调，构建责任清晰的应急处置机制。制定《中心支行处置集中取款事件实施方案》，组织开展处置集中取款突发事件应急演练。落实主监管员制度，实施贴身监管、持续监管。

二是全领域做好风险监测和预警。实施风险监测月报制度，推进风险监测常态化。疫情防控期间组织对企业担保圈风险开展调查。约谈重点关注法人银行机构6家次，开展存款保险现场核查5家次，对2家法人银行机构开展偿付能力与流动性风险敏感性压力测试，对1家村镇银行开展公司治理专项核查评估。

三是打好“央行评级+存款保险”组合拳。对3家银行机构开展早期纠正，对1家银行机构开展风险警示谈话，并逐一约谈高风险银行机构，推动辖区高风险银行机构全部“摘帽”。顺利启用存款保险标识。

【外汇管理】 2020年，国家外汇管理局日照市中心支局坚持寓管理于服务，积极支持涉外经济平稳健康发展。

一是着力稳住外资外贸基本盘。在全省率先推动跨境金融区块链服务平台贸易融资模块试点。深入开展“外汇服务进万企”活动，出台外汇支持稳外贸“12条政策措施”。助推1家银行和2家企业在省内首批开展贸易外汇收支便利化试点工作。推动跨国公司跨境资金集中运营业务扩容。联合市商务局、市场监督管理局共同举办“三同”产品进银行网上商城银企对接会。

二是加大外汇核查检查工作力度。与公安、税务、商务等部门签订合作备忘录，进一步加强与涉外部门的信息交换和监管协助。建立银行涉地下钱庄异常可疑线索监测报告制度。启动对地下钱庄案件的行政查处工作。

三是大力推进跨境人民币结算。认真开展“双机制”和“一对一走国企、进民企”政策宣传，推动贸易和投资领域人民币跨境使用。积极推进日照综合保税区跨境人民币结算。

【金融服务】 2020年，人民银行日照市中心支行践行“金融为民”理念，不断提升金融服务和管理质效。

一是深化推进金融“放管服”和“一次办好”改革。联合市8部门制定并以市政府文件印发《深化金融“放管服”改革进一步提升金融服务水平的实施意见》。制定《市12345政务服务热线转办事项办理工作管理办法》，打造“四化四制”办理机制。

二是积极为企业群众解决金融服务难题。开通疫情防控专项资金划拨“绿色通道”，建立财政专项资金拨付应急响应机制。优化征信查询服务，加强对互联网查询、网银查询等渠道的宣传推广。及时完成征信查询大厅改扩建，实现高效安全查询。

三是持续拓展普惠金融广度深度。开展“农村支付服务环境优化提升年”活动。高标准创建成功山东省首批“省级金融教育示范基地”。深化“金融教育进课程”特色品牌，实现中小学全覆盖。开展经理国库35周年主题宣传活动。开展国库集中支付电子化市县级推广，提高金融机构办理集中支付业务效率。推进现金服务示范区建设，开展“硬币动起来、普惠你我他”硬币兑换进社区活动。扎实做好新版人民币、纪念币发行工作。推广应用全球法人识别编码，顺利完成金融科技应用试点工作。

四是大力提升金融管理服务质效。加大反洗钱工作力度，在全省首创打防洗钱及上游犯罪“全覆盖”的核心机制，推动全省首笔房地产企业反洗钱数据成功报送反洗钱监测分析中心。积极推进洗钱入罪工作，宣判2起洗钱罪。联合市扫黑办开展打击涉黑洗钱犯罪专项行动。稳妥推进二代征信系统成功上线。开展“金融统计数据质量年”活动，金融统计数据连续第22年实现“零差错”。

（郭瑞敏）

附表1

日照市主要金融指标1

单位：亿元

地区		银行类							
		本外币存款余额	住户存款	非金融企业存款	本外币贷款余额	第一产业贷款	第二产业贷款	第三产业贷款	个人贷款及透支
莒县	2020年	647.99	502.93	109.86	451.67	2.97	138.43	154.04	137.23
	同比增幅（%）	16.42	16.92	25.96	18.89	53.76	0.22	19.71	31.04
五莲县	2020年	342.27	262.67	54.56	198.33	7.89	41.50	50.21	73.11
	同比增幅（%）	15.90	14.80	25.48	12.56	6.05	4.59	12.28	16.36
日照市	2020年	3,127.12	1,821.49	915.53	2,974.29	17.07	570.87	1,236.24	909.26
	同比增幅（%）	14.66	16.59	23.69	16.86	6.49	8.51	15.13	17.01

附表2

日照市主要金融指标2

单位：亿元

地区		保险类		证券类		
		保险公司保费收入	保险公司赔款和给付支出	证券市场成交总额	投资者保证金余额	投资者开户数（万户）
莒县	2020年	16.61	4.96	177.37	0.57	1.58
	同比增幅（%）	-1.07	-7.12	71.21	54.05	3.27
五莲县	2020年	7.44	3.50	56.61	0.14	0.40
	同比增幅（%）	-4.86	40.56	60.10	27.27	11.11
日照市	2020年	79.84	28.71	2,116.36	6.16	17.8
	同比增幅（%）	6.30	20.13	42.76	9.22	6.35

附表3

日照市主要金融机构概况

单位名称	行长（或其他称谓的第一负责人）	副行长（或其他称谓的同级领导）	正式员工（人）	营业网点（个）
人民银行日照市中心支行	华志远	苏 涛、刘茂伟、庄举伦、司斌涛、克向东	180	3
日照银保监分局	蒋代明	于加富、李开宇、杨吉峰	39	1
农业发展银行日照市分行	孙晓东	赵 凯、国 虎、王向华	84	3
工商银行日照分行	杨 明	丁风海、徐已冉、任正涛、高月日、周 华、刘 森、王怡廷、李树云	528	19
农业银行日照分行	单伟强	李庆阳、王忠营、马瑞恩、张守刚	660	29
中国银行日照分行	徐明远	胡纪法、刘恩旭、谢 晋、徐永科	545	18
建设银行日照分行	王曙光	李晓辉、朱风华、林凡东、顿 燕、秦桂萍	610	22
交通银行日照分行	刘 栋	毕玉跃、房 楠	56	3
邮储银行日照市分行	王向文	厉彦军、韩 亮、尹兆禄、李海峰	304	75
日照银行	王 森	闫 鸣、杨宝峰、黄 玲、毕坤传、王永健、袁玲玲、孙艺祥、王惠斌、陈 迎	1,393	56
招商银行日照分行	李 俊	薛 涛、曹 军、周 亮	135	7
兴业银行日照分行	李 军	乔世文、路开强、相丽红	92	5
华夏银行日照分行	崔 巍	王海云、王大伟、杜先波	63	3
浦发银行日照分行	魏明礼	于进海、刘京春	43	1
平安银行日照分行	王立华	马国栋	27	3
中信银行日照分行	沙益锋	肖振威、高 顺、滕 清	55	2
民生银行日照分行	丁晓方	丁 镇	21	1
光大银行日照分行	邹艳辉	任尧帅	55	3
恒丰银行日照分行	王金荣	惠建华	43	1
齐鲁银行日照分行	赵 涛	李冰浩、潘耀华	33	1
临商银行日照分行	闫正军	李 静	52	2
济宁银行日照分行	臧家胜	时运吉	61	3
莱商银行日照分行	张晓晨	陈剑锋	73	3
威海银行日照分行	杨彬彬	张玉强、李跃武	23	1
东港农商银行	张 立	侯象林	652	43
岚山农商银行	王秋河	许玉晓	313	20
莒县农商银行	商庆收	鲁 中	625	38
五莲农商银行	秦海松	张成富	417	23
日照沪农商村镇银行	富 燕	徐 洲	36	2
日照九银村镇银行	郭春华	张石山	78	7
日照蓝海村镇银行	王学亭	崔 燕	34	2
莒县金谷村镇银行	杨茂森	杨柳新、尉全雷	97	7
五莲中银富登村镇银行	刘建毅	姚红英	66	4
日照港集团财务公司	马先骅	辛玉霞、赵禄亮	32	1
中泰证券日照分公司	秦 旭	白桂文、祝亭伟	14	1
中泰证券日照黄海一路营业部	那 哲	—	25	1
中泰证券日照山东路营业部	崔 强	—	19	1
中泰证券莒县银杏大道营业部	焦 锋	—	8	1

续表1

单位名称	行长（或其他称谓的第一负责人）	副行长（或其他称谓的同级领导）	正式员工（人）	营业网点（个）
中泰证券日照岚山路营业部	邹大存	—	5	1
中泰证券日照五莲富强路营业部	曹咏梅	—	5	1
中信证券(山东)日照泰安路营业部	赵世军	—	37	1
中国银河证券日照威海路营业部	邢 琳	—	4	1
安信证券日照黄海一路营业部	栾洪雷	—	5	1
中信证券（山东）日照泰安路营业部	赵世军	—	37	1
中国人寿保险股份有限公司日照分公司	刘遵友	黄秀峰、王 林、徐衍华、高 尚	190	43
中国太平洋人寿保险股份有限公司日照中心支公司	闫锡铭	吕增秀、李振刚	76	6
中国平安人寿保险股份有限公司日照中心支公司	葛 涛	郑 军、李福臣	137	12
泰康人寿保险有限责任公司山东日照中心支公司	张 河	—	72	21
新华人寿保险股份有限公司日照中心支公司	张建军	陈 栋、岳振明	60	3
太平人寿保险有限公司日照中心支公司	初立鹏	孔 娜	98	6
中国人民人寿保险股份有限公司日照中心支公司	王 芳	陈祥毅	42	5
平安养老保险股份有限公司日照中心支公司	王复礼	—	14	1
阳光人寿保险股份有限公司日照中心支公司	张 威	—	33	4
华夏人寿保险股份有限公司日照中心支公司	刘延辉	—	35	4
富德生命人寿保险股份有限公司日照中心支公司	赵建凯	—	31	1
建信人寿保险股份有限公司日照中心支公司	张光宗	王本蕊	29	3
英大泰和人寿保险股份有限公司日照中心支公司	张 梅	—	14	4
天安人寿保险股份有限公司日照中心支公司	贺 庆	高 杨、崔 岩	84	1
德华安顾人寿保险有限公司日照中心支公司	张继安	—	20	3
长城人寿保险股份有限公司日照中心支公司	刘志波	—	7	1
中国人民财产保险股份有限公司日照市分公司	高仁强	付勇波、付勇波、房克旭、杜家涛、谭伟嘉	348	32

续表2

单位名称	行长（或其他称谓的第一负责人）	副行长（或其他称谓的同级领导）	正式员工（人）	营业网点（个）
中国太平洋财产保险股份有限公司日照中心支公司	魏 兵	王 健、徐茂林、卜凡松	146	7
中国平安财产保险股份有限公司日照中心支公司	孔 杰	赵 冬、李 涛	158	5
天安财产保险股份有限公司日照中心支公司	李 玲	栾 波	35	5
永安财产保险股份有限公司日照中心支公司	寇增玉	尹 明	76	4
中国大地财产保险股份有限公司日照中心支公司	曹向东	秦泗法、马述贵	97	7
大家财产保险有限责任公司日照中心支公司	徐永东	—	18	8
中华联合财产保险股份有限公司日照中心支公司	郝友伟	孙正喜	88	7
阳光财产保险股份有限公司日照中心支公司	王 锋	赵开明、任 磊	168	7
安华农业保险股份有限公司日照中心支公司	李慎刚	—	34	3
亚太财产保险有限公司日照中心支公司	肖怀坤	—	11	1
都邦财产保险股份有限公司日照中心支公司	鲁从勇	—	15	1
渤海财产保险股份有限公司日照中心支公司	马 忱	—	21	2
中国人寿财产保险股份有限公司日照市中心支公司	伏 晓	穆乃森、刘桂美	149	6
英大泰和财产保险股份有限公司日照中心支公司	单保泊	—	6	1
太平财产保险有限公司日照中心支公司	刘建辉	战祥波	156	2
永诚财产保险股份有限公司日照中心支公司	韩敬伟	—	8	1
安盛天平财产保险股份有限公司日照中心支公司	苏 军	—	13	1
长安责任保险股份有限公司日照中心支公司	张 坤	—	14	1
泰山财产保险股份有限公司日照中心支公司	李 斌	—	21	2
中银保险有限公司日照中心支公司	段凤彬	王 军	0	0
国任财产保险股份有限公司日照中心支公司	邢念春	—	24	2

续表3

单位名称	行长（或其他称谓的第一负责人）	副行长（或其他称谓的同级领导）	正式员工（人）	营业网点（个）
华海财产保险股份有限公司日照中心支公司	夏 青	—	18	3
华安财产保险股份有限公司日照中心支公司	王林超	—	4	1
华泰财产保险有限公司日照中心支公司	李 明	—	4	1
中路财产保险股份有限公司日照中心支公司	鞠远志	—	9	2
浙商财产保险股份有限公司日照中心支公司	张 庆	—	14	1
安诚财产保险股份有限公司日照中心支公司	苏柯华	—	19	1

附表4

日照市主要金融机构业务概况

（2020年末）

单位：亿元

单位名称	本外币存款余额	本外币单位存款	本外币储蓄存款	本外币贷款余额	本外币短期贷款	本外币中长期贷款
农业发展银行日照市分行	37.72	37.72	0.00	216.03	41.40	174.63
工商银行日照分行	195.67	81.97	112.31	282.54	81.17	201.11
农业银行日照分行	253.03	104.92	147.92	235.19	61.60	164.03
中国银行日照分行	164.52	64.44	99.77	159.70	70.49	84.06
建设银行日照分行	186.76	77.37	109.28	188.03	55.36	126.99
交通银行日照分行	31.13	26.76	4.37	37.75	11.97	23.57
华夏银行日照分行	32.09	27.35	4.74	43.03	22.75	17.74
招商银行日照分行	32.72	10.61	20.77	35.71	9.02	20.40
浦发银行日照分行	11.14	7.20	3.94	31.00	14.99	12.42
兴业银行日照分行	44.68	35.56	9.12	86.32	11.86	65.99
中信银行日照分行	48.44	44.10	4.28	102.13	35.10	25.72
民生银行日照分行	22.92	21.18	1.71	27.28	15.54	11.73
光大银行日照分行	17.31	14.74	2.58	31.21	5.46	24.92
平安银行日照分行	5.39	0.88	4.51	18.09	7.84	10.25
恒丰银行日照分行	28.95	27.48	1.47	49.82	31.77	8.11
邮储银行日照市分行	146.63	10.86	135.77	120.39	26.25	76.19
日照银行	900.96	437.24	457.34	663.28	316.14	304.13
齐鲁银行日照分行	22.54	20.78	1.76	20.95	14.01	6.94
莱商银行日照分行	46.68	40.63	6.05	30.03	22.75	7.08
济宁银行日照分行	28.57	19.39	9.18	16.80	6.75	6.39
临商银行日照分行	16.83	14.23	2.60	26.76	15.73	10.91
威海银行日照分行	14.56	13.72	0.85	1.49	0.33	1.16
东港农商银行	185.75	21.39	164.36	147.51	89.91	45.41

续表

单位名称	本外币存款余额	本外币单位存款	本外币储蓄存款	本外币贷款余额	本外币短期贷款	本外币中长期贷款
岚山农商银行	119.83	15.38	104.45	93.85	46.54	34.90
莒县农商银行	281.75	23.51	258.24	158.35	75.28	59.41
五莲农商银行	148.61	19.06	129.55	84.49	30.42	29.18
诸城农商银行	1.35	0.39	0.97	10.29	2.23	8.06
日照港集团财务公司	26.14	0.00	26.14	33.15	6.53	21.55
村镇银行（合计）	31.45	7.84	23.61	23.13	14.07	9.06

附表5

日照市金融机构统计指标

单位：家、人、只

类别	指标	2016年	2017年	2018年	2019年	2020年	2020年同比增幅（%）
银行类	银行类机构家数	28	31	32	32	32	0.00
	法人机构	11	11	11	11	11	0.00
	一级分行	0	0	0	0	0	—
	二级分行	17	20	21	21	21	0.00
	县区支行	120	124	130	138	128	-7.25
	正式从业人数	8,303	7,478	7,106	7,106	7,209	1.45
保险类	保险公司家数	40	41	41	44	44	0.00
	财险公司家数	26	26	26	28	28	0.00
	省级分公司	0	0	0	0	0	—
	地市分公司	26	26	26	28	28	0.00
	县区支公司	62	65	41	43	43	0.00
	寿险公司家数	14	15	15	16	16	0.00
	省级分公司	0	0	0	0	0	—
	地市分公司	14	15	15	16	16	0.00
	县区支公司	36	40	34	36	36	0.00
	正式从业人数	2,666	2,709	2,707	2,668	2,616	-1.95
	财险人员	1,628	1,632	1,684	1,795	1,674	-6.74
	寿险人员	1,038	1,077	1,023	873	942	7.90
证券类	证券公司家数	1	1	1	1	1	0.00
	证券营业部	9	10	8	9	8	-11.11
	正式从业人数	123	120	125	124	123	-0.81
	境内上市股票只数	1	1	1	1	1	0.00
	境外上市股票只数	1	1	1	2	2	0.00
	辖区上市公司总数	2	2	2	3	3	0.00

德州市

【经济金融概况】 2020年，德州市统筹推进疫情防控和经济社会发展，全年德州市金融运行平稳。全市实现地区生产总值3,078.99亿元，较上年增长3.60%。其中，第一产业增加值增长2.30%，第二产业增加值增长4.10%，第三产业增加值增长3.30%，三次产业比例由上年的10.30：41.10：47.90调整为10.30：41.10：47.90。年末，本外币各项存款余额为4,296.25亿元，较年初增加495.15亿元，增长13.03%；本外币各项贷款余额为2,534.92亿元，较年初增加318.70亿元，增长14.38%。

【货币政策实施】 2020年，德州市认真贯彻落实稳健的货币政策，积极推动地方经济回暖和稳定增长。

一是发挥央行资金引导作用。全年办理再贷款、再贴现业务50.54亿元，同比增长934.00%，撬动地方法人金融机构贷款增加112.91亿元，同比多增17.81亿元。

二是加大政银企对接力度。德州市地方金融监督管理局、人民银行德州市中心支行、德州银保监分局联合，对全市1,492家重点企业开展了2轮实地走访。组织开展“百行进万企”融资对接活动，企业同意回访比例居全省首位。指导金融机构向13家防疫保供重点企业发放防疫专项优惠贷款1.10亿元，企业贷款加权平均年利率为2.65%。

三是用好两项直达政策工具。2020年，德州市1～5级地方法人机构发放普惠小微信用贷款19.02亿元，占普惠小微贷款发放额的39.30%，占比居全省第二。2020年6—12月，全市地方法人金融机构累计办理普惠小微贷款延期还本18.66亿元，累计延期率（延期贷款本金/到期贷款本金）为55.50%，延期率居全省第七。

四是深入推进金融服务乡村振兴。2020年末，武城县农村集体资产股权质押贷款余额为8,208.00万元，同比增长210.00%，余额居全省试点县第一。自金融支持脱贫攻坚工作实施以来，全市累计发放小额扶贫信贷10.31亿元，惠及建档立卡贫困人口及仍享受政策的脱贫人口2.33万人次。

五是引导企业融资利率下行。全市法人金融机构于3月底实现新发放浮动利率贷款全部采用LPR定价，并于6月底在全省率先完成存量贷款LPR定价转换。推动降低企业融资成本。2020年金融机构新发放的企业贷款加权平均利率为5.17%，同比下降0.50个百分点。

六是创新服务精准助力。在全省率先开展中期流动资金贷款试点，年末全市中期流动资金贷款余额为114.00亿元，户数为573户。强化银保协同，助力3,528个小微企业主和个体工商户获得贷款4.30亿元。

【金融稳定】 2020年，人民银行德州市中心支行紧抓“监测、管理、处置”三条主线，提升监测全面性、管理针对性、处置有效性。

一是持续不断拓展风险监测范围。辖区实现银证保风险监测全覆盖。依托与德州市地方金融监督管理局、德州银保监分局签订的合作备忘录，牵头组织召开农商银行经营风险座谈会1次，对风险农商银行约见谈话1次。督导5家法人机构开展偿付能力和流动性压力测试，对4家金融机构开展重大事项现场核查。

二是着力提升金融稳定管理水平。针对法人机构风险隐患，全年发放风险警示函3份，约谈机构负责人21次，对央行金融机构评级结果红线调整14次，对7家农商银行开展存款保险现场核查，对22家法人机构进行资产质量真实性专项现场核查，联合2家金融监督管理部门向3家县政府预警农商银行风险，督促各级政府落实好属地责任。积极做好《存款保险宣传明白纸》《存保宣传三折页》的全市推广工作。

三是推动风险化解处置成效明显。2020年，德州市累计处置不良贷款87.74亿元，其中法人机构处置不良贷款46.82亿元，4家机构退出高风险机构名单。德州银行和宁津农商银行风险化解经典案例入选山东防范化解重大金融风险攻坚战系列报告之中小法人银行篇。庆云乐安村镇银行提前3个月完成存款保险早期纠正工作目标。年末全市不良贷款余额为70.72亿元，较年初减少20.95亿元；不良贷款率为2.79%，较年初下降1.35个百分点。

【金融监管】 2020年，人民银行德州市中心支行加强执法检查统筹，组织对2家法人机构分别开展综合执法检查和反洗钱专项检查并进行行政处罚。按季度对全市银行业金融机构开展综合评价。查处非法汇兑地下钱庄案件325起，案件查处保持零风险、零听证、零复议、零诉讼，国家外汇管理局德州市中心支局被公安部和国家外汇管理局评为“2017—2019年度打击非法买卖外汇先进集体”，2人获评先进个人。德州银保监分局坚持合规引领，扎实组织开展“行业规范建设深化年”活动，督导法人机构将党建要求纳入公司章程，明确重大事项党委前置研究原则，保证发挥党委把方向、管大局、保落实作用。坚定“强合规”导向，督导机构修订完善内控制度750余项。对14家银行保险机构、12名高管和从业人员行政处罚635.40万元。

【外汇管理】 2020年，国家外汇管理局德州市中心支局统筹疫情防控和稳外贸稳外资工作，有序推进各项便利化措施落地见效。

一是精准服务稳企业保就业。畅通政策“绿色通道”，实现“网办业务网上办、特殊业务特殊办、现场业务随时办”。试点开展贸易外汇收支便利化业务，大力推广资本项目外汇收入支付便利化，跨境金融区块链平台试点业务顺利推进。深化“外汇服务进万企”活动，帮助226家企业解决实际问题。

二是扎实推进“放管服”改革。明确深化“放管服”改革措施，简化行政审批和证照材料，清理整合外汇账户。以“诚信经营保稳定，合规用汇促发展”为主题，开展“诚信兴商宣传”活动，常态化提升银行责任意识和服务质量。

三是创新政策宣传手段。制作了3个外汇政策宣传微视频，其中1个被中国工会数字资源库收录。

【金融服务】 2020年，人民银行德州市中心支行坚持普惠与规范并重，持续提升金融管理服务水平。

一是支付结算安全高效。高效办理账户开立、资金汇划等业务。农资补贴“码上收、线上付”项目被确定为农村特色支付“一市一品”省级重点项目，入选全国农村财务管理规范化建设典型案例。开展“企业银行账户管理与服务提升”专项行动，银行服务标准实现网上公示。

二是国库服务晋档升级。联合财政、税务和海关部门创推“2+4”报表核验机制，提升核算质量。开通“绿色通道”，市、县两级国库共拨付疫情防控资金564笔、金额2.12亿元。辖区国库人员坚守岗位抗击疫情事迹被团中央微信公众号报道。全力助推电子化退库。《TMIS微课堂》视频在全省推广。2篇调研文章入选总行国库局《中央银行经理国库理论与实践》。

三是人民币管理转型升级。被确定为全省唯一一家“发行库管理系统”试点单位。实现库房出入智能管控和登记簿信息自动采集。创建5个县、5个乡镇现金服务示范区。开展抵制拒收现金专项行动。

四是征信管理全面推进。与市行政审批服务局联合印发《关于持续治理征信市场乱象的会商纪要》。开展建档立卡贫困户信用评定，实现有信贷需求的贫困户信用评定全覆盖。年末，应收账款融资服务平台融资额为58.4亿元，小微企业融资额为30.89亿元。协调市住房公积金管理中心接入征信系统，征信查询网点达到35家，在百度、高德地图上标注自助查询网点。全年，提供征信查询服务30.50万人次，同比增长14.80%。

五是反洗钱工作开创新局面。洗钱入罪取得突破性进展，推动2起洗钱案立案，德州市首例洗钱案已公开宣判。对2家机构开展执法检查并严格落实“双罚制”，对2家机构开展洗钱风险评估，对9家机构开展监管走访，对4家机构约见谈话。与民政局、司法局、房管中心等特定非主管部门签订协议及工作细则，推动特定非金融机构监管向纵深发展。

【保险业务】 2020年末，德州市共有保险业金融机构51家，其中财险公司26家、寿险公司25家，营业网点441个，正式从业人员3,650人；全年实现保费收入132.68亿元，同比增长6.47%，其中寿险公司保费收入94.59亿元，同比增长5.05%，财险公司保费收入为38.09亿元，同比增长10.14%；全年赔付支出为38.55亿元，其中，寿险公司支出17.38亿元，赔付率为18.37%，财险公司支出21.17亿元，赔付率为55.59%。

【证券业务】 2020年末，德州市共有证券业金融机构7家、营业部11个，正式从业人员136人；证券交易户数为21.73万户，同比增长5.46%；全年累计成交额为2,072.67亿元，同比增长335.12%；手续费及佣金净收入为9,515.17万元，同比增长48.85%；净利润为4,509.25万元，同比增长120.83%。

（孙 昊）

附表1

德州市主要金融指标1

单位：亿元

地区		银行类							
		本外币存款余额	住户存款	非金融企业存款	本外币贷款余额	第一产业贷款	第二产业贷款	第三业贷款	个人贷款及透支
德城区	2020年	1,371.69	806.80	386.43	958.09	6.49	203.35	265.58	395.41
	同比增幅（%）	8.97	17.93	10.17	9.55	5.19	6.90	12.40	13.54
陵城区	2020年	283.35	229.16	37.13	129.56	0.42	31.68	18.60	72.29
	同比增幅（%）	17.02	16.42	30.60	18.10	-70.07	6.28	18.92	20.77

续表

地区		银行类							
		本外币存款余额	住户存款	非金融企业存款	本外币贷款余额	第一产业贷款	第二产业贷款	第三业贷款	个人贷款及透支
宁津县	2020年	344.58	277.60	33.24	133.32	0.81	18.17	15.24	84.81
	同比增幅（%）	14.08	16.97	16.57	27.84	-24.36	0.47	54.88	29.71
庆云县	2020年	188.10	133.97	33.96	105.26	0.22	17.46	10.99	76.18
	同比增幅（%）	15.17	17.24	23.22	25.13	-33.48	7.58	6.80	33.97
临邑县	2020年	320.72	241.11	56.66	141.01	0.33	42.43	25.98	69.78
	同比增幅（%）	16.68	18.00	24.32	11.12	5.67	-5.53	19.37	27.52
齐河县	2020年	377.73	261.42	78.51	291.22	1.78	44.18	62.79	171.21
	同比增幅（%）	10.55	15.87	1.55	20.97	-28.59	-13.17	29.85	27.77
平原县	2020年	283.36	228.01	32.49	104.49	1.43	22.07	16.37	63.42
	同比增幅（%）	16.70	18.17	26.86	18.12	134.43	10.63	48.01	11.58
夏津县	2020年	250.97	208.72	23.41	141.69	0.33	35.71	18.57	82.45
	同比增幅（%）	15.41	18.69	-5.95	13.50	-29.79	1.74	10.67	17.94
武城县	2020年	247.46	204.59	31.56	108.65	1.44	27.34	18.28	60.16
	同比增幅（%）	17.66	18.89	26.69	14.55	-32.08	1.98	66.48	13.92
乐陵市	2020年	314.12	241.39	40.83	195.07	0.73	51.07	41.04	89.32
	同比增幅（%）	15.26	16.01	28.58	14.87	-7.43	-8.92	23.37	18.30
禹城市	2020年	314.17	227.28	64.76	226.57	0.55	56.06	42.92	124.19
	同比增幅（%）	14.17	16.67	22.53	14.44	-43.81	-0.08	18.92	19.22
德州市	2020年	4,296.25	3,060.05	818.97	2,534.92	14.53	549.51	536.36	1,289.22
	同比增幅（%）	13.03	17.41	14.04	14.38	-13.25	1.51	19.10	19.56

附表2

德州市主要金融指标2

单位：亿元

地区		保险类		证券类		
		保险公司保费收入	保险公司赔款和给付支出	证券市场成交总额	投资者保证金余额	投资者开户数（万户）
德城区	2020年	71.13	20.82	1,954.69	22.58	20.23
	同比增幅（%）	14.06	-10.45	391.24	242.64	4.98
陵城区	2020年	6.28	1.25	—	—	—
	同比增幅（%）	12.30	18.41	—	—	—
宁津县	2020年	5.06	1.38	—	—	—
	同比增幅（%）	5.64	17.95	—	—	—
庆云县	2020年	2.81	2.30	—	—	—
	同比增幅（%）	-14.00	13.45	—	—	—
临邑县	2020年	5.74	2.43	51.89	0.24	0.65
	同比增幅（%）	9.80	26.21	74.07	71.43	15.43
齐河县	2020年	10.24	1.56	—	—	—
	同比增幅（%）	24.88	11.43	—	—	—

续表

地区		保险类		证券类		
		保险公司保费收入	保险公司赔款和给付支出	证券市场成交总额	投资者保证金余额	投资者开户数（万户）
平原县	2020年	5.57	1.35	—	—	—
	同比增幅（%）	8.37	7.14	—	—	—
夏津县	2020年	7.78	3.15	—	—	—
	同比增幅（%）	2.50	4.30	—	—	—
武城县	2020年	5.35	1.30	—	—	—
	同比增幅（%）	2.69	-37.20	—	—	—
乐陵市	2020年	6.78	1.80	—	—	—
	同比增幅（%）	-11.37	12.50	—	—	—
禹城市	2020年	5.94	1.21	66.09	0.28	0.85
	同比增幅（%）	-21.12	39.08	35.93	75.00	14.86
德州市	2020年	132.68	38.55	2,072.67	23.10	21.73
	同比增幅（%）	6.47	-1.73	335.12	235.27	5.64

附表3

德州市主要金融机构概况

单位名称	行长（或其他称谓的第一负责人）	副行长（或其他称谓的同级领导）	正式员工（人）	营业网点（个）
人民银行德州市中心支行	崔金平	李连朋、徐靖元、杨德阔、张枚房、纪秀江、唐 斌	420	11
德州银保监分局	郭传刚	王国恩、毕爱玲、苏 刚、张夫贵	85	5
农业发展银行德州市分行	王学义	王士韬、蔡杭州、韩 鹏	238	11
工商银行德州分行	汤 凯	孙吉军、刘铁军、方玉林、王 鹏、马士军、姜 凯、朱广明、赵春生、胡金涛	1,004	46
农业银行德州分行	田树江	郗 栋、郭延超、孙林华、杜朝宏	1,219	56
中国银行德州分行	王 平	丛 凯、张 彬、顾青山、孙银新	528	22
建设银行德州分行	陈 栋	曲 直、寇宏图、刘义波、周 毅	997	45
交通银行德州分行	黄学远	潘 森、张田田、路克斌	51	2
浦发银行德州分行	宋兖成	李 政、吴广军	36	1
华夏银行德州分行	王 强	郭泽功、苗丽霞	31	1
恒丰银行德州分行	郭 虎	毕 懿	83	4
浙商银行德州分行	时念村	朱现伟、滕 宁	54	1
渤海银行德州分行	鲁海涛	赵宏斌、张广春	33	1
德州银行	董合平	牛洪春、赵鸣翠、郑亚林、杜成金、吴玉华、徐圣颖、刘凤焕、镡方东、姜忠洲、王树志、朱建丽	1,337	67
青岛银行德州分行	孙晓斌	苗 鹏、许金枝、张令凯	102	4
齐鲁银行德州分行	刘洪起	刘广杰	126	6
邮储银行德州市分行	周振忠	房振平、牛金军、孙 涛、孙世广	841	38
威海市商业银行德州分行	姬 刚	耿晓旭、张 康	124	5
德州农商银行	苑先一	王圣英、霍 强、张 娟、王丙章、付金奎、张海豹、柳成东	453	39

续表1

单位名称	行长（或其他称谓的第一负责人）	副行长（或其他称谓的同级领导）	正式员工（人）	营业网点（个）
德州陵城农商银行	李 强	王希娟、张 帅、王玉红、张 彬、杨文杰	358	27
宁津农商银行	刘希顺	王 雷、马 超、王金鹏、陈建达、刘 鹏	333	31
庆云农商银行	王东新	魏玉升、朱自康、黄本彦、王书生	292	16
临邑农商银行	孙金才	张 媛、马风春、杨 萍、高宪锋、袁长莹	346	29
齐河农商银行	李冰云	赵振华、李方泉、路开庆、王树晓	436	34
平原农商银行	房士荣	孙明新、杨 波、杨海涛、王 刚、段文静	299	25
夏津农商银行	郑传涛	尹 承、陈保宁、杨卫红、张 扬、张 涛	331	31
武城农商银行	王立国	邵 范、范士敏、张 霖、赵 峰、王荣舜、赵长志	328	23
乐陵农商银行	刘德涛	王建华、纪秀娟、冯魁祥、王宗刚、张保建、梁葛阳	375	35
禹城农商银行	李国永	张宝森、郭经胜、秦加军、王英明、秦 剑、张春涛	425	34
陵城圆融村镇银行	周长清	张续建、赵洪永	53	6
宁津胶东村镇银行	刘启宁	杨继忠、于迎红	72	5
庆云乐安村镇银行	孙树兵	刘德友、陈朋朋	51	3
临邑中银富登村镇银行	赵立新	刘 鹏、王 冰	71	4
齐河胶东村镇银行	曲焕鹏	王金钟、慕永梅	64	5
平原圆融村镇银行	谢 伟	徐忠国、王 斌、杨振松	55	5
夏津胶东村镇银行	王 伟	艾庆国、蔺秀君	54	6
武城圆融村镇银行	杨海丰	朱丙强、张万珠	46	6
乐陵圆融村镇银行	刘 涛	王炳涛、王述忠	61	5
禹城胶东村镇银行	王 伟	于成军、秦 峰	48	4
中国人民财产保险股份有限公司德州市分公司	孙传鲲	张宪仁、王 冰、冯振荣、郝 崑	504	39
民生人寿保险股份有限公司德州中心支公司	林荣青	—	21	8
中国大地财产保险公司德州分公司	张相武	刘建立、马 浩	164	12
永安财产保险股份有限公司德州中心支公司	崔玉东	—	35	6
中国人寿保险股份有限公司德州分公司	荀 浩	孙 健、刘德华、孙长星、王 军、张海燕	380	67
太平人寿保险股份有限公司德州中心支公司	梁宗岭	—	59	5
中国太平洋财产保险股份有限公司德州中心支公司	吴 晶	李 玲、鲁恩圣	135	11
中国太平洋人寿保险股份有限公司德州中心支公司	刘志华	姜志国、孟凡超、万红立	150	15
中国人民健康保险股份有限公司德州中心支公司	徐红燕	—	15	1
阳光人寿保险股份有限公司德州中心支公司	许树玉	王 鹏、孙文芳	73	11

续表2

单位名称	行长（或其他称谓的第一负责人）	副行长（或其他称谓的同级领导）	正式员工（人）	营业网点（个）
阳光财产保险股份有限公司德州中心支公司	王 伟	张 勇	183	11
泰康人寿保险股份有限公司德州中心支公司	赵爱红	朱宝红	76	14
中华联合财产保险股份有限公司德州中心支公司	于洪雨	吴仁堂、宋红星	162	14
天安财产保险股份有限公司德州中心支公司	张治国	—	77	9
天安人寿保险股份有限公司德州中心支公司	马春国	黄景辉、刘 钟、李长军	70	6
中国人寿财产保险股份有限公司德州市中心支公司	陈忠明	刘 彬、王 侃、聂咏青	195	11
英大人寿保险股份有限公司德州中心支公司	赵 斌	—	18	1
太平财产保险有限公司德州中心支公司	刘增顺	潘桂兰、刘 坤	198	7
新华人寿保险股份有限公司德州中心支公司	刘汉明	孟庆仙	109	7
富德生命人寿保险股份有限公司德州中心支公司	冯占宏	—	46	—
长城人寿保险股份有限公司德州中心支公司	王文辉	—	22	3
华夏人寿保险公司德州市分公司	王建朋	孙长岭	45	5
德华安顾人寿保险有限公司德州中心支公司	董天鸽	谢宏涛	15	3
华泰人寿保险股份有限公司德州中心支公司	杨艳红	—	22	5
华泰财产保险有限公司德州中心支公司	刘晓华	—	3	1
中国平安财产保险股份有限公司德州中心支公司	赵立刚	赵 茜、樊新清	80	7
中国平安人寿保险股份有限公司德州中心支公司	李 伟	吴国强	139	11
国华人寿保险股份有限公司德州中心支公司	孙 凯	程淑兰	9	2
安盛天平财产保险股份有限公司德州中心支公司	齐 璨	刘 彬	28	7
华海保险股份有限公司德州中心支公司	任士峰	谢 鹏	29	4
利安人寿保险股份有限公司德州中心支公司	张晓亮	张 亮	23	3

续表3

单位名称	行长（或其他称谓的第一负责人）	副行长（或其他称谓的同级领导）	正式员工（人）	营业网点（个）
安华农业保险德州分公司	刘存军	—	10	2
华安财产保险股份有限公司德州中心支公司	关大新	—	34	3
亚太财产保险有限公司德州中心支公司	王　磊	—	10	1
安诚财产保险股份有限公司德州中心支公司	张大江	—	16	1
泰山财产保险股份有限公司德州中心支公司	马元松	—	121	11
农银人寿保险股份有限公司德州中心支公司	崔少庚	—	28	59
长安责任保险股份有限公司德州中心支公司	於永恒（主持工作）	—	26	1
恒安标准人寿保险有限公司德州中心支公司	秦文霞	—	11	1
浙商财产保险股份有限公司德州分公司	王光炜	黄瑞勇	45	4
建信人寿保险股份有限公司德州中心支公司	王晓巍	章　松	14	3
百年人寿保险股份有限公司德州中心支公司	崔建军	周金水	12	2
国任财产保险股份有限公司德州中心支公司	丁江英（主持工作）	—	46	2
紫金财产保险股份有限公司德州中心支公司	顾沂蒙	—	30	6
英大泰和财产保险股份有限公司德州中心支公司	黄建川	—	19	4
中国人民人寿保险股份有限公司德州中心支公司	纪　宁	—	51	10
渤海财产保险股份有限公司德州中心支公司	夏志红	—	32	5
大家财产保险有限责任公司德州中心支公司	尹文斌	—	8	7
富德生命人寿保险股份有限公司德州中心支公司	冯占宏	—	46	5
国元农业保险股份有限公司德州中心支公司	刘苗苗	—	2	1
合众人寿保险股份有限公司德州中心支公司	姜宝林	—	4	1
国都证券股份有限公司德州解放中大道证券营业部	司　维	—	5	1

续表4

单位名称	行长（或其他称谓的第一负责人）	副行长（或其他称谓的同级领导）	正式员工（人）	营业网点（个）
中泰证券股份有限公司德州分公司	李龙升	李丙堂	77	5
中国银河证券德州大学西路营业部	王 征	—	5	1
华林证券股份有限公司德州三八东路证券营业部	耿元雷	—	8	1
国海证券股份有限公司德州天衢东路证券营业部	刘 莎	孙德海	5	1
山西证券股份有限公司德州天衢中路证券营业部	张玉超	—	4	1

附表4

德州市主要金融机构业务概况

（2020年末）

单位：亿元

单位名称	本外币存款余额	本外币单位存款	本外币储蓄存款	本外币贷款余额	本外币短期贷款	本外币中长期贷款
农业发展银行德州市分行	27.37	27.37	—	113.92	28.92	85.00
工商银行德州分行	491.90	183.06	308.57	356.78	58.58	295.00
农业银行德州分行	373.53	91.39	282.09	218.37	62.01	145.73
中国银行德州分行	219.54	86.54	132.83	158.85	39.63	117.94
建设银行德州分行	493.38	164.31	329.01	292.58	72.34	220.23
交通银行德州分行	35.25	26.72	8.53	28.48	6.43	20.90
浦发银行德州分行	16.68	14.68	2.00	18.20	8.42	8.95
华夏银行德州分行	7.24	5.67	1.57	17.94	4.54	12.46
恒丰银行德州分行	49.89	41.71	8.18	57.46	28.95	19.70
浙商银行德州分行	34.41	22.90	11.48	22.64	22.64	7.07
渤海银行德州分行	16.52	12.46	4.05	12.99	5.98	6.48
德州银行	475.11	151.06	324.05	277.77	93.00	118.38
青岛银行德州分行	45.05	28.65	16.40	28.29	3.15	22.09
齐鲁银行德州分行	77.17	53.30	23.87	70.35	30.78	38.64
邮储银行德州市分行	608.27	46.29	561.98	121.86	33.57	86.63
威海市商业银行德州分行	73.10	49.04	24.06	66.26	27.00	36.39
农村商业银行(合计)	1,165.76	188.60	977.16	634.70	367.55	214.35
村镇银行（合计）	57.88	13.68	44.21	48.27	35.25	13.02

附表5

德州市金融机构统计指标

单位：家、人、只

	指标	2016年	2017年	2018年	2019年	2020年	2020年同比增幅（%）
银行类	银行类机构家数	22	22	22	22	22	0.00
	法人机构	—	—	—	—	—	—
	一级分行	0	0	0	0	0	—
	二级分行	13	13	14	15	15	0.00
	县区支行	216	168	173	194	208	7.22
	正式从业人数	11,963	11,799	11,979	11,495	11,335	-1.39
保险类	保险公司家数	49	51	51	51	51	0.00
	财险公司家数	26	26	26	26	26	0.00
	省级分公司	0	0	0	0	0	—
	地市分公司	26	26	26	26	26	0.00
	县区支公司	97	108	122	118	136	15.25
	寿险公司家数	23	25	25	25	25	0.00
	省级分公司	0	0	0	0	0	—
	地市分公司	23	25	25	25	25	0.00
	县区支公司	110	121	124	104	115	10.58
	正式从业人数	7,236	4,891	3,834	3,544	3,650	2.99
	财险人员	4,682	2,802	2,214	2,210	2,250	1.81
	寿险人员	2,554	2,089	1,620	1,334	1,400	4.95
证券类	证券公司家数	6	6	6	7	7	0.00
	证券营业部	5	7	10	10	11	10.00
	正式从业人数	134	127	127	136	136	0.00
	境内上市股票只数	5	9	9	11	9	-18.18
	境外上市股票只数	0	0	0	0	0	—
	辖区上市公司总数	5	9	9	11	9	-18.18

临沂市

【经济金融概况】 2020年，临沂市科学统筹疫情防控和经济社会发展，在危机中育新机、于变局中开新局。全年实现地区生产总值4,805.25亿元，按可比口径计算，同比增长3.9%。分产业看，第一产业增加值为440.92亿元，同比增长3.70%，第二产业增加值为1,756.43亿元，同比增长4.20%，第三产业增加值为2,607.90亿元，同比增长3.60%。全市规模以上工业企业发展至2,954家，规模以上工业增加值同比增长7.80%。消费品市场实现零售额2,528.20亿元，同比增长0.20%。全市金融机构本外币各项存款余额为8,192.59亿元，同比增长15.66%，较年初增加1,109.34亿元；各项贷款余额为7,008.77亿元，同比增长18.39%，较年初增加1,088.61亿元。全年实现保费收入289.39亿元，同比增长3.56%。

【货币政策】 2020年，人民银行临沂市中心支行认真贯彻落实金融调控政策，加大金融支持稳企业保就业工作力度。一是加大对疫情防控和稳企业保就业的支持力度。2020年，坚持“快、准、严、实”，创新运用“主办银行+”模式，启动金融助力企业复工复产“护航行动”，落实3,000亿元、5,000亿元、1万亿元专项再贷款政策。全年共争取中央低息政策资金213.80亿元，位居全省前列。其中，落实3,000亿元专项再贷款政策方面，对列入全国重点名单库的28家企业发放优惠利率贷款7.70亿元，平均利率为2.24%，扣除中央财政贴息，企业实际利率仅1.12%；发放符合5,000亿元政策要求贷款37.70亿元，惠及企业3,695家，加权平均利率为4.53%；发放符合1万亿元政策要求贷款135.40亿元，惠及企业13,823家，加权平均利率为4.62%。二是推动两项直达政策工具落地生效。2020年，全市地方法人机构累计为1万家普惠小微企业办理延期还本付息80.30亿元，总体延期率为95.10%，获得激励资金8,025.5万元，办理实现了“应延尽延”；为2.50万家普惠小微企业发放信用贷款82.50亿元，信用贷款占比为41.90%，获得信用贷款支持计划金额33亿元。三是持续深化银企融资需求对接。做好金融支持稳企业保就业工作，深入开展“金融诊疗”助企行动，创新银企对接模式，建立“1+5+6”工作机制，形成了“一主线、五模式、六平台”的金融助企新格局；聚焦不同行业举办5场银企面对面“诊疗”活动，现场解决融资难题。组织开展“临沂市金融支持稳企业保就业”政银企集中对接月活动，召开“战疫情、稳增长”政银企担合作推进会、金融助推木业转型升级等活动。四是加大金融支持民营和小微企业力度。稳步开展“首贷培植行动”，大力拓展应收账款融资服务平台应用，积极拓宽企业直接融资渠道，建立直接债务融资工具项目库，大力推进绿色金融，推动罗庄区积极争创省级绿色金融改革试验区，全国绿色金融成果巡展（临沂·罗庄站）暨绿色金融改革创新报告会在临沂市罗庄区举办。五是加强利率市场管理。深入推进贷款市场报价利率（LPR）改革，实现新发放贷款LPR应用率、存量贷款定价基准转换比例100%。

【金融稳定】 2020年，人民银行临沂市中心支行健全完善金融稳定工作机制，打好防范化解金融风险攻坚战。一是抓好金融监管协调。实行备案制和名单制管理，从严规范域外银行机构异地授信行为，防范异地银行机构过度授信等可能引发的风险，防控重点企业和担保圈风险。二是抓好重点风险定向攻坚。坚持因企施策、分类处置，依托“一把手”帮扶机制，通过推动优质银行入股、土地置换等方式化解问题股份及不良贷款；积极推动“破圈拆链”，参与制订三维集团破圈拆链方案，形成“临沂化解模式”；加强突发事件应急管理，在全省率先组织跨部门法人机构存款集中取款应急演练；压实地方政府属地责任，推动5县区5家法人机构风险化解处置，2家省潜在风险地方法人机构退出省政府监测名单，守住了不发生系统性金融风险的底线。三是抓好存款保险及央行评级管理。推动建立省、市、县三级全覆盖的金融风险监测网络，将银行、证券、保险业、“7+4”类机构等全部纳入风险监测范围。审慎客观地对全辖23家法人投保机构开展央行金融机构评级，扎实做好存保费率管理，充分利用央行评级、存保费率调整对法人机构进行评级档次调整和实施差别化费率管理，督促法人机构审慎经营，全市省重点金融风险县、省高风险法人机构“双为零”。

【金融服务】 2020年，人民银行临沂市中心支行持续深化金融“放管服”改革，全面提升金融服务和管理水平。一是大力推进“一次办好”改革。坚持“金融为民”导向，突出央行带动，立足柜面业务特点，在全省率先实现央行业务“最多跑一次”、市县两级国库集中支付电子化管理。面对疫情影响，主动担当作为，积极开辟疫情防控金融服务“绿色通道”，高效办理国库、支付等业务，开展“线上+线下”双渠道征信查询，加大人民币原封新券投放力度，有效满足疫情期间的金融服务需求。二是不断优化基础金融服务。聚焦城乡金融服务一体化，大力推进移动支付便民工程，实施“助农取款点+”模式，将传统助农取款服务迭代升级为助农富农的金融先导和农村经济发展的推手。优化征信自助查询网点布局，在百度、高德地图上标注征信查询网点，让群众“就近查”“方便查”。围绕让群众用上“放心钱、干净钱”，在全省率先建设乡村现金流通环境示范区，大力推进区域现金处理中心建设试点，开发临沂市现金智慧物流管理平台，全省首家鲁南区域现金处理中心正式获得批设。大力推进金融消费权益保护，针对疫情期间的金融诉求，打造“三日”特办机制，有效解决涉疫车贷集中咨询投诉等问题。

【金融监管】 2020年，人民银行临沂市中心支行聚焦规范化、制度化，推进法治央行建设，开展查处分离试点，组织开展综合执法检查1次、专项执法检查14次；举办《民法典》专题讲座，特邀山东大学法学院满洪杰教授授课，提升干部职工依法履职水平。加强金融统计工作管理，制定《金融调查统计工作质量积分考核办法》。不断提升反洗钱监管质效，联合临沂银保监分局、市地方金融监督管理局印发《临沂市金融监管部门反洗钱工作合作机制》，组织开展打击涉黑洗钱犯罪、利用离岸公司和地下钱庄转移赃款专项行动。

【外汇管理】 2020年，国家外汇管理局临沂市中心支局坚持防风险与便利化并重，深化创新外汇管理和服务。积极开展“外汇服务进万企”活动，完善“单一窗口”受理制度，坚持“一企一策”，便利企业跨境融资，帮助企业获得境外融资；大力扶持市场采购试点业务开展，办理全省首笔服务贸易项下汇款业务；大力推进跨境金融区块链平台应用，深入开展跨境人民币业务，助推企业办理人民币跨境融资，推动招商银行临沂分行办理全省首笔跨境人民币电子单证线上审核业务。面对疫情冲击，加强对涉外企业的支持力度，畅通外汇政策“绿色通道”，发布“全力保障、同心战疫”倡议书，构建“外汇局—银行分行—银行网点”应急处置联络机制，确保24小时第一时间为企业办理业务。

【金融改革】 2020年，人民银行临沂市中心支行坚持以创建国家级金融改革创新试验区为主线，不断加大金融服务乡村振兴工作力度。一是大力推进金融改革创新试验区创建。自2018年6月金融改革创新试验区申创工作启动以来，在总分行的大力支持和悉心指导下，2020年9月7日，经国务院同意，人民银行总行联合国家发展改革委等部门，向山东省政府正式印发《山东省临沂市普惠金融服务乡村振兴改革试验区总体方案》，临沂市作为全国第一个、也是唯一一个服务乡村振兴战略的改革试验区正式获得批设。二是深入推进金融精准扶贫。先后创新推出“富民农户贷”“富民生产贷”“富民发展贷”等扶贫系列信贷产品并在全省推广。开展建档立卡贫困户信用评定，联合临沂银保监分局开展金融扶贫领域作风建设系列查摆整改活动，助推打赢脱贫攻坚战。三是扎实推动金融产品创新。强化产业带动，推动全市法人机构创设“央行资金产业振兴贷”。深化银担合作，召开全市财政金融协同支持乡村振兴暨政银担推进会，做大做强“鲁担惠农贷”，实现县区全覆盖。稳步推进农村土地承包经营权、农村集体经营性建设用地使用权抵押贷款增量扩面。

（时 婧）

附表1

临沂市主要金融指标1

单位：亿元

地区		银行类							
		本外币存款余额	住户存款	非金融企业存款	本外币贷款余额	第一产业贷款	第二产业贷款	第三产业贷款	个人贷款及透支
沂南县	2020年	487.72	395.51	48.71	278.82	2.03	54.72	72.44	130.41
	同比增幅（%）	17.39	17.72	10.57	21.97	-46.72	18.83	16.07	28.89
郯城县	2020年	368.56	311.93	31.37	255.43	0.24	28.06	49.61	170.08
	同比增幅（%）	15.10	15.75	33.30	18.94	60.00	61.36	2.29	23.76
沂水县	2020年	617.63	491.46	75.37	378.11	2.06	84.42	54.50	191.80
	同比增幅（%）	16.03	16.04	25.20	3.56	-15.57	4.51	-36.82	20.29
兰陵县	2020年	475.07	372.61	55.23	355.25	12.21	47.90	64.54	214.09
	同比增幅（%）	17.12	15.95	28.80	24.20	18.77	7.91	15.39	35.06
费县	2020年	431.05	337.02	52.18	293.35	0.37	77.09	30.19	172.93
	同比增幅（%）	14.86	14.10	41.40	26.77	-38.33	29.69	5.89	32.59
平邑县	2020年	391.27	312.49	48.20	255.84	0.18	41.76	39.98	158.58
	同比增幅（%）	11.84	17.66	10.44	22.73	38.46	16.32	27.85	20.76
莒南县	2020年	564.93	418.95	91.92	366.06	1.35	94.02	72.79	165.51
	同比增幅（%）	15.56	17.05	26.04	24.08	26.17	20.45	15.67	30.48
蒙阴县	2020年	297.67	232.91	38.31	189.33	1.40	33.44	31.60	113.06
	同比增幅（%）	14.21	17.05	50.89	20.88	-2.78	23.30	23.44	20.31
临沭县	2020年	358.66	245.55	70.55	307.49	3.12	78.01	50.99	162.52
	同比增幅（%）	12.47	13.42	29.79	15.58	-0.64	8.92	14.25	18.27
临沂市	2020年	8,192.59	5,213.11	1,851.00	7,008.77	32.73	1,341.33	1,227.04	4,011.30
	同比增幅（%）	15.66	16.43	23.26	18.39	-4.85	6.09	13.99	24.92

附表2

临沂市主要金融指标2

单位：亿元

地区		保险类		证券类		
		保险公司保费收入	保险公司赔款和给付支出	证券市场成交总额	投资者保证金余额	投资者开户数（万户）
沂南县	2020年	17.58	4.11	133.32	0.28	0.89
	同比增幅（%）	40.26	34.43	86.23	40.00	22.12
郯城县	2020年	13.09	4.31	99.20	0.21	0.96
	同比增幅（%）	-1.11	12.50	56.34	10.53	6.67
沂水县	2020年	16.93	4.71	257.82	0.78	0.22
	同比增幅（%）	6.75	9.83	42.82	-14.29	100.00
兰陵县	2020年	14.65	4.47	—	—	—
	同比增幅（%）	4.91	9.87	—	—	—
费县	2020年	15.66	4.61	190.62	0.66	0.15
	同比增幅（%）	-0.49	15.13	50.12	29.41	115.04
平邑县	2020年	13.14	3.89	—	—	—
	同比增幅（%）	13.20	14.22	—	—	—
莒南县	2020年	13.03	4.26	117.50	0.24	0.87
	同比增幅（%）	-2.90	2.10	78.00	88.50	81.00
蒙阴县	2020年	11.35	4.53	—	—	—
	同比增幅（%）	-6.59	15.23	—	—	—
临沭县	2020年	13.19	2.96	68.48	0.21	0.84
	同比增幅（%）	29.96	7.85	51.67	31.25	9.09
临沂市	2020年	289.39	89.98	—	—	—
	同比增幅（%）	7.56	16.74	—	—	—

附表3

临沂市主要金融机构概况

单位名称	行长（或其他称谓的第一负责人）	副行长（或其他称谓的同级领导）	正式员工（人）	营业网点（个）
人民银行临沂市中心支行	陈宜民	张中志、陈 刚、许 波、郭元华、高 翔、刘 辉	380	10
临沂银保监分局	赵培显	公冶颂、刘智博、蒋卫红、庞春燕、魏晓妹	84	10
农业发展银行临沂市分行	董祚涛	葛立年、王 蕊、苏承哲	215	10
工商银行临沂分行	侯传和	陈维东、王忠轩、魏宗杰 、刘冬凯	1,230	56
农业银行临沂分行	吴照军	鲁海峰、李品深、高雁鹏、江文胜、尹永青	2,187	135
中国银行临沂分行	徐国华	焦晓华、沈艳玲、宋 毅、聂自毅、曹 健、周 源、杨在志、吕兰涛、李学贤	832	39
建设银行临沂分行	吴 伟	徐宁正、殷洪峰、徐桂冰、赵万新、巩继锋	1,331	60
交通银行临沂分行	焦 红	谭红梅、牟存杰、李 伟	106	5
邮储银行临沂市分行	金卫东	刘显峰、邱柏陶、郭文波	862	263
民生银行临沂支行	杨玉君	赵海燕、孙绪兴、李志超	324	12

续表1

单位名称	行长（或其他称谓的第一负责人）	副行长（或其他称谓的同级领导）	正式员工（人）	营业网点（个）
浦发银行临沂分行	刘志光	宋立华	103	7
招商银行临沂分行	刘玉川	杨汉文、戴 涛、苗 雨	96	4
兴业银行临沂分行	吴健飞	王治国、陈忠健、王寿松	123	2
华夏银行临沂分行	张沛儒	魏晓敏、栾桂旭、杨德国	86	4
中信银行临沂分行	杨鸿斌	宋保华、姚 丹、孙 艳	104	5
平安银行临沂分行	张华泽	王 健、官本政	76	3
光大银行临沂分行	于 健	刘 鹏、滕志国、李小龙	66	2
广发银行临沂分行	张 燕	刘 澎、王恒者、王 垚	57	2
恒丰银行临沂分行	王晓峰	庄冰川、程 伟、连 磊	54	1
浙商银行临沂分行	杜鹏超	左征南、姚常春	48	1
日照银行临沂分行	李继祥	陈正凯、夏 波、高 伟、刘向阳、李宝华	196	7
威海市商业银行临沂分行	王济鹏	刘元磊	152	6
莱商银行临沂分行	马新生	雷印涛、葛 穗	147	7
济宁银行临沂分行	孙 焱	杜福东、范新春	57	4
齐鲁银行临沂分行	王京成	汲传梁	111	7
齐商银行临沂分行	岳 峰	孙丰刚、薛 勇、侯建刚、张振国	96	3
青岛银行临沂分行	刘 刚	张晓明、邓英玉	78	3
潍坊银行临沂分行	邢 斌	殷凤坤、于佳彤、王绪祥	43	1
临商银行	汲长虹	刘桂民、周曙光、戴晓峰、庄 依、臧文勇、徐 毅、徐 建、韩 伟、王震江、刘建军、葛 磊	2,076	91
山东省农村信用社联合社临沂审计中心	刘永法	戴爱民、毛晓辉、戚建刚	31	1
兰山农商银行	殷学远、翟纪伟	林存亮、付守顺、丁万刚、管其宝、张明杰、刘桂涛	960	86
河东农商银行	王运斌、吕 健	刘广明、王恩波、韩 红、张效英、鲁 超	534	39
罗庄农商银行	李永森、宋广厦	张华龙、曾昭银、王 毅、孔爱芹、王献伟、王 晓	549	41
郯城农商银行	程洪德、张乃飞	杨会娟、倪忠琴、孙 超、王振龙、高艳杰	501	42
兰陵农商银行	刘桂华、邹善海	王安民、谭振洋、刘金星、陈德强、张德英	572	48
莒南农商银行	孙宝华、王桂玲	戴明华、王 晓	523	46
沂水农商银行	解忠良、龚树强	张 峰、戴明华、郝连友、魏现彩、郭 廷、曹广清	598	50
蒙阴农商银行	李钊堂、陈 娟	张敬刚、孙 伟、王焕雷、孙 琦	464	29
平邑农商银行	杜艳军、张继之	高长安、马吉伟、高连红、王庆国、徐 锴、任慧燕	533	36
费县农商银行	刘国强、徐小强	罗司龙、曾丽川、王庆锋、刘金龙、韩继营、林晓波	505	38
沂南农商银行	陈效忠、李品颂	张 萌、龚安军、刘长文、李玉婷、欧付勇、王 琳	504	39
临沭农商银行	赵京才、尤三生	赵怀志、朱怀强、代生伟、薛洪福、高 杨	417	29
临沂河东齐商村镇银行	葛 涛	李广州	185	12
山东沂南蓝海村镇银行	高更强	郭建忠	39	4

续表2

单位名称	行长（或其他称谓的第一负责人）	副行长（或其他称谓的同级领导）	正式员工（人）	营业网点（个）
山东郯城汉源村镇银行	李　华	张小刚	46	4
沂水中银富登村镇银行	李希宏	贾　雷、袁　野	76	5
山东兰陵村镇银行	毛明三	董建峰、蔡文伟、杨　硕	161	11
费县梁邹村镇银行	王献彬	王汉卿、胡安霞、李　瑞、于　涛	90	7
山东平邑汉源村镇银行	刘良金	刘西宇	37	4
山东莒南村镇银行	成　强、徐海波	王　峰	85	7
蒙阴齐丰村镇银行	于跃武、张希富	马万闯、王　婷、吴永利、高伟祥	98	6
临沭民丰村镇银行	夏宏伟、张　扬	王朝阳、刘　魁	55	6
人保财险临沂市分公司	王海峰	武　刚、牛志强	861	78
中国人寿临沂分公司	余　巍	张　博、谭啸然、窦世泉	528	187
中泰证券临沂分公司	马　军	—	66	8
国泰君安证券北京路营业部	吕大伟	—	35	1
中信证券（山东）金雀山路营业部	葛　琨	—	43	1

附表4

临沂市主要金融机构业务概况

（2020年末）

单位：亿元

单位名称	本外币存款余额	本外币单位存款	本外币储蓄存款	本外币贷款余额	本外币短期贷款	本外币中长期贷款
农业发展银行临沂市分行	75.57	75.57	0.00	311.38	27.46	283.92
工商银行临沂分行	634.81	206.04	322.88	903.92	102.49	791.92
农业银行临沂分行	1,204.17	284.99	825.11	880.31	227.78	630.17
中国银行临沂分行	338.91	159.51	144.05	344.22	99.38	242.42
建设银行临沂分行	706.75	338.06	288.92	905.09	223.75	677.39
交通银行临沂分行	79.77	55.10	13.94	77.84	35.27	42.06
邮储银行临沂市分行	650.85	47.25	167.56	201.64	77.04	110.55
民生银行临沂分行	255.30	150.30	64.55	227.60	106.47	103.42
浦发银行临沂分行	57.91	41.29	10.03	83.00	23.57	56.99
招商银行临沂分行	45.38	32.30	10.90	44.84	12.26	26.44
兴业银行临沂分行	109.45	88.77	14.54	139.19	43.67	94.51
华夏银行临沂分行	45.85	33.21	9.09	34.04	8.71	23.14
中信银行临沂分行	57.06	41.90	7.73	71.49	20.36	46.93
平安银行临沂分行	22.98	9.50	6.86	33.27	3.73	28.84
光大银行临沂分行	31.90	27.71	3.18	44.23	15.30	36.81
广发银行临沂分行	24.46	20.24	3.01	34.91	10.29	22.12
恒丰银行临沂分行	50.12	45.54	3.91	38.00	31.93	5.49
浙商银行临沂分行	37.86	33.76	3.99	21.53	9.79	4.06
日照银行临沂分行	95.62	65.12	23.51	68.07	41.67	26.40
威海市商业银行临沂分行	61.25	47.66	12.01	120.78	18.31	101.24
莱商银行临沂分行	89.91	70.40	14.14	76.10	60.03	15.65
济宁银行临沂分行	13.51	8.73	4.15	14.31	5.03	9.23

续表

单位名称	本外币存款余额	本外币单位存款	本外币储蓄存款	本外币贷款余额	本外币短期贷款	本外币中长期贷款
齐鲁银行临沂分行	68.10	54.96	9.97	103.08	56.01	46.07
青岛银行临沂分行	51.79	46.30	3.12	61.76	14.71	47.05
齐商银行临沂分行	16.33	11.78	3.13	7.99	5.07	2.81
潍坊银行临沂分行	24.05	21.08	2.55	19.69	6.36	13.33
临商银行	794.60	483.22	252.55	582.51	344.88	143.58
临沂兰山农村商业银行	323.68	106.91	185.70	238.84	136.64	74.35
临沂河东农村商业银行	156.15	20.05	130.83	106.99	60.60	22.57
临沂罗庄农村商业银行	141.50	20.18	103.62	115.86	54.77	52.71
河东齐商村镇银行	120.26	76.25	44.00	65.24	49.08	16.16

附表5

临沂市金融机构统计指标

单位：家、人、只

	指标	2016年	2017年	2018年	2019年	2020年	2020年同比增幅（%）
银行类	银行类机构家数	1,276	1,290	1,300	1,366	1,377	0.81
	法人机构	23	23	23	23	23	0.00
	一级分行	—	—	—	—	—	—
	二级分行	22	25	25	26	26	0.00
	县区支行	600	548	544	536	562	4.85
	正式从业人数	17,728	18,589	18,083	18,217	18,467	1.37
保险类	保险公司家数	705	732	738	775	750	-3.23
	财险公司家数	309	322	324	349	339	-2.87
	省级分公司	0	0	0	0	0	—
	地市分公司	29	29	29	32	33	3.13
	县区支公司	183	292	294	316	306	-3.16
	寿险公司家数	396	410	414	426	411	-3.52
	省级分公司	0	0	0	0	0	—
	地市分公司	35	35	35	40	40	0.00
	县区支公司	129	374	378	385	371	-3.64
	正式从业人数	5,913	6,286	6,726	7,095	7,447	4.96
	财险人员	4,027	4,221	4,629	4,992	5,105	2.26
	寿险人员	1,886	2,065	2,097	2,103	2,342	11.36
证券类	证券公司家数	1	1	2	3	3	0.00
	证券营业部	29	33	32	34	28	-17.65
	正式从业人数	420	511	540	503	461	-8.35
	境内上市股票只数	4	4	4	4	5	25.00
	境外上市股票只数	9	9	8	7	7	0.00
	辖区上市公司总数	13	13	12	11	12	9.09

聊城市

【经济金融概况】 2020年，聊城市经济总体保持平稳健康发展。全市地区生产总值为2,316.84亿元，同比增长2.80%；其中，第一产业、第二产业、第三产业分别实现增加值333.26亿元、795.59亿元、1,187.99亿元，分别同比增长2.90%、2.90%、2.60%。三次产业比例由2019年的14.05∶35.71∶50.24调整为14.38∶34.34∶51.28。全市工业运行持续向好。2020年末，全市规模以上工业企业共1,218家，比年初新增40家，实现增加值同比增长3.40%；全年固定资产投资增长6.80%，其中第一产业投资增长15.40%，第二产业投资增长23.20%，第三产投资增长1.70%；全市进出口总值为404.21亿元，同比下降1.00%，其中出口总值为227.45亿元，同比上升10.20%，进口总值为176.77亿元，同比下降12.40%；实际利用外资2.08亿美元，增长187.40%；全市社会消费品零售额为801.04亿元，同比下降3.20%，居民消费价格指数上涨3.10%；城乡居民人均可支配收入分别达到30,036元和15,718元，分别增长2.80%和6.10%。

【货币政策】 2020年，人民银行聊城市中心支行认真贯彻落实总分行党委决策部署，以支持实体为重点，落实货币政策强化金融支撑力。

一是加强逆周期调控，确保各项金融惠企政策落地。联合地方相关部门制定指导意见等相关文件4个，落实疫情防控和复工复产金融支持政策，把政策落实作为“一把手工程”，多次召开政策推进会，深入企业进行政策宣讲、发放金融服务“明白纸”并跟踪辅导，帮助企业用足用活低成本央行资金。运用3,000.00亿元专项再贷款政策发放贷款1.64亿元，实际利率为1.06%；运用5000.00亿元再贷款再贴现政策发放普惠贷款12.63亿元，平均利率为4.50%；运用1.00万亿元再贷款再贴现政策发放贷款26.34亿元，平均利率为4.98%。加快LPR推广运用，通过制订方案、召开会议、监测进度、约谈督导等方式推动辖区法人机构存量转换工作于7月16日提前全面完成；改革引导利率下行，目前新发放企业贷款和普惠小微企业贷款利率分别为5.73%和6.41%，较改革前分别下降0.13个和0.70个百分点。

二是聚焦实需，大力推进金融支持稳企业保就业。通过政策宣传、压实机构责任、跟踪监测评估反馈等方式推动两项直达政策工具落实。加强部门协作，加大对重点项目的金融支持，推动召开“全市金融工作视频会议”并负责会议签约项目资金落实，推动市政府召开金融稳企业保就业工作会，联合市市场监督管理局、市工商联、市妇联等部门召开座谈推进会。开展“金融护航”行动，持续推进民营和小微企业“首贷培植行动”。开展聊城市金融专家顾问团系列活动，形成“一县一主题”的特色，分别与8个市县区政府联合召开政银企对接会，覆盖企业数量超过1,000家。

三是持续优化乡村振兴服务，做好金融精准扶贫收官工作。开展聊城政银担合作巡回宣讲会，实现县域农担机构及业务全覆盖。推动农村承包土地经营权抵押贷款增量扩面，持续推动农村集体资产股权质押贷款试点业务。联合市农业农村局举办全市金融服务乡村振兴工作联席会暨银企对接会，联合市扶贫办等部门召开金融精准扶贫专题会议，确保扶贫小额信贷“应贷尽贷”。组织金融机构进行脱贫攻坚自查评估和金融扶贫问题排查整改，开展金融精准扶贫交叉督查，全面梳理总结脱贫攻坚工作成效。

【金融市场】 2020年，聊城市金融市场继续平稳运行，各项金融业务发展稳健。

银行业方面，截至2020年末，聊城市全金融机构本外币各项贷款余额为2,885.84亿元，比年初增加240.49亿元，同比多增69.52亿元，增幅为9.09%；本外币各项存款余额为4,366.34亿元，比年初增加484.48亿元，同比多增109.88亿元，增幅为12.48%。

保险业方面，2020年，聊城市保险业实现保费收入128.33亿元，同比增长7.08%；支付各项赔款和给付保险金39.90亿元，同比增长19.39%，其中财产险公司赔付支出为25.50亿元，人身险公司赔付支出为14.40亿元。

资本市场方面，2020年，聊城市证券市场成交总额为2,853.19亿元，同比增长21.82%；年末投资者保证金余额为14.93亿元，同比下降28.70%；全年投资者开户数为41.59万户，同比增长31.20%。

【金融稳定】 2020年，人民银行聊城市中心支行以区域稳定为导向，积极防范化解金融风险。

一是完善风险监测机制，切实发挥智库内参作用。打通基层监测神经末梢，在全市农商银行系统设立县乡级金融风险监测网格168个，设置管理人员339名。建立金融机构业务咨询制度，通过函询、问询、调研、核查等形式，对24家银行、56家保险、13家证券机构开展常态化业务咨询29家次。牵头制定《主监管员操作指引》，对全辖13家投保机构进行“嵌入式”监测。印发《聊城市金融风险监测质量评估制度》和《地方法人金融机构流动性风险预警机制》，不断强化监测质量评估。

二是创新开展存保宣传，切实发挥早期纠正功能。通过乡村振兴大讲堂、农金员宣传、存保知识进两会等形式，以及"一个月一支行一村庄"包点宣传活动，促进存款保险知识入脑入心；对辖区16家法人投保机构资产质量真实性进行全面核查，切实摸清风险底数；制定《聊城市处置集中取款事件应急预案》，在高风险县域开展多部门联合实战演练，提升应急处置能力；2020年11月28日，全辖816个银行网点全部正式启用存款保险标识。

三是深入推进联合攻坚，共同防控化解区域风险。积极推进存款保险基金试点处置，参与制订并完善风险机构处置方案。与市政府、聊城银保监分局建立聊城市金融风险防控化解工作专班，坚持每周一例会、每月一调度，研究新增风险防控计划和措施；推动市政府先后7次召开风险化解处置相关会议，推动地方党政将风险化解工作列为各县市"书记项目"，辖区6个县（市）在清收公职贷款、土地置换不良资产等方面见到实效；与市政法委等4部门联合开展"打击防范涉农商银行金融犯罪工作"座谈会，与市公安局等6部门印发《关于严厉打击逃废金融债务行为的通告》《聊城市打击恶意逃废金融债务行为定向约谈制度》，切实营造良好的金融法治环境。

【金融监管】 2020年，人民银行聊城市中心支行更加关注金融秩序，依法监管规范性得到提升。一是组织对东阿农村商业银行开展综合执法现场检查，有效督促金融机构合规经营。二是联合公检法建立预防、打击洗钱犯罪合作机制，协调金融监管部门建立反洗钱工作合作机制，协同公安、税务、海关合力对虚开骗税行为实施精准打击。三是开展涉案银行账户倒查工作，联合公安机关开展打击电信网络新型违法犯罪"黑灰产业链"整治行动等。

【外汇管理】 2020年，国家外汇管理局聊城市中心支局持续优化外汇服务，全力支持稳外资稳外贸。落实贸易投资便利化新政，开通资本项目防控疫情"绿色通道"，实行资本项目外汇收入支付便利化业务，开通外债业务网上申请渠道。组织开展"外汇服务进企业"活动，举办4场政策宣讲会，对重点涉外企业进行现场调研并协调解决实际问题，走访企业400余家，共解决外汇业务难题34个，先后6次收到企业感谢锦旗、牌匾。创立"知·悦·汇"三级讲堂加强外汇政策宣讲，累计开展活动17次。积极推广跨境金融区块链平台，为阳谷祥光铜业等11家涉外企业累计办理业务52笔。强化外汇监管，对农业银行等5家单位开展现场核查，对7家银行开展外汇业务暗访，查处并撰写银行违规办理贸易融资结汇案件。

【金融服务】 2020年，人民银行聊城市中心支行以改革创新为要点，优化金融服务激发经济新动力。一是主动作为，服务前移，持续优化金融营商环境。召开"金融'放管服'改革重点攻坚找差距补短板"专题会议，制定《优化营商环境 推动"放管服"改革重点攻坚"找差距补短板"专题方案》，切实站在金融为民立场上换位思考改进服务；推进农村助农取款服务点转型升级，促进助农取款服务点由单一服务型向综合服务型转变；开通专项资金拨付"绿色通道"，办理防疫专项资金1.5亿元；与税务部门建立会商衔接机制，促进税收退库业务提速增效；创新金融知识宣传载体，充分利用农村应急广播"村村响"传播金融知识。二是加强创新布局升级，全面提升金融服务体验。在全省率先建立政府采购合同融资业务银行账户锁定机制，推动应收账款融资业务快速发展；进一步提升征信报告查询便民性，共增设9处自助查询网点，11台自助查询机；"线上+线下"协同宣传，引导公众就近选择征信报告查询网点；做好硬币自循环工作，持续优化人民币流通环境，在全省首创推动市政府牵头建立净化人民币流通环境合作机制；组织开展净化现金流通环境专题展览，推动"刷脸付"智能支付建设，建成临清市三合购物广场刷脸付应用商圈。

（王 兵、滕召建）

附表1

聊城市主要金融指标1

单位：亿元

地区		银行类							
		本外币存款余额	住户存款	非金融企业存款	本外币贷款余额	第一产业贷款	第二产业贷款	第三产业贷款	个人贷款及透支
茌平区	2020年	429.72	317.07	75.26	226.33	4.91	103.14	23.39	78.41
	同比增幅（%）	11.69	13.70	18.58	4.54	38.70	-14.60	-17.81	25.06
临清市	2020年	469.14	398.92	46.12	254.26	3.90	111.15	16.53	98.88
	同比增幅（%）	16.15	15.65	25.62	2.28	-26.42	-14.76	-14.53	18.06

续表

地区		银行类							
		本外币存款余额	住户存款	非金融企业存款	本外币贷款余额	第一产业贷款	第二产业贷款	第三产业贷款	个人贷款及透支
阳谷县	2020年	452.83	342.98	74.83	273.59	5.86	108.92	32.24	112.50
	同比增幅（%）	12.29	13.39	14.70	6.62	30.51	-14.29	26.88	21.77
莘县	2020年	448.47	387.07	28.80	202.03	2.92	55.30	17.16	117.18
	同比增幅（%）	19.15	18.41	50.47	17.92	-17.51	-2.28	0.65	26.74
东阿县	2020年	265.00	202.00	41.11	156.54	3.10	42.96	106.21	78.95
	同比增幅（%）	14.37	15.12	18.13	14.77	7.22	-9.11	21.62	20.16
冠县	2020年	376.03	299.07	36.98	226.09	0.50	94.14	12.59	104.09
	同比增幅（%）	14.00	14.19	22.49	6.70	-21.88	-10.45	-0.55	22.19
高唐县	2020年	305.93	242.27	47.36	216.01	2.30	113.73	22.74	83.51
	同比增幅（%）	17.59	15.97	27.35	5.76	19.17	-8.02	33.14	24.77
聊城市	2020年	4,366.34	3,100.81	855.87	2,885.84	31.52	900.81	526.80	1,278.82
	同比增幅（%）	12.48	15.51	10.38	9.09	8.74	-9.19	8.66	21.93

附表2

聊城市主要金融指标2

单位：亿元

地区		保险类		证券类		
		保险公司保费收入	保险公司赔款和给付支出	证券市场成交总额	投资者保证金余额	投资者开户数（万户）
茌平区	2020年	9.24	2.49	—	—	—
	同比增幅（%）	2.90	7.33	—	—	—
临清市	2020年	7.70	1.60	130.05	0.35	1.87
	同比增幅（%）	-1.79	3.90	51.54	45.83	8.09
阳谷县	2020年	7.35	1.56	110.50	0.33	1.83
	同比增幅（%）	5.45	-7.69	52.62	10.00	5.78
莘县	2020年	8.85	2.10	—	—	—
	同比增幅（%）	5.48	9.95	—	—	—
东阿县	2020年	6.06	1.57	80.43	1.83	0.10
	同比增幅（%）	-0.49	-14.21	52.85	22.82	-66.67
冠县	2020年	7.28	2.89	—	—	—
	同比增幅（%）	0.69	4.71	—	—	—
高唐县	2020年	6.37	1.97	—	—	—
	同比增幅（%）	3.07	44.85	—	—	—
聊城市	2020年	128.33	39.90	2,853.19	14.93	41.59
	同比增幅（%）	7.08	19.39	21.82	-28.70	31.20

附表3

聊城市主要金融机构概况

单位名称	行长（或其他称谓的第一负责人）	副行长（或其他称谓的同级领导）	正式员工（人）	营业网点（个）
人民银行聊城市中心支行	赵向东	王武声、姚 冬、马兴国、李振林、杜晓伟、张宏军、崔长夫	325	8
聊城银保监分局	刘 胜	杨 磊、郝志华、李 冉、唐玉明、陈彦芳	64	1
农业发展银行聊城市分行	王 君	李从阁、李洪利、朱德成	215	8
工商银行聊城分行	陈维东	冯保勇、李炳春、李华威、韩庆光	851	37
农业银行聊城分行	潘 勐	巩稚峰、肖月强、李兴彬、胡晓东	1,366	58
中国银行聊城分行	殷建国	郭兴盛、王卫东、赵 敏、苑晓鹏、臧嘉玮、田 勇、李 凌、郅国华	581	21
建设银行聊城分行	李清华	楚 栋、韩文广、王乃峰、李朝信、李新阔、武继源、舒丙来	892	41
交通银行聊城分行	张贻陆	刘 凯、王 凯	70	4
邮储银行聊城市分行	仇洪建	胡建民、朱秀岭、徐 伟、孙伟涛	861	187
华夏银行聊城分行	宁金龙	冯 丽、王晓峰、杨玉民	180	6
恒丰银行聊城分行	孙 敏	周晓彤	124	6
浦发银行聊城分行	李建成	商 斌、于兴洋、马云辉	59	4
招商银行聊城分行	闻 涛	王德强、韩 勇、冉会钧	79	3
齐鲁银行聊城分行	侯 彬	刘 超、黄伟远、刘媛媛	233	13
潍坊银行聊城分行	李瑞杰	陈建华、薛建华	125	8
莱商银行聊城分行	张 欣	金 鑫、郭 永、李延新	94	6
北京银行聊城分行	杨 磊	吕学文、冯莘成、张凤莉	68	6
德州银行聊城分行	郝志广	于 超、杜成伟	49	1
兴业银行聊城分行	张 军	葛 亮、谭诚诚	68	3
民生银行聊城分行	李光金	张 丽、赵国宏	44	1
威海银行聊城分行	宋怀民	王 邕、慈胜祖	44	1
日照银行聊城分行	王 刚	李昌锋、席守华、曾庆山、巩东贤	47	1
光大银行聊城分行	初春来	王 勇、姜 涛	36	1
济宁银行聊城分行	焦春华	吴 虎	27	1
山东省农村信用社联合社聊城审计中心	宗 斌	时培行、邵景国、宁 军	29	1
聊城农村商业银行	姜 涛	张有新、王成永、刘秀文、刘志国	731	44
临清农村商业银行	陈向东	马 宁、邵景东、孙 冰、许桂芹、赵 义	418	31
润昌农村商业银行	牛为勇	杜爱虎、孙洪卫、刘 伟、赵丽敏、汤万庆	379	23
莘县农村商业银行	张志华	徐长林、辛 勇、种 睿、郭延锋	400	29
阳谷农村商业银行	杨茂合	孙志强、赵士亮、李红生、侯 军、李 勇	429	30
东阿农村商业银行	姜 军	赵 壮、范庆磊、贺怀民	325	23
茌平农村商业银行	张兆起	梁庆河、杜兆东、张中伟	424	29
高唐农村商业银行	郝 彬	季文岗、尹茂桐、季汝玺、王 丽	370	25
聊城沪农商村镇银行	周庆锋	夏 静、张玉修、邵同晶	44	2
临清沪农商村镇银行	杨 克	杨红光	57	3
冠县齐丰村镇银行	隋旭东	胡珊珊	85	3
莘县青隆村镇银行	杨建国	褚保文	65	5

续表1

单位名称	行长（或其他称谓的第一负责人）	副行长（或其他称谓的同级领导）	正式员工（人）	营业网点（个）
阳谷沪农商村镇银行	张雪妹	王兆泉	30	1
东阿青隆村镇银行	刘文华	朱建航、姜月增、王永强、高伟林	43	4
茌平沪农商村镇银行	付　刚	丁　辉	37	2
高唐青隆村镇银行	杜学君	杨树强	50	4
海通证券聊城营业部	王鹏飞	—	4	1
西部证券聊城营业部	陈振辉	—	9	1
银河证券聊城营业部	王咏梅	王　鲁	6	1
中信证券聊城营业部	张　璞	薛文婷	41	2
招商证券聊城营业部	关　辛	—	3	1
恒泰证券聊城营业部	汪　鹏	—	8	1
光大证券聊城营业部	周　敏	—	6	1
中泰证券聊城分公司	张大伟	张晓娟	91	5
安信证券聊城营业部	王　哲	—	5	1
国都证券聊城营业部	袁海洋	—	6	1
长江证券聊城营业部	宋小静	—	9	1
国泰君安聊城营业部	王　昆	马环宇	8	1
华林证券聊城营业部	赵　坤	—	6	1
开源证券聊城营业部	季军林	—	5	1
中国人民财产保险股份有限公司聊城市分公司	赵培东	王　伟、王来明、张　炜	417	28
中国太平洋财产保险股份有限公司聊城中心支公司	张　霞	吴思杰、张　强	166	9
天安保险股份有限公司聊城中心支公司	孙斌杰	秦　勇、李　俊	102	8
中国平安财产保险股份有限公司聊城中心支公司	王鑫烈	邢　洋、王卫锋	152	10
中华联合财产保险股份有限公司聊城中心支公司	王国敏	李红梅、申冠鹏、张玉红	230	16
阳光财产保险股份有限公司聊城中心支公司	任建国	臧筱霞、于　勇	78	10
永安财产保险股份有限公司聊城中心支公司	焦宪忠	张培庆	239	9
中国大地财产保险股份有限公司聊城中心支公司	李　鹏	高太刚、李建梅	135	8
大家财产保险股份有限公司聊城中心支公司	囤兴田	—	24	8
永诚财产保险股份有限公司聊城中心支公司	马得民	—	3	1
亚太保险（中国）有限公司聊城中心支公司	孟军艳	邱泽坤、高文英	42	6
渤海财产保险股份有限公司聊城中心支公司	王继龙	—	27	2

续表2

单位名称	行长（或其他称谓的第一负责人）	副行长（或其他称谓的同级领导）	正式员工（人）	营业网点（个）
长安责任保险股份有限公司聊城中心支公司	刘兵	—	65	6
中国人寿财产保险股份有限公司聊城市中心支公司	胡善斌	李朝阳、姜志辉	158	9
安盛天平保险股份有限公司聊城中心支公司	王峰	—	24	4
英大泰和财产保险股份有限公司聊城中心支公司	吴茂柯	刘俊红	26	2
浙商财产保险股份有限公司聊城中心支公司	宋光	孙小星	29	6
泰山保险股份有限公司聊城中心支公司	郑安局	—	53	7
华安财产保险股份有限公司聊城中心支公司	于浩洋	—	12	1
华泰财产保险股份有限公司聊城中心支公司	高学智	—	11	1
太平财产保险股份有限公司聊城中心支公司	李振设	—	138	5
紫金财产保险股份有限公司聊城中心支公司	刘建宏	—	20	3
国任财险聊城中心支公司	吴法太	—	26	2
华海财产保险股份有限公司聊城中心支公司	李关木	朱光磊	62	4
鑫安汽车保险股份有限公司聊城中心支公司	赵艳霞	—	3	1
安诚财产保险股份有限公司聊城中心支公司	张延磊	—	25	2
安华农业保险股份有限公司聊城中心支公司	吴成明	—	32	4
中煤财产保险股份有限公司聊城中心支公司	任清华	—	10	3
国泰财产保险股份有限公司聊城中心支公司	樊军柯	—	10	1
长江财产险保险股份有限公司聊城中心支公司	王义良	冯德军	7	3
中国人寿保险股份有限公司聊城分公司	孙正坤	贾德浩、赵成运、冯爱荣、崔守锋	308	63
中国太平洋人寿保险股份有限公司聊城中心支公司	于生涛	郑玉亭、张海涛	118	16
泰康人寿保险股份有限公司聊城中心支公司	于鹏	—	117	25

续表3

单位名称	行长（或其他称谓的第一负责人）	副行长（或其他称谓的同级领导）	正式员工（人）	营业网点（个）
新华人寿保险股份有限公司聊城中心支公司	马传友	王恒兴	211	10
中国人民人寿保险股份有限公司聊城中心支公司	段 旭	黄发军、张 涛	41	8
富德生命保险股份有限公司聊城中心支公司	李 静	姚桂峰	76	5
中国平安人寿保险股份有限公司聊城中心支公司	张兴华	王胜强	84	8
合众人寿保险股份有限公司聊城中心支公司	庄丽莎	王万军	14	4
太平人寿保险有限公司聊城中心支公司	陈传杰	—	40	3
民生人寿保险股份有限公司聊城中心支公司	陈爱波	—	38	6
信泰人寿保险股份有限公司聊城中心支公司	钱 旭	王 琪	58	4
长城人寿保险股份有限公司聊城中心支公司	王 冬	冯会利	24	2
中国人民健康保险股份有限公司聊城中心支公司	甘信惠	李浩然	16	2
阳光人寿保险股份有限公司聊城中心支公司	杨相平	—	17	3
华泰人寿保险股份有限公司聊城中心支公司	裴永涛	秘雪宁	14	4
华夏人寿保险股份有限公司聊城中心支公司	林国栋	邢国胜	49	6
中信保诚聊城中心支公司	谢明晖	贾金辉	24	5
国华人寿保险股份有限公司聊城中心支公司	孙来奎	—	10	1
幸福人寿保险股份有限公司聊城中心支公司	张守方	焦海涛	21	3
天安人寿保险股份有限公司聊城中心支公司	张连滨	闫 鹏、高振兴	124	7
建信人寿保险有限公司聊城中心支公司	崔 霞	—	9	1
德华安顾人寿保险有限公司聊城中心支公司	许虎	—	20	4
农银人寿保险股份有限公司聊城中心支公司	王军	刘美娟	39	2
大家人寿保险股份有限公司聊城中心支公司	牛兆军	—	31	1

续表4

单位名称	行长（或其他称谓的第一负责人）	副行长（或其他称谓的同级领导）	正式员工（人）	营业网点（个）
百年人寿保险股份有限公司聊城中心支公司	闫志昌	姚奉伟	12	1
工银安盛保险股份有限公司聊城中心支公司	崔 丽	常 静	9	1

附表4

聊城市主要金融机构业务概况

（2020年末）

单位：亿元

单位名称	本外币存款余额	本外币单位存款	本外币储蓄存款	本外币贷款余额	本外币短期贷款	本外币中长期贷款
农业发展银行聊城市分行	15.96	15.96	0.00	123.75	39.97	83.78
工商银行聊城分行	405.07	165.87	239.10	290.05	120.82	166.50
农业银行聊城分行	419.55	119.00	300.52	328.15	118.06	201.94
中国银行聊城分行	209.36	73.69	135.58	187.23	66.66	114.04
建设银行聊城分行	397.30	127.52	254.53	224.07	74.19	149.77
交通银行聊城分行	46.02	32.06	13.92	45.36	21.28	18.71
邮政储蓄银行聊城市分行	548.76	36.21	512.54	131.38	48.07	69.13
华夏银行聊城分行	117.77	61.10	56.64	75.66	31.36	39.93
恒丰银行聊城分行	45.82	36.28	9.44	38.70	16.44	13.02
浦发银行聊城分行	17.69	9.92	7.76	30.62	6.80	23.52
招商银行聊城分行	28.45	19.45	8.98	52.49	3.20	30.22
齐鲁银行聊城分行	158.86	65.12	93.74	129.30	38.90	89.01
潍坊银行聊城分行	65.99	35.97	30.01	40.88	21.89	18.93
莱商银行聊城分行	47.34	30.76	16.58	35.03	19.67	15.36
北京银行聊城分行	14.77	7.90	6.87	15.15	2.90	11.27
德州银行聊城分行	11.30	7.17	4.12	17.54	9.36	8.18
兴业银行聊城分行	78.49	70.49	8.01	36.17	2.69	27.10
民生银行聊城分行	30.44	26.29	4.14	32.22	9.71	22.51
威海银行聊城分行	26.67	23.27	3.40	20.88	4.77	15.41
日照银行聊城分行	21.53	17.31	4.23	13.30	6.40	6.90
光大银行聊城分行	18.25	15.70	2.55	8.57	4.51	2.62
济宁银行聊城分行	12.65	11.66	0.99	16.74	5.52	10.92
农村商业银行（合计）	1,533.37	189.39	1,343.97	958.37	671.32	219.92
村镇银行（合计）	51.81	8.62	43.20	34.25	15.62	18.63

附表5

聊城市金融机构统计指标

单位：家、人、只

	指标	2016年	2017年	2018年	2019年	2020年	2020年同比增幅（%）
银行类	银行类机构家数	33	35	37	38	38	0.00
	法人机构	16	16	16	16	16	0.00
	省级分行	4	5	6	7	7	0.00
	二级分行	13	14	15	15	15	0.00
	县区支行	72	272	274	265	236	-10.94
	正式从业人数	11,543	11,579	10,518	10,420	10,393	-0.26
保险类	保险公司家数	50	52	56	56	56	0.00
	财险公司家数	27	28	30	30	30	0.00
	省级分公司	—	—	—	—	—	—
	地市分公司	27	28	30	30	30	0.00
	县区支公司	107	107	111	112	97	-13.39
	寿险公司家数	23	24	26	26	26	0.00
	省级分公司	—	—	—	—	—	—
	地市分公司	23	24	26	26	26	0.00
	县区支公司	80	80	85	85	76	-10.59
	正式从业人数	32,692	41,412	41,893	3,807	3,850	1.13
	财险人员	6,199	6,540	7,871	2,139	2,326	8.74
	寿险人员	26,493	34,872	34,022	1,668	1,524	-8.63
证券类	证券公司家数	8	12	13	13	14	7.69
	证券营业部	13	16	20	18	19	5.56
	正式从业人数	190	241	174	217	207	-4.61
	境内上市股票只数	4	4	4	4	4	0.00
	境外上市股票只数	0	0	1	1	2	100.00
	辖区上市公司总数	6	4	5	5	6	20.00

滨州市

【经济金融概况】　2020年，滨州市致力于疫情防控与“六稳”“六保”，经济复苏势头良好。2020年全市实现地区生产总值2,508.11亿元，按可比价格计算增长3.70%。一是工业经济恢复向好。全年规模以上工业增加值增长3.60%，同比提高0.40个百分点。二是固定资产投资增长加快。全年全市固定资产投资同比增长7.80%，增速同比加快31.30个百分点。三是消费市场加快回暖。全年社会消费品零售总额增长1.10%。四是对外贸易降幅收窄。受中美贸易摩擦等因素影响，全年全市进出口总额下降6.60%。五是金融运行稳定。截至年末，全市本外币贷款余额为2,904.13亿元，较年初增加221.42亿元，同比多增176.41亿元；本外币存款余额为3,442.62亿元，同比多增402.80亿元。

【货币政策实施】　2020年，人民银行滨州市中心支行聚焦“1+4+1+n”重点攻坚，稳企业保企业赋能经济高质量发展。一是用好再贷款再贴现常规政策工具，加强两项直达政策工具督导落实，提前完成LPR转换工作。全年累计发放央行资金50.00亿元，支持金融机构发放优惠利率贷款3.50亿元，办理延期还本付息227.70亿元，发放信用贷款24.20亿元；“增信贷”成效显著，先后7次获得市政府主要领导批示。二是印发《中小微企业金融服务工作方案》，启动“金融支持实体经济发展推进年”活动。建立全省首家首贷服务中心，培植首贷企业7,515家，开展“金融诊疗”县区行7次，帮扶重点企业75家；“稳企业”成效显著，得到分行领导的肯定和批示，相关信息被分行转发2次。三是加强部门沟通协作。协助市政府举办省政府金融助力滨州高质量发展座谈会，与发展改革委、工商联、市场监督管理局等部门建立协调机制；开展“重大项目走访对接”活动，“线上+线下”实现银企对接常态化，为企业解决融资需求90.50亿元。四是开展金融精准扶贫效果评估。推进金融服务乡村振兴“一县一品”、农村产权融资“自选优势项目”突破活动，加大扶贫涉农领域资金投入。

【金融稳定】 2020年，滨州市金融稳定工作压实“三方责任”，落实“四早要求”，打好风险化解收官之战，2次在分行金融稳定工作会议上作典型发言。一是推动政府把风险化解纳入县区政府考核项目。在全市启动“农商行金融风险化解攻坚年”活动，分类处置推进重点企业风险化解，西王集团债券违约和解案例先后被省委书记和分行领导批示肯定。二是健全完善“大稳定”工作机制。与银保监局、地方金融监督管理局建立金融监管协调机制；建立主监管员工作季度例会和年度述职制度，明确主监管员21条责任清单、11项任务清单，在全省率先实现主监管员法人金融机构“全覆盖”，以贴身跟踪监测推进风险稳妥化解。三是打好“央行评级+存款保险”监管组合拳。“一行一策”提出早期纠正措施，“一对一”指导开展法人机构集中提款应急预案演练；积极稳妥推进重点法人机构风险化解处置，实现2家高风险机构顺利“摘帽”。

【金融服务】 2020年，滨州市金融系统深化“放管服”改革，优化金融营商环境。一是开辟疫情期间资金汇划“绿色通道”，开展“政银合作”帮办代办行动。在全市209个网点开展代办服务，打造城区企业开办半小时功能圈。二是举办“金融科技赋能乡村振兴”论坛，建立“领导小组+专项小组”金融科技协调机制。三是深化现金服务示范区建设，推进小面额人民币“主办网点制”，构建人民币整洁度监测体系。四是开展代理征信查询优秀网点创建。新增4家代理查询点，着力扩大“3公里查询服务圈”覆盖范围。五是推进金融消费纠纷多元调解机制建设。人民银行滨州市中心支行与市中级人民法院签署合作协议，成立诉调对接中心、人民调解委员会，全年受理投诉咨询212件。六是在滨州电视台、电台开设《金融滨州》《金融者说》等专题栏目，建立中小学金融知识示范点、金融教育实践基地，运用各类新媒体进行金融知识宣传。

【金融监管】 2020年，滨州市金融监管以服务供给侧结构性改革为主线，打好防范化解金融风险攻坚战，推动银行保险业高质量发展。一是压实属地监管责任，做好风险监管信息共享。二是继续开展执法检查与行政处罚体制改革试点，年内组织开展综合执法大检查一次。三是对高风险地方法人机构做好资产质量管理协调工作。四是整治金融市场，对借贷平台进行了排查治理。五是大力开展反洗钱工作。完成92家义务机构进行反洗钱考核评级，实现法人机构反洗钱监管全覆盖，督导修订内控制度12项，堵塞洗钱漏洞28个。人民银行滨州市中心支行与政法委、公安局等部门建立协调机制，深入开展打击涉黑洗钱专项行动，全年报送重点可疑交易报告线索19条、堵截风险事件11起。

【外汇管理】 2020年，国家外汇管理局滨州市中心支局认真落实重点领域改革措施，强化资金流动均衡监管，助力稳住外贸外资基本盘。一是建立“网上办”“远程办”“预约办”与“助防疫业务”“助涉外企业”的“三办两助”机制。落实疫情期间各项便利化试点政策，服务外贸企业复工复产。二是深化“外汇服务进万企”活动。深入重点骨干企业开展“一对一”政策服务，运用跨境金融区块链试点、全口径跨境融资等便利化政策，全年协助7家企业实现跨境融资6.40亿美元。三是落实跨境资本流动“宏观审慎+微观监管”管理框架。围绕重点领域和重点主体，构建常态化监测核查体系，做好常规核查及专项核查，风险分析报告被总局转发。四是健全跨境人民币业务推广常态化辅导机制。加大双向资金池业务推广力度，为跨境贸易投资人民币结算提供便利服务。

【保险业务】 2020年，滨州市保险业平稳发展，保险行业创新步伐不断加快，服务保障水平不断提高。保险精准扶贫工作不断深入，有效缓解“因病致贫，因意外返贫”问题。截至年末，滨州市共有48家地市级保险公司分支机构，其中财产险公司27家、寿险公司21家，机构数同比均没有变化；全年共实现保费收入119.51亿元，同比增长2.97%，同比提高了4.76个百分点；全年支付赔款与给付39.77亿元，同比增长22.38%。

【证券市场】 2020年，滨州市证券市场业务增长平稳。截至年末，滨州市投资者开设证券交易账户22.62万户，同比减少0.02%；全年实现交易额1,829.21亿元，同比增长0.18%；年末全市共有上市公司16家。受风险形势影响，2020年滨州市企业在债市发行受阻，全年无债券融资业务发生，年末各类债券存量为8只。

（郑方敬、梁 珍）

附表1

滨州市主要金融指标1

单位：亿元

地区		银行类							
		本外币存款余额	住户存款	非金融企业存款	本外币贷款余额	第一产业贷款	第二产业贷款	第三产业贷款	个人贷款及透支
惠民县	2020年	280.59	220.60	35.07	202.29	8.87	90.35	30.55	72.51
	同比增幅（%）	11.10	20.12	-17.53	7.02	-10.29	5.50	-14.73	25.74
阳信县	2020年	208.57	143.54	30.40	170.79	2.21	56.68	26.53	85.37
	同比增幅（%）	20.84	17.12	9.93	21.65	18.26	20.47	38.63	18.02
无棣县	2020年	275.84	181.23	71.73	200.81	11.33	68.38	33.97	85.57
	同比增幅（%）	14.28	18.82	13.29	10.29	6.01	-4.41	18.88	23.62
博兴县	2020年	511.80	318.58	151.28	391.91	13.60	211.26	56.50	105.61
	同比增幅（%）	14.92	13.48	20.89	6.63	-4.41	-3.35	18.79	28.07
邹平市	2020年	709.97	435.76	231.64	709.72	4.17	466.75	92.76	132.63
	同比增幅（%）	17.95	13.77	31.75	1.00	-43.17	-9.08	29.42	21.44
滨州市	2020年	3,442.62	1,996.50	1,068.74	2,904.13	56.18	1,292.37	545.07	941.16
	同比增幅（%）	16.38	16.95	21.13	8.25	-5.57	-2.22	21.41	20.55

附表2

滨州市主要金融指标2

单位：亿元

地区		保险类		证券类		
		保险公司保费收入	保险公司赔款和给付支出	证券市场成交总额	投资者保证金余额	投资者开户数（万户）
惠民县	2020年	10.21	3.60	—	—	—
	同比增幅（%）	3.31	29.43	—	—	—
阳信县	2020年	6.66	1.84	—	—	—
	同比增幅（%）	10.42	13.64	—	—	—
无棣县	2020年	9.48	3.08	—	—	—
	同比增幅（%）	-4.00	15.53	—	—	—
博兴县	2020年	12.98	4.38	—	—	—
	同比增幅（%）	-3.21	6.29	—	—	—
邹平市	2020年	15.07	6.89	560.45	1.33	7.44
	同比增幅（%）	-2.14	22.78	88.52	0.45	0.32
滨州市	2020年	119.51	39.77	1,829.21	14.96	22.62
	同比增幅（%）	2.97	22.38	0.18	1.93	-0.02

附表3

滨州市主要金融机构概况

单位名称	行长（或其他称谓的第一负责人）	副行长（或其他称谓的同级领导）	正式员工（人）	营业网点（个）
人民银行滨州市中心支行	韩 伟	李秀杰、李庶泳、王晓黎、彭凤祥、王永强、接贵锋、徐书亮	296	7
滨州银保监分局	魏 健	刘寿章、胡红坚、王雪双、燕钦峰	49	1
农业发展银行滨州市分行	段宗臣	岳 峰、陈瑞吉、李建民	179	7
工商银行滨州分行	乔宏宇	杨召勇、李 战、唐鸿雁、刘 冬、徐国刚	783	40
农业银行滨州市分行	张兴军	梁明明、宗 新、于 莹、贾希光	1,140	63
中国银行滨州分行	王 华	杨 明、卜庆凯、王 薇、苏胜利	476	19
建设银行滨州分行	姚立军	魏 宝、郭卫东、吴国强、赵延军、杜希波	800	35
交通银行滨州分行	侯键东	李 芸、赵 晖、陈秀兵	61	2
华夏银行滨州分行	单 超	郭 鹏、牛丙武、王 静、侯彦明	49	2
招商银行滨州分行	王卫健	牟德华、李 杰、郭 非	96	4
兴业银行滨州分行	陈春峰	刘广东	110	7
恒丰银行滨州分行	栾正国	张 宁、郝县明、张 亮	130	7
青岛银行滨州分行	刘铁柱	尹 玲、高宝军	64	3
齐商银行滨州分行	林学强	张玉鹏、张 涛、任志刚	174	11
东营银行滨州分行	韩念华	耿小军、赵 凯、刘维亮	198	14
潍坊银行滨州分行	王树军	张国磊、侯光伟、崔玉川	121	5
德州银行滨州分行	张海波	张治广、张子龙	101	7
光大银行滨州分行	孙志勇	李建峰、耿海霞	38	1
威海市商业银行滨州分行	沈 阳	栾树涛	28	1
山东省农村信用社联合社滨州市办事处	肖建华	阴国庆、朱传铭	2,672	205
邮政储蓄银行滨州市分行	宋鲁光	王金虎、许欣山、张 萍、郑伟华	530	23
中信银行滨州分行	于健伟	张洪尧	39	1
齐鲁银行滨州分行	李 强	李延宽、孙宝军、初 锋	88	4
滨州河海村镇银行	薛 静	张栋栋、胡菲菲、郭海丽	45	2
沾化青云村镇银行	刘召良	吴国伟、温明喜	48	4
惠民舜丰村镇银行	张云龙	王 斌	70	5
阳信河海村镇银行	徐福华	马龙飞、郭占亭	76	5
无棣中成村镇银行	刘 成	王建中	19	1
博兴新华村镇银行	汪 超	高 飞	33	3
邹平浦发村镇银行	薛莲花	刘向来、孟晓鸣、范 鹏	80	5
邹平青隆村镇银行	王长亮	陈 工、张颜奎、肖建智、王 臻	79	6
银河证券滨州黄河五路证券营业部	辛 通	—	10	1
华林证券滨州渤海十六路证券营业部	王卫华	—	14	1
国融证券滨州黄河五路证券营业部	张友卫	—	5	1
长江证券滨州渤海十八路证券营业部	陈保和	—	6	1
中信证券（山东）滨州府前街证券营业部	魏兰州	—	35	1
中信证券（山东）滨州黄河二路证券营业部	邵从波	—	32	1

续表1

单位名称	行长（或其他称谓的第一负责人）	副行长（或其他称谓的同级领导）	正式员工（人）	营业网点（个）
中信证券（山东）邹平黛溪三路证券营业部	高长青	—	29	1
中泰证券滨州市分公司	张继庆	—	79	7
天安财险滨州市分公司	丁希华	韩 勇	55	5
中华财险滨州市分公司	刘恩猛	郑 雷	131	9
大地财险滨州市分公司	刘海春	安丽丽、桑华强	1,395	10
安邦财险滨州市分公司	邵 彬	—	33	6
合众人寿滨州市分公司	段 祥	—	505	3
华安财险滨州市分公司	吴雪飞	—	203	6
安华农险滨州市分公司	许爱民	王成宝	97	8
阳光财险滨州市分公司	安晋清	赵玉娟、卞永波	120	9
永安财险滨州市分公司	位建顺	—	200	4
太平财险滨州市分公司	庞 伟	—	146	4
都邦财险滨州市分公司	杨文旭	—	172	6
人保寿险滨州市分公司	刘素芬	刘 伟、段 旭	2,548	6
农银人寿滨州市分公司	孙向军	张海光、张国立	1,048	5
太平人寿滨州市分公司	王 军	徐 娜	2,541	6
长安责任保险滨州市分公司	李增华	—	190	3
人寿财险滨州市分公司	韩立霞	高 杰、周 华	191	5
渤海财险滨州市分公司	何建军	—	35	2
浙商财险滨州市分公司	王志刚	孙明状	103	7
英大泰和寿险滨州市分公司	杨 岩	宋海勇	626	5
安盛天平财险滨州市分公司	马洪雷	于卫东	24	4
长城寿险滨州市分公司	曹爱华	—	550	4
国华寿险滨州市分公司	王 煜	李 朋	83	1
英大泰和财险滨州市分公司	王俊梅	田 萌	24	2
生命寿险滨州市分公司	李 壮	—	1,510	1
华夏寿险滨州市分公司	常爱华	—	5,188	5
泰山财险滨州市分公司	谭兴文	—	27	4
人民健康保险滨州营销服务部	王国栋	—	175	1
国任财险滨州市分公司	张继刚	—	24	3
建信寿险滨州市分公司	亓 文	崔 霞	210	3
亚太财险滨州市分公司	程 波	—	35	3
安诚财险滨州市分公司	李 明	—	25	1
德华安顾寿险滨州市分公司	李和明	—	739	3
华泰财险滨州市分公司	孙洪峰	—	7	1
华海财险滨州市分公司	汪永涛	柴永平	47	4
平安养老保险滨州市分公司	李子华	—	10	1
天安寿险滨州市分公司	马士强	徐 岭、蒋丽丽	2,007	3
信泰寿险滨州市分公司	孟维杰	—	174	1
永诚财险滨州市分公司	盖志峰	—	15	1

续表2

单位名称	行长（或其他称谓的第一负责人）	副行长（或其他称谓的同级领导）	正式员工（人）	营业网点（个）
华泰人险滨州市分公司	张学超	—	476	1
中路财险滨州市分公司	杜志强	—	24	1

附表4

滨州市主要金融机构业务概况

（2020年末）　　单位：亿元

单位名称	本外币存款余额	本外币单位存款	本外币储蓄存款	本外币贷款余额	本外币短期贷款	本外币中长期贷款
农业发展银行滨州市分行	45.59	45.59	0.00	233.21	64.04	169.17
工商银行滨州分行	486.40	188.49	287.83	369.63	148.66	208.74
农业银行滨州分行	538.88	179.61	359.21	353.19	139.21	201.16
中国银行滨州分行	201.52	117.66	83.49	235.13	112.16	122.37
建设银行滨州分行	427.36	179.74	247.41	250.36	105.35	142.89
交通银行滨州分行	22.26	17.56	4.69	37.48	10.49	24.31
华夏银行滨州分行	29.09	24.18	4.91	27.76	9.71	16.90
招商银行滨州分行	49.97	34.75	15.21	37.12	7.47	24.36
兴业银行滨州分行	122.32	105.17	17.15	208.75	113.98	91.83
恒丰银行滨州分行	85.25	74.06	11.20	77.18	58.22	16.77
青岛银行滨州分行	58.81	47.09	11.76	43.33	12.76	25.68
齐商银行滨州分行	64.41	41.11	19.30	64.60	25.12	38.76
东营银行滨州分行	96.13	44.69	51.44	51.12	29.01	21.89
潍坊银行滨州分行	44.27	30.16	14.11	30.23	13.98	16.25
德州银行滨州分行	20.17	11.43	8.74	24.23	12.59	11.63
光大银行滨州分行	7.96	6.89	1.07	2.93	1.20	1.73
威海市商业银行滨州分行	23.24	20.74	2.50	18.65	10.11	8.55
山东省农村信用社联合社滨州市办事处	678.29	125.12	553.17	569.13	458.94	87.91
邮储银行滨州市分行	288.05	36.94	251.11	159.76	44.56	102.22
中信银行滨州分行	25.72	21.89	3.83	33.70	12.86	12.43
齐鲁银行滨州分行	42.48	35.61	6.87	39.97	20.57	18.86
滨州河海村镇银行	1.37	0.12	1.25	2.74	1.45	1.29
沾化青云村镇银行	3.54	1.72	1.82	3.87	3.09	0.78
惠民舜丰村镇银行	3.04	0.40	2.64	4.95	4.17	0.79
阳信河海村镇银行	2.98	1.11	1.85	3.50	2.72	0.78
无棣中成村镇银行	0.81	0.46	0.35	0.93	0.76	0.17
博兴新华村镇银行	3.68	1.72	1.96	3.63	1.34	2.28
邹平浦发村镇银行	21.82	1.35	20.47	7.77	6.34	1.43
邹平青隆村镇银行	12.22	1.07	11.15	9.29	6.55	2.74

附表5

滨州市金融机构统计指标

单位：家、人、只

	指标	2016年	2017年	2018年	2019年	2020年	2020年同比增幅（%）
银行类	银行类机构家数	31	33	32	32	34	6.25
	法人机构	14	15	14	14	14	0.00
	一级分行	—	—	—	—	—	—
	二级分行	16	18	18	18	20	11.11
	县区支行	111	124	132	127	140	10.24
	正式从业人数	8,116	8,467	8,449	8,260	8,327	0.81
保险类	保险公司家数	197	202	207	207	207	0.00
	财险公司家数	116	118	121	121	121	0.00
	省级分公司	—	—	—	—	—	—
	地市分公司	26	26	27	27	27	0.00
	县区支公司	90	92	94	94	94	0.00
	寿险公司家数	81	84	86	86	86	0.00
	省级分公司	—	—	—	—	—	—
	地市分公司	20	21	21	21	21	0.00
	县区支公司	61	63	65	65	65	0.00
	正式从业人数	13,915	13,936	13,967	13,955	13,981	0.19
	财险人员	1,750	1,758	1,796	1,790	1,793	0.17
	寿险人员	12,165	12,178	12,171	12,165	12,188	0.19
证券类	证券公司家数	11	13	13	14	14	0.00
	证券营业部	10	12	13	14	14	0.00
	正式从业人数	160	194	212	209	210	0.48
	境内上市股票只数	8	8	8	8	8	0.00
	境外上市股票只数	7	8	8	8	8	0.00
	辖区上市公司总数	15	16	16	16	16	0.00

菏泽市

【经济金融概况】 2020年，面对新冠肺炎疫情的严重冲击和艰巨繁重的改革发展稳定任务，菏泽市经济金融保持持续快速发展，在严峻考验中交出了合格答卷。截至年末，各项存款余额为5,039.29亿元，首次突破5,000.00亿元大关，相比年初增长16.11%，增速列全省第3位；各项贷款增长15.09%，增幅居全省第8位。

【货币政策】 2020年，人民银行菏泽市中心支行用足用好金融支持疫情防控和稳企业保就业政策，疏通货币政策传导渠道，发挥金融对实体经济的托底支撑作用。

一是用足用好金融支持政策，帮助企业纾困解难。抢抓疫情防控和企业复工复产政策机遇，运用3,000.00亿元专项再贷款政策发放贷款1.88亿元，实际利率为1.34%；运用5,000.00亿元再贷款再贴现政策发放普惠贷款7.80亿元，带动法人机构增加低利率贷款8.00亿元；运用1万亿元再贷款再贴现政策带动发放贷款15.71亿元，利率为5.11%；认真落实贷款延期支持工具和普惠小微贷款信用支持工具，推动银行机构对符合条件的普惠小微贷款“应延尽延”和

“应贷尽贷”。

二是推动信贷结构优化，增强金融服务实体经济的能力。加强政策引导和窗口指导，督促银行落实金融宏观调控政策，切实做到有保有控。涉农领域贷款、普惠口径小微企业贷款、精准扶贫贷款稳步增长，绿色信贷大幅提升，房地产贷款增速得到抑制；小微企业“首贷培植行动”、“金融诊疗”助企行动、债券发行“双百攻坚行动”、“重大项目、企业融资对接全覆盖”与金融顾问团活动成效显著。

三是以决战决胜精神做好金融扶贫与乡村振兴工作。深化“分片域融资对接”模式。全年开展对接79次，100.00%对接乡镇政府提供的涉农主体和贫困户需求名单；高标准开展脱贫攻坚自查评估和交叉督查，巩固提升扶贫成效；成立市、县两级金融支持乡村振兴工作专班，全年指导银行累计创建乡村振兴示范点40个，培育“一县一品”“一村一品”37个，助力菏泽创建“乡村振兴齐鲁样板国家综合试验区”。

【金融稳定】 2020年，人民银行菏泽市中心支行认真履行系统性金融风险防控化解牵头抓总职责，坚持标本兼治、综合治理，严防死守金融安全底线。

一是坚持全覆盖监测，准确及时监测、预警风险。全面推进网格化监测体系，牵头地方相关部门建立风险联防监测机制，制定实施行内金融风险会商办法；建立市、县两级行法人机构主监管员制度，推动实现监测联动和信息共享；聚焦法人金融机构、大型有问题企业、担保圈和非法金融活动，采取整体形势“定期报”、重大风险“率先报”、典型问题“及早报”、防控理念“持续报”的“四报法”，全年向地方政府提示预警风险37次，推动地方政府化解洪业、玉皇等大企业风险。

二是做好存款保险和央行金融机构评级工作。以存款保险标识启动为契机，深入开展存款保险知识宣传；强化存款保险风险识别和早期纠正功能，完成18家投保机构2020年上半年费率核定工作，推动3家机构落实早期纠正要求，其中3家资本充足率较早期纠正前提升，3家不良贷款率下降；按季度对全市18家法人机构开展央行金融机构评级，强化评级结果运用，全面测算风险化解资金需求等指标。

三是全力推动风险处置化解。开展高风险法人机构早期纠正工作，多举措督促银行和地方政府落实各自的责任；推动曹县、定陶农商银行退出省政府潜在风险机构名单，单县农商银行退出央行高风险机构名单，曹县成功退出分行风险化解重点县名单；积极做好风险事件应对处置，精准施策应对鄄城包商村镇银行异常取款事件，及时、有力阻止其向集中取款事件演变，推动该行更名为鄄城牡丹村镇银行，从源头杜绝风险再次发生。

【金融监管】 2020年，人民银行菏泽市中心支行依法实施金融监管，维护辖区金融稳定。

一是提升依法行政水平。开展辖区法治央行建设情况自评估工作，积极做好金融法治宣传教育，全面落实执法检查立项审查备案制度，年内立项综合执法检查项目2个、专项执法检查项目10个。

二是强化反洗钱监管。将反洗钱职能与扫黑除恶“打财断血”工作紧密结合，重点推动打击涉黑洗钱专项行动，集中整治金融放贷行业领域涉黑涉恶突出问题。

三是加强征信市场监管。组织对工商银行菏泽分行未经客户授权违规批量查询个人信用信息的违法事实进行处罚。

【外汇管理】 2020年，国家外汇管理局菏泽市中心支局持续推进贸易投资便利化与外汇改革各项措施，支持辖区涉外经济平稳健康发展。

一是持续强化外汇服务和贸易投资便利化。建立“服务重点涉外企业专员联系机制”，为35家重点涉外企业指定服务专员，“一对一”精准帮助企业跨境融资、合理避险；开展跨境金融区块链平台试点工作，全年通过平台办理出口应收账款融资业务9笔，金额累计65.11万美元；持续推进资本项目便利化业务试点，全年共向系统导入税务数据3,193条，办理业务2笔、金额200.00万美元。

二是积极推进人民币国际化。以跨境人民币政策“双机制”为抓手，开展以“跨境人民币政策能用尽用、业务能办尽办、手续能简尽简”为主要内容的“三能三尽”活动，筛选出500家涉外收支企业作为重点服务对象，重点推动辖区贸易和投资领域人民币跨境使用。

三是加强外汇市场监管。加强监测分析预警，防范跨境资金流动风险。开展经常项目、资本项目和国际收支业务检查核查，对金融机构、企业和个人进行非现场核查503次，对20家重点监测企业进行现场核查，将8家企业列为B类、C类企业，将3家企业涉嫌非法买卖外汇骗取出口退税的线索移交公安机关；强力打击地下钱庄，向总局争取“1·28”专案检查管辖权；探索建立汇警联合侦办机制，全年累计侦办查处相关案件103起，冻结账户3,000余个，收缴罚款1,106.06万元。

【金融服务】 2020年，人民银行菏泽市中心支行坚持普惠金融发展理念，不断创新金融服务措施，努力提高辖区金融服务水平。

一是“跨前一步”做好金融服务。统筹考虑疫情期间防控要求，建立相关业务办理“绿色通道”，通过“网上办”“邮寄办”“预约办”确保服务质效；鄄城县支行深化“企业吹哨、银行报到”工作机制，对企业直接向银行吹哨的事项即接即办，办结率达99.00%以上。

二是加强支付环境建设，拓展便民支付应用领域。在全省率先实现“云闪付”交纳党费；加强农村支付环境建设，累计建成4,560家综合服务点，为村民提供优质金融服务；推动开展“2020牡丹之都消费季”惠民活动，累计发放消费券1,290.00万元，拉动全市消费2.23亿元。

三是加强国库业务和现金服务示范区建设。建立直达资金应急拨付“绿色通道”，拨付时限缩短1～2个工作日；全年及时精准拨付中央直达资金72.90亿元，惠及社会民生等领域项目616个；全年建成12个现金服务示范区，区内实现了“新币直通”“零币直通”“残损币兑换直通”“假币收缴及报警直通”。

四是持续优化征信服务，扎实推进普惠金融建设。建成主城区“3公里征信服务圈”，创推征信查询服务专员制度，为群众提供实时贴心服务；创新金融知识宣教方式，全年分对象、分片区、分内容举办精准宣传活动127场次；联合司法部门建立金融消费纠纷多元化解机制，对小额纠纷进行介入调解，力争快速解决争端。

（尘永魁、韩 鹏）

附表1

菏泽市主要金融指标1

单位：亿元

地区		银行类							
		本外币存款余额	住户存款	非金融企业存款	本外币贷款余额	第一产业贷款	第二产业贷款	第三产业贷款	个人贷款及透支
定陶区	2020年	306.60	253.90	31.09	178.90	0.30	25.71	50.69	96.74
	同比增幅（%）	17.13	17.25	31.29	24.60	36.36	49.56	28.98	16.53
曹县	2020年	572.40	473.79	57.11	301.62	3.10	38.04	67.72	183.63
	同比增幅（%）	15.80	16.22	33.47	16.02	588.89	8.72	3.18	21.05
单县	2020年	475.97	394.93	49.72	263.13	0.75	41.66	46.12	169.60
	同比增幅（%）	14.54	15.12	11.73	18.40	11.94	-6.63	21.98	23.86
成武县	2020年	316.48	274.28	17.96	121.60	0.09	16.21	28.46	70.69
	同比增幅（%）	14.02	15.03	18.63	11.04	125.00	-36.83	25.15	19.77
巨野县	2020年	531.44	441.53	40.34	275.56	1.23	43.08	75.45	129.01
	同比增幅（%）	15.25	16.87	12.68	11.30	50.00	-20.74	17.87	19.06
郓城县	2020年	640.94	563.62	38.53	273.56	0.87	39.95	80.10	138.66
	同比增幅（%）	15.06	17.66	-0.95	10.90	-2.25	-35.77	31.92	20.01
鄄城县	2020年	393.87	339.22	30.97	156.57	0.86	21.84	42.87	79.52
	同比增幅（%）	17.48	16.15	75.37	20.67	-1.15	7.37	18.75	22.62
东明县	2020年	383.55	299.70	42.25	203.75	0.85	78.98	31.83	84.36
	同比增幅（%）	10.36	22.00	-11.41	1.00	2.41	-17.85	7.21	18.50
菏泽市	2020年	5,039.29	3,916.43	634.22	3,022.24	18.62	518.93	894.40	1,466.26
	同比增幅（%）	10.36	17.38	25.24	15.09	197.92	-11.99	22.28	21.48

附表2

菏泽市主要金融指标2

单位：亿元

地区		保险类		证券类		
		保险公司保费收入	保险公司赔款和给付支出	证券市场成交总额	投资者保证金余额	投资者开户数（万户）
定陶区	2020年	7.10	2.45	—	—	—
	同比增幅（%）	6.71	82.81	—	—	—
曹县	2020年	16.16	5.81	15.42	0.23	0.56
	同比增幅（%）	14.69	18.72	-76.98	0.00	19.15

续表

地区		保险类		证券类		
		保险公司保费收入	保险公司赔款和给付支出	证券市场成交总额	投资者保证金余额	投资者开户数（万户）
单县	2020年	11.86	4.55	—	—	—
	同比增幅（%）	16.52	-51.84	—	—	—
成武县	2020年	7.70	2.58	—	—	—
	同比增幅（%）	6.91	67.43	—	—	—
巨野县	2020年	13.65	4.53	38.31	0.13	0.10
	同比增幅（%）	3.85	36.50	-50.03	0.00	66.67
郓城县	2020年	15.19	4.96	7.27	0.21	0.53
	同比增幅（%）	7.76	64.12	-80.07	23.53	10.42
鄄城县	2020年	6.64	2.69	—	—	—
	同比增幅（%）	-0.18	119.08	—	—	—
东明县	2020年	9.01	3.05	15.88	0.48	0.95
	同比增幅（%）	4.90	5.02	-74.55	92.00	6.74
菏泽市	2020年	152.11	40.02	724.07	5.70	17.40
	同比增幅（%）	7.83	31.91	-38.33	33.18	11.83

附表3

菏泽市主要金融机构概况

单位名称	行长（或其他称谓的第一负责人）	副行长（或其他称谓的同级领导）	正式员工（人）	营业网点（个）
人民银行菏泽市中心支行	贾世敏	石建民、孟宪东、孟宪彦、郑 丽	386	9
菏泽银保监分局	黄 波	朱凤德、张以良、孔凡申、杨爱军、刘树满、党明娜	63	9
农业发展银行菏泽市分行	李大庆	张 健、周长民、郭士玉	215	9
工商银行菏泽分行	吕洪海	周林建、宋红毅、台朝晖、刘 栋、王国友、黄腾坤、刘虎臣、冯万杰、赵 斌	925	44
农业银行菏泽分行	安 平	王岩林、段中锋、李金昌、徐宪强	1,363	65
中国银行菏泽分行	孔令国	李 晨、刘 仪、纪利兵、王德贵	573	22
建设银行菏泽分行	李永浩	崔云全、周在军、姜文胜、杜文康、王怀阁、张益民、李 娜、陈俊德、刘明振	878	37
交通银行菏泽分行	马 波	谭洪宝、鞠 卿、闫家强	59	2
邮政储蓄银行菏泽市分行	邓连伟	陈海东、连经建、孙 强、孙浩青	818	188
山东省农村信用社联合社菏泽审计中心	崔玉光	梁衍波、孙玉臻、刘贺磊	4,871	379
浦发银行菏泽分行	张玉军	孙 杰、孙启滨、梁尔昂	68	4
恒丰银行菏泽分行	马历博	刘殿强、李 燕、姚宏震	57	1
兴业银行菏泽分行	马曙平	吴 静、雷 林、赵国良	47	1
民生银行菏泽分行	孙绪兴	邓 魁、李朝晖	39	1
青岛银行菏泽分行	褚彦博	于小伟、刘瑞锋	42	1
莱商银行菏泽分行	常永峰	鹿新保、张新记、孙洁民	242	17
济宁银行菏泽分行	张现彬	李继臣、盛 斌、庄庆节	97	6
枣庄银行菏泽分行	王书央	郭 健、王 续	32	1

续表

单位名称	行长（或其他称谓的第一负责人）	副行长（或其他称谓的同级领导）	正式员工（人）	营业网点（个）
威海市商业银行菏泽分行	仪 欣	李先建、张 拓	35	1
中泰证券公司菏泽市分公司	李永平	沈松安	45	6
中信证券公司菏泽中山路证券营业部	桑学勇	郭雅倩	30	1
西部证券公司菏泽人民路证券营业部	刘 林	—	8	1
国盛证券公司菏泽永昌路证券营业部	蒋 珂	—	5	1
招商证券公司菏泽人民路证券营业部	陈 震	—	10	1
华林证券公司菏泽人民路证券营业部	张淑静	—	3	1
天风证券公司菏泽长江路证券营业部	宗雪丽	—	5	1
中国人民财产保险股份有限公司菏泽市分公司	宋红亚	孙云峰、徐 蕎	490	35

附表4

菏泽市主要金融机构业务概况

（2020年末）

单位：亿元

单位名称	本外币存款余额	本外币单位存款	本外币储蓄存款	本外币贷款余额	本外币短期贷款	本外币中长期贷款
农业发展银行菏泽市分行	46.98	46.98	—	268.94	67.22	201.71
工商银行菏泽分行	461.74	124.42	337.20	378.39	67.72	309.35
农业银行菏泽分行	530.22	141.98	383.23	339.42	53.67	276.77
中国银行菏泽分行	215.41	75.01	140.30	147.82	35.78	111.90
建设银行菏泽分行	450.61	145.97	304.60	301.78	72.12	229.56
交通银行菏泽分行	46.16	46.16	34.29	53.43	25.12	26.45
邮政储蓄银行菏泽市分行	894.44	43.12	851.31	121.14	44.86	68.54
农村商业银行（合计）	1,930.83	228.47	1,702.32	1,029.81	372.84	569.20
浦发银行菏泽分行	33.05	18.12	14.93	23.07	4.32	18.46
恒丰银行菏泽分行	45.05	42.34	2.70	69.15	20.34	34.46
兴业银行菏泽分行	22.51	18.17	4.34	35.37	16.00	15.70
民生银行菏泽分行	16.01	14.98	1.03	28.40	8.11	20.30
青岛银行菏泽分行	4.07	—	4.07	5.96	2.10	3.86
莱商银行菏泽分行	181.26	80.53	100.72	114.41	68.91	44.88
济宁银行菏泽分行	32.20	11.82	20.38	18.76	4.11	13.65
枣庄银行菏泽分行	14.01	10.51	3.50	14.07	8.71	4.76
威海市商业银行菏泽分行	22.44	19.83	2.61	26.01	8.34	17.61
菏泽市村镇银行	53.97	19.31	34.65	46.33	31.58	14.75

附表5

菏泽市金融机构统计指标

单位：家、人、只

	指标	2016年	2017年	2018年	2019年	2020年	2020年同比增幅（%）
银行类	银行类机构家数	27	31	33	33	—	—
	法人机构	15	18	18	18	18	0.00
	省级分行	—	—	—	—	—	—
	二级分行	12	13	15	15	17	13.33
	县区支行	565	534	114	91	84	-7.69
	正式从业人数	13,119	13,016	12,845	12,116	12,576	3.80
保险类	保险公司家数	235	279	249	263	265	0.76
	财险公司家数	121	143	134	136	136	0.00
	省级分公司	—	—	—	—	—	—
	地市分公司	22	23	23	23	23	0.00
	县区支公司	99	120	111	113	113	0.00
	寿险公司家数	114	136	115	127	129	1.57
	省级分公司	—	—	—	—	—	—
	地市分公司	21	23	23	23	23	0.00
	县区支公司	93	113	92	104	106	1.92
	正式从业人数	35,261	42,025	57,834	56,350	56,847	0.88
	财险人员	3,955	4,560	9,228	7,822	8,015	2.47
	寿险人员	31,306	37,465	48,606	48,528	48,832	0.63
证券类	证券公司家数	1	1	1	1	1	0.00
	证券营业部	7	7	8	8	6	-25.00
	正式从业人数	109	110	147	163	126	-22.67
	境内上市股票只数	1	7	7	7	7	0.00
	境外上市股票只数	3	7	7	7	7	0.00
	辖区上市公司总数	4	14	14	14	14	0.00

第十一部分

金融统计资料

一、综合信贷业务情况

山东省全金融机构（含外资）人民币信贷收支表

单位：亿元

项目	2020年	比年初增减	项目	2020年	比年初增减
各项存款	116,155.37	13,478.99	各项贷款	95,411.56	11,708.59
1.住户存款	64,258.40	9,026.25	1.住户贷款	35,014.95	5,583.22
（1）活期存款	18,371.92	2,160.60	（1）短期贷款	7,630.08	1,669.75
（2）定期及其他存款	45,886.48	6,865.65	消费贷款	2,764.13	626.89
2.非金融企业存款	34,625.07	4,190.31	经营贷款	4,865.95	1,042.86
（1）活期存款	13,750.73	942.85	（2）中长期贷款	27,384.87	3,913.47
（2）定期及其他存款	20,874.34	3,247.46	消费贷款	24,451.50	3,250.06
3.机关团体存款	13,630.84	-154.68	经营贷款	2,933.37	663.41
4.财政性存款	1,169.92	-168.69	2.企（事）业单位贷款	60,298.57	6,151.61
5.非银行业金融机构存款	2,357.82	589.63	（1）短期贷款	23,051.52	1,201.60
各项准备	3,016.53	-82.84	（2）中长期贷款	31,910.25	4,271.67
			（3）票据融资	4,714.97	649.88
			（4）融资租赁	498.02	69.86
			（5）各项垫款	123.81	-41.40
			3.非银行业金融机构贷款	—	-21.99
资金来源总计	122,162.13	16,063.17	资金运用总计	122,162.13	16,063.17

注：本表机构包括中国人民银行、银行业存款类金融机构、银行业非存款类金融机构。

山东省全金融机构（不含外资）人民币信贷收支表

单位：亿元

项目	2020年	比年初增减	项目	2020年	比年初增减
各项存款	115,876.73	13,442.77	各项贷款	95,052.09	11,666.60
1.住户存款	64,234.67	9,028.12	1.住户贷款	34,941.76	5,570.49
（1）活期存款	18,363.06	2,160.20	（1）短期贷款	7,628.83	1,669.57
（2）定期及其他存款	45,871.61	6,867.92	消费贷款	2,764.13	626.89
2.非金融企业存款	34,387.26	4,151.64	经营贷款	4,864.70	1,042.68
（1）活期存款	13,691.75	930.76	（2）中长期贷款	27,312.93	3,900.92
（2）定期及其他存款	20,695.51	3,220.88	消费贷款	24,382.60	3,238.93
3.机关团体存款	13,627.48	-156.59	经营贷款	2,930.34	661.99
4.财政性存款	1,169.92	-168.69	2.企（事）业单位贷款	60,012.69	6,120.35
5.非银行业金融机构存款	2,357.51	591.62	（1）短期贷款	22,875.56	1,175.19
各项准备	3,012.30	-84.24	（2）中长期贷款	31,826.86	4,262.17
			（3）票据融资	4,688.83	654.92
			（4）融资租赁	498.02	69.86
			（5）各项垫款	123.41	-41.80
			3.非银行业金融机构贷款	—	-20.02
资金来源总计	121,816.27	16,036.02	资金运用总计	121,816.27	16,036.02

注：本表机构包括中国人民银行、银行业存款类金融机构、银行业非存款类金融机构。

山东省政策性银行人民币信贷收支表

单位：亿元

项目	2020年	比年初增减	项目	2020年	比年初增减
各项存款	1,095.23	-129.44	各项贷款	9,545.08	873.63
1.个人存款	—	—	1.短期贷款	1,113.55	-55.79
其中：活期储蓄存款	—	—	（1）个人贷款	—	—
定期储蓄存款	—	—	（2）单位贷款	1,113.55	-55.79
2.单位存款	1,089.01	-108.60	2.中长期贷款	8,359.88	931.89
其中：活期存款	787.49	-117.06	（1）个人贷款	50.89	2.06
定期存款	245.85	36.43	（2）单位贷款	8,308.99	929.83
保证金存款	16.14	-8.32	3.票据融资	—	—
代理财政性存款	87.99	-18.70	4.各项垫款	—	-0.21
资金来源总计	10,090.01	1,014.31	资金运用总计	10,090.01	1,014.31

山东省股份制商业银行人民币信贷收支表

单位：亿元

项目	2020年	比年初增减	项目	2020年	比年初增减
各项存款	19,359.61	1,874.87	各项贷款	16,954.83	2,505.82
1.个人存款	5,599.58	630.36	1.短期贷款	5,808.49	877.76
其中：活期储蓄存款	1,800.64	261.89	（1）个人贷款	799.80	382.92
定期储蓄存款	1,485.81	452.85	（2）单位贷款	5,007.72	493.88
2.单位存款	12,977.30	968.95	2.中长期贷款	9,963.52	1,399.98
其中：活期存款	3,784.57	107.35	（1）个人贷款	4,787.63	706.24
定期存款	1,520.55	342.41	（2）单位贷款	5,168.88	686.73
保证金存款	2,101.42	136.72	3.票据融资	1,134.47	244.65
代理财政性存款	69.57	-11.41	4.各项垫款	47.58	-16.51
资金来源总计	20,753.28	2,255.23	资金运用总计	20,753.28	2,255.23

山东省城市商业银行人民币信贷收支表

单位：亿元

项目	2020年	比年初增减	项目	2020年	比年初增减
各项存款	17,611.91	2,893.97	各项贷款	13,057.36	2,359.39
1.个人存款	7,323.36	1,575.16	1.短期贷款	5,430.83	733.52
其中：活期储蓄存款	1,392.08	177.28	（1）个人贷款	936.16	134.01
定期储蓄存款	4,194.19	1,140.13	（2）单位贷款	4,450.07	615.51
2.单位存款	9,657.34	1,382.77	2.中长期贷款	6,824.75	1,444.25
其中：活期存款	3,536.65	282.85	（1）个人贷款	2,508.95	533.92
定期存款	1,614.96	556.24	（2）单位贷款	4,311.80	906.35
保证金存款	1,728.72	136.37	3.票据融资	787.66	195.13
代理财政性存款	17.89	4.66	4.各项垫款	14.10	-12.69
资金来源总计	24,630.95	3,968.63	资金运用总计	24,630.95	3,968.63

山东省农村合作金融机构人民币信贷收支表

单位：亿元

项目	2020年	比年初增减	项目	2020年	比年初增减
各项存款	21,962.59	2,303.73	各项贷款	14,685.53	1,649.46
1.个人存款	18,117.40	2,158.11	1.短期贷款	7,213.02	447.11
其中：活期储蓄存款	2,904.38	302.42	（1）个人贷款	3,489.67	633.63
定期储蓄存款	13,910.31	1,701.45	（2）单位贷款	3,674.74	-193.22
2.单位存款	3,615.18	117.22	2.中长期贷款	5,934.03	876.28
其中：活期存款	2,144.89	-40.37	（1）个人贷款	3,425.50	664.73
定期存款	500.65	18.99	（2）单位贷款	2,508.52	211.56
保证金存款	175.35	-4.66	3.票据融资	1,507.09	336.18
代理财政性存款	10.26	-0.85	4.各项垫款	31.39	-10.12
资金来源总计	27,528.52	3,005.03	资金运用总计	27,528.52	3,005.03

山东省农村商业银行人民币信贷收支表

单位：亿元

项目	2020年	比年初增减	项目	2020年	比年初增减
各项存款	21,962.59	2,303.73	各项贷款	14,685.53	1,649.46
1.个人存款	18,117.40	2,158.11	1.短期贷款	7,213.02	447.11
其中：活期储蓄存款	2,904.38	302.42	（1）个人贷款	3,489.67	633.63
定期储蓄存款	13,910.31	1,701.45	（2）单位贷款	3,674.74	-193.22
2.单位存款	3,615.18	117.22	2.中长期贷款	5,934.03	876.28
其中：活期存款	2,144.89	-40.37	（1）个人贷款	3,425.50	664.73
定期存款	500.65	18.99	（2）单位贷款	2,508.52	211.56
保证金存款	175.35	-4.66	3.票据融资	1,507.09	336.18
代理财政性存款	10.26	-0.85	4.各项垫款	31.39	-10.12
资金来源总计	26,395.11	3,052.16	资金运用总计	26,395.11	3,052.16

山东省村镇银行人民币信贷收支表

单位：亿元

项目	2020年	比年初增减	项目	2020年	比年初增减
各项存款	1,327.23	230.18	各项贷款	1,000.79	179.68
1.个人存款	941.98	219.93	1.短期贷款	639.30	86.44
其中：活期储蓄存款	107.96	16.56	（1）个人贷款	387.12	77.65
定期储蓄存款	812.68	199.76	（2）单位贷款	251.28	9.19
2.单位存款	385.24	10.25	2.中长期贷款	353.35	88.95
其中：活期存款	281.33	14.29	（1）个人贷款	275.43	84.34
定期存款	48.68	-9.74	（2）单位贷款	77.91	4.61
保证金存款	24.22	-1.25	3.票据融资	8.07	4.33
代理财政性存款	0.11	0.03	4.各项垫款	0.07	-0.04
资金来源总计	1,614.74	303.86	资金运用总计	1,614.74	303.86

山东省信托投资公司人民币信贷收支表

单位：亿元

项目	2020年	比年初增减	项目	2020年	比年初增减
各项存款	—	—	各项贷款	26.57	8.10
1.个人存款	—	—	1.短期贷款	5.64	4.88
其中：活期储蓄存款	—	—	（1）个人贷款	—	—
定期储蓄存款	—	—	（2）单位贷款	5.64	4.88
2.单位存款	—	—	2.中长期贷款	20.93	3.22
其中：活期存款	—	—	（1）个人贷款	—	-0.83
定期存款	—	—	（2）单位贷款	20.93	4.05
保证金存款	—	—	3.票据融资	—	—
代理财政性存款	—	—	4.各项垫款	—	—
资金来源总计	207.61	32.35	资金运用总计	207.61	32.35

山东省中资财务公司人民币信贷收支表

单位：亿元

项目	2020年	比年初增减	项目	2020年	比年初增减
各项存款	2,915.91	443.21	各项贷款	2,399.11	273.89
1.个人存款	—	—	1.短期贷款	1,269.69	215.75
其中：活期储蓄存款	—	—	（1）个人贷款	—	—
定期储蓄存款	—	—	（2）单位贷款	1,201.69	184.75
2.单位存款	2,904.82	441.00	2.中长期贷款	789.08	0.54
其中：活期存款	688.57	54.60	（1）个人贷款	7.11	-1.86
定期存款	581.86	-82.15	（2）单位贷款	781.96	2.40
保证金存款	605.27	191.09	3.票据融资	295.66	51.47
代理财政性存款	—	—	4.各项垫款	—	—
资金来源总计	4,029.91	555.43	资金运用总计	4,029.91	555.43

山东省外资银行人民币信贷收支表

单位：亿元

项目	2020年	比年初增减	项目	2020年	比年初增减
各项存款	279.64	37.22	各项贷款	369.12	45.45
1.个人存款	23.73	-1.87	1.短期贷款	183.02	26.98
其中：活期储蓄存款	8.87	0.40	（1）个人贷款	1.25	0.18
定期储蓄存款	4.05	-2.44	（2）单位贷款	175.96	26.41
2.单位存款	241.16	40.58	2.中长期贷款	159.17	23.16
其中：活期存款	59.28	12.20	（1）个人贷款	71.94	12.56
定期存款	35.18	0.62	（2）单位贷款	83.38	9.50
保证金存款	58.28	7.37	3.票据融资	26.14	-5.03
代理财政性存款	—	—	4.各项垫款	0.39	0.39
资金来源总计	469.11	24.01	资金运用总计	469.11	24.01

1996—2020年山东省人民币人均住户存款

年度	住户存款（万元）		人均住户存款（元）
	年末余额	比年初增加额	
1996	21,971,982.00	5,953,088.00	2,525.22
1997	28,177,108.00	6,127,582.00	3,221.35
1998	32,657,331.00	4,106,722.00	3,706.85
1999	37,353,766.00	4,705,196.00	4,210.30
2000	41,098,425.00	3,695,061.00	4,606.41
2001	44,667,153.00	3,568,728.00	4,964.67
2002	50,637,936.00	5,977,509.00	5,600.90
2003	58,057,165.00	7,464,182.00	6,392.55
2004	67,683,453.00	9,601,347.00	7,417.37
2005	77,214,610.00	9,510,874.00	8,411.18
2006	90,351,351.00	13,136,739.00	9,769.64
2007	103,580,272.00	13,236,721.00	11,127.00
2008	114,381,079.00	10,800,146.00	12,211.11
2009	143,821,895.00	29,440,935.00	15,272.21
2010	196,482,092.00	25,654,535.00	20,747.84
2011	221,732,725.00	25,455,312.00	23,147.79
2012	263,433,050.00	41,700,326.00	27,200.47
2013	297,960,833.00	34,527,783.00	30,612.24
2014	331,785,596.00	33,824,763.00	33,892.23
2015	373,200,242.00	33,244,098.00	37,899.28
2016	413,509,329.00	40,309,087.00	41,572.77
2017	440,358,442.00	26,832,393.00	44,010.18
2018	484,349,832.00	43,941,566.00	48,207.25
2019	552,321,484.00	67,438,305.00	54,847.07
2020	642,584,006.00	90,262,521.00	63,291.62

2020年山东省各县（市）人民币住户存款余额排序

单位：亿元

序号	地区	住户存款余额	序号	地区	住户存款余额
1	寿光市	784.52	41	昌乐县	327.60
2	青州市	736.99	42	曲阜市	319.18
3	莱州市	713.67	43	博兴县	318.26
4	龙口市	691.85	44	平邑县	312.33
5	诸城市	666.58	45	郯城县	311.74
6	平度市	663.15	46	东平县	302.87
7	荣成市	656.62	47	东明县	299.54
8	滕州市	651.23	48	冠县	298.95
9	新泰市	643.08	49	宁阳县	293.37
10	胶州市	610.73	50	汶上县	285.28
11	郓城县	563.41	51	桓台县	282.51
12	肥城市	537.97	52	栖霞市	278.88
13	邹城市	525.15	53	宁津县	277.54
14	高密市	512.88	54	成武县	274.14
15	莒县	500.71	55	金乡县	273.25
16	沂水县	490.93	56	五莲县	262.47
17	曹县	473.57	57	齐河县	261.21
18	招远市	461.54	58	沂源县	245.96
19	安丘市	447.72	59	临沭县	245.36
20	巨野县	441.44	60	高唐县	242.15
21	邹平县	435.37	61	乐陵市	241.27
22	临朐县	426.86	62	临邑县	240.91
23	昌邑市	421.22	63	蒙阴县	232.44
24	莒南县	418.67	64	平原县	227.86
25	莱阳市	417.23	65	微山县	227.64
26	梁山县	404.31	66	禹城市	227.11
27	临清市	398.69	67	惠民县	220.52
28	沂南县	395.19	68	泗水县	209.32
29	单县	394.85	69	夏津县	208.59
30	莱西市	390.60	70	武城县	204.45
31	广饶县	389.28	71	东阿县	201.91
32	莘县	387.04	72	商河县	193.96
33	海阳市	384.68	73	平阴县	186.41
34	乳山市	382.77	74	无棣县	181.09
35	嘉祥县	380.33	75	鱼台县	166.42
36	蓬莱市	379.41	76	高青县	162.86
37	兰陵县	372.39	77	阳信县	143.41
38	阳谷县	342.83	78	利津县	140.48
39	鄄城县	339.12	79	庆云县	133.95
40	费县	336.71	80	长岛县	36.56

注：因行政区划调整，自2013年起，胶南市划入青岛市辖区；自2014年起，兖州市改为兖州区，并入济宁市辖区；自2015年起，文登市改为文登区，并入威海市辖区，陵县改为陵城区，并入德州市辖区，沾化县改为沾化区，并入滨州市辖区；自2017年起，章丘市改为章丘区，并入济南市辖区，垦利县改为垦利区，并入东营市辖区，定陶县改为定陶区，并入菏泽市辖区；自2018年起，即墨市改为即墨区，并入青岛市辖区；自2019年起，济阳市改为济阳区，并入济南市辖区；自2020年起，茌平县改为茌平区，并入聊城市辖区。

山东省全金融机构（含外资）外汇信贷收支表

单位：亿美元

项目	2020年	比年初增减	项目	2020年	比年初增减
各项存款	336.25	40.60	各项贷款	378.40	2.47
1.住户存款	55.35	5.41	1.住户贷款	0.14	-0.15
（1）活期存款	32.02	5.37	（1）短期贷款	0.14	-0.15
（2）定期及其他存款	23.33	0.03	消费贷款	0.14	-0.15
2.非金融企业存款	243.79	43.21	经营贷款	—	—
（1）活期存款	145.26	37.70	（2）中长期贷款	—	—
（2）定期及其他存款	98.53	5.51	消费贷款	—	—
3.机关团体存款	2.30	-3.38	经营贷款	—	—
4.财政性存款	—	—	2.企（事）业单位贷款	169.87	10.86
5.非银行业金融机构存款	0.89	-0.06	（1）短期贷款	137.55	13.67
各项准备	32.83	2.26	（2）中长期贷款	31.07	-1.51
			（3）票据融资	—	—
			（4）融资租赁	—	—
			（5）各项垫款	1.25	-1.30
			3.非银行业金融机构贷款	—	—
资金来源总计	419.78	17.02	资金运用总计	419.78	17.02

注：本表机构包括中国人民银行、银行业存款类金融机构、银行业非存款类金融机构。

山东省全金融机构（不含外资）外汇信贷收支表

单位：亿美元

项目	2020年	比年初增减	项目	2020年	比年初增减
各项存款	324.61	41.15	各项贷款	369.29	3.19
1.住户存款	53.68	5.53	1.住户贷款	0.14	-0.15
（1）活期存款	31.03	5.08	（1）短期贷款	0.14	-0.15
（2）定期及其他存款	22.65	0.46	消费贷款	0.14	-0.15
2.非金融企业存款	237.44	43.76	经营贷款	—	—
（1）活期存款	139.79	37.71	（2）中长期贷款	—	—
（2）定期及其他存款	97.66	6.06	消费贷款	—	—
3.机关团体存款	2.30	-3.38	经营贷款	—	—
4.财政性存款	—	—	2.企（事）业单位贷款	162.05	11.87
5.非银行业金融机构存款	2.30	-3.38	（1）短期贷款	131.18	13.69
各项准备	0.89	-0.06	（2）中长期贷款	29.63	-0.52
	32.76	2.41	（3）票据融资	—	—
			（4）融资租赁	—	—
			（5）各项垫款	1.25	-1.30
			3.非银行业金融机构贷款	—	—
资金来源总计	404.49	12.21	资金运用总计	404.49	12.21

注：本表机构包括中国人民银行、银行业存款类金融机构、银行业非存款类金融机构。

山东省政策性银行外汇信贷收支表

单位：亿美元

项目	2020年	比年初增减	项目	2020年	比年初增减
各项存款	17.00	-2.15	各项贷款	192.49	-18.04
1.个人存款	—	—	1.短期贷款	4.20	1.51
其中：活期储蓄存款	—	—	（1）个人贷款	—	—
定期储蓄存款	—	—	（2）单位贷款	4.20	1.51
2.单位存款	1.34	0.31	2.中长期贷款	11.98	-5.08
其中：活期存款	1.17	0.22	（1）个人贷款	—	—
定期存款	0.15	0.10	（2）单位贷款	11.98	-5.08
保证金存款	0.02	-0.01	3.票据融资	—	—
代理财政性存款	—	—	4.各项垫款	—	—
资金来源总计	171.10	-19.31	资金运用总计	171.10	-19.31

山东省股份制商业银行外汇信贷收支表

单位：亿美元

项目	2020年	比年初增减	项目	2020年	比年初增减
各项存款	83.78	1.84	各项贷款	54.57	4.66
1.个人存款	13.92	1.89	1.短期贷款	41.65	-0.28
其中：活期储蓄存款	6.05	1.47	（1）个人贷款	—	—
定期储蓄存款	6.31	1.01	（2）单位贷款	41.65	-0.28
2.单位存款	67.71	3.43	2.中长期贷款	6.67	3.60
其中：活期存款	36.86	7.62	（1）个人贷款	—	—
定期存款	15.29	0.31	（2）单位贷款	6.67	3.60
保证金存款	15.39	-1.64	3.票据融资	—	—
代理财政性存款	—	—	4.各项垫款	0.47	-0.26
资金来源总计	102.43	-1.69	资金运用总计	102.43	-1.69

山东省城市商业银行外汇信贷收支表

单位：亿美元

项目	2020年	比年初增减	项目	2020年	比年初增减
各项存款	18.09	1.49	各项贷款	13.26	-1.03
1.个人存款	0.33	0.09	1.短期贷款	12.17	-1.69
其中：活期储蓄存款	0.04	0.01	（1）个人贷款	—	—
定期储蓄存款	0.29	0.08	（2）单位贷款	12.17	-1.05
2.单位存款	17.53	1.73	2.中长期贷款	0.80	0.52
其中：活期存款	9.07	4.10	（1）个人贷款	—	—
定期存款	5.16	-1.97	（2）单位贷款	0.80	0.52
保证金存款	3.13	-0.14	3.票据融资	—	—
代理财政性存款	—	—	4.各项垫款	0.14	-0.02
资金来源总计	57.22	5.66	资金运用总计	57.22	5.66

山东省农村合作金融机构外汇信贷收支表

单位：亿美元

项目	2020年	比年初增减	项目	2020年	比年初增减
各项存款	4.48	-0.84	各项贷款	2.73	0.60
1.个人存款	0.04	0.00	1.短期贷款	2.48	0.40
其中：活期储蓄存款	0.02	0.00	（1）个人贷款	—	—
定期储蓄存款	0.03	0.00	（2）单位贷款	2.48	0.40
2.单位存款	4.35	-0.75	2.中长期贷款	0.21	0.21
其中：活期存款	4.07	0.55	（1）个人贷款	—	—
定期存款	0.08	-1.31	（2）单位贷款	0.21	0.21
保证金存款	0.19	0.01	3.票据融资	—	—
代理财政性存款	—	—	4.各项垫款	0.03	-0.01
资金来源总计	14.38	1.13	资金运用总计	14.38	1.13

山东省农村商业银行外汇信贷收支表

单位：亿美元

项目	2020年	比年初增减	项目	2020年	比年初增减
各项存款	4.48	-0.84	各项贷款	2.73	0.60
1.个人存款	0.04	0.00	1.短期贷款	2.48	0.40
其中：活期储蓄存款	0.02	0.00	（1）个人贷款	—	—
定期储蓄存款	0.03	0.00	（2）单位贷款	2.48	0.40
2.单位存款	4.35	-0.75	2.中长期贷款	0.21	0.21
其中：活期存款	4.07	0.55	（1）个人贷款	—	—
定期存款	0.08	-1.31	（2）单位贷款	0.21	0.21
保证金存款	0.19	0.01	3.票据融资	—	—
代理财政性存款	—	—	4.各项垫款	0.03	-0.01
资金来源总计	14.38	1.13	资金运用总计	14.38	1.13

山东省信托投资公司外汇信贷收支表

单位：亿美元

项目	2020年	比年初增减	项目	2020年	比年初增减
各项存款	—	—	各项贷款	—	—
1.个人存款	—	—	1.短期贷款	—	—
其中：活期储蓄存款	—	—	（1）个人贷款	—	—
定期储蓄存款	—	—	（2）单位贷款	—	—
2.单位存款	—	—	2.中长期贷款	—	—
其中：活期存款	—	—	（1）个人贷款	—	—
定期存款	—	—	（2）单位贷款	—	—
保证金存款	—	—	3.票据融资	—	—
代理财政性存款	—	—	4.各项垫款	—	—
资金来源总计	3.57	0.00	资金运用总计	3.57	0.00

注：本表机构包括信托投资公司、金融租赁公司、汽车金融公司和贷款公司等银行业非存款类金融机构。

山东省财务公司外汇信贷收支表

单位：亿美元

项目	2020年	比年初增减	项目	2020年	比年初增减
各项存款	10.64	-4.82	各项贷款	8.95	-1.14
1.个人存款	—	—	1.短期贷款	1.83	-0.40
其中：活期储蓄存款	—	—	（1）个人贷款	—	—
定期储蓄存款	—	—	（2）单位贷款	1.83	-0.40
2.单位存款	5.63	-4.53	2.中长期贷款	0.10	0.05
其中：活期存款	1.95	-5.45	（1）个人贷款	—	—
定期存款	0.00	-1.04	（2）单位贷款	0.10	0.05
保证金存款	—	—	3.票据融资	—	—
代理财政性存款	—	—	4.各项垫款	—	—
资金来源总计	14.40	-6.10	资金运用总计	14.40	-6.10

山东省外资银行外汇信贷收支表

单位：亿美元

项目	2020年	比年初增减	项目	2020年	比年初增减
各项存款	11.64	-0.55	各项贷款	9.50	-0.60
1.个人存款	1.68	-0.13	1.短期贷款	6.37	-0.01
其中：活期储蓄存款	1.00	0.30	（1）个人贷款	—	—
定期储蓄存款	0.59	-0.36	（2）单位贷款	6.37	-0.01
2.单位存款	6.35	-0.55	2.中长期贷款	1.83	-0.86
其中：活期存款	5.48	0.00	（1）个人贷款	—	—
定期存款	0.65	-0.57	（2）单位贷款	1.45	-0.99
保证金存款	0.07	0.03	3.票据融资	—	—
代理财政性存款	—	—	4.各项垫款	0.00	-0.01
资金来源总计	70.08	0.22	资金运用总计	70.08	0.22

二、分机构本、外币存贷款情况

山东省中国人民银行人民币信贷收支表

单位：亿元

项目	2020年	比年初增减	项目	2020年	比年初增减
一、货币发行	—	—	一、金融机构贷款	1,567.81	542.24
二、金融机构存款	5,574.34	-126.51	中资大型银行	—	—
（一）境内金融机构存款	5,574.34	-126.51	中资中小型银行	967.71	642.14
中资大型银行	2.11	-18.97	农村信用社	—	—
中资中小型银行	5,211.55	-141.70	财务公司	—	—
农村信用社	190.44	3.12	外资金融机构	—	—
财务公司	164.02	28.67	其他金融机构	600.10	-99.90
外资金融机构	0.49	-0.32	其中：资产管理公司	—	—
其他金融机构	5.72	2.69	二、再贴现	336.19	201.05
（二）境外金融机构存款	0.00	0.00	三、专项贷款	—	—
三、金融机构特种存款	—	—	四、金银占款	—	—
四、非金融机构存款	64.79	17.61	五、外汇占款	—	—
五、财政存款	941.20	-116.00	六、有价证券及投资	—	—
其中：中央财政存款	—	—	七、买入返售证券	—	—
地方财政存款	941.20	-116.00	八、存放金融机构	—	—
六、商业银行划来财政性存款	223.08	20.22	九、清算资金往来（净）	4,856.06	-916.21
七、卖出回购证券	—	—	十、其他资产	37.56	-0.26
八、中央银行债券	—	—			
九、清算资金往来（净）	—	—			
十、其他负债	37.85	-0.56			
十一、国家资本	—	—			
十二、当年结益	-43.64	32.06			
资金来源总计	6,797.61	-173.18	资金运用总计	6,797.61	-173.18

山东省国家开发银行人民币信贷收支表

单位：亿元

项目	2020年	比年初增减	项目	2020年	比年初增减
各项存款	351.80	-110.45	各项贷款	4,917.04	232.48
1.个人存款	—	—	1.短期贷款	179.66	28.89
其中：活期储蓄存款	—	—	（1）个人贷款	—	—
定期储蓄存款	—	—	（2）单位贷款	179.66	28.89
2.单位存款	345.60	-89.60	2.中长期贷款	4,669.72	208.40
其中：活期存款	311.89	-70.05	（1）个人贷款	50.89	2.06
定期存款	0.51	-1.72	（2）单位贷款	4,618.84	206.34
保证金存款	0.00	-0.24	3.票据融资	—	—
代理财政性存款	—	—	4.各项垫款	0.00	-0.06
资金来源总计	5,054.55	376.20	资金运用总计	5,054.55	376.20

山东省中国农业发展银行人民币信贷收支表

单位：亿元

项目	2020年	比年初增减	项目	2020年	比年初增减
各项存款	705.43	-26.92	各项贷款	3,582.99	447.23
1.个人存款	—	—	1.短期贷款	518.11	-26.78
其中：活期储蓄存款	—	—	（1）个人贷款	—	—
定期储蓄存款	—	—	（2）单位贷款	518.11	-26.78
2.单位存款	705.43	-26.92	2.中长期贷款	3,064.88	474.16
其中：活期存款	471.18	-41.63	（1）个人贷款	—	—
定期存款	219.21	17.66	（2）单位贷款	3,064.88	474.16
保证金存款	9.45	-0.92	3.票据融资	—	—
代理财政性存款	87.99	-18.70	4.各项垫款	0.00	-0.15
资金来源总计	3,931.91	428.47	资金运用总计	3,931.91	428.47

山东省中国进出口银行人民币信贷收支表

单位：亿元

项目	2020年	比年初增减	项目	2020年	比年初增减
各项存款	37.99	7.93	各项贷款	1,045.05	193.93
1.个人存款	—	—	1.短期贷款	415.78	-57.90
其中：活期储蓄存款	—	—	（1）个人贷款	—	—
定期储蓄存款	—	—	（2）单位贷款	415.78	-57.90
2.单位存款	37.99	7.93	2.中长期贷款	625.27	249.33
其中：活期存款	4.43	-5.37	（1）个人贷款	—	—
定期存款	26.13	20.49	（2）单位贷款	625.27	249.33
保证金存款	6.69	-7.15	3.票据融资	—	—
代理财政性存款	—	—	4.各项垫款	—	—
资金来源总计	1,103.55	209.64	资金运用总计	1,103.55	209.64

山东省中国工商银行人民币信贷收支表

单位：亿元

项目	2020年	比年初增减	项目	2020年	比年初增减
各项存款	11,674.18	1,342.97	各项贷款	10,311.97	956.00
1.个人存款	6,680.45	950.35	1.短期贷款	1,895.48	-34.75
其中：活期储蓄存款	2,770.91	537.57	（1）个人贷款	188.87	6.58
定期储蓄存款	2,568.88	577.62	（2）单位贷款	1,706.61	-21.33
2.单位存款	4,641.77	182.91	2.中长期贷款	8,271.72	981.56
其中：活期存款	2,267.85	42.75	（1）个人贷款	4,614.18	503.74
定期存款	536.83	-35.02	（2）单位贷款	3,657.54	477.83
保证金存款	118.90	-40.09	3.票据融资	136.45	6.39
代理财政性存款	20.78	0.76	4.各项垫款	7.40	2.80
资金来源总计	12,349.01	1,572.92	资金运用总计	12,349.01	1,572.92

山东省中国农业银行人民币信贷收支表

单位：亿元

项目	2020年	比年初增减	项目	2020年	比年初增减
各项存款	13,224.60	1,385.59	各项贷款	8,950.03	824.83
1.个人存款	8,779.76	1,127.25	1.短期贷款	2,308.34	80.67
其中：活期储蓄存款	3,937.44	305.71	（1）个人贷款	529.41	142.50
定期储蓄存款	3,663.86	821.46	（2）单位贷款	1,778.93	-61.83
2.单位存款	4,285.38	224.50	2.中长期贷款	6,400.72	783.16
其中：活期存款	1,834.58	-28.42	（1）个人贷款	3,663.16	422.29
定期存款	348.72	13.20	（2）单位贷款	2,737.56	360.86
保证金存款	146.80	-11.82	3.票据融资	218.51	-52.18
代理财政性存款	12.39	-24.78	4.各项垫款	16.94	9.58
资金来源总计	13,755.96	1,435.15	资金运用总计	13,755.96	1,435.15

山东省中国银行人民币信贷收支表

单位：亿元

项目	2020年	比年初增减	项目	2020年	比年初增减
各项存款	6,312.85	706.77	各项贷款	5,607.60	390.47
1.个人存款	3,306.36	405.57	1.短期贷款	1,793.14	28.07
其中：活期储蓄存款	1,247.88	67.27	（1）个人贷款	188.92	16.87
定期储蓄存款	1,294.57	235.15	（2）单位贷款	1,604.21	11.20
2.单位存款	2,805.26	212.96	2.中长期贷款	3,671.04	400.31
其中：活期存款	1,345.97	184.46	（1）个人贷款	2,235.16	219.12
定期存款	229.45	-20.71	（2）单位贷款	1,435.88	181.18
保证金存款	198.54	-17.58	3.票据融资	138.87	-23.88
代理财政性存款	0.96	-5.20	4.各项垫款	4.13	-13.98
资金来源总计	6,681.28	783.27	资金运用总计	6,681.28	783.27

山东省中国建设银行人民币信贷收支表

单位：亿元

项目	2020年	比年初增减	项目	2020年	比年初增减
各项存款	10,956.69	1,325.39	各项贷款	8,196.96	995.54
1.个人存款	6,087.85	937.39	1.短期贷款	2,098.80	313.47
其中：活期储蓄存款	2,537.47	342.33	（1）个人贷款	499.49	106.52
定期储蓄存款	1,841.95	880.62	（2）单位贷款	1,599.31	206.95
2.单位存款	4,717.56	368.73	2.中长期贷款	6,037.08	797.01
其中：活期存款	2,134.22	2.60	（1）个人贷款	3,888.50	433.40
定期存款	655.98	123.27	（2）单位贷款	2,148.58	363.62
保证金存款	165.11	-1.05	3.票据融资	59.27	-115.05
代理财政性存款	8.44	2.93	4.各项垫款	1.36	0.09
资金来源总计	11,501.16	1,433.55	资金运用总计	11,501.16	1,433.55

山东省交通银行人民币信贷收支表

单位：亿元

项目	2020年	比年初增减	项目	2020年	比年初增减
各项存款	3,242.33	230.59	各项贷款	2,370.74	339.59
1.个人存款	1,109.27	104.34	1.短期贷款	835.98	124.54
其中：活期储蓄存款	293.28	40.28	（1）个人贷款	82.93	57.64
定期储蓄存款	342.51	174.60	（2）单位贷款	752.09	65.94
2.单位存款	1,897.52	27.68	2.中长期贷款	1,437.69	237.26
其中：活期存款	576.10	-41.36	（1）个人贷款	583.29	116.11
定期存款	150.04	25.33	（2）单位贷款	847.39	114.14
保证金存款	222.02	2.14	3.票据融资	83.61	-31.56
代理财政性存款	36.47	-20.31	4.各项垫款	13.36	9.33
资金来源总计	3,429.99	266.76	资金运用总计	3,429.99	266.76

山东省中国邮政储蓄银行人民币信贷收支表

单位：亿元

项目	2020年	比年初增减	项目	2020年	比年初增减
各项存款	7,891.61	1,103.11	各项贷款	3,621.48	438.98
1.个人存款	7,154.60	983.73	1.短期贷款	1,005.46	98.95
其中：活期储蓄存款	1,662.93	149.27	（1）个人贷款	526.38	118.96
定期储蓄存款	101.79	7.29	（2）单位贷款	479.07	-20.00
2.单位存款	724.32	107.99	2.中长期贷款	2,212.80	332.50
其中：活期存款	489.61	86.57	（1）个人贷款	1,562.48	208.50
定期存款	91.82	-10.34	（2）单位贷款	650.32	124.00
保证金存款	22.10	-2.37	3.票据融资	402.77	8.25
代理财政性存款	0.32	-0.13	4.各项垫款	0.45	-0.72
资金来源总计	8,105.66	1,137.53	资金运用总计	8,105.66	1,137.53

山东省恒丰银行人民币信贷收支表

单位：亿元

项目	2020年	比年初增减	项目	2020年	比年初增减
各项存款	1,988.71	147.31	各项贷款	1,455.81	535.54
1.个人存款	857.81	41.43	1.短期贷款	726.15	292.90
其中：活期储蓄存款	62.24	-2.08	（1）个人贷款	149.60	118.61
定期储蓄存款	516.17	49.72	（2）单位贷款	576.54	174.29
2.单位存款	1,065.97	133.11	2.中长期贷款	654.12	205.90
其中：活期存款	264.38	-29.67	（1）个人贷款	41.90	18.93
定期存款	105.75	-25.53	（2）单位贷款	612.22	186.97
保证金存款	197.32	17.19	3.票据融资	67.75	35.80
代理财政性存款	20.58	10.97	4.各项垫款	7.79	0.93
资金来源总计	2,218.30	221.43	资金运用总计	2,218.30	221.43

山东省中信银行人民币信贷收支表

单位：亿元

项目	2020年	比年初增减	项目	2020年	比年初增减
各项存款	1,970.54	153.23	各项贷款	1,928.22	198.61
1.个人存款	588.62	59.77	1.短期贷款	457.77	-7.84
其中：活期储蓄存款	170.24	36.39	（1）个人贷款	11.19	0.83
定期储蓄存款	86.53	28.78	（2）单位贷款	446.59	-8.67
2.单位存款	1,354.62	120.39	2.中长期贷款	1,275.24	141.22
其中：活期存款	385.09	1.92	（1）个人贷款	747.29	89.88
定期存款	135.75	50.95	（2）单位贷款	527.95	51.35
保证金存款	198.94	23.71	3.票据融资	194.93	67.60
代理财政性存款	0.83	-1.76	4.各项垫款	0.01	-2.35
资金来源总计	2,074.13	205.19	资金运用总计	2,074.13	205.19

山东省中国光大银行人民币信贷收支表

单位：亿元

项目	2020年	比年初增减	项目	2020年	比年初增减
各项存款	1,530.69	148.69	各项贷款	1,184.57	128.49
1.个人存款	431.77	52.75	1.短期贷款	427.60	82.56
其中：活期储蓄存款	125.21	26.65	（1）个人贷款	42.69	35.70
定期储蓄存款	75.14	47.76	（2）单位贷款	384.91	46.87
2.单位存款	1,027.77	47.27	2.中长期贷款	692.10	40.53
其中：活期存款	202.24	-85.12	（1）个人贷款	326.59	47.51
定期存款	238.40	77.94	（2）单位贷款	365.52	-6.98
保证金存款	95.87	-15.82	3.票据融资	63.63	6.84
代理财政性存款	2.16	2.10	4.各项垫款	1.05	-1.42
资金来源总计	1,592.19	174.59	资金运用总计	1,592.19	174.59

山东省华夏银行人民币信贷收支表

单位：亿元

项目	2020年	比年初增减	项目	2020年	比年初增减
各项存款	1,056.24	66.09	各项贷款	1,041.22	-4.80
1.个人存款	344.48	27.04	1.短期贷款	360.34	-48.47
其中：活期储蓄存款	126.28	18.62	（1）个人贷款	22.50	6.37
定期储蓄存款	57.43	-2.23	（2）单位贷款	337.84	-54.84
2.单位存款	706.36	35.92	2.中长期贷款	642.26	35.50
其中：活期存款	255.64	25.84	（1）个人贷款	213.05	29.19
定期存款	55.02	5.20	（2）单位贷款	429.21	6.30
保证金存款	184.47	-13.79	3.票据融资	37.90	10.28
代理财政性存款	2.51	1.93	4.各项垫款	0.69	-2.10
资金来源总计	1,095.27	35.89	资金运用总计	1,095.27	35.89

山东省中国民生银行人民币信贷收支表

单位：亿元

项目	2020年	比年初增减	项目	2020年	比年初增减
各项存款	1,798.09	-163.00	各项贷款	1,736.05	275.22
1.个人存款	400.86	24.65	1.短期贷款	677.89	132.73
其中：活期储蓄存款	142.06	15.03	（1）个人贷款	171.74	9.23
定期储蓄存款	74.12	18.74	（2）单位贷款	506.15	123.51
2.单位存款	1,384.23	-184.00	2.中长期贷款	959.35	116.09
其中：活期存款	527.93	19.86	（1）个人贷款	287.88	36.33
定期存款	153.56	-59.12	（2）单位贷款	671.48	79.76
保证金存款	121.70	-37.43	3.票据融资	97.02	38.59
代理财政性存款	0.26	0.22	4.各项垫款	1.73	-12.19
资金来源总计	1,863.99	-166.80	资金运用总计	1,863.99	-166.80

山东省招商银行人民币信贷收支表

单位：亿元

项目	2020年	比年初增减	项目	2020年	比年初增减
各项存款	2,069.05	392.27	各项贷款	1,557.89	147.98
1.个人存款	769.35	79.94	1.短期贷款	263.71	-96.67
其中：活期储蓄存款	496.62	69.14	（1）个人贷款	73.95	-2.87
定期储蓄存款	107.18	32.53	（2）单位贷款	189.76	-93.80
2.单位存款	1,176.96	252.56	2.中长期贷款	1,112.80	218.75
其中：活期存款	604.88	141.76	（1）个人贷款	726.90	113.71
定期存款	63.40	-4.34	（2）单位贷款	385.90	105.05
保证金存款	95.62	19.30	3.票据融资	181.25	25.93
代理财政性存款	0.38	-1.09	4.各项垫款	0.07	—
资金来源总计	2,187.47	402.91	资金运用总计	2,187.47	402.91

山东省兴业银行人民币信贷收支表

单位：亿元

项目	2020年	比年初增减	项目	2020年	比年初增减
各项存款	2,409.04	404.01	各项贷款	2,122.57	202.34
1.个人存款	385.34	65.85	1.短期贷款	673.89	69.81
其中：活期储蓄存款	156.57	24.30	（1）个人贷款	28.43	12.71
定期储蓄存款	53.94	9.04	（2）单位贷款	645.46	57.10
2.单位存款	1,836.88	221.75	2.中长期贷款	1,311.99	128.18
其中：活期存款	377.64	9.44	（1）个人贷款	805.68	42.71
定期存款	204.70	97.91	（2）单位贷款	506.31	85.47
保证金存款	438.73	103.87	3.票据融资	129.26	8.16
代理财政性存款	1.72	0.60	4.各项垫款	7.44	-3.82
资金来源总计	2,794.67	444.98	资金运用总计	2,794.67	444.98

山东省广发银行人民币信贷收支表

单位：亿元

项目	2020年	比年初增减	项目	2020年	比年初增减
各项存款	292.28	74.16	各项贷款	490.78	120.35
1.个人存款	44.33	10.95	1.短期贷款	201.25	22.33
其中：活期储蓄存款	16.52	1.02	（1）个人贷款	2.96	0.80
定期储蓄存款	8.47	3.43	（2）单位贷款	198.29	21.53
2.单位存款	247.26	63.45	2.中长期贷款	271.75	92.37
其中：活期存款	50.42	13.18	（1）个人贷款	74.53	18.07
定期存款	43.16	11.29	（2）单位贷款	197.22	74.30
保证金存款	54.40	8.41	3.票据融资	17.78	8.51
代理财政性存款	0.04	0.03	4.各项垫款	—	-2.86
资金来源总计	484.32	133.84	资金运用总计	484.32	133.84

山东省平安银行人民币信贷收支表

单位：亿元

项目	2020年	比年初增减	项目	2020年	比年初增减
各项存款	712.87	96.32	各项贷款	916.11	316.08
1.个人存款	224.32	63.91	1.短期贷款	302.79	143.71
其中：活期储蓄存款	83.74	15.43	（1）个人贷款	152.87	118.30
定期储蓄存款	10.12	6.21	（2）单位贷款	149.92	25.41
2.单位存款	485.17	32.25	2.中长期贷款	542.45	107.97
其中：活期存款	96.73	-12.65	（1）个人贷款	421.59	118.10
定期存款	21.05	5.61	（2）单位贷款	120.86	-10.13
保证金存款	202.25	34.26	3.票据融资	65.91	64.94
代理财政性存款	0.00	-0.04	4.各项垫款	4.93	-0.55
资金来源总计	929.70	270.51	资金运用总计	929.70	270.51

山东省上海浦东发展银行人民币信贷收支表

单位：亿元

项目	2020年	比年初增减	项目	2020年	比年初增减
各项存款	1,250.95	127.91	各项贷款	1,364.18	151.65
1.个人存款	301.28	43.95	1.短期贷款	505.27	48.17
其中：活期储蓄存款	97.97	17.40	（1）个人贷款	38.43	18.12
定期储蓄存款	68.46	31.91	（2）单位贷款	466.85	30.04
2.单位存款	921.82	80.48	2.中长期贷款	720.21	101.14
其中：活期存款	291.56	56.46	（1）个人贷款	424.47	29.78
定期存款	85.00	45.72	（2）单位贷款	295.74	71.36
保证金存款	147.55	-4.14	3.票据融资	133.76	8.98
代理财政性存款	4.33	-3.90	4.各项垫款	4.89	-6.65
资金来源总计	1,370.44	187.55	资金运用总计	1,370.44	187.55

山东省浙商银行人民币信贷收支表

单位：亿元

项目	2020年	比年初增减	项目	2020年	比年初增减
各项存款	674.28	160.39	各项贷款	409.76	26.41
1.个人存款	96.71	40.99	1.短期贷款	230.35	81.99
其中：活期储蓄存款	18.93	0.24	（1）个人贷款	20.84	7.25
定期储蓄存款	69.09	38.30	（2）单位贷款	209.51	74.75
2.单位存款	553.65	116.00	2.中长期贷款	128.69	-55.50
其中：活期存款	95.40	-3.81	（1）个人贷款	35.25	11.74
定期存款	226.17	85.11	（2）单位贷款	93.44	-67.24
保证金存款	83.59	1.54	3.票据融资	45.12	-5.69
代理财政性存款	0.28	0.27	4.各项垫款	5.60	5.60
资金来源总计	709.45	169.04	资金运用总计	709.45	169.04

山东省渤海银行人民币信贷收支表

单位：亿元

项目	2020年	比年初增减	项目	2020年	比年初增减
各项存款	364.54	36.91	各项贷款	376.93	68.36
1.个人存款	45.44	14.80	1.短期贷款	145.49	31.99
其中：活期储蓄存款	10.99	-0.53	（1）个人贷款	1.68	0.23
定期储蓄存款	16.65	14.06	（2）单位贷款	143.81	31.76
2.单位存款	319.06	22.10	2.中长期贷款	214.87	30.56
其中：活期存款	56.55	11.49	（1）个人贷款	99.23	34.18
定期存款	38.56	26.34	（2）单位贷款	115.64	-3.63
保证金存款	58.96	-2.53	3.票据融资	16.56	6.25
代理财政性存款	—	-0.42	4.各项垫款	—	-0.44
资金来源总计	387.51	42.03	资金运用总计	387.51	42.03

山东省国家开发银行外汇信贷收支表

单位：亿美元

项目	2020年	比年初增减	项目	2020年	比年初增减
各项存款	15.83	-2.62	各项贷款	172.03	-12.04
1.个人存款	—	—	1.短期贷款	1.45	1.45
其中：活期储蓄存款	—	—	（1）个人贷款	—	—
定期储蓄存款	—	—	（2）单位贷款	1.45	1.45
2.单位存款	0.25	-0.14	2.中长期贷款	2.37	-0.29
其中：活期存款	0.25	-0.14	（1）个人贷款	—	—
定期存款	—	—	（2）单位贷款	2.37	-0.29
保证金存款	—	—	3.票据融资	—	—
代理财政性存款	—	—	4.各项垫款	—	—
资金来源总计	151.72	-12.98	资金运用总计	151.72	-12.98

山东省中国农业发展银行外汇信贷收支表

单位：亿美元

项目	2020年	比年初增减	项目	2020年	比年初增减
各项存款	0.89	0.57	各项贷款	0.09	-0.03
1.个人存款	—	—	1.短期贷款	0.09	-0.03
其中：活期储蓄存款	—	—	（1）个人贷款	—	—
定期储蓄存款	—	—	（2）单位贷款	0.09	-0.03
2.单位存款	0.89	0.57	2.中长期贷款	—	—
其中：活期存款	0.88	0.58	（1）个人贷款	—	—
定期存款	—	—	（2）单位贷款	—	—
保证金存款	0.02	-0.01	3.票据融资	—	—
代理财政性存款	—	—	4.各项垫款	—	—
资金来源总计	0.89	0.57	资金运用总计	0.89	0.57

山东省中国进出口银行外汇信贷收支表

单位：亿美元

项目	2020年	比年初增减	项目	2020年	比年初增减
各项存款	0.28	-0.10	各项贷款	20.36	-5.97
1.个人存款	—	—	1.短期贷款	2.66	0.09
其中：活期储蓄存款	—	—	（1）个人贷款	—	—
定期储蓄存款	—	—	（2）单位贷款	2.66	0.09
2.单位存款	0.21	-0.12	2.中长期贷款	9.61	-4.79
其中：活期存款	0.05	-0.22	（1）个人贷款	—	—
定期存款	0.15	0.10	（2）单位贷款	9.61	-4.79
保证金存款	0.01	0.00	3.票据融资	—	—
代理财政性存款	—	—	4.各项垫款	—	—
资金来源总计	19.30	-6.30	资金运用总计	19.30	-6.30

山东省中国工商银行外汇信贷收支表

单位：亿美元

项目	2020年	比年初增减	项目	2020年	比年初增减
各项存款	38.21	14.04	各项贷款	15.07	3.94
1.个人存款	8.62	1.34	1.短期贷款	13.90	4.45
其中：活期储蓄存款	6.55	1.24	（1）个人贷款	0.07	-0.08
定期储蓄存款	1.89	-0.03	（2）单位贷款	13.83	4.52
2.单位存款	28.85	12.90	2.中长期贷款	0.59	-0.34
其中：活期存款	16.41	7.07	（1）个人贷款	0.00	0.00
定期存款	2.84	0.25	（2）单位贷款	0.59	-0.34
保证金存款	9.59	5.58	3.票据融资	—	—
代理财政性存款	—	—	4.各项垫款	0.08	-0.14
资金来源总计	46.20	17.44	资金运用总计	46.20	17.44

山东省中国农业银行外汇信贷收支表

单位：亿美元

项目	2020年	比年初增减	项目	2020年	比年初增减
各项存款	33.98	7.36	各项贷款	23.59	5.01
1.个人存款	1.43	0.06	1.短期贷款	15.66	2.80
其中：活期储蓄存款	0.76	0.09	（1）个人贷款	0.02	-0.03
定期储蓄存款	0.67	-0.04	（2）单位贷款	15.64	2.83
2.单位存款	27.93	5.16	2.中长期贷款	0.12	-0.25
其中：活期存款	15.86	5.37	（1）个人贷款	0.00	0.00
定期存款	1.98	-0.55	（2）单位贷款	0.12	-0.25
保证金存款	10.09	0.60	3.票据融资	—	—
代理财政性存款	—	—	4.各项垫款	—	—
资金来源总计	36.91	1.62	资金运用总计	36.91	1.62

山东省中国银行外汇信贷收支表

单位：亿美元

项目	2020年	比年初增减	项目	2020年	比年初增减
各项存款	85.73	19.98	各项贷款	34.66	4.95
1.个人存款	24.44	2.61	1.短期贷款	28.45	8.18
其中：活期储蓄存款	15.54	2.54	（1）个人贷款	0.04	-0.04
定期储蓄存款	8.82	0.06	（2）单位贷款	28.41	8.22
2.单位存款	60.14	17.20	2.中长期贷款	1.06	-0.02
其中：活期存款	44.05	12.26	（1）个人贷款	0.00	0.00
定期存款	8.19	0.85	（2）单位贷款	1.06	-0.02
保证金存款	7.88	4.08	3.票据融资	—	—
代理财政性存款	—	—	4.各项垫款	0.52	-0.87
资金来源总计	91.31	17.34	资金运用总计	91.31	17.34

山东省中国建设银行外汇信贷收支表

单位：亿美元

项目	2020年	比年初增减	项目	2020年	比年初增减
各项存款	32.33	4.14	各项贷款	19.07	-1.30
1.个人存款	4.75	-0.45	1.短期贷款	10.97	-2.09
其中：活期储蓄存款	1.97	-0.27	（1）个人贷款	0.01	-0.01
定期储蓄存款	1.80	0.23	（2）单位贷款	10.96	-2.07
2.单位存款	26.04	4.80	2.中长期贷款	8.10	0.78
其中：活期存款	12.12	2.14	（1）个人贷款	—	—
定期存款	3.85	2.84	（2）单位贷款	8.10	0.78
保证金存款	9.00	-0.62	3.票据融资	—	—
代理财政性存款	—	—	4.各项垫款	—	—
资金来源总计	33.34	1.97	资金运用总计	33.34	1.97

山东省交通银行外汇信贷收支表

单位：亿美元

项目	2020年	比年初增减	项目	2020年	比年初增减
各项存款	9.21	3.43	各项贷款	3.93	0.17
1.个人存款	2.74	0.82	1.短期贷款	3.59	-0.16
其中：活期储蓄存款	0.75	0.21	（1）个人贷款	—	—
定期储蓄存款	1.97	0.61	（2）单位贷款	3.59	-0.16
2.单位存款	6.39	2.55	2.中长期贷款	0.18	0.17
其中：活期存款	5.35	2.37	（1）个人贷款	—	—
定期存款	0.96	0.73	（2）单位贷款	0.18	0.17
保证金存款	0.07	-0.56	3.票据融资	—	—
代理财政性存款	—	—	4.各项垫款	0.16	0.16
资金来源总计	10.29	3.63	资金运用总计	10.29	3.63

山东省中国邮政储蓄银行外汇信贷收支表

单位：亿美元

项目	2020年	比年初增减	项目	2020年	比年初增减
各项存款	0.38	0.12	各项贷款	4.92	4.92
1.个人存款	0.15	-0.01	1.短期贷款	—	—
其中：活期储蓄存款	0.10	0.00	（1）个人贷款	—	—
定期储蓄存款	0.05	-0.01	（2）单位贷款	—	—
2.单位存款	0.22	0.13	2.中长期贷款	—	—
其中：活期存款	0.17	0.10	（1）个人贷款	—	—
定期存款	—	-0.03	（2）单位贷款	—	—
保证金存款	0.05	0.05	3.票据融资	—	—
代理财政性存款	—	—	4.各项垫款	—	—
资金来源总计	278.96	151.46	资金运用总计	278.96	151.46

山东省恒丰银行外汇信贷收支表

单位：亿美元

项目	2020年	比年初增减	项目	2020年	比年初增减
各项存款	5.11	4.48	各项贷款	2.42	0.16
1.个人存款	0.11	-0.02	1.短期贷款	0.35	0.15
其中：活期储蓄存款	0.01	0.00	（1）个人贷款	—	—
定期储蓄存款	0.10	-0.02	（2）单位贷款	0.35	0.15
2.单位存款	4.19	3.79	2.中长期贷款	0.07	0.01
其中：活期存款	4.11	3.75	（1）个人贷款	—	—
定期存款	0.00	-0.03	（2）单位贷款	0.07	0.01
保证金存款	0.08	0.07	3.票据融资	—	—
代理财政性存款	—	—	4.各项垫款	—	—
资金来源总计	12.71	10.46	资金运用总计	12.71	10.46

山东省中信银行外汇信贷收支表

单位：亿美元

项目	2020年	比年初增减	项目	2020年	比年初增减
各项存款	11.06	-1.28	各项贷款	5.43	3.14
1.个人存款	2.44	0.58	1.短期贷款	5.32	3.03
其中：活期储蓄存款	0.80	0.22	（1）个人贷款	—	—
定期储蓄存款	1.57	0.45	（2）单位贷款	5.32	3.03
2.单位存款	8.37	-1.91	2.中长期贷款	0.11	0.11
其中：活期存款	6.76	-3.10	（1）个人贷款	—	—
定期存款	0.44	0.40	（2）单位贷款	0.11	0.11
保证金存款	1.17	0.79	3.票据融资	—	—
代理财政性存款	—	—	4.各项垫款	—	—
资金来源总计	11.89	-2.58	资金运用总计	11.89	-2.58

山东省中国光大银行外汇信贷收支表

单位：亿美元

项目	2020年	比年初增减	项目	2020年	比年初增减
各项存款	10.92	2.36	各项贷款	9.89	3.86
1.个人存款	1.62	-0.09	1.短期贷款	9.30	3.65
其中：活期储蓄存款	0.58	0.15	（1）个人贷款	—	—
定期储蓄存款	0.31	0.10	（2）单位贷款	9.30	3.65
2.单位存款	9.24	2.41	2.中长期贷款	0.54	0.36
其中：活期存款	1.37	-0.66	（1）个人贷款	—	—
定期存款	7.82	3.92	（2）单位贷款	0.54	0.36
保证金存款	0.06	-0.25	3.票据融资	—	—
代理财政性存款	—	—	4.各项垫款	—	-0.19
资金来源总计	11.92	-1.70	资金运用总计	11.92	-1.70

山东省华夏银行外汇信贷收支表

单位：亿美元

项目	2020年	比年初增减	项目	2020年	比年初增减
各项存款	5.20	-2.32	各项贷款	3.23	-2.00
1.个人存款	0.15	0.00	1.短期贷款	2.51	-1.94
其中：活期储蓄存款	0.04	0.01	（1）个人贷款	—	—
定期储蓄存款	0.10	-0.01	（2）单位贷款	2.51	-1.94
2.单位存款	4.98	-2.39	2.中长期贷款	0.71	-0.06
其中：活期存款	3.29	-0.01	（1）个人贷款	—	—
定期存款	1.46	-0.64	（2）单位贷款	0.71	-0.06
保证金存款	0.24	-0.07	3.票据融资	—	—
代理财政性存款	—	—	4.各项垫款	0.00	—
资金来源总计	5.57	-3.30	资金运用总计	5.57	-3.30

山东省中国民生银行外汇信贷收支表

单位：亿美元

项目	2020年	比年初增减	项目	2020年	比年初增减
各项存款	6.69	-2.15	各项贷款	6.18	2.43
1.个人存款	0.55	0.02	1.短期贷款	1.37	0.47
其中：活期储蓄存款	0.30	0.09	（1）个人贷款	—	—
定期储蓄存款	0.07	0.02	（2）单位贷款	1.37	0.47
2.单位存款	6.00	-0.98	2.中长期贷款	1.47	0.70
其中：活期存款	1.81	-0.01	（1）个人贷款	—	—
定期存款	0.13	0.13	（2）单位贷款	1.47	0.70
保证金存款	4.06	-1.09	3.票据融资	—	—
代理财政性存款	—	—	4.各项垫款	—	0.00
资金来源总计	7.25	-1.52	资金运用总计	7.25	-1.52

山东省招商银行外汇信贷收支表

单位：亿美元

项目	2020年	比年初增减	项目	2020年	比年初增减
各项存款	7.91	1.69	各项贷款	1.00	-0.63
1.个人存款	3.92	0.63	1.短期贷款	1.00	-0.51
其中：活期储蓄存款	2.81	0.59	（1）个人贷款	—	—
定期储蓄存款	0.99	-0.02	（2）单位贷款	1.00	-0.51
2.单位存款	3.69	0.93	2.中长期贷款	—	—
其中：活期存款	3.48	1.27	（1）个人贷款	—	—
定期存款	0.04	-0.41	（2）单位贷款	—	—
保证金存款	0.16	0.08	3.票据融资	—	—
代理财政性存款	—	—	4.各项垫款	—	-0.02
资金来源总计	8.97	2.45	资金运用总计	8.97	2.45

山东省兴业银行外汇信贷收支表

单位：亿美元

项目	2020年	比年初增减	项目	2020年	比年初增减
各项存款	6.54	-3.21	各项贷款	4.22	0.26
1.个人存款	1.05	-0.15	1.短期贷款	3.96	0.46
其中：活期储蓄存款	0.23	0.04	（1）个人贷款	—	—
定期储蓄存款	0.40	-0.36	（2）单位贷款	3.96	0.46
2.单位存款	5.16	0.28	2.中长期贷款	0.26	-0.18
其中：活期存款	2.92	0.96	（1）个人贷款	—	—
定期存款	0.57	-1.60	（2）单位贷款	0.26	-0.18
保证金存款	1.53	1.05	3.票据融资	—	—
代理财政性存款	—	—	4.各项垫款	—	-0.01
资金来源总计	7.60	-2.84	资金运用总计	7.60	-2.84

山东省广发银行外汇信贷收支表

单位：亿美元

项目	2020年	比年初增减	项目	2020年	比年初增减
各项存款	0.59	0.37	各项贷款	0.35	0.31
1.个人存款	0.03	0.00	1.短期贷款	0.35	0.31
其中：活期储蓄存款	0.01	0.00	（1）个人贷款	—	—
定期储蓄存款	0.02	0.00	（2）单位贷款	0.35	0.31
2.单位存款	0.56	0.37	2.中长期贷款	—	—
其中：活期存款	0.47	0.27	（1）个人贷款	—	—
定期存款	0.07	0.07	（2）单位贷款	—	—
保证金存款	0.03	0.03	3.票据融资	—	—
代理财政性存款	—	—	4.各项垫款	—	—
资金来源总计	0.46	0.15	资金运用总计	0.46	0.15

山东省平安银行外汇信贷收支表

单位：亿美元

项目	2020年	比年初增减	项目	2020年	比年初增减
各项存款	4.59	-4.62	各项贷款	5.36	-7.42
1.个人存款	0.56	0.08	1.短期贷款	4.98	-7.80
其中：活期储蓄存款	0.14	0.04	（1）个人贷款	—	—
定期储蓄存款	0.42	0.04	（2）单位贷款	4.98	-7.80
2.单位存款	4.02	-4.69	2.中长期贷款	0.37	0.37
其中：活期存款	1.03	0.25	（1）个人贷款	—	—
定期存款	0.07	0.00	（2）单位贷款	0.37	0.37
保证金存款	2.92	-4.94	3.票据融资	—	—
代理财政性存款	—	—	4.各项垫款	—	—
资金来源总计	9.00	-10.62	资金运用总计	9.00	-10.62

山东省上海浦东发展银行外汇信贷收支表

单位：亿美元

项目	2020年	比年初增减	项目	2020年	比年初增减
各项存款	5.60	1.69	各项贷款	3.97	1.93
1.个人存款	0.73	0.02	1.短期贷款	3.12	1.85
其中：活期储蓄存款	0.38	0.11	（1）个人贷款	—	—
定期储蓄存款	0.35	0.21	（2）单位贷款	3.12	1.85
2.单位存款	4.85	1.67	2.中长期贷款	0.54	0.27
其中：活期存款	3.51	0.63	（1）个人贷款	—	—
定期存款	0.07	0.02	（2）单位贷款	0.54	0.27
保证金存款	1.27	1.01	3.票据融资	—	—
代理财政性存款	—	—	4.各项垫款	0.30	-0.19
资金来源总计	10.45	6.28	资金运用总计	10.45	6.28

山东省浙商银行外汇信贷收支表

单位：亿美元

项目	2020年	比年初增减	项目	2020年	比年初增减
各项存款	6.52	-0.42	各项贷款	3.54	0.28
1.个人存款	0.03	0.00	1.短期贷款	2.04	-1.21
其中：活期储蓄存款	0.01	0.01	（1）个人贷款	—	—
定期储蓄存款	0.02	0.00	（2）单位贷款	2.04	-1.21
2.单位存款	6.43	-0.43	2.中长期贷款	1.09	1.09
其中：活期存款	2.62	2.26	（1）个人贷款	—	—
定期存款	3.65	-2.28	（2）单位贷款	1.09	1.09
保证金存款	0.11	0.05	3.票据融资	—	—
代理财政性存款	—	—	4.各项垫款	—	—
资金来源总计	6.51	-1.66	资金运用总计	6.51	-1.66

山东省渤海银行外汇信贷收支表

单位：亿美元

项目	2020年	比年初增减	项目	2020年	比年初增减
各项存款	3.84	1.83	各项贷款	5.07	2.17
1.个人存款	0.00	0.00	1.短期贷款	3.74	1.42
其中：活期储蓄存款	0.00	0.00	（1）个人贷款	—	—
定期储蓄存款	0.00	0.00	（2）单位贷款	3.74	1.42
2.单位存款	3.84	1.82	2.中长期贷款	1.32	0.76
其中：活期存款	0.14	-0.37	（1）个人贷款	—	—
定期存款	—	—	（2）单位贷款	1.32	0.76
保证金存款	3.71	2.19	3.票据融资	—	—
代理财政性存款	—	—	4.各项垫款	—	—
资金来源总计	5.11	2.20	资金运用总计	5.11	2.20

三、分机构经营成果情况

山东省全金融机构（含外资）本外币损益统计表

汇率：6.5249　　　　单位：亿元

项目	本年	比上年同期增减	比上年同期增减（%）	项目	本年	比上年同期增减	比上年同期增减（%）
一、营业收入	3,342.13	180.34	5.70	1.业务及管理费	1,115.49	19.45	1.77
1.利息净收入	2,861.84	197.79	7.42	2.营业税金及附加	43.51	4.31	10.99
利息收入	8,886.64	626.51	7.58	3.资产减值损失	1,219.59	-352.61	-22.43
利息支出	6,024.79	428.72	7.66	三、营业利润	921.30	516.39	127.53
2.手续费及佣金净收入	274.60	8.47	3.18	四、利润总额	914.85	509.28	125.57
二、营业支出	2,420.84	-336.06	-12.19	五、净利润	743.30	467.98	169.98

山东省全金融机构（不含外资）本外币损益统计表

汇率：6.5249　　　　单位：亿元

项目	本年	比上年同期增减	比上年同期增减（%）	项目	本年	比上年同期增减	比上年同期增减（%）
一、营业收入	3,328.50	181.12	5.75	1.业务及管理费	1,110.91	19.70	1.81
1.利息净收入	2,850.97	198.52	7.48	2.营业税金及附加	43.36	4.32	11.07
利息收入	8,864.16	630.53	7.66	3.资产减值损失	1,218.38	-353.73	-22.50
利息支出	6,013.18	432.01	7.74	三、营业利润	913.64	518.04	130.95
2.手续费及佣金净收入	273.20	8.54	3.23	四、利润总额	907.21	510.93	128.93
二、营业支出	2,414.86	-336.92	-12.24	五、净利润	735.87	469.10	175.84

山东省政策性银行本外币损益统计表

汇率：6.5249　　　　单位：亿元

项目	本年	比上年同期增减	比上年同期增减（%）	项目	本年	比上年同期增减	比上年同期增减（%）
一、营业收入	151.12	-19.11	-11.23	1.业务及管理费	18.12	0.30	1.68
1.利息净收入	153.27	-12.09	-7.31	2.营业税金及附加	3.40	-0.05	-1.45
利息收入	520.07	-27.23	-4.98	3.资产减值损失	30.84	16.49	114.91
利息支出	366.80	-15.15	-3.97	三、营业利润	98.48	-36.14	-26.85
2.手续费及佣金净收入	0.81	-2.56	-75.96	四、利润总额	98.48	-37.23	-27.43
二、营业支出	52.64	17.03	47.82	五、净利润	98.48	-37.23	-27.43

山东省国家开发银行本外币损益统计表

汇率：6.5249　　　　单位：亿元

项目	本年	比上年同期增减	比上年同期增减（%）	项目	本年	比上年同期增减	比上年同期增减（%）
一、营业收入	78.59	-27.20	-25.71	1.业务及管理费	3.29	-0.22	-6.27
1.利息净收入	81.61	-20.06	-19.73	2.营业税金及附加	2.27	-0.14	-5.81
利息收入	288.84	-36.67	-11.27	3.资产减值损失	13.01	14.16	-1,231.30
利息支出	207.22	-16.61	-7.42	三、营业利润	60.02	-41.00	-40.59
2.手续费及佣金净收入	0.64	-2.29	-78.16	四、利润总额	60.04	-41.01	-40.58
二、营业支出	18.57	13.80	289.31	五、净利润	60.04	-41.01	-40.58

山东省中国农业发展银行本外币损益统计表

汇率：6.5249　　　　单位：亿元

项目	本年	比上年同期增减	比上年同期增减（%）	项目	本年	比上年同期增减	比上年同期增减（%）
一、营业收入	62.36	5.29	9.27	1.业务及管理费	14.28	0.49	3.55
1.利息净收入	62.18	5.29	9.30	2.营业税金及附加	0.80	0.10	14.29
利息收入	189.29	8.10	4.47	3.资产减值损失	9.77	1.61	19.73
利息支出	127.12	2.81	2.26	三、营业利润	37.50	3.10	9.01
2.手续费及佣金净收入	-0.05	-0.12	-171.43	四、利润总额	37.49	3.08	8.95
二、营业支出	24.85	2.19	9.66	五、净利润	37.49	3.08	8.95

山东省中国进出口银行本外币损益统计表

汇率：6.5249　　　　单位：亿元

项目	本年	比上年同期增减	比上年同期增减（%）	项目	本年	比上年同期增减	比上年同期增减（%）
一、营业收入	10.17	2.80	39.99	1.业务及管理费	0.55	0.03	5.77
1.利息净收入	9.48	2.68	39.41	2.营业税金及附加	0.33	0.00	0.00
利息收入	41.94	1.34	3.30	3.资产减值损失	8.06	0.72	9.81
利息支出	32.46	-1.34	-3.96	三、营业利润	0.95	1.77	-215.85
2.手续费及佣金净收入	0.22	-0.15	-40.54	四、利润总额	0.95	0.71	295.83
二、营业支出	9.22	1.03	12.58	五、净利润	0.95	0.71	295.83

山东省国有商业银行本外币损益统计表

汇率：6.5249　　　　单位：亿元

项目	本年	比上年同期增减	比上年同期增减（%）	项目	本年	比上年同期增减	比上年同期增减（%）
一、营业收入	1,156.44	96.36	9.09	1.业务及管理费	326.35	-2.52	-0.77
1.利息净收入	982.08	99.28	11.25	2.营业税金及附加	13.75	1.18	9.39
利息收入	3,675.59	229.80	6.67	3.资产减值损失	479.08	-221.06	-31.57
利息支出	2,693.52	130.52	5.09	三、营业利润	302.36	327.87	-1,285.26
2.手续费及佣金净收入	169.74	2.52	1.51	四、利润总额	301.24	328.59	-1,201.43
二、营业支出	854.08	-231.52	-21.33	五、净利润	237.64	288.56	-566.69

山东省中国工商银行本外币损益统计表

汇率：6.5249　　　　单位：亿元

项目	本年	比上年同期增减	比上年同期增减（%）	项目	本年	比上年同期增减	比上年同期增减（%）
一、营业收入	338.75	25.18	8.03	1.业务及管理费	80.25	-1.02	-1.26
1.利息净收入	275.94	21.87	8.61	2.营业税金及附加	4.28	0.17	4.14
利息收入	1,916.76	92.85	5.09	3.资产减值损失	183.74	-118.09	-39.12
利息支出	1,640.82	70.98	4.52	三、营业利润	54.01	137.90	-164.38
2.手续费及佣金净收入	58.29	-2.61	-4.29	四、利润总额	54.25	138.43	-164.45
二、营业支出	284.75	-112.72	-28.36	五、净利润	25.13	102.85	-132.33

山东省中国农业银行本外币损益统计表

汇率：6.5249　　单位：亿元

项目	本年	比上年同期增减	比上年同期增减（%）	项目	本年	比上年同期增减	比上年同期增减（%）
一、营业收入	343.69	30.57	9.76	1.业务及管理费	107.18	0.15	0.14
1.利息净收入	307.95	37.01	13.66	2.营业税金及附加	3.45	0.25	7.81
利息收入	878.42	72.01	8.93	3.资产减值损失	144.69	54.46	60.36
利息支出	570.47	34.99	6.53	三、营业利润	88.92	-23.59	-20.97
2.手续费及佣金净收入	41.68	0.24	0.58	四、利润总额	87.75	-23.83	-21.36
二、营业支出	254.77	54.16	27.00	五、净利润	74.57	-16.07	-17.73

山东省中国银行本外币损益统计表

汇率：6.5249　　单位：亿元

项目	本年	比上年同期增减	比上年同期增减（%）	项目	本年	比上年同期增减	比上年同期增减（%）
一、营业收入	183.23	8.07	4.61	1.业务及管理费	54.72	-1.38	-2.46
1.利息净收入	142.90	5.47	3.98	2.营业税金及附加	2.59	0.36	16.14
利息收入	429.81	5.59	1.32	3.资产减值损失	86.05	-86.25	-50.06
利息支出	286.90	0.12	0.04	三、营业利润	35.01	111.57	-145.73
2.手续费及佣金净收入	31.02	3.67	13.42	四、利润总额	34.92	111.79	-145.43
二、营业支出	148.23	-103.50	-41.12	五、净利润	13.63	99.59	-115.86

山东省中国建设银行本外币损益统计表

汇率：6.5249　　单位：亿元

项目	本年	比上年同期增减	比上年同期增减（%）	项目	本年	比上年同期增减	比上年同期增减（%）
一、营业收入	290.76	32.54	12.60	1.业务及管理费	84.21	-0.28	-0.33
1.利息净收入	255.29	34.92	15.85	2.营业税金及附加	3.43	0.40	13.20
利息收入	450.61	59.35	15.17	3.资产减值损失	64.60	-71.18	-52.42
利息支出	195.32	24.44	14.30	三、营业利润	124.42	102.00	454.95
2.手续费及佣金净收入	38.76	1.22	3.25	四、利润总额	124.33	102.20	461.82
二、营业支出	166.34	-69.46	-29.46	五、净利润	124.33	102.20	461.82

山东省交通银行本外币损益统计表

汇率：6.5249　　单位：亿元

项目	本年	比上年同期增减	比上年同期增减（%）	项目	本年	比上年同期增减	比上年同期增减（%）
一、营业收入	87.20	9.65	12.44	1.业务及管理费	21.89	0.00	0.00
1.利息净收入	65.60	8.85	15.59	2.营业税金及附加	1.07	0.00	0.00
利息收入	214.15	15.03	7.55	3.资产减值损失	45.96	-26.27	-36.37
利息支出	148.55	6.18	4.34	三、营业利润	14.15	35.67	-165.75
2.手续费及佣金净收入	13.41	-1.67	-11.07	四、利润总额	13.84	34.68	-166.41
二、营业支出	73.05	-26.02	-26.26	五、净利润	13.84	34.68	-166.41

山东省中国邮政储蓄银行本外币损益统计表

汇率：6.5249　　单位：亿元

项目	本年	比上年同期增减	比上年同期增减（%）	项目	本年	比上年同期增减	比上年同期增减（%）
一、营业收入	170.92	17.32	11.28	1. 业务及管理费	112.36	9.60	9.34
1. 利息净收入	162.32	20.03	14.08	2. 营业税金及附加	1.30	0.16	14.04
利息收入	392.63	47.42	13.74	3. 资产减值损失	7.10	1.76	32.96
利息支出	230.32	27.39	13.50	三、营业利润	50.00	6.03	13.71
2. 手续费及佣金净收入	7.82	-2.22	-22.11	四、利润总额	50.04	5.98	13.57
二、营业支出	120.92	11.29	10.30	五、净利润	49.14	5.89	13.62

山东省股份制商业银行本外币损益统计表

汇率：6.5249　　单位：亿元

项目	本年	比上年同期增减	比上年同期增减（%）	项目	本年	比上年同期增减	比上年同期增减（%）
一、营业收入	510.48	47.56	10.27	1. 业务及管理费	177.00	4.27	2.47
1. 利息净收入	431.99	47.60	12.38	2. 营业税金及附加	7.78	0.82	11.78
利息收入	1,345.00	84.84	6.73	3. 资产减值损失	269.16	-181.96	-40.34
利息支出	913.01	37.24	4.25	三、营业利润	51.27	223.55	-129.76
2. 手续费及佣金净收入	57.97	-0.24	-0.41	四、利润总额	50.97	222.64	-129.69
二、营业支出	459.21	-175.99	-27.71	五、净利润	33.42	215.85	-118.32

山东省恒丰银行本外币损益统计表

汇率：6.5249　　单位：亿元

项目	本年	比上年同期增减	比上年同期增减（%）	项目	本年	比上年同期增减	比上年同期增减（%）
一、营业收入	10.07	-3.94	-28.12	1. 业务及管理费	15.53	1.52	10.85
1. 利息净收入	5.60	-6.01	-51.77	2. 营业税金及附加	0.69	0.15	27.78
利息收入	60.14	-5.53	-8.42	3. 资产减值损失	10.39	6.76	186.23
利息支出	54.55	0.48	0.89	三、营业利润	-16.55	-12.35	294.05
2. 手续费及佣金净收入	4.06	2.20	118.28	四、利润总额	-16.44	-12.27	294.24
二、营业支出	26.62	8.41	46.18	五、净利润	-16.44	-12.27	294.24

山东省中信银行本外币损益统计表

汇率：6.5249　　单位：亿元

项目	本年	比上年同期增减	比上年同期增减（%）	项目	本年	比上年同期增减	比上年同期增减（%）
一、营业收入	49.31	3.71	8.14	1. 业务及管理费	18.57	0.35	1.92
1. 利息净收入	42.22	3.73	9.69	2. 营业税金及附加	0.83	0.06	7.79
利息收入	243.16	9.40	4.02	3. 资产减值损失	22.89	-13.14	-36.47
利息支出	200.94	5.67	2.90	三、营业利润	7.02	16.44	-174.52
2. 手续费及佣金净收入	5.75	-0.22	-3.69	四、利润总额	7.38	16.50	-180.92
二、营业支出	42.29	-12.73	-23.14	五、净利润	2.56	9.63	-136.21

山东省中国光大银行本外币损益统计表

汇率：6.5249　　　　单位：亿元

项目	本年	比上年同期增减	比上年同期增减（%）	项目	本年	比上年同期增减	比上年同期增减（%）
一、营业收入	42.42	-0.91	-2.10	1.业务及管理费	12.58	0.49	4.05
1.利息净收入	34.01	-0.43	-1.25	2.营业税金及附加	0.54	0.05	10.20
利息收入	79.79	-3.30	-3.97	3.资产减值损失	14.76	-20.58	-58.23
利息支出	45.79	-2.87	-5.90	三、营业利润	14.29	19.01	-402.75
2.手续费及佣金净收入	7.19	-1.07	-12.95	四、利润总额	14.06	18.86	-392.92
二、营业支出	28.13	-19.92	-41.46	五、净利润	13.02	19.16	-312.05

山东省华夏银行本外币损益统计表

汇率：6.5249　　　　单位：亿元

项目	本年	比上年同期增减	比上年同期增减（%）	项目	本年	比上年同期增减	比上年同期增减（%）
一、营业收入	39.77	1.80	4.74	1.业务及管理费	11.09	-1.40	-11.21
1.利息净收入	38.68	2.23	6.12	2.营业税金及附加	0.54	0.03	5.88
利息收入	68.51	-0.39	-0.57	3.资产减值损失	33.87	-21.20	-38.50
利息支出	29.83	-2.62	-8.07	三、营业利润	-5.73	24.37	-80.96
2.手续费及佣金净收入	0.71	-0.33	-31.73	四、利润总额	-5.69	24.44	-81.12
二、营业支出	45.50	-22.57	-33.16	五、净利润	-6.60	25.36	-79.35

山东省中国民生银行本外币损益统计表

汇率：6.5249　　　　单位：亿元

项目	本年	比上年同期增减	比上年同期增减（%）	项目	本年	比上年同期增减	比上年同期增减（%）
一、营业收入	64.99	14.99	29.98	1.业务及管理费	17.27	-0.75	-4.16
1.利息净收入	59.57	15.91	36.44	2.营业税金及附加	0.73	0.07	10.61
利息收入	114.90	18.94	19.74	3.资产减值损失	56.99	23.34	69.36
利息支出	55.33	3.03	5.79	三、营业利润	-10.60	-8.29	358.87
2.手续费及佣金净收入	4.29	-0.92	-17.66	四、利润总额	-10.63	-8.19	335.66
二、营业支出	75.60	23.27	44.47	五、净利润	-10.63	-8.19	335.66

山东省招商银行本外币损益统计表

汇率：6.5249　　　　单位：亿元

项目	本年	比上年同期增减	比上年同期增减（%）	项目	本年	比上年同期增减	比上年同期增减（%）
一、营业收入	59.33	4.83	8.86	1.业务及管理费	28.46	1.62	6.04
1.利息净收入	49.68	4.13	9.07	2.营业税金及附加	0.65	0.05	8.33
利息收入	131.68	15.47	13.31	3.资产减值损失	-10.61	-1.42	15.45
利息支出	82.00	11.34	16.05	三、营业利润	40.76	4.58	12.66
2.手续费及佣金净收入	6.98	0.65	10.27	四、利润总额	40.50	4.37	12.10
二、营业支出	18.57	0.25	1.36	五、净利润	30.37	3.26	12.03

山东省兴业银行本外币损益统计表

汇率：6.5249 单位：亿元

项目	本年	比上年同期增减	比上年同期增减（%）	项目	本年	比上年同期增减	比上年同期增减（%）
一、营业收入	64.91	8.10	14.26	1.业务及管理费	17.48	0.58	3.43
1.利息净收入	56.42	6.92	13.98	2.营业税金及附加	0.95	0.13	15.85
利息收入	136.41	11.54	9.24	3.资产减值损失	39.01	-11.59	-22.91
利息支出	79.99	4.63	6.14	三、营业利润	7.47	18.98	-164.90
2.手续费及佣金净收入	6.73	1.25	22.81	四、利润总额	7.53	19.01	-165.59
二、营业支出	57.44	-10.88	-15.93	五、净利润	7.53	19.01	-165.59

山东省广发银行本外币损益统计表

汇率：6.5249 单位：亿元

项目	本年	比上年同期增减	比上年同期增减（%）	项目	本年	比上年同期增减	比上年同期增减（%）
一、营业收入	9.51	2.64	38.43	1.业务及管理费	3.19	-0.13	-3.92
1.利息净收入	8.99	2.69	42.70	2.营业税金及附加	0.20	0.03	17.65
利息收入	32.53	8.27	34.09	3.资产减值损失	10.75	-16.54	-60.61
利息支出	23.54	5.58	31.07	三、营业利润	-4.63	19.30	-80.65
2.手续费及佣金净收入	0.36	-0.04	-10.00	四、利润总额	-4.67	19.30	-80.52
二、营业支出	14.15	-16.65	-54.06	五、净利润	-4.67	19.30	-80.52

山东省平安银行本外币损益统计表

汇率：6.5249 单位：亿元

项目	本年	比上年同期增减	比上年同期增减（%）	项目	本年	比上年同期增减	比上年同期增减（%）
一、营业收入	29.48	6.93	30.73	1.业务及管理费	10.90	0.80	7.92
1.利息净收入	26.58	7.05	36.10	2.营业税金及附加	0.53	0.11	26.19
利息收入	75.11	8.07	12.04	3.资产减值损失	29.20	-38.48	-56.86
利息支出	48.53	1.02	2.15	三、营业利润	-11.23	44.56	-79.87
2.手续费及佣金净收入	1.99	-0.44	-18.11	四、利润总额	-11.22	44.66	-79.92
二、营业支出	40.71	-37.63	-48.03	五、净利润	-11.22	44.66	-79.92

山东省上海浦东发展银行本外币损益统计表

汇率：6.5249 单位：亿元

项目	本年	比上年同期增减	比上年同期增减（%）	项目	本年	比上年同期增减	比上年同期增减（%）
一、营业收入	35.93	1.93	5.68	1.业务及管理费	11.99	0.65	5.73
1.利息净收入	31.25	2.52	8.77	2.营业税金及附加	0.60	0.03	5.26
利息收入	132.02	0.14	0.11	3.资产减值损失	13.79	-67.22	-82.98
利息支出	100.77	-2.38	-2.31	三、营业利润	9.51	68.51	-116.12
2.手续费及佣金净收入	3.13	-0.36	-10.32	四、利润总额	9.50	68.53	-116.09
二、营业支出	26.42	-66.57	-71.59	五、净利润	9.50	68.53	-116.09

山东省浙商银行本外币损益统计表

汇率：6.5249　　单位：亿元

项目	本年	比上年同期增减	比上年同期增减（%）	项目	本年	比上年同期增减	比上年同期增减（%）
一、营业收入	5.80	-4.83	-45.44	1.业务及管理费	4.41	0.74	20.16
1.利息净收入	3.64	-2.64	-42.04	2.营业税金及附加	0.27	0.07	35.00
利息收入	21.56	0.92	4.46	3.资产减值损失	2.16	4.39	-196.86
利息支出	17.91	3.57	24.90	三、营业利润	-1.04	-10.02	-111.58
2.手续费及佣金净收入	1.45	0.71	96.95	四、利润总额	-1.06	-10.04	-111.80
二、营业支出	6.84	5.19	314.55	五、净利润	-1.32	-10.05	-115.12

山东省渤海银行本外币损益统计表

汇率：6.5249　　单位：亿元

项目	本年	比上年同期增减	比上年同期增减（%）	项目	本年	比上年同期增减	比上年同期增减（%）
一、营业收入	11.75	2.65	29.12	1.业务及管理费	3.65	-0.18	-4.70
1.利息净收入	9.75	2.67	37.71	2.营业税金及附加	0.18	0.04	28.57
利息收入	35.04	6.27	21.79	3.资产减值损失	—	—	—
利息支出	25.29	3.60	16.60	三、营业利润	7.86	2.79	55.03
2.手续费及佣金净收入	1.94	0.01	0.52	四、利润总额	7.86	2.79	55.03
二、营业支出	3.89	-0.14	-3.47	五、净利润	7.46	2.77	59.06

山东省城市商业银行本外币损益统计表

汇率：6.5249　　单位：亿元

项目	本年	比上年同期增减	比上年同期增减（%）	项目	本年	比上年同期增减	比上年同期增减（%）
一、营业收入	559.45	46.71	9.11	1.业务及管理费	175.64	11.23	6.83
1.利息净收入	436.34	45.33	11.59	2.营业税金及附加	7.31	0.66	9.92
利息收入	1,568.79	199.72	14.59	3.资产减值损失	225.91	31.70	16.32
利息支出	1,132.45	154.39	15.79	三、营业利润	150.14	3.05	2.07
2.手续费及佣金净收入	26.15	6.48	32.94	四、利润总额	142.71	-2.11	-1.46
二、营业支出	409.31	43.66	11.94	五、净利润	122.35	2.66	2.22

山东省农村商业银行本外币损益统计表

汇率：6.5249　　单位：亿元

项目	本年	比上年同期增减	比上年同期增减（%）	项目	本年	比上年同期增减	比上年同期增减（%）
一、营业收入	552.74	-23.73	-4.12	1.业务及管理费	244.04	-5.57	-2.23
1.利息净收入	557.35	-3.78	-0.67	2.营业税金及附加	7.76	1.09	16.34
利息收入	1,083.80	75.13	7.45	3.资产减值损失	161.98	-5.94	-3.54
利息支出	526.45	78.91	17.63	三、营业利润	138.89	-13.33	-8.76
2.手续费及佣金净收入	-19.15	-1.48	8.38	四、利润总额	138.89	-12.95	-8.53
二、营业支出	413.86	-10.40	-2.45	五、净利润	98.19	-11.62	-10.58

山东省农村信用合作社本外币损益统计表

汇率：6.5249　　　　单位：亿元

项目	本年	比上年同期增减	比上年同期增减（%）	项目	本年	比上年同期增减	比上年同期增减（%）
一、营业收入	15.56	1.15	7.98	1.业务及管理费	11.99	0.51	4.44
1.利息净收入	1.75	-0.53	-23.25	2.营业税金及附加	0.21	0.13	162.50
利息收入	34.62	-5.08	-12.80	3.资产减值损失	0.29	0.29	—
利息支出	32.86	-4.56	-12.19	三、营业利润	2.32	-0.54	-18.88
2.手续费及佣金净收入	-0.31	-0.79	-164.58	四、利润总额	2.24	-0.53	-19.13
二、营业支出	13.25	1.69	14.62	五、净利润	2.04	-0.38	-15.70

山东省村镇银行本外币损益统计表

汇率：6.5249　　　　单位：亿元

项目	本年	比上年同期增减	比上年同期增减（%）	项目	本年	比上年同期增减	比上年同期增减（%）
一、营业收入	43.94	2.29	5.50	1.业务及管理费	26.65	1.16	4.55
1.利息净收入	44.36	2.13	5.04	2.营业税金及附加	0.35	0.05	16.67
利息收入	82.66	11.92	16.85	3.资产减值损失	12.16	4.05	49.94
利息支出	38.29	9.79	34.35	三、营业利润	4.52	-3.11	-40.76
2.手续费及佣金净收入	-0.92	-0.04	4.55	四、利润总额	4.87	-3.79	-43.76
二、营业支出	39.42	5.41	15.91	五、净利润	2.38	-4.06	-63.04

山东省信托投资公司本外币损益统计表

汇率：6.5249　　　　单位：亿元

项目	本年	比上年同期增减	比上年同期增减（%）	项目	本年	比上年同期增减	比上年同期增减（%）
一、营业收入	39.45	6.77	20.72	1.业务及管理费	5.77	-1.86	-24.38
1.利息净收入	0.55	0.73	-405.56	2.营业税金及附加	0.23	0.05	27.78
利息收入	1.04	0.46	79.31	3.资产减值损失	6.24	-0.69	-9.96
利息支出	0.50	-0.27	-35.06	三、营业利润	27.19	9.28	51.81
2.手续费及佣金净收入	26.26	3.96	17.76	四、利润总额	27.52	9.10	49.40
二、营业支出	12.25	-2.51	-17.01	五、净利润	21.34	7.06	49.44

山东省中资财务公司本外币损益统计表

汇率：6.5249　　　　单位：亿元

项目	本年	比上年同期增减	比上年同期增减(%)	项目	本年	比上年同期增减	比上年同期增减（%）
一、营业收入	93.18	-3.88	-4.00	1.业务及管理费	5.74	0.34	6.30
1.利息净收入	78.02	-2.55	-3.16	2.营业税金及附加	0.83	0.00	0.00
利息收入	119.33	1.53	1.30	3.资产减值损失	13.89	-3.01	-17.81
利息支出	41.31	4.08	10.96	三、营业利润	72.71	-1.19	-1.61
2.手续费及佣金净收入	0.61	0.10	19.61	四、利润总额	73.53	-1.61	-2.14
二、营业支出	20.48	-2.69	-11.61	五、净利润	57.69	-0.42	-0.72

四、其他金融统计资料

山东省全金融机构（含外资）中间业务收入表

汇率：6.5249　　　　单位：万元

项目	本外币当年累计	人民币当年累计	外币当年累计
中间业务收入合计	3,553,873.83	3,467,367.06	86,506.77
（一）结算性中间业务收入	1,003,195.91	960,563.70	42,632.21
1.国际结算收入	175,335.45	135,052.70	40,282.75
单位	171,245.93	131,737.79	39,508.14
个人	4,089.52	3,314.91	774.61
2.国内结算收入	827,860.46	825,511.00	2,349.46
单位	302,879.03	300,708.44	2,170.59
个人	524,981.43	524,802.56	178.87
（二）担保性中间业务收入	396,120.75	383,847.47	12,273.28
1.银行承兑汇票收入	107,048.66	107,048.66	—
2.保函业务收入	70,216.65	62,118.43	8,098.21
融资性保函	31,699.13	29,720.02	1,979.11
非融资性保函	38,517.51	32,398.41	6,119.10
3.承诺费收入	110,063.02	109,625.85	437.17
4.保理费收入	45,342.16	43,644.58	1,697.58
5.其他担保性中间业务收入	63,450.26	61,409.95	2,040.32
（三）管理性中间业务收入	1,348,640.41	1,325,856.47	22,783.94
1.代收代付收入	91,757.71	91,640.38	117.34
2.资产托管及企业年金业务收入	83,942.77	83,942.59	0.18
3.理财业务收入	386,719.70	385,511.31	1,208.39
4.代客资金业务收入	106,986.76	97,602.73	9,384.03
代客外汇买卖	88,952.52	81,721.18	7,231.34
代客衍生工具交易	17,998.33	15,845.64	2,152.69
其他代客资金业务	35.91	35.91	—
5.银团贷款收入	92,468.71	89,057.77	3,410.94
6.委托贷款收入	60,167.69	59,614.66	553.02
7.其他管理性中间业务收入	526,597.08	518,487.04	8,110.04
代销基金	53,168.04	52,873.29	294.75
代理保险	266,384.80	266,384.80	—
代销债券	20,542.39	20,542.39	—
代理贵金属	69,236.65	69,236.65	—
其他	117,265.19	109,449.91	7,815.28
（四）投资银行业务收入	182,455.45	182,355.68	99.77
1.财务顾问收入	93,569.28	93,477.19	92.09
2.债券承销收入	63,653.64	63,645.96	7.68
3.其他投资银行业务收入	25,232.53	25,232.53	—
（五）其他中间业务收入	623,461.31	614,743.74	8,717.57
其中：保管箱业务收入	4,791.00	4,791.00	—
附：银行卡业务收入	806,392.76	806,103.13	289.63
电子银行业务收入	350,312.68	349,742.62	570.07

山东省全金融机构（不含外资）中间业务收入表

汇率：6.5249　　　　单位：万元

项目	本外币当年累计	人民币当年累计	外币当年累计
中间业务收入合计	3,534,893.11	3,459,082.75	75,810.36
（一）结算性中间业务收入	997,480.16	959,150.99	38,329.16
1.国际结算收入	170,022.20	133,857.15	36,165.06
单位	166,050.45	130,572.99	35,477.47
个人	3,971.75	3,284.16	687.59
2.国内结算收入	827,457.95	825,293.85	2,164.11
单位	302,515.50	300,527.12	1,988.38
个人	524,942.45	524,766.73	175.73
（二）担保性中间业务收入	391,412.84	381,402.51	10,010.33
1.银行承兑汇票收入	106,366.41	106,366.41	—
2.保函业务收入	67,204.33	60,435.73	6,768.60
融资性保函	30,500.02	29,344.75	1,155.27
非融资性保函	36,704.31	31,090.98	5,613.33
3.承诺费收入	110,063.02	109,625.85	437.17
4.保理费收入	45,338.08	43,644.58	1,693.50
5.其他担保性中间业务收入	62,441.01	61,329.95	1,111.06
（三）管理性中间业务收入	1,340,938.73	1,321,876.42	19,062.31
1.代收代付收入	91,756.90	91,640.37	116.53
2.资产托管及企业年金业务收入	83,934.51	83,934.48	0.03
3.理财业务收入	385,375.14	385,030.26	344.89
4.代客资金业务收入	102,476.13	95,267.34	7,208.78
代客外汇买卖	84,975.84	79,421.13	5,554.72
代客衍生工具交易	17,464.37	15,810.31	1,654.06
其他代客资金业务	35.91	35.91	—
5.银团贷款收入	92,010.15	88,699.24	3,310.91
6.委托贷款收入	59,895.37	59,342.35	553.02
7.其他管理性中间业务收入	525,490.53	517,962.38	7,528.15
代销基金	52,721.24	52,641.50	79.74
代理保险	266,119.80	266,119.80	—
代销债券	20,542.39	20,542.39	—
代理贵金属	69,236.65	69,236.65	—
其他	116,870.45	109,422.04	7,448.41
（四）投资银行业务收入	182,426.84	182,337.83	89.00
1.财务顾问收入	93,540.67	93,459.34	81.32
2.债券承销收入	63,653.64	63,645.96	7.68
3.其他投资银行业务收入	25,232.53	25,232.53	—
（五）其他中间业务收入	622,634.54	614,314.99	8,319.55
其中：保管箱业务收入	4,791.00	4,791.00	—
附：银行卡业务收入	806,367.71	806,079.28	288.42
电子银行业务收入	349,745.35	349,680.14	65.21

山东省银行业金融机构人员、机构情况表

（2020年末）

单位：家、人

行别		法人机构数	一级分行机构数	二级分行机构数	支行机构数	支行以下分支机构数	机构数合计	正式人员数合计
国有独资商业银行	工商银行山东省分行	—	1	16	581	295	893	19,611
	工商银行青岛市分行	—	1	1	109	13	124	3,398
	农业银行山东省分行	—	1	16	160	1,149	1,326	24,979
	农业银行青岛市分行	—	1	1	85	71	158	3,718
	中国银行山东省分行	—	1	16	477	—	494	13,367
	中国银行青岛市分行	—	1	2	105	—	108	3,295
	建设银行山东省分行	—	1	17	649	138	805	18,927
	建设银行青岛市分行	—	1	2	120	—	123	3,102
	交通银行山东省分行	—	1	15	127	—	143	3,577
	交通银行青岛分行	—	1	1	43	2	47	1,314
	合计（全省）	—	10	87	2,456	1,668	4,221	95,288
股份制商业银行	中信银行青岛分行	—	1	4	49	—	54	1,654
	中信银行济南分行	—	1	5	40	—	46	1,557
	光大银行青岛分行	—	1	3	28	28	60	1,027
	光大银行济南分行	—	1	6	29	—	36	898
	光大银行烟台分行	—	1	1	11	10	23	501
	华夏银行济南分行	—	1	8	35	10	54	1,409
	华夏银行青岛分行	—	1	1	22	15	39	1,004
	广发银行济南分行	—	1	5	10	3	19	626
	招商银行济南分行	—	1	6	54	—	61	1,714
	招商银行烟台分行	—	1	1	15	—	17	538
	招商银行青岛分行	—	1	2	39	7	49	1,535
	浦发银行济南分行	—	1	10	27	25	63	1,229
	浦发银行青岛分行	—	1	2	20	8	31	800
	平安银行济南分行	—	1	6	20	—	27	778
	平安银行青岛分行	—	1	3	20	12	36	721
	兴业银行济南分行	—	1	12	37	66	116	2,016
	兴业银行青岛分行	—	1	—	13	8	22	549
	民生银行济南分行	—	1	8	49	72	130	1,929
	民生银行青岛分行	—	1	3	35	7	46	904
	恒丰银行	—	2	11	81	24	118	2,874
	恒丰银行青岛分行	—	1	—	12	3	16	392
	渤海银行济南分行	—	1	4	5	4	14	462
	渤海银行青岛银行	—	1	—	—	—	1	66

续表1

	行别	法人机构数	一级分行机构数	二级分行机构数	支行机构数	支行以下分支机构数	机构数合计	正式人员数合计
股份制商业银行	浙商银行济南分行	—	1	6	6	—	13	674
	浙商银行青岛分行	—	1	—	—	—	1	104
	合计（全省）	—	26	107	657	302	1,092	25,961
政策性银行	农业发展银行山东省分行	—	1	16	102	—	119	2,979
	农业发展银行青岛市分行	—	—	1	5	—	6	186
	进出口银行山东省分行	—	1	—	—	—	1	87
	开发银行山东省分行	—	1	—	—	—	1	240
	开发银行青岛市分行	—	1	—	—	—	1	148
	合计（全省）	—	4	17	107	—	128	3,640
城市商业银行	齐鲁银行	1	10	2	132	—	145	3,234
	齐鲁银行青岛分行	—	1	—	7	—	8	150
	青岛银行	1	15	—	112	17	145	4,400
	齐商银行	1	7	—	99	—	107	2,608
	烟台银行	1	2	—	80	—	83	1,820
	潍坊银行	1	5	—	94	—	100	2,213
	潍坊银行青岛分行	—	1	—	8	2	11	212
	临商银行	1	2	—	60	22	85	1,792
	威海市商业银行	1	15	—	79	5	100	2,591
	威海市商业银行青岛分行	—	1	—	7	1	9	177
	日照银行	1	8	—	82	—	91	2,302
	日照银行青岛分行	—	1	—	6	1	8	255
	莱商银行	1	7	—	73	10	91	1,686
	东营银行	1	5	—	95	—	101	1,605
	东营银行青岛分行	—	1	—	—	—	1	88
	德州银行	1	3	—	50	12	66	1,303
	济宁银行	1	7	—	72	2	82	1,594
	泰安银行	1	1	—	76	—	78	1,110
	枣庄银行	1	2	—	27	—	30	730
	天津银行济南分行	—	1	3	15	—	19	456
	北京银行济南分行	—	1	2	21	21	45	700
	北京银行青岛分行	—	1	—	4	—	5	168
	河北银行青岛分行	—	1	—	7	5	13	203
	合计（全省）	14	98	7	1,206	98	1,423	31,397
民营银行	威海蓝海银行	1	—	—	—	—	1	239
	合计（全省）	1	—	—	—	—	1	239

续表2

行别		法人机构数	一级分行机构数	二级分行机构数	支行机构数	支行以下分支机构数	机构数合计	正式人员数合计
农村金融机构	农村信用社	2	—	—	14	0	16	1,214
	农村商业银行	110	1	—	3,387	1,514	5,012	63,367
	村镇银行	126	—	—	140	343	609	8,368
	农村资金互助社	1	—	—	0	0	1	6
	合计（全省）	239	1	—	3,541	1,857	5,638	72,955
其他金融机构	山东省国际信托投资公司	1	—	—	—	—	1	235
	陆家嘴国际信托	1	—	—	—	—	1	363
	重汽财务	1	—	—	—	—	1	60
	山钢财务	1	—	—	—	—	1	50
	鲁商财务	1	—	—	—	—	1	49
	重工财务	1	—	—	—	—	1	56
	电力财务山东分公司	—	1	—	—	—	1	18
	山东黄金	1	—	—	—	—	1	42
	晨鸣财务	1	—	—	—	—	1	31
	南山财务	1	—	—	—	—	1	40
	兖矿财务	1	—	—	—	—	1	35
	招金财务	1	—	—	—	—	1	32
	山东能源集团财务有限公司	1	—	—	—	—	1	35
	日照港财务公司	1	—	—	—	—	1	32
	西王财务公司	1	—	—	—	—	1	28
	新凤祥财务有限公司	1	—	—	—	—	1	46
	浪潮财务	1	—	—	—	—	1	23
	华泰财务	1	—	—	—	—	1	24
	海尔财务	1	—	—	—	—	1	134
	海信财务	1	—	—	—	—	1	76
	中石化财务公司山东分公司	—	1	—	—	—	1	34
	青啤财务	1	—	—	—	—	1	37
	青岛港财务	1	—	—	—	—	1	31
	青建集团财务公司	1	—	—	—	—	1	22
	华融资产管理公司	—	1	—	—	—	1	66
	长城资产管理公司	—	1	—	—	—	1	69
	东方资产管理公司	—	1	—	—	—	1	51
	信达资产管理公司	—	1	—	—	—	1	68
	海尔消费金融公司	1	—	—	—	—	1	460
	山东豪沃汽车金融有限公司	1	—	—	—	—	1	166

续表3

行别		法人机构数	一级分行机构数	二级分行机构数	支行机构数	支行以下分支机构数	机构数合计	正式人员数合计
其他金融机构	山东通达金融租赁有限公司	1	—	—	—	—	1	60
	山东汇通金融租赁有限公司	1	—	—	—	—	1	74
	青银金融租赁	1	—	—	—	—	1	57
	中国邮政储蓄银行山东省分行	—	1	16	449	2,216	2,682	10,610
	中国邮政储蓄银行青岛分行	—	1	—	46	214	261	1,207
	合计（全省）	27	8	16	495	2,430	2,976	14,421
外资银行	汇丰银行济南分行	—	1	—	—	—	1	27
	汇丰银行青岛分行	—	1	—	2	—	3	134
	南洋商业银行青岛分行	—	1	—	2	—	3	80
	日本山口银行青岛分行	—	1	—	—	—	1	30
	韩亚银行青岛分行	—	1	—	2	—	3	73
	韩亚银行烟台分行	—	1	—	—	—	1	36
	企业银行青岛分行	—	1	—	2	—	3	62
	企业银行烟台分行	—	1	—	1	—	2	46
	友利银行威海分行	—	1	—	—	—	1	32
	新韩银行青岛分行	—	1	—	1	—	2	52
	渣打银行济南分行	—	1	—	1	—	2	23
	渣打银行青岛分行	—	1	—	4	—	5	45
	东亚银行济南分行	—	1	—	—	—	1	12
	东亚银行青岛分行	—	1	—	—	—	1	56
	恒生银行济南分行	—	1	—	—	—	1	12
	瑞穗实业银行青岛分行	—	1	—	—	—	1	50
	华侨银行青岛分行	—	1	—	—	—	1	19
	三菱东京日联银行青岛分行	—	1	—	—	—	1	56
	釜山银行青岛分行	—	1	—	—	—	1	20
	德意志银行青岛分行	—	1	—	—	—	1	7
	国泰世华银行青岛分行	—	1	—	—	—	1	24
	星展银行青岛分行	—	1	—	—	—	1	16
	澳新银行青岛分行	—	1	—	—	—	1	7
	韩国产业银行青岛分行	—	1	—	—	—	1	27
	合计（全省）	—	24	—	15	—	39	946
分类不明	中德住房储蓄银行济南分行	—	1	—	—	—	1	27
	合计（全省）	—	1	—	—	—	1	27
山东省合计		281	172	234	8,477	6,355	15,519	244,874

注：本表数据来源于山东银保监局。

山东省（含青岛）上市公司情况表

项目		单位	期末
上市公司数		家	229
其中：A股		家	228
B股		家	2
A、B股均发行		家	4
境内、外均上市		家	12
ST公司数		家	4
*ST公司数		家	5
拟上市公司数		家	146
退市公司数		家	1
总股本		亿股	2,483.10
流通股本	A股	亿股	1,985.61
	B股	亿股	13.94
境内上市公司境外股		亿股	133.12
总市值（境内）		亿元	31,805.63
流通市值（境内）		亿元	24,704.01

山东省（含青岛）上市公司融资情况表

单位：家、亿元

项目	本期		本年累计	
	家数	募集资金	家数	募集资金
A股	—	—	—	—
首发	4	37.49	17	153.99
配股	0	0.00	1	19.62
增发	19	122.77	23	136.06
合计	23	160.26	41	309.67
B股	—	—	—	—
首发	—	—	—	—
配股	—	—	—	—
增发	—	—	—	—
合计	—	—	—	—
境外股	—	—	—	—
首发	—	—	—	—
再融资	—	—	—	—
合计	—	—	—	—
公司债	1	30.00	4	90.00
可转债	1	7.00	13	242.99
合计	2	37.00	17	332.99

山东省(含青岛)上市公司注册地地区分布表

行次	地区	家数
1	济南	35
2	青岛	44
3	淄博	23
4	枣庄	4
5	东营	5
6	烟台	42
7	潍坊	24
8	济宁	9
9	泰安	4
10	威海	11
11	日照	1
12	滨州	7
13	德州	9
14	聊城	4
15	临沂	5
16	荷泽	2
	合计	229

山东省(含青岛)证券、期货中介机构情况统计表

单位：亿元

项目	证券公司	证券营业部	期货经纪公司
公司数（家）	2	—	3
所属营业部（家）	359	607	52
注册资本	94.69	—	13.77
总资产	2,021.70	873.93	179.65
净资产	392.38	241.41	24.97
净资本	322.04	—	12.54
净利润（本期）	3.42	—	0.41
净利润（本年）	31.42	—	1.13
主承销（家）	153	—	—
承销金额	1,045.38	—	—
交易金额（本年）	204,696.03	196,299.69	94,359.74
投资者资金户开户数（万户）	709.16	1,450.88	18.13
投资者股东户开户数（万户）	881.46	1,980.79	—
客户保证金余额	420.68	581.15	148.03

山东省人寿保险公司主要业务指标统计表（含青岛）

单位：亿元

项 目	本年累计	上年同期	同比增长（%）
一、保费收入	2,553.32	2,372.50	7.62
1.寿险小计	1,873.43	1,774.80	5.56
2.意外伤害险小计	46.57	46.61	-0.09
3.健康险小计	633.32	551.09	14.92
二、赔付支出	485.61	418.44	16.05
1.赔款支出合计	102.31	87.21	17.31
（1）意外伤害险	11.70	11.66	0.34
（2）一年期以内健康险	90.61	75.55	19.93
2.死伤医疗给付合计	96.11	85.21	12.79
（1）寿险	25.05	23.66	5.87
（2）一年期以上健康险	71.06	61.55	15.45
3.满期给付合计	196.24	145.33	35.03
（1）寿险	179.50	144.69	24.06
（2）一年期以上健康险	16.74	0.65	2,475.38
4.年金给付合计	90.95	100.69	-9.67
三、退保金	263.54	335.01	-21.33
1.寿险	253.44	321.66	-21.21
2.一年期以上健康险	10.10	13.36	-24.40

山东省财产保险公司主要业务指标统计表（含青岛）

单位：万件、亿元

项 目	本年累计	上年同期	同比增长（%）
一、签单数量	98,814.88	33,987.69	190.74
二、签单保费合计	951.38	898.82	5.85
三、保费收入合计	929.18	866.39	7.25
四、已决赔款合计	550.29	483.40	13.84
五、赔款支出合计	550.86	484.97	13.59

注：1.签单数量为签单件数减注销保单件数后的净保单件数，按保单起保日开始统计；

2.签单保费为保单保费加批增保费减批减保费后的净额，业务上按保单起保日开始计算；

3.已决赔款按照业务上已核赔结案的赔款金额，包括业务已决财务未付和业务已决财务已付赔款金额。

山东省保险公司资产负债表（含青岛）

（2020年末）　　单位：亿元

资　产	年初数	期末数	比年初增减
货币资金	31.67	17.95	-13.72
拆出资金	—	—	—
交易性金融资产	2.76	3.72	0.96
衍生金融资产	—	—	—
买入返售金融资产	—	—	—
应收利息	7.28	8.49	1.21
应收保费	176.18	211.66	35.48
应收资产管理费	—	—	—
应收管理费（养老）	0.36	0.39	0.03
应收代位追偿款	0.38	0.41	0.03
应收分保账款	31.66	42.62	10.96
应收分保未到期责任准备金	30.25	33.85	3.60
应收分保未决赔款准备金	32.48	37.65	5.17
应收分保寿险责任准备金	36.20	56.60	20.40
应收分保长期健康险责任准备金	8.98	9.35	0.37
保户质押贷款	435.78	499.82	64.04
贷款	4.47	5.11	0.64
存出保证金	1.20	1.78	0.58
定期存款	0.30	0.00	-0.30
可供出售金融资产	5.95	7.44	1.49
持有至到期投资	—	—	—
长期股权投资	—	—	—
存出资本保证金	3.60	3.60	0.00
投资性房地产	1.92	2.05	0.13
固定资产	68.75	69.96	1.21
无形资产	7.58	7.98	0.40
独立账户资产	72.56	107.04	34.48
递延所得税资产	0.08	0.09	0.01
系统内往来（借项）	5,399.48	6,567.79	1,168.31
内部往来（借项）	297.25	331.00	33.75
其他资产	182.09	45.71	-136.38
资产总计	6,839.23	8,072.06	1,232.83

续表

负债及所有者权益	年初数	期末数	比年初增减
短期借款	—	—	—
存入保证金	3.06	2.76	-0.30
拆入资金	—	—	—
交易性金融负债	—	—	—
衍生金融负债	—	—	—
卖出回购金融资产款	0.00	0.18	0.18
应付手续费及佣金	45.20	43.70	-1.50
应付营销费用（养老）	—	—	—
预收保费	156.31	152.68	-3.63
应付职工薪酬	29.74	32.11	2.37
应交税费	7.32	9.16	1.84
保险保障基金	9.52	5.45	-4.07
应付赔付款	139.13	152.46	13.33
其他应付款	42.36	45.96	3.60
应付保单红利	185.34	206.41	21.07
应付分保账款	39.49	81.86	42.37
未到期责任准备金	447.18	483.70	36.52
未决赔款准备金	309.32	356.63	47.31
其中：已发生未报告未决赔款准备金	110.82	119.02	8.20
寿险责任准备金	7,447.10	8,810.92	1,363.82
长期健康险责任准备金	696.31	914.07	217.76
保户储金及投资款	1,989.96	2,282.36	292.40
长期借款	—	—	—
应付债券	—	—	—
卫星发射保险基金	—	—	—
独立账户负债	72.56	107.04	34.48
递延所得税负债	0.05	0.03	-0.02
系统内往来（贷项）	-2,619.95	-2,870.01	-250.06
内部往来（贷项）	-561.73	-758.98	-197.25
其他负债	29.86	34.18	4.32
负债合计	8,468.11	10,092.68	1,624.57
所有者权益（或股东权益）	—	—	—
实收资本(或股本)	18.00	18.00	0.00
资本公积	-18.63	-36.43	-17.80
减：库存股	—	—	—
盈余公积	—	—	—
一般风险准备	—	—	—
未分配利润	-1,628.25	-2,002.19	-373.94
外币报表折算差额	—	—	—
少数股东权益	—	—	—
所有者权益合计	-1,628.88	-2,020.62	-391.74
负债及所有者权益总计	6,839.23	8,072.06	1,232.83

主题索引

说明：

本索引为综合性主题索引，索引款目按汉语拼音顺序（同音字按声调）排列。表格款目后注有"表"字样，款目后的阿拉伯数字表示内容所在的页码，数字后的字母a、b表示该页自左向右的版面区域。

汉语拼音主题索引

G